HEYNE BIOGRAPHIEN

In der Reihe »Heyne Biographien« sind bereits erschienen:

1	*Friedrich Sieburg*	Napoleon
2	*Wilfried Blunt*	Ludwig II. König von Bayern
3	*Robert Gutman*	Richard Wagner
4	*Antonia Fraser*	Maria – Königin der Schotten
5	*Egon Caesar Conte Corti*	Die Rothschilds
6	*Robert Lekachman*	John Maynard Keynes
7	*Gavin de Beer*	Hannibal
8	*H. F. Peters*	Lou Andreas-Salomé
9	*Erich Eyck*	Bismarck und das Deutsche Reich
10	*Edward Crankshaw*	Maria Theresia
11	*Friedrich Sieburg*	Robespierre
12	*G. P. Gooch*	Friedrich der Große
13	*Zoé Oldenbourg*	Katharina die Große
14	*Theodor Heuss*	Robert Bosch
15	*Werner Maser*	Adolf Hitler
16	*André Castelot*	Maria Antoinette
17	*Kurt Pahlen*	Johann Strauß
18	*Peter Brown*	Der heilige Augustinus
19	*Salvador de Madariaga*	Kolumbus
20	*Marcel Brion*	Die Medici
21	*Alfred Noyes*	Voltaire
22	*H. E. Jacob*	Mozart
23	*David Shub*	Lenin
24	*Friedrich Sieburg*	Chateaubriand
25	*Benoist-Méchin*	Kleopatra
26	*Virginia Cowles*	Wilhelm II.
27	*Fritz Hug*	Schubert
28	*Neville Williams*	Elisabeth I. von England
29	*Paul Guth*	Mazarin
30	*Ronald W. Clark*	Albert Einstein
31	*Bernard Fay*	Ludwig XVI.
32	*André Maurois*	Balzac
33	*Raoul Auernheimer*	Metternich
34	*W. H. Lewis*	Ludwig XIV.
35	*Michael Grant*	Caesar
36	*Berndt W. Wessling*	Beethoven
37	*Mary Lavater-Sloman*	Jeanne d'Arc
38	*Walter Wadepuhl*	Heinrich Heine
39	*Fritz J. Raddatz*	Karl Marx
40	*Conte Corti*	Elisabeth von Österreich
41	*Robin Lane Fox*	Alexander der Große
42	*Henry Troyat*	Tolstoi
43	*Eberhard Horst*	Friedrich II. der Staufer
44	*Jean Héritier*	Katharina von Medici
45	*William Manchester*	Krupp
46	*D. P. O'Connell*	Richelieu
47	*Ruth Jordan*	George Sand

Fritz Hug
FRANZ SCHUBERT
Tragik eines Begnadeten

Wilhelm Heyne Verlag
München

2. Auflage

Genehmigte, erweiterte Taschenbuchausgabe
Copyright © 1976 by Frieda Hug-Leuenberger und
Wilhelm Heyne Verlag, München
Printed in Germany 1978
Bibliographie und Stammtafel wurden erarbeitet von Dr. Hubert Fritz
Umschlagfoto: Archiv für Kunst und Geschichte, Berlin
Bildnachweis: Archiv für Kunst und Geschichte, Berlin (16)
Umschlaggestaltung: Atelier Heinrichs, München
Gesamtherstellung: Presse-Druck Augsburg

ISBN 3-453-55027-7

Inhaltsverzeichnis

1. KAPITEL	WIEN, STADT DER LIEDER	9

Vom Geist der Städte – Schubert und das Wienerische – Einflüsse der Umwelt – Singendes, klingendes Wien – Land und Volk

2. KAPITEL	HERKOMMEN UND KINDHEIT	23

Liechtental – Eltern und Geschwister – Frühe Begabung

3. KAPITEL	DER K. K. KONVIKTSCHÜLER, 1808–1813	33

Das Leben im Konvikt – Die zeitgenössische Musik – Erste Instrumentalwerke

4. KAPITEL	ICH SINGE, WIE DER VOGEL SINGT... 1811–1816	53

Von «Hagars Klage» zu «Gretchen am Spinnrad» – Die Lieder von «Gretchen am Spinnrad» zum «Wanderer»

5. KAPITEL	DER PHOENIX REGT DIE SCHWINGEN, 1814–1816	79

Frühe Chormusik – Das Ringen um Oper und Singspiel – Streichquartett und Sinfonie – Sinfonisches Schaffen

6. KAPITEL	FRANZ SCHUBERT WÄHLT DIE FREIHEIT, 1817–1818	115

Der Freundeskreis – Die ersten Werke für Klavier – Rossini und das Italienische – Lieder und Chöre – Zelesz und das Ungarische

7. KAPITEL	STILLE ZEITEN – STILLES SCHAFFEN, 1819–1821	141

Wien im Biedermeier – Neue Freunde – Das Wandern ist des Sängers Lust – Vokalmusik – Neue Opernversuche

8. KAPITEL	VON «ALFONSO UND ESTRELLA» ZUR «SCHÖNEN MÜLLERIN», 1822–1823	181

Die Messe in As-Dur – Die «Unvollendete» – Die Wandererfantasie – Tänze – Erste Schatten fallen – Licht im

	Dunkel – Die «Schöne Müllerin» – Schubert und die Verleger	
9. KAPITEL	VON ZELESZ NACH GASTEIN, 1824–1825	217
	Jahreswende – Wieder in Zelesz – Wanderfahrten in Oberösterreich – Die Gasteiner Sinfonie – Die Klavierwerke – Die Kammermusik – Die Vokalmusik – Die Schubertiaden	
10. KAPITEL	JAHR DER REIFE, 1826	263
	Schubert als Mensch – Wird Franz Schubert Kapellmeister? – Vom letzten Streichquartett zur «Nachthelle» – Jahresneige	
11. KAPITEL	JAHR DER ERNTE, 1827	289
	Beethovens Tod – Schaffensfülle – Herbstfahrt nach Graz – Die «Winterreise»	
12. KAPITEL	JAHR DER VOLLENDUNG, 1828	325
	Das erste Schubertkonzert – Die große C-dur-Sinfonie – Die Messe in Es-dur – Die letzten Klavierwerke – Das Streichquintett – Die letzten Lieder – Ende und Anfang	

ANHANG

ZEITLICHE LEBENS- UND WERKSCHAU	369
WERKVERZEICHNIS NACH GATTUNGEN	388
WERKVERZEICHNIS NACH OPUSZAHLEN	435
SACHREGISTER	448
PERSONENREGISTER	469
STAMMTAFEL	491
BIBLIOGRAPHIE	492

Erstes Kapitel

WIEN, STADT DER LIEDER

«*Z'Osteriche lernte ich singen unde sagen.*»
(Walther von der Vogelweide, zirka 1170 bis 1230)

VOM GEIST DER STÄDTE

Die Hauptstädte der Welt haben ihr Gesicht. Sie haben auch ihren eigenen Geist, geprägt durch ihre Schicksale und diejenigen ihrer Bewohner. Beide, Gesicht und Geist, durch die Jahrhunderte geformt, sind sich gleich geblieben. Mögen einzelne ihrer Züge auch verschwunden sein, Charakter und Individualität konnten sie nicht verlieren.

Großartig erscheint uns Rom, die Ewige Stadt. Ihr Antlitz bestimmten drei Jahrtausende antiken und christlichen Lebens. Gewaltig griff sie in das politische Werden, in die Geistes- und Kulturgeschichte des Abendlandes ein. Gewaltig sind auch die auf uns gekommenen Zeugen der Antike in den Ruinen des Capitols, des Colosseums, der Thermen des Caracalla. Nicht weniger gewaltig dünken uns die Verkörperungen christlichen Glaubens im Dom von St. Peter, in Michelangelos sixtinischen Fresken, in Palestrinas Kirchenmusik. Wir bewundern diese Großartigkeit.

Interessant, sprühend von Lebenslust und Atmosphäre erscheint uns das geistvolle Paris, lebendige Verkörperung der «douce France», dreimal widerhallend vom Ruf «Aux armes! Aux armes!», mit dem der dritte Stand auf die Straße, die studierende Jugend auf die Barrikaden zog, weil sie etwas werden wollten und auch etwas wurden. Wir achten Paris um seines Mutes willen, den es zur Verwirklichung der «Droits de l'homme» in Europa und in der Welt einsetzte, schätzen es wegen seiner Bedeutung für die Entwicklung der modernen Malerei. Wir schätzen es um der Atmosphäre willen, die sein rege pulsierendes Blut in heiterm Lebensgenuß schafft.

Wir lieben ohne Vorbehalt Wien, das heitere, gemütvoll-melancholische, tapfere, lieben seinen Prater, seine Lieder, seine Musik. Keine Stadt der Welt hat der Menschheit so viel Musik geschenkt wie Wien. Wir meinen jene Musik, die in uns aufklingt, wenn wir die

Namen Haydn, Mozart, Beethoven hören, Schubert, Brahms und Bruckner auch. Es ist die Musik, die beim Ertönen in uns verborgenste Saiten anrührt, tiefste Gründe aufwühlt. Die Musik auch, die uns in die Beine fährt und durch ihren melodischen Schwung und zündenden Rhythmus aufjucken läßt. Doch nicht jene Musik meinen wir, die schmalzt und seufzt und durch ihre sentimentale Weichheit und Unwahrheit das Bild der Donaustadt in der ganzen Welt verfälscht hat. Die Musik, die wir lieben, konnte nur hier in solchem Reichtum und in solcher Vielfalt der Aspekte, Inhalte und Formen entstehen, hier, wo heimische und fremde Melodien, Klänge und Rhythmen in so bunter Vielheit zusammenströmten und sich mischten. Wir lieben Wien, die Stadt der Lieder und die Inkarnation scharmant-lebenslustigen Wesens: Sinnenfreude und Melancholie, Bescheidenheit, Herzenswärme, Nachlässigkeit, lieben dies alles in Franz Schuberts Musik.

Schubert ist in der Reihe der Großen, die von Gluck bis Anton Bruckner (denen wir Hugo Wolf, Gustav Mahler und Richard Strauß anfügen könnten) der einzige, der eigentliches Wiener Kind war, in Wien zum Leben erwachte. Denn Haydn stammte aus Rohrau im Burgenland, hart an der ungarischen Grenze, Mozart wanderte aus Salzburg, Beethoven aus dem Rheinland ein; Brahms war ein Hamburger, Bruckner ein Kind des Enns-Winkels. Schubert aber wurde in Wien geboren, lebte, sang und litt in Wien, Wesen von dessen Wesen, Teil eines Ganzen, das er wieder als Ganzes verkörpert. Wir lieben Wien, die Donaustadt, lieben sie um Franz Schuberts willen.

SCHUBERT UND DAS WIENERISCHE

Wohl hat Franz Schubert den musikalischen Boden Wiens nicht geschaffen. Das taten vor ihm Generationen von genialen bis tüchtigen, fleißigen und fruchtbaren Musikern aus ganz Europa, auch zahllose sing- und spielfreudige Kinder des Volkes. Wohl stammte Schubert dem väterlichen Herkommen nach aus einem Randgebiete der großen Monarchie, aber er gab dem musikalischen Boden Wiens sein Herzblut wie keiner vor ihm und keiner nach ihm.

Als Schubert zur Welt kam, hatte die Sinfonie, die Kunstform der Zeit, ihre klassische Ausprägung nach Inhalt und Form schon gefunden, war das von uns als «wienerisch» Empfundene bereits entstanden: die Menuette, die Deutschen, die Ländler, von Haydn und Mozart bereits etwas geglättet und poliert. Der sich aus ihnen entwickelnde Wiener Walzer war in den vielen volkstümlichen Kapellen eben im Entstehen begriffen. Aber so wie Chopin in seinen Mazurken und Polonaisen den Polen, so stattete Schubert in seinen Menuetten, Märschen, Ecossaisen, Valses nobles und Valses sentimentales, auch in seinen Liedern, Sonaten, Streichquartetten und Sinfonien mit Zins und Zinseszinsen zurück, was er von ihnen geliehen, veredelt einerseits, andrerseits wieder so volkshaft neugestaltet, daß es «am Brunnen vor dem Tore» wieder zum Volksgut wurde. Daß dieser Schubert, der in späterer Zeit durch Roman, Operette und Film so bedauerlich verniedlicht und verwässert wurde, auch Abgründe aufriß, darüber wird noch zu reden sein. Darüber auch, daß sein Eigenstes, sein Lied, musikalisch viel eher im schwäbisch-norddeutschen Boden wurzelt und dichterisch wie geistig eher der erwachenden gesamtdeutschen Literatur verhaftet ist. In seiner Instrumentalmusik atmet wohl gar manche Melodie Wiener Luft, das erste Gesangsthema der «Unvollendeten» etwa, der Zwiegesang von Klarinette und Oboe im «Andante con moto» auch:

Wer fühlte auch nicht sofort das spezifisch Wienerische, wenn er im Menuett des Streichquartetts in a-moll, op. 29, oder im 4. Satz des Streichquintetts in C-dur, op. 163, Melodien und Rhythmen folgender Art vernimmt:

Es mögen besonders auch seine Opern und Singspiele ganz spezifischen Wiener Konstellationen entwachsen sein: seine letzten Quartette aber und das Streichquintett, die beiden Klaviertrios op. 99 und 100, die Klaviersonaten und die Messe in Es, die große Sinfonie in C, von der «Winterreise» und den Heine-Liedern im «Schwanengesang» nicht zu reden, sie alle sprengen jede lokale Einengung und stoßen hinaus in die Weite der Welt. Dort begegnen sie den letzten Werken des von Schubert so glühend verehrten und bewunderten Heroen Beethoven. Wir gehen mit Alfred Einstein einig, daß Robert Schumann, der ahnend und erkennend so viel Richtiges und Gescheites über Schubert sagte, gerade in bezug auf die große C-dur-Sinfonie und ihr «Wienerisches» irrte und die kosmische Weite des von ihr aufgerissenen Raumes verkannte.

EINFLÜSSE DER UMWELT

Der Künstler arbeitet nun aber nicht im leeren Raum, losgelöst von der Gesellschaft, in der und für die er schafft. Natürlich ist er nicht einfach das Produkt der Umstände, der Einrichtungen, der Gesellschaft im weitesten Sinn, verstanden als die Summe aller wirtschaftlichen und geistigen Kräfte; seine Individualität prägt er aus Eigenstem, gleichsam in Urzeugung; aber der allgemeine Charakter seiner Kunst und ihrer Sprache kann nicht im luftleeren Raum des «l'art pour l'art» entstehen: Die allgemeinen Züge werden durch die gesellschaftliche Situation im weitesten Sinn geprägt. Sie läßt ihm Raum genug, zu werden, was und wer er kraft seiner Individualität und Begabung werden muß. Doch kann eine musikgeschichtliche oder biographische Darstellung eines Musikstils und einzelner seiner Träger heute nur mehr als eine kulturhistorische, alle Äußerungen des Gesellschaftskörpers in Betracht ziehende Arbeit unternommen werden.

Skizzieren wir nun in knappen Strichen Wiens kulturgeschichtliche Sendung im Hinblick auf Leben und Werk Franz Schuberts.

Wien war im Laufe der Jahrhunderte zum Schmelztiegel der Nationen geworden wie neben ihm kaum eine andere Stadt. Seit in der jüngern Steinzeit (etwa 6000 bis 2500 vor Christus) sich hier Jäger und Fischer angesiedelt hatten, war ein ewiges Kommen und Gehen von Ost nach West und von West nach Ost, von Nord nach Süd und von Süd nach Nord: Germanen, Hunnen, Slawen, Magyaren, Alpenländler, die Römer nicht zu vergessen, die im Kreuzungspunkt der Handelswege und Heerstraßen zwischen Alpen, Karpaten und böhmischem Bergland das befestigte Lager Vindobona gegen die Markomannen anlegten. Um 880 heißt die Niederlassung in Urkunden Venia, um 1030 Wienne, ihr Name ist geprägt für die Jahrhunderte. Die bayrischen Markgrafen machen die Babenberger zu Hütern der Ostmark, des Ostarichs, und diese erhoben Wien 1142 zur Residenz und gaben ihr Stadt- und Stapelrecht zu Marktverkehr und Güterumschlag. Wien versah sich mit Mauern und Türmen, erhob Zölle, und der nach und nach zusammenströmende und sich mehrende Reichtum manifestierte sich in einer intensiven Bautätigkeit, die prunken und den Himmel damit versöhnen wollte, daß man in Burg und Stadt Schätze anhäufte, die nicht mottensicher waren. Immer mehr stieg Wiens Bedeutung als wirtschaftliches, politisches und kulturelles Zentrum. Als Rudolf von Habsburg 1278 den Böhmen Ottokar IV. auf dem Marchfeld im Angesicht der Türme und Tore Wiens geschlagen hatte, die Stadt 1282 zur Residenz seines Hauses erkor und sie auf Gedeih und Verderb mit dessen wechselvollem Schicksale verwob, wurde sie Mittlerin zwischen den Nationen und immer mehr weltliches Zentrum des Abendlandes, dem sie als Bollwerk gegen Asiens wanderfrohe Völkerscharen beste Dienste leistete. Es erhoben sich die zum Himmel weisenden Türme gotischer Kirchen; eine Universität (1365), Adelspaläste und schöne Bürgerhäuser erstanden, eindrückliche Demonstrationen des Wohlstandes und der Kraft von Hof, Adel, des Handels- und Zunftbürgertums. Besonders schön hat sich der italienisch beeinflußte, beschwingte Barockstil (1600 bis 1750) ausgeprägt, sichtbare Dokumentation landesherrlicher Macht und haushälterischer Finanzgebarung. Es entstanden besonders nach der zweiten Türkenbelagerung (1683) die Adelspaläste der Lobkowitz, Caprara, Schwarzenberg, Kinsky und Harrach, der Gutsherren von Haydns Geburtsort Rohrau. Es wirkte Johann Fischer von Erlach (1656 bis 1723), berühmt durch den monumentalen Schwung seiner gebogenen Fassaden und Ovalräume; Johann Lucas von Hildebrandt (1668 bis 1745) erstellte seine malerisch aufgelockerten und schmuckfreudigen Treppenhäuser. Dann zollten Wien und Österreich für 100 Jahre Gott Mars Tribut, freiwillig oder unfreiwillig.

Maria Theresia (1717 bis 1780) hatte ihre weibliche Erbfolge gegen Friedrich II. von Preußen (1712 bis 1786) zu verteidigen und den siebenjährigen Krieg (1756 bis 1763) mit wechselndem Erfolge durchzustehen. Sie hielt ihren ältesten Sohn Joseph II. (1741 bis 1790), seit dem Tode ihres Gemahls, des Lothringers Franz I. (1765) Mitregent, von allzu überstürzten Reformen ab, die er nach seines Vorbildes Friedrichs des Großen Anspruch stets so anlegte, daß er den zweiten vor dem ersten Schritte tat. Mit der Übernahme der alleinigen Macht nach seiner Mutter Tod (1780) hielt ihn niemand mehr ab, im Gefühl seines aufgeklärten, aber absoluten Gottesgnadentums (auch er war der Staat) sein Volk zu beglücken. Er hob 600 Klöster auf, um Insassen und Vermögen der Volkswirtschaft nutzbar zu machen und die Gebäulichkeiten als Kasernen benützen zu können. Er erließ 1781 sein Toleranzedikt, um von den zuströmenden religiösen Emigranten und ihrer Tüchtigkeit zu profitieren. Im gleichen Jahre noch hob er in Schlesien, Böhmen und Mähren die Schollengebundenheit der Bauern auf und gab ihnen Ehefreiheit und freie Berufswahl. Er münzte in ausgeklügelter Weise die Religion wirtschaftlich aus, unterstellte den Adel im Interesse einer straffen Zentralisation unter die Devise «Gleiches Recht für alle», erließ sanitäre, hygienische, sicherheitspolizeiliche Vorschriften, erschwerte die Auswanderung, erleichterte die Einwanderung, wenn sie dem Staate Nutzen brachte, kodifizierte das bürgerliche Recht und erließ ein Jahr vor seinem Tode, im Revolutionsjahr 1789, die berühmte Steuerreform, die Grund und Boden als einziges Steuerobjekt erklärte und vom Bruttoertrag 70 Prozent dem Bauern, 18 Prozent dem Grundherrn und 12 Prozent dem Landesherrn überließ. Ohne im Ausmaß einzelner seiner kaiserlichen Vorgänger musikalisch zu sein, begünstigte er mehr aus nationalem Stolz als aus innerer Zuneigung, die der italienischen Musik galt, deutsche Oper und Singspiel und veranlaßte 1782 durch persönliche Kabinetts-

order die Uraufführung von Mozarts «Entführung aus dem Serail».
Es ist wohl möglich, daß auch recht reale politische Gründe mitspielten, die in seinem nicht konsequenten Verhältnis zur Hohen Pforte in Byzanz wurzeln konnten, auch in seinen Absichten, die deutsche Sprache als Amtssprache einzuführen. Seine allzu straffe Zentralisation, die kompromißlose Unterstellung der Kirche unter die Interessen des Staates, aus der Überlegung heraus, daß Gott vor allem dessen Wohlergehen wünsche, die tatsächlich erfolgte Einführung des Deutschen als Amtssprache für das ganze vielsprachige Reich, die Unterstützung der Bestrebungen zur Wiedereinführung und Belebung des deutschen Kirchengesangs, dem die Barockoper und das Eindringen ihrer musikalischen Elemente: Ziergesang, Rezitativ, Malerei und Schilderung arg zusetzt, und vor allem auch die völlige Mißachtung von geschichtlich Gewordenem und kulturell Eigenständigem führte zu starker Opposition und vielfacher Aufhebung seiner gut gemeinten Reformen durch seine Nachfolger Leopold II. (1747 bis 1792) und Franz II. (1768 bis 1835), in dessen Regierungszeit Schuberts Leben und Wirken fällt. Nach außen prächtig, im Innern erschüttert, trat Österreich in die Wirren der napoleonischen Zeit ein, die auf Adel und Bürger und deren wirtschaftliches und kulturelles Leben von einschneidender Bedeutung werden sollten.

SINGENDES, KLINGENDES WIEN

Babenberger und Habsburger sind auch mit Wiens Musikleben unzertrennlich verbunden. Die Babenberger, Konkurrenten des letzten Sachsenkaisers Heinrich II. (973 bis 1024) um den Thron des Heiligen Römischen Reiches Deutscher Nation, machten ihren Hof auf den Burgen «ze Wiene» zum weithin strahlenden Mittelpunkt des Minnesangs, der in der Gregorianik, in der Kunst der Troubadours und im heimischen anonymen Volksgut wurzelt. Hier dichtete und sang um 1150 der Kürenberger seine volksmäßig einfachen Liebeslieder, um 1180 Reimar, die «Nachtigall von Hagenau», wie ihn der Sänger von «Tristan und Isolde», Gottfried von Straßburg um 1210 nennt und von dem Ludwig Uhland (1787 bis 1862) sagt: «Er vor allen steigt nieder in das innerste Gemüt, und wie kein andrer hat er den Ausdruck der lautern Liebe, der ausdauernden Treue, der zärtlichen Klage, des ergebenen Duldens.» Er starb 1203 in «höchstem Ansehen und Wohlstend». Am Hofe Leopolds v. lebte um 1190 Walther von der Vogelweide und dichtete seine feinsinnigen Natur- und Liebeslieder.

Leopold vi. (1176 bis 1230), der Glorreiche genannt, doch etwas derberen Geschmackes als sein Bruder, schätzte Sänger und Dichter weniger, weshalb einer der schöpferischsten Kräfte deutschsprachiger Lyrik und der Töne Meister sein unstetes Wanderleben wieder aufnahm, in steter wehmütiger Erinnerung an den «wünneclichen Hof ze Wiene». Auf diesen Fahrten mag er auch an den Hof des Landgrafen Hermann von Thüringen gelangt sein und am Sängerkrieg auf der Wartburg teilgenommen haben, den uns Richard Wagner in seinem «Tannhäuser» in freier Nachdichtung schildert.

Walthers Nachfolger wurde Neidhart von Reuenthal (bis 1240 nachweisbar), Vertreter der «dörperlichen» (bäurischen) Dichtung und Musik, dem Volke und seinen Freuden und Leiden nahe, derbsinnlich, bodenständig, diesseitig, übermütig und froh, auch anmutig und einfach:

«Rûmet ûz die schämel und die stüele!
heiz die schragen
vürder tragen!
hiute sul wir tanzens werden müeder,
werfet uf die stuben, so ist es küele,
daz der wint
an die kint
sanffte waeje durch die übermüeder.»

Der Sänger erhielt vom Herzog Güter in Mödling und Neulengbach geschenkt und gab dem Volk und nahm von ihm in frohem, fruchtbarem Wechsel. Viele seiner Weisen wurden Volksgut und erhielten sich in Handschriften und im Inventar der Spielleute bis in die Tage Schuberts, Lanners und Strauß' Vaters hinein und erfreuten durch Anmut, Lieblichkeit und Frische jung und alt wie damals, als der «Rattenfänger der Töne» dem Adel und den Bürgern Wiens am alljährlichen Veilchenfest auf dem Kahlenberg bis zum Verglimmen der Sterne zu Tanz und Kurzweil aufspielte. Ab und zu tauchen sie – in Wort und Ton modernisiert – noch heute in Liederbüchern und Konzerten unserer Laienchöre auf:

Wort und Ton von Neidhart von Reuenthal (1180–1240)

1. Win-ter, dir ze lei-de grue-net schôn der an-ger wit und auch die brei-te hei-de, die der lei-dig win-ter het be-twun-gen und des ri-fen a-ne hank; win-ter, â-ne dî-nen dank bluomen sint ent-sprun - - gen.
(ohne)

Die klare Empfindung für Dur, die in der Melodie zum Ausdruck kommt, ist bezeichnend für die Welt des Sängers «dörperlicher Minne» und erklärt die Unverwüstlichkeit mancher Weisen. Im Gegensatz Walthers von der Vogelweide und Neidharts von Reuenthal prägt sich bereits die Spaltung von Kunstmusik und Volksmusik aus, der Gegensatz, der heute in so bedrückend verhängnisvollem Ausmaß zwischen beiden Strömen klafft. – Am Hof des letzten Babenbergers lebte eine Zeitlang auch der unstete, abenteuerliche, sagenumwobene Tannhäuser (um 1240). Wie klingt doch auch in seinen Liedern heitere Lebensfreude auf:

> «Bî der linden
> sol man vinden
> uns bî schoenen kinden,
> dâ suln wir singen
> unde springen
> daz sol uns gelingen.»

oder etwa:

> «Uf, ûf, kint, pruevet daz leben!
> sît uns Got den lîp hât gegeben,
> sô suln wir singen,
> vroelîche springen.»

Mit dem Tode Friedrichs II., des Streitbaren, am 15. Juni 1246 vor der Burg «Wiener Neustadt» im siegreichen Kampf gegen König Bela von Ungarn, erlosch das Geschlecht der Babenberger. Es hat in der Frühzeit von Wiens Musikgeschichte und -kultur einen besonders tief und nachhaltig wirkenden Einfluß ausgeübt.

Von größter Bedeutung für Wiens Musikleben wurde auch die kaiserlich-königliche (k.k.) Hofmusikkapelle, vom kunstsinnigen Kaiser Maximilian I. (1459 bis 1519) gegründet und in feste Formen gebracht. Er war ein Freund des Humanismus und seiner Träger, ein Förderer Albrecht Dürers, der zehn Jahre an seinem Hofe lebte. An der Spitze der k. k. Hofmusikkapelle standen die besten Musiker ihrer Zeit, beziehungsweise wen man dafür hielt: Heinrich Isaac (vor 1450 bis 1517), der 1496 Kaiser Maximilian aus Innsbruck über Augsburg nach Wien folgte und besonders durch sein Lied «Innsbruck, ich muß dich lassen» bekannt wurde, Paulus Hofhaimer (1459 bis 1537), Hoforganist und konkurrenzloser Orgelmeister seiner Zeit, Arnoldus von Bruck (gest. 1554), Ludwig Senfl aus Zürich (zirka 1492 bis zirka 1555), beides fruchtbare Komponisten, Senfl mit einem Zug ins Geniale, Niederländer, Deutsche, viele Generationen Italiener, dann auch Österreicher und Böhmen. Mit dem musizierenden Hof und einigen komponierenden Kaisern wetteiferte ein reicher, kunstsinniger Feudaladel; der preußische Hofkapellmeister und weitgereiste Johann Friedrich Reichardt nennt ihn 1783 in seinen aufschlußreichen Musikbriefen aus Wien «den allermusikalischsten, den es vielleicht je gegeben». Für die Förderung des Musiksinnes wurde auch die glänzend geführte und mit reichen Mitteln ausgestattete italienische Oper von großem Einfluß. Der Kampf Glucks (1714 bis 1787) um die Opernreform weckte den Sinn für Natürlichkeit im Ausdruck und bereitete dem Singspiel und der deutschen Oper den Weg vor, damit auch dem deutschen Lied.

LAND UND VOLK

Die Musikfreudigkeit des Wieners wurzelt auch in seinem ganz ursprünglichen und tiefen Gefühl für Natur und Landschaft. Umgeben von den lieblichen Höhenzügen des Wienerwaldes, der bewegten und kraftvoll wirkenden Hügel des Kahlen- und des Leopoldberges, des Cobenzls, mit dem von diesen Höhen weithin nach Ungarns Ebenen schweifenden Blick liegt Wien in einer anmutig bewegten Landschaft eingebettet, die der Donau silbern Band durchzieht. Über diese Landschaft sagt uns 1649 Martin Zeiller in Matthäus Merians des ältern (1563 bis 1650) «Topographie Europas», Wien liege «in einer lustigen Ebene, und auf einem an Getraid, Wein und allerhand anderen Früchten und Nahrungsmitteln sehr geschlachten und fruchtbaren Boden, gemeine Herrschaft sechs mächtiger Nationen, der Teutschen, Wälschen, Hungaren, Böhmen, Polen und Slowaken.»

«Hast du vom Kahlenberg
dir rings das Land besehen,
so wirst du, was ich war und schrieb, verstehen.»

So sagt von seiner Kunst Franz Grillparzer, Schuberts Dichterfreund. Und wenn nun die Landschaft auch einen bestimmenden Einfluß auf die Melodiebildung des Liedes ausübt, das in anonymer Urzeugung im Volkskörper oder im schöpferischen Zeugungsakt einer begnadeten Individualität entsteht, wenn also der dramatische Naturjodel des Berglers durch die zackige, die epischen Melodien von Flachlandliedern durch die flache Horizontlinie bestimmt werden, so muß das Lied aus Wiens lieblich-anmutiger Landschaft die goldene Mitte bilden. Und es tut dies. – Nie riß der Strom ab, der dieser Landschaft und ihrer Hauptstadt eine auffrischende Blutzufuhr aus dem unerschöpflichen Völkerreservoir schenkte. Diese Völkerschaften brachten alle ihre Musik mit, ihre Lieder und Tänze, die sich hier befruchtend mischten. Immer wieder lesen wir auch von der heitern Genußlust des Wieners, von seiner unverwüstlichen Lebenslust, vom wiegenden Rhythmus seiner Schleiftänze, vom «Lieben Augustin» aus der großen Pestzeit (1683), über den «Bradertantz» (Pratertanz) in einer Leipziger Handschrift, der schon den später charakteristisch werdenden Walzerrhythmus aufweist, zum gemütlichen «Als der Großvater die Großmutter nahm». Die Melodieseligkeit des Wieners, der Schwung des Slawen und das Feuer des Magyaren wurden in diesem Schmelztiegel der Nationen, Wien, zu dem, was wir als Wienerisches des 19. Jahrhunderts empfinden: den Tänzen Schuberts, Lanners und der Dynastie Strauß, zu den innigen Melodien der vielen Meister der hohen Musik. Denn neben diesem unversieglichen und unverwüstlichen, breit und breiter, ab und zu auch flacher werdenden Strom der Volksmusik floß der tiefe Strom der Kunstmusik, den Hofkapelle und Kirchengesang, Barockoper und höfische Musikpflege speisten. Die deutschen, magyarischen und böhmischen Fürsten hatten jeder seine Musikkapelle, die in Zopf und Livree die polyphone Musik des Barocks spielte, die Fugen und Suiten, später die Serenaden, Cassationen und Divertimenti des Rokokostils und der Empfindsamkeit, auch die modischen Sinfonien. Rousseaus Ruf «Zurück zur Natur!» und der aufkommende dritte Stand, das Handels- und Besitzbürgertum mit seinem Drang nach Bildung und Wissen und dem Streben, auch wer und was zu sein oder zu werden, mit seinem Drang nach Dichtung und Musik, hatten das Gefühl für Einfachheit, für den Wechsel von Spannung und Lösung, für bürgerliche Stoffe in Oper, Drama und Roman geweckt und entwickelt – hatte ja schon am 1. Mai 1786 Figaro seinen Herrn Grafen zu einem Tänzchen eingeladen! –

Diese gesellschaftspolitische Entwicklung wirkte sich kulturell dahin aus, daß sich dem Adelssalon, den der junge Beethoven durch seine Improvisationen am Klavier, durch Sonaten, Quartette und Sinfonien geweiht hat, die gute Stube des Bürgers beigesellte, in der in zunehmendem Maß Musik aufgeführt und konsumiert wurde. Zum adeligen trat der bürgerliche Dilettant und erhielt als Konsument für den frei schaffenden Künstler, zu dem auch Mozart beispielsweise wurde, als er den demütigenden Dienst des Salzburger Kirchenfürsten verließ, eine um so größere Bedeutung, je mehr der adelige Liebhaber sich als Mäzen einschränken mußte. Denn hat sich zunehmende wirtschaftliche Macht stets auch politisch und kulturell entsprechend geäußert, tat sie es in umgekehrtem Sinn bei abnehmender Finanzkraft, wovon Beethoven ein Lied zu singen wußte, als ihm die Pension der Fürsten Kinsky und Lobkowitz gekürzt wurde, mit der sie ihn seinerzeit daran gehindert hatten, in den Dienst des Jérôme Bonaparte von Westfalen zu treten.

Neben dem Musizieren des Bürgers in seiner guten Stube gab es immer mehr öffentliche, auch zu abonnierende Konzerte: auf der «Mehlgrube» (Mozart 1785), im «Augarten» (von Joseph II. 1787 freigegeben), im «Belvédèregarten», wo Haydn seine sechs Pariser Sinfonien zur Erstaufführung brachte.

In diesem Wien nun, wo Adelspalais, Bürgerhaus, Augarten und die Theater von guter Konzertmusik widerhallten, wurde 1797 Franz

Schubert geboren. Haydn begann eben die «Erdödy-Quartette», op. 76, und die «Schöpfung», und hatte gerade die «Kaiserhymne» geschaffen. Beethoven komponierte in stürmischem Schaffensdrang die Streichtrios, op. 9, die Klaviersonaten, op. 10, die «Pathétique», op. 13, das Klarinettentrio, op. 11, die Violinsonaten, op. 12, die Klavierkonzerte 1 und 2 und die 1. Sinfonie. Hölderlin arbeitete am «Hyperion», Schelling an der «Philosophie der Natur». Mozart ruhte seit etwas mehr als fünf Jahren im unbekannten Armengrab auf dem Friedhof St. Marx; es lebten und wirkten noch die hochberühmten Komponisten und Musiklehrer Johann Georg Albrechtsberger (1736 bis 1809) und Antonio Salieri (1750 bis 1825), und es sang mit geläufiger Kehle Aloysia Lange, geborene Weber, Konstanze Mozarts ältere Schwester (1760 bis 1839). Die von Kind an blinde Pianistin, Organistin und Sängerin Marie Therese von Paradies (1759 bis 1824) rührte die Herzen der Wiener, Pariser und Londoner, und Emanuel Schikaneder der Ältere (1748 bis 1821), Initiant von Mozarts «Zauberflöte», und Franz Xaver Süßmayr (1766 bis 1803), Vollender von Mozarts «Requiem», gedachten ab und zu des Meisters aus Salzburg. Der erfolgreiche Komponist des Singspiels «Die Bergknappen», Ignaz Umlauff (1746 bis 1796) war ein Jahr vorher gestorben, während Maria Theresias Musiklehrer Johann Christoph Wagenseil (1715 bis 1777), mit dem Mannheimer Johann Wenzel Stamitz (1717 bis 1757) und dem Londoner Bachsohn Johann Christian (1735 bis 1782), Mitbegründer der neuen Kunstform, Sinfonie genannt, schon zwei Jahrzehnte tot war. Auf dem Höhepunkt seines Schaffens aber stand Joseph Weigl (1766 bis 1846), dem mit der «Schweizerfamilie» (1809) und dem «Waisenhaus» (1818) zwei sehr berühmte, wenn auch heute vergessene, deutsche Opern gelingen sollten. Am 17. Oktober des Jahres mußte der gute Kaiser Franz II. mit dem über Frankreich aufgehenden Stern Napoleon Bonaparte den Frieden von Campoformio (bei Udine) schließen und – mehr der Not gehorchend als dem eigenen Trieb – die Lombardei, das linke Rheinufer und Belgien gegen Stadt und Landschaft Venedig austauschen. Daß der Gewinn aus diesem Tausch ein sehr einseitiger war, das kümmerte ein zu Jahresbeginn geborenes Wiener Kind ganz und gar nicht; dieses Wiener Kind war Franz Schubert, der Frühvollendete.

Zweites Kapitel

HERKOMMEN UND KINDHEIT

> *«Naturanlage und Erziehung
> bestimmen des Menschen Geist und Herz»*
> (Schubert: Tagebucheintragung vom 8. September 1816)

LIECHTENTAL

«Träumer Gottes» nannte ihn Carl Spitteler, diesen Franz Schubert, den Frühvollendeten, den Sänger der Liebe, der Natur und des Weltalls, diesen Musiker von Gottes Gnaden, der von sich sagen durfte: «Ich bin für nichts als das Componieren auf die Welt gekommen.» Träumer Gottes ist Franz Schubert auch uns, lieb und vertraut – und fremd doch wieder wie alle Menschen, die fremden Harmonien lauschen, Harmonien, die nicht von dieser Welt zu kommen scheinen. Franz Schubert, der ersten einer, die nur in der Musik und mit der Musik durchs Leben gingen, nur mit der Musik und in ihr durch Leben gehen mußten, weil sie nur auf diese Weise mit dem Leben fertig zu werden vermochten. Der ersten einer, die ihre Sache auf nichts gestellt und sangen, frei wie der Vogel singt, «der in den Zweigen wohnt». Von ihm haben wir weder Skizzen- noch Arbeitsblätter, wie Beethoven deren in Menge hinterließ, weil er wieder und wieder an seinen musikalischen Einfällen herumbosselte und -feilte, glättete und polierte. «Wie's in mir ist, so geb' ich's heraus, und damit punktum», sagte Schubert von sich. Auf diese Weise entstanden etwa 1250 Werke. Ein Wunder ist ein solcher Schaffensvorgang, ein großes, reiches Wunder!

Wie sein Landsmann und Schicksalsbruder W. A. Mozart aus Salzburg war er Liebling der Götter, aber auch Stiefkind des Glücks, wenn man äußern Erfolg als solches bezeichnen will. So wandelte er über die Höhen und durch die Tiefen des Lebens, das er in vollen Zügen genoß, wenn auch um seine Schatten wissend, in die er zuzeiten tief, tief hinuntertauchte. Heraus brachte er uns beglückt Lauschenden vielleicht eine Melodie, vielleicht einen Klang, eine liebliche Blume der Wiese oder des Waldes, ein kleines, stilles Leuchten, vielleicht einen Schmerzensschrei, der uns erschauern läßt.

ZWEITES KAPITEL

«Träumer Gottes.» War er dies wirklich? Oder war er eher ein Liebling der Götter? Wir wissen's oder ahnen's. Doch: «Wen die Götter lieben, der stirbt jung», gibt uns Menandros von Athen um 500 vor Christus zu bedenken.

Franz Peter Schubert wurde dem ehrbaren Schulmeister Franz Theodor Schubert und seiner tugendsamen Frau Maria Elisabeth, geborene Vietz, im Wiener Vorort Liechtental, in der «Oberen Hauptstraße zur Nußdorferlinie» Nr. 72, am 31. Jänner 1797 um halb drei Uhr nachmittags geboren. Das Haus hieß «Zum roten Krebsen», heute Nußdorferstraße 54. Schon am 1. Februar taufte ihn der Cooperator Johann Wanzka im Beisein seines Onkels und Paten Karl Schubert, derzeit Schullehrer im Wiener Vorort Leopoldstadt, in der stattlichen Kirche zu den «14 Nothelfern» in Liechtental. Die Eintragung im Taufbuch lautet:

«Name des Taufenden: H. W. Wanzka – Jahr, Monat, Tag: 1797 Febr. den 1ten – Wohnung und Nro. des Hauses: Himmel.grund No. 72 – Name des Getauften: Franz Peter – Religion: katholisch – Geschlecht: Knab – Ehelich – Ältern; Vaters Namen und Kondition oder Karakter: Schubert Franz, Schullehrer – Mutters Tauf- und Zunamen: Elisabeth Vitzin – Pathen Namen: Karl Schubert – Stand: Schullehrer.»

Liechtental war zur Zeit, da Franz Schuberts Seele erwachte, ein Vorort mit durchaus ländlichem Charakter. Es war, wie eine alte Chronik meldet, «ein pur lautere Wiesen, auf welcher sich die Wiener zum öftern ergötzet, und in die also genannten Spükenbüchlische Gstätten (Sporkenbühl) die Stukh (Geschütze) von denen Kriegsbegiehrigen probieret werden.»

Die Wiesen, Felder und Auen dehnten sich weithin, es grünten Weinberge, blühten Gärten hinter den niedrigen Häusern, und von fernher grüßten Wienerwald, Kahlen- und Leopoldberg. Hier war auch die Wiener Volksmusik daheim: Schusterjungen pfiffen, Wäscherinnen sangen, Straßenmusikanten sorgten für willkommenen Arbeitsunterbruch in diesem «Wiener Seldwyla», das zum Unterschied vom helvetischen wohl Evangelimänner, doch keine schmollenden Pankraze sah. Hausierer erschienen, Bauernwagen und Postkutschen ratterten und holperten nach Döbling, Heiligenstadt und Grinzing hinaus. Aus den bessern Häusern duftete und zichorierte der Kaffee.

Beim Wasserholen am Brunnen war so nett der letzte Tratsch auszuwalzen, und vor den Werkstätten hämmerten, hobelten, bohrten und klopften Tischler, Böttcher und Schlosser. Und immer wieder klang ein Liedchen auf, ein Trällerreim, schmolz das Lied eines Evangelimanns die Herzen seiner bewegten Zuhörerinnen. Es war eine goldene Zeit!

Da geht es die langen grauen Häuserzeilen entlang, die Wiesengasse und Salzergasse. Da stehen die einstöckigen Häuser mit den niederen Türen. Manche tragen noch ein altes kunstvoll oder primitiv bemaltes Schild mit wunderlichen Namen: «Der güldene Rosenkranz», «Grünes Kleeblatt», «Grünes Gitter», «Goldenes Einhorn», «Zu den sieben Nußbäumen», von denen noch zwei stehen. Und da steht auch das Haus auf dem selben Platz, das Wirtshaus «Zum küß den Pfennig», wo Schubert mit Brüdern und Freunden so manchmal zu kühlem Trunk und frohem Gesang einkehrte. Und da steht das Haus «Zur heiligen Dreifaltigkeit», heute Liechtensteinerstraße 93, wo Therese Grob daheim war, Franz Schuberts erste Liebe und erster Verlust.

Über alle Giebel hinweg ragte die imposante barocke Pfarreikirche «Zu den 14 Nothelfern», Stolz der Gemeinde, die gar sehr Anteil nahm an Grundsteinlegung, Bau und Vollendung im Jahre 1729. Sie wurde um 1770 durch den fürstlich liechtensteinischen Architekten Josef Ritter umgebaut. Hinter der einfachen Fassade mit den zwei stolzen Türmen erstreckt sich das helle Innere, von dessen Decke Allegorien über das Vaterunser leuchten, von Franz Zoller in barocker Manier gemalt. Vom gleichen Maler stammt auch das Gemälde am Hochaltar, die 14 Nothelfer darstellend. Der Altar wurde vom Ersteller der Schönbrunner Gloriette, Hohenberg von Hetzendorf, entworfen. Leopold Kupelwieser, ein Maler aus Schuberts Freundeskreis, wird später für einen Seitenaltar die Heilige Familie malen. Auf der lichten, weiß und gold bemalten Empore waltete als regens chori Michael Holzer.

Franz Schuberts Geburtshaus «Zum roten Krebsen» ist auch eines jener typischen, einstöckigen Wiener Vorstadthäuser. Über zwei Stufen gelangt man in einen malerischen Hof, der hinten durch einen Garten begrenzt wird. Über eine schmale Treppe steigen wir in einen kleinen Gang und stehen vor einer Wohnung. Hier wohnte die

Familie Schubert. Heute ist in den Räumen das Schubertmuseum untergebracht, das so manches Pietät weckende Andenken an unsern Freund und seine Welt aufweist.

ELTERN UND GESCHWISTER

Schuberts stammten aus Mährisch-Schlesien, wo die Familie in Neudorf, Bezirk Schönberg am Altvater, Pfarrsprengel Hohen-Seibersdorf, seit dem Ende des Dreißigjährigen Krieges ansässig war. Neudorf zählte damals 250 Einwohner. Schuberts Ururgroßvater Andreas und dessen Frau Regina hatten einen Sohn Johann, der 1698 in Neudorf zur Welt gekommen, mit einer Frau Elisabeth verheiratet war und 1763 starb. Er wird als «Domuncularis» (Häusler) bezeichnet. Demnach besaß er ein Schachenhäuschen, das auf ehemals fürstlichem Grunde stand. Diese Schachen- oder Auenhäuschen wurden meist von Holzfällern bewohnt, und man darf annehmen, daß auch Schuberts Urgroßvater ein solcher war. Er soll nebenbei auch Dorfmusikant gewesen sein. Im Jahre 1755 verkaufte er Häuschen und Garten seinem jüngern Sohn Karl um 24 Taler, behielt sich aber für sich und seine Frau Elisabeth die freie Wohnung vor. Dieser Karl Schubert, Franzens Großvater, lebte von 1722 bis 1787 und war mit einer Bauerntochter, Susanna Möck (Mück), verheiratet. Er muß recht tüchtig gewesen sein und es durch Intelligenz und Arbeitsamkeit zu einem gewissen Wohlstand gebracht haben. Er soll längere Zeit Soldat gewesen sein und den Österreichischen Erbfolgekrieg und die Schlesischen Kriege (1740 bis 1745) mitgemacht haben und zwar als Angehöriger der Regimentsmusik. Er soll bis an den Rhein und nach Flandern gekommen sein.

Im Jahre 1755 kaufte er seinem Vater das elterliche Häuschen ab, erwarb 1759 den Bauernhof seines Schwiegervaters um 203 Taler und wurde aus einem Häusler ein Bauer. Seit 1760 erscheint er als ältester der Geschworenen. Häufig ist er Taufpate und Trauzeuge, oder er wird bei Käufen als Bürge genannt. Er muß also ein recht großes Ansehen genossen haben.

Dem Ehepaar Karl und Susanna Schubert-Möck wurde am 11. Juli 1763 – der Siebenjährige Krieg ging eben zu Ende, zur großen Erleichterung aller Untertanen ihrer Allerchristlichsten Majestät Kaiserin Maria Theresia - als fünftes Kind der Knabe Franz Theodor geboren, der Vater unseres Komponisten.

Der Zug zur Schulstube muß in den Schuberts früh ausgebildet gewesen sein, denn schon in seinem Heimatorte amtierte Vater Schubert als Schulgehilfe. Als Zwanzigjähriger zog er zu seinem Bruder Karl, Schullehrer in Wien-Leopoldstadt (wir lernten ihn bereits als Franzls Paten kennen) und half ihm, die vielen Rangen Zucht, Sitte und ABC lehren. Nach zwei Jahren wird Franz Schubert Vater «wirklicher Lehrer an der Trivialschule» in Liechtental, nachdem er die sechs Jahre ältere Köchin Elisabeth Vietz, Tochter eines Schlossers aus Zuckmantel in Österreichisch-Schlesien heimgeführt hat. Das geschah am 17. Jänner 1785, wahrlich nicht zu früh; denn schon sieben Wochen nach der Hochzeit, am 8. März desselbigen Jahres, stellte sich der Stammhalter Ignaz ein.

Während ein späteres Ölbild von unbekannter Hand den Vater als strengen, etwas humorlosen, pedantischen, doch für sein Fortkommen sehr besorgten Mann verrät, ist von Mutter Elisabeth weder Bild noch Zeichnung noch Schattenriß auf uns gekommen. Franzens frühester Freund Anton Holzapfel, der sie noch gekannt, nennt sie «eine stille, von ihren Kindern sehr geliebte und von allen verehrte Frau». Sie war die bescheiden zurücktretende Gefährtin ihres Mannes, dessen Wille im Schuberthaus ebenso unumschränkt Gesetz war, wie Leopolds Wille im Mozarthaus zu Salzburg. Frau Schubert fand in der umtulichen Sorge um den Gatten und die Kinder ihr stilles Genügen, in der Religion ihren Trost, und wenn sie wie die Mutter Albrecht Dürers auch den Tod «mocht hart geforchten» haben, so hatte sie doch, wie diese, keinen Grund, sich vor dem Angesichte Gottes zu fürchten.

Häufige Krankheit, die vielfachen Mühen der Hausarbeit und die zermürbende Sorge um die tägliche Not sind sicher an ihren Zügen nicht spurlos vorübergegangen und ließen sie vorzeitig altern. Dazu waren nach damaligem Brauch und als Folge verhängnisvoll falscher Säuglings- und Kleinkinderbehandlung Hebamme und Tod gar häufige Gäste im Haus «Zum roten Krebsen». Davon reden Vater Schuberts sorgliche Eintragungen in die Familienchronik eine beklemmend deutliche Sprache. Sie lauten:

8. März	1785	Ignaz geb.
1. März	1786	Elisabeth geb.
23. April	1787	Carl geb.
6. Februar	1788	Carl gest.
6. Juny	1788	Franziska geb.
13. August	1788	Elisabeth gest.
14. August	1788	Franziska gest.
5. July	1789	Franziska Magdalena geb.
10. August	1790	Franz Carl geb.
10. September	1790	Franz Carl gest.
11. July	1791	Anna Carolina geb.
1. Jänner	1792	Franziska Magdalena gest.
29. Juny	1792	Peter geb.
14. Jänner	1793	Peter gest.
16. September	1793	Joseph geb.
18. Oktober	1794	Ferdinand geb.
5. November	1795	Carl geb.
31. Jänner	1797	Franz geb.
18. Oktober	1798	Joseph gest.
17. Oktober	1799	Aloysia geb.
18. Oktober	1799	Aloysia gest.
17. September	1801	Theresia geb.

Mutter Schubert verlor, wie der aufmerksame Leser und die noch aufmerksamere Leserin ersehen haben werden, im August 1788 je ein Kind an zwei aufeinanderfolgenden Tagen. Es wird ihnen auch nicht entgangen sein, daß Mutter Schubert zwischen 1785 und 1801 nur in zwei Jahren kein Kind gebar. Fast ist man versucht, sich des Bildnisses zu erinnern, das Albrecht Dürer 1514 von seiner Mutter erstellte und das in so erschreckender Art vom Los der Frau in alter Zeit zeugt.

Von den fünf überlebenden Kindern ist jedes etwas Rechtes geworden: Ignaz und Ferdinand Schulgehilfen ihres Vaters, dann Schullehrer und Schuldirektoren, Karl Landschaftsmaler und Schriftenzeichner. Therese blieb auch im Beruf. Sie lebte noch 1878 als Witwe des Oberlehrers Matthias Schneider. Und was Franz wurde, das ist in die Geschichte eingegangen.

Vater Schubert hielt sehr auf Zucht und Sitte. Das war wohl nötig, muß es doch, wenigstens in den ersten Jahren, bei Schuberts kümmerlich genug zugegangen sein. Wohl ließ es sich die Regierung angelegen sein, in patriarchalischer Art für die untern Volksschichten «Trivial»-Schulen einzurichten, durch Vorbereitungsanstalten, Präparandien, dem Lehrermangel abzuhelfen. Wohl wirkten sich die Reformen Maria-Theresias und Josephs II. wohltuend aus und zogen, als 1781 die bäuerliche Schollengebundenheit aufgehoben wurde, aus allen Gebieten der weiten Monarchie tüchtige Bauern- und Bürgersöhne an, die in «Normalschulen» – wer dächte da nicht an Jeremias Gotthelf und seinen Peter Käser! – eine aus Aufklärung und Pietismus seltsam gemischte Schulung erfuhren. Aus öffentlichen Mitteln wurden die Schulmeister hingegen nicht besoldet. So erhielt Vater Schubert von jedem seiner 174 Schulkinder aus Liechtental je drei bis vier Kreuzer wöchentliches Schulgeld, was keinen großen Betrag ausmachte. Damit war in der Regel Schmalhans Küchenmeister im Haus «Zum roten Krebsen». Die stille Mutter half in emsigem Fleiß mit, der Not zu steuern und durch kluges Haushalten und Einteilen dafür zu sorgen, daß Vaters Einkommen für die hungrigen Mäuler, für die zerrissenen Hosen und Schuhe langte. Doch focht das alles die Schubertschen wenig an. Sie musizierten nach Herzenslust. Mit dem Vater war aus Mährisch-Neustadt auch ein guter Schuß Musikantenblutes und fröhlicher Singlust nach Liechtental gewandert, und es ist kein Zweifel, daß der Schulmeister Franz Schubert senior Martin Luthers Forderung: «Ein Schulmeister muß singen können, sonst seh' ich ihn nicht an», in reichem Ausmaß erfüllte.

Die Schulmeister in Wien und in den Städten und Dörfern der Donaumonarchie waren am Notenpult und auf der Orgelbank so gut zu Hause wie auf dem Katheder. Sie betreuten den Kirchengesang und spielten, wie noch Anton Bruckner in Windhaag, zum Tanz auf. Sie begleiteten die kleinen kirchlichen Gesangswerke, halfen aus im Liebhaberorchester und strichen Geige, Bratsche oder Cello in den Hauskonzerten. Sie schrieben auch Noten, eigene und fremde, hielten sich über alt- und neumodische Musik auf dem laufenden, sie schöpften aus dem unversieglichen Born der Volksmusik Melodien und Rhythmen, die sie in bescheidenere oder gewichtigere Kompositionen einströmen ließen. Wie die deutsche Musik des 18. Jahrhunderts nicht ohne den Kantor zu denken ist, der auf dem Lande meist auch der Lehrer war, so ist das Musikleben Österreichs zu Schuberts Zeiten auch nicht ohne den singenden, geigenden, die Orgel schlagenden Schulmeister zu denken. Dieser wagte sich ab und zu, nicht ohne einigen Erfolg, an die Schaffung einer Festtagskantate, eines Messesatzes oder gar einer kleinen Messe. Nicht nur des Schullehrers Gruber «Stille Nacht, heilige Nacht» mochte so seinen Weg aus der einfachen Schulmeisterwohnung in die Welt genommen haben und zum «Lied im Volkston» oder gar zum «Volkslied» geworden sein!

FRÜHE BEGABUNG

In der Familie Schubert wurde begeistert musiziert. Kaum regten sich bei Franzl die ersten Zeichen musikalischer Begabung, unterrichtete ihn der Vater im Geigenspiel, während ihm der älteste Bruder Ignaz Notenkenntnisse und Klavierspiel beibrachte. Der Unterricht ließ sich gar nicht übel an, und bald strich Franzl im häuslichen Quartett wacker Bratsche oder Geige. Man war unterdessen, 1801, in das Schulhaus «Zum schwarzen Rößl», Säulengasse 3, umgezogen, wo der Vater 1786 bis 1817 Lehrer war. Der Vater hatte es gekauft, um es 1826 mit ansehnlichem Gewinn wieder zu verkaufen. Von Schwester Resi wissen wir, daß schon vor Beginn des Musikunterrichts, der einsetzte, als Franz fünf Jahre zählte, ihr Bruder mit einem verwandten Tischlergesellen eine Klavierwerkstatt aufsuchte und auf den dort stehenden Klavieren mit sichtlicher Freude Akkorde willkürlich aneinanderreihte. Ähnliches wissen wir auch vom jungen Mozart.

Über die sich so früh bemerkbar machende, immer auffälliger zutage tretende und sich stürmisch entwickelnde Musikalität erzählt der Vater später: «In seinem fünften Jahre bereitete ich ihn zum Elementarunterricht vor, und in seinem sechsten ließ ich ihn die Schule besuchen, wo er sich immer als der erste seiner Mitschüler auszeichnete. In seinem achten Jahre brachte ich ihm die nötigen Vorkenntnisse zum Violinspiel bei und übte ihn so weit, bis er imstande war, leichte Duette ziemlich gut zu spielen; nun schickte ich ihn zur Singstunde des Herrn Michael Holzer, Chorregenten in Liechtental. Dieser versicherte mir mehrmals mit Tränen in den Augen, einen solchen Schüler nie gehabt zu haben. ,Wenn ich ihm was Neues beibringen wollte', sagte er, ,hat er es stets schon gewußt. Folglich habe ich ihm eigentlich keinen Unterricht gegeben, sondern mich mit ihm bloß unterhalten und ihn stillschweigend angestaunt.'»

Mag sich in diese rückblickende Äußerung auch viel väterlicher Stolz retuschierend eingeschlichen haben, so kann an der intuitiven Art und Begabung des jungen Franz Schubert kein Zweifel sein. Auch Bruder Ignaz erzählt ähnliches: «Ich war erstaunt, als er kaum nach einigen Monaten mir ankündigte, daß er nun meines ferneren Unterrichts nicht mehr bedürfe und sich schon selber forthelfen wolle. Und in der Tat brachte er es in kurzer Zeit so weit, daß ich ihn selbst als einen mich weit übertreffenden und nicht mehr einzuholenden Meister anerkennen mußte.»

Michael Holzer (1772 bis 1826), der nun den Unterricht übernahm, schon genannt als Leiter des Kirchenchores zu den «14 Nothelfern», war ein tüchtiger Musiker von altem Schrot und Korn. Er liebte seinen so vielversprechenden jungen Schüler mit väterlichem Wohlwollen und legte durch seinen Unterricht in Singen, Orgelspiel und Theorie in Franz Schubert einen soliden Grund, auf dem weiterzubauen war. Franz Schubert seinerseits vergalt dem Chorregenten Michael Holzer diese vom Beruflichen ins Menschliche sich weitende Teilnahme durch unverbrüchliche, herzliche Zuneigung und Anhänglichkeit. Er widmete ihm seine 1816 entstehende Messe in C-dur und bestätigte diese Widmung, als das Werk später als op. 48 bei Diabelli im Druck erschien, zwei Jahre vor dem Tode seines väterlichen Freundes.

Franz Schubert verfügte auch über einen schönen und sichern Knabensopran. Er sang früh in den Gottesdiensten der Gemeinde Liechtental die Sopransoli und war recht bald auch auf der Orgelbank der Kirche anzutreffen. Als Michael Holzer den Knaben einst auf der Orgel phantasieren hörte, sagte er ergriffen: «Der hat die Harmonie im kleinen Finger.»

So war aus dem Lehrersohn aus dem Haus «Zum schwarzen Rößl» eine kleine Lokalberühmtheit geworden, auf die der Vater nicht wenig stolz war. Regten sich in ihm die Erinnerungen an ein anderes Wunderkind, das allerdings seit mehr als einem Jahrzehnt auf dem Friedhof von St. Marx im Massengrab ruhte?

Ein gütiges Geschick, das zuweilen auch über Wunderkindern waltet, bewahrte Schuberts kindliches Genie vor kommerzieller Ausmünzung durch den Herrn Vater. Dieser freute sich vielmehr herzlich, daß sein Junge in der Schule stets der Erste war, daß er so tapfer übte und bereits begonnen hatte, die Hauskonzerte der Familie Schubert mit eigenen Kompositionen zu versorgen. Er war nur darauf bedacht, diesem erstaunlichen Talent die ihm zukommende Ausbildung zuteil werden zu lassen. Und das vorerst immer noch über Franz Schubert waltende gütige Geschick führte den Elfjährigen im Herbst 1808 als Sängerknaben in die kaiserlich-königliche Hofkapelle.

Drittes Kapitel

DER K. K. KONVIKTSCHÜLER
(1808–1813)

> « *Dem kann ich nichts lehren,*
> *der hats vom lieben Gott gelernt.*»
> (Konviktsdirigent Wenzel Ruziczka über Franz Schubert)

DAS LEBEN IM KONVIKT

Am 28. Mai 1808 stand in der amtlichen «Wiener Zeitung» zu lesen, daß in der k. k. Hofkapelle zwei Stellen zu besetzen seien; im August kam noch eine dritte hinzu. «Die Konkurrenten müssen das zehnte Jahr vollendet haben und fähig sein, in die erste Grammatikalklasse einzutreten». Sie mußten körperlich gesund sein und die Pocken überstanden haben. Beides traf für Franz Schubert zu. In einem Aufnahmeexamen hatten die Bewerber zu beweisen, ob sie eine schöne Singstimme hätten und im Singen gut zu unterrichten seien. Die am 30. September 1808 nachmittags um drei Uhr im k. k. Konvikt am Universitätsplatz Nr. 796 stattfindende Prüfung wurde u. a. von Herrn Konviktsdirektor Dr. Franz Innozenz Lang, Herrn Hofmusikdirektor Antonio Salieri und Herrn Vize-Hofkapellmeister Joseph Eybler abgenommen.

Bruder Ferdinand überliefert: Der Knabe trug einen lichtblauen, weißlichten Rock, so daß sich die übrigen Leute (mitgehende Eltern) samt den andern Kindern, die auch in das Konvikt aufgenommen werden sollten, sich untereinander lustig machten mit Redensarten als: ‚Das ist gewiß eines Müllners Sohn, dem kann es nicht fehlen usw.' Allein der Schulmeisterssohn erregte nicht durch seinen weißen Gehrock, sondern bei den Hofkapellmeistern Salieri und Eybler (als Ferdinand seine Erinnerungen niederschrieb, war Eybler als Nachfolger Salieris Musiklehrer der kaiserlichen Prinzen und I. Hofkapellmeister geworden), und bei dem Singmeister Korner auch durch sicheres Treffen der ihm vorgelegten Probegesänge Aufsehen. Er wurde also aufgenommen. Sehr traurig trennte er sich von Vater, Mutter und Geschwistern; aber die goldene Borte auf seiner Uniform schien ihn wieder getrost und ruhig zu machen.» Das Prüfungsergebnis ging am 8. Oktober 1808 als Intimat des Obersthofmeisters an den Hofmusikgrafen Ferdinand Graf von Kuefstein und lautete: «Nachdem bei der am 30. vorigen Monats vorgenommenen Konkursprüfung für die drei erledigten Hofsängerknaben-Stellen vermöge der zurückfolgenden Zeugnisse des k. k. ersten Hofkapellmeisters Salieri und des Konviktdirektors Lang die beiden Sopranisten Franz Schubert und Franz Müllner, dann der Altist Maximilian Weiße als die tauglichsten befunden wurden, so unterliegt deren Aufnahme keinem Anstande.» Mit dem etwas jüngeren Altisten Weiße freundete sich Franz Schubert offenbar an, denn er schrieb im Konvikt für ihn eine verschollene Ouvertüre für Klavier.

Die Sängerknaben wurden im k. k. Stadtkonvikt der Obhut des Piaristenordens anvertraut. Das Konvikt war ehemals Lehranstalt der Jesuiten gewesen; Joseph II. hatte sie im Zuge seiner Reformen aufgehoben, doch wurde sie von Franz II. wieder eingerichtet, aber 1803 den Piaristen übergeben. Das Konvikt war nicht nur eine Internatsmusikschule, sondern, was für Schubert sehr bedeutsam wurde, ein Internat für weitere Zöglinge, Mittel- und Hochschüler, die hier lebten. Es war eine bunte Schar aufgeweckter, geistig regsamer junger Leute aus verschiedenen Kreisen, die sich als Kameraden und Freunde zusammenfanden und im gemeinsamen Erleben sich wechselseitig fördernd beeinflußten. In diesem Kreise fand der Schulmeisterssohn Franz Schubert Freunde fürs Leben. Nicht alle begleiteten ihn gleich bedeutsam oder gleich lang auf seinem Weg. Aber alle erfüllten sie im vormärzlichen Österreich die in sie gesetzten Erwartungen. Da war, neben Spaun, dem Treuesten der Treuen, Albert Stadler, dessen Romanze «*Lieb' Minna*» («Schwüler Hauch weht mir herüber», XX, 86) in Schuberts Vertonung so schmerzlich wirkt, war der Tiroler Johann Michael Senn. Von ihm vertonte Schubert 1822 feinfühlig die Gedichte «*Selige Welt*» («Ich treibe auf des Lebens Meer», XX, 406) und «*Schwanengesang*» («Wie klag ich's aus, das Sterbegefühl?», XX, 407). Da waren der Musiker Benedikt Randhartinger, der Philosoph Franz von Bruchmann, Anton Holzapfel (der uns das Zeugnis über Mutter Schubert überlieferte), Joseph Kenner und Joseph von Streinsberg. Ihnen hielt Schubert auch später die Treue und traf sie nach seinem Austritt aus dem Konvikt zu sonntäglichem Musizieren im «Fortepianozimmer». «Im Klavierzimmer übten sich», berichtet Kenner, «nach dem Mittagessen in freier Zeit Albert Stadler, selbst Tonsetzer, und Anton Holzapfel, sein Klassengenosse, im Vortrag Beethovenscher und Zumsteegscher Werke, wobei sich die ganze Hörerschaft vorstellte; denn der Raum war im Winter nicht geheizt und daher schauerlich kalt. Ab und zu kamen Spaun und nach seinem Austritt aus dem Konvikt auch Schubert dazu. Stadler schlug das Klavier, Holzapfel sang; hie und da setzte sich Schubert an den Flügel.»

In diesem Konvikt wurden die zehn Sängerknaben für den sonntäglichen Dienst in der Hofkapelle geschult. Wenn wegen Mutation der Stimme für sie keines Bleibens mehr war, hatten sie die Möglichkeit, bei tadelloser Führung und guten Leistungen nach allerhöchster Anordnung als Stipendiaten bis zur Reifeprüfung (Maturität) im Konvikt verbleiben zu können. Franz Schubert erfüllte die von ihm gehegten Erwartungen vorerst. Er zeichnete sich nicht nur «in Sitten und Studium» aus, sondern ganz besonders in allen Musikfächern: «Er geigt und spielt schwere Stücke prima vista», heißt es 1811 in einem Zeugnis von ihm. Am 28. September gleichen Jahres ging aus der Hofkanzlei der Auftrag an den k. k. Hofmusikgrafen, «dem Franz Schubert die diesortige besondere Zufriedenheit über seine in allen Rubriken ausgezeichneten Fortschritte zu bezeigen». Das Lob sollte besonders auch dem Klaviermeister Ruziczka gelten. Dieser Wenzel Ruziczka war Bratschist am Burgtheater und Hoforganist. Am Konvikt war er Klavier- und Orgellehrer und unterrichtete auch Viola, Cello und Generalbaß (so z.B. 1811 Schubert). Täglich kam er zweimal ins Institut, hatte auf die «glückliche Marotte von Herrn Direktor Lang» ein Konviktorchester eingerichtet, das er leitete. Neben ihm unterrichteten Ferdinand Hofmann Violine und der schon genannte Singmeister Philipp Korner Gesang. Das Schulorchester, später auch von Schubert geleitet, dessen überragende Musikalität allgemein anerkannt wurde, musizierte schlecht und recht jeden Abend eine bis zwei Ouvertüren und eine Sinfonie. Nach Georg Thaa, der mit Schubert zusammen im Konvikt war, bestand das Orchester aus 6 ersten, 6 zweiten Violinen, Bratschen, 2 Violoncelli, 2 Kontrabässen und je 2 Flöten, Oboen, Klarinetten, Fagotten, Hörnern, Trompeten und Pauken. Damit konnten Beethovens «Fünfte» und

«Sechste» nicht aufgeführt werden. Schubert spielte neben Spaun vorerst die Bratsche sowie die zweite, später die erste Violine. Dieses tägliche Musizieren bedeutete für ihn das reinste Glück. Hier entwickelte sich nicht nur seine angeborene Musikalität; er fand in diesem Musizieren die beste Gelegenheit, praktische Erfahrungen zu sammeln, Satzkunst, Harmonienfolge, die Grenzen der einzelnen Instrumente und deren Verwendung zu erlernen, wenig Hervorragendes, manches Gute, viel Minderwertiges zu prüfen. Denn seine nun bald entstehenden und auf uns gekommenen instrumentalen Jugendwerke verraten in den Sinfonien eine klangliche Differenzierung und in den Streichquartetten eine Gewandtheit der Stimmführung, die dem jungen Tonsetzer nur aus der praktischen Erfahrung zugeflossen sein konnten. Die aufgeführten Ouvertüren stammten etwa von Cherubini, Méhul, Weigl und andern, die Sinfonien von Mozart, Haydn, dem jungen Beethoven und von den vielen kleineren Sternen, die in jener Zeit an Wiens Musikhimmel glänzten, in die Mode und aus ihr kamen. Vor allem Mozarts g-moll-Sinfonie und Beethovens «Zweite» sprachen Schubert am meisten an, und noch kurz vor seinem Tode sprach er, versichert Spaun, wie mächtig ihn diese Werke damals ergriffen hätten. Anton Holzapfel meldet uns über dieses Musizieren: «Es wurden bei unsern täglichen Produktionen jahraus, jahrein alle Symphonien von Joseph Haydn, Mozart, dann die zwei ersten von Beethoven, ferner alle damals gangbaren Ouvertüren, selbst «Coriolan» und «Leonore» regelmäßig aufgeführt, die klassischen Quartette Haydns und Mozarts großenteils durchgemacht. Alles, versteht sich, höchst roh und mangelhaft und auf schlechten Instrumenten, und ich weiß noch genau, mit welchem immensen Vergnügen wir auf die in Albrechtsbergers, Haydns und Mozarts Quartetten vorkommenden Fugen taktfest herabscharrten...»

Das Leben im Konvikt war eng, die Kost schmal, der Appetit groß, das Taschengeld karg. Da begreifen wir nur zu gut den Brief vom 24. November 1812 an Bruder Ferdinand: «Gleich heraus damit, was mir am Herzen liegt, und Du wirst nicht durch liebe Umschweife lang aufgehalten. Schon lange habe ich über meine Lage nachgedacht und gefunden, daß sie, im ganzen genommen, zwar gut sei, aber doch hie und da verbessert werden könnte; Du weißt aus Erfahrung, daß man doch manchmal eine Semmel und ein paar Äpfel essen möchte, um so mehr, wenn man nach einem mittelmäßigen Mittagsmahl nach achteinhalb Stunden erst ein armseliges Nachtmahl erwarten darf. Dieser schon oft mir aufgedrungene Wunsch stellt sich nun immer ein, und ich mußte nolens volens endlich eine Abänderung treffen. Die paar Groschen, die ich vom Herrn Vater bekomme, sind in den ersten Tagen beim Teufel, was soll ich dann die übrige Zeit tun? Die auf dich hoffen, werden nicht zuschanden werden. Matthäus, Kap. 3, Vers 4. (,Da trat der Versucher zu ihm und sagte: Bist du Gottes Sohn, so gebiete, daß diese Steine Brot werden!' – Die zitierte Stelle steht Psalm XXII, Vers 6!) – Was wär's denn auch, wenn Du mir monatlich ein paar Kreuzer zukommen ließest. Du würdest es nicht einmal spüren, indem ich mich in meiner Klause für glücklich hielte und zufrieden sein würde. Wie gesagt, ich stütze mich auf die Worte des Apostels Matthäus, der da spricht: Wer zwei Röcke hat, der gebe einen den Armen etc. (Lucas Kap. 3, Vers 11!). Indessen wünsche ich, daß Du der Stimme Gehör geben mögest, die Dir unaufhörlich zuruft, (Dich) Deines Dich liebenden, armen, hoffenden und nochmals armen Bruders Franz zu erinnern.»

Was für ein heimeliger Brief eines Fünfzehneinhalbjährigen aus eiskalter Klause! Wie nett die falschen Zitierungen aus dem Gedächtnis! Wessen Herz hätte da nicht schmelzen müssen! – Brüderliche Freundeshilfe fand er aber auch im Konvikt. Der neun Jahre ältere Josef von Spaun erzählt in seinen Erinnerungen über die erste Konviktszeit: «Ich lernte Franz Schubert im November 1808 kennen, als er beiläufig elf Jahre alt, als Sängerknabe der Hofkapelle im k. k. Konvikt in die Studien trat. Die Anstalt schien ihm nicht behaglich, denn der kleine Knabe war immer ernst und wenig freundlich. Er wurde, da er schon ziemlich fertig die Geige spielte, dem kleinen Orchester einverleibt. Ich saß der erste bei der zweiten Geige und der kleine Schubert spielte, hinter mir stehend, aus demselben Notenblatte. Sehr bald nahm ich wahr, daß mich der kleine Musiker an Sicherheit des Taktes weit übertraf. Dadurch auf ihn aufmerksam gemacht, bemerkte ich, wie sich der meist stille und gleichgültig aussehende Knabe auf das lebhafteste den Eindrücken der schönen Sinfonien hingab, die wir aufführten. Ich fand ihn einmal im Musikzimmer am Klavier sitzend, das er mit seinen kleinen Händen schon artig spielte. Er versuchte gerade eine Mozartsche (Klavier-) Sonate und sagte, daß sie ihm sehr gefiele, er aber Mozart schwer gut zu spielen fände (wie ahnungsvoll treffend dieses Urteil eines Kindes!). Auf meine freundliche Aufforderung spielte er mir ein Menuett von seiner eigenen Erfindung. Er war dabei scheu und schamrot, aber mein Beifall erfreute ihn. Er vertraute mir an, daß er seine Gedanken öfter in Noten bringe; aber sein Vater dürfe es nicht wissen, da er durchaus nicht wolle, daß er sich der Musik widme. Ich steckte ihm dann zuweilen Notenpapier zu.» Spaun wurde Schuberts bester Freund. Ihm vertraute er sich und seine Geheimnisse an, ihm spielte er seine ersten Kompositionen vor, mit ihm besuchte er später das Kärntnertor-Theater, hörte mit ihm zusammen auf der Galerie die Opern jener Zeit: Weigls «Schweizerfamilie», Glucks «Iphigenie auf Tauris», Cherubinis «Medea», Mozarts «Zauberflöte». Wie bewunderte er Gesang und Spiel der Frau Milder und des Herrn Vogl! «Schöneres gibt es gewiß nicht als die Arie der Iphigenie im dritten Akt mit dem einfallenden Frauenchor. Die Stimme der Milder durchdringt mein Herz. Den Vogl möchte ich kennen, um ihm für seinen Orest zu Füßen zu fallen.»

Von andern Konviktsgenossen wird Schubert als ernst, scheu, in sich gekehrt und als Knabe von kurzer, derber Gestalt, mit freundlich rundem Gesicht, aber kräftig geprägten Zügen geschildert. Man hatte ihn gern; er war zuverlässig und treu, hielt in allem Maß, zeigte steten Ernst, stete Ruhe und eine anziehende Gutmütigkeit, die ihn als wesentliche Charaktereigenschaft durch sein ganzes Leben begleiten sollte. Auf gemeinsamen Spaziergängen hielt er sich meist abseits, war in Gedanken versunken (sicher tönte sein Inneres von Musik wider) und spielte mit den Fingern auf einer unsichtbaren Klaviatur. Niemand sah ihn je heftig, es wäre denn im Meinungsstreit um die Qualität der aufgeführten Musik! Hören wir darüber Spaun: «...In dieser Zeit waren auch Franz Krommers Symphonien in der Mode, die unter den jungen Leuten wegen ihrer Heiterkeit großen Beifall fanden. Schubert ärgerte sich, so oft eine solche aufgeführt wurde, und sagte oft während des Spielens halblaut: ,O wie fad!' Er begriff nicht, wie man solches Zeug – so sagte er – aufführen könne, da doch Haydn Symphonien in Unzahl geschrieben habe. Als einmal eine Symphonie von Leopold Anton Kozeluch aufgeführt wurde und viele über die veraltete Musik schimpften, ereiferte er sich förmlich und schrie mit seiner Kinderstimme: Es ist in dieser Symphonie mehr

Hand und Fuß als im ganzen Krommer, den ihr doch so gern spielt!»
Nie gab sein Betragen zu Tadel Anlaß. Dabei war er alles andere als
ein langweiliger, unbewegter Duckmäuser. Wenn nur die Finger im
ungeheizten Fortepianozimmer nicht gar so steif würden. Und wie
viel Zeit ging verloren mit Saitenaufziehen, Instandhalten der Kerzenbeleuchtung, Ordnen der Noten und Instrumente. Denn Schubert
versah auch noch das Amt eines Orchesterdieners. Alles Mißbeliebige
trat aber zurück hinter dem Erlebnis täglicher Beglückung durch die
praktische Musikübung im Konviktsorchester, wo er in Mozarts
Musik «die Engel singen hörte», in der Hofkapelle, wo er als Sopranist in der schmucken Uniform aus schwarzbraunem Tuch, mit einer
kleinen goldenen Epaulette auf der linken Achsel, in kurzen Beinkleidern und Schnallenschuhen stand. Hier sang er die Messen, Vespern und Litaneien, die Offertorien und Hymnen der österreichischen
und böhmischen Musiker, der Eybler, Diabelli, Stadler und Süßmayr,
der Wranitzky und Gyrowetz, aber auch Mozarts und der beiden
Brüder Haydn. Er hat sie beide sehr geschätzt, auch den Michael in
Salzburg, von dem sie im Konvikt als große Novität die ersten Gesangsquartette durchgingen. Das geht hervor aus der uns merkwürdig
berührenden Tatsache, daß Schubert 1825 anläßlich einer Reise nach
Salzburg hier nicht etwa Mozarts Geburtshaus aufsuchte, sondern in
der Klosterkirche St.Peter das Grab Michael Haydns. «Es wehe auf
mich, dachte ich mir, dein ruhiger, klarer Geist, du guter Haydn, und
wenn ich auch nicht so ruhig und klar sein kann, so verehrt dich doch
gewiß niemand auf Erden so innig als ich», schrieb er damals dem
Bruder Ferdinand. Dieser, meint Einstein mit Recht, habe dies besser
verstanden als heute wir.

DIE ZEITGENÖSSISCHE MUSIK

Es war eine etwas puritanisch-profan angelegte Kirchenmusik, die
damals in den Kirchen Wiens aufgeführt und von Franz Schubert in
der k. k. Hofkapelle mitgesungen wurde. Aus ihrer nüchternen Welt
heraus verstehen wir auch die Ablehnung, welche die 1807 entstandene und in Eisenstadt uraufgeführte Messe in C von Beethoven
fand: «Aber, lieber Beethoven, was haben Sie da wieder gemacht»,
soll sich der Besteller Fürst Esterhazy zum Komponisten geäußert

haben. Der Rationalismus der Josephinischen Epoche wirkte noch sehr lebendig nach, die Flucht in die Dämmerung der Romantik hatte noch nicht eingesetzt (noch lag kein Grund dazu vor), die zeitgenössische Kirchenmusik war in den objektiven, weltlich wirkenden Stil der Liedmesse eingemündet, der (Beethovens einer andern Welt entstammendes subjektives Bekenntniswerk der «Missa solemnis» ausgenommen) noch das ganze 19. Jahrhundert, den frühen Anton Bruckner eingeschlossen, beherrschen sollte. Die Gesellschaft des 19. Jahrhunderts war vorerst mit Gott in ein eher auf rechnerischer Grundlage beruhendes Verhältnis getreten und der Meinung geworden, Sparsamkeit tue in allen Dingen gut. Diese josephinische Welt, die dem rechnenden Bürger des 19. Jahrhunderts so zusagte, weil sie die seine war, beherrschte Schuberts Kirchenmusik auch noch, als er Beethovens «Missa» kennengelernt hatte. Wenn Schuberts Messen trotzdem ans Herz rühren, so deshalb, weil sie wie Beethovens «Missa solemnis» von Herzen kommen.

Weit fruchtbarere Anregungen hat Schubert von der Instrumentalmusik erhalten. Mag auch nicht immer das neueste an Sinfonik und Kammermusik mit und ohne Klavier auf die alten, abgewetzten Konviktsnotenpulte gekommen sein, die letzten Sinfonien Mozarts, die Pariser und Londoner Sinfonien Haydns, ihre Divertimenti und Cassationen, Beethovens «Erste» und «Zweite», die vielen Trios, Quartette, Quintette und Bläserserenaden hat er in reicher Auswahl gekannt und gespielt. Die Werke des klassischen Wiener Dreigestirns kamen ja in rascher Folge gestochen heraus und waren im Notenhandel oder durch Abschriften leicht zu erwerben, auch hielt Konviktsdirektor Lang darauf, daß viel und vieles musiziert wurde. Mozart und Haydn waren für Schubert zwar eher Vergangenheit, lebendig gebliebene freilich, aber doch Vergangenheit. – In ganz anderem Ausmaß hat Beethoven auf ihn gewirkt, ihn beunruhigt, erdrückt auch des öftern: «Wer vermag nach Beethoven noch etwas zu machen?» äußerte sich Schubert im Konvikt zu Spaun.

Denn nun hatte auch Franz Schubert begonnen, seine musikalischen Gedanken und Empfindungen zu Papier zu bringen. Wieder ist es Spaun, der 1811 nach zweijähriger Abwesenheit als Regierungsbeamter wieder nach Wien zurückkommt und zu erzählen weiß: «Ich fand meinen jungen Freund etwas gewachsen und wohlgemut. Er war längst zur ersten Geige vorgerückt und hatte bereits einiges Ansehen im Orchester gewonnen, auf dessen Leitung er nicht ohne Einfluß blieb. Schubert sagte mir damals, daß er eine Menge verfaßt habe; eine Sonate, eine Fantasie, eine kleine Oper und er werde jetzt eine Messe schreiben. Die Schwierigkeit für ihn bestehe hauptsächlich darin, daß er kein Notenpapier und kein Geld habe, um sich welches zu kaufen, er müsse sich daher gewöhnliches Papier erst rastrieren und das Papier selbst wußte er oft nicht woher nehmen. Ich versah ihn dann heimlich rieseweise mit Notenpapier, das er in unglaublicher Menge verbrauchte. Er schrieb Musik außerordentlich schnell (wie dies auch Mozart tat), und die Zeit der Studien verwendete er unablässig zum Tonsatz (Komposition), wobei die Schule allerdings zu kurz kam. Vater Schubert, ein sonst sehr guter Mann, entdeckte die Ursache seines Zurückbleibens in den Studien (die Zensuren verrieten es), und da gab es einen großen Sturm und ein neues Verbot; allein die Schwingen des jungen Künstlers waren zu kräftig, und sein Aufflug ließ sich nicht mehr unterdrücken.»

Schubert war derart erfüllt von musikalischen Gedanken, von einem quellenden Reichtum an Melodien und Klängen, die nach Formung drängten, daß ein Verbot natürlich nicht befolgt werden konnte. Der junge Phönix regte die Schwingen, und niemand und nichts konnte ihn hindern, den Flug in das Reich der Musik, seiner Musik, anzutreten. Auch Vater Schubert nicht, dessen Verbot sicher aus ehrlicher Besorgnis um des Sohnes Zukunft heraus erfolgte. Tonsetzerei war eine brotlose Kunst, wenn sie nicht mit einem offiziellen und honorierten Amt, etwa demjenigen eines k. k. Hof- oder Domkapellmeisters verbunden war. Und vor solchen Stellen standen die Anwärter Schlange! Dann starb am Fronleichnamstag, am 28. Mai 1812, auch noch die Mutter. Wie schmerzlich traf das den Konviktschüler. Wie sehr hatte er sie geliebt. Wie oft hatte sie mit sanftem Wort hüben und drüben zu vermitteln versucht. Was ihr im Leben nicht gelingen wollte, das brachte aber ihr Tod zustande: Der gemeinsame Schmerz um die Verstorbene führte Vater und Sohn wieder zusammen, und neuerdings besuchte Franz am Sonntagnachmittag in den Ferien das Vaterhaus, das er etwas gemieden hatte und wo man fleißig musizierte. Bruder Ferdinand berichtet auch hierüber: «Für seinen Vater und die älteren Brüder war es ein vorzüglicher Genuß, mit ihm Quartette zu spielen. Dies geschah meistens in den Ferialmonaten. Da war der Jüngste unter allen der Empfindlichste. Fiel wo immer ein Fehler vor, und war er noch so klein, so sah er dem Fehlenden entweder ernsthaft oder zuweilen auch lächelnd ins Gesicht; fehlte der Papa, der das Violoncello spielte, so sagte er ganz schüchtern und lächelnd: ‚Herr Vater, da muß was gefehlt sein.' Und der gute Vater ließ sich gern von ihm belehren. Bei den Quartetten spielte Franz immer Viola, sein ältester Bruder Ignaz die zweite, Ferdinand (dem Franz unter seinen Brüdern vorzüglich zugetan war) die erste Violine, und der Papa Violoncello.» Der Vater gab auch die Erlaubnis, daß Franz, was große Ausnahme war, von Herrn Salieri zweimal wöchentlich extern in theoretischen Fächern unterrichtet wurde. «Den 18. Juny 1812 den Contrapunkt angefangen», meldet eine Notiz Schuberts auf einem seiner Übungsblätter.

Am 25. April 1813 gab der Vater seinen Kindern eine zweite Mutter in Anna Kleyenböck, der Tochter eines bürgerlichen Seidenzeugfabrikanten, zwanzig Jahre jünger als ihr Gatte, nur zwei Jahre älter als Ignaz, elf Jahre älter als Ferdinand und vierzehn Jahre älter als Franz, der noch fünf Halbgeschwister erhielt. Sie wurde auch den aus der ersten Ehe ihres Mannes übernommenen Kindern eine gute Mutter, und Franz hing auch ihr in Liebe und Verehrung an. Doch nun hatte bei ihm bereits der Stimmbruch eingesetzt. Er wurde in den Alt versetzt, aber seine Tätigkeit als Sängerknabe ging alsgemach zu Ende. Auf einem Notenblatt der ersten Messe Peter von Winters findet sich bei der dritten Altstimme der von ungelenker Hand hingemalte Vermerk: «Schubert Franz Zum letztenmal gekräht Den 26. July 1812.» Der gleiche Vermerk befindet sich auch am Ende der vierten Altstimme. – Da Franz Schubert sich im Konvikt derart ausgezeichnet hatte, sollte er ein Stipendium einer der Stiftungen Windhag, Meerfeld oder Goldegg erhalten. Deutsch teilt die entsprechenden Dokumentationen folgendermaßen mit: «Vortrag der Studienkommission vom 6. August 1813 mit dem Vorschlage zur Besetzung sechs Windhagischer Stiftungsplätze, dann eines Meerfeldischen und eines Goldeggischen Platzes im Konvikt zu Wien. – Die Konvikts Direktion äußert sich: ...Für den zweiten, dritten, vierten und fünften Windhagischen Platz werden verordnungsmäßig die wegen Stimme Veränderung nicht mehr zu Sänger Knaben brauchbaren Joseph

Andorfer, Joseph Kleindl, Franz Schubert und Franz Müllner vorgeschlagen, um das freie Konviktsvermögen baldigst ihrer Verpflichtung zu entheben...» Der Akt ging hin und her, bis die «Allerhöchste Entscheidung» fiel: «Die Windhagischen Stiftungsplätze verleihe ich ... von den 4 Sängerknaben Jos. Andorfer, Jos. Kleindl, Franz Schubert und Franz Müllner denen 3en welche sich bei ihnen in Studien und Sitten am besten ausgezeichnet haben...

Komotau d. 10. Octob. 1813. Franz»

Ein Windhagsches Stipendium betrug 200 bis 300 fl. jährlich. Der Kaiser war damals im böhmischen Komotau bei der Hauptarmee der Verbündeten, die acht Tage später Napoleon 1. in der Völkerschlacht bei Leipzig schlugen. Schubert wurde für das Meerfeldische Stipendium vorgesehen, das 150 fl. betrug, unter der Bedingung und Androhung der Entlassung, daß er in den Ferien die 2te Classe verbessere, «indem das Singen und die Musik nur eine Nebensache die guten Sitten und Fleiß im studieren aber die Hauptsache und eine unerläßliche Pflicht bei jenen ist die sich des Besitzes eines Stiftungsgenusses erfreuen wollen...

Rötha den 21ten Octob. 1813. Franz»

Schubert wird qualifiziert, er sei «ein sehr guter Jüngling, der wegen seines vorzüglichen musikalischen Talents, und als Verfasser mehrerer guter Musik Stücke vom Kapellmeister Salieri angerühmt wird». Dagegen heißt es von den beiden Mitschülern Johann Geraus und August Gment, sie müßten die erste Grammatikal Klasse wiederholen, da sie «bloß durch kindische Unruhe sich die zweite Klasse (Zensur) in Sitten zugezogen.» Sie könnten nicht wohl entlassen werden, «da geeignete Sängerknaben nicht leicht zu erlangen sind». So der Leibarzt Andreas von Stift in einem eigenhändigen Gutachten. Schubert sieht im Studium nur ein Hindernis zum Komponieren. Er verzichtet auf das ihm zugedachte Stipendium und verläßt das Konvikt im November 1813. Er hatte ihm sehr vieles zu verdanken: Eine gute humanistische Bildung, gründliche Kenntnisse der dichterischen und musikalischen Literatur, einen Grund an musiktheoretischer Bildung, auf dem er sein ganzes Lebenswerk errichtete, auch Freunde, auf die er zählen konnte. Doch vertrugen sich das, was durch das von ihm erwartete Studium in seinen Kopf hinein sollte und das, was so ungestüm aus seinem Herzen hinaus wollte, nicht zusammen. Das Herz war stärker, das Herz und die Musik! Er widmete zum Abschied dem Konviktsdirektor Dr. Lang seine bereits entstandene 1. Sinfonie und hinterließ das Andenken eines liebenswürdigen, stillen Schülers von überdurchschnittlichen musikalischen Fähigkeiten. Und nun war Franz Schubert wieder daheim bei der neuen Mutter, bei Vater und Geschwistern.

ERSTE INSTRUMENTALWERKE

Von ersten Kompositionsversuchen Schuberts war nun schon mehrfach die Rede. Aufschlußreich ist, was uns sein Mitschüler, der schon genannte Albert Stadler, über Schuberts Schaffensweise berichtet: «Interessant war es, ihn komponieren zu sehen. Sehr selten bediente er sich dabei des Klaviers. Er sagte öfters, es würde ihn dies aus dem Zuge bringen. Ganz ruhig und wenig beirrt durch das im Konvikte unvermeidliche Geplauder und Gepolter seiner Kameraden um ihn her saß er am Schreibtischchen vor dem Notenblatte und Textbuche niedergebeugt – er war sehr kurzsichtig –, biß in die Feder, trommelte mitunter prüfend mit den kurzen Fingern und schrieb leicht und flüssig, ohne viel Korrekturen, fort, als ob es gerade so und nicht anders sein müsse.» – Leicht und flüssig, so und nicht anders schrieb auch Mozart, der andere Frühvollendete. Es liegt darin die Gnade des sofort als gültig erkannten oder erfühlten Einfalls. Es liegt darin aber auch die Gefahr des allzu leicht und rasch Entstandenen, zu leicht Wiegenden. Im Unterschiede zu Mozart, bei dem eine organische Entwicklung von den Werken des Kindes über diejenigen des Jünglings zu jenen des Mannes zu konstatieren ist, kann bei Schubert eine solche Entfaltung nicht in diesem Maße festgestellt werden. Plötzlich scheint irgendwoher der göttliche Funke eingeschlagen zu haben und ein Werk zu zeugen, das vollkommen neuartig (auch im Werke Schuberts) und nach Inhalt und Form absolut gültig ist. Dann scheinen Rückschläge einzusetzen, die wohl erkannt, doch nicht gedeutet, nicht erklärt werden können.

Vielleicht ziemt es sich, vorerst Schuberts Lehrers zu gedenken. *Antonio Salieri* wurde im Todesjahr Joh. Seb. Bachs in Legnano bei

Verona in österreichisch Lombardien geboren. Über San Marco in Venedig war er nach Wien gekommen, wurde erfolgreicher Komponist von italienischen Opern und Schüler Glucks. Er wurde 1774 Kammerkompositeur und Dirigent der italienischen Oper, 1788 k. k. Hofkapellmeister und Dirigent der Hofsängerkapelle und war in jeder Hinsicht Günstling des Hofes. Er schrieb etwa vierzig Opern (darunter 1798 einen «Falstaff»), fünf Messen und viel andere Musik kirchlichen und weltlichen Charakters. Seine Opern beherrschten eine Zeitlang das Repertoire der Wiener Opernbühnen völlig, erzielten sie doch zwischen 1783 und 1791 nicht weniger als 163 Aufführungen gegen 63 der Mozartschen. Er verstand sein Handwerk, schrieb einen glatten, melodiösen, gut klingenden, etwas kühl pathetischen Stil und spielte etwas den Musikpapst der Donaustadt. Im Jahre 1824 trat er in den Ruhestand. Von großer Bedeutung wurde die Art, wie er seinen jungen Schüler in die Welt Glucks einführte, die Schubert nicht weniger ergriff als später die Welt Beethovens. Schubert ehrte ihn als seinen Lehrer, folgte in den Schülerarbeiten gehorsam seinen Ratschlägen, in den eigenen aber dem Genius seiner individuellen Muse. Doch mögen manche der späteren «Italianismen» in Schuberts Werk dem nachwirkenden Einfluß des Lehrers verhaftet sein.

Verstanden haben die beiden sich nicht immer. Salieri wurzelte völlig im achtzehnten Jahrhundert, Schubert sollte (mit Beethoven) das neunzehnte eröffnen. Nicht einverstanden war Schubert mit seinem Lehrer, wenn er Mozart kritisierte, Schwächen in dessen Arbeiten aufdecken wollte. Spaun berichtet über Salieris Unterricht: «Er gab ihm die Partituren älterer italienischer Meister zu studieren, die der junge Künstler mit Eifer und Liebe durchging, ohne jedoch jene volle Befriedigung darin zu finden, welche ihm die mozartischen Opern, die er gleichzeitig aus den Partituren kennenlernte, und die Werke Beethovens, gewährten, die ihn ganz vorzüglich begeisterten.» Umgekehrt konnte natürlich der Italiener Salieri, der nie recht deutsch reden konnte, nicht verstehen, was Schubert denn so Bedeutsames in den deutschen Gedichten fand, für die dieser sich so begeisterte und die in ihm so früh schon klingenden Widerhall weckten. Mit kleinen Liedern, mit Stücken für Klavier oder Streicher begann der Zehn- und Elfjährige, heimlich, «weil der Herr Vater das ja nicht gern sehe, wertlose Übungen, die er dann wieder vernichten werde», äußerte sich Schubert zu Spaun. Am 1. Mai 1810 wurde eine *vierhändige Klavierfantasie* (IX, 30) fertig, eine langatmige, etwas geschwätzige Arbeit von 32 Manuskriptseiten mit allen Eigenheiten eines groß gewählten, klein erfüllten Jungenwerkes, das uns erhalten blieb (während früher Entstandenes der kritischen Sichtung nicht standhielt und vernichtet wurde). Wenn wir bedenken, daß Mozart im gleichen Alter bereits das so vollendete Bühnenwerk «Bastien und Bastienne» geschaffen hatte und von Beethoven damals «drei recht tüchtige Klaviersonaten» vorlagen (Rehberg), müssen wir erkennen, daß Schuberts Reifeprozeß später einsetzte als bei seinen Kollegen aus Salzburg und Bonn. Oder war es so, daß seine musikalischen Gedanken und Empfindungen nicht in den überlieferten Formen zu gestalten waren? Trotz einer gewissen Unbeholfenheit, sich so auszudrücken, wie «man» gewollt hätte, darf das sinnend in G-dur beginnende und majestätisch in C-dur schließende Stück als beachtliche Talentprobe bewertet werden. – Im September 1811 und zwischen April und 10. Juni 1813 entstehen nochmals *zwei vierhändige Klavierfantasien* (IX, 31 und 32). Dies erste Werk lehnt sich leicht an das erste erhaltene Lied «Hagars Klage in der Wüste» an, man hört auch Anklänge an Mozarts Stücke für Orgelwalze, KV 594 und 608. Diese waren 1800 bei Breitkopf und Härtel vierhändig erschienen und konnten Schubert wohl bekannt sein. Ungewöhnliche Harmonik und eine noch ungefüge Polyphonie sind die Eigenarten der erstern; unvergleichlich besser gemeisterte «fughafte» Polyphonie und in dem chromatisch absteigenden Motiv von einer erstaunlichen Ausdruckskraft sind die mit einiger kompositionstechnischer Unbeholfenheit gemischten genialischen Züge der zweiten Fantasie. Man begegnet ihr etwa unter dem Namen «*Große Sonate für vier Hände*»: Eine *zweihändige Fantasie* von 1813 mit Themen aus dem Adagio von Mozarts Fantasie in c-moll, KV 475, fand sich vor einiger Zeit in Malmö, Schweden. – Aus der Zeit der zweiten vierhändigen Fantasie stammen auch «*Zwölf Wiener Deutsche*», melodiöse einfache Tänze für Klavier, wie sie damals jeder Kompositionsschüler oder musikalisch gebildete Dilettant hätte schreiben können. Nur das vierte dieser Stücke weist in dem überraschend auftretenden Tonartenwechsel auf Schubertsche Eigenheit hin. – Die 1812 entstandenen «*Zwölf Menuetts und Trios*» für Klavier sollen nach Spauns

Urteil «außerordentliche Stücke» gewesen sein. Sie gingen von Hand zu Hand und verschwanden irgendwo. Schubert wollte sie nochmals aufschreiben, verschob dies aber immer wieder im Drängen neuer Einfälle, bis er sie aus seinem Gedächtnis verlor.

Wie diese ersten Klavierwerke bestimmt aus dem Wunsch entstanden, für das Musizieren im Konvikt zu schreiben, so entstanden unmittelbar aus dem Musizieren mit Konviktskameraden, Vater und Brüdern die ersten *Streichquartette*. Zwei solcher Werke, beide in D-dur und 1811 und 1812 entstanden, sind verschollen. Aus dem Jahre 1812 sind aber drei Streichquartette erhalten geblieben. Das *erste* (V, 1) beginnt in c-moll und schließt, wie die dritte Klavierfantasie, in B-dur. Es ist unreif in jeder Hinsicht und ganz Anlehnung an klassische Vorbilder. Spürbar aber ist ein Ringen des Fünfzehnjährigen um eigenen Ausdruck und Beherrschung der Form. – Am 30. September 1812 entstand als Nr. 2 ein *Streichquartett-Torso* mit Presto und Menuett, C-dur (V, 2), geigerisch glänzend, aber mit offensichtlichem Unvermögen, eine regelgerechte Durchführung zu schreiben. Das Menuett bringt wieder das Hauptmotiv des ersten Satzes, wie es vor 150 Jahren in der Suite die Gaillarde mit dem Thema der Pavane tat. – Am 19. November 1812 geht Schubert an das *dritte Streichquartett*, B-dur (V, 3), nach einem Vorbilde Haydns (op. 67, Nr. 2), flott in Melodie und Rhythmus. Das Sechsachtel-Andante moduliert nach ces-moll (!!) zur enharmonischen Verwechslung (ces-h), was kein Klassiker getan hätte. Auch hätte kaum Beethoven gewagt, nach einem pp einen Tremoloausbruch zu bieten, der ganz schubertisch-romantisch wirkt.

Der junge Komponist schreitet mächtig aus. Am 3. März 1813 beginnt er das *vierte Streichquartett*, C-dur (V, 4), fährt am 6. März mit dem zweiten Satz fort und beendigt das Werk am 7. März! Der Anfang ist ein chromatisch gedunkeltes Adagio.

Es lichtet sich nach einiger Zeit zu klarem Dur auf, um dann italienisch leichtfüßig dahinzueilen:

Keiner aber von Schuberts berühmten Vorfahren oder Zeitgenossen – Beethoven schon gar nicht – hätte ein Finale schreiben können, das als Polka so frisch und volkshaft froh dahinhüpft. – In den weitern vier Streichquartetten dieser Zeit (Juni bis November 1813), die Schubert zum größten Teil noch im Konvikt verbringt, schwingt der Komponist im Raum zwischen Mozart, Haydn, Hoffmeister, Pleyel, Beethoven und Schubert her und hin. – Das *fünfte Streichquartett*, B-dur (V, 5) ist zwischen dem 8. Juni und dem 18. August 1813 entstanden. Die Mittelsätze fehlen. Der erste Satz mit seiner Kombination von punktierten und Triolenmotiven ist echter Schubert. – Das *sechste Streichquartett*, D-dur (V, 6), entstanden zwischen 22. August und 3. September 1813, ist helles D-dur mit Ausblicken auf Mozarts Hoffmeisterquartett, KV 575 und Beethovens zweite Sinfonie. Der Satz ist fast sinfonisch angelegt. Die Reprise steht in der Dominante, was im strengen Satz des Streichquartettes ein wohl zu simpler Ausweg ist. Die Atmosphäre des Werkes ist sonnig froh. Schubert widmete es seinem Vater zur «Nahmensfeyer» (4. Oktober 1813). Im Juli 1824 urteilt sein Schöpfer in einem Brief an Bruder Ferdinand, der es immer mit seinen Quartettgenossen spielte: «... besser wird es sein, wenn Ihr Euch an andere Quartette als die meinigen haltet, denn es ist nichts daran, außer daß sie vielleicht Dir gefallen, dem alles von mir gefällt...» In der Zwischenzeit war gar viel anders entstanden, und der reife Schubert konnte nicht anders, als sich von diesen Jugendwerken zu distanzieren.

Das *siebente Streichquartett*, D-dur (V, 7) vom November 1813 läßt Schubertische Elemente aufblitzen im innig gesungenen Anfangsthema, das Dur nach Moll verschleiert:

Das fünftaktige (!) Thema des zweiten Satzes ist echter Schubert:

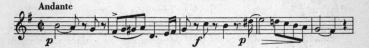

Dies kann man auch vom Menuett sagen, das einen echten Wiener Ländler als Trio hat und in einen lustigen Kehraus übergeht. – Das *zehnte (?) Streichquartett*, Es-dur (V, 10; op. 125, 1) wurde auch in der Gesamtausgabe lange als 1817 entstanden betrachtet. Es kann nicht diesem Jahr entstammen, sondern nur der Zeit kurz vor oder nach dem Austritt aus dem Konvikt. Es ist ziemlich farblos und in den Ecksätzen auf Schema gearbeitet, das Scherzo eher ein Menuett. Warum gerade diesem Quartett die Ehre der ersten Veröffentlichung zuteil wurde, kann nicht festgestellt werden. Es ist seinem Gefährten im Opus (E-dur, V, 11; op. 125, 2) qualitativ so unähnlich als möglich. – Die *Tänze für Streichquartett* und die *Fünf Menuette mit sechs Trios*, die auch aus dem Jahre 1813 stammen, sind harmlose Stücke. Etwas schwerer wiegen ihrer Einfälle wegen das *Menuett für zwei Violinen, Viola und Streichquartett*, sowie die graziösen *Fünf Deutschen mit Coda und sieben Trios*. – Zum Tode der Mutter, 28. Mai 1812, schrieb Schubert die zweiundvierzigtaktige *Kleine Trauermusik*, die durch die Verwendung von neun Blasinstrumenten aus dem Rahmen fällt, aber in der Verwendung von Posaunen und Kontrafagott Todesstimmung schafft. – Zwischen dem 29. Juni und 12. Juli 1811 entstand eine *Ouvertüre für Streichquintett* (2 Violinen, 2 Bratschen, 1 Cello) mit den Sätzen «Largo» und «Allegro». Sie steht im tragisch wirkenden c-moll, beginnt geheimnisvoll und fährt erregt fort. Das in der Gesamtausgabe fehlende Stück hätte, urteilt Einstein, dem das Autograph in New York zu Gesicht kam, die Veröffentlichung eher verdient als die ersten Versuche auf dem Gebiete des Streichquartetts.

Ende 1811 oder Anfang 1812 schrieb Schubert eine stärker besetzte Ouvertüre zu einem Lustspiel mit Gesang von J. F. E. Albrecht, «*Der*

Teufel als Hydraulikus» (II, 1), lärmig, ohne überzeugende Einfälle, mit aufdringlicher, ungeschickt wirkender Wiederholung des Hauptthemas. – Die *Ouvertüre Nr. 2*, D-dur, vom 26. Juni 1812 (II, 2), fährt mit vollem Orchester, dessen Stimmgefüge der Seminarist noch nicht voll zu verarbeiten vermochte, einher. Sie könnte zu Beginn von Salieris Unterricht entstanden sein. – Bedeutend gewichtigeres Material steht Schubert in den beiden *Ouvertüren B-dur und D-dur* (XXI, 1 und XXI, 2), vom Herbst des Jahres 1812 zur Verfügung. Die Kunst regelrechter oder einleuchtender Modulation ist immer noch nicht sehr entwickelt und schafft dem jungen Tonsetzer allerhand Schwierigkeiten. Doch folgt nach der lastenden Einleitung ein Thema, das zu Anton Bruckner hinweist:

Die Ouvertüre war für ein albernes Stück von Kotzebue, «*Der Spiegelritter*», gedacht, von Spaun und Josef von Sonnleithner in Schuberts Opernliste ausdrücklich an erster Stelle genannt. Der Dichter charakterisiert sein Stück in der Vorrede wie folgt: «Der Leser wird hoffentlich finden, daß sie (die Oper, die Kotzebue nach ‚heutigem Zuschnitt' verfassen sollte) ebenso närrisch und abenteuerlich und albern ist, als ihre älteren Geschwister auf der deutschen Bühne» (Einstein). Mit dem Reinfall Schuberts auf sein erstes Libretto betritt er einen Leidensweg, der ihn noch manchen Seufzer des Unmuts und der Enttäuschung kosten sollte. – Ein Gemisch von Mozart, Beethoven und Salieri entströmt der *Ouvertüre in D-dur*. Drohend beginnt das d-moll von Mozarts «Don Giovanni», der weiterhin über die Schulter guckt. Die in der Einleitung eindrucksvoll verwendeten Posaunen vermögen im Allegro nur zu lärmen. Auch hier behält Schubert die Haupttonart, D-dur, für das Seitenthema bei, dafür bringt er die Reprise in der Dominante! Das Werk ist bereits die Umarbeitung einer am 12. Juni 1812 vollendeten Fassung (Einstein).

Und nun wagt sich Schuberts jugendlicher Schaffensdrang bereits an die *erste Sinfonie*, D-dur, (I, 1) deren Partitur er am 28. Oktober

1813 mit der aufatmenden Schlußbemerkung «finis et fine» versieht. Er widmet sie dem Konviktsdirektor Dr. Lang. Die Instrumentation richtet sich nach dem Konviktsorchester (eine Flöte). Erfindung und Anlage sind ganz klassisch, das Gesangsthema des ersten Satzes klingt etwas an Beethovens Finalthema der «Eroica» an:

Die Atmosphäre des Werkes ist sonst eher mozartisch, diesseitig, musikantisch. Ganz schubertisch ist das Liedhafte des zweiten Satzes, dessen Thema im dritten Takt (mit Auftakt) den «Frühlingstraum» der «Winterreise»: «...so wie sie wohl blühen im...» vorausnimmt. Die Mitschüler und auch die Lehrer werden sich über das beachtliche Werk eines Sechzehnjährigen baß verwundert haben! – *Bläsermusik* und einige Stücke *Kirchenmusik* (verschiedene *Kyrie* für Chor, Orchester und Orgel) aus den beiden letzten Konviktsjahren sind handwerklich gut gearbeitete, formal herkömmliche, aber ausdrucksmäßig kontrastierende Werke von manchmal eigenen Zügen, namentlich in Harmonik und Klangfarbe.

Was der junge Schubert in den vorstehend angeführten Werken schuf: Tänze und Kammermusik, Ouvertüren, Kirchenmusik und die erste Sinfonie, war für den unmittelbaren Gebrauch geschaffen. Gleichzeitig entstanden *Lieder für Singstimme und Klavier*, die man ihm «fast noch naß» aus den Händen riß, um sie mit dem Komponisten am Fortepiano zu singen. Auf diesem Gebiet schuf er Allereigenstes. Hier mußte er keiner Forderung von außen, sondern nur einem dämonisch wirkenden Drängen von innen her Erfüllung zuteil werden lassen.

Viertes Kapitel

ICH SINGE, WIE DER VOGEL SINGT...
1811–1816

«*Sag an, wer lehrt dich Lieder?*»
(Mayrhofer an Schubert, 1816)

VON «HAGARS KLAGE» ZU «GRETCHEN AM SPINNRAD»
(1811–1814)

In den Jahren, die Franz Schubert bis jetzt verlebte, war in der nähern und weitern Welt gar vieles und Wichtiges geschehen. Die Franzosen zogen ein erstes Mal in Wien ein, und ihre Offiziere sahen sich Beethovens Oper «Leonore» an. Admiral Nelson verlor in der Schlacht bei Trafalgar sein Leben, Napoleon I. seine Flotte. Austerlitz, Jena und Auerstädt wurden geschlagen, und Franz I. verzichtete auf den Titel eines «Heiligen Römischen Kaisers Deutscher Nation». Wellington siegte in der Schlacht bei Vittoria, und Beethoven verherrlichte diesen Sieg in einem seltsamen Tongemälde. Außerdem schuf er die großen Sinfonien und Sonaten.

Schiller hatte seine ästhetischen Schriften veröffentlicht, den «Wallenstein», die weitern geschichtlichen Dramen und sein Leben vollendet. Auf Herrn Hofrat von Goethes Schreibtisch flog die Gedichtsammlung «Des Knaben Wunderhorn». «Faust I» wurde abgeschlossen, und Kleist schuf «Penthesilea» und «Käthchen von Heilbronn». Jean Paul schrieb den «Titan» und die «Flegeljahre», Novalis die «Hymnen an die Nacht».

Giuseppe Verdi und Richard Wagner wurden geboren, und im gleichen Jahre schlugen die Verbündeten den großen Napoleon in der Völkerschlacht bei Leipzig. Um diese Zeit verließ Franz Schubert das k. k. Konvikt am Karlsplatz. Die Wirren der Kriegszeit hatten ihn nicht erschüttert. Doch hatten sie und der in ihrem Gefolge einherziehende Zerfall der österreichischen Währung Einkommen und Hofhaltung des Adels arg mitgenommen und auch den Bürger und seinen Haushalt nicht ungeschoren davonkommen lassen.

Das Musikleben Wiens rettet sich in den öffentlichen Konzertsaal, der jedermann Zutritt gewährt, der bezahlen kann und in die Bürgerstube. Die Verleger geben sich alle Mühe, die Wünsche des Noten kaufenden Publikums zu befriedigen und dabei ihre eigenen Interessen nicht zu vernachlässigen. Sie finden, die Herren Compositeurs sollten sich mehr nach den Wünschen und Bedürfnissen des Käufers richten und gehen eher einig mit der Nachfrage der Kunden als mit dem Angebot der Lieferanten, namentlich wenn es sich um Musikstücke neuartigen Charakters handelt, die ohnehin nur von wenigen seltsamen, leicht komisch wirkenden Enthusiasten gefragt sind.

In diese rauhe Welt hinein tritt nun aus der ruhigen Luft des k. k. Konvikts der junge Franz Schubert. Er meint in seinem hoffnungsvollen Jünglingsglauben, sich als Tonsetzer von den Kindern seiner Muse ernähren zu können. Vater Schubert aber schüttelt seinen in Dingen der Wirklichkeit erfahreneren Kopf. Honorare? Vom Verleger? Von einem Auftraggeber? Eher Schulgelder von Klavier- oder Geigenschülern. Aber da meldet sich der Kaiser. Soldat werden soll der Franz? Nein, daran denken weder Vater noch Sohn. Der Ausweg findet sich leicht: Der Kaiser braucht nicht nur Soldaten, er sucht auch Schulmeister. So meldet sich Franz Schubert junior zur Aufnahme als Präparand in das St.-Anna-Stift zur Absolvierung der zehnmonatigen pädagogischen Schnellbleiche. Er leistet, was man von ihm verlangt, nicht weniger, auch nicht mehr. Das Abgangszeugnis anerkennt den Fleiß des Präparanden Schubert Franz, enthält einige «gut», findet aber die Kenntnisse in praktischer Religion und Mathematik als «mittelmäßig». Das immerhin anständige Zeugnis ist erstaunlich, wenn wir wissen, daß neben der grauen Theorie der Präparandenschulung grün, gar herrlich grün des Lebens goldner Baum seine Schosse trieb. Dieser goldene Baum des Lebens war natürlich die Musik, die immer mehr und immer schönere Früchte zeitigte. Froh der Qual des Lernens von seiner Meinung nach unnützem Kram entronnen zu sein, trat er mit dem Attest eines Schulgehilfen in der Tasche bei seinem Vater in Stellung. Er war hier Schulgehilfe Nr. 6 und erhielt 40 Gulden Gehalt im Jahr. Wie lange kann er wohl so sein, wie er sein soll? Wie lange kann er seine ABC-Schützen neben seinen Musenkindern spazieren führen? Zu Franz Lachner (1803 bis 1890) äußert sich Schubert hinsichtlich seiner Schüler: «Es ist wahr, stets wenn ich dichtete, ärgerte mich die kleine Bande so sehr, daß ich regelmäßig aus dem Konzept kam. Natürlich verhaute ich sie dann tüchtig.» Wir begreifen beide nur zu gut: die kleine Bande, von ihrem komponierenden Lehrer gelangweilt und ihn, der von den lärmenden Arbeitslosen gestört wurde. Der Widerstreit zwischen Pflichtgefühl und Schöpferdrang drückt lästiger und lästiger. Der junge Schulgehilfe wird das Joch nicht ewig tragen können. «Ich bin nur zum Komponieren geschaffen. Mich sollte der Staat erhalten.» Das spricht ein werdender Künstler, der sich seines Wertes voll bewußt ist. Doch wird der Staat erst nach seinem Tod an ihn denken und ihm ein Denkmal setzen. Vorerst stellt er sich zu Schubert nach der Devise von Goethes «Beherzigung»: «Sehe jeder, wo er bleibe, und wer steht, daß er nicht falle.»

Schubert aber hat nun sein ureigenstes Gebiet entdeckt: das Lied. Am 19. Oktober 1814 vertont er Goethes «*Gretchen am Spinnrad*». Wie ein blitzartiges Aufleuchten einer andern Welt erscheint dieses Lied in der Umwelt einer teils flachen, teils theatralischen Literatur, wie eine Blume aus einem andern Kontinent. Mit diesem Werk hat Franz Schubert jenen Liedtypus geschaffen, der uns 150 Jahre später genau so zum Herzen spricht wie Schuberts damaligen Freunden, die seine Lieder erstmals hörten. Jener Liedtypus ist es, der in den Liedern von Robert Schumann, Johannes Brahms, Hugo Wolf, Richard Strauß und Othmar Schoeck seine Kameraden fand: Franz Schubert schuf das romantische Lied, die holdeste Blume aus dem Wundergarten der deutschen Romantik. Diesem Werk gehen 28 uns erhalten gebliebene Lieder für eine Singstimme mit Begleitung des Pianoforte voraus. Eine weitere, unbekannte Zahl scheint verlorengegangen oder vernichtet worden zu sein. Diese Geburtsstunde des romantischen Klavierliedes ist von so großer Bedeutung für Schubert und das moderne Lied geworden, daß wir ihm ein besonderes Kapitel widmen müssen.

Die erwähnten 28 vorangehenden Lieder wurzeln ganz, wenn auch nicht alle gleich tief, in der zeitgenössischen und vorangehenden Liedproduktion. Die Texte zu ihnen stammen teilweise von Einzelgängern: Schücking («*Hagars Klage*», 30. März 1811, XX, 1), Pfeffel («*Der Vatermörder*», 26. Dezember 1811, XX, 4), Rochlitz («*Klaglied*», 1812, XX, 6), Hölty («*Totengräberlied*», 19. Januar 1813, XX, 7), Pope («*Verklärung*», von Herder übersetzt, 4. Mai 1813) und Fouqué («*Don*

Gayseros», 1813, XX, 13 bis 15). Acht Texte lieferte Friedrich Schiller (1759 bis 1805): «*Des Mädchens Klage*», (1811, XX, 2), «*Leichenfantasie*» (1811, XX, 3), «*Der Jüngling am Bach*» (24. September 1812, XX, 5), «*Sehnsucht*» (16. April 1813, XX, 9), «*Thekla*» (22. August 1813, XX, 11), «*Der Taucher*» (17. September 1814, XX, 12), «*An Emma*» (17. September 1814, XX, 26), «*Das Mädchen aus der Fremde*» (16. Oktober 1814, XX, 30). – Bedeutsam wurde für den Knaben Schubert auch Friedrich Matthisson (1761 bis 1831), jener Lyriker klassizistisch-sentimentaler Art, von dem er 14 Gedichte vertonte. Die Bevorzugung der beiden Dichter Schiller im ersten und Matthisson im zweiten Abschnitt ist auffallend. Schubert gelangt also von Schiller über Matthisson zu Goethe, von dem gleich weitere vier Gedichte, «Gretchen am Spinnrad» folgen, nämlich: «*Schäfers Klagelied*», «*Meeresstille*», «*Heidenröslein*» und «*Jägers Abendlied*».

Rousseaus Ruf «Zurück zur Natur!» hatte sich in der deutschsprachigen Literatur des 18. Jahrhunderts dahin ausgewirkt, daß der Dichter sich nicht mehr in geprägten Formeln und blutleeren Schemen der rationalistischen Aufklärung aussprechen wollte, sondern immer deutlicher versuchte, eigene Empfindungen, Selbsterlebtes zu gestalten. Nicht Vernunft und Geist sollten den Dichter bewegen, sondern das eigene Fühlen. Der Dichter hatte sein Herz, seine Seele entdeckt. Dieser Aufbruch des Gefühlshaften ist auch in der gleichzeitigen Instrumentalmusik von Schobert, Carl Philipp Emanuel und Johann Christian Bach festzustellen. Sie entwickelt den «erstarrten Formelkram» des mit Joh. Seb. Bachs Tod 1750 zu Ende gegangenen musikalischen Barocks zur Empfindsamkeit des galanten Stils: «Ein Musikus, der rühren will, muß selbst gerührt sein», formuliert Carl Philipp Emanuel die neue Musikästhetik. Auch der Dichter will rühren und ist selbst gerührt. Friedrich Daniel Schubart (1739 bis 1791), der mit Klopstock Entscheidendes dazu beitrug, diese Empfindsamkeit zur pathetisch-leidenschaftlichen Bekenntnisdichtung des «Sturm und Drang» zu steigern, präzisiert die neue Richtung 1785 in der Vorrede seiner Gedichtausgabe wie folgt: «Ich fühle, was ich schreibe und rede. Ich hasse den Schreiber und Schwätzer, dem ewige Lügen aus der Feder und von den Lippen sprudeln, weil er nicht fühlt – oder was mir eins ist –, nicht weiß, was er sagt.» Wer Schubarts Leidenschaftlichkeit im Ausdruck für den Kampf um die Rechte des

Volkes gegen Fürstenwillkür kennt, begreift nur zu gut auch seine weitere Äußerung, daß er seine «Lieder» oft mehr «niederblutete als niederschrieb». Seine mehr gut gemeinten als dichterisch wertvoll gestalteten Gedichte sind vergessen bis auf eines, das durch Franz Schubert Unsterblichkeit erhielt: «*Die Forelle*».

Diese Gefühlshaftigkeit gab aber das Empfundene vorerst nicht unmittelbar wieder, sondern ließ es sich, nach außen projiziert, in Erscheinungen spiegeln, meist in solchen der Natur. Naturgeschehen, Naturkräfte und Naturlaute sind dem Dichter willkommene Helfer: Nachtigallenschlag, Bachgemurmel, Windesbrausen. So etwa Matthisson im «*Andenken*»:

> «Ich denke dein,
> wenn durch den Hain
> der Nachtigallen
> Akkorde schallen!
> Wann denkst du mein?»

In seinem Gedicht «Erinnerungen» bilden die Sterne den Namen der Geliebten, und in «*Adelaide*» fließt jeder Ton, jede Bewegung der Natur zu diesem einen Wort zusammen. Es sind besonders auch die Dichter Ludwig Hölty (1748 bis 1776), Gottfried August, Joh. Aug. Bürger (1747 bis 1794), Schöpfer der neuen Ballade, und Matthias Claudius (1740 bis 1815) in seiner einzigartig schlichten Verbundenheit von Musik und Natur, die diesem Kreis der dichterischen «Naturbeseelung» angehören. Die Gedichte nun, die der Knabe Franz Schubert mit dem Gewebe seiner Musik umgibt, sind von natürlichem Ausdruck und einheitlicher Erlebnisart. Damit erfüllen sie in hohem Maße die Hauptforderung des Liedes: «Wahrung der Intimität in Form und Inhalt» (Edith Schnapper). Diesem einfachen Erlebniskreis von natürlicher Sentimentalität gehören weit über die Hälfte von Schuberts Knabenliedern an.

Zwischen den Gedichten Schillers und Matthissons herrscht viel Verwandtes. Diejenigen Schillers aber sind, seiner Individualität entsprechend, stark reflektorisch. Der Dichter gibt sich nicht einfach seinen Empfindungen hin, er denkt über sie nach. So mündet in Schillers «*An Emma*» Klage in Überlegung aus:

> «Kann der Liebe süß Verlangen,
> Emma, kann's vergänglich sein?
> Was dahin ist und vergangen,
> Emma, kann's die Liebe sein?
> Ihrer Flamme Himmelsglut,
> Stirbt sie wie ein irdisch Gut?»

Dazu ist Schiller mehr Dramatiker, und seine dramatische Ader pocht in seinen lyrischen Gedichten in so kraftvoller Stärke, daß ihnen das Intime, eben das eigentlich Liedhafte, etwas fehlt und sie zu Mischformen werden: Dramatisches und Episches mischen sich zu Romanzen und Balladen, Dramatisches und Lyrisches zu lyrischen Monodien. Für Matthisson aber ist das Erlebte identisch mit eigenem Fühlen, das er in den verschiedensten irdischen und überirdischen Sphären sich spiegeln läßt.

Goethes Lyrik nun ist gleichsam die Synthese beider Komponenten der lyrischen Dichtung: Matthissons naiv-sentimentaler und Schillers reflektorisch-sentimentaler Art. Darüber hinaus ist er Schöpfer des eigentlichen lyrischen Liedgedichtes. Wenn Schiller den Menschen und sein Erleben und Fühlen dichterisch formen will, tut er dies eben durch Überlegung, Goethe durch seine unmittelbare Verbundenheit mit der Natur. «Goethe stellt die menschliche Seele unmittelbar mit allen ihr innewohnenden Kräften dar, und wo die Natur in das Erleben des Menschen mit hineingezogen ist, wird sie nicht symbolisiert oder verseelt, wie bei Matthisson, sondern sie ist wirkliche Natur, so wie der Mensch ein Teil der Natur ist» (Edith Schnapper).

Eine weitere Eigenheit der Liedgedichte Goethes liegt in der Tatsache, daß sie in der Regel reine Strophenlieder sind, die durch das ausgedrückte Erleben zu einer Einheit werden und damit alle Voraussetzungen zur Vertonung in sich tragen. Goethes lyrische Gedichte sind ihrem eigentlichen Wesen nach bestimmt, ein musikalisches Gewand zu tragen. Sie sind bereits zu einem Teil Musik. Melodie, Klang und Rhythmus vollenden ihre Musikalität. Dabei wollen wir nicht vergessen, daß manches Goethegedicht bereits vollkommene Musik ist und sich gegen eine Vertonung sperrt: «An den Mond» vielleicht, die «Mignonlieder» auch.

Nach der Textwahl, die der junge Schubert in der ersten Periode seines Liedschaffens – also zwischen «*Hagars Klage*» vom 30. März 1811 und «*Gretchen am Spinnrad*» vom 19. Oktober 1814 – vornimmt, kann man folgende Entwicklung abstecken:

1811 komponiert er bewegte Klagegesänge, Schauerballaden, naturalistische Schilderungen voll äußerer und innerer Unruhe. In diese Schilderungen fremder, ungewöhnlicher Schicksale läßt er die eigene innere Unruhe einfließen.

1812 bis 1813 erkennt man das Bestreben, den Zug zum Balladen- und Romanzenhaften durch ein bisher unbekanntes Streben nach lyrischem Ausdruck abzulösen. Das Kompositionsverbot des Vaters und der Tod der Mutter veranlassen vermutlich dieses überraschende Auftreten auch rein lyrischer Gedichte, die auf die musikalische Gestaltung äußerer Ereignisse zugunsten eigener innerer Gefühle und Empfindungen verzichten. Im August 1813 verläßt Schubert das Konvikt, in das er nach den Ferien nicht wieder zurückkehrt. Das ganze Jahr 1814 gehört bis zum 19. Oktober, also bis zur Entstehung von «Gretchen am Spinnrad», den zehn Texten Matthissons. Diese Gedichte werden alle von dem einen Gefühl der Sehnsucht getragen. Es kündet sich das typisch romantische unbestimmte Sehnen an, ein Sehnen nach irgendwohin, zu irgendwem, den ziehenden Wolken nach in eine unbestimmte Ferne, auch in den Tod. Die «dramatische» Lyrik Schillers hat im jungen Schubert das Gefühlsleben gelockert, die empfindsame Lyrik Matthissons sein Sensorium für feinste Seelenschwingungen entwickelt und geschärft und für die übersinnlichen Phänomene der Erlebniseinheit und der Stimmungsintensität empfänglich werden lassen. Der Boden, dem das romantische Lied «Gretchen am Spinnrad» entspringen sollte, war bereitet.

Der Entwicklung der Dichtung zum Ausdruck subjektiver Empfindung durch das gebundene Wort gegenüber war die gleiche Entwicklung in der Musik um fast eine Generation zurückgeblieben. Die Meinung, die Musik könnte unmittelbar auf das Gefühl wirken und im Hörer Stimmungen auslösen, mußte sich nach 1750 erst noch durchsetzen. Ihr endgültiger Durchbruch durch den Holzboden früherer ästhetischer Theorien erfolgte um die Jahrhundertwende (1790 bis 1810). Die Liedmelodie, die Singstimme also, war lange bestimmt gewesen durch die unpersönlich wirkende artistische Kehlfertigkeit, die in den Arien der italienischen Opern der Mozartzeit ausklingt.

Wir dürfen auch nicht vergessen, daß bis in die Zeit Goethes hinein die Lieder der «*Singenden Muse an der Pleiße*» den Geschmack beherrschten. Das war eine Sammlung von Liedern und Gesängen, die *Sperontes* (Pseudonym für Joh. Sigismund Scholtze) 1745 in Leipzig herausgab und die sich durch gewaltsame «Anpassung» von Texten an vorhandene Melodien, meist Tanzweisen, «auszeichnet». Das Bestreben nach Natürlichkeit im Ablauf der Liedweise, nach subjektivem Ausdruck der Empfindung, die im Text und in der von ihm erzeugten Stimmung lebt, erhielt nun besonders vom Rezitativ her wichtige Anregungen, was zu einer Auseinandersetzung mit der herkömmlichen Deklamation führte. Noch bis in die Zeit des jungen Schubert hinein lebte als Nachklang des figurierten Gesangs die aus meist zweitönigen Motiven bestehende «laufende» Melodie, die auch in Arien und Liedern der aufgekommenen Singspiele von großer Bedeutung war:

Zumsteeg: «*Die Rosenknospe*»

Schubert: «*Frühlingsglaube*»

Durch Weglassen aller figurativen Komponenten wird die Deklamation rein syllabisch, d.h., jede Textsilbe erhält einen Ton, wobei die Betonung durch Verlagerung auf gute Taktteile erzeugt wird. Wie selbstverständlich Schubert die einzelnen Motive benützt und kombiniert, zeigen folgende Beispiele aus dem «*Heidenröslein*»:

Diese Kombinationsgabe gehört mit zu den ihm in die Wiege gelegten Gaben.

Die neue, den Ausdruck der Empfindung steigernde Deklamation verwendet nun auch die im barocken Ziergesang üppig wuchernden Verzierungen, die Triller, Vorschläge und Umspielungen von betonten Taktteilen, um die im Gedicht liegenden Stimmungseinheiten zu intensivieren. So Schubert etwa in der Schlußkadenz von «*Frühlingsglaube*» und im «*Doppelgänger*»:

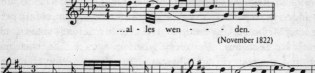

...al - les wen - - den.
(November 1822)

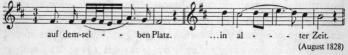

auf dem-sel - - ben Platz.   ...in al - - - ter Zeit.
(August 1828)

Die Kombination dieser Möglichkeiten führte nun besonders in der Vertonung von Balladen, auch von lyrischen Monodien, als deren Begründer wir hier *Georg Benda* (1722 bis 1795) mit seinen Melodramen «Ariadne auf Naxos» (1775), «Medea» und «Pygmalion» nicht übergehen dürfen, zu einem opernhaft wirkenden dramatischen Sprechgesang, der den jungen, von innerm Drängen erfüllten Schubert sehr beeindruckte. Die Melodie war in den recht bedeutungsvoll werdenden «Liedern im Volkston» von *Joh. Abraham Peter Schulz* (1747 bis 1800), in den Oden, Liedern, Balladen und Romanzen von *Johann Friedrich Reichardt* (1752 bis 1814) und *Karl Friedrich Zelter* (1758 bis 1832) volksliedhaft bis arios, einfach bis balladesk abgerundet und trotzdem äußerst ausdrucksvoll. Diese Entwicklung gipfelt etwa in Mozarts «*Veilchen*», in Beethovens «*Adelaide*» und «*An die ferne Geliebte*» (1816). Dagegen ist dem deutschen romantischen Lied im Württemberger Balladenmeister *Joh. Rudolf Zumsteeg* (1760 bis 1802) ein Komponist erstanden, der durch seine dramatische Darstellungskraft, sein Bemühen um musikalische Intensivierung der Textausdeutung und um plastisch wirkende Schilderung von inneren menschlichen Zuständen und äußeren Begebenheiten das bewegte Balladengeschehen bedeutungsvoll wiederzugeben wußte und einen bestim-

menden Einfluß auf den jungen Schubert ausübte. Spaun weiß uns
von einem Besuch im Konvikt darüber zu berichten: «Er (Schubert)
hatte mehrere Hefte Zumsteegscher Lieder vor sich und sagte mir,
daß ihn diese Lieder auf das tiefste ergriffen. ‚Hören Sie‘, sagte er,
‚einmal diese Lieder‘: er sang mit schon halb gebrochener Stimme
‚Kolma‘ (Ossian), dann zeigte er mir ‚Die Erwartung’, ‚Maria Stuart‘,
den ‚Ritter von Toggenburg’ (alle von Schiller), usw. usw. Er sagte,
er könne tagelang in diesen Liedern schwelgen.» Vermutlich hat
Schubert seine ersten Texte überhaupt nur in bereits erschienenen
Vertonungen kennengelernt. Er las die Texte durch, wurde von
ihnen angeregt, d. h. er fühlte sich gedrängt, die in ihm sofort auf-
klingenden Melodien, Rhythmen und Klänge zu fixieren. Dabei wählte
er vorerst die Texte aus, ohne große Überlegungen darüber anzustel-
len, ob und wie weit sie sich überhaupt zur Komposition eigneten.
Wenn es aber noch 1780 möglich war, in Bürgers «*Leonore*» (1773)
jede der 32 Strophen auf dieselbe nichtssagende Melodie zu komponieren, wie es *Joh. Philipp Kirnberger* (1721 bis 1783, der berühmte
Musiktheoretiker und Komponist von trocken und gelehrt wirkender
Musik) tat, so ging das nun 1810 bereits nicht mehr. Jeder Ausdruck
im Text, jede besondere Situation in der Handlung, jede neue Stimmung mußten ihre besondere und charakteristische Form finden. Man
beachte im folgenden Notenbeispiel aus Schuberts uns erhalten geblie-
bener früher Komposition «*Hagars Klage*» (XX, 1) die erregte Deklamation von allerdings noch ganz opernhafter Wirkung:

(30. März 1811)

Schubert wird später mit weniger Dramatik mehr Ausdruck erreichen. Aber die Sicherheit, mit der die sinngemäßen Betonungen

getroffen, die stimmungshaften Situationen hingesetzt werden, ist für einen vierzehnjährigen Knaben geradezu genial zu nennen! «Knabenhaft ist nichts als die Wahl des Textes», sagt Einstein mit vollem Recht.

Nun gesellt sich zu Text und Singstimme als dritte im Bunde die Klavierbegleitung. Sie beschränkte sich bisher auf die Funktion einer harmonisch-klanglichen Stütze der Melodie. Diese wurde durch die rechte Hand einfach mitgespielt oder ausgeziert, je nach Umständen auch mit einer zweiten Stimme versehen. Die linke Hand begleitete in einfachen oder gebrochenen Akkorden die ein- bis zweistimmige Liedweise. Die Entwicklung des Klaviersatzes in der Klavierfantasie und -sonate drang auch in die Klavierbegleitung des Liedes ein und führte sie in beiden Händen zu immer größerer Selbständigkeit und immer ausgeprägterer Gleichberechtigung in der stimmungs- und ausdrucksmäßigen Textdeutung. Liedmotive wandern durch die rechte und linke Hand, der Baß wird wichtiges Moment und der bloßen Funktion als Harmonieträger enthoben. Klangliche Verdichtungen, Klangakzente, Weitung des Abstandes der beiden Hände, Intensivierung der Bewegung, Polyphonie und Nachahmung in der Stimmführung, chromatische Gänge, tonmalerische und tonsymbolische Funktionen des Klaviers, Einbezug der verschiedenen Charaktere der einzelnen Tonarten, Verwendung der harmonischen Spannungen als Ausdruck von Stimmungen oder Empfindungen und Textdeutungen, die zunehmende Bedeutung von einstimmenden Vor- und ausklingenden Nachspielen werden von Schubert in intuitiver, hellsichtiger Weise entwickelt. Diese Entwicklung wird von Robert Schumann weitergeführt und von Hugo Wolf zum Abschluß gebracht. Das Fehlen bedeutender Zwischenspiele bei Schubert erklärt sich dadurch, daß dieser sich stark auf Augenblicksschilderungen einstellt und erst mit zunehmender innerer Reifung dazukommt, Textgedanken weiterzuspinnen oder mehrere Textinhalte verbindend zu einer Einheit zu verschmelzen.

Wenn wir die Probleme der Entwicklung zum Schubertlied etwas ausführlicher skizzierten, so liegt die Begründung in der Tatsache, daß dem Klavierlied in Schuberts Werk eine ähnlich zentrale Bedeutung zukommt, wie im Werk Beethovens der Klaviersonate, umfaßt doch die Zahl der Lieder annähernd die Hälfte aller seiner Kompositionen. Die Lösung der Probleme in seinem ureigensten Schaffensgebiet, dem Lied, beginnt schon in «*Hagars Klage*», die das Vorbild Zumsteegs einige Male naiv wörtlich zitiert, dieses dann doch wieder weit hinter sich läßt. Was in seinen Liedern bis zu «*Gretchen am Spinnrad*» brodelt und gärt, läutert sich in seinen spätern Liedern zu herrlicher Vollendung. Am eindrücklichsten dort, wo er auf Dichter und Texte stößt, die sein Empfinden kongenial aussprechen: Goethe, Wilhelm Müller und Heinrich Heine. Dazwischen hat die ganze Skala menschlicher Freude und menschlichen Schmerzes Platz: jubelnde Hoffnung und todesbange Ahnung. Im Liede strömt sich Schuberts Wiener Doppelseele völlig und restlos aus. «Kennen Sie lustige Musik? Ich nicht!» Es lebt in seinen Liedern und webt auch die ganze Natur: rieselndes Mondlicht über der Landschaft, das fallende Lindenlaub, der murmelnde Bach mit der zuckenden Forelle, das Horn des Jägers, die unendliche Weite des ruhigen Meeres wie die trostlose Verlassenheit winterlicher Einöde. Platz haben an ihrem Ort auch alle Funktionen von Singstimme und Klavier, angefangen von den leicht zopfigen Berliner Liedmeistern, über Zumsteegs Balladengeklingel zur Wiener Schule, deren Vertreter Franz Schubert im Lied in unerklärlicher, begnadeter Schöpferkraft alle meilenweit hinter sich läßt. *Arthur Schopenhauer* (1788 bis 1860) scheint das für Schuberts Liedschaffen Gültigste zu sagen: «Das unaussprechlich Innige aller Musik, vermöge dessen sie als ein so ganz vertrautes und doch ewig fernes Paradies an uns vorüberzieht, so ganz verständlich und doch so unerklärlich ist, beruht darauf, daß sie alle Regungen unseres innersten Wesens wiedergibt.» Ähnlich äußert sich auch der jugendliche Vorbereiter romantischen Lebensgefühls, *Wilhelm Heinrich Wakkenroder* (1773 bis 1798) in seinen «Phantasien über die Kunst» (1799): «Wenn alle die innern Schwingungen unseres Herzens fiebern, die zitternden der Freude, die stürmenden des Entzückens, die hochklopfenden Pulse verzehrender Anbetung, wenn alle die Sprache der Worte, als das Grab der innern Herzenswut mit einem Ausruf zersprengen, dann gehen sie unter fremdem Himmel in den Schwingungen holdseliger Harfensaiten wie in einem jenseitigen Leben in verklärter Schönheit hervor und feiern als Engelsgestalten ihre Auferstehung.» Diese Engelsgestalten sind Schuberts Melodien und Klänge. Sie flossen ihm aus unergründlichen Tiefen zu. Anders wären

Spauns Worte nicht zu verstehen: «Wer ihn einmal an einem Vormittag gesehen, während er komponierte, glühend und mit leuchtenden Augen, ja selbst mit einer andern Sprache, einer Somnambulen ähnlich, wird den Eindruck nie vergessen.» In einem solchen Augenblick entstand «*Gretchen am Spinnrad*». Es war, wie schon erwähnt, der 19. Oktober 1814. Von den 30 früher entstandenen Liedern nennen wir als relativ bedeutend: Schillers «*Das Mädchen aus der Fremde*» (XX, 30), Matthissons «*Geisternähe*» (XX, 17), «*Die Betende*» (XX, 20) und «*Lied aus der Ferne*» (XX, 21). Interessant ist ein Vergleich der beiden Vertonungen von Matthissons «*Adelaide*» durch Beethoven und Schubert (XX, 25). Beethovens Liedkompositionen stehen am Randgebiet seines Schaffens. Mit dem «Opferlied», 1795 vertont, wurde «*Adelaide*» als op. 46 in Schuberts Geburtsjahr 1797 veröffentlicht. Der Dichter urteilt über die Komposition, keine der vielen Vertonungen dieses Gedichtes hätten «seiner innigsten Überzeugung nach den Text gegen die Melodie derart in tiefste Schatten gestellt, als die des genialischen Ludwig van Beethoven in Wien». Er hatte völlig recht, denn der fünfundzwanzigjährige Beethoven benützte den Text zur Komposition einer ariosen Kantate mit einer relativ ruhigen Larghetto-Einleitung und einer drängenden Allegro-molto-Fortsetzung.

Der siebzehnjährige Schubert weiß nach einfacher, fast choralartiger Einleitung und deren Überführen in ruhigen Achtelfluß der rechten Hand über dem gemessen im Bogen schreitenden Basse der linken den elegischen Inhalt des Textes viel feiner zu treffen. Das durch wankende Blütenzweige zitternde Zauberlicht fangen einige gestoßene Achtel auf. Das im Gefilde der Sterne strahlende Bildnis blüht nach akkordischen Achteltriolen in majestätisch wirkender, knapp von As nach Ges modulierender Akkordfolge herrlich auf. Die dritte Strophe läßt durch die flüsternde Abendlüftchen malende Triolenbewegung in der zweiten Stimme der rechten Hand die Stauung abklingen, während die vierte Strophe durch die musikalische Wiederholung der ersten das Stimmungsbild geschlossen rundet. Zwischen der «Adelaide» Beethovens und derjenigen Schuberts «liegt die Grenzscheide zwischen Klassik und Romantik», urteilt Einstein. Man kann ihm nur zustimmen. Der Zeitraum zwischen diesen beiden Vertonungen umfaßt knappe 20 Jahre (1795 bis 1814).

Nicht immer hat Schubert das entstandene Werk als endgültige Fassung betrachtet. Das zeigen viele Beispiele von Texten, die mehrmals komponiert wurden. Das Schillersche «*An Emma*» (XX, 26, 17. September 1814) behält z.B. die Dreiteiligkeit und die Melodie fest, doch wird die Begleitung immer mehr vereinfacht und aufgelichtet, bis ihm das Werk genügt. – «*Das Mädchen aus der Fremde*» entsteht in einer ersten Fassung am 16. Oktober 1814, am 12. August 1815 ein zweites Mal, nun als ein liebliches Strophenlied, dreistimmig in aufgelockertem Klaviersatz und farbig getöntem Nachspiel. – Eines der «*Mignonlieder*» («Nur wer die Sehnsucht kennt») existiert in sechs Fassungen. Von Schuberts wohl berühmtestem Lied, vom Goetheschen «*Erlkönig*», besitzen wir vier Fassungen. Als Kuriosität erinnern wir daran, daß Schubert Goethe zuliebe die jagende Triolenbegleitung in einer Fassung in hausbackene Achtel umschrieb! Natürlich ohne beim Dichter Erfolg zu ernten.

DIE LIEDER VON «GRETCHEN AM SPINNRAD» ZUM «WANDERER»
(1814 – 1816)

Man mag, zugegeben, zweierlei Meinung sein darüber, ob jener 19. Oktober 1814 mit dem Entstehen von «Gretchen am Spinnrad» wirklich der Geburtstag des modernen deutschen Liedes genannt werden darf, wie wir dies taten. Denn «*Gretchen am Spinnrad*» (XX, 31) ist fachgemäß kein spezifisches «Lied», sondern eine «lyrische Monodie». Auch gelangen Schubert schon vorher vollendete eigentliche Lieder: «*An Laura*» (XX, 28) zum Beispiel. Dann ist auch «*Adelaide*» (XX, 25), wie «Gretchen am Spinnrad», ein «Gesang in freier Form». Doch halten wir an unserer oben geäußerten Meinung fest, weil in dieser Schöpfung der Ausdruck der Stimmung in Gesang und Begleitung eine vollkommene Einheit wurde, die keinerlei Bruchstellen aufweist, weil die Singstimme in einmalig feinerfühlter Schmiegsamkeit und volksliedhaft arioser Melodik dem Texte folgt und endlich, weil die Begleitung: das Schnurren des Spinnrades in der rechten und das Treten des Fußes in der linken Hand nicht nur Tonmalerei bedeutet, sondern ebenso die innere Unruhe, das seelische Drängen, das klopfende Herz, also einen seelischen Zustand symbolisiert:

Und wenn der musikalische Ausdruck nach der ekstatischen Entladung in der Fermate auf «Kuß» in das Nichts der Pause und in den stockenden Fluß der Begleitung absinkt, dann stockt auch jedem Hörer der Atem; denn er fühlt sich in den tiefsten Tiefen seiner Seele angesprochen und identifiziert sich mit dem tragischen Schicksal Gretchens, das längst aus der lokalen Gerichtschronik einer Frankfurter Zeitung in die Literatur der Welt einging. Das letzte Ziel hat nun auch die Musik erreicht: Denken, Fühlen und deren musikalische Form sind eine Einheit geworden. Schubert fand hier auch den gültigen Ausgleich zwischen Strophenlied und rezitativischem Arioso, der ihm früher noch nicht gelingen konnte und auch später nicht immer gelingen wollte.

Zehn Monate später nämlich, am 18. August 1815, komponierte Schubert Goethes Legende «*Gott und die Bajadere*» (XX, 111). Eine Melodie und eine Begleitung muß für alle neun langen Strophen dienen! Es mußte dem Komponisten dabei nicht ganz geheuer zu Mute gewesen sein; denn im Manuskript äußerte er sich über den Vortrag des Liedes wie folgt: «Bei diesen Strophen sowohl als bei den übrigen muß der Inhalt derselben das Piano und das Forte bestimmen.» Nun kann aber ein Strophengedicht nur dann auf solche Art vertont werden, wenn die tragende Handlung nicht allzu gegensätzliche Stimmungen erzeugt. Die beginnende Romantik hatte hierfür ein feineres Sensorium und erwartete von der Vertonung eines Gedichts eine Intensivierung der Stimmung, zum mindesten nicht eine Vergewaltigung! Diese war allzu leicht, jene nur bedingt zu erfüllen. Goethe war hier anderer Meinung, und aus dieser entsprang jenes «Verkennen» Schubertscher Vertonungen seiner Texte, das so viel zu reden und zu schreiben gab. Was Goethe von Vertonung und Vortrag erwartete, geht aufschlußreich aus folgenden Äußerungen über seinen Haus- und Hofmusiker Wilhelm Ehlers hervor, der ihm

Balladen und andere Lieder der Art zur Gitarre «mit genauester Präzision des Textes» vortrug: «Er war unermüdlich im Studieren des eigentlichen Ausdrucks, der darin besteht, daß der Sänger nach *einer* Melodie die verschiedenste Bedeutung der einzelnen Strophen hervorzuheben, und so die Pflicht des Lyrikers und Epikers zugleich zu erfüllen weiß. Hievon durchdrungen, ließ er sich's gern gefallen, wenn ich ihm zumutete, mehrere Abendstunden, ja bis tief in die Nacht hinein dasselbe Lied mit allen Schattierungen aufs pünktlichste zu wiederholen; denn bei der gelungenen Praxis überzeugte er sich, wie verwerflich alles sogenannte Durch-Komponieren der Lieder sei, wodurch der allgemein lyrische Charakter ganz aufgehoben und eine falsche Teilnahme am einzelnen gefordert und erregt wird.»

Nach diesem Urteil kennen wir Goethes Geschmack: Keine falsche Teilnahme am einzelnen, kein Durchkomponieren. Warum wohl? Er fürchtet für das Werk des Dichters, den Text, der durch die Musik vom Dichter weggeführt und dem Komponisten und dessen nicht ganz reinem Spiegelreflektor überantwortet wird. Wir erinnern uns hier des Urteils Matthissons über seine «Adelaide» in der Vertonung Beethovens. Schubert müht sich nun ständig, die Fülle der musikalischen Gedichte, die während des Lesens eines Gedichts in ihm auftauchen, strophisch zu gestalten. Manchmal sollte es ihm gelingen, manchmal nicht. Im Augenblick, wo er sein Ziel, das Strophenlied mit variierter Vertonung der einzelnen Strophen erreicht hatte, sollte ihm Wurf um Wurf glücken.

Wenn Franz Schubert auf einen neuen Dichter gestoßen war, so blieb er einige Zeit bei dessen Texten. Er bleibt also bei Goethe, von dem er etwa sechs Wochen nach «Gretchen am Spinnrad» das Gedicht «*Nachtgesang*» (XX, 32) vertont. Es wird ein Strophenlied, zu Recht, denn die drei Strophen bilden eine stimmungsmäßige Einheit. Mozart oder Haydn hätten vielleicht ein Ständchen draus gemacht, eine Serenade mit Gitarrenzupfen. Schubert fühlt die elegische Stimmung und gießt sie in eine ruhig strömende Melodie, die an drei Stellen durch Fioriituren in leichte Erregung gerät. Die erste Stelle ist gleich der Auftakt, der durch viermaliges Erscheinen in der Klavierbegleitung vorausgenommen wird. Wie empfindungsvoll neigt sich der Bogen von dem in der Mitte erreichten Höhepunkt, um nach der eindringlich wirkenden Subdominante den durch die Terz in die Luft gehängten fragenden Schluß zu erreichen: Schlafe! Was willst du mehr? – Die Reihe der vertonten Goethetexte bricht nicht ab. «*Trost in Tränen*» (XX, 33) ist ein zweiteiliges Strophenlied, das Frage in Dur und Antwort in Moll einander gegenüberstellt, im Mollteil an zwei Stellen in allen Strophen durch einen Quartsprung aufwärts die Betonung auf eine Endsilbe legt, was wir vom «Röslein auf der Heid'n» her schon kennen, und durch den schillernden Schluß in Dur auffällt. – «*Schäfers Klagelied*» (XX, 34) könnte auch strophisch komponiert sein. Schubert weitet durch die pochende Begleitung auf «Regen, Sturm und Gewitter» und die Akkordfolgen: c-moll, As-dur, Des-dur, As-dur, as-moll, Ces-dur das Strophenlied zur lyrischen Szene. Das Werk ist ein ganzer Schubert und wurde am 28. Februar 1819 von Franz Jäger, damals Sänger am Theater an der Wien, im «Römischen Kaiser» als erstes Schubertlied öffentlich gesungen. – «*Sehnsucht*» (XX, 35) ist aber wieder Zumsteegsches Geklingel, malendes, gesungenes, rezitativisches, daher zerfallend in Form und Ausdruck. – Anfangs Dezember 1814 wagt sich der fast Achtzehnjährige an die «*Domszene aus Faust I*» (XX, 37), die am 12. Dezember ihre letzte Form erhält. Es wehen die Schauer des Jüngsten Gerichts durch diese wildbewegte musikalische Szene in ihrem Wechsel von Rezitativ, Arioso, Chor- und Orgelklang! Hier nimmt Schubert Berlioz voraus, Wagner sogar und Verdis «Dies irae» im «Requiem»:

Neu ist bei Schubert, wenn ihm auch Zumsteeg vorausging, dem Sänger des Liedes in deutscher Sprache Anweisungen zum Vortrag zu geben, statt sich mit Tempobezeichnungen in italienischer Sprache zu begnügen. Seine Bezeichnungen verraten feinstes Gefühl für den Vortrag des nun folgenden Liedes oder Liedteils. So heißt es nicht mehr «Adagio» oder «Lento» oder «Allegro molto», sondern «Langsam, feierlich mit Anmut», «Sehr langsam, schwärmerisch», «Mäßig, heiter», «Mäßig, mit Innigkeit», «Mäßig, doch feurig», «Heiter, mäßig geschwind», «Tändelnd, sehr leise», «Sehr langsam, ängstlich» und viele, viele andere Ausdrücke, die Tempo und grundlegende Stimmung festlegen wollen.

In den beiden Jahren 1815 und 1816 entstehen allein 250 Lieder. Franz Schubert hat also in dieser Zeit fast die Hälfte seiner etwas über 600 Klavierlieder komponiert, davon etwa ein Zehntel auf Texte Goethes. Es ist unmöglich, sie alle zu erwähnen; sie bergen meist irgendeine Überraschung: eine kühne Modulation, eine Rückung der Klänge, eine Dur-Moll-Dunkelung oder eine Moll-Dur-Aufhellung. Festzustellende falsche Deklamationen sind aber eher Nachlässigkeit, nicht Unvermögen. – Es entsteht «*An den Mond*» (XX, 116, 19. August 1815), erst Strophenlied von neun Strophen mit gar leicht wiegender Melodie. Im Herbst entsteht die bekannte Fassung (XX, 176), über die Maßen schön. – Eine ähnliche Vertiefung erfährt die im Februar 1815 entstandene erste Fassung «*Am Flusse*» (XX, 47) in d-moll, die Ende 1822 viel geschlossener wird (XX, 418), in Dur erscheint, ein Vor- und Nachspiel erhält und den in der ersten Fassung fehlenden Fluß tonmalerisch einbezieht. – Eine Umarbeitung, die den Text einfacher ausdrückte, erhielt auch die dem Dichter gewidmete zweite Fassung «*An Mignon*» (XX, 48). – «*Nähe des Geliebten*» (XX, 49) wird am 27. Februar 1815 in der zweiten Fassung mit Zwischen- und Nachspiel versehen, behält aber als Strophenlied die Ausdrucksgewalt, die Schuberts Anweisungen «Langsam, feierlich mit Anmut» zu sprengen droht. – Sicher sind es diese Kunstwerke auf Texte Goethes, denen Schuberts Worte gelten: «Ja, das ist halt ein gutes Gedicht, da fällt einem sogleich etwas Gescheites ein, die Melodien strömen herzu, daß es eine Freude ist. Bei einem schlechten Gedicht geht nichts vom Fleck, man martert sich dabei, und es kommt doch nichts als trockenes Zeug heraus.»

Wie einfach und stark wird in Melodie und Begleitung das konzentrierte «*Erster Verlust*» (XX, 89); wie kühn wirkt in den arpeggierten Modulationen und zu Hugo Wolfs «Du bist Orplid, mein Land» hinweisend «*Meeresstille*» (XX, 82). Und ganz benachbart ist schon «*Wanderers Nachtlied*» («Der du von dem Himmel bist», XX, 87), ein beglückender Wurf durch die Sensibilität von Melodie und Begleitung! – Die Ballade «*Der Fischer*» (XX, 88) erscheint bei Schubert als strophische Romanze, was ihrer Einheit im Sinne Goethes zugute kommt. Im «*Heidenröslein*» (XX, 114) gelingt Schubert wieder ein Stück von liebwertester, echter Volkspoesie. – «*Der Schatzgräber*» (XX, 113) zeigt im Wechsel von Moll und Dur erstmals ausgeprägt eine von Schuberts ureigensten Kompositionstechniken. – «*Wonne der Wehmut*» (XX, 117) vom 20. August 1815 ist bei Beethoven (op. 83, Nr. 1) ein aufgeregtes «Andante espressivo», bei Schubert ein nettes Strophenliedchen, mit Feingefühl deklamiert und trotzdem nicht sentimental. – «*Die Spinnerin*» (XX, 119, August 1815) konzentriert die ganze Gretchentragödie in ein Strophenlied von ergreifender Tragik. Das Drehen der Spindel liegt nun in der Singstimme. Es ist ein Lied wie geschaffen, um durch Wilhelm Ehlers dem Herrn Hofrat von Goethe in allen Schattierungen vorgetragen zu werden. – Das dürfte auch vom «*Schweizerliedchen*» (XX, 121) zu sagen sein, wobei man sich füglich fragen darf, woher wohl dem Schulgehilfen im Wiener Vorort Liechtental die leisen Anklänge an den Jodel zugeflogen sein mögen.

Im September 1815 stößt Schubert auf *Friedrich Gottlieb Klopstock* (1724 bis 1803), den leicht moralisierenden, der ihn zu dreizehn Vertonungen anregt. Von ihnen ist «*Das Rosenband*» (XX, 139) eines der innigsten Lieder Schuberts geworden, während «*Dem Unendlichen*» (XX, 145) groß gefühlt, groß geschaut und groß gestaltet ist.

Auch Friedrich Schiller ist wieder vertreten, doch nur sporadisch. «*Erwartung*» (XX, 46) wird beachtenswert durch den formal abgewogenen und deshalb überzeugenden Wechsel von Rezitativ und Arioso. – «*Das Geheimnis*» (XX, 105) wird zum variierten Strophenlied umgestaltet. – Schubert nimmt «*An den Frühling*» (XX, 136) wieder vor, findet aber nichts daran verbesserungsbedürftig. – «*An die Hoffnung*» (XX, 106) erscheint später weniger gut als op. 87, 2 gedruckt (XX, 358). Hat er die frühere Fassung vergessen? Das wäre bei der Fülle von Schuberts musikalischer Produktion und bei der

Schnelligkeit ihres Entstehens nicht unmöglich. Schubert ging ja sehr sorglos mit den Kindern seiner Muse um. So wird erzählt, er habe einmal im Freundeskreis eines seiner Lieder gehört. Er habe verwundert festgestellt und gefragt: «Das Lied ist nicht uneben, von wem ist denn das?» – Von Schiller erscheinen in der zweiten Hälfte des Jahres 1815 die pathetischen und balladenhaften Werke «*Hektors Abschied*» (XX, 159), «*Klage der Ceres*» (XX, 172), auch «*Die Bürgschaft*» (XX, 109), später als Opernstoff vorgenommen. Sie stehen schon ihrer antikisierenden Texte oder langausgesponnenen Handlung wegen ferner. Es war auch eher ein Irrtum, sich an eine Ballade wie sie «Die Bürgschaft» darstellt, zu wagen. Sie sprengt die Möglichkeiten des Klavierliedes, genau wie «*Der Taucher*» (XX, 12a und b).

Das große Erlebnis dieses Jahres ist aber «*Ossian*», der keltische Barde und Held aus dem 3. Jahrhundert. Stoff und Stimmung aus einer gewaltigen, fernen, düstern Welt packten den Wiener Liedersänger nicht wenig. Die neun vertonten Gesänge führen ihn zu kühnen Experimenten und Wendungen. In ihnen entdeckt Schubert Möglichkeiten und Grenzen des Tremolos. Manche Stellen erinnern an Wagners «Ring der Nibelungen». Eine nähere Bekanntschaft lohnen sie besonders auch durch die bildhafte Gestaltung von Stimmungen und Natureindrücken aus der irischen Welt durch das Klavier. So «*Ossians Lied nach dem Falle von Nathos*» (XX, 147), «*Das Mädchen von Inistore*» (XX, 148, Brahms zu seinem op. 17 anregend) und «*Kolmas Klage*» (XX, 83). Während Schubert in den andern Balladen immer wieder durch Einschalten von Rezitativen die Einheit sprengt, gelingt es ihm hier, diese Einheit durch einen organischen Aufbau zu behalten. Es ist die Lösung, die er für Goethes Ballade «Erlkönig» findet.

Über die Entstehung des «*Erlkönigs*» (XX, 178) weiß Spaun zu erzählen: «An einem Nachmittag ging ich mit Mayrhofer zu Schubert, der damals bei seinem Vater am Himmelpfortgrund wohnte. Wir fanden Schubert ganz glühend, den ‚Erlkönig' aus dem Buche laut lesend. Er ging mehrmals mit dem Buche auf und ab, plötzlich setzte er sich, und in kürzester Zeit stand die herrliche Ballade auf dem Papier. Wir liefen damit, da Schubert kein Klavier besaß, in das Konvikt, und dort wurde der ‚Erlkönig' noch denselben Abend gesungen und mit Begeisterung aufgenommen. Der alte Hoforganist

Ruziczka spielte ihn dann selbst ohne Gesang in allen Teilen durch und war tief bewegt über die Komposition. Als einige eine mehrmals wiederkehrende Dissonanz („mein Vater, mein Vater') ausstellen wollten, erklärte Ruziczka, sie auf dem Klavier anklingend, wie sie notwendig dem Text entspreche, wie sie vielmehr schön sei und wie glücklich sie sich löse.» Trotz falscher Betonungen («es ist dér Vater; das ächzénde Kind») und des zu vielen Diskussionen Anlaß gebenden rezitativischen Schlusses hat Schubert ein Kunstwerk ohnegleichen geschaffen und in dieses Werk die ganze Unheimlichkeit der Szene und der seelischen Vorgänge eingefangen: das dahinjagende Pferd, die lange Reihe der die Straße säumenden Pappeln (Ernst Kurth), die beruhigende Stimme des Vaters, die zunehmende Angst des Knaben, die schmeichelnd-drohende Stimme des Erlenkönigs, das Auf und Ab der tanzenden Elfen.

Das Werk ist Kühnheit, Seelentiefe und Naturnähe in einem, ist voll unheimlich drängender Leidenschaft. Es wurde 1821 veröffentlicht als op. 1 und aus durchsichtigen Gründen dem k.k. Hofmusikgrafen Moritz von Dietrichstein gewidmet. Ein Autograph befand sich im Besitze von Clara Schumann. Goethe, dem der «Erlkönig» zugeschickt wurde, konnte natürlich mit der durchkomponierten Fassung nichts anfangen; sie war ganz einfach seinem Geschmack völlig entgegengesetzt. Doch weiß der weimarische Hofschauspieler Genast 1830 zu erzählen: «Am andern Tage empfing er (Goethe) die Frau Wilhelmine Schröder-Devrient höchst freundlich und liebreich. Sie sang ihm unter anderem auch die Schubertsche Komposition des ‚Erlkönigs' vor, und obgleich er kein Freund von durchkomponierten Strophenliedern war, so ergriff ihn der hochdramatische Vortrag der unvergleichlichen Wilhelmine so gewaltig, daß er ihr Haupt in beide Hände nahm und sie mit den Worten: ‚Haben

Sie tausend Dank für diese großartige künstlerische Leistung!' auf die Stirn küßte. Dann fuhr er fort: ‚Ich habe diese Komposition früher einmal gehört, wo sie mir gar nicht zusagen wollte, aber so vorgetragen, gestaltet sich das Ganze zu einem sichtbaren Bild...'» Die große Wagnersängerin war aber auch die berufene Interpretin dieses einmaligen Werkes. – Am 18. Oktober 1815 begann Schubert mit der Komposition der «*Mignon-Lieder*» und «*Gesänge des Harfners*» aus «Wilhelm Meister», den er vermutlich damals las. Er hat diese Stücke fast alle mehrmals komponiert und mit Inhalt, Sprache und Formung gerungen, wie kaum in einem andern Fall. Sie sind uns alle lieb und teuer: «*Kennst du das Land*» (XX, 168), «*Heiß mich nicht reden*» (XX, 394), «*Nur wer die Sehnsucht kennt*» (XX, 158), «*So laßt mich scheinen*» (XX, 395), Gesänge der Sehnsucht und des unendlichen Heimwehs. Tiefer, abgründig tiefer Schmerz schwingt in den «Harfner-Liedern», die er erst Jahre später zu ihrer endgültigen Form führen kann, wenn ihre erschütternde Tragik überhaupt endgültige musikalische Form finden kann: «*Wer sich der Einsamkeit ergibt*» (XX, 254), «*Wer nie sein Brot mit Tränen aß*» (XX, 258), «*An die Türen will ich schleichen*» (XX, 255). Das Ringen um ihre musikalische Formung führte Schubert, dessen Lage und Zustand sich später immer mehr verschlimmerten, immer eindringlicher zu einer eigenen Identifikation mit dieser tragischen Gestalt. Die Gesänge sind Schuberts erster Liederzyklus und leiten hin zur bedrückenden Ausweglosigkeit der «Winterreise».

Noch ist es nicht so weit. In unermüdlicher Schaffensfreude bemüht sich Schubert immer noch mit Texten Goethes: «*Rastlose Liebe*» (XX, 177), mit der bezeichnenden Anweisung zum Vortrag «Schnell, mit Leidenschaft», ist von so neuartiger Harmonie, von so dramatischem innern und äußern Drängen und hinreißendem, prachtvoll gezügeltem Schwung, daß es weit hinausschwingt in das kommende Jahrhundert:

ICH SINGE, WIE DER VOGEL SINGT...

«*Der König in Thule*» (XX, 261) erreichte die Volkstümlichkeit der Zelterschen Vertonung nicht, doch erstürmt Schubert mit dem Werk «*An Schwager Kronos*» (XX, 263) einen neuen Gipfel meisterlicher Darstellungskunst. Kronos ist der unheimliche Postillon der Lebensfahrt eines Feuergeistes, der wie Lenaus «Don Juan» aus dem Genuß mit jagenden Pulsen in die Nacht des Nichts oder der Hölle stürzen will. Die phantasievolle Vorstellungskraft Schuberts wird zu einer Konzentration wahrhaft dämonischer Größe, weit über das hinausgehend, was seine Zeit verstehen konnte. Mayrhofer, unterdessen Schuberts Freund geworden, fühlt das Seltsame, nicht zu Fassende und nicht zu Erklärende an seines zwanzigjährigen Freundes Genie. Seine «Apostrophe an Franz Schubert», geheißen «*Geheimnis*», redet eine deutliche Sprache:

«Sag an, wer lehrt dich Lieder, so schmeichelnd und so zart?
Sie rufen einen Himmel aus trüber Gegenwart...
Den schilfbekränzten Alten, der seine Urne gießt,
Erblickst du nicht, nur Wasser, wie's durch die Wiese fließt.
So geht es auch dem Sänger, er singt, er staunt in sich;
Was still ein Gott bereitet, befremdet ihn wie dich.»

Schubert komponiert im Oktober 1816 das Gedicht (XX, 269) und im März 1817 auch jene biedern zwei Strophen seines Freundes Franz von Schober «*An die Musik*» (XX, 314), sentimental und noch sentimentaler ausgewertet von einem Geschlecht, das in Schubert nur das Wiener Kind sieht und von seinen Abgründen so wenig wissen will, wie Schuberts Zeit sie sehen konnte.

Unterdessen fand Schillers «*Des Mädchens Klage*» die dritte und letzte Form (XX, 194, März 1816), eine strophische, einfache, ausgefeiltere Fassung.

Die Bekanntschaft mit *Theodor Körner* (1791 bis 1813) fand 1815 ihren Niederschlag in der Vertonung von vier Gedichten, unter denen das überschwängliche «*Liebesrausch*» (XX, 59) am meisten aussagt. Mit dem kriegerischen «*Schwertlied*» für Solo und Chor (XX, 54) weiß Schubert weniger anzufangen als Carl Maria von Weber. Es ist ihm darum nicht zu zürnen.

Von den 25 Vertonungen Matthissonscher Gedichte entstanden 14 in der Zeit vom 12. April 1813 («*Die Schatten*») bis 14. Oktober 1814 («*Der Geistertanz*»), 4 im Jahre 1815 und 7 im Jahre 1816. Schubert erwies an ihnen immer wieder von neuem seine starke Einfühlungskraft, ohne daß die Texte den nun empfindlicher Gewordenen zu Werken von größerer Bedeutung hätten anregen können.

Kosegartens (1758 bis 1818) lieblich-hausbackene Lyrik hat im Jahr 1813 in Schubert eine Welle ausgelöst: in ein paar Junitagen wurden 13, am 19. Oktober gar in ein paar Stunden weitere 8 Texte vertont. Von ihnen erheben sich die empfindungsvollen «*Die Mondnacht*» (XX, 102), «*Nachtgesang*» (XX, 161) und «*Sehnen*» (XX, 94) über ihre Geschwister. Letzteres entstand schon am 8. Juli 1815.

Der feinsinnige *Ludwig Heinrich Hölty* (1748 bis 1776), Vorläufer der Lyriker Eichendorff, Lenau und Mörike, ist in Schuberts Liederwerk mit 23 Gedichten vertreten. Dem «*Totengräberlied*» (XX, 7, 1813), das ein Vertreter jener Ständelieder des 18. Jahrhunderts ist, folgten im Frühling 1815 «*An den Mond*» (XX, 69). in der Begleitung etwas an Beethovens «Mondscheinsonate» anklingend:

«*Mainacht*» (XX, 70) wurde von Brahms einigermaßen in den Schatten gerückt, «*An die Nachtigall*» (XX, 72) aber ist ein makelloser Edelstein im Schmuckkästchen Schuberts.

Die ansprechende, volkstümlich-melancholische Lyrik des Bündners *Joh. Gaudenz von Salis-Seewis* (1762 bis 1834) führt Schubert zu 10 bestrickend lieblichen Vertonungen voller melancholischer Reize und klanglich aparter Wirkungen. So etwa das einfache «*Wehmut*» (XX, 200), mit der feinen Hinleitung von F-dur nach Des-dur («Nymphe, die der Tränen geweihten Quell verschließt»), «*Die Einsiedelei*» (XX, 198), mit der harmonisch reizvoll bewegten Mittelstimme, «*Der Entfernten*» (XX, 350) auch, echt empfundenes «Lied im Volkston».

Im November 1816 entstanden aus des Wandsbecker Boten *Matthias Claudius*' innig-schlichter Lyrik neun Lieder von treffendem Ausdruck. Von ihnen hat das fälschlicherweise Claudius zugeschriebene «*Wiegenlied*» (XX, 277), op. 98, Nr. 2, auch die Nachwelt herzlich angesprochen; erschüttert hingegen hat die Welt das andere Lied über ein Gedicht von Matthias Claudius, «*Der Tod und das Mädchen*» (XX, 302), op. 7, Nr. 3, allerdings schon vom Februar des nächsten Jahres (1817). Schubert nahm das Rahmenthema des Todes in seinem berühmten gleichnamigen Streichquartett acht Jahre später wieder auf. «*Das Abendlied*» (XX, 278) reicht bei weitem nicht an J. P. A. Schulz' Fassung heran. Ihr Schöpfer hätte sich keine so offensichtlichen Verstöße gegen die Betonung erlaubt, wie sie im zweiten Takt der Fassung Schuberts auftreten. – «*Am Grabe Anselmos*», (XX, 275), op. 6, Nr. 3, ist zu sehr Ariette geworden, wie wir sie in den Liedern Beethovens antreffen. – Dagegen ist «*An die Nachtigall*» (XX, 276), op. 98, Nr. 1, ein Jungmädchenlied von schlicht-keuscher Innigkeit.

Freund Johann Mayrhofer lieferte außer der Apostrophe «*Geheimnis*» Schubert vor allem den Text «*Abschied*» (XX, 251) nach einer alten Wallfahrtsmelodie mit Echowirkung bearbeitet.

«*Als ich sie erröten sah*» (XX, 41) vom Februar 1815 nach dem völlig obskuren Dichter Ehrlich ist ein seltsam frühreifer Liebeshymnus. – Den Abschluß dieser so bedeutungsvollen Epoche in Schuberts Schaffen bildet die im Oktober 1816 entstandene Vertonung eines Gedichts von *Georg Philipp Schmidt von Lübeck* (1766 bis 1849), Dichter und Bankdirektor, «*Der Wanderer*» (XX, 266). Es ging rings um den Erdball, dieses Lied des romantischen Weltschmerzes. Formal eine kleine Kantate mit einem rezitativischen Anfang, weist es zwei berühmt gewordene Motive auf:

«Die Sonne dünkt mich hier so kalt,
Die Blüte welk, das Leben alt», und
«Ich wandle still, bin wenig froh,
Und immer fragt der Seufzer wo?»

Rhythmus und Harmonie wurden in der brillanten «Wandererfantasie», op. 15, verwendet.

Fünftes Kapitel

DER PHOENIX REGT DIE SCHWINGEN
1814–1816

> «*Nehmt die Menschen wie sie sind,
> Nicht wie sie sein sollen*»
> (Aus Schuberts Tagebucheintragung
> vom 8. September 1826)

FRÜHE CHORMUSIK

Schuberts Verhältnis zum Wort war weit enger, tiefer, individueller bestimmt als etwa dasjenige Beethovens. Hiervon auch rührt der Unterschied in Art und Zahl der entstandenen Kompositionen. Dieses ausgesprochen persönliche Verhältnis Schuberts zum Wort schenkte uns eine Reihe von Werken geistlicher und weltlicher Art, mit und ohne Orchester, die über den Tag hinaus Gültigkeit bewahrten und deren Entstehung parallel mit jener der Klavierlieder verlief.

Wenn nun die Komposition von Klavierliedern spontan, ohne jede eigentliche äußere Nötigung begann, auch bis auf das Totenbett fortgeführt wurde – wenn auch mit kürzeren oder längeren Unterbrechungen –, so begann die Schaffung von kirchlichen Werken als Gebrauchsmusik für die Gottesdienste der Liechtentaler Pfarreikirche. Sie offenbaren des Tonsetzers Eigenart nicht im gleichen Maß wie seine Lieder. Man findet in ihnen weder die unerschütterliche Gottgläubigkeit eines Johann Sebastian Bach, noch den prometheischen Trotz Beethovens in seinem faustischen Ringen um ein allerpersönlichstes Bekenntnis zur Kirche und ihren Glaubensartikeln, weder die etwas herkömmliche, aber kunstvolle Musik Haydns und Mozarts, noch die herzlich-unreflektorische Frömmigkeit Anton Bruckners in ihrer innigsten Bindung an die «einige, heilige, katholische und apostolische Kirche». Schubert war auch nie ein religiöser Schwärmer gewesen, wie sie in der aufkommenden romantisch-pietistischen Erneuerungsbewegung der Baronin von Krüdener in Scharen auftauchten. Er blieb zeitlebens gutgläubiges, naiv-frommes Menschenkind, dem nicht einfiel, ein Stück Kirchenmusik anders als aus einem allgemein menschlichen Frömmigkeitsgefühl heraus auf herkömmlicher

Grundlage, aber mit individuellen Zügen, zu komponieren. Er äußert sich über seine Frömmigkeit in einem Brief vom 25. Juli 1825 aus Steyr an seinen Bruder Ferdinand: «Man wundert sich sehr über meine Frömmigkeit, die ich in einer Hymne an die Heilige Jungfrau («Ave Maria») nach Walter Scott ausgedrückt habe, und, wie es scheint, alle Gemüter ergreift und zur Andacht stimmt. Ich glaube, das kommt daher, weil ich mich zur Andacht nie forciere, und außer wenn ich von ihr unwillkürlich übermannt werde, nie dergleichen Hymnen oder Gebete komponiere, dann aber ist sie auch gewöhnlich die rechte und wahre Andacht.» Die zu prunkvollen Ausladungen verleitenden Texte sprachen ihn nicht an und wurden denn auch entsprechend komponiert: korrekt, eher gewollt, als gemußt.

In den polyphonen Sätzen und Stücken respektiert man die schulgerecht gemeisterten, viel Intuition verratenden Fugen, die manches Salieri, viel Händel verdanken, den Schubert sehr bewunderte. Anselm Hüttenbrenner weiß darüber zu berichten: «...Ebensosehr (wie Beethovens Musik) bewunderte er Händels Riesengeist und spielte in freien Stunden mit großer Begierde dessen Oratorien und Opern aus der Partitur. Zuweilen erleichterten wir uns die Arbeit dadurch, daß Schubert die höheren und ich die tieferen Stimmen am Klavier übernahm. Manchmal beim Durchspielen Händelscher Werke fuhr er wie elektrisiert auf und rief: ,Ah, was sind das für kühne Modulationen! Sowas könnte unsereinem im Traume nicht einfallen!' Schuberts und zugleich meine Lieblingskompositionen waren Händels Oratorium ,Messias', Mozarts ,Don Juan' und ,Requiem', Beethovens ,Adelaide', C-dur Messe und c-moll-Sinfonie.» Zu Joh. Seb. Bach kam Schubert in kein Verhältnis. Das wäre kaum möglich gewesen, war doch der Thomaskantor damals fast vergessen, und Mendelssohns Wiedererweckung der «Matthäuspassion», die den Beginn der Bach-Renaissance einleitete, erfolgte erst im Jahre nach Schuberts Tod.

Der Respekt Schuberts vor der Welt der Kirche, auch vor seiner eigenen Frömmigkeit, führte ihn, wie wir schon früher sagten, zu sorgfältig gearbeiteten, farbigen, aber im ganzen unpersönlich wirkenden Arbeiten. Es entstand am 28. Juni 1812 ein «*Salve Regina*», im September ein «*Kyrie*» (XIV, 14) in düsterem d-moll, für großes Orchester und feierlich-schwungvoll angelegt, doch homophon gehalten. – Von erstaunlicher Reife der mit vollem Bedacht eingesetzten satztechnischen Mittel ist das kurze «*Kyrie*» (XIV, 21) vom März 1813, a cappella, während ein weiteres «*Kyrie*» (XIV, 15) vom April dieses Jahres wieder aus d-moll geht und mit Pauken und Trompeten in pausbäckiger Musizierlust einherfährt. – Das dritte dieser «*Kyrie*» (XIV, 16), vom Mai 1813, steht in F-dur, ist gegensätzlich gehalten und von eindrücklich gemeisterter Polyphonie. Schuberts Spürsinn ist auch in dieser Hinsicht erstaunlich zu nennen, wenn er auch in den Klavierliedern zu stärkern Eingebungen führt. – Das «*Salve Regina*» von Ende Juni 1813 (XIV, 9) steht in B-dur und hat Kammerbesetzung. Es atmet ganz italienische Luft und könnte in oder für Salieris Unterricht entstanden sein. – Die weitern kleinern kirchenmusikalischen Werke dieser Jahre vertiefen die bisher skizzierten Züge mehr oder weniger. Sie gipfeln in dem am 28. Februar 1816 begonnenen «*Stabat mater*» (XIV, 13) für Soli, Chor und Orchester, in einer Nachdichtung Klopstocks. Wie Pergolesis berühmtes Werk beginnt es im tragischen f-moll und hellt sich zu lichtem F-dur auf. Neben den eher schulmäßig behandelten Teilen treten kürzere Zwischensätze auf, die an Klangfreudigkeit und Melodieseligkeit ihresgleichen suchen. Alles ist in ehrlich empfundene Andacht getaucht, und die satztechnischen oder stilistischen Freiheiten tragen ihre Rechtfertigung in sich selbst.

Im Sommer 1814, kurz bevor sich der junge Pegasus ins Joch des Broterwerbs durch den Schuldienst im Solde des Vaters einspannen ließ, entstand Schuberts *erste Messe* (XIII, 1), wieder im herzlichen F-dur, begonnen am 17. Mai und beendet am 22. Juli, geschrieben für die Liechtentaler Kirche zu den «14 Nothelfern» und am 16. Oktober zu deren 100jährigem Bestehen aufgeführt. Zehn Tage später wurde dem Werk die Ehre einer Wiederholung in der Hofkirche zu den Augustinern zuteil. Es ist auch hier erstaunlich, mit welcher Phantasie, mit welch technischem Können und mit welcher Sicherheit der Siebzehnjährige Form und Inhalt meistert. Ganz Schubertisch sind auch die herzhafte Innigkeit, die aus Melodien, Klängen und Instrumenten spricht, das Licht und die Klarheit, die alles durchdringt und trägt. Auffallen muß, daß in dieser ersten Messe – wie in ihren jüngern Geschwistern – im Credo das Glaubensbekenntnis an die «einige, heilige, katholische und apostolische Kirche» fehlt. Man kann über die Gründe dieser Auslassung nur mutmaßen. Könnten in der Messe in Es aus dem Todesjahr 1828 innerste persönliche Glaubensgründe eines gereiften Mannes mitgespielt haben, so kämen solche beim Siebzehnjährigen kaum in Frage, schließt doch eben das Fehlen dieses Teiles des Glaubensbekenntnisses im Credo Schuberts Messen von der Verwendung im katholischen Gottesdienst aus.

Nun wissen wir aus Briefen der Brüder, daß Vater Schuberts Gläubigkeit sich zu einer Bigotterie gesteigert haben mußte, die ihnen das Leben erschwerte und gegen die sie innerlich revoltierten. Es äußert sich Ignaz am 12. Oktober 1818 an Franz nach Zelesz: «...Du wirst Dich wundern, wenn ich Dir sage, daß es in unserem Hause schon so weit gekommen ist, daß man sich nicht einmal mehr zu lachen getraut, wenn ich vom Religionsunterricht eine abergläubisch lächerliche Schnurre erzähle. Du kannst Dir also leicht denken, daß ich unter solchen Umständen gar oft von innerlichem Ärger ergriffen werde, und die Freiheit nur dem Namen nach kenne.» In einem Brief an Ferdinand aus dem Salzkammergut vom September 1825 spricht Franz von der verschwundenen Macht des Pfaffentums und findet eine Äußerung wie: «Du herrlicher Christus, zu wie viel Schandtaten mußte dein Bild herleihen!» Dies spricht von einer starken Selbständigkeit des religiösen Denkens. Schuberts Freund Ferdinand Walcher spielt wohl auf solche Unabhängigkeit an, wenn er am 25. Januar 1827 in einem Brief an Franz Schubert nach dem musikalischen Zitat des «Credo in unum Deum» bemerkt: «Du nicht, ich weiß es wohl.» Diese Stellen deuten sicherlich zum mindesten auf eine innerlich freie Stellung Schuberts zum Dogma der Kirche.

Es mag in solchem Denken noch die josefinische Dominierung der Kirche durch den Staat nachwirken. Sie prägte sich in unabhängigen Geistern tief ein, und dies kann zur Zeit der Heiligen Allianz der Fürsten gegen die nach Freiheit sich sehnenden Völker wohl zu einem solchen innerlichen Protest geführt haben. Es darf auch die Möglichkeit nicht außer acht gelassen werden, es habe Schubert ein zu Josephs II. Zeiten «amtlich» gereinigter Text vorgelegen. Erinnern wir uns auch, daß Beethoven in seinen beiden Messen die bewußte Stelle sehr nebensächlich behandelt. Wie dem auch gewesen sein mag, die Uraufführung dieser ersten Messe gestaltete sich zu einem Liechtentaler Fest. Alles tat mit, und der junge Komponist stand am Dirigentenpult. Es war ein bedeutsamer Augenblick, den Schuberts Freunde oft und gern sich in Erinnerung riefen: «Es war ein rührender Anblick», erinnert sich Bruder Ferdinand, «den jungen Schubert, der damals der jüngste unter allen anwesenden Musikern war, seine Komposition dirigieren zu sehen. Mit welchem Ernst tat er es, mit welcher Umsicht, daß die alten Herren sagten: ‚Der dürfte schon 30 Jahre Hofkapellmeister sein.' Mit solchem Enthusiasmus wird aber auch nicht bald wieder eine Musik aufgeführt werden. Denn Regens-Chori war sein erster Lehrmeister Michael Holzer, Organist war sein Bruder Ferdinand, erste Sopranistin eine gute Freundin, seine Lieblingssängerin, und die übrigen Musiker lauter Jugendfreunde und Leute, unter denen er aufgewachsen. In der Freude seines Herzens schenkte ihm der Vater damals ein fünfoktaviges Fortepiano.»

Die «gute Freundin, seine Lieblingssängerin» war Therese Grob, damals sechzehnjährig, nicht eben hübsch, wie uns Anton Holzapfel des nähern ausführt, aber herzensgut und mit einer glockenhellen, hohen und reinen Sopranstimme begabt. Sie war die Tochter einer Witwe, die neben der Liechtentaler Kirche eine kleine Seidenwarenfabrik betrieb. Der aus der Schweiz eingewanderte Vater war früh gestorben. Schubert verkehrte viel im Hause Grob, musizierte dort, und Therese sang seine ersten Lieder für Singstimme und Klavier. Es spann sich zwischen den beiden jungen Menschenkindern eine innige Jugendliebe an, welche aus Gründen, die nur vermutet werden können, keine Erfüllung fand. Therese heiratete 1820 einen hablichen Bäckermeister und überlebte, eine kinderlose Witwe, ihren Jugendfreund um volle 48 Jahre. Schubert konnte sie nie vergessen, doch glauben wir nicht, daß diese erste Enttäuschung die Schuld trug, Schubert dem schönen Geschlecht gegenüber oft scheu, fast linkisch werden zu lassen. Man weiß von Stubenmädeleien und Liebeseskapaden in Wien und Zelesz, die sehr schlecht zu dem unbeholfenen Schüchterich passen wollen, den uns eine sentimentale Literatur auf die Bühne und in Romane stellt! Schubert war nun einmal eine zurückgezogene Natur, die am liebsten in sich selbst und im warmen Kreis der Freunde ruhte. Wie tief die Erinnerung an die erste Liebe und den ersten Verlust in Schubert lebendig blieb, verrät ein Gespräch mit Anselm Hüttenbrenner aus dem Jahre 1821, das dieser in seinen «Erinnerungen an Franz Schubert» festhielt: «Während eines Spaziergangs, den ich mit Schubert ins Grüne machte, fragte ich ihn, ob er denn nie verliebt gewesen sei. Da er in Gesellschaft sich so kalt und trocken gegen das schöne Geschlecht benahm, so war ich schier der Meinung, er sei demselben ganz abgeneigt. ‚O nein', sprach er, ‚ich habe eine recht innig geliebt und sie mich auch. Sie war eine Schullehrerstochter (hier irrt Hüttenbrenner), etwas jünger als ich, und sang in einer Messe, die ich setzte, die Sopransoli wunderschön und mit tiefer Empfindung. Sie war nicht eben hübsch, hatte Blatternarben im Gesicht; aber gut war sie, herzensgut. Drei Jahre lang hoffte sie, daß ich sie ehelichen werde; ich konnte jedoch keine Anstellung finden, wodurch wir beide versorgt gewesen wären. Sie heiratete dann nach dem Wunsche ihrer Eltern einen andern, was mich sehr schmerzte. Ich liebe sie noch immer, und mir konnte seither noch keine andere so gut oder besser gefallen wie sie. Sie war mir halt nicht bestimmt.'» Drei Tage nach der Uraufführung dieser ersten Messe komponierte Schubert «Gretchen am Spinnrad». Fühlen wir nicht mit ihm: «Meine Ruh' ist hin, mein Herz ist schwer...?»

Vom 2. bis 7. März 1815 entstand die *zweite Messe* (XIII, 2), in G-dur, Chor, Streicher und Orgel, kleiner angelegt als die ältere Schwester, homophon mit Ausnahme der obligaten «Osanna-Fuge», hier etwas kurz geraten. Das «Benedictus» für zwei Solostimmen hat den idyllischen Charakter einer Pastarole. Im «Agnus dei», in e-moll beginnend und in der Grundtonart G-dur endigend, schwingt eine echt empfundene Erregung mit. Als Kuriosum sei erwähnt, daß – wie ihr Herausgeber Friedrich Spiro 1904 erwähnte – ein gewisser Robert Führer, Kapellmeister an der Domkirche St. Veit in Prag, die Messe mit gefälschter Instrumentation 1846 zur «Inthronisation Ihrer Kaiserlichen Hoheit, der durchlauchtigsten Frau Erzherzogin Marie Karoline als Äbtissin» unter eigenem Namen als eigenes Werk herausgab! Bruder Ferdinand, der getreue Eckart und Verwalter des Nachlasses, hat die Fälschung aufgedeckt. Franz selber erlebte ihren Druck nicht.

Gegen Jahresende 1815 entstand die *dritte Messe* (XIII, 3), in B-dur, von Ferdinand 1838 als op. 141 herausgegeben. Sie erreicht trotz einiger eindrücklicher Stellen und eines wertvollen «Agnus dei» die Höhe ihrer beiden Vorgängerinnen nicht. – Im Juli 1816 entsteht die *vierte Messe* (XIII, 4), in C-dur, seinem frühern Lehrer Michael Holzer zugeeignet. Gedacht ist sie für Soli, Chor, Streicher (ohne Bratschen) und Orgel, eine «Missa brevis», wie sie Haydn, Mozart und Schuberts

Zeitgenossen am laufenden Bande schrieben. In ihr liegt das Gewicht auf dem sorgfältig behandelten einleitenden «Kyrie», während das sonst immer sehr liebevoll betreute «Agnus dei» diesmal nachlässig angelegt wurde. Schubert hörte das Werk mit andern Kompositionen aus seiner Hand am 8. September 1825 in der Kirche zu «Maria Trost» und ergänzte sie daraufhin mit einem solistischen «Benedictus», Holzbläsern, Trompeten und Pauken.

Nun lassen die Menschen aber nicht nur zum Lobe Gottes und zu «mehrerer eigener Erbauung» Denken, Empfinden und Glauben gemeinsam singend äußern. Dies tun sie überall, wo sie im gemeinsamen Handeln und Fühlen zusammentreten. Im Liede klagt das Volk um verlorene oder ungetreue Liebe, äußert es seine Freude am Naturgeschehen, im Liede neckt, hofft und bangt es. Dies stellte schon zu Beginn des Dreißigjährigen Krieges, nämlich 1620, in St. Gallen eine achtköpfige Schar halbwüchsiger, sangesfreudiger Burschen fest, als sie ihrer «Singgemeinschaft zum Antlitz» in der ersten Protokolleintragung folgende grundsätzliche Feststellungen mitgaben: «Daß die Musik den Menschen, wes Standes und Condition er immer ist, in seinem gantzen Leben nicht nur nuzlich, sondern auch nothwendig sey, ist under anderm darauss offenbar, weilen dieselbe gleichsam das Innerste des Herzens durchdringt, die Gemüthsbewegungen erhebt, die Schwermuth und Traurigkeit vertreibt, die matten Glieder erlabet, die ausgemergleten Glieder widrumb erquicket, und also den gantzen Menschen gleichsam lebendig macht: daneben er zur Lobpreisung Gottes und zur Verrichtung seiner Berufsgeschäften aufgemuntert und angetrieben wird.» Mangels geeigneten Liedstoffes sangen die Burschen die damals sehr beliebten und weitverbreiteten Lobwasserpsalmen! Es sind in dieser Protokolleintragung bereits alle gesanglichen Äußerungen enthalten, wie sie später im eigentlichen Männergesang erschienen: seelische Erhebung und Bereicherung des Gemüts im geistlichen Lied, Aufmunterung zum fröhlichen Verrichten des Tagewerks in den Berufs- und Ständeliedern, Freude am geselligen Beisammensein. Denn wir hören weiter, daß die kleine Schar der Singfreudigen aus der Stadt im grünen Ring ihre Proben mit einem Umtrunk schloß, womit erwiesen ist, daß auch das Trinklied an diesen Zusammenkünften seine feucht-fröhliche Funktion ausübte. «Den liebsten Buhlen, den ich hab» und «Tummle dich guts

Weinlein» sind den Sängern sicher nicht unbekannt geblieben. Das Bedürfnis weckte die Literatur, die dem sich bald vergrößernden Doppelquartett von seinem Ulmer Dirigenten geschaffen wurde.

War auch das folgende Jahrhundert dem Chorgesang, der seine a-cappella-Blüte längst erreicht hatte, auch nicht günstig, so hielten sich überall in deutschen Landen solche Singgemeinschaften in die Zeit der Wiener Klassik hinein. Zum Singen brauchte es weder Instrumente noch große Schulung, man sang frei von der Leber weg, erfreute sich im Liede geselligen Beisammenseins und begeisterte sich an patriotischen und humanen Texten. In Berlin entstand 1790 Christian Friedrich Faschs «Singakademie», und in Wien erregten Haydns profane Oratorien «Die Schöpfung» und «Die Jahreszeiten» Stürme der Begeisterung. In Singspielen und Opern traten Männerchöre auf. Der Bürger fand sich mit Gleichgesinnten zusammen zum Musizieren und Singen. In Wien bildete sich die «Gesellschaft der Musikfreunde», eine organisatorische Ausweitung der «Collegia musica», nachdem schon anderswo solche und ähnliche Konzertgesellschaften gegründet worden waren, wie etwa in Leipzig durch die Gewandschneider. Damit übernahm der Bürger die aktive und passive Musikpflege als Vermächtnis von Hof und Adel. Die gesangliche Komponente des Musiklebens weitete sich stark aus, nicht zuletzt dank der aufkommenden Mitwirkung von Frauen in den Kirchenchören, die immer mehr die Knabenstimmen ersetzten.

Dem stärker werdenden Sinn für Natürlichkeit wurde auch alles Kastratentum im Gesang auf Bühne und im Chor zuwider. Der Gesang trat besonders dann aus dem Kult heraus, als sich ihm eine starke bekenntnishafte Strömung zugesellte. Das Freimaurertum, dieses Kind der Aufklärung, bekannte seine Ideale im Lied. Singend zogen die Soldaten in die preußischen Befreiungskriege, wie zwanzig Jahre früher die französischen Revolutionsarmeen an den Rhein gezogen waren, um neues Volksrecht gegen veraltetes Fürstenrecht zu verteidigen. Singend fanden sich auch die Patrioten der «Helvetischen Gesellschaft» im Bade Schinznach zusammen, um in Caspar Lavaters «Schweizerhymnen» die Erneuerung der eidgenössischen Bünde und die Gründung eines gemeinsamen Vaterlandes zu besingen. Bald werden auch die studentischen Burschenschaften bei Bier, Toback und Lied ihre nicht nur der Gesellligkeit geweihten Zusammenkünfte beginnen.

Gesang war auch das Kernstück in Goethes pädagogischer Provinz. Wir lesen in «Wilhelm Meister»: «Ein allgemeiner Gesang erscholl, wozu jedes Glied eines weiten Kreises freudig, klar und tüchtig an seinem Teil zustimmte, den Winken des Regelnden gehorchend.» Hans Georg Nägeli (1773 bis 1836) meint in der «Pestalozzischen Gesangbildungslehre», das Zeitalter der Musik beginne da, «wo nicht bloß Repräsentanten die höhere Kunst ausüben, wo die höhere Kunst zum Gemeingut des Volkes, der Nation, ja, der ganzen europäischen Zeitgenossenschaft geworden, wo die Menschheit selbst in das Element der Musik aufgenommen wird. Das wird nur möglich durch Begründung des Chorgesangs. Nehmt Scharen von Menschen, nehmt sie zu Hunderten, zu Tausenden, versucht es, sie in humane Wechselwirkung zu bringen, wo jeder einzelne seine Persönlichkeit sowohl durch Empfindungs- als Wortausdruck freudig ausübt, wo er sich seiner menschlichen Selbständigkeit und Mitständigkeit auf das intensivste und vielfachste bewußt wird, wo er Liebe ausströmt und einhaucht, augenblicklich, mit jedem Atemzug: habt ihr etwas anderes als den Chorgesang? – Man führe durch ein Hundert schulgerechter Sänger mit mittelmäßigen Organen, wie sie die Natur gibt, einen gutgesetzten Chor aus, und man hat die Volksmajestät versinnlicht.» Das waren hohe Worte in hoher Zeit gesprochen und von einem hohen Sinne zeugend.

Man schrieb das Jahr 1809, und Franz Schubert, der auch dem Chorgesang von seinen besten Gaben schenken sollte, drückte seit einem Jahre die Konviktsbänke. Wir spüren in Goethes und Nägelis Worten den gleichen Sinn für die der Musik zugemessene Rolle in der Menschenbildung, wie er auch Schiller-Beethovens «Lied an die Freude» durchströmt.

Franz Schubert begann seine Komposition von Gesängen für Männerstimmen auf bescheidener Grundlage und in engerm Rahmen. Er war auch beileibe der erste nicht, der Chorlieder für Männerstimmen schrieb. Das Bedürfnis nach Werken für drei- bis vierstimmigen Männergesang schien damals in der Luft zu liegen, d.h. das Weltgefühl des Bürgers weckte das Bedürfnis, sich im Liede auszusingen, und dieses Bedürfnis ließ auch die entsprechende Literatur entstehen. Es konnten wohl Volkslieder oder die harmonisch einfachen «Lieder im Volkston» durch Beifügung einer improvisierten

Begleitstimme in Terzen und Sexten und einer dritten als Stütze der
Harmoniefolgen dreistimmig aus dem Stegreif gesungen und solche
Tonsätze willkürlich nachgeahmt werden. So gab kurz nach 1796 in
Wien Franz Schraub eine Anzahl Melodien von Mozart, Winter und
anderen Komponisten in drei- und vierstimmigen Tonsätzen heraus,
die bei geselligen Anlässen gesungen wurden und absichtlich als un-
begleitete Männerquartette geschaffen worden waren. Bekannt ist die
Rolle, die *Michael Haydn* (1737 bis 1806) gerade in dieser Hinsicht als
Vorläufer und Anreger Schuberts gespielt hat. Pfarrer Rettenstein in
Arnsdorf bei Salzburg bat seinen Freund Michael Haydn, für ihn und
seine beiden Kaplane Gesangsterzette zu verfassen. Diesem Wunsche
kam Haydn nach, fügte aber eine vierte Stimme bei, die er selber
sang. Die von Michael Haydn bekannten Männerquartette stammen
aus den Jahren 1795 bis 1805, erschienen sind sie meist im Verlag
von Benedikt Hacker in Salzburg. Sie müssen sehr beliebt gewesen
sein, denn der Salzburger Konzertmeister Otter fügte einem solchen
Quartett bei: «Nun habe Dank, o Vater, Haydn für die Lieder, die
mir das Leben süßten auf der argen Welt.» Es sind Strophenlieder,
homophon-akkordisch, mit der Melodie im I. Tenor. Sie besingen den
Frühling, das Leben, auch den Wein, dem Michael Haydn nach Zeug-
nissen Mozarts recht zugetan gewesen sein soll. In ihrer einfachen,
melodiösen, volkstümlichen Art fanden sie weite Verbreitung. Als
Salzburger Spezialität wurden sie auch Fremden vorgesetzt: «Wer
von diesen Sängern Michael Haydns vierstimmige Lieder vorgetragen hörte, hat gewiß das Vollkommenste in dieser Art des Gesangs
gehört. Oft schenkte der zuvorkommende, gütige Fürst (Domherr
Fürst Schwarzenberg) den Fremden den Genuß jener Gesänge; und
keiner entfernte sich ohne innigst gefühlten Dank für die ihm ver-
schafften Momente vollendeter Kunstweihe.» So ein Graf Spaur.

Solche Männerquartette verfaßte auch der Verleger und Musika-
lienhändler Hacker (geb. 1769) selber. Er komponierte auch das erste
Singspiel für Männerstimmen, «List gegen List oder der Teufel im
Waldschlosse». *Leonhard von Call* (1779 bis 1815, ein glänzender
Gitarrenvirtuose), gab in Wien 16 Sammlungen «Lieder für Männerstimmen» heraus, welche die Liebe, die Freundschaft und die Natur
in leichtgeschürzten Musenkindern besangen. So war der Boden recht
gut vorbereitet, als der Konviktsschüler Schubert Franz daranging,

auch seinerseits das beliebte Genre des Männerquartetts mit seinen Gaben zu beschenken. Wenn es in Österreich noch Jahrzehnte dauern sollte, bis sich ein eigentliches Männerchorwesen entwickeln konnte, so waren daran die politischen Verhältnisse im Vormärz schuld, da noch bis zu den Sturmjahren 1848/49 jede Vereinigung von Gleichgesinnten der Regierung Metternichs verdächtig war und aufs kleinlichste schikaniert wurde.

Es ist kein Zweifel, daß Schubert solche Männerquartette und -terzette schon im Konvikt kennenlernte. Hier wurde ja nicht nur musiziert, sondern auch gesungen. Was liegt nun näher als die Überlegung, der von Klängen übersprudelnde Schubert habe neben seinen Instrumentalkompositionen, Klavierliedern und geistlichen Chorwerken auch weltliche Chöre für sich und seine Konviktskameraden komponiert? Tatsächlich beginnt er parallel mit der Vertonung von Gedichten Schillers für eine Singstimme und Klavierbegleitung mit der Vertonung von Gedichten für Männerterzett (zwei Tenöre und Baß).

Das Männerterzett ist eigentlich die natürliche Stimmenzusammensetzung: hohe, mittlere und tiefe Männerstimme als Tenor, Bariton und Baß. Die frühen Männerchöre Schuberts, wenn man überhaupt schon von chorischer Besetzung im eigentlichen Sinne reden kann, waren für drei Männerstimmen ohne Begleitung gedacht. Im Jahre 1813 entstanden elf solcher a-cappella-Terzette, die Kantate zur Namensfeier und ein Trinklied eines unbekannten Dichters für Solobariton, vierstimmigen Männerchor und Klavier, «*Freunde sammelt euch im Kreise*» (XVI, 16), vom 29. August 1813, mit fanfarenmäßig-festlicher Einleitung, volkstümlich-melodiösem Solo und kraftvoll chorischer Akkordik, gar nicht protzig, wie man es von einem jungen Temperament erwarten könnte. – Am 4. Oktober 1813 feierte die Familie Schubert den Namenstag von Vater Franz. Am 22. September hatte der sechzehnjährige Sohn gleichen Namens auf einen eigenen, herzlich naiven und hölzernen Text die «*Kantate auf die Namensfeyer*» (XIX, 4) für zwei Tenöre, Baß und Gitarre komponiert. Mit diesem Werk überraschten die Söhne ihren Vater, den der Wunsch: «Ewig währe Vater Franzens Glück!» nicht wenig gerührt hat. Musikalisch ist das Stück von gar keinem Belang.

Die oben erwähnten ersten Männerterzette a cappella sind zwischen dem 15. April und 15. Juli 1813 entstanden, also noch in Schuberts Konviktszeit. Die Texte stammen ausnahmslos von Schiller, und zwar aus dessen hochgestimmter Gedankenlyrik, aus «Elysium», «Triumph der Liebe» und den «Sprüchen des Konfuzius». Es ist müßig, sich zu fragen, warum der Junge sich gerade von diesen Texten angesprochen fühlte. Sie sind, 13 an der Zahl, meist homophon wie die Terzette Michael Haydns, aber geschmeidiger, ausdrucksvoller und von feiner Stimmung, rührend, öfters in dynamischen Gegensätzen und Extremen. Die Texte sind mit erstaunlichem Feingefühl gewählt, ebensolches muß man von der Tonartenwahl sagen. Am bedeutendsten sind die zwei Strophen aus «Konfuzius»: *«Dreifach ist der Schritt der Zeit»* (XXI, 23), von freier Polyphonie und ausdrucksvoller Bewegtheit. Der Taktwechsel und der sich verbreiternde Schluß malen die ewig stillstehende Vergangenheit. Diese Werke alle sind so spontan und unerklärlich aus Schubert hervorgebrochen, daß sie ein Rätsel mehr in Schuberts rätselvollem Schaffensprozeß bilden.

Das Jahr 1814 war dem Chorlied wenig hold. Immerhin entstand eine Kantate «*Wer ist groß?*» (XVI, 43), textlich vermutlich auf Napoleon I. gemünzt: «Wer ist denn groß? Der stürmisch vom Throne schaut, den Mord und Herrschsucht ihm erbaut?» Die Antwort lautet: «Der ist groß, der für das Heil der Menschheit lebt, ein Feind des Kriegs, nach Frieden strebt!» Das Instrumentarium besteht aus je zwei Oboen, Fagotten, Hörnern, Trompeten, Pauken und aus dem üblichen Streichquintett. Neben den fanfarenschmetternden Bläsern nimmt sich die Behandlung der Streicher etwas gedankenarm aus.

Ergiebiger für den Chorgesang war das Jahr 1815. Es entstand ein «Trinklied» für dreistimmigen Männerchor und Klavierbegleitung, deren Baß erst einstimmig, dann in Oktavenverdoppelung eine fröhlich wirkende Achtelbegleitung einleitet. – Ein *«Trinklied vor der Schlacht»* (XX, 53), auf einen Text von Theodor Körner, entstand im gleichen Jahr. Über einer erregenden Klavierbegleitung alternieren zwei Unisono-Chöre. – Für Solotenor, Chortenor, zwei Bässe und Klavier ist ein Trinklied von *Ignaz Franz Castelli*, «*Brüder, unser Erdenwallen*» (XIX, 8), vom Februar 1815, gedacht, das wegen seiner Wendung zur Nachdenklichkeit im Mittelteil auffällt. – Am 29. August 1815 komponierte Schubert Schillers «Punschlied»: «*Vier Elemente, innig gesellt*» (XIX, 7) für zwei Tenöre, Baß und Klavier, ein Stimmungsbild jugendlich feucht-fröhlichen Überschwangs. Die paar weitern Trinklieder sind alle nett geraten, können hier aber übergangen werden. – Von den fünf Gesängen für Männerterzett a cappella dieses Jahres 1815 sind vier auf Texte Höltys komponiert. Unter ihnen spricht das «Mailied»: «*Grüner wird die Au*» (XIX, 16) recht unmittelbar an. – Mit dem «Bardengesang» aus Ossians düsterer Welt, «*Rolle, du strömigter Carun*» (XIX, 15), vom 20. Januar, gelingt Schubert das stimmungsvollste, lebendigste Stück der Reihe.

Im Hochsommer entstanden zwei erste Gesänge für Frauenstimmen mit Klavierbegleitung, «*Das Leben, ein Traum*» (XVIII, 5), mit lieblicher Tonmalerei auf «schnell wie die Wolken ziehn» und «*Klage um Ali Bey*» (XVIII, 6), in dunklem es-moll, nach einem sarkastischen Text von Matthias Claudius. Schubert findet den dazu passenden, ans Groteske grenzenden Ton durch übertriebene Dynamik. – Am 11. Juli 1815 entstanden der erste weltliche gemischte Chor mit Klavierbegleitung: «*Hymne an den Unendlichen*» (XVII, 8), Text von Schiller, im März 1829 mit den beiden wohl gleichzeitig geschaffenen «*Gott im Ungewitter*» (XVII, 6) und «*Gott, der Weltschöpfer*» (XVII, 7), beide auf Texte von Johann Peter Uz, als op. 112 veröffentlicht. Es sind nun wirklich und ausgesprochen chorisch gedachte und angelegte Stücke, wie die kirchlichen Werke, hymnisch, pastos im gesanglichen, hingegen weniger durchgearbeitet im pianistischen Teil. Im dritten Chor gaukelt wohl der «Blick» umher und nicht der Blitz, wie Schubert irrtümlich vertonte.

Weitere Trinklieder und eine patriotische Anwandlung, die Schubert Körners «Leyer und Schwert» näher brachte, reichen nicht ganz an die im Mai 1815 komponierte «*Hymne an die Freude*» (XX, 66) heran, die natürlich von Beethovens Fassung in der IX. Sinfonie etwas in den Schatten gestellt wird. Dem Solotenor im ersten antwortet im zweiten Teil der einstimmige Chor im Dreivierteltakt, was dem Werk einen eigenartig bewegten Schwung verleiht. – Im Erlkönigjahr 1815 tauchen neben weitern Terzetten für Männerstimmen auf Texte von Schiller, Hölty und Matthisson, Salis-Seewis und Schober die ersten Männerquartette auf. Die Beifügung einer zweiten Baßstimme gibt dem Chorklang mehr Fülle, Rundung, aber etwas auf Kosten der chorischen Beweglichkeit und klanglichen Durchsichtigkeit. Matthissons «*Geistertanz*» scheint es Schubert besonders angetan zu haben. Nach Kompositionsversuchen für Singstimme und Klavier 1812 (XX, 590) und 1814 (XX, 29) nimmt er den schaurigskurrilen Text «*Die brettene Kammer der Toten erbebt*» im November 1816 eine endgültige Fassung für vierstimmigen Männerchor a cappella (XVI, 32): Nach einem heftig pochenden, deklamierten ersten Teil (Strophen 1 und 2) in c-moll wendet sich mit der dritten Strophe die Harmonie nach As-dur und klingt in einem etwas sentimentalen Schluß versöhnend aus.

Außer diesem Text hat Schubert noch eine ganze Reihe von Grab- oder Totengräbertexten vertont, davon Salis-Seewis' «*Das Grab*» gleich dreimal, Zeichen romantischen Fernwehs jener gefühlvollen Zeit (XX, 182, 186, 323). – Helleren Bezirken entstammt ein «*Frühlingsgesang*» auf einen Text Franz von Schobers, «*Schmücket die Locken mit duftigen Kränzen*», in einer ersten Fassung für Männerquartett a cappella vom Frühling 1816 (XVI, 31) und im zweiten Teil – leicht verändert –, 1822 mit einer Klavierbegleitung versehen, die auch mit Gitarre auszuführen ist (XVI, 7). Das Werk fand in dieser Form im Rahmen einer Wohltätigkeitsveranstaltung im Kärntnertortheater am 7. April 1822 seine erste öffentliche Aufführung. Über dem homophon gehaltenen, fröhlich wirkenden Satz der drei untern Stimmen schwebt ein fast solistisch gehaltener I. Tenor. Das schöne Werk erschien am 9. Oktober 1823 als op. 16 mit dem im Mai 1816 entstandenen chorischen Männerquartett mit Klavierbegleitung, «*Naturgenuß*» (XVI, 8), auf einen Text von Matthisson. Der Chorpart verlangt eine außergewöhnliche Beweglichkeit der Stimmen und ist formal, wie «Frühlingsgesang», von recht freiem Bau:

(Naturgenuß, 1816)

Am 17. Juni 1816 meldet außerdem das Tagebuch: «An diesem Tage komponierte ich das erste Mahl für Geld. Nähmlich eine Cantate für die Nahmensfeyer des H. Professors Wattrot, von Dräxler.

Das Honorar ist 100 fl. W. W.» (100 Gulden Wiener Währung.) Heinrich Josef Watteroth war Professor und Philipp Dräxler der Dichter. Die Kantate hieß «*Prometheus*», wurde fünf Wochen später aufgeführt und ist seither spurlos verschollen, obgleich Schubert Partitur und Stimmen eigenhändig schrieb. Sie dauerte nach Beschreibungen dreiviertel Stunden, war fast durchwegs rezitativisch angelegt und enthielt eine einzige eigentliche Gesangsnummer, ein Duett zwischen Gäa (Erde) und Prometheus.

In das Jahr 1816 fiel Salieris Jubiläum seiner fünfzigjährigen Tätigkeit in Wien, zu dem Schubert eine Kantate auf einen eigenen Text, «*Gütigster, Bester, Weisester, Größter*» (XVI, 44), komponierte. Sie war angelegt für zwei Tenöre, Baß und Klavier und wurde am 16. Juni anläßlich der Jubelfeier aufgeführt. Aufschlußreicher als das reichlich glatte, leichte, besser gemeinte als geratene Werk ist eine Tagebucheintragung vom gleichen Tage: «Schön und erquickend muß es dem Künstler sein, seine Schüler alle um sich versammelt zu sehen, wie jeder sich strebt, zu seiner Jubelfeier das Beste zu liefern, in allen diesen Kompositionen bloße Natur mit ihrem Ausdruck, frei aller Bizarrerie, zu hören, welche bei den meisten Tonsetzern jetzt zu herrschen pflegt, und einem unserer größten deutschen Künstler beinahe allein zu verdanken ist, von dieser Bizarrerie, welche das Tragische mit dem Komischen, das Angenehme mit dem Widrigen, das Heroische mit Heulerei, das Heiligste mit dem Harlekin verwechselt, nicht unterscheidet, den Menschen in Raserei versetzt statt in Liebe auflöst, zum Lachen reizt anstatt zu Gott erhebt. Diese Bizarrerie aus dem Zirkel seiner Schüler verbannt und dafür die reine, heilige Natur zu blicken, muß das höchste Vergnügen dem Künstler sein, der von einem Glück geleitet, die Natur kennenlernt und die trotz der unnatürlichsten Umgebung unserer Zeit erhalten hat...»

Was mag mit «Bizarrerie» gemeint sein? Die Musik Beethovens, den Schubert wohl unter einem «der größten deutschen Künstler» versteht? Die Sinfonien 7 und 8, die Sonaten op. 101 und 102, die nun vorlagen? Oder ist die Eintragung einer Augenblicksstimmung entflossen? Nicht lange mehr geht's, und auch unser Franz Schubert wird in Kritiken der Bizarrerie bezichtigt werden. Er findet den Weg aus dieser etwas verworrenen und unvergorenen Musikästhetik: Er wird der, der er sein muß, er wird Franz Schubert.

Noch ist einiger weiterer Chöre weltlicher Art zu gedenken. Im gleichen Monat Juni 1816 nimmt ein gemischter Chor nach J.P.Uz, «*Die Sonne*» (XVII, 12), mit Klavier, Gestalt an und bestätigt die hymnische Atmosphäre der vorjährigen drei Stücke von op. 112. – Der Osterhymnus aus «Faust»: «*Christ ist erstanden*» (XVII, 18), für gemischten Chor a cappella, mit seiner wechselvollen Dynamik und getragenen, edlen Harmonik dürfte bekannter sein und bei Faust-Aufführungen benützt werden.

Die Chorwerke, die wir bisher kennenlernten, sind, ob es sich um solche weltlicher oder geistlicher Art handelt, für Schuberts Bild nicht eigentlich charakteristisch. Mit zunehmender Bereicherung und Vertiefung im Gefolge wachsender innerer Reifung stellten sich auch im Chorschaffen jene Früchte ein, die mit den Instrumentalwerken und Klavierliedern des späteren Schubert – von einem älteren kann man ja kaum reden – jene unerreichbaren und einmaligen Werke bilden, die uns Franz Schubert so lieb und überaus teuer werden lassen.

DAS RINGEN UM OPER UND SINGSPIEL

Wir wissen, welche Umwege schöpferische Kräfte oft gehen, bis sie ihre eigentlichste Bestimmung erreicht haben. Vincent van Gogh (1853 bis 1890) kam auf dem Umweg über die Berufe eines Bilderverkäufers, Sprachlehrers, Armenpredigers und Missionars zu Stift und Pinsel. Der Lyriker und Epiker Gottfried Keller (1819 bis 1890) quälte sich Jahrzehnte um das Gelingen des Dramas «Therese», und Heinrich Pestalozzi (1746 bis 1827) gar kam auf dem Irrweg eines Bauers zu seiner Sozialphilosophie und Erziehungslehre. Das Ringen um Oper und Singspiel, um Kunstformen, auf deren Boden trotz der 18 Anläufe Schubert kein Erfolg beschieden war, absorbierte seine Kräfte gerade im Jahre 1815 in tragischer Art. Lag der Mißerfolg nur an den Textbüchern? Diese spielen natürlich eine wichtige, aber keine alleinige Rolle. «Ich habe leicht hundert, ja wohl mehr Bücheln durchgesehen, allein ich habe fast kein einziges gefunden, mit welchem ich zufrieden sein könnte.» Das schrieb der scharfäugige Wolfgang Amadeus Mozart am 7. Mai 1783, zwischen «Entführung» und «Figaro» aus Wien seinem Vater. Wir wissen auch um das stete Suchen Beethovens nach geeigneten, ihm zusagenden Textbüchern, wissen desgleichen um die bestimmende Einflußnahme, welche Verdi und Richard Strauß auf die Gestaltung ihrer Libretti ausübten. Kann man von Franz Schubert, dem geborenen Lyriker, erwarten, daß er mit den dramatisch begabten Augen und Ohren Mozarts, Verdis oder Strauß' an die Prüfung der Textbücher heranging? Konnte er solche überhaupt auf Bühnenwirksamkeit oder dramaturgische Brauchbarkeit prüfen? Warum der Zug Schuberts zur Bühne? Warum der hastige Griff nach dem nächsten Buch, kaum war der Mißerfolg des vorhergehenden verklungen? Wollte er einfach mit Gewalt einen äußern Erfolg erzwingen?

Es ist sicher nicht an den vielen dramatisch bewegten Szenen oder Stellen in Schuberts vokalen und instrumentalen Werken vorbeizuhören. Es ist aber auch nicht zu überhören, wie oft, gern und lang sich der Meister in Eindrücken ergeht, statt dramatische Knoten zu schürzen, wie er Einfälle wieder und wieder spiegelt, aneinanderreiht, statt sich mit Konflikten auseinanderzusetzen und Spannungen aufzuladen und abklingen zu lassen. Das Theaterleben Wiens bot ihm, das sei ihm zugut gehalten, auch eine gar verwirrende Fülle von Aspekten. Da lebte immer noch die italienische Oper, die seria und die buffa, lebte die französische Rettungsoper in Cherubinis «Wasserträger», lebten Glucks Iphygenien, Mozarts «Entführung», «Don Giovanni», «Die Zauberflöte», Beethovens «Fidelio», den zu hören Schubert 1814 seine Schulbücher verkaufte, lebten Spontinis «Vestalin», Weigls «Schweizerfamilie» und viele, viele Singspiele, Zauberpossen und Dekorationsstücke mit viel, viel Ausstattung und Maschinerie. Das Schema von Metastasios Personen- und Handlungstypen hatte sich mit dem Aufkommen des Geschmacks an Einfachheit und Wahrheit verflüchtigt. Eine deutsche Oper gab es nicht, sollte es noch lange nicht geben, und was an einzelnen ihrer Vertreterinnen vorhanden war, etwa Webers «Freischütz» und «Euryanthe», hörte Schubert mit Schubertschen Ohren. Dann waren Goethe in «Claudine» und Grillparzer in «Melusine» wohl feinsinnige Dichter, aber keine guten Librettisten. Und zu Raimunds Märchenstücken oder Nestroys Satire fand Schubert keinen Zugang.

Man kann die vergeblichen Versuche Schuberts, auf der Bühne Fuß zu fassen, wirklich nur mit Ergriffenheit feststellen und bedauern. Sie gehören aber zu jenen Irrwegen, wie sie wohl jeder schöpferische

Künstler zu Zeiten geht. Tragisch war bei Schubert namentlich die Hartnäckigkeit, mit der er von Versuch zu Versuch, von Fehlschlag zu Fehlschlag irrte. Vorerst fiel er auf Machwerke *August von Kotzebues* (1761 bis 1819) herein. Das war der geschickte Gegner der deutschen Klassiker, in etwa 200 Bühnenstücken der Geschmacksverderber und Feind des Guten, an Popularität Schiller und Goethe bei weitem überlegen. Er weckte und befriedigte alle gemeinen Instinkte der Masse, der billigsten Sentimentalität und des gröbsten Humors und buhlte mit bedenkenloser Frivolität um den Erfolg, der ihm auch zufiel, samt dem Lohn dafür. Als Librettist ist er weniger seicht, aber abgeschmackt oder rührselig zum Heulen. Er wurde von Weigl («Das Dorf im Gebürg, 1798), Friedrich Heinrich Himmel («Fanchon, das Leiermädchen», 1804), Konradin Kreutzer («Die Alpenhütte», 1815) vertont. Leider auch von Franz Schubert.

Vom «*Spiegelritter*» (XXI, 1) war im dritten Kapitel schon die Rede. O. E. Deutsch datiert, was von dem Werk entstand, in das Jahr 1812. Der alberne Text war schon 1791 von Ignaz Walter für Frankfurt a. M. vertont worden (Einstein). Schubert stellte die Arbeit an dem Machwerk vor Beendigung des ersten Aktes ein. – Nicht besser ist der zweite Versuch gelungen: «*Des Teufels Lustschloß*» (XV, 1), Text nochmals von Herrn von Kotzebue. Schubert vollendete die Partitur gewissenhaft und säuberlich zwischen dem 30. Oktober 1813 und dem 22. Oktober 1814. Er setzt uns damit einigermaßen in Verlegenheit, denn er will offenbar, daß das Werk durchaus ernst genommen wird. Warum nur ließ ihn sein feines Sprachgefühl, das ihn seine Liedtexte so zielsicher wählen hieß, hier so völlig und gänzlich im Stich? «Als treibe ein von innen verschlossener, antimusikalischer Dämon seinen neckhaften Spuk, floh alle Musik von mir; ich kann behaupten, daß mein Inneres niemals so musikleer war», bekennt E. T. A. Hoffmann von Kotzebues Libretti. Schubert wob diesem Stück ein Kleid aus einzelnen schönen, genialen Ideen, erzeugte aber als Ganzes ein Flickwerk albernster Art. «Alles, Idee des Ganzen, Plan, mechanische Struktur, alles zeigt deutlich, daß Herr v. K. auch nicht die entfernteste Ahnung von dem eigentlichen Wesen der wahrhaften Oper hat und wohl besser täte, uns bedürftige Komponisten nicht so bitter zu enttäuschen», meint in der «Allgemeinen Musikalischen Zeitung» 1814 wieder E. T. A. Hoffmann. Diese «natürliche Zauberoper» war ein durchsichtiger Abklatsch der «Zauberflöte», von Schubert mit entwaffnender Naivität komponiert.

Die Handlung? In einem verrufenen oder verwunschenen Schloß übernachten der tapfere und edle Ritter Oswald-Tamino und sein weniger tapferer und edler Knappe Robert-Papageno. Oswald-Tamino muß mit seinem treuen Weib Luitgarde-Pamina die abgeschmacktesten Prüfungen bestehen, die sich endlich als Machenschaften des Schwiegervaters Sarastro erweisen, der seinen Schwiegersohn, den Entführer Luitgardes, auf die Probe stellen will. Schon der massive Aufwand an Ausstattung und Maschinerie hätte Schubert, dem ahnungslosen Engel, sagen müssen, das von einem unbekannten Anfänger vertonte Monstrum könne keine Aussicht auf Annahme durch einen Theaterdirektor haben. Dabei weist das unproportionierte Werk manche geniale, reizvolle Eigenart auf, die – besonders in der Instrumentation – auf den jungen Berlioz deuten ließe. Dann sind Anklänge an «Don Giovanni», «Zauberflöte», «Fidelio» (Terzett im Kanon, Duett der wiedervereinten Gatten) so handgreiflich, sind Gesänge so gedankenlos und unbekümmert drauflos geschrieben, daß das Fiasko nur zu verständlich ist. Die Probleme der Dramaturgie und des Textes, von Schubert hier so naiv mißachtet, bleiben in allen folgenden Bühnenwerken sozusagen dieselben. Auch der Erfolg blieb es!

Von Theodor Körner (1791 bis 1813), einem ungleich bewerteten, aber doch richtigen Dichter, stammt das Libretto «*Der vierjährige Posten*» (XV, 2). Es ist die Geschichte vom Soldaten Duval, der beim Abzug seines Regimentes auf seinem Wachtposten vergessen bleibt und durch zarte Bande an seine neue Heimat gefesselt wird. Das zurückkehrende Regiment und ein gestrenger Herr Hauptmann schaffen eine bedrohliche Situation, die der menschlich gesinnte General in ein «happy end» auflöst. Das nette Werklein entstand zwischen dem 8. und 19. Mai 1815 und begeisterte Schubert zu einer reizvollen Ouvertüre mit putzig-militärischem Einschlag, sicher gesetzten und gerundeten Nummern zwischen gesprochenem Text, zu wenig, um nachhaltig wirken zu können. Ein Gebet der in ihrem Eheglück bedrohten jungen Frau, eine richtige italienische «preghiera», ist etwas länglich geraten, doch sind drei Ensembles recht geschickt dramatisch geschürzt. Das Werklein mag in einfachen Verhältnissen noch heute seine guten Dienste leisten.

Schuberts Konviktskollege Albert Stadler (1794 bis 1884) lieferte ihm «*Fernando*» (XV, 3), ein ernstes Singspiel von entwaffnender dramaturgischer Naivität: In einem Gewittersturm in den Pyrenäen irrt ein verzweifelter Junge umher, findet zufällig seinen Vater, der hier als Eremit den Mord am Bruder seiner Frau sühnt, und wie dann gar noch die totgeglaubte oder -gesagte Mutter erscheint, ist des Zufalls Gipfelpunkt erreicht, und Vater, Mutter, Fernando, Bauer und Köhler (unisono) finden sich im abschließenden Schlußquartett. Jeder auch noch so oberflächliche Vergleich mit gleichzeitig entstandenen Klavierliedern tut offen dar, wie seltsam instinktlos Schubert zu seinen platten Bühnentexten steht.

Etwas anderes ist es mit dem folgenden Stück. Schubert griff im Juli 1815 zu Goethes «*Claudine von Viva bella*» (XV, 11), der netten Schwester der Operette «Erwin und Elmire» (die auch Othmar Schoeck begeisterte), «Scherz, List und Rache». Goethe hat sich grundsätzlich zu seinem Text geäußert: «Alles ist aufs Bedürfnis der lyrischen Bühne berechnet, das ich hier (1788 in Rom) erst zu studieren Gelegenheit gehabt: Alle Personen in einer gewissen Folge, in einem gewissen Maß zu beschäftigen, daß jeder Sänger Ruhepunkte genug habe. Es sind hundert Dinge zu beobachten, welchen der Italiener allen Sinn des Gedichts aufopfert; ich wünschte, daß es mir gelungen sein möge, jene musikalisch-theatralischen Erfordernisse durch ein Stückchen zu befriedigen, das nicht ganz unsinnig ist.» Man kann nicht umhin, einem großen Dichter seine Reverenz zu erweisen. Schubert fand hier wirklich einen Ebenbürtigen. Die Musik ist ganz ausgezeichnet gelungen, sie ist inspiriert und überaus reizvoll. «Liebe schwärmt auf allen Wegen», Claudinens Ariette, das Räuberlied «Mit Mädchen sich vertragen» und Lucindes «Hin und wieder fliegen Pfeile» lassen sehr bedauern, daß nur der idyllische erste Akt mit der Ouvertüre erhalten ist. Der Rest ist leider aus einer Schublade Joseph Hüttenbrenners heraus von dessen Haushälterin im Revolutionsjahr 1848 verbrannt worden.

Auch Freund Johann Mayrhofer hat Schubert einen Bühnentext geliefert: das zweiaktige komische Singspiel «*Die Freunde von Salamanca*» (XV, 4). Der verbindende Prosatext ist verlorengegangen und nur die Gesangspartien sind erhalten geblieben und lassen die Handlung einigermaßen rekonstruieren: Die schöne Gräfin Olivia ergeht

*Franz Schubert
(Miniaturbildnis aus Elfenbein von Robert Theer).*

Die Stiefmutter Franz Schuberts.

Das Schubert-Haus in Wien, Nußdorfer Gasse 54.

Ansicht der Stadt Wien im 19. Jhdt. vom Schwarzenberg-Palais aus gesehen.

sich im Wald und erlebt einen gestellten Überfall mit entsprechender Rettung durch den edeln Don Alonso, der von ihr aus Dankbarkeit geliebt wird. Weitere Freier umwerben Olivia und werden hingehalten oder gefoppt. Mit einer dreifachen Hochzeit und einem mit langer Nase abziehenden Bewerber endet das Spiel, dessen Handlung sicher kraus genannt werden kann.

Mayrhofer war natürlich zu wenig Dramatiker, um die geschürzten Knoten auch dramaturgisch gut und überzeugend zu lösen. Er vermied aber erfolgreich die Derbheit bloßer Situationskomik oder die Seichtheit des zeitgenössischen Wiener Singspiels. Manche Nummern reichen an die gleichzeitigen Liedkompositionen heran, und auch in der Instrumentation tauchen hin und wieder wahre Kleinodien auf. – Von Johann Mayrhofer stammt auch noch ein tragischer Text; er ist leider Fragment geblieben: «*Adrast*» (XV, 14). Die sieben erhaltenen Nummern entstammen in ihrer antiken Atmosphäre der Opernwelt des späteren Gluck, sind aber doch ganz Schubertisch, wie die Liedertexte, die ihm Mayrhofer aus der Antike lieferte. Eine Arie des Crösus, «O Zeus», strahlt in ihrer Begleitung durch Violen und geteilte Celli eine nicht alltägliche Größe aus. Möglicherweise dachte Schubert während der Vertonung ein wenig an Glucks Skytenchöre. Doch hat ein Bittchor in geballter chorischer Rezitation kein Vorbild auf der Opernbühne. Die edle, sorgsam ausgeformte und doch ganz ursprünglich wirkende Musik läßt den fragmentarischen Zustand des Werkes recht bedauern.

In seinem Nachruf auf Franz Schubert vom Februar 1829 erwähnt Leopold von Sonnleitner ein Singspiel «*Minnesänger*», von dem aber jede Spur verloren gegangen ist. Es sollte aus dem Jahre 1816 (?) stammen, doch läßt sich darüber gar nichts sagen. Nach Deutsch wurde am 15. März 1817 im Theater an der Wien ein Singspiel von Christoph Kuffner, «Die Minnesänger auf der Wartburg», aufgeführt. Ein Zusammenhang mit Schuberts Fragment ist nicht erwiesen. – Dieses Jahr brachte nach dem fieberhaften Ringen des Erlkönigjahrs 1815 nur einen Versuch, von dem wir sichere Kunde und Noten haben: Schillers Ballade «*Die Bürgschaft*» (XV, 13), zur Oper geformt, wie andere Komponisten dies auch schon versuchten. Das Libretto stammt aus unbekannter Hand, weist die für die Bühnenhandlung nötigen Zusätze auf, ist aber von bodenloser Hölzernheit. Es gibt da Verse, die schaudern machen:

«Feste gibt es heute wieder
Bei dem König, an dem Hof,
Übermuth singt üpp'ge Lieder,
Bei dem Prasser, zu dem Soff...»

Nach dem Muster italienischer Flüsterchöre murmeln die dem zurückkehrenden Möros-Damon auflauernden Räuber:

«Hinter Büschen, hinterm Laub
Sitzt der Vogel, lauscht der Raub.
Nur der Adler schwingt die Flügel,
Über Berge, über Hügel,
Und der hungre Geier stiehlt
Frei am Tage ohne Schild...»

Es war außerdem ein gutes Stück Naivität, zu meinen, im Wien Franz I. könnte auf der Bühne ein Mordversuch an einem Herrscher, sei er auch, wer er sei, aufgeführt oder eine Oper, die mit einem Chor des über seine Unterdrückung seufzenden Volkes beginnt, überhaupt angenommen werden! Die Komposition, die großer, schlagkräftiger Szenen und dramatisch geschauter Situationen und Zustände nicht ermangelt und ein bißchen an grobe französische *Opéras comiques* gemahnt, gedieh bis in den Anfang des dritten Aktes. Satt des grausamen Spiels, stellte Schubert die Arbeit ein. Es sollte nicht sein. Auf diesem Gebiete und in dieser Art konnte es nicht werden. Dort, wo Schubert Vollgültiges und Vollwertiges leisten konnte, dort waren in «Erlkönig», «Schwager Kronos», «Der Wanderer» und in der vierten Messe Werke von ganz anderem künstlerischem Gewicht herangereift. Und auch auf dem Gebiet der Instrumentalmusik waren nicht weniger herrliche Früchte gediehen!

STREICHQUARTETT UND SINFONIE

Die ersten Jahre nach dem Konvikt gehörten zwar vor allem der Vokalmusik: den Liedern, Chören, Messen und weitern kirchlichen Werken kleineren Umfangs. Immerhin sieht das Jahr 1814 daneben die unglaublich rasche Entstehung des *achten Streichquartetts* (V, 8), in

B-dur, am 23. Februar 1862 vom Hellmesberger-Quartett in Wien erstmals öffentlich aufgeführt und 1863 als op. 168 im Druck erschienen. Schubert notierte sich die Daten: Zu Beginn des ersten Satzes «5. September», am Ende «in viereinhalb Stunden verfertigt», zu Beginn des zweiten Satzes «6. September 1814», beendigt «10. September 1814», dritter Satz «beendigt am 11. September 1814», vierter Satz «13. September 1814». Dabei ist dieses Werk bereits dem häuslichen Musizieren entwachsen, namentlich durch eine im Streichquartett bisher nicht erschienene neue aufgeregte Durchführung, die ganz und gar von innen heraus wirkt:

(8. Streichquartett, 1814)

Man mag im Andante moderato Anklänge an Mozart hören, das Menuett eher als sinfonisch empfinden (Einstein); das Presto-Finale stiebt aber so geistsprühend davon, daß man aufhorcht: hier kündet sich ein neuer Schubert an! – Das für diese Zeit angesetzte «*Flötenquartett*» (mit Gitarre) hat O. E. Deutsch als ein Notturno für Flöte, Viola und Gitarre, op. 2, von Wenzel Matiegka (1773 bis 1830), Chorregent zu St. Leopold und St. Joseph, entlarvt. Es wurde von Schubert für die Hausmusik kopiert und mit einer Cellostimme für Vater Franz versehen. Dergleichen Überarbeitungen wurden damals – und noch auf lange hinaus – infolge Fehlens jeglichen Urheberschutzes, bedenkenlos praktiziert. Auch Franz Schubert hatte darunter zu leiden, und desgleichen mußte Beethoven sich mit Vehemenz gegen diese Praktiken wehren. Das Stück wurde noch 1926 und 1931 unter Schuberts Namen neu herausgegeben! Von einiger Bedeutung für Schuberts späteres Schaffen wurde eine «Zingara», ein Scherzo à la Tsigane und die Finalvariationen über eine Liedmelodie von Friedrich Fleischmann (1796). Diese letztere Idee schlummerte in Schuberts Unterbewußtsein, um später herrlich zum Leben zu erwachen!

Das Jahr 1815 sah zwischen dem 25. März und 1. April das *neunte Streichquartett* (V, 9), in g-moll, entstehen. Anklänge an Mozarts große Sinfonie in g-moll sind auch erkennbar, doch wurden sie Schubertisch gemildert. Schubertisch vor allem erklingen die Modulationen in der Durchführung des zweiten Satzes und das aussingende Andantino in Schuberts Lieblingsrhythmen: Wechsel von einem Viertel mit zwei Achteln oder umgekehrt. Das Allegro des Schlußsatzes klingt ganz ungarisch-zigeunerisch. – Das *elfte Streichquartett* (V, 11), E-dur, mit dem frühern Werk in Es-dur, 1830 als op. 125 in der «Allgemeinen Musikalischen Zeitung Leipzig» angekündigt, wurde gegen Ende des Jahres 1816 geschaffen. Seine virtuose Haltung und die stark gesteigerten spieltechnischen Anforderungen heben das Werk aus dem häuslichen Musizieren ganz und gar heraus. Die aufzuckenden zwei Oktavensprünge der ersten Violine im ersten Takt sind bezeichnend. Manches am Allegro con fuoco atmet italienische Luft: ein Seiten- und ein zweites Thema, doch sagt hier Schubert das Seine kurz und bündig. Das verhaltene Andante ist unmittelbar ansprechend und schwingt in der ersten Violine wie eine kletternde und absinkende Lerche aus. Das Rondo-Finale gemahnt an eine kontrapunktische Filigranarbeit aus der Hand Joseph Haydns.

Ein *Streichtrio in B-dur* (VI, 1) vom September 1816 ist mozartisch liebenswert geraten, aber im zweiten Satz stecken geblieben, leider. – Ein weiteres *Streichtrio* (XXI, 5), nochmals in B-dur, erst im September des folgenden Jahres 1817 fertig geworden, mag hier noch gleich aufgeführt sein. Auch dieses Werk ist ein beschwingtes Stück geworden, in den beiden ersten Sätzen etwas mozartisch, in den beiden letzten etwas haydnisch angerührt, das Ganze in einen Hauch Schubert eingebettet.

Eine im September 1816 komponierte *Ouvertüre* in B-dur (II, 3), freundlich-bieder daherkommend, ist etwas trocken, zugegeben. Sie ist vermutlich für bestimmte, aber einfache Verhältnisse gedacht. O. E. Deutsch meint, sie sei als Einleitung zur Kantate «*Empfindungs-äußerungen des Witweninstitutes*» op. 128 (XVII, 2), komponiert worden, was sehr wohl möglich ist. Der Vorsteher des Witweninstituts der Schullehrer Wiens, Kanonikus und Kanzler der Universität, Joseph Spendous, war ein Freund der Familie Schubert. Er legte damals das Amt eines Generalinspektors der Elementarschulen nieder, und Ferdinand Schubert, seit 1816 Lehrer an der Normalschule des k. k. Waisenhauses, ließ es sich angelegen sein, für eine musikalische Ehrung zu sorgen. Der von seinem Bruder Franz komponierte Wechselgesang für Soli, Waisen und Witwen, «Spendous! so hall's in unserem Verein, ihm halle unser Ruf!», ist textlich eine Plattheit sondergleichen; ihr ließ Franz Schubert mehr Ehre zukommen, als sie es verdiente. Der Klavierauszug stammt von Ferdinand, der das Machwerk etwas später anläßlich einer Prämienverteilung an seiner Schule wiederholte.

Anzuführen sind hier noch einige weitere Gelegenheitswerke, ein *Adagio und Rondo concertant* (VII, 2) in F-dur für Klavierquartett, geschaffen im Oktober 1816 für Heinrich Grob, Thereses Bruder, der unter andern Instrumenten auch Violoncello spielte. Es ist ein gefälliges Stück ohne größere Bedeutung oder spieltechnische Anforderungen und hätte, von Schubertischen Modulationen und enharmonischen Verwechslungen abgesehen, damals von fast jeder der lokalen Berühmtheiten geschaffen werden können. – Ins 18. Jahrhundert zurück weisen *drei Sonatinen für Violine und Klavier* in D-dur, a-moll und g-moll (VIII, 2 bis 4), vom März und April 1816. Es sind spielfreudige Stücke für begabte Dilettanten, in keinem geistigen Verhältnis etwa zu den bereits vorliegenden Duosonaten Beethovens. Schubert bezeichnet sie sogar nach alter Manier als «Sonaten für's Pianoforte mit Begleitung der Violine»! Sie sind nicht ohne einige brillante Züge.

SINFONISCHES SCHAFFEN

Als Franz Schubert sein eigentliches sinfonisches Werk begann, war die Kunstform «Sinfonie» bereits festgelegt. Wie war denn die Situation? Von Beethoven lagen die Sinfonien eins bis acht vor, diejenigen Werke also, die im Bewußtsein des heutigen Konzertbesuchers oder Radiohörers als die eigentlichen Vertreterinnen des Typus leben.

Festgelegt war die Viersätzigkeit durch Haydn – von Mozart übernommen –, durch den Einbezug des aus der französischen Suite stammenden Menuetts in die italienische Ouvertüre mit den Sätzen «Schnell, langsam, schnell». Von grundlegender Bedeutung war auch die Sonatenform vor allem des ersten Satzes: Ein erstes Thema, rhythmisch bewegt und melodisch anspringend, wird von einem gegensätzlich gehaltenen ruhigen Gesangsthema abgelöst. Nach der Exposition der beiden Themen wird deren melodisches Material in vielfacher Wechselbeziehung zu einem kunstvollen kontrapunktischen Gewebe verknüpft, das dann durch Reprise und Coda zum Schlusse läuft. Diese Sonatenform kann, durch einzelne Züge bereichert, abgewandelt werden, ihr «Grundschema» muß, soll die Sinfonie nicht ihre eigentliche Form verlieren, beibehalten werden.

Diese neue Kunstform hatte sich im 18. Jahrhundert in wahrhaft epidemischer Weise ausgebreitet und eine unübersehbare Produktion – teils noch dreisätzig – erzeugt: auf Bestellung, im Abonnement, als Beilage zu Wochenblättern, von Kapellmeistern der Fürsten und Collegia musica, von musikalisch gebildeten Dilettanten, die z.B. 1735 sich die Aufnahme in Zürichs «Gesellschaft zur deutschen Schul» nur durch eine eigene Sinfonie oder einen Geldbetrag erkaufen konnten. Diese Sinfonien wurden von kleinen Gesellschaftsgruppen in Bürgerhäusern, von Hauskapellen in Fürstenschlössern und Adelspalästen aufgeführt, wo die Reihen der Berufsmusiker durch Domestiken aufgefüllt wurden. In Deutschland und England, besonders aber in Österreich wurden Sinfonien in Massen geschrieben.

Hier spielten besonders die musikbegabten Randvölker eine bedeutsame Rolle. Haydn und Mozart hoben die Sinfonie aus der Divertimento-Atmosphäre heraus und entkleideten sie bereits etwas ihres rein unterhaltenden Charakters: Haydn durch seinen Humor und die sorgfältige motivische Arbeit, Mozart durch die geistvolle Kantabilität und das vom Londoner Bach übernommene singende Allegro, beide durch Selbständigkeit und Originalität des Satzbaus. Neben ihnen schufen und karrten auf Bestellung oder in Erfüllung anstellungsvertraglicher Pflichten Michael Haydn, Clementi, Eberl, Gyrowetz, Hoffmeister, Kotzeluch, Krommer, Pleyel, Cherubini, den Joseph Haydn als seinen musikalischen Sohn bezeichnete, und viele andere, größere und kleinere.

In dieser Lage fand Beethoven die Sinfonie vor, als er nach Wien kam und kurze Zeit nach Franz Schuberts Geburt seine erste Sinfonie – nach dem noch nicht einwandfrei abgeklärten Versuch der «Jenaer Sinfonie» – schrieb. Hier konnte er nicht stehenbleiben. In einem Dutzend Jahren hat er die Bedeutung der Sinfonie völlig ausgewechselt: das Gelegenheitswerk vom laufenden Band (Haydn schuf über 100, Mozart 51 Sinfonien) wurde höchste persönliche und individuelle Aussage, wurde Bekenntnis, aus innerem Müssen und Wollen geschaffen und in unablässigem Ringen geformt, hinausgeschleudert in die Menschheit, wohl einem Einzelnen gewidmet, aber für die Allgemeinheit gedacht, nicht mehr aus dem Handgelenk geschrieben, sondern als Zentralproblem künstlerischen Schaffens von höchstem Einsatz, ein Kunstwerk der großen Säle und Zuhörerscharen, Angelegenheit großer Orchester und guter Dirigenten. Vor Beethoven in Kammerbesetzung und ohne Dirigent aufgeführt – noch in London zwischen 1790 und 1800 saß Haydn, ohne zu dirigieren, am ersten Pult –, konnten die Sinfonien Beethovens von Nr. 2 an weder in Kammerbesetzung noch ohne Dirigent wiedergegeben werden.

Hatten Beethovens Vorläufer noch für ein bestimmtes Ensemble von bestimmtem spieltechnischem Können geschaffen, so komponierte Beethoven ohne jede Rücksicht auf technische Ausführbarkeit, über die denn die Orchester noch jahrzehntelang bewegte Klage führten. «Aber auf der Geige...» soll Beethovens Geiger Schuppanzigh als Einwand gegen eine Violinpassage vorgebracht haben. «Glaubt Er, ich denke an seine elende Geige, wenn der Geist aus mir spricht!» habe Beethoven den Erschreckten angefahren. Besser könnte der Wandel in der Art zu komponieren nicht ausgedrückt werden.

Beethovens Sinfonik ist nicht zu denken ohne den mit der Französischen Revolution begonnenen Aufbruch des europäischen Geistes und seiner Exponenten in Philosophie, Dichtung und Politik. Beethovens Idee der Sinfonie ist eine Menschheitsidee, gekrönt durch den Menschheitshymnus der neunten Sinfonie «Alle Menschen werden Brüder». Sie ist künstlerisches Bekenntnis, Symbol eines neuen Gesellschaftsgefühls, Idee sittlicher Verpflichtung, Evangelium der Rufe nach «Liberté! Egalité! Fraternité!» und weist über alle nationale Beschränktheit und Bedingtheit hinaus. Damit war die Sinfonie eine Angelegenheit der ganzen Menschheit geworden und konnte keine

Fortsetzung auf gleicher Ebene finden; denn das durch Schiller und Beethoven aufgerufene Ideal einer geeinten Menschheit erlosch im Sumpf Metternichscher vormärzlicher Reaktion, im Bund der Heiligen Allianz der Fürsten gegen die Völker, im aufkommenden Nationalismus, im Märchenwald der deutschen Romantik, die auf die Suche nach der blauen Blume ging und dabei das Mittelalter entdeckte.

Beethovens Sinfonik fand ihre Fortsetzung weder in Mendelssohns feingetönter Landschaftsmalerei noch in Schumanns poetisierendem Natur- und Landschaftsgefühl, nicht in der sinfonisch geweiteten Kammermusik eines Johannes Brahms, schon gar nicht in den literarisch angekränkelten, instrumental aufgeplusterten Programmsinfonien eines Franz Liszt oder Richard Strauß. Auch Gustav Mahlers ehrliches, aber zu eklektisch-intellektuell wirkendes Streben konnte diese Fortsetzung nicht formen. Und der politisch verständliche Aufbruch der europäischen Randnationen blieb musikalisch zu national bedingt.

Anton Bruckner? Franz Schubert? Beide wurzeln zu sehr in ihrem österreichischen Heimatboden, sind beide zu sehr von echtem, naivem, unmittelbarem Natur- und Heimatgefühl erfüllt: Bruckner als religiös bestimmter Epiker, daher der gewaltige Atem seiner Sinfonien und ihrer kosmisch geweiteten Planung; Schubert als Lyriker, daher nicht primär sinfonischer Auseinandersetzung von Ideen und Kräften zugewendet, sondern dem Augenblick und seinen Eingebungen, die ausgekostet, aber nicht in kämpferische Situationen umgeformt werden. Dieser Tatsachen muß man bewußt sein, wenn man, aus Beethovens sinfonischer Welt kommend, in diejenige Franz Schuberts eintritt. Beethoven zählte 27, Schubert 16 Jahre, als sie ihre erste Sinfonie schrieben! Darin liegt ein erster Unterschied.

Beethoven nahm leidenschaftlich Anteil an den politischen und gesellschaftlichen Umwälzungen seiner Zeit, Schubert kümmerte sich kaum darum. Beethoven war sich als einer der ersten Künstler seines hohen Wertes als Kunstschaffender voll bewußt, Schubert blieb zeitlebens im Schatten großer arrivierter Geister und seines unmotivierten, individuell, erzieherisch und gesellschaftlich bedingten Minderwertigkeitsgefühls.

Als Beethoven den größten Teil seiner Werke schuf, war der Bürger im Aufbruch begriffen, und auch im Adelssalon galt es nicht für unschicklich, wenigstens mit Worten in liberaler Politik zu machen, schon darum, weil man den Bürger nötig hatte, um den korsischen Usurpator auf dem französischen Thron und seine Hegemonieansprüche in Europa zu beseitigen. Schubert aber schuf sein Werk in der Zeit ärgster Reaktivierung der Kräfte, die durch die Ereignisse nichts gelernt und nichts vergessen hatten. Die großen Gedanken einer großen Zeit waren versungen und vertan. Es galt, die kleinen Gedanken wenigstens in handwerklich sauberer, innerlich ehrlich empfundener und selbständig gedachter Art auszudrücken. Die Sinfonie kehrte aber damit aus der Weite Beethovens in die – freilich intimer gewordene – Enge ihres Ausgangspunktes zurück, nicht kreis-, sondern spiralförmig, aber eben doch wieder in eine Enge, aus der sie erst Anton Bruckners weite Schau wieder hinausführen sollte. Schubert aber wurde der Erfüller der eigentlichen Wiener Sinfonie aus der vorbeethovenschen Zeit, ihres Lokaltons und ihrer warmen Melodik, haydnisch, mozartisch und beethovisch koloriert.

Gleich die *zweite Sinfonie* (I, 2), in B-dur, zwischen dem 10. und 26. Dezember 1814 vollendet, vielleicht zuerst als Ouvertüre gedacht und später erweitert, läßt erkennen, daß der Schulgehilfe von seinem großen Vorbild Beethoven zu lernen bestrebt ist: einleitendes Largo, das sich nach crescendierenden Staccatosechzehnteltriolen in ein synkopiertes Allegro-vivace-Thema der ersten Violinen auflöst und breiter angelegt ist. Der langsame Satz variiert in recht poetischer Art eine Liedmelodie:

Das flott dahinstürmende, dynamisch stark akzentuierte Presto-Finale

mit seinen ungewöhnlichen Steigerungen und Modulationen in die Terzverwandtschaft – nach F-dur machtvoll wirkendes Fortissimo in Des-dur – zeigen den Achtzehnjährigen vom Willen zu sinfonischer

Gestik und Weite beseelt. Ihre Erstaufführung fand unter August Manns am 27. Oktober 1877 im Londoner Kristallpalast statt, wahrlich nicht zu früh!

Von der *dritten Sinfonie* (I, 3), in D-dur, wurden die ersten 47 Takte im Mai 1815 komponiert, der Rest des Werkes entstand vom 11. bis 19. Juli 1815! Für Schuberts Schaffensart bezeichnend, für diejenige Beethovens unmöglich! Auch diese Sinfonie beginnt mit einer langsamen Einleitung, einem Adagio maestoso, das von einem echt Schubertschen Klarinettensolo über synkopierten Streichern in Allegro con brio kammermäßig fortgesetzt wird, sich auch zu wirklichen sinfonischen Spannungen und Entladungen steigert. Von reizvoller Grazie ist, wiederum bezeichnend, das liedmäßige Thema des zweiten Satzes:

Im Menuett erfreut ein sonniger Humor mit auftaktigen Akzenten und einem ländlerhaften Trio:

Im übermütig dahineilenden Presto-Finale im Sechsachteltakt überraschen Harmoniefolgen, wie sie bisher in Sinfonien nicht auftraten: h-moll, B-dur in der Exposition (!) und fis-moll, F-dur in der Reprise. Dieser letzte Satz wurde erstmals mit drei Sätzen anderer Schubertsinfonien durch Herbeck 1860 in einem Konzert der Gesellschaft der Musikfreunde in Wien aufgeführt. Die erste Darbietung der ganzen Sinfonie fand, wieder unter August Manns, am 19. Februar 1881 statt, wahrlich wiederum nicht zu früh!

Am 27. April 1816 vollendete Schubert seine *vierte Sinfonie* (I, 4), in c-moll, von ihm erst nachträglich, was nicht ohne Bedeutung ist, mit dem Adjektiv «tragisch» versehen. Sie mag das Ergebnis einer Beunruhigung durch die c-moll-Werke Beethovens sein: der fünften Sinfonie, der Ouvertüre zu Collins «Coriolan». So meint Einstein. Möglich. Die Einleitung ist ein Adagio molto, eigenartig und stark in der expansiven Melodik:

Die Fortsetzung im Allegro vivace hält das Versprechen der langsamen Einleitung nicht. Der Wechsel von piano und forte wirkt nicht tragisch genug, nicht beethovisch, höchstens mozartisch. Die Fraglichkeit der Tragik empfand schon Robert Schumann, der nach Auffindung der Partitur dem Verleger Whistling schrieb: «Da bin ich denn gleich gegen das Beiwort ‚Tragisch‘, das mir nicht einmal von Schubert selbst geschrieben scheint. Nennen Sie sie einfach Sinfonie in c-moll; an eine tragische würde man ganz andere Ansprüche machen.» – Beethovisch empfinden wir den Beginn des vierten Satzes, die Lösung aber hat zu viel vom romantisierenden Klassizismus Mendelssohns. Ihre Erstaufführung fand am 19. November 1849 in Wien statt.

Im September 1816 entstand die *fünfte Sinfonie* (I, 5), wieder in B-dur, ein freundlich helles, etwas konventionelles, die Welt Beethovens nach dem mißglückten Ausflug in sie bedachtsam meidendes Werk. Die Besetzung ist auch beschränkt, wohl für ein Dilettantenorchester geschaffen; lebenslustig, diesseitigsonnig, mit einem herrlich singenden Andante con moto:

Das Werk war von so überzeugend abgerundeter, glücklicher Übereinstimmung von Inhalt und Form, Gewolltem und Erreichtem, Empfundenem und Ausgesprochenem, daß man zuversichtlich hoffen durfte, Franz Schubert sei auf dem besten Wege, der gefährlich bedrückenden Nähe Beethovens zu entrinnen und ganz Eigener zu werden. Nehmen wir ihn damit – entsprechend seiner Tagebucheintragung – so wie er war, nicht wie er hätte gewesen sein sollen.

Das Jahr 1816 brachte ihm auf persönlichem Gebiet zwei arge Enttäuschungen. In Laibach war eine Musiklehrerstelle an der deutschen Normalschulanstalt zu besetzen. Schubert, der nun zunehmend an den Ketten seiner Schulgehilfenschaft rüttelte, bewarb sich:

«Wien (?), April 1816

Hochlöbl. k. k. Stadthauptmannschaft!

Unterzeichneter bittet untertänigst, ihm die erledigte Musik-Director-Stelle zu Laibach in Gnaden zu verleihen. Er unterstützt seine Bitte mit folgenden Beweggründen:

1. Ist er ein Zögling des k. k. Convicts, gewesener k. k. Hofkapellsängerknabe, und in der Composition Schüler des Herrn von Salieri, ersten k. k. Hofkapellmeisters, auf dessen wohlmeinendes Anraten er diese Stelle zu erhalten wünschet.

2. Hat er sich in jedem Fache der Composition solche Kenntnisse und Fertigkeit in der Ausübung auf der Orgel, Violin u. im Singen erworben, daß er laut beiliegenden Zeugnisses unter allen um diese Stelle nachsuchenden Bittwerbern als der Fähigste erklärt wird.

3. Gelobet er, die bestmögliche Verwendung seiner Fähigkeiten, um einer gnädigen Bittgewähr vollkommen zu entsprechen.

Franz Schubert
der Zeit Schulgehülfe der Schule seines Vaters
zu Wien am Himmelpfortgrunde Nr. 10»

Die Wiener Stadthauptmannschaft unterstützte das Gesuch warm, Schuberts Lehrer Salieri dagegen kühl-vorsichtig. Die Stelle erhielt der «dortige Tonkünstler» Franz Sokol. Leider? Franz Schubert hätte nach erfolgter Wahl vermutlich seine Therese Grob heimgeführt zu einem still leuchtenden Glück am Herd. Zum Glück? Fast sind wir geneigt, dies zu verneinen. Denn was aus dem Genius Franz Schubert herausdrängte, vertrug sich nicht mit irgendeiner Fessel.

Die Freunde, die Schubert bislang gefunden, suchten zu helfen. Mehrmals hatten sie zwar schon versucht, Arbeiten ihres Freundes bei Verlegern anzubringen. Ohne Erfolg: «Nein, danke! Wie, ein Herr

von Schubert? Unbekannt, solche Arbeiten sind nicht gefragt!» Der
angesehene Domenico Artaria lehnte drei angebotene Streichquartette
mit den Worten ab: «Nein, Schülerarbeiten kaufe ich nicht.» Wessen
Schüler, so müssen wir nun fragen, war eigentlich Schubert? In dieser
Zeit konnte Beethoven stolz sagen: «Ich fordere und man zahlt!»
Joseph von Spaun wagte es, Goethe 16 Vertonungen Goethescher
Gedichte zu senden:

«Wien, den 17. April 1816
Euer Exzellenz!

Der Unterzeichnete wagt es, Euer Exzellenz durch gegenwärtige
Zeilen einige Augenblicke Ihrer so kostbaren Zeit zu rauben, und
nur die Hoffnung, daß beiliegende Liedersammlung Eurer Exzellenz
vielleicht keine ganz unliebe Gabe sein dürfte, kann ihn vor sich selbst
seiner großen Freiheit wegen entschuldigen.

Die im gegenwärtigen Hefte enthaltenen Dichtungen sind von
einem 19jährigen Tonkünstler namens Franz Schubert, dem die Natur
die entschiedensten Anlagen zur Tonkunst von Kindheit an verlieh,
welche Salieri, der Nestor unter den Tonsetzern, mit der uneigen-
nützigsten Liebe zur Kunst zur schönen Reife brachte, in Musik gesetzt. Der allgemeine Beifall, welcher dem jungen Künstler sowohl
über gegenwärtige Lieder als seine übrigen, bereits zahlreichen Kompositionen von strengen Richtern in der Kunst sowie von Nicht-
kennern, von Männern sowie von Frauen zuteil wird, und der allgemeine Wunsch seiner Freunde bewogen endlich den bescheidenen
Jüngling, seine musikalische Laufbahn durch Herausgabe eines Teils
seiner Kompositionen zu eröffnen, wodurch er sich selber, wie nicht
zu bezweifeln ist, in kurzer Zeit auf jene Stufe unter den deutschen
Tonsetzern schwingen wird, die ihm seine vorzüglichen Talente an-
weisen. Eine auserwählte Sammlung von deutschen Liedern soll nun
den Anfang machen, welchem größere Instrumentalkompositionen
folgen sollen. Sie wird aus acht Heften bestehen. Die ersten beiden
(wovon das erste als Probe beiliegt) enthalten Dichtungen Eurer
Exzellenz, das dritte enthält Dichtungen von Schiller, das vierte und
fünfte von Klopstock, das sechste von Matthisson, Hölty, Salis usw.,
und das siebente und achte enthalten Gesänge Ossians, welche letztere
sich vor allen auszeichnen (Dies zu Goethe!).

Diese Sammlung nun wünscht der Künstler Eurer Exzellenz in

Untertänigkeit weihen zu dürfen, dessen so herrlichen Dichtungen er nicht nur die Entstehung eines großen Teils derselben, sondern wesentlich auch seine Ausbildung zum deutschen Sänger verdankt. Selbst zu bescheiden jedoch, seine Werke der großen Ehre wert zu halten, einen, so weit deutsche Zungen reichen, so hoch gefeierten Namen an der Stirne zu tragen, hat er nicht den Mut, Euer Exzellenz selbst um die große Gunst zu bitten, und ich, einer seiner Freunde, durchdrungen von seinen Melodien, wage es, Euer Exzellenz in seinem Namen darum zu bitten.

Sollte der junge Künstler so glücklich sein, auch den Beifall desjenigen zu erlangen, dessen Beifall ihn mehr als der irgendeines Menschen in der weiten Welt ehren würde, so wage ich die Bitte, mir die angesuchte Erlaubnis mit zwei Worten gnädigst melden zu lassen.

Der ich mit grenzenloser Verehrung verharre
Euer Exzellenz gehorsamster Diener
Josef Edler von Spaun»

Die nachgesuchte Erlaubnis zur Widmung kam nicht, noch kam überhaupt eine Antwort. Der Ton des Schreibens ist ehrerbietig, aber in einigem sehr unpsychologisch. Goethe selber hörte Musik natürlich mit Ohren des 18. Jahrhunderts. Das Totgeschwiegenwerden durch den berühmten Herrn von Goethe tat Schubert weh, doch war sein Naturell zu glückhaft angelegt, um sich nicht fatalistisch ins Unabänderliche ergeben zu können. In der Sendung befanden sich unter andern die Lieder «Gretchen am Spinnrad», «Erlkönig», «Heidenröslein», «Erster Verlust», «Wanderers Nachtlied», «Rastlose Liebe». Dem Urteil der Welt konnte Goethes Schweigen nichts anhaben. Hingegen hätten wir Schubert ein freundliches Wort Goethes gegönnt, wäre dieser nur imstande gewesen, ein solches zu finden. Die Antwort indes hätte nur ablehnend sein können.

Ein tragikomischer «Zwischenfall» ereignete sich um den «Erlkönig». Er sei, obgleich ins folgende Jahr 1817 fallend, hier gleich mitgeteilt: Spaun hatte den «Erlkönig» an Breitkopf & Härtel gesandt. In Leipzig war ein Wiener Komponist namens Franz Schubert völlig unbekannt, obschon dieser damals rund 300 Lieder, elf Streichquartette, fünf Sinfonien und eine Menge Klavier- und Bühnenwerke, Chöre und Kirchenkompositionen geschaffen hatte. Der berühmte

Verlag kannte aber einen Kirchenkomponisten Franz Schubert in Dresden und schickte diesem die Komposition des Wiener Namensvetters zu. Die Antwort ist nicht erstaunlich:

«Dresden, den 18. April 1817
Wertgeschätzter Freund und Br.! (Bruder)
...Noch muß ich Ihnen mitteilen, daß ich vor ungefähr zehn Tagen einen von Ihnen mir schätzbaren Brief erhalten, wo mir dieselben ein von mir sein sollendes Manuskript, den Erlkönig von Goethe, überschickten. Zu meinem größten Erstaunen melde ich, daß diese Kantate niemals von mir komponiert worden; ich werde selbige in meiner Verwahrung behalten, um zu erfahren, wer dergleichen Machwerk(!) an Ihnen auf eine so unhöfliche Art übersendet hat, und um auch diesen Patron(!) zu entdecken, der meinen Namen so mißbraucht. Übrigens bin ich Ihnen für Dero gütige Übersendung freundschaftlich verbunden und verbleibe mit der vollkommenen Hochachtung Dero verbindlicher Freund und Br!

Franz Schubert
Königl. Kirchen-Kompositeur»

Armer Franz Schubert-Wien, der du mit dem Franz Schubert-Dresden nicht verwandt warst. Welcher Glanz hätte von ihm auf dich fallen müssen!

Wie gut verstehen wir die unter dem Eindruck von Goethes Schweigen entstandenen Tagebucheintragungen vom Sommer 1816! Führt ein glücklicher Mensch überhaupt ein Tagebuch? So etwa: «Gewöhnlich ist's, daß man sich von zu Erwartendem zu große Vorstellungen macht» (15. Juni 1816), oder «Der Mensch gleicht einem Balle, mit dem Zufall und Leidenschaft spielen... Naturanlage und Erziehung bestimmen des Menschen Geist und Herz. Das Herz ist Herrscher, der Geist soll es sein. Nehmt die Menschen, wie sie sind, nicht wie sie sein sollen... Glücklich, der einen wahren Freund findet. Glücklicher, der in seinem Weibe eine wahre Freundin findet... Der Mann trägt Unglück ohne Klage, doch fühlt er's desto schmerzlicher. – Wozu gab uns Gott Mitempfindung?... Leichter Sinn, leichtes Herz. Zu leichter Sinn birgt meistens ein zu schweres Herz...»
Warum aber haben sich diese trüben Gedanken und Nachdenklich-

keiten nicht deutlicher in Schuberts Musik dieser Zeit geäußert? Liegt die Antwort auf diese Frage etwa in der Tagebucheintragung vom 13. Juni 1816: «Ein heller, lichter, schöner Tag wird dieser durch mein ganzes Leben bleiben. Wie von ferne hallen leise mir noch die Zaubertöne von Mozarts Musik. Wie unglaublich kräftig und wieder so sanft ward's durch Schlesingers meisterhaftes Spiel ins Herz tief, tief eingedrückt. So bleiben uns diese schönen Abdrücke in der Seele, welche keine Zeit, keine Umstände verwischen, und wohltätig auf unser Dasein wirken. Sie zeigen uns in den Finsternissen dieses Lebens eine lichte, helle, schöne Ferne, worauf wir mit Zuversicht hoffen. O Mozart, unsterblicher Mozart, wie viele, o wie unendlich viele solche wohltätige Abdrücke eines lichteren besseren Lebens hast Du in unsere Seelen geprägt...» Schreibt ein lustiger Komponist lustige, ein trauriger traurige Musik? Diese Frage hat Mozart, hat Schubert, haben mit ihnen viele, viele Komponisten beantwortet, beantwortet durch ihre Werke, die lächeln, auch durch Tränen hindurch, die weinen, auch aus lächelnden Mundwinkeln heraus. Unerklärlich bleibt der künstlerische Schöpfungsakt, und lange nicht alle Fragen können einwandfrei beantwortet werden. Doch wir spüren's: in Schuberts Leben muß sich bald etwas ändern!

Sechstes Kapitel

FRANZ SCHUBERT WÄHLT DIE FREIHEIT
1817 – 1818

> «*Schläft ein Lied in allen Dingen
> die da träumen fort und fort,
> und die Welt hebt an zu singen,
> triffst du nur das Zauberwort.*»
> (Joseph von Eichendorff, 1788 bis 1857)

Wer sich des Schaffensrausches bewußt wird, der Schubert in den Jahren 1814 bis 1816 wie ein Fieber heimgesucht, kann auch nicht darüber hinwegsehen, daß Musikschöpfen und Schulehalten sich mehr und mehr zu unvereinbaren, sich ausschließenden Kräften entwickelten. Weder des Vaters Stirnrunzeln noch der neuen Mutter sanftes Mahnen konnten den Sturzbach, der aus dem Innern quoll, im geringsten aufhalten oder lenken. So verwundert uns nicht, daß Schubert im Dezember 1816 zwei Lieder als «in der Wohnung des Herrn von Schober» verfertigt nannte. Schober war eben aus Schweden zurückgekehrt und wohnte in der Landskrongasse, wo Schubert offenbar mit ihm zusammenhauste. Zwar nimmt man allgemein an, Schubert habe vom Herbst 1814 bis Herbst 1817 im Schuldienst seines Vaters gestanden und auch bei ihm gewohnt. O. E. Deutsch, sicher der beste Kenner von Schuberts Leben und Werk und hochverdienter Erforscher ihrer Zusammenhänge, meint: «Es sieht jedoch so aus, als ob er schon zu dieser Zeit dem Schuldienst für eine Zeit entronnen wäre und eine erste Zuflucht gefunden hätte.» Schubert hätte damit schon 1816 gewagt, was vor ihm Mozart, Haydn (mit einer Pension der Esterhazy von 1000 fl.) und Beethoven. Haydns materielle Stellung war gesichert, seine Kunst Erfüllung und Abschluß eines Stils (der Wiener Klassik), anerkannt, beliebt und gefragt. Ähnlich, wenn auch nicht im gleichen Maß gesichert, war die materielle Lage Beethovens. Ganz unsicher, durch die ergreifenden und beschämenden Briefe an den Logenbruder Puchberg aus den Jahren 1789 und 1790 gekennzeichnet, fand sich die materielle Lage Mozarts. Gleich war auch die Situation Schuberts. Doch hatte er seine Freunde, die ihm nach Möglichkeit zur Seite standen und ihm namentlich das glückhafte Gefühl des Verstandenseins gaben, ihn ermunterten und ihm zurechthalfen, so gut sie es verstanden, ihn unterstützten, ihn auch beherbergten, wenn es wieder einmal so weit war. Wie unendlich besser hatte er es als Mozart, dem Konstanze nicht war, was Franz Schubert seine Freunde waren.

Schuberts Stellung als schaffender Künstler war völlig frei und unabhängig. Er schuf wohl noch vereinzelte Gelegenheits-, aber keine Auftragswerke mehr, wie es noch Beethoven tat, der seine gutsituierten Gönner besaß. Schubert hing völlig ab vom Verleger, vom aufkommenden Musikalienhandel, von der Aufgeschlossenheit seiner Vertreter neuartiger Musik und Musikformen gegenüber, von ihrer Unabhängigkeit im kaufmännischen Gesetze von Nachfrage und Angebot. Aber er konnte nicht mehr, ein Pegasus im Joche, so dahinvegetieren. Zu kraftvoll drängte heraus, was in ihm drin lebte, zu übermächtig hatte sich die Sehnsucht entwickelt, in völliger Freiheit dem Schaffen zu leben: «Wenn ich ein Werk gedichtet habe, so fange ich gleich ein neues an!» So mußte jede Rücksicht fallen. Sehr gegen den Willen des Vaters, der seinem Sohn aber nur die Fragwürdigkeit einer ungesicherten Existenz vor Augen führen konnte. Nutzlos, wie wir wissen. Beethoven hatte immerhin einen berühmten Namen, Schubert mußte sich diesen erst erwerben. Hätte er sich in einer andern Stellung glücklich gefühlt? Bei allem, was wir von ihm wissen, müssen wir diese Frage verneinen. Es gab keine Lösung, es gab nur den Bruch und das Wagnis. Er wagte und stellte sein' Sach' auf nichts. Aber er ward frei und fühlte sich in seinem Element, glücklich und zufrieden. Er hatte ja seine Freunde.

DER FREUNDESKREIS

Da ist noch vom k. k. Konvikt her *Josef von Spaun*. Er war 1806 aus Linz ins Konvikt gekommen, weil er in Wien Jurisprudenz studieren wollte. Hier traf er den Schullehrerssohn Franz Schubert, dem er seine Zuneigung schenkte und später eine Freundestreue von seltener Lauterkeit und Stetigkeit. Er war es, der Goethe schrieb; er machte für seinen jungen Freund in den ihm zugänglichen Wiener Gesellschaftskreisen Propaganda, suchte unermüdlich maßgebliche Persönlichkeiten für Schubert und seine Musik zu interessieren, an die er in rührender Zuversicht glaubte. Im Jahr vor Schuberts Austritt aus dem Konvikt wurde Spaun Konzipist bei der Lottodirektion, worüber er sich vernehmen läßt: «Es war eine sonderbare Fügung, daß ich, der so viele Jahre das Lottospiel verabscheute, immer ein Gegner dieses Gefälles war, nie in die Lotterie setzte oder auch nur ein Los nahm, an die Spitze dieses Gefälls gestellt wurde.» Über Linz (1821) und Lemberg (1825) kam Spaun 1826 wieder nach Wien, wo er zum Hofrat ernannt wurde. 1859 trat er in den Ruhestand, wobei ihm der Freiherrentitel verliehen wurde. Er starb in Linz am 25. November 1865. Spaun hat uns sehr wertvolle und zuverlässige Erinnerungen an seinen Freund hinterlassen. Er übernahm die vom Hofkonzipisten Witteczek angelegte Sammlung von Schubertschen Kompositionen zu treuen Handen und sorgte nach dem Willen des Sammlers für deren Überlassung an die Gesellschaft der Musikfreunde in Wien. Diese war aus regelmäßigen wöchentlichen Musikabenden im Hause des kunstsinnigen Advokaten *Ignaz von Sonnleithner* (1770 bis 1831) hervorgegangen. Die Aufführung der verschollenen Kantate «Prometheus» für den Professor der politischen Wissenschaften Heinrich Watteroth vermittelte Schubert die Bekanntschaft mit Sonnleithners Sohn *Leopold* (1797 bis 1873), der den gleichaltrigen Freund im elterlichen Heim einführte. Er war es auch, der sich um eine erste Herausgabe von Schubertschen Kompositionen bemühte.

Von großer Bedeutung wurde Schuberts Freundschaft mit dem Hofopernsänger *Johann Michael Vogl* (1768 bis 1840) aus Steyr. Vogl war eine imposante, tatkräftige Persönlichkeit, über die Eduard von Bauernfeld, ein weiterer Schubertianer, zu berichten weiß: «Vogl war ein ebenso großes Talent als eine höchst merkwürdige Persönlichkeit. Im Gesang verfolgte er in strenger Konsequenz und mit vollem Bewußtsein den einzig richtigen Weg der dramatischen Gesangskunst. Er besaß ein feines Ohr für den Rhythmus der Verse und hatte das seitdem, wie es scheint, beinah verlorengegangene Geheimnis des rezitativischen Vortrags vollkommen inne... Vogls Element war vorzugsweise die Darstellung des Charakteristischen; hier, in der Verbindung der Wahrheit mit der Schönheit, feierte er seine höchsten Triumphe. Dafür machten ihm die Gegner seiner Gesangsweise häufig den Vorwurf, er vernachlässige allzusehr den bindenden, flüssigen Gesang, wie ihn etwa die Arie erfordert...»

Schubert kannte diesen Sänger von ausdrucksvoller Miene, freiem, edlem Anstand vom Theater her. Gern hätte er diesen Sänger im Vortrag seiner Lieder begleitet. Die Freunde, vor allem Schober, erzählten dem Sänger immer wieder begeistert von ihrem musikalischen Freund und dessen Liedern, die der Herr Hofopernsänger unbedingt kennenlernen müsse. Erst ablehnend, dann widerwillig zusagend, an einem bestimmten Abend sich bei Schober einzufinden, um zu sehen, was an diesem Gerede sei, machte Vogl die Bekanntschaft mit Schubert und dessen Liedern, die beide für ihn sehr viel bedeuten sollten. «Er trat also zu bestimmter Stunde bei Schober ein, und als ihm der kleine, unansehnliche Schubert einen etwas linkischen Kratzfuß machte und über die Ehre der Bekanntschaft in der Verlegenheit einige unzusammenhängende Worte stammelte (so erzählt Spaun), rümpfte Vogl etwas geringschätzig die Nase, und der Anfang der Bekanntschaft schien uns unheilverkündend. Vogl sagte endlich: ‚Nun, was haben Sie denn da? Begleiten Sie mich‘, und dabei nahm er das nächstliegende Blatt, enthaltend das Gedicht von Mayrhofer, ‚Augenlied‘, ein hübsches, melodiöses, aber nicht bedeutendes Lied. Vogl summte mehr als er sang und sagte dann etwas kalt: ‚Nicht übel!‘ Als ihm hierauf andere Lieder begleitet wurden, die er alle nur mit halber Stimme sang, wurde er immer freundlicher, doch schied er ohne Zusage, wiederzukommen.» Beim Weggehen klopfte er Schubert etwas gönnerhaft herablassend auf die Schulter, doch hat er sich gegen andere bedeutend günstiger geäußert. Als er «Lied eines Schiffers an die Dioskuren» kennenlernte, erklärte er, «es sei ein Prachtslied und geradezu unbegreiflich, wie solche Tiefe und Reife aus dem jungen kleinen Mann hervorkommen könne.» Spaun berichtet weiter: «Der Eindruck, den nun nach und nach die Lieder Schuberts auf Vogl machten, war ein völlig überwältigender, und er näherte sich nun oft und unaufgefordert unserem Kreise, lud Schubert zu sich ein, studierte mit ihm Lieder ein, und als er den ungeheuren Eindruck wahrnahm, den sein Vortrag auf uns, auf Schubert selbst und auf alle Kreise seiner Zuhörer machte, begeisterte er sich so für diese Lieder, daß er nun der eifrigste Anhänger Schuberts wurde und daß er, anstatt die Musik aufzugeben, wie er es vorgehabt, neu dafür auflebte.»

Leopold Sonnleithner schildert den Vortrag Schubertscher Lieder durch Vogl: «Er trug viele Schubertsche Lieder hinreißend, tief ergreifend, wenn auch, besonders in spätern Jahren, mit unverkennbarer Affektation und Selbstgefälligkeit vor... Vogl brachte oft mit einem tonlos gesprochenen Worte, mit einem Aufschrei oder einem Falsett-Ton eine augenblickliche Wirkung hervor, die aber künstlerisch nicht zu rechtfertigen war und von einem andern nicht wiedergegeben werden konnte.»

Andeutungen, Schubert habe auf Vogls Stimme und Eigenart Rücksicht genommen, widerlegt Spaun: «Niemand hat auf seine Art zu komponieren je den geringsten Einfluß geübt, wenn es auch hier und da versucht worden sein mag. Höchstens hat er Vogl in Rücksicht auf die Stimmlage Konzessionen gemacht, allein auch das nur selten und ungern...» Der Sänger selber notierte 1817 in sein Tagebuch: «Nichts hat den Mangel einer brauchbaren Singschule so offen gezeigt als Schuberts Lieder. Was müßten sonst diese wahrhaft göttlichen Eingebungen, diese Hervorbringungen einer musikalischen Clairvoyance in aller Welt, die der deutschen Sprache mächtig ist, für allgemein ungeheure Wirkung machen! Wie viele hätten vielleicht zum ersten Male begriffen, was es sagen will: Sprache, Dichtung in Töne, Worte in Harmonien, in Musik gekleidete Gedanken! Sie hätten gelernt, wie das schönste Wortgedicht unserer größten Dichter, übersetzt in solche Musiksprache, noch erhöht, ja überboten werden könne.» Es war für Schubert ein hohes Glück, seinen Liedern einen so idealen, geistig regsamen Sänger gefunden zu haben, was Leopold Sonnleithner bestätigt: «...unter denen, welche Schuberts Genius früh erkannt und gefördert haben, steht Michael Vogl ohne Zweifel in erster Reihe. Was musikalische Deklamation betrifft, so verdankt Schubert seinem Vortrag und Rat vieles...»

Zu nennen ist hier auch *Franz von Schober* (1796 bis 1882), eine recht schillernde Persönlichkeit, junge, glänzende Erscheinung, Schöngeist und leichtlebiger Weltmann, begabter Dilettant auf allen Gebieten der schönen Künste, bedenkenlos, auch in bezug auf Frauenliebe, und von nicht ungefährlichem Einfluß auf Schuberts argloses Gemüt. Er wurde von einer österreichischen Mutter auf Schloß Torup bei Malmö in Schweden geboren, kam im Herbst 1815 nach Wien zurück und fand sogleich Zugang zum Freundeskreis des Schulvikars. «Er führte ein abenteuerliches Leben», wie Bauernfeld erzählt, «war eine Zeitlang Schauspieler à la Wilhelm Meister. Er ist um fünf bis sechs Jahre älter als wir, eine Art Weltmann, besitzt große Suada und Dialektik, ist bei den Weibern beliebt trotz seiner etwas krummen Beine. Wir kamen gleich in ein angenehmes Verhältnis... Ich finde ihn ziemlich menschlich, aber interessant.» Schober zählte zu den wohlhabenden der Schubertianer, er erwarb 1817 ein lithographisches Institut und tat später viel für den Maler Moritz Schwind, der ihn nach Bauernfelds Zeugnis wie einen Gott verehrte. Sein Gedicht «An die Musik» bewahrt in Schuberts Vertonung seinen Namen vor der Vergessenheit. Anläßlich eines Abschiedes schrieb ihm Schubert ein Gedicht in das Stammbuch, dessen eine Strophe lautet:

«Lebe wohl, Du lieber Freund!
Scheiden heißt das bitt're Wort,
Weh, es ruft Dich von uns fort
Hin an den Bestimmungsort.
Lebe wohl, Du lieber Freund!»

Leider hat gerade dieser intimste Freund Schuberts kein Tagebuch geführt!

Der Musiker *Anselm Hüttenbrenner*, 1794 in Graz geboren und dort 1868 als Direktor des Steiermärkischen Musikvereins gestorben, erzählt über seine Bekanntschaft mit Schubert: «Ihn lernte ich im Jahre 1815 beim Hofkapellmeister Salieri kennen. Da auch ich ein Schüler Salieris wurde, so hatte ich mehrere Jahre hindurch Gelegenheit, mit Schubert wöchentlich zwei- bis dreimal zusammenzukommen. Außerdem besuchten wir uns gegenseitig sehr fleißig, gewannen einander lieb und wurden intime Freunde und Brüder... Als ich ihn das erstemal in strenger Winterszeit besuchte, fand ich ihn in einem halbdunkeln, feuchten, ungeheizten Kämmerlein; er saß in einen alten, fadenscheinigen Schlafrock gehüllt, fror und komponierte... Schubert war anfänglich mißtrauisch gegen mich, er glaubte, ich wolle nur so oberflächliche Bekanntschaft mit ihm schließen, mich eine Weile an seinen Werken amüsieren und ihm dann den Rücken kehren. Da er aber mit der Zeit sah, daß ich es ernstlich meine, und er erkannte, daß ich in seinen Liedern gerade diejenigen Stellen hervorhob, die auch er für gelungen hielt, so fing er an, mir zu trauen, und wir wurden die besten Freunde.» Wie sein Bruder Joseph, wurde Anselm

Hüttenbrenner einer der allertreuesten in Schuberts Freundeskreis, und auch seine Erinnerungen wurden von größter Bedeutung für die Kenntnis von Schuberts Leben.

Sehr fruchtbar wurde für Franz Schubert die Freundschaft mit dem Dichter und Bücherzensor *Johann Mayrhofer* (1787 bis 1836). In seinen 1829 erschienenen «Erinnerungen an Franz Schubert» weiß er zu berichten: «Mein Verhältnis zu Franz Schubert wurde dadurch eingeleitet, daß ihm ein Jugendfreund das Gedicht ‚Am See' zur Komposition überreichte. An des Freundes Hand betrat Schubert 1814 das Zimmer, welches wir fünf Jahre später gemeinsam bewohnen sollten. Es befindet sich in der Wipplingerstraße. Haus und Zimmer haben die Macht der Zeit gefühlt. Die Decke ziemlich gesenkt, das Licht von einem großen gegenüberliegenden Hause beschränkt, ein überspieltes Klavier, eine schmale Bücherstelle, so war der Raum beschaffen, welcher mit den darin zugebrachten Stunden der Erinnerung nicht entschwinden wird. Gleich wie der Frühling die Erde erschüttert, um ihr Grün, Blüten und milde Lüfte zu spenden, so erschüttert und beschenkt den Menschen das Gewahrwerden seiner produktiven Kraft; denn nun gilt Goethes

> «Weit, hoch, herrlich der Blick
> Rings ins Leben hinein,
> Vom Gebirg zum Gebirg
> Schwebet der ewige Geist,
> Ewigen Lebens ahndevoll.»

Dieses Grundgefühl und die Liebe für Dichtung und Tonkunst machten unser Verhältnis inniger; ich dichtete, er komponierte, was ich gedichtet...»

Über Mayrhofer äußert sich Spaun: «Mayrhofer besaß ein ausgezeichnet feines Gehör und große Liebe für Musik. Als er einige Lieder von Schubert gehört hatte, machte er mir Vorwürfe darüber, daß ich ihm Schuberts Talent viel zu mäßig gerühmt habe. Mayrhofer pfiff und sang den ganzen Tag Schubertsche Lieder, und Dichter und Tonsetzer waren bald die besten Freunde. Später bezog Schubert auch die bescheidene Wohnung Mayrhofers und lebte ein paar Jahre mit ihm auf einem Zimmer unter der Obsorge der trefflichen Witwe

Sanssouci, welche die beiden etwas unpraktischen Herren in Ordnung zu erhalten suchte. Mayrhofers Gedichte begeisterten Schubert zu herrlichen Liedern, die wohl zu seinen schönsten Werken gehören. Mayrhofer versicherte oft, seine Gedichte seien ihm erst lieb und klar, wenn Schubert sie in Musik gesetzt habe... Mayrhofer zeichnete sich besonders durch seine genauste Kenntnis des Lateins und des Griechischen und der Klassiker aus...» In den Jahren 1817 und 1818 gab er mit einigen Freunden die Zeitschrift «Beiträge zur Bildung für Jünglinge» heraus und darf wohl als Schuberts literarischer Berater betrachtet werden. Mayrhofer schwärmte für Pressefreiheit, betreute aber sein Amt als metternichscher Bücherzensor aufs getreueste! Des Freundes früher Tod erschütterte den Dichter im Innersten. Trübe Schatten umwölkten sein Denken, und am 5. Februar 1836 machte er seinem Leben durch einen Sturz aus dem Fenster eines obern Stockwerkes des Amtsgebäudes am Laurenzerbergl freiwillig ein Ende.

DIE ERSTEN WERKE FÜR KLAVIER

Die Jahre 1817/18 waren vor allem fruchtbar für das Entstehen von Klavierwerken. Diese begannen, wie wir sahen, schon 1810 mit der Klavierfantasie für vier Hände. Sie ist das älteste unter den der Vernichtung entgangenen Werken Schuberts, ein Symptom für Schuberts ganzes Oeuvre: für Klavier und vierhändig! Weitere Klavierwerke fallen in das Jahr 1815, denn das vom Vater erhaltene fünfoktavige Fortepiano mußte doch genutzt werden! Nun regte sich die Phantasie mächtig. Warum es aber gerade Klaviersonaten sein mußten?

Als Franz Schubert 1815 seine beiden ersten Klaviersonaten schrieb, lag Mozarts und Haydns Klavierwerk vollständig vor, von Beethoven die 27 Klaviersonaten bis op. 90 sowie die fünf Klavierkonzerte. Wollte Schubert ein zweiter Beethoven werden? Das wäre aus mancherlei Gründen unmöglich gewesen. Die viersätzige Sonatenform mit ihrem charakteristischen Kampf zwischen Spannung und Lösung, Sonatenthema und Gesangsthema, in ihrer Eigenart, aus den Themen der Exposition das Material für die dramatisch angelegte Durchführung zu gewinnen, hatte ihre Entwicklung abgeschlossen. Bereits der späte Beethoven rührte gefährlich an sie und ihre architektonische Geschlossenheit. Was Schubert zur Klaviersonate führte, ihn, den eigentlichen Lyriker, kann kaum einwandfrei eruiert werden. Seien wir froh, daß er freilich die Form akzeptierte, diese aber mit ganz eigenen Inhalten füllte, daß er trotz der unendlich vielen Anregungen, die er im Wien seiner Zeit empfing, ganz Eigener wurde.

Er phantasiert in seinen Sonaten nicht, er malt und zeichnet nicht, wie der Mozartschüler *Johann Nepomuk Hummel* (1778 bis 1837), er musiziert einfach. Seine Sonaten heißen weder «Mondschein» noch «Pathétique», er musiziert einfach. Seine Sonaten sind ganz aus eigenem Melodie- und Klangempfinden heraus geboren und haben ganz und gar kein Programm. Schubert ist in dieser Hinsicht völlig Klassiker, romantischer Klassiker allerdings, wenn uns der Widerspruch erlaubt ist.

Schuberts Romantik ist weder poetisierend, noch ist sie literarisch angehaucht, sie ist Musik in dem Sinne, wie jede Musik in einem bestimmten Ausmaß romantisch, gefühlhaft ist. Sie ist als Melodie und Klang bei Schubert ganz Ausfluß einer urtümlichen Musikantenseele, die's «vom lieben Gott» hatte. Hätte Schubert Beethoven nachahmen wollen, wäre er ein Ferdinand Ries geworden und heute vergessen, wie dieser vergessen ist, sagt Einstein. Trotzdem ist Schuberts Ringen um die Sonatenform der tragische Kampf eines Nachgeborenen. Er betrachtete die durch das klassische Dreigestirn geheiligte Kunstform mit Ehrfurcht. Er möchte sie mit eigenem Gehalt füllen. Im einseitigen Bild des Liedersängers übersah man diese Züge eines Tragikers, dem alles und jedes zum Gesang wurde, auch dann, wenn – wie in der Sonate – ein höchst wacher Sinn für Form und Maß notwendig war.

Sonate und Sinfonie waren die Kunstformen, in denen der Klassiker und sein Formgefühl sich aussprachen. Die Romantiker wollten es den Klassikern gleichtun, sie wollten Sonaten und Sinfonien schreiben, wenn ihr Formgefühl dafür auch schwächer und schwächer wurde. An die Stelle des Beethovenschen Kampfes mit dem thematischen Material, dessen Motive sich ineinander verkeilten, verzahnten, daß die Themen kaum mehr abzugrenzen sind, trat die Aneinanderreihung von Melodien, in sich ruhenden, abgeschlossenen Gebilden, die nicht aufzubrechen und anders zusammenzusetzen waren.

Schubert breitet in seinen Klaviersonaten herrliche Schätze aus, schwelgt und verweilt und vergißt sich, bis er aus seinem Traum erwacht und an Kampf und Ende denkt, da es sich ja um eine Sonate handelt! Rückungen, prachtvoll klingend, brechen Fluß und Form auseinander, die thematische Arbeit in den Durchführungsteilen scheitert an den zu abgerundeten Liedmelodien und behilft sich mit Wiederholungen von Themen und Gruppen auf andern Stufen oder in andern Tonarten. Die Mißachtung von entwicklungsgeschichtlich bedingten Tonartenbeziehungen und Modulationen hilft mit, den Eindruck spannungsloser Wiederholungen herbeizuführen. Schuberts heißes Ringen um die Sonate gemahnt an Mozarts Bemühen um die Fuge. In beiden Fällen gelingt es den Komponisten schlecht, die spezifische Form der vorhergehenden Musikepoche auch überzeugend zu füllen. Es bleibt zu sehr das Wollen offenkundig, der Inhalt entspricht nicht mehr der verwendeten Form, die zu sehr Hülle wird. Das äußert sich bei Mozart und Schubert in den vielen Fragmenten: den vielen liegengelassenen Fugen Mozarts entsprechen bei Schubert die acht – unter 23 begonnenen – nicht vollendeten Sonaten! Bezeichnend ist ferner, daß Schubert die beiden Mittelsätze am besten und überzeugendsten gelingen: der langsame Satz kommt dem Liedmeister ebenso entgegen, wie Menuett und Scherzo dem Meister des Tanzes.

Die *erste Sonate* (X, 1), E-dur, entstand vom 18. bis 21. Februar 1815. Sie blieb nach dem Menuett liegen, doch deuten leere Seiten im Autograph auf die Absicht, einen Finalsatz anzuschließen. Vielleicht! Der erste Satz entmangelt jeder sonatenmäßigen Auseinandersetzung, ist aber ein vollwertiges Stück Schubertscher Erfindung. Das Andante in e-moll ist ein Liedsatz, so vollendet wie nur seine besten Lieder dieses Jahres, voll Melancholie und mit einer Schubertschen Eigenheit, die bis in die letzte Klaviersonate des Todesjahres 1828 beibehalten wird: der Mittelteil ist erregt, und diese Erregung schwingt hinüber bis in die Reprise des Hauptteils. Das Menuett – Schubert meidet meist das Scherzo Beethovens – ist im Hauptteil bewegt, im Trio ländlerhaft und ist damit Prototyp der weitern Sonatenmenuette.

Die *zweite Klaviersonate* (X, 2), in C-dur, ist groß begonnen, äußerlich groß, fast ouvertürenhaft schwungvoll, ohne aber in der Durchführung den Plan auch zu erfüllen. Der langsame Satz ist wieder ein Lied, von Haydn oder dem frühen Beethoven herkommend, das

Menuett in A-dur (Terzverwandtschaft) ist schubertisch beschwingt und wohlklingend. – Aus der Zeit der ersten Sonate für Klavier stammen die *Klaviervariationen* (XI, 6), Salieri gewidmet. Sie müssen diesen Mozartgegner seltsam berührt haben, bewegt sich doch sein Schüler in diesen Variationen völlig in dessen und nicht in Salieris Welt. – Vom 8. April 1815 stammt ein *Adagio in G-dur* (XXI, 22), ganz romanzenhaft, lyrisch, mit virtuosen Nettigkeiten. Er hat es ohne diese Beigabe in einer zweiten Fassung überarbeitet, einfach, klangvoll. Daneben stehen eine ganze Anzahl kleinerer Klavierstücke, die als Sonaten- oder Sonatinensätze gedacht sein könnten, manche unvollendet. In XXI, 17 kann er nicht enden; er spielt und spielt in sich versunken, ob ihm jemand zuhört oder nicht. So könnten manche der himmlisch langen Sonatensätze entstanden sein: Meditationen eines urschöpferischen Musikers mit sich selbst.

Das eigentliche Sonatenjahr ist das Jahr 1817. Der Maler *Wilhelm August Rieder* (1796 bis 1880), derselbe, der nach dem Urteil der Freunde das ähnlichste Porträt von Schubert schuf, legte sich in diesem Jahr ein neues Fortepiano zu, eigens, um dem Freund ein ungestörtes Schaffen zu ermöglichen! – Die *dritte Klaviersonate* (X, 3), vom Mai 1817, steht in As-dur, doch fehlt ihr das Finale. Sie ist, besonders im Andante, Haydn nachempfunden. Instinktiv meidet Schubert Beethovens Art und Stil. Bei allem hingegen, was an Haydn gemahnt: es ist so viel und so starkes, das ausgewachsener Schubert und auch formal geschlossen ist, daß man immer wieder staunt, wie instinktsicher Schubert Anregungen wandelt, daß sie sein Eigenstes aussprechen. – Die *vierte Klaviersonate* (X, 4), e-moll vom Juni 1817, steht in der Gesamtausgabe nur mit dem ersten Satz, doch gehören diesem noch ein Allegretto in E-dur und ein Menuett in As-dur (!) zu, wie eine nachträglich in Bonn aufgefundene Handschrift beweist. Der erste Satz ist leicht Weberisch, also brillanter, als man dies von Schubert gewöhnt ist. – Dem Juli 1817 gehört ein *Fragment in fis-moll* (XXI, 10) zu, das wohl einen ersten Sonatensatz darstellt und pianistische Finessen von außergewöhnlicher Zartheit aufweist. Sehr aufschlußreich die Wanderung von Cis-dur nach ces-moll, auf der alle Tiefen romantischer Klangseligkeit aufbrechen. Steht das Fragment in Beziehung zur Klaviersonate XXI, 20, deren wienerischer erster Satz unfertig blieb, deren Scherzo aber vollendet wurde und von prachtvoller Lebendigkeit ist und dem auch ein Fragment gebliebenes Allegro von sprühender Geistigkeit folgt?

Die *fünfte Klaviersonate* wurde in Des-dur begonnen (XXI, 9) und fast vollendet. Der Verleger Pennauer ließ sie nach Es-dur transponieren (X, 7) und veröffentlichte sie 1830 als op. 122. Kann man sich im ersten Satz an Beethovens op. 2 erinnert fühlen, klingen in den drei andern Sätzen so viel Schubertismen auf, daß man sich ihrer Anmut herzlich freut.

Vom März 1817 stammt die herrlich reife *sechste Klaviersonate* (X, 6), in a-moll, 1854 als op. 164 bei Spina in Wien erschienen. Drängende Leidenschaft und beschaulich-idyllisches Verweilen im Wechsel von modulatorischer Farbigkeit heben das Werk als besonders gelungen hervor. Ihr Allegretto quasi Andantino könnte auch unter den Impromptus stehen. – Im August 1817 entsteht die *siebente Klaviersonate* (X, 5), H-dur, 1843 bei Diabelli herausgekommen als op. 147 und dem Pianisten Thalberg gewidmet. Im Allegro klingt die ganze Romantik auf. Das klangselige Träumen im Andante sucht seinesgleichen, das Scherzo ist die Liebenswürdigkeit in Person, und das Allegro giusto ist als Finale von so freundlicher Durchsichtigkeit bei aller harmonischen Kühnheit, daß man über dem beseligten Horchen alle Vergleiche vergißt.

Vom September 1817 stammen die fünf Klavierstücke, die nun die *achte Klaviersonate* bilden (XI, 14), 1843 bei Klamm in Leipzig erschienen. Die Satzfolge Allegro-Scherzo-Adagio-Scherzo-Allegro patetico ist ungewöhnlich. Aus dem Andante-Charakter des Adagios spricht wieder so tiefes Empfinden, das erste Scherzo ist so sehnsüchtig, das zweite so wienerisch, das Allegro so beschwingt, daß man über das Mühen um die Modellierung des Finalsatzes und alle formale Ungewöhnlichkeit hinweghört. – Von den vier nächsten Klaviersonaten, die allerdings erst 1818 und 1819 entstanden, sind *drei Fragmente* geblieben: *in C-dur* (XXI, 11) vom April 1818, *in f-moll* (XXI, 12) und *in cis-moll* (XXI, 13) vom April 1819, abgebrochene Versuche, weil die Gedanken in der Sonatenform nicht zu bändigen waren; fast möchte man von einer Irritierung Schuberts sprechen, die keine Sonate fertig werden, aber einzelne Sätze von berückender Klangpracht und Melodieseligkeit entstehen ließ. – Dagegen entstand auf einem Besuch in Steyr die *dreizehnte Klaviersonate* (X, 10), in A-dur, für Josephine von Koller, Tochter eines dortigen Gastgebers, von der Franz Schubert am 19. Juli 1819 seinem Bruder Ferdinand schrieb, sie sei sehr hübsch, spiele brav Klavier und werde verschiedene seiner Lieder singen. Die Sonate ist wieder dreisätzig, das Allegro moderato mit einigen leeren Oktavenpassagen, das Andante wieder von liedhaftem Reiz, das Allegro-Finale von lebenslustiger Keckheit. Sie erschien als op. 120 zu Ostern 1830 bei Joseph Czerny in Wien. – Im August 1817 entstanden die *13 Variationen über ein Thema von Anselm Hüttenbrenner* (XI, 7). Das Werk zeigt Schubert als Meister dieser Form, von der er gleich weitere Proben ablegen wird. – Vom November 1817 stammen *zwei Scherzi* in B-dur und Des-dur (XI, 15), recht weitläufig angelegt. Das Trio des zweiten Scherzos entspricht dem Menuett aus Sonate op. 122. Das erste ist volkshaft lieblich, das zweite voll innerer Unruhe. Beide könnten sie in den Impromptus jeden Vergleich aushalten. – Eine letzte *Sonate für Violine und Klavier* (VIII, 6) entstand ebenfalls im August des Sonatenjahres 1817 und wurde als op. 162 im Jahr 1852 bei A. Diabelli herausgegeben. Das Stück ist anspruchsvoller als die drei schon erwähnten Sonatinen für die gleiche Besetzung, die Schubert nicht mehr aufnimmt.

*

Das Jahr 1818 ließ eine Reihe von Klavierwerken für vier Hände entstehen, die zum Teil dem Zusammenspiel Schuberts mit dem Juristen *Joseph von Gahy* (1793 bis 1864) zu danken sind, zum andern Teil Schuberts Tätigkeit als Klavierlehrer im Hause Esterhazy, dessen zwei Komtessen Klavier spielten. Gahy war zwar Dilettant, aber als solcher ein Pianist von überdurchschnittlichem Können. Er spielte mit Schubert zusammen häufig Klavierauszüge der Sinfonien Beethovens und anderer Klassiker, auch Werke Händels. Mit diesen Werken «pour Piano à quatre mains» wurde Schubert der eigentliche Vollender dieser Kunstgattung, die nach ihm nur mehr recht sporadisch gepflegt wurde. Im Konzertsaal tauchen sie heute sehr selten auf. – Da ist einmal die «*Grande Sonate pour le Piano à quatre mains*» (IX, 11), «composée et dédiée à son Excellence le Comte Ferdinand Pallfy d'Erdödy, Conseiller intime...» Sie steht in B-dur und erschien 1825 bei Sauer & Leidesdorf in Wien als op. 30. Sie atmet flotte Zügigkeit und musikantischen Schwung mit manch virtuosem Figurenwerk und häufigen brillanten Oktavenpassagen; dabei ist das Stück von mozartischer Durchsichtigkeit. Die französische Form des Titels ist aus der Pflege der französischen Sprache in den damaligen Adelskreisen zu erklären.

Das «*Variationenwerk op. 82*» (IX, 18) stammt nicht von Schubert. Es wurde vom Verleger bei der Neuausgabe 1860 ganz willkürlich und ungerechtfertigt mit den Variationen über ein Thema aus Hérolds Oper «Marie», die allerdings aus Schuberts Hand stammen (1827), zusammengekoppelt. – Im Januar 1818 entstand ein «*Rondo in D-dur*» (IX, 14), vermutlich ebenfalls für Freund Gahy. Es trägt den Titel «Notre amitié est invariable» und erschien im Mai 1835 bei A. Diabell in Wien; feine Züge Schubertschen Humors bereichern das Werk. – Weitere *Variationen* entstanden 1818 *über ein französisches Lied* (IX, 15); sie stehen in e-moll und haben ein Marschthema zur Grundlage. Das Werk wurde als op. 10 am 19. April 1822 in der «Wiener Zeitung» angezeigt. Es ist Beethoven gewidmet, der es recht geschätzt und oft mit seinem Neffen Karl gespielt habe. Nach Famulus Schindlers wenig wahrscheinlicher Vorstellung hätte Schubert das Werk Beethoven persönlich überbracht, wäre aber durch eine gelinde Aussetzung über eine harmonische Unrichtigkeit derart außer Fassung gebracht worden, daß er außer Hauses eilte, sich erst draußen wieder fand und sich derb ausschalt. Schubert hätte darnach nie mehr den Mut gefunden, sich Beethoven persönlich zu nähern. Das eher zahme und herkömmliche Stück kann Beethovens Mißfallen nicht wegen einer nicht vorhandenen Kühnheit erregt haben, hat doch jener in op. 34 und 35 (Eroica-Variationen) Werke von erheblich kühneren Vorstößen in Neuland unternommen! Schubert hätte wohl besser getan, Beethoven einen Zyklus Lieder zu widmen, denn auf diesem Gebiet allein konnte er den Vergötterten schlagen!

Als op. 40 erschienen 1826 «*Six grandes Marches et Trios*» (IX, 2), nachdem schon 1824 die Öffentlichkeit «*drei heroische Märsche*» als op. 27 kennenlernen konnte (IX, 1; h-moll, C-dur, D-dur). Dieses op. 40 wurde dem Schubert behandelnden Arzt, Dr. J. Bernhardt (gest. 1844), gewidmet. Die Märsche sind nicht solche nach militärischem Sinn und Brauch, weder geeignet zum Exerzieren noch zum Sturmangriff, sie sind weder preußisch noch napoleonisch, eher schubertisch, manchmal österreichisch gemütlich, manchmal zündend, energisch und blühend, ab und zu mit französischem oder ungarischem Einschlag, auch die «Marche funèbre» ist dabei. Jedenfalls handelt es sich um prachtvolle Stücke für das anspruchsvollere häusliche Musizieren.

Um diese Zeit stellt sich auch das Problem:

ROSSINI UND DAS ITALIENISCHE

Schon 1816 setzte in Wien die Invasion Rossinis ein. Sie begann im November mit dem Einakter «L'inganno felice», am 17. Dezember folgte «Tancredi», und dann reihten sich die Opern des «Schwans von Pesaro» aneinander wie die Perlen an einer Schnur: am 15. Februar 1817 «L'italiana in Algeri», im Juni «Ciro in Babilonia», im September 1818 «Elisabetta», im Januar 1819 «Otello», im September «Il Barbiere di Seviglia», im März darauf «Il Turco in Italia». Die Flut schwoll höher und höher und versetzte Wien in einen Taumel der Begeisterung. Die Musiker der Donaustadt reagierten natürlich sauersüß, am positivsten C. M. von Weber mit dem «Freischütz» (1821), wenn auch als Reaktion gegen Spontinis Alleinherrschaft in Berlin. Beethoven knurrte gegen seine Wiener, die so leichtsinnig neuen Göttern anhingen, gab aber zu, Rossini sei ein talent- und melodienvoller Komponist, seine Musik passe für den frivolen, sinnlichen Zeitgeist und seine Produktivität brauche zur Komposition einer Oper so viele Wochen, wie die Deutschen Jahre. Wesentlich abschätziger beurteilte Spohr Rossini. Schubert kannte die Italianità von Salieris Unterricht her. Nun erhielten sie einen mussierenden Schuß, für den Rossinis leichte Hand nicht ganz unverantwortlich war. Daneben mokierte er sich weidlich über das kalte Pathos der italienischen Oper, stellte aber im großen und ganzen richtig, was richtigzustellen war. So über «Otello» im Vergleich zu «Tancredi», die er beide gehört, am 19. Mai 1819 an Anselm Hüttenbrenner: «Diese Oper (,Otello', die er eben gehört) ist bei weitem besser, d. h. charakteristischer als ,Tancred'. Außerordentliches Genie kann man ihm nicht absprechen. Die Instrumentation ist manchmal höchst originell, auch der Gesang ist es manchmal, außer den gewöhnlichen italienischen Galoppaden und mehreren Reminiszenzen aus ,Tancred'.»

Als Schubert eines Abends mit Freunden aus einer Vorstellung des «Tancred» nach Hause ging, sprachen sich diese so enthusiastisch über Rossinis Musik aus, insbesondere über seine Ouvertüren – so Schuberts erster Biograph Kreißle von Hellborn –, daß Schubert, «dem des Lobes zu viel sein mochte, zum Widerspruch gereizt, erklärte, es würde ihm ein leichtes sein, derlei Ouvertüren, in ähnlichem Stil gehalten, binnen kürzester Zeit niederzuschreiben. Seine Begleiter nahmen ihn beim Wort und versprachen ihrerseits, die Tat durch ein Glas guten Weines zu belohnen. Schubert machte sich sogleich an die Arbeit und komponierte eine Ouvertüre für Orchester, welcher später noch eine zweite folgte, und die, unter dem Namen ‚Ouvertüren im italienischen Stil' bekannt, bei seinen Lebzeiten in Konzerten mit Beifall aufgeführt wurden.»

Von den drei 1817 entstandenen Ouvertüren ist die «*Ouvertüre in D-dur*» (II, 4), voll pastoraler Klänge und frischen Lebens, dienlich als Einleitung zu irgendeinem Lustspiel. – Die zwei eigentlichen «*Ouvertüren im italienischen Stil*», D-dur (II, 5) und C-dur (II, 6), zeigen Schubert als Gewinner jener Wette. Als op. 170 erschienen, trugen sie seinen Namen in die Öffentlichkeit. Schubert übertrug sie Ende 1817 für Klavier zu vier Händen (IX, 10 und 9). In doppelter Besetzung wurden sie mit Franz Schubert und Anselm Hüttenbrenner am einen und den Schwestern Therese und Babette Kunz am andern Instrument in einer «musikalisch-deklamatorischen Privatunterhaltung» des ehemaligen k. k. Hofschauspielers Karl F. Müller im «Römischen Kaiser» öffentlich gespielt. Die überaus gut gelungene Imitation rossinischen Stils mit allen Ingredienzien italienischer Instrumentationskunst: Kantilenen, Triolen, Terzen- und Sextenketten, Geist und Sentimento läßt vermuten, Schubert habe selber recht großen Spaß an diesen Späßen empfunden.

Rossinischen Einfluß verrät auch die zwischen dem Oktober 1817 und dem Februar 1818 entstandene *sechste Sinfonie* (I, 6), in C-dur, die «Kleine C-dur» genannt, zum Unterschied von der im Todesjahr 1828 entstandenen großen Sinfonie von gleicher Tonart. Sie zeigt ein Janusgesicht: unbekümmerte Musizierfreudigkeit, fast Redseligkeit, wechselt ab mit einer feinsinnigen Gegenüberstellung der Bläsergruppen, spielerische Heiterkeit mit Brillanz, wienerische Gemütlichkeit mit sinfonischer Kraft. Das Andante ist ein Blumengarten von Schuberts Gnaden, das Scherzo klingt an seine Schwester in Beethovens siebenter Sinfonie an, im Finale überraschen Aufbau und

Glanz, die ihrer großen Schwester in C-dur nicht unwürdig sind. Das Werk wurde bald nach seiner Vollendung in privatem Kreis aufgeführt, erzielte aber kein öffentliches Echo, wogegen die italienische Ouvertüre in C-dur, die am 1. März 1818 in einem Konzert des Geigers Eduard Jaell aufgeführt wurde, von der Kritik mit netten Worten bedacht wurde. Die Wiener Theaterzeitung ließ sich sogar herbei, «auf den jungen Künstler und seine reichen Anlagen vorzüglich aufmerksam zu machen».

LIEDER UND CHÖRE

Auch in den Liedern der Jahre 1817/18 macht sich Rossini bemerkbar. Im Januar 1817 entstand die Arietta «*La pastorella*» (XX, 574), nach Goldoni, für Männerquartett geschaffen (XVI, 19). Die Arietta ist eine ausgewachsene Italienerin mit aller Belcanto-Süßigkeit und geläufigstem Passagenwerk. – Im Winter 1817/18 schweigt der Liedersänger. Mit der wiederkehrenden Wärme beginnt auch er wieder zu singen: leicht italienisierend etwa in Schobers «*Bach im Frühling*» (XX, 272, op. 109, 1) durch die Wiederholung der beiden ersten Strophen nach der rezitativischen dritten zu einer da-capo-Arie. Das Gedicht wäre in einem einfachen Strophenlied besser aufgehoben. – Mayrhofers «*Am Strome*» (XX, 306, op. 8, 4) vom März 1817 erlitt das gleiche Schicksal, verstärkt durch die äußerlich wirkende Triolenbewegung der Melodie. Auch diesem Text wäre ein einfaches Strophenlied besser gerecht geworden. – Ausgedehnt ist auch Schillers «*Elysium*» (XX, 329) vom September 1817 angelegt, und sein «*Kampf*» (XX, 333) gar ist eine regelrechte dramatische Szene für eine Baßstimme, die durch die Textwiederholungen und die Pathetik nicht wirkungsvoller wird.

Von 1817 an beschäftigt sich Schubert nur mehr sporadisch mit Texten von Schiller und Goethe, denen er allerdings die Treue bis in seine Spätzeit hinein erhält. Vor allem treten nun Gedichte seines Freundes Mayrhofer in den Vordergrund. Ihr Wert ist ungleich, und neben Stücken von antiker Größe hat auch viel papierenes Pathos Platz. Es kam bei Schubert aus diesem Grund auch nicht zu einem eigentlichen Mayrhoferstil, wie dies bei Texten von Goethe, Schiller und Ossian etwa der Fall war, deren Eigenstes Schubert mit dem seinen zu einer höhern Einheit zu verschmelzen gewußt hat. Es mag an einer besondern Eigenart Mayrhofers liegen, die uns Franz Grillparzer folgendermaßen kennzeichnet: «Mayrhofers Gedichte sind immer wie ein Text zu einer Melodie. Entweder zur antipizierten Melodie eines Tonkünstlers, der das Gedicht in Musik setzen wollte, oder es schimmert die Melodie eines gelesenen fremden Gedichtes durch, das er im Innern reproduzierte und mit neuem Text und neuer Empfindung sich vorsang.»

Mayrhofer ahmte gerne nach, besonders Schiller, dessen antikisierende Texte ihn stark anregten. Schubert wählte aus seinen vielen Texten mit sicherm Gefühl die ihm zusagenden und gut zu komponierenden, doch wurde er durch das Fehlen eines persönlichen innern Tons gezwungen, von außen her an sie heranzugehen. Von den bisher vertonten Gedichten Mayrhofers ist «*Lied eines Schiffers an die Dioskuren*» (XX, 268, op. 65, 1) bekannter geworden, seine edle Größe spricht unmittelbar an. – «*Memnon*» (XX, 308, op. 6, 1) ist eine Vision in Des-dur, F-dur, Des-dur, mit großer, reiner Empfindung, formal einwandfrei gerundet. – Ebenfalls im März 1817 entstand «*Antigone und Oedip*» (XX, 309, op. 6, 2), eine lyrische Szene mit rezitativem Einschlag, auseinanderfallend und textlich papieren: «Dein irdisch Werk ist abgetan.» – Als op. 21 erschienen 1823 die dem Dichter gewidmeten Gesänge «*Auf der Donau*» (XX, 317), mit einer modern anmutenden Begleitung, am Schluß an Schumann erinnernd, «*Der Schiffer*» (XX, 318) mit bewegt schubertischem Klaviersatz und «*Wie Ulfru fischt*» (XX, 296), dem auch Schumann selber hätte Pate stehen können. – «*Erlafsee*» (XX, 331, op. 8, 3) vom September 1817 erschien 1818 als erstes Schubertlied im Druck, und zwar als Beilage zu Sartoris malerischem Taschenbuch für Freunde interessanter Gegenden; er ist ein warm empfundenes Pastorale. – «*Fahrt zum Hades*» (XX, 297) ist im Wechsel von Arioso und Rezitativ und im variierten Tempo wieder italienisierend, während «*Uraniens Flucht*» (XX, 319) wertmäßig im umgekehrten Verhältnis zu seiner Länge steht. Dagegen sind die Szenen «*Philoctet*» (XX, 307) und «*Iphigenia*» (XX, 325) wieder überzeugend gelungene Ausschnitte antiken Lebens. – «*Einsamkeit*» (XX, 339) hielt Schubert in einem Brief aus Zelesz vom 3. August 1818 sehr hoch: «Mayrhofers ‚Einsamkeit' ist fertig und, wie ich glaube, so ist's mein Bestes, was ich gemacht habe. Denn ich war ja ohne Sorge.»

Es wurde eine Kantate von ganz eigener Größe, phantasievoll, mit einzelnen Szenen und Empfindungen, die wirkliche Tiefe verraten und Schuberts Stolz erklären. Später rückte er etwas von dem Stück ab.

Von Mayrhofer kam Schubert wieder zu Schiller zurück. Die «*Gruppe aus dem Tartarus*» (XX, 328, op. 24, 1) weitet Schuberts Ausdruck ins Kühne, Gewaltige, grandios Gesteigerte, und wird von keinem Zeitgenossen auch nur entfernt erreicht. Es bleibt auch in bezug auf Deklamation und Harmonie auf lange hinaus unerreicht; es ist eines von Schuberts zeitlos großen Stücken.

(Gruppe aus dem Tartarus)

Auch Goethe tritt wieder in das Blickfeld: «*Auf dem See*» (XX, 310, op. 92, 2), ist zu einer künstlerischen Einheit von stärkster Wirkung geworden; «*Ganymed*» (XX, 311, op. 19, 3) geht in genialer Art dem Text und seinem Empfindungsgehalt nach. Sie formen Melodie und Begleitung in einmaliger Übereinstimmung und gegenseitiger Durchdringung.

Vor Antritt der Reise nach Ungarn entstehen noch drei Gesänge: Theodor Körners Hymnus «*Auf der Riesenkoppe*» (XX, 336) ist eine Heimatkantate mit patriotischer Grundstimmung. Mit ihr nahm Schubert Abschied von der Lyrik seines früh verstorbenen Freundes. – Ein unbekannter Dichter aus dem Hölty-Claudius-Kreis liefert ihm den Text «*Grablied für die Mutter*» (XX, 338), in dem sich h-moll zu H-dur verklärt und auflichtet. – Als bestes Werk dieser Gruppe erscheint uns «*An den Mond in einer Herbstnacht*» (XX, 337) von Alois Schreiber (1761 bis 1841). Es ist zusammenfassender Abschluß der bisherigen Entwicklung, ein Arioso mit Einschmelzung des Italienischen und Deutschen in Schuberts Wienerisches zu völliger Einheitlichkeit.

Noch 1817 wurde Schuberts «*Die Forelle*» vertont (XX, 327 *a–d*). Am Schluß eines Autographs steht von Schuberts Hand geschrieben: «Theuerster Freund! Es freut mich außerordentlich, daß Ihnen meine Lieder gefallen. Als einen Beweis meiner innigsten Freundschaft schicke ich Ihnen hier ein anderes, welches ich eben jetzt bei Anselm Hüttenbrenner Nachts um 12 Uhr geschrieben habe. Ich wünschte, daß ich bey einem Glas Punsch näher Freundschaft mit Ihnen schließen könnte.» Es handelt sich um eine der ersten von den fünf Fassungen des Liedes und ging an Anselms Bruder Josef. In der Schlaftrunkenheit leerte Schubert statt der Streusandbüchse das Tintenfaß über das Notenblatt aus! Die Form ist ein getrübtes Strophenlied, denn der Fang der Forelle mußte anders ausgedrückt werden, als ihr vergnügliches Herumflitzen im Bächlein helle. Die Grundmelodie ist ein wahrhaftiges Volkslied geworden und auch die Variationen sind nicht minder volkstümlich. Das Lied mit den von Anfang an festgelegten Spritzfiguren in der Begleitung erschien als op. 32 am 9. Dezember 1820 als Beilage zur Wiener Zeitschrift für Kunst.

Nicht weniger bekannt und beliebt wurde J. G. Jacobis (1740 bis 1814) «*Litanei auf das Fest Allerseelen*» (XX, 342), langsam, andächtig zu singen, gerade wie es seine Andacht weckende Lieblichkeit verlangt.

Nach der Rückkehr aus Ungarn lernte Schubert Sonette von Petrarca in Übersetzungen kennen. Er vertonte deren zwei vom ältern Schlegel (August Wilhelm) und eine von J. D. Gries (Einstein). Sie stehen in der Gesamtausgabe als Nummern XX, 345 bis 347. Ihre heikle Sonettenform wurde hellsichtig gemeistert, wobei Schubert völlig auf die eigene Intuition angewiesen war, gab es doch zu seiner Zeit noch keine vertonten Sonette. A. W. Schlegel hatte Schubert bereits 1817 den Text zum leichtflüssig vertonten «*Lob der Tränen*» (XX, 294) geliefert.

Für die Schaffung von Chören waren die Jahre 1817/18 wenig ergiebig, wenn wir die Quantität in Frage ziehen. Schuberts Interesse war ganz besonders durch das Klavier gefesselt, und die geselligen Zusammenkünfte, die eigentlichen Schubertiaden, für die Schubert so manches Quartett schuf, fanden erst später statt. Immerhin erhalten die nun entstehenden Chöre ein immer stärker werdendes künstlerisches Gewicht. Sie werden Individualitäten, Kunstwerke des Männergesangs, für die es keine Vorbilder gab, und die weit über alles Gesellige hinausstießen.

Von Gaudenz Salis-Seewis taucht «*Das Grab*» nochmals auf, diesmal für klavierbegleiteten einstimmigen Chor vertont (XX, 323). Schubert will das Werk ausdrücklich chorisch gesungen wissen. Es steht in cis-moll und ist melodisch in tröstlicher Ruhe für Baß geführt, während Sforzati und Fortepiani in der lapidaren Klavierbegleitung inneres Beben und dessen Ausbrechen kennzeichnen. Es ist bezeichnend, daß Schubert den Tod stets als «Freund» und nicht als «Würger» – wenn wir Alfred Rethels entsprechende Holzschnitte in Beziehung setzen – betrachtet. Er fürchtete ihn nicht und berührt sich in dieser Stellung durchaus mit Mozart, für den der Tod das Tor in ein anderes Leben bedeutete.

G. A. Bürgers Idylle «*Das Dörfchen*» beschäftigt Schubert erstmals 1817 (XVI, 46), hier schon textlich zensuriert, indem das lockere Bild der Schäferin, die zum Bade das Röckchen sinken läßt, ignoriert wird. Drei Jahre später verschwindet in einer weitern Fassung (XVI, 4), mit Klavier oder Gitarre, deren Authentizität nicht feststeht, auch noch die des Morgens so leicht bedeckte Elise. Zurück blieb eine Idylle, deren seliges Naturgefühl der Schluß kanonisch zusammenfaßt.

Im Juli 1817 entstand die Vertonung eines weiteren Gedichts von Salis-Seewis «*Lied im Freien*» (XVI, 34), eine überraschende Modulationen und Taktwechsel kunstvoll zu Naturmalerei verwendende Komposition, trotz des Titels nicht im Freien zu singen. – Eine Perle der gesamten a-cappella-Chorliteratur wurde die erste Fassung von Goethes «*Gesang der Geister über den Wassern*» (XVI, 33), ebenfalls aus dem Jahre 1817 stammend. Auch dieses Werk ist, wie «Lied im Freien», eine Motette, deren einzelne Strophen oder Gedanken entsprechend neu gestaltet wurden. Es ist schlechtweg unbegreiflich, auch für ein Genie von Schuberts Gnaden, wie hier ohne Vorbild oder Vergleichsmöglichkeit, man dächte denn an die auf einer ganz andern Ebene stehenden italienischen Madrigale eines Marenzio und anderer, die melodischen, rhythmischen und klanglichen Möglichkeiten des Männerchors zu einer Naturschilderung verwendet werden, die wohl auch Begebenheiten oder Zustände klanglich faßt, aber zugleich auch ihre gedanklich-seelischen Inhalte einzufangen und auszudrücken versteht und Goethes hochpoetischen Text, vom Staubbach bei Lauterbrunnen inspiriert, in einer Art Klang werden läßt, die den allerbesten Klavierliedern ebenbürtig ist. Blieb diese Fassung auch nicht die endgültige, so ist sie doch ein Kunstwerk, das höchster Schätzung wert ist.

ZELESZ UND DAS UNGARISCHE

Im Jahre 1817 übernahm Franz Schubert den Musikunterricht im Hause des Grafen Johann Karl Esterhazy von Galantha. Die Familie hielt darauf, die beiden Töchter, die vierzehnjährige Marie und die zwölfjährige Caroline, in Gesang und Klavierspiel unterrichten zu lassen. Die Anstellung des jungen, äußerlich so unscheinbaren Schubert erfolgte auf Empfehlung von J. K. Unger, des Vaters der berühmten Sängerin Caroline Unger. Im Sommer 1818 folgte Schubert der gräflichen Familie auf deren ungarischen Landsitz in Zelesz am Gran, damals 14 Poststationen von Wien entfernt an der ungarisch-slowakichen Grenze. Das weitläufige, einstöckige Hauptgebäude lag in eine schöne, melancholische Landschaft eingebettet, in der der Blick weit über Felder und Weiden hinschweifte. Schubert fühlte sich anfänglich recht wohl hier: «Ich hoffe», schreibt er seinen Freunden nach Wien, «daß ihr alle recht gesund und froh seyd, wie ich es bin. Jetzt lebe ich einmal, Gott sey Dank, es war Zeit, sonst wär' noch ein verdorbener Musikant aus mir geworden.» Der Aufenthalt in Zelesz führte zu einem Briefwechsel Schuberts mit seinen Freunden und Brüdern, der uns über seinen Aufenthalt in Zelesz sehr gut orientiert. So erzählt ein Brief vom 8. September an die Freunde: «...Unser Schloß ist keins von den größten, aber sehr niedlich gebaut. Es wird von einem sehr schönen Garten umgeben. Ich wohne im Inspektorat. Es ist ziemlich ruhig, bis auf einige 40 Gänse, die manchmal so zusammenschnattern, daß man sein eigenes Wort nicht hören kann. Die mich umgebenden Menschen sind durchaus gute. Selten wird ein Grafengesinde so gut zusammengehen wie dieses. Der Herr Inspektor, ein Slawonier, bildet sich viel auf seine gehabten Musiktalente ein. Er bläst jetzt noch auf der Laute zwei ³/₄ Deutsche mit Virtuosität. Sein Sohn, ein studierender Philosoph, kam gerade auf die Ferien, ich wünsche ihn recht lieb zu gewinnen. Seine Frau ist eine Frau wie alle Frauen, die gnädig heißen wollen. Der Rentmeister paßt ganz zu seinem Amte, ein Mann mit außerordentlichen Einsichten in seine Taschen und Säcke. Der Doktor, wirklich geschickt, kränkelt mit 24 Jahren wie eine alte Dame. Sehr viel Unnatürliches. Der Chirurgus, mir der liebste, ein achtbarer Greis von 75 Jahren, stets heiter und froh. Gott gebe jedem ein so glückliches Alter. Der Hofrichter, ein sehr natürlicher, braver Mann. Ein Gesellschafter des Grafen, ein alter lustiger Geselle und braver Musikus, dient mir oft zur Gesellschaft. Der Koch, die Kammerjungfer, das Stubenmädchen, die Kindsfrau, der Beschließer und zwei Stallmeister sind gute Leute. Der Koch ziemlich locker, die Kammerjungfer 30 Jahre alt, das Stubenmädchen sehr hübsch, oft meine Gesellschafterin, die Kindsfrau eine gute Alte, der Beschließer mein Nebenbuhler. Die zwei Stallmeister taugen viel besser zu den Pferden als zu den Menschen. Der Graf, ziemlich roh, die Gräfin stolz, doch zarter fühlend, die Comtessen gute Kinder. Vom Braten bin ich bisher verschont geblieben. Nun weiß ich nichts mehr; daß ich mit meiner natürlichen Aufrichtigkeit recht gut bei allen diesen Leuten durchkomme, brauche ich Euch, die Ihr mich kennt, kaum sagen... Und nun, liebe Freunde, lebt alle recht wohl, schreibt mir ja recht bald. Es ist meine teuerste, liebste Unterhaltung, eure Briefe zehnmal zu lesen...» Die Freude über einen erhaltenen Brief aus Wien spricht lebendig aus der Anrede vorstehenden Briefes: «Lieber Schober! Lieber Spaun! Lieber Mayrhofer! Lieber Senn! Lieber Streinsberg! Lieber Wayß! Lieber Weidlich!

Wie unendlich mich Euere Briefe samt und sonders freuten, ist nicht auszusprechen!... Unter immerwährendem Gelächter und kindischer Freude las ich sie. Es war mir, als hielt ich meine treuen Freunde selbst in Händen...»

Schubert hatte hier in Zelesz vor allem Klavierunterricht zu erteilen und als Musikmeister das Seinige zu den musikalischen Abendveranstaltungen beizutragen. Eine Stellung aber, wie sie Joseph Haydn in Eisenstadt inne gehabt, wo auf allen umliegenden Schlössern und Gütern kleinere und größere Hauskapellen aus Herrschaft und Bediensteten musizierten, hatte Schubert hier nicht mehr. Die Zeit der adeligen Hauskapellen war vorbei. Mit der Musikfreudigkeit der gräflichen Eltern war es wohl nicht sehr weit her, vernehmen wir doch aus dem gleichen Brief Schuberts: «In Zelesz muß ich mir selbst alles sein: Kompositeur, Redakteur, Auditeur und was weiß ich noch alles. Für das Wahre der Kunst fühlt hier keine Seele, höchstens dann und wann (wenn ich nicht irre) die Gräfin. Ich bin so allein mit meiner Geliebten, und muß sie in mein Zimmer, in mein Klavier, in meine Brust verbergen. Obwohl mich dieses öfters traurig macht, so hebt es mich auf der andern Seite desto mehr empor.»

Bedeutsam wurde der Aufenthalt in Zelesz für Schubert durch das Bekanntwerden mit einem Familienfreunde der Esterhazy, dem *Freiherrn Carl von Schönstein* (1797 bis 1876). Im gleichen Jahre wie Schubert geboren, faßte er sofort eine spontane Neigung zu diesem. Er besaß einen wohlklingenden Tenorbariton, den Michael Vogl ausgebildet hatte. Er wurde von Schuberts Klavierliedern sofort angesprochen, sang sie überall, wo sich Gelegenheit fand, auch als er später Ministerialrat im Finanzministerium geworden war. Herkunft und Stellung führten ihn in Kreise, in die ohne ihn Schuberts Kunst sonst nicht gedrungen wäre. Er galt neben Vogl als der berufene Interpret von Schubertliedern. Franz Liszt hörte Schönstein zehn Jahre nach Schuberts Tod dessen Lieder singen und wurde von seinem Gesang zu Tränen gerührt. Die ländliche Abgeschiedenheit, die Weite der Landschaft bewirkten das Aufkommen eines regelrechten Heimwehs in Schubert, wie ein Brief an Bruder Ferdinand vom 24. August 1818 verrät: «...So wohl es mir geht, so gesund, als ich bin, so gute Menschen als es hier gibt, so freue ich mich doch unendlich wieder auf den Augenblick, wo es heißen wird: Nach Wien, nach Wien! Ja, geliebtes Wien, Du schließest das Theuerste, das Liebste in Deinen engen Raum, und nur Wiedersehen, himmlisches Wiedersehen wird dieses Sehnen stillen...»

Für Schuberts Liebe zu Landschaft und Natur war der Aufenthalt in Zelesz mit dessen beschaulich-idyllischer Atmosphäre ein Labsal, beschattet allerdings von wachsendem Heimweh nach den Gassen Wiens und seinen Freunden. Künstlerisch war der Aufenthalt wenig ergiebig. Es entstanden außer einigen Liedern, so Mayrhofers «Einsamkeit» und Jacobis «Litanei auf das Fest Allerseelen», vor allem einige Klavierwerke, von denen ebenfalls schon die Rede war. Die Bauern- und Zigeunermusik und ihre rhythmischen und melodischen Besonderheiten, die Schubert in Zelesz reichlich zu hören Gelegenheit hatte, fanden ihren sublimierten Niederschlag besonders in ihnen. Die Gelegenheit zu vierhändigem Klavierspiel führte zur Schaffung entsprechender Stücke. Hier in Zelesz war es, wo Schubert in einem

Musikheft das Thema zu den Beethoven gewidmeten Klaviervariationen fand. Aus Zelesz brachte er auch jene Krankheit heim, die er der leicht gewährten intimen Gunst des hübschen Stubenmädchens verdankte und deren Folgen ihm später so sehr zusetzen sollten.

Die Mitte November erfolgte Übersiedlung der gräflichen Familie nach Wien wurde für Schubert zur Erlösung. Nun fand auch die endgültige Auseinandersetzung mit dem Vater statt, der in der Hoffnung, Franz kehre wieder in den Schuldienst zurück, für ihn einen einjährigen Urlaub erreicht hatte. Franz weigerte sich standhaft, in die Fron des Schulehaltens zurückzukehren, worauf der Vater ihm zum zweitenmal das Haus verbot. O. E. Deutsch bestreitet zwar, daß Vater Schubert seinem Sohn je das Elternhaus verboten habe. Ferdinand hatte eine Auseinandersetzung kommen sehen und seinem Bruder bereits in einem Brief nach Zelesz seine eigene Wohnung als Winterquartier angeboten. Schubert zog vor, zu Mayrhofer zu ziehen und zu dessen mütterlicher Betreuerin, Frau Sanssouci. Der Bruch mit dem Vater und dessen heftige Reaktion bewegte Franz sehr. Das Weh wirkte noch bis in die am 7. Juli 1822 verfaßte seltsame Niederschrift, betitelt «*Mein Traum*», nach:

«Ich war ein Bruder vieler Brüder und Schwestern. Unser Vater und unsere Mutter waren gut. Ich war allen mit tiefer Liebe zugetan. – Einstmal führte uns der Vater zu einem Lustgelage. Da wurden die Brüder sehr fröhlich. Ich aber war traurig. Da trat mein Vater zu mir und befahl mir, die köstlichen Speisen zu genießen. Ich aber konnte nicht, worüber mein Vater erzürnte und mich aus seinem Angesicht verbannte. Ich wandte meine Schritte und mit einem Herzen voll unendlicher Liebe für die, welche sie verschmähten, wanderte ich in fremde Gegend. Jahrelang fühlte ich den größten Schmerz und die größte Liebe, mich zerteilen. Da kam mir Kunde von meiner Mutter Tode. Ich eilte, sie zu sehen, und mein Vater, von Trauer erweicht, hinderte meinen Eintritt nicht. Da sah ich ihre Leiche. Tränen entflossen meinen Augen. Wie die gute alte Vergangenheit, in der wir uns nach der Verstorbenen Meinung auch bewegen sollten, wie sie einst, sah ich sie liegen.

Und wir folgten ihrer Leiche in Trauer, und die Bahre versank. – Von dieser Zeit an blieb ich wieder zu Hause. Da führte mich mein Vater wieder einstmals in seinen Lieblingsgarten. Doch mir war das

Ganze widrig, und ich getraute mir nichts zu sagen. Da fragte er mich zum zweitenmal erglühend: ob mir der Garten gefiele? – Ich verneinte es zitternd. Da schlug mich mein Vater, und ich entfloh. Und zum zweitenmal wandte ich meine Schritte, und mit einem Herzen voll unendlicher Liebe für die, welche sie verschmähten, wanderte ich abermals in ferne Gegend. Lieder sang ich nun, lange, lange Jahre. Wollte ich Liebe singen, ward sie mir zum Schmerz. Und wollte ich wieder Schmerz nur singen, ward er mir zur Liebe.

So zerteilte mich die Liebe und der Schmerz.

Und einst bekam ich Kunde von einer frommen Jungfrau, die erst gestorben war. Und ein Kreis sich um ihr Grabmal zog, in dem viele Jünglinge und Greise auf ewig wie in Seligkeit wandelten. Sie sprachen leise, die Jungfrau nicht zu wecken.

Himmlische Gedanken schienen immerwährend aus der Jungfrau Grabmal auf die Jünglinge wie leichte Funken zu sprühen, welche sanftes Geräusch erregten. Da sehnte ich mich sehr, auch da zu wandeln. Doch nur ein Wunder, sagten die Leute, führt in diesen Kreis. Ich aber trat langsamen Schrittes, innen Andacht und fester Glaube, mit gesenktem Blicke auf das Grabmal zu, und ehe ich es wähnte, war ich in dem Kreis, der einen wunderlichen Ton von sich gab; und ich fühlte die ewige Seligkeit wie in einen Augenblick zusammengedrängt. Auch meinen Vater sah ich versöhnt und liebend. Er schloß mich in seine Arme und weinte. Noch mehr aber ich.«

Siebentes Kapitel

STILLE ZEITEN – STILLES SCHAFFEN
1819–1821

«*In der Freunde Herzen leben,
Was kann's hienieden Schön'res geben?*»
(J. M. Vogl)

WIEN IM BIEDERMEIER

Als im Herbst 1814 Franz Schubert das Konvikt verließ, tagte in Wiens Mauern der berühmte Kongreß, der nach des alten *Fürsten von Ligne* (1735 bis 1814) Bonmot zwar tanzte, doch nicht marschierte. Immerhin bemühten sich Monarchen, Fürsten und alle großen und kleinen Marktfahrer ehrlich, dem ausgebluteten und durcheinander geratenen Kontinent den Frieden zu geben, welchen Revolution und Napoleon I. ihm geraubt hatten. Den Frieden freilich, wie sie ihn verstanden: Die Ruhe eines Kirchhofs! An den Kongreß und die Kongreßstadt erinnerte sich in den «Denkwürdigkeiten des eigenen Lebens» der preußische Diplomat *K. A. Varnhagen von Ense* (1785 bis 1858), der im September 1814 seinem Kanzler Freiherrn von Hardenberg nach Wien gefolgt war: «Ich hatte Wien oft und in günstigen Zeitpunkten gesehen, aber diesmal erkannte ich kaum die Stadt wieder. Die Volksmenge schien verdoppelt, Bewegung und Gedräng überall, und was für Bewegung und Gedräng! der höchsten, vornehmsten Gäste, der namhaftesten, ausgezeichnetsten Personen, aus allen Gegenden hierher zusammengeströmt, aus den gebildeten, ansehnlichen, reichen Klassen. Europa hatte den Glanz seiner Throne und Höfe, das Machtansehen seiner Staaten, die Spitze seiner politischen und militärischen Verherrlichung, die höchste Bildung seiner Geselligkeit, ja die reichsten Blüten aller Vornehmheit, Schönheit, der Kunst und des Geschmacks hierher geliefert in dem Glück und Stolz des Sieges, in der Frische der Hoffnungen, des Eifers, meinetwegen auch des Wahns, in der vollen Spannung allgemeinster sowohl als persönlichster Erwartungen.» Die allgemeine Meinung war, daß die Menschheit grausam gelitten habe und es an der Zeit sei, ihr wohlzutun. «Allein die Politiker zeigen sich auch hier kleinlich und gewinnsüchtig.» Eine weitere Meinung eines Zeitgenossen: «Die kleinen Fürsten schreien wie die Raben am Bach. Alle wollen haben und nicht bloß, was sie hatten, sondern bei weitem mehr. So gleicht der Wiener Kongreß einem Jahrmarkt in einer kleinen Stadt, wo jeder sein Vieh hintreibt, um es zu verkaufen. Alles, was geschieht, ist um nichts besser, als was Napoleon auch getan hat.»

Wenn der Kongreß in behaglicher Beschaulichkeit sich des Erreichten freute, lebte und leben ließ, nebenbei die Landkarte Europas etwas verändernd, indem er hier nahm und dort gab, so schien dieses behagliche Leben in der Luft zu liegen, welche die Donaustadt durchwehte. Hören wir darüber nochmals Varnhagen von Ense: «Was ich hervorheben muß, was man sich nicht genug vergegenwärtigen kann, wenn man es nicht durch Anschauung erlebt hat, ist die Atmosphäre des Wiener Lebens, das Element, in welchem hier die Tage dahinschwimmen: die heitere, auf derben Genuß gerichtete Sinnlichkeit, die stark ansprechende Scherz- und Lachlust, die vergnügte, von Wohlbehagen genährte Gutmütigkeit, der schon halb italienische Müßiggang, und die dazu gehörige halb italienische Laune, die naive, ausdrucksvolle Mundart, so rundlich bequem hinzuwälzen und doch so leicht in scharfen Witz zuzuspitzen, diese Mundart, die etwas von ihrem Wesen jeder andern deutschen und auch der höchsten Sprachbildung unwiderstehlich mitteilt, und so viele andere Weisen und Gebilde dieses altbestehenden Phäakentums, alles dies gehört eigentümlich zu dem Wiener Kongresse, zu dessen bestimmter Physiognomie, daß er ohne diese gar kein zuverlässiges Bild mehr liefert.»

Das Volk, auch Franz Schubert, der in der Präparandenanstalt büffelte und daneben musizierte – oder umgekehrt –, machte sich nicht groß Gedanken. Es hatte sein «Gaudi», seine «Hetz», es sah und hörte schier täglich neue Aufzüge, es wollte vergessen – und es vergaß. Es vergaß der Bürger, der dritte Stand, seine historische Mission zu Ende zu führen, vergaß seine Forderung auf Freiheit, Gleichheit und Brüderlichkeit, auf Glaubens-, Presse- und Gedankenfreiheit und zog sich in sein Haus als sein «castle» zurück, zog sich zurück in seine gute Stube, um der Ruhe und der Erholung zu pflegen. Unruhige Köpfe aber, die später auf die Barrikaden steigen oder im Straßenkampf sterben sollten, gaben keine Ruhe.

STILLE ZEITEN – STILLES SCHAFFEN 143

Am 18. Oktober 1817 – Franz Schubert schuf eben die erste Fassung des «Gesangs der Geister über den Wassern» – feierten auf der Wartburg bei Eisenach deutsche Studenten und ihre Professoren ein patriotisches Fest und verbrannten nach einem nächtlichen Fackelzug symbolische Insignien verhaßten Drucks und verachteter Reaktion; es wurden auf einer Mistgabel in die Höhe gehoben, dem Volke gezeigt und unter Johlen und allgemeiner Verwünschung verbrannt: ein hessischer Zopf, ein österreichischer Korporalsstock, ein preußisches Gardekorsett und einige Bücher. Unter diesen figurierten des Dichterlings, russischen Spions und Verächtlichmachers aller freiheitlichen Ideen August von Kotzebues «Geschichte des deutschen Reiches» und des Berner Reaktionärs und kleinen Enkels des großen Dichters, Karl Ludwig von Hallers aufreizendes Werk «Restauration der Staatswissenschaften». War das schon Revolution? Hielt sich der Bürger also doch nicht still?

Als der deutsche Student der Theologie Karl Sand am 23. März 1819 in Mannheim Kotzebue erdolchte, war diese unsinnige und nutzlose Tat für Metternich und seine Kollegen der europäischen Ministerien sowie der Monarchen von der Heiligen Allianz das Zeichen zu handeln. Nur stärkster Druck, schärfste Zensur und, wenn nötig, unerbittliche Maßregelung konnte die Pest des Liberalismus ausrotten. Darum die Karlsbader Beschlüsse der Fürsten vom 20. September 1819 gegen Universitäten, Presse und revolutionäre Umtriebe. Auf sie gründete Kaiser Franz I. seine Ansprache an die Lehrerschaft eines Gymnasiums, in der er ausführte: «Es sind jetzt Ideen im Schwung, die ich nie billigen werde. Halten Sie sich an das Alte, denn dieses ist gut, und unsere Vorfahren haben sich dabei gut befunden; warum sollten wir es nicht? – Wer mir dient, muß lehren, was ich befehle. Wer das nicht kann oder mir mit neuen Ideen kommt, der kann gehen oder ich werde ihn entfernen.» Das war deutlich gesprochen! Schwarze Listen, die unter den Kabinetten zirkulierten, sorgten für den entsprechenden Nachdruck. Österreich verbot, wie das Spanien Philipps II., das Studium im Ausland oder dasjenige ausländischer Studenten in Österreich. War dafür die Jugend Europas auf den Schlachtfeldern Napoleons und der Alliierten gestorben?

Auch Metternich sprach deutlich. Als der konservative Zürcher Johann Kaspar Bluntschli in Wien mit den dortigen Postbehörden einschlägige Fragen besprach, wurde er von jenem zweimal in Audienz empfangen, wobei sich Metternich also vernehmen ließ: «Die hiesige Bevölkerung ist im Geistigen von einer gutmütigen Trägheit. Sie kümmert sich wenig um die auswärtigen Zustände; aber sie will doch etwas davon erfahren, was in der Welt vorgeht. Doch betrachtet sie die Dinge, wie man zur Unterhaltung einen Roman liest oder ins Theater geht. Sie nimmt keinen ernsten Anteil daran. Sie ist innerlich zufrieden und vergnügt. Es ist ihr rundum wohl. Es fehlt ihr ja nichts. Jedenfalls werden wir – und dabei klopfte er mit dem Zeigefinger energisch auf den Tisch – die Zensur sicher nicht aufgeben. Die auswärtigen Zeitungen kann man nur bei der Post bestellen, wenn wir es zugeben. Machen sie es zu arg und bringen sie zuviele Artikel über Österreich, so verbieten wir der Post, Bestellungen anzunehmen!» Leider unterließ es der Zürcher, die Eminenz auf den Widerspruch aufmerksam zu machen, der darin lag, daß eine Bevölkerung, der es rundum wohl war und der nichts fehlte, die Brief- und Zeitungszensur überhaupt nötig hatte!

Über Europa, über Österreich und Wien lagerte die Stickluft der Unfreiheit, des Gedankenterrors, die Angst des Bürgers vor seiner Regierung und die Angst der Regierung vor ihren Bürgern, denen sie keineswegs traute, denen sie nicht trauen konnte, weil sie von den vielen bezahlten Schnüfflern die alarmierendsten, albernsten Nachrichten über Verschwörungen und bevorstehende Putsche erhielt. Also blieb der Bürger in seiner guten Stube, bis er wirtschaftlich so erstarkt war, daß er seine gefestigte ökonomische Stellung auch politisch machtmäßig zu realisieren versuchte. Bis es so weit war, bis der durch die Kriegsläufte desorganisierte Handel wieder normalisiert war und Geld eintrug, flüchteten sich der Bürger und sein Geistesleben in die Romantik, in den Märchenwald, in das Mittelalter oder das klassische Altertum, in die Bigotterie der Frau von Krüdener; er suchte in mondbeglänzten Zaubernächten die blaue Blume der Hoffnung, statt sich seine ewigen Rechte mit kecker Hand vom Himmel herunterzuholen, «die droben hangen unveräußerlich und unzerbrechlich wie die Sterne selbst», wie der Bannerträger des dritten Standes, Friedrich Schiller, auf dem Rütli Stauffacher sagen ließ. Er wird sie sich freilich holen, später, wenn Franz Schuberts allzu kurzes Erdenwallen sein Ende gefunden haben wird.

STILLE ZEITEN – STILLES SCHAFFEN

Hatte nun der schöpferische Menschengeist auf der politischen Bühne nichts mehr zu suchen, so wirkte er um so eifriger und fruchtbarer in der Kunst: Das in politischer Gleichgültigkeit versackte Geistesleben erstrebte und erreichte Höchstes und Edelstes in Theater, Malerei, Literatur und Musik. Der Hanswurst der Stegreifkomödie war entthront, Karoline Neuber hatte ihn symbolhaft verbrannt. In Wien hielten deutsche, französische und englische Klassiker ihren Einzug, erschienen gar im *Burgtheater*, dessen grandioser Aufschwung unter dem Dramaturgen Schreyvogel in die Biedermeierzeit fiel. Grillparzers Dramen wurden uraufgeführt und entfesselten Stürme der Begeisterung. Auf ihren Wellen wurde die große Tragödin Sophie Schröder einem beispiellosen Ruhm entgegengetragen. – Am *Kärntnertortheater* brach die große Zeit der italienischen Oper an. Werke von Cherubini, Spontini und Rossini ließen die Wiener sich die Hälse wund schreien vor Zustimmung. Neben den italienischen Sternen glänzten Caroline Unger und Henriette Sontag. Im Ballett tanzten Maria Taglioni und Fanny Elßler. – Im Jahre 1801 hatte das schöne *Theater an der Wien* seine Pforten eröffnet unter dem Grafen Palffy, «Grandseigneur im Geldausgeben, Stümper im Rechnen», bis am 31. Mai 1825 mit Grillparzers «König Ottokars Glück und Ende» auch des Theatergrafen Palffy Glück sein Ende fand.

Auf dem kleinen *Theater in der Leopoldstadt* gingen die Volksstücke in Szene. Von ihnen verlangte 1822 die Theaterleitung: «Sie müssen das Leben und Treiben der untern, mittlern Stände begreifen, Torheiten des Tages besprechen, Sitten und Gebräuche, wenn sie für eine freundliche Sartire geeignet sind, anführen, durchaus auf eine orginelle Weise anziehen und überraschen und abwechseln und den moralischen Zweck im Auge behalten, auf eine heitere, nicht ermüdende oder langweilige Weise Mißbräuche zu rügen und Verirrungen darzustellen. Lokale Possen, Zauberspiele mit Hinwirkung auf die heutige Welt, kräftig witzige Parodien, leichte Singspiele von rein komischer Kraft, auch Programme zu lustigen Pantomimen sollen sehr willkommen sein.»

Hier feierten Wiens Witz und Humor ihre Feste. *Ferdinand Raimund* (1790 bis 1836) begann seine triumphale Laufbahn als Komiker und Bühnenautor. Im *Josephstädtertheater* wetteiferten Singspiele, Ballette, Komödien und Ritterstücke im Erringen der Publikumsgunst.

Hier erklang am 3. Oktober 1822 Beethovens Ouvertüre «Die Weihe des Hauses», vom Meister eigenhändig dirigiert.

Am Ende des Biedermeiers blühte an diesem Theater die Oper auf, von *Konradin Kreutzer* (1780 bis 1849) geleitet. Sein «Nachtlager in Granada» wurde ein Publikumsschlager und heimste nachhaltige Erfolge ein. Diese fand auch Raimund als Valentin in «Verschwender» in Hülle und Fülle. – Neben Grillparzer und Raimund dichtete *Eduard von Bauernfeld,* Schuberts Freund, seine Lustspiele, die kühn ins volle Menschenleben griffen und scharfäugig und schlagfertig Menschliches, Allzumenschliches persiflierten und geißelten. – Im Biedermeier begann Wiens größter Satiriker *Johann Nestroy* (1801 bis 1862) seine Laufbahn, die sich in Graz auch mit jener Schuberts kreuzte. *Adalbert Stifter* (1805 bis 1868), der große, stille Epiker reifte heran, während ganz Wien die Romane und Novellen der geistreichen *Karoline Pichler* (1769 bis 1843) las, die dem sentimentalen Geschmack jener Zeit und Gesellschaft so entgegenkamen. – Es schufen die Feuchtersleben, Collin, Castelli, Seidl, Mayrhofer, Schober und Kenner ihre biedermeierischen Gedichte, denen Franz Schuberts Musik Ewigkeitswert verlieh, es dichtete auch *Nikolaus Lenau* (1802 bis 1850) seine feurig-melancholischen Lieder.

Von den damals in Wien wirkenden Malern ist *Moritz von Schwind* (1804 bis 1871) mit seiner romantischen Märchen- und Sagenwelt am bekanntesten geworden und geblieben. Er trat 1821 in Schuberts Lebenskreis, worüber noch zu reden sein wird.

Blieben nun, abgesehen von den dichterischen Leistungen, die künstlerischen Äußerungen mehr oder weniger eng begrenzte Wiener Lokalbedingtheit, so erwuchs Wien in der Tonkunst eine Bedeutung, die jener der französischen Malerei im 19. Jahrhundert an künstlerischer Auswirkung und an Nachhall ebenbürtig war. *Beethoven* schritt mit vorgebeugtem Kopf durch den Sturm und erschütterte mit seiner eben entstandenen «Missa solemnis» feierlich-dringend die Herzen der Menschen, die er mit der neunten Sinfonie in unbegrenzte Weiten riß. – Am Kärntnertortheater dirigierte 1822 *Carl Maria von Weber* seinen liebenswerten «Freischütz» als Benefizvorstellung für die große Wilhelmine Schröder-Devrient. «Man warf Kränze, streute Gedichte aus», schrieb Bauernfeld in sein Tagebuch, und der Schauspieler Costenoble stellte fest: «Die Wiener fielen aus ihrer bisherigen rossinischen Raserei in eine webersche und tobten dem deutschen Landsmann so großen Beifall zu, als ob er ein Ausländer wäre.» Weber selber durfte bestätigen: «Man empfängt mich überall wie ein Wundertier und als den Gott des Tages. So ein Publikum ist eine Wonne. Diese enthusiastische Verehrung, die mit so viel Gutmütigkeit verbunden ist, findet man wohl außer Wien nirgends.» – *Ludwig Spohr* (1784 bis 1859) trat als glänzender Violinvirtuose auf und wirkte als Kapellmeister am Theater an der Wien, wo seine Opern «Faust» und «Jessonda» großen Beifall fanden. – Aus Deutschland kam *Franz Lachner* (1803 bis 1890), der hier in Wiens klangerfüllter Atmosphäre zum erfolgreichen Musiker heranreifte.

In die Zeit des Biedermeiers fiel auch der Aufschwung des Wiener Tanzes, des Wiener Walzers, dessen erste Vollender *Josef Lanner* (1801 bis 1843) und *Johann Strauß* (1804 bis 1849) zu Fürsten und Zauberern der Melodie und des Rhythmus wurden.

Behagliche Wärme strömte des Bürgers gute Stube aus. Die Napoleonischen Kriege und ihre Einquartierungen hatten des Bürgers Besitz und häusliche Einrichtungen vielfach zerstört. Man hielt bei den Anschaffungen auf Einfachheit, Solidität. Das gute Material mußte den unnötigen Schmuck ersetzen. Man fand sich am runden Tisch unter der geselligen Lampe zu Plauderei und Spiel, fand sich zu Tee- und Kaffeevisiten bei feinem Porzellan. Es drohten keine Einquartierungen mehr das Geschirr zu zerschlagen, das Silberbesteck mitlaufen zu lassen. In seiner Stube war man am sichersten vor den Schnüfflern der Polizei. Mancherorts wurde die gute Stube zum literarischen Salon und Musenhof. Im Salon der Karoline Pichler verkehrten alle großen Geister aus Heimat und Fremde, hielt doch sogar ein Herr Hofrat von Goethe die Frau nicht für unwürdig des Briefwechsels. In andern Häusern war man besonders der Musik zugetan. So etwa in jenen der Hofräte Ignaz Mosel und Rafael Kiesewetter. Für Franz Schubert besonders bedeutungsvoll wurde das schon erwähnte Haus Sonnleithner. Bei Ignaz Sonnleithner im Gundelhof am Bauernmarkt fanden jeden Freitag, später alle vierzehn Tage, Hauskonzerte statt, in denen alle Koryphäen des In- und Auslandes zu hören waren. Hier begleitete Schubert seine neu entstandenen Lieder, am 19. November 1820 sein «Dörfchen», am 21. Dezember den «Erlkönig». Sonnleithners Neffe Franz Grillparzer verkehrte viel in diesem

Haus, in welchem viele seiner Gedichte entstanden. Besonders oft trafen sich Schubert und seine Freunde im Hause der Schwestern Fröhlich, bei Spaun und Schwind, bei der Hofschauspielerin Sophie Müller, in der Familie Schober.

Hier erschienen auch Dichter, solche, die es waren, wie Grillparzer und Mayrhofer, und solche, die es erst werden wollten. Man sang, tanzte, lachte und scherzte. Man spielte lustige Gesellschaftsspiele. Zuweilen setzte sich ein etwas korpulenter, junger, bebrillter Mann an den Flügel und ließ die Finger über die Tasten laufen, erst zögernd, fast suchend und präludierend, dann erschollen zauberhafte Klänge: Franz Schubert spielte, phantasierte, improvisierte. Manchmal spielte er mit der Frau oder der Tochter des Hauses, in dem man gerade eingekehrt war, auch mit seinem Freunde und Konzeptspraktikanten Joseph von Gahy, vierhändig. Er begleitete Michael Vogl oder Baron Schönstein, auch den Beamten Gymnich, zu seinen Liedern, oft saß er bescheiden nebenaus oder blätterte dem Begleiter seiner Lieder die Seiten um. Und Gastgeber und Gäste ließen sich in das Märchenreich von Franz Schuberts Klang- und Melodienseligkeit entführen. Dann ertönten plötzlich zündende oder wiegende Rhythmen: Schuberts hurtige Finger spielten zum Tanz auf. In ununterbrochener Folge kam und ging es: Märsche, Deutsche, Ecossaisen, Ländler, Walzer, und es wogte und wiegte in seligem Rausch nach den Weisen des kleinen, rundlichen Klavierspielers, dem, was er anrührte, zu Musik wurde. Und spät abends oder früh morgens brach man auf und wanderte grüppchen-, paarweise oder einzeln durch die stillen Gassen und sann und träumte Gehörtem nach und war der Meinung: Der Schubert, der hat's in sich!

NEUE FREUNDE

Der zweite Auszug aus dem Elternhaus band Franz Schubert noch enger an seine Freunde, von denen er mehr oder weniger finanziell abhängig wurde. Ihr Kreis vergrößerte sich. Zu den bereits genannten Freunden und Verehrern seiner Kunst gesellten sich nun einige Maler. *Leopold Kupelwieser* (1796 bis 1862), der wirklichkeitsnah und weltoffen die Natur malte, wie er sie sah. Er war gesund im Leben und Denken und wirkte im Schubertkreis, von den Freunden sehr geschätzt, als ausgleichendes Element. Ihm und seinem Pinsel und Stift danken wir eine ganze Reihe lebensnaher Darstellungen der Schubertianer. – Der gleichaltrige *August Rieder* (1796 bis 1880), der spätere Kustos der k. k. Gemäldegalerie, schuf das nach dem Zeugnis der Freunde beste Schubertbild. – Die Porträtisten *Joseph Kriehuber* (1800 bis 1876), bei dessen Hochzeit Schubert zum Tanz aufspielte, und *Joseph Teltscher* (1800 bis 1876), der Beethoven auf dem Totenbette zeichnete, haben uns in Lithographien Schubert und seine Freunde verewigt.

Der wichtigste unter den Malerfreunden wurde *Moritz von Schwind* (1804 bis 1871), «eine herrliche, reine Natur, nur immer in Gärung, als wollt' er sich aufzehren», wie sich Bauernfeld über ihn ausläßt. «Das Verhältnis zwischen Schubert und Schwind», so fährt Bauernfeld fort, «war eigen und einzig. Schwind, eine Künstlernatur durch und durch, war kaum minder für Musik organisiert als für Malerei. Das romantische Element, das in ihm lag, trat ihm nun in den Tonschöpfungen seines ältern Freundes zuerst überzeugend und zwingend entgegen – das war die Musik, nach der seine Seele verlangte! Und so neigte er sich auch dem Meister mit seiner ganzen jugendlichen Innigkeit und Weichheit zu, und ebenso trug Schubert den jungen Künstler im Herzen seines Herzens. Er hielt auch große Stücke auf Schwinds musikalisches Verständnis, und jedes neue Lied oder Klavierstück wurde dem jungen Freunde zuerst mitgeteilt, welchem das immer wie eine neue Offenbarung seiner eigenen Seele klang. Schwind war ein musikalischer Maler, er ist der malende Schubert.» Er wohnte mit seinen Brüdern in dem der Großmutter gehörenden «Mondscheinhause» auf der Wieden, nahe der Karlskirche. Die Freunde tauften es «Schwindien» und fanden darin und bei seinen Bewohnern jederzeit einen willkommenen Zufluchtsort. Von 1825 bis 1826 wohnte Franz Schubert ganz in der Nähe, womit sich ein sehr reges Hin und Her einstellte. «Wir sehen uns täglich, und, soviel ich kann, teile ich mein ganzes Leben mit ihm», berichtet Schwind über diese Zeit. Da der unbekannte Maler in Wien sich nicht recht entfalten konnte, zog er ein Jahr vor Schuberts Tod nach München.

Die Worte, die Robert Schumann ahnungsvoll für Schubert fand, haben auch für Moritz von Schwind Geltung: «Er wird immer ein Liebling der Jugend bleiben; er zeigt, was sie will, ein überströmend Herz, kühne Gedanken, rasche Tat; er erzählt ihr, was sie am meisten liebt, von romantischen Geschichten, Rittern, Mädchen und Abenteuern.» Die beiden Freunde in ihrer spontanen und naiven Art, Gedanken und Gefühle durch die Mittel ihrer Kunst auszudrücken, fanden rasch inniges Gefallen aneinander. Dieses Gefallen an Schwind, das durch dessen jugendlich-keusche, offene Seele erregt wurde, fanden auch die andern «Schubertianer». So meint auch Spaun in seinen Erinnerungen von Schwind: «Seine von Gesundheit der Seele und des Leibes zeugende Gestalt, sein geistreiches schönes Auge, seine Lebhaftigkeit und Gutmütigkeit haben uns für den Jüngling eingenommen, und er war unzertrennlich von dem kleinen Kreise, der sich um Schubert, Schober und andere gebildet hatte. Im Freundeskreis trug Schwind den Namen ‚Cherubin', seines mädchenhaften Aussehens wegen, und Schubert nannte ihn infolge seiner oft stürmisch ausbrechenden Liebesbezeugungen ‚Geliebte'.»

Schwind brachte seinen erst schwärmerisch, dann freundschaftlich tief geliebten Bertl mit dem Dichter *Eduard von Bauernfeld* (1802 bis 1890) zusammen, der sehr gut Klavier spielte. Wie anschaulich schildert der boshafte Raunzer und scharf charakterisierende Ironiker sein Zusammentreffen mit Schubert und Schwind: «Im Winter 1824/25, als Jurist im vierten Jahr, war ich zugleich mit der Wiener Shakespeare-Ausgabe sowie mit eigenen Produktionen über und über beschäftigt. Eine Menge Dramen und Lustspiele lag nach und nach aufgehäuft, wovon das reale und praktische Theater vorderhand nichts wissen wollte. Doch arbeitete ich rastlos weiter, brachte damals fast alle meine Abende in meiner einsamen Stube zu.

So saß ich auch im Februar 1825 eines Abends in meiner Klause, als mein Jugendfreund Schwind den inzwischen bereits berühmt, wenigstens bekannt gewordenen Schubert zu mir brachte. Wir waren bald vertraut miteinander. Auf Schwinds Aufforderung mußte ich einige verrückte Jugendgedichte vortragen, dann ging's ans Klavier, Schubert sang, oder wir spielten auch vierhändig, später auch im Gasthaus, bis tief in die Nacht. Der Bund war geschlossen, die drei Freunde blieben von dem Tage an unzertrennlich. Wie oft strichen wir drei bis gegen Morgen herum, begleiteten uns gegenseitig nach Hause – da man aber nicht imstande war, sich zu trennen, so wurde nicht selten bei diesem oder jenem übernachtet. Mit dem Komfort nahmen wir's dabei nicht sonderlich genau! Freund Moritz warf sich wohl gelegentlich, bloß in eine lederne Decke gehüllt, auf den nackten Fußboden hin, und mir schnitzte er einmal Schuberts Augengläserfutteral als Pfeife zurecht, die eben fehlte... Wer eben bei Kasse war, zahlte für den oder die andern. Nun traf's sich aber zeitweilig, daß zwei kein Geld hatten, der Dritte aber gar keins! Natürlich daß Schubert unter uns dreien die Rolle des Krösus' spielte und ab und zu in Silber schwamm, wenn er etwa ein paar Lieder an den Mann gebracht hatte oder gar einen ganzen Kranz, wie die Gesänge aus Walter Scott, wofür ihm Artaria fünfhundert Gulden W. W. bezahlte... Die erste Zeit wurde flott gelebt und bewirtet, auch nach rechts und links gespendet, dann wieder war Schmalhans Küchenmeister, kurz, es wechselte Ebbe und Flut.

Einer solchen Flutzeit verdanke ich, daß ich Paganini gehört. Die fünf Gulden, die dieser Konzertkorsar verlangte, waren mir unerschwinglich; daß ihn Schubert hören mußte, verstand sich von selbst, aber er wollte ihn durchaus nicht wieder hören ohne mich; er ward ernstlich böse, als ich mich weigerte, die Karte von ihm anzunehmen. ‚Dummes Zeug!‘, rief er aus, ‚ich habe ihn schon einmal gehört und mich geärgert, daß du nicht dabei warst! Ich sage dir, so ein Kerl kommt nicht wieder! Und ich hab' jetzt Geld wie Häckerling; komm also!‘ Damit zog er mich fort. – Wir hörten den infernalisch-himmlischen Geiger und waren nicht minder entzückt von seinem wunderbaren Adagio, als höchlichst erstaunt über seine sonstigen Teufelskünste, auch nicht wenig humoristisch erbaut durch die unglaublichen Kratzfüße der dämonischen Gestalt, die einer an Drähten gezogenen, mageren, schwarzen Puppe glich. Herkömmlicherweise wurde ich nach dem Konzert noch im Gasthause freigehalten und eine Flasche mehr als gewöhnlich auf Kosten der Begeisterung gesetzt.

Das war Flutzeit! Dagegen kam ich ein andermal zu früher Mittagsstunde in das Kaffeehaus beim Kärntnertheater, ließ mir eine ‚Mélange‘ geben, verzehrte ein halb Dutzend Kipfel dazu. Bald darauf stellte sich auch Schubert ein und tat desgleichen. Wir bewunderten gegenseitig unsern guten Appetit, der sich so früh nach Tisch eingestellt hatte.

‚Das macht, ich hab' eigentlich noch nichts gegessen‘, erklärte mir der Freund etwas kleinlaut. – ‚Ich auch nicht!‘ versetzte ich lachend. – In ähnlicher Lage hatten wir uns auch das ‚Du‘ mit – Zuckerwasser zugetrunken!»

Eine höchst sympathische Figur war der aus Tirol stammende Dichter *Johann Michael Chrysostomus Senn* (1792 bis 1857), uns bereits aus Schuberts Konviktszeit bekannt. Er studierte an der Wiener Universität Jurisprudenz und war einer der hellsten Geister im Freundeskreis. Durch einen Metternichschen Spitzel als staatsgefährlich denunziert, fand er sich bald in den Fängen der Polizei, die ja in lächerlicher Weise überall Revolutionäre und Staatsfeinde witterte. Bei einer Hausdurchsuchung fand sich in Senns Papieren das Tagebuch eines Freundes, in welchem zu lesen war: «Senn ist der einzige Mensch, den ich fähig halte, für eine Idee zu sterben.» Das genügte zu Verhaftung und Verhör, die er der Polizei gegenüber mutig als rechtswidrig bezeichnete. Das genügte wiederum, ihn als gefährlichen Aufwiegler zu behandeln und nach Tirol abzuschieben. Schwind besuchte ihn 1830 in Innsbruck und wurde von seiner ungebrochenen Freiheitsliebe und Unerschrockenheit sehr beeindruckt. O. E. Deutsch teilt den Rapport des Polizei-Oberkommissärs Leopold v. Ferstl an den Polizeipräsidenten Josef Graf Seldnitzky über die im März 1820 in Senns Wohnung durchgeführte Haussuchung mit: «Rapport... über das störrische und insultante Benehmen, welches der in dem burschenschaftlichen Studentenvereine mitbefangene Johann Senn, aus Pfunds in Tyrol gebürtig, bey der angeordneter massen in seiner Wohnung vorgenommenen Schriften-Visitation und Beschlagnahme seiner Papiere an den Tag legte und wobey er sich unter andern der Ausdrücke bediente, ‚er habe sich um die Polizey nicht zu bekümmern', dann ‚die Regierung sey zu dumm, um in seine Geheimnisse eindringen zu können'. Dabei sollen seine bey ihm befindlichen Freunde, der Schulgehilfe aus der Rossau Schubert, und der Jurist St(r)einsberg, dann die am Ende hinzugekommenen Studenten... in gleichem Ton eingestimmt, und gegen den amthandelnden Beamten mit Verbalinjurien und Beschimpfungen losgezogen seyn. Hievon macht der Pol. Ob. Coar. (Polizei-Oberkommissar) die amtliche Anzeige, damit dieses exzessive und sträfliche Benehmen derselben gehörig geahndet werde. Die P. O. D. (Polizei-Ober-Direktion) bemerkt hiebey, daß bei der Konstituierung des Senn auf diesen Rapport Bedacht genommen werde; übrigens würden jene Individuen, welche sich beym Besuche des Senn grob gegen den P. O. Coar. benommen haben, vorgeruffen und mit strenger Warnung bedroht, auch der Hofsekretär St(r)einsberg sowie der Handelsmann Bruchmann von dem Benehmen ihrer Söhne unterrichtet werden.» Ursache, Art und Erledigung des Handels entsprechen dem Polizeigeist jener Zeit und seiner Allmacht, die sich aber später mancherorts als eine Macht auf tönernen Füßen erweisen sollte.

Von heißer Liebe zur Musik erfüllt war auch der Dichter *Franz Grillparzer* (1791 bis 1872). Als fähiger Klavierspieler nahm er am musikalischen Leben Wiens regen Anteil. Seine Abneigung gegen romantischen Überschwang, die er mit Goethe teilte, ließ es hingegen zu keiner tiefern Annäherung an Schubert und dessen Kunst kommen, obwohl er manches an ihr und ihrem scheuen, reinen Schöpfer schätzte. Trotzdem war er als stiller Gast öfters in Schuberts Freundeskreis zu sehen. Schubert seinerseits fand auch keinen eigentlichen Zugang zu Grillparzers kühler Poesie, doch fand er im «Ständchen» den Text zu einer wunderlieblichen Komposition für Frauenchor, Sopransolo und Klavier. Durch Grillparzer kam Schubert in das Haus der *Schwestern Fröhlich*, wo sich Grazien und Musen ein fröhliches Stelldichein gaben. Die vier hochbegabten, aus guter Familie stammenden Mädchen sammelten einen Kreis frischer, geistig interessierter Menschen um sich, in den auch Franz Schubert Eingang fand. Verheiratet war nur Barbara, die drei andern blieben ledig. Von ihnen waren Pepi (Josephine) und Netti (Anna), die Jüngste und die Älteste, begehrte Sängerinnen, die auch Gesangsunterricht erteilten, während Kathi, die Mittlere, das Haus verwaltete und als Grillparzers ewige Braut in die Literaturgeschichte einging. Von allen Schwestern empfand sie die Musik am intensivsten. Sie gab sich ihr mit der letzten Faser ihres Fühlens hin, wie das folgende Gedicht ihres Bräutigams verrät:

Als sie zuhörend am Klavier saß
(Franz Grillparzer an Kathi Fröhlich nach einer Schubertiade)

Still saß sie da, die Lieblichste von allen,
    Aufhorchend, ohne Tadel, ohne Lob;
Das dunkle Tuch war von der Brust gefallen,
    Die, nur vom Kleid bedeckt, sich atmend hob;
Das Haupt gesenkt, den Leib nach vorn gebogen,
Wie von den flieh'nden Tönen nachgesogen.

Nenn ich sie schön? Ist Schönheit doch ein Bild,
    Das selbst sich malt und nur sich selbst bedeutet;

Doch Höheres aus diesen Zügen quillt,
 Die, wie die Züge einer Schrift verbreitet,
An sich oft bildlos, unscheinbare Zeichen,
Doch himmlisch durch den Sinn, den sie erreichen.

So saß sie da, das Regen nur der Wangen,
 Mit ihren zarten Muskeln, rund und weich,
Der Wimpern Zucken, die das Aug umhangen,
 Der Lippen Spiel, die Purpurlädchen gleich,
Den Schatz von Perlen hüllen jetzt, nun zeigen,
Verriet Gefühl, von dem die Worte schweigen.

Und wie die Töne brausend sich verwirren,
 In stetem Kampfe stets nur halb versöhnt,
Jetzt klagen, wie verflogne Tauben girren,
 Jetzt stürmen, wie der Gang der Wetter dröhnt,
Sah ich ihr Lust und Qual im Antlitz kriegen,
Und jeder Ton ward Bild in ihren Zügen.

Mitleidend wollt' ich schon zum Künstler rufen:
 «Halt ein! Warum zermalmst du ihre Brust?»
Da war erreicht die schneidendste der Stufen,
 Der Ton des Schmerzes ward zum Ton der Lust,
Und wie Neptun, vor dem die Stürme flogen,
Hob sich der Dreiklang ebnend aus den Wogen.

Und wie die Sonne steigt, die Strahlen dringen
 Durch der zersprengten Wetter dunkle Nacht,
So ging ihr Aug, an dem noch Tropfen hingen,
 Hellglänzend auf in sonnengleicher Pracht;
Ein leises Ach! aus ihrem süßen Munde,
Sah, wie nach Mitgefühl, sie in die Runde.

Da trieb's mich auf: nun soll sie's hören,
 Was mich schon längst bewegt, nun werd's ihr kund;
Doch sie blickt her, den Künstler nicht zu stören
 Befiehlt ihr Finger, schwicht'gend an dem Mund;
Und wieder seh' ich horchend sie sich neigen,
Und wieder muß ich sitzen, wieder schweigen.

Netti Fröhlich schildert die Art, wie Schuberts Kunst im Hause bekannt wurde, folgendermaßen:

«Sonnleithner brachte uns Lieder, wie er sagte, von einem jungen Menschen, die gut sein sollten. Die Kathi setzte sich gleich ans Klavier und versuchte das Akkompagnement. Da horchte mit einem Mal Gymnich – ein Beamter, der auch hübsch sang – auf und sagte: ,Was spielen Sie denn da? Ist das Ihre Phantasie?' – ,Nein.' – ,Das ist ja herrlich, das ist was ganz Außergewöhnliches. Lassen Sie doch sehen!' Und nun wurden den Abend durch die Lieder gesungen. Nach ein paar Tagen führte Sonnleithner Schubert bei uns ein. Dann kam er oft zu uns.»

Joseph Hüttenbrenner (1796 bis 1882), Anselms Bruder, war auch in das Haus Wipplingergasse gezogen, wo Schubert mit Mayrhofer zusammen wohnte. Er vor allen Freunden machte sich verdient um das Sammeln von Schuberts herumliegenden und verstreuten Kompositionen. Denn Franz Schubert hielt es mit den Kindern seiner Muse so, wie so manch anderer Künstler: Waren sie geboren, so interessierten sie ihn nicht mehr sehr, weil schon ein weiteres Kind im Werden war. So achtete Schubert wenig darauf, was mit seinen Manuskripten geschah. Anselm Hüttenbrenner weiß davon in seinen «Erinnerungen» zu berichten:

«Kamen gute Freunde zu ihm, denen er neue Lieder vortrug, so nahmen sie die Hefte mit sich und versprachen, sie bald wieder zu bringen, was selten geschah. Oft wußte Schubert nicht, wer dieses oder jenes Lied fortgetragen hatte. Da entschloß sich Joseph, alle die zerstreuten Lämmer zu sammeln, was ihm nach vielen Nachforschungen so ziemlich gelang. Bald hatte er über hundert Lieder in einer Schublade gut aufbewahrt und wohlgeordnet liegen. Dies freute Schubert, der ihm dann alle nachfolgenden Werke zur Aufbewahrung übergab, so lang sie unter einem Dach wohnten.»

Bemühten sich die Brüder *Hüttenbrenner*, neben Anselm und Joseph war noch *Heinrich* (1799 bis 1830), vor allem um die Sammlung und Aufbewahrung von Schuberts Kompositionen, so war es Leopold Sonnleithner, der sich um ihre Auswertung in finanzieller Hinsicht kümmerte. Als er von Joseph Hüttenbrenner hörte, wie schlecht es dem begnadeten Komponisten wirtschaftlich ginge, versuchte er einzelne Kompositionen bei Verlegern anzubringen. Doch wollten weder Diabelli noch Haslinger recht anbeißen. Den «Erlkönig» wollten sie nicht einmal in Verlag nehmen, als Schubert zum Verzicht auf jegliches Honorar bereit war in der Hoffnung, der Verleger würde durch ein sicheres Geschäft mit dem Lied zum Erwerb weiterer Kompositionen angeregt. So kamen Sonnleithner, Hüttenbrenner und andere Schubertianer auf den Gedanken, den «Erlkönig» auf eigene Kosten stechen und drucken zu lassen. Sofort nach Erscheinen wurden die ersten hundert Exemplare an einer Sonnleithnerschen Hausmusik im Februar 1821 von den Anwesenden gekauft, was den Freunden den Mut gab, weitere Hefte in rascher Folge herauszugeben. So erschienen bei Cappi & Diabelli am Graben 1135 die ersten Lieder: «Erlkönig,» «Gretchen am Spinnrad», «Schäfers Klagelied», «Heideröslein» und andere als op. 1 bis 8; als op. 9 erschienen «Originaltänze für Pianoforte», als op. 10 die «Variationen über ein französisches Lied für das Pianoforte auf vier Hände».

Nun trat auch Michael Vogl auf den Plan. Er sang am 7. März 1821 den «Erlkönig» an einer von der «Gesellschaft adeliger Damen zur Beförderung des Guten und Nützlichen» im Kärntnertortheater veranstalteten Aschermittwoch-Akademie. Anselm Hüttenbrenner saß am Fortepiano, und Franz Schubert wandte die Seiten um. Sänger und Lied wurden stürmisch applaudiert. Der Vortrag mußte wiederholt werden. Vier Männerstimmen trugen «Das Dörfchen» vor und durften freundlichen Beifall einheimsen. Im Programm wirkten die elfjährige *Fanny Elßler* als Tänzerin, die sechzehnjährige *Wilhelmine Schröder* als Rezitatorin und die siebzehnjährige *Karoline Unger* als Sängerin mit. Als Nummer 15 des Programms folgte die erste Fassung von Goethes «Gesang der Geister über den Wassern». «Keine Hand rührte sich, und die Sänger, welche, durchdrungen von der Schönheit dieses Tonwerkes, den größten Erfolg erwartet hatten, zogen sich, wie von einem kalten Sturzbad getroffen, zurück. Trotzdem ließen sie sich den Mut nicht nehmen, kurze Zeit darauf dasselbe Gesangsstück vorzutragen, wobei es in so hohem Grade gefiel, daß es wiederholt werden mußte.» So Viktor von Umlauff. Der Kritiker der «Allgemeinen musikalischen Zeitung» war ungehalten über die «allzu große Verschwendung der Harmonien» und schrieb boshaft: «...wurde der achtstimmige Chor(!) von Herrn Schubert von dem Publikum als Akkumulat aller musikalischen Modulationen und Ausweichungen ohne Sinn, Ordnung und Zweck, anerkannt.» Und dann folgt der Vergleich mit dem Großfuhrmann, der ohne Sinn und Zweck kreuz und quer fährt und doch nicht auf die Straße gelangt. Und wie es so zu gehen pflegt: das große Talent und die ersten Erfolge seines schüchternen Trägers weckten Neid und Mißgunst, so daß auch Spaun zu sagen weiß:

«So wie jede außerordentliche Erscheinung Neid und Mißgunst erregt, die um so heftiger sind, je bedeutender das aufkeimende Talent zu werden verspricht, so begann nun gegen Schubert von mancher Seite Mißgunst ihr Haupt zu erheben. Seine Lieder seien zu düster, die Begleitung überladen, gesucht und zu schwierig, seine Übergänge gewagt, seine Klavierkompositionen zu schwülstig und gegen alle Regeln des Fingersatzes, und insbesondere für das Theater fehle es ihm an allem Talente, so äußerte sich ein großer Teil der öffentlichen Meinung, geführt durch manche Mißgünstige, welchen der tiefe Eindruck, den die Schubertschen Kompositionen immer mehr zu machen anfingen, schon seit längerer Zeit gar sehr zum Anstoß diente.» Denn der Ruhm des jungen Compositeurs war nun bereits aus dem Freundeskreis und aus den Hausmusiken in die Öffentlichkeit hinausgedrungen, die mehr und mehr Gelegenheit erhielt, sich mit Schubertscher Musik zu befassen. Auch die Presse äußerte sich in zunehmendem Maß. So etwa die «Dresdener Abendzeitung» vom 30. Januar 1821: «Der junge Komponist Schubert hat mehrere Lieder der besten Dichter (meistens von Goethe) in Musik gesetzt, welche das tiefste Studium, verbunden mit bewunderungswürdiger Genialität beurkunden und die Augen der gebildeten musikalischen Welt auf sich ziehen. Er versteht es, mit Tönen zu malen und die Lieder übertreffen an charakteristischer Wahrheit alles, was man im Liederfache aufzuweisen hat. Sie sind meines Wissens noch nicht gestochen, sondern gehen nur in Abschriften von Hand zu Hand.»

Sehr feinsinnige Worte weiß Friedrich von Hentl in der «Wiener Zeitung für Kunst» vom 23. März 1823 zu finden, Worte, die von einem warmherzigen Verständnis für Schuberts Lieder zeugen: «Jedermann wird in Schuberts Werken auf den ersten Blick den Charakter des Genies und des denkenden Künstlers entdecken. Und wenn das gebildete Gemüt, im Innersten ergriffen, ausspricht, daß hier vollendet wahr und schön in Tönen ausgedrückt ist, was ebenso gedichtet ward, so ist es besser, den krittelnden Verstand zu bescheiden, wenn dieser je die Frage aufwerfen sollte, ob denn das wohl die rechte Manier sei, ob es nicht noch eine andere geben könnte, ob dieser oder jener Meister so vorgegangen sei oder nicht? Jedes Genie trägt seinen Maßstab in sich selbst und wird von einem Gefühle begeistert, welches das tiefste, innerste Bewußtsein, die höchste Weisheit und die einzig wahre Erkenntnisquelle in Werken der schönen und erhabenen Kunst in sich schließt.»

Und doch, wie bescheiden nahmen sich in Wiens Musikleben die öffentlichen wie die privaten Aufführungen von Schubertscher Musik aus, in einem Musikleben, das jährlich über 100 Konzerte anbot und über das 1819 die «Wiener Abendzeitung» schrieb: «In diesem Jahre wird es noch mehr Konzerte und Akademien regnen als im vergangenen. Diese Regengüsse dringen morgens, mittags und abends durch die Fensterritzen in das Haus.» – Immerhin schien sich Schuberts Geschick aus der Dämmerung des Unbekanntseins strahlend und strahlender erheben zu wollen, dem Stern Mozarts in dessen ersten Wiener Jahren gleich. Schubert ging unbeirrt seinen Weg, still, bescheiden, aber allen gutgemeinten onkel- und tantenhaften Ratschlägen seinen Kunstäußerungen gegenüber so verschlossen, wie es immer und stets das Genie war, das den Weg, den es zu gehen hatte, nur allzugut kannte. Es war einer von Schuberts schönsten Zügen, daß er seinen Weg ging, sich der Freunde herzlich freuend, die zahlreichen Enttäuschungen willig akzeptierend, wie Kathi Fröhlich von ihm sagt: «Schubert war ein herrliches Gemüt. Nie war er neidisch oder mißgünstig, wie das so manche andere an sich haben. Im Gegenteil, was hatte er nur für Freude, wenn etwas Schönes in Musik aufgeführt wurde. Da legte er die Hände aneinander und gegen den Mund und saß ganz verzückt da. Die Unschuld und Harmlosigkeit seines Gemüts waren ganz unbeschreiblich.»

Nie suchte Schubert das Seine, nie pochte er auf sein Künstlertum, nie drängte er sich vor. Die Musiklehrertätigkeit im Hause Esterhazy blieb rein episodisch. Eine andere oder weitere Förderung fand Schubert nicht. Schon gar nicht von den Kreisen des Adels, der seine Rolle, die noch im Leben und Schaffen Mozarts, Haydns und Beethovens so bedeutungsvoll gewesen, in zunehmendem Maß an das Bürgertum abtrat. Kam er als Begleiter von Baron von Schönstein auch ab und zu in ein adeliges Haus, so wurde er kaum beachtet, weil es ihm in seiner Bescheidenheit gar nicht darauf ankam, beachtet zu werden. Was Spaun in dieser Hinsicht erzählt, ist symptomatisch:

STILLE ZEITEN – STILLES SCHAFFEN

«Wenn Vogl oder Schönstein, akkompagniert von Schubert, in größeren Kreisen Lieder vortrugen und damit hinreißende Wirkungen hervorbrachten, so wurden sie mit Beifall und Dank förmlich bestürmt, aber kein Mensch dachte an den bescheidenen Meister, der die herrlichen Melodien schuf. Er war diese Vernachlässigung so sehr gewohnt, daß sie ihn nicht im mindesten bekümmerte. Als er mit Baron Schönstein einst in ein fürstliches Haus eingeladen war, um seine Lieder einem sehr hohen Kreise vorzutragen, umringte der entzückte Kreis den Baron Schönstein mit feurigen Anerkennungen und mit Glückwünschen über seinen Vortrag. Als aber niemand Miene machte, den am Klavier sitzenden Kompositeur auch nur eines Blickes zu würdigen, suchte die edle Hausfrau Fürstin B. diese Vernachlässigung gutzumachen und begrüßte Schubert mit den größten Lobeserhebungen, dabei andeutend, er möge es übersehen, daß die Zuhörer, ganz hingerissen von dem Sänger, nur diesem huldigten. Schubert dankte und erwiderte, die Frau Fürstin möge sich gar keine Mühe diesfalls mit ihm geben, er sei es ganz gewohnt, übersehen zu werden, ja, es sei ihm dieses sogar recht lieb, da er sich dadurch weniger geniert fühle.»

DAS WANDERN IST DES SÄNGERS LUST

Unterdessen waren Spaun und Holzapfel in den Beamtendienst eingetreten, Anselm Hüttenbrenner war auf ein Jahr nach Graz versetzt worden, und sein Bruder Joseph suchte immer noch Schuberts verstreute Notenblätter zu sammeln und zu ordnen. Freund Stadler saß als Konzeptspraktikant in Steyr, dieser alten Stadt der Eisenindustrie. Ihm schreibt unterm 17. Juni 1819 Anton Holzapfel: «Schubert kommt also nach Steyr; der Glückliche und du Glücklicher!» Wirklich zogen Vogl und Schubert in geruhsamer Sommerfahrt los durch lachende Felder, gesegnete Fluren und harzduftende Wälder. Wie war doch die Welt so weit und so schön! Schon war man bei den Benediktinern von Melk zu Gast. Sie herbergten gerne Künstler, wie ihre Kollegen, die Augustiner zu St. Florian, wo Schubert und Vogl bewunderte Proben ihrer Kunst zum besten gaben. Wie tief atmete Schubert auf der Weiterfahrt die würzige Luft ein. Beseligt gab er sich der Natur hin. Am 19. Juni 1819 schreibt er dem Bruder aus Steyr, wo man sich im Hause des Herrn Advokaten Albert Schellmann einlogiert hatte:

«Die Gegend um Steyr ist über alle Begriffe schön... In dem Hause, wo ich wohne, befinden sich acht Mädchen, beinahe alle hübsch. Du siehst, daß man zu tun hat. Die Tochter des Herrn von Koller (ein wohlhabender Steyrer Kaufmann), bey dem ich und Vogl fast täglich speisen, ist auch sehr hübsch, spielt brav Klavier und wird verschiedene meiner Lieder singen.» Für sie, die Pepi Koller, schrieb Schubert, wie schon erwähnt, die *Klaviersonate in A-dur* (X, 10, op. 120).

Hier im Hause Koller saß man nach einem geselligen Spaziergang oder vollbrachten Tagewerk beisammen, weiß Albert Stadler zu erzählen und huldigte der Musik alla camera. «Die sehr talentierte Josefine, Schubert, Vogl und ich erfreuten uns da der angenehmsten Stunden im abwechselnden Vortrag Schubertscher Lieder und Klavierstücke und auch vieler Piècen und Opern aus der Vogelschen Glanzperiode. Von eigentümlicher Wirkung war, wie ich mich noch gut erinnere, der Versuch (natürlich nur unter uns), den ‚Erlkönig‘ zu dreien zu singen. Schubert sang den Vater, Vogl den Erlkönig, Josefine das Kind, ich spielte. Nach der Musik setzten wir uns zum Souper und blieben ein paar Stunden heiter beisammen.»

In Steyrs Musikleben spielte aber das Haus des Bergwerksbesitzers Sylvester Paumgartner die tonangebende Rolle. Paumgartner war ein Musikenthusiast, von dem wir durch Stadler hören: «Paumgartner war ein großer Gönner und Mäzen der Tonkünstler im vollsten Sinn des Wortes. Vermöglich und unverehelicht bewohnte er sein eigenes Haus ganz allein. Der erste Stock enthielt seine Wohnung mit einem eigenen dekorierten Musikzimmer für fast tägliche Übungen und kleinere Abendgesellschaften. Im zweiten Stock befand sich ein mit Emblemen der Kunst geschmückter Salon für die größeren und zahlreich besuchten Produktionen um die Mittagszeit. In diesen Räumen entzückten uns Schuberts und Vogls Töne, die aber der gute Paumgartner von dem letzteren, der nicht immer gleich gelaunt und disponiert war, nicht selten gleichsam erbetteln mußte. Da hätte man eine Stecknadel fallen hören. Paumgartner litt auch nie irgendeine Unruhe während der Musik. Dafür wurden aber die Gäste an den Abenden nach der Produktion in jeder Beziehung reichlich entschädigt. – Ein großer Musikalienkasten barg einen wahren Schatz an klassischen und zum Teil modernen Werken. Jeder echte Tonkünstler und Musikfreund fand in seinem Hause Zutritt, freundliche Aufnahme und oft noch mehr;»

Das Holdeste, was Franz Schuberts Muse der Mit- und Nachwelt schenkte, entstand auf Veranlassung Sylvester Paumgartners: Das «*Quintett für Violine, Viola, Violoncello, Kontrabaß und Klavier*» in A-dur (VII, 1, op. 114), der Welt unter dem Namen «*Forellenquintett*» bekannt und ein Begriff geworden. Das fünfsätzige Werk, dessen Variationen über das Lied «Die Forelle» auf speziellen Wunsch Paumgartners komponiert wurden, atmet eine so herzquickende Frische und ist so aus einem Guß entstanden, daß es bei jedem Hören aufs neue beglückt. Sein Serenadencharakter strahlt freudig gehobene Unterhaltsamkeit aus, der Klavierpart ist von quellender Frische, in einzelnen Themen schäkern slawische und ungarische Schönen, in harmonischer Ausgeglichenheit finden sich Ernst und Heiterkeit, Musizierlust und handwerkliche Meisterschaft zu einem Kunstwerk, dessen Schöpfer sich mit ihm in die Herzen der Menschheit hineingesungen hat. Es erschien 1829, ein Jahr nach Schuberts Tod, bei Joseph Czerny in Wien im Druck.

In Steyr, Vogls Geburtsort, wurde am 10. August 1819 des illustren Sängers 51. Geburtstag gefeiert. Albert Stadler hatte zu Vogls Ehren einen Kantatentext verbrochen, der voller Anspielungen auf des Künstlers Rollen war und folgendermaßen begann:

«Sänger, der vom Herzen singet
Und das Wort zum Herzen bringet,
Bei den Tönen deiner Lieder
Fällt's wie sanfter Regen nieder,
Den der Herr vom Himmel schickt
Und die dürre Flur erquickt...»

Schubert setzte die sechs Strophen in Musik. Als es zu Ehren des Geburtstagskindes uraufgeführt wurde, saß Stadler am Klavier, Peppi von Koller sang die Sopran-, Bernhard Bendich die Tenor- und Franz Schubert die Baßpartie. Vogl war über dieses Präsent, dessen Wiedergabe und das Drum und Dran eines gutgemeinten Familienfestes sehr gerührt. Schubert hingegen hielt nicht viel von diesem Werk, dessen salbungsvoll lederner Text ihm wenig zusagte. Es erschien mit einer andern Dichtung von unbekannter Hand 1849 unter dem Titel «*Der Frühlingsmorgen*» als op. 158 bei Diabelli & Co. in Wien.

Für Peppi von Koller schuf Schubert im März 1820 in Wien eine ariose *Kantate* (XX, 587) auf ein weiteres Gedicht Stadlers, die sie am Namenstag ihres Vaters vortrug. Sie wirkt wesentlich herzlicher empfunden, als jene zu Vogls Geburtstag.

Im August folgte ein Abstecher nach Linz, wo Schubert Spauns Mutter kennenlernte. Er schloß auch die Bekanntschaft von Spauns Schwager Dr. Anton Ottenwalt, dessen «*Wiegenlied*» (XX, 335) er vertonte. Von der Glückseligkeit, die ihn in jenen sorgenfreien Tagen durchdrang, spricht ein Brief vom 19. August 1819 an Mayrhofer:

«Lieber Mayrhofer!

Wenn es Dir so gut geht wie mir, so bist Du recht gesund. Ich befinde mich gegenwärtig in Linz, war bei den Spauns, traf Kenner, Kreil und Forstmayer, lernte Spauns Mutter kennen und den Ottenwalt, dem ich sein von mir komponiertes Wiegenlied sang. In Steyr hab' ich mich und werd' mich noch sehr gut unterhalten. Die Gegend ist himmlisch, auch bei Linz ist es sehr schön. Wir, d. h. Vogl und ich, werden nächster Tage nach Salzburg reisen.

Jetzt lebe wohl auf den halben September

Dein Freund Schubert.»

Aus der Reise nach Salzburg wurde diesmal nichts, die beiden Freunde kehrten wieder nach Steyr zurück. Am 14. September 1819 erhielt Kathi Stadler, des Jugendfreundes Schwester, noch folgendes Albumblatt gewidmet:

«Genieße stets der Gegenwart mit Klugheit, so wird dir die Vergangenheit eine schöne Erinnerung und die Zukunft kein Schreckbild sein. Franz Schubert.»

Dann ging es wieder Wien zu.

*

An Instrumentalwerken sind in diesem Jahre 1819 noch zwei Ouvertüren entstanden: Im Februar die seltsame «*Ouvertüre in e-moll*» (II, 7), mit zwei Paar Hörnern und – erstmals – mit Posaunen. Das Stück enthüllt einen Schubert von unerwarteter Kraft und Gewalt, von einer heroisch wirkenden Düsternis, von einer Tiefe der Empfindung auch, die auf die «Unvollendete» und die «Große C-dur» hinweisen. – Einige Wochen nach der Rückkehr aus Steyr, im November 1819, wurde die «*Ouvertüre in F-dur für Klavier zu vier Händen*» (IX, 8) geschaffen, die der Komponist 1825 bei Cappi als op. 34 selbst herausgab. Sie ist, nach Schuberts Zeugnis auf dem verschollenen Autograph, entstanden «in Herrn Joseph Hüttenbrenners Zimmer im Bürgerspital innerhalb drei Stunden und darüber das Mittagsmahl versäumt». Das Werk ist eine ungenierte Mischung von Rossini, Hérold, Beethoven, Weber mit Schubertscher Redseligkeit. Sollte sie, modischen Geschmack erfüllend, dem Tonsetzer einige Gulden W. W. einbringen? Wer wollte es ihm verargen?

Aus einer ganz andern Sphäre stammt der «*Streichquartettsatz in c-moll*» (V, 12), von Ende 1820. Schuberts c-moll ist von anderer Art als Beethovens c-moll. Dieses ist pathetisch, jenes voll zwielichtiger Unheimlichkeit. Kein Werk dieser Zeit könnte genannt werden, das auch nur eine ferne Ähnlichkeit im Stimmungshaften aufwiese. Das Tremolo, sonst zu oft Notbehelf, hat hier eine seltsam unruhige, aufwühlende Wirkung. Statt der Reprise erscheint nach der Durchführung der düstere Beginn wieder, der jede Aufhellung verschluckt. Der zweite Satz, ein Andante, beginnt in As-dur, das nach Ces-dur und fis-moll moduliert, dann aber abbricht. Warum Schubert das Quartett nicht vollendete, entzieht sich jeglicher Kenntnis oder Vermutung. Man kann nur bedauern, daß das Werk ein Torso blieb. Denn hätten Fortsetzung und Vollendung die Höhe des Beginns eingehalten, so wäre Schuberts Oeuvre um ein Meisterstück genialster Art reicher.

DIE VOKALMUSIK

In Zelesz waren neben Mayrhofers «Einsamkeit» und Jacobis «Litanei auf das Fest Allerseelen» wenige Lieder entstanden. Nach der Rückkehr aus Ungarn beschäftigte sich Schubert wieder öfter mit der Vertonung von Liedtexten. In die Jahreswende 1818/19 fallen Texte Friedrich Schlegels, etwa der wenig aussagende von «*Blanka*» (XX, 348), durch ein Schweben zwischen Dur und Moll zartfühlend vertont. – «*Vom Mitleiden Mariä*» (XX, 349) ist ein modernes Stabat mater, konsequent dreistimmig gehalten, symbolisch das Kreuz kennzeichnend, wie es Bach tat, von dem Schubert allerdings kaum eine Note kennen konnte. – Ganz offen tritt das in Schubert bis jetzt schlummernde romantische Gefühl in «*Gebüsche*» (XX, 350) zu klanglichem Ausdruck. Robert Schumann setzte die vier letzten Zeilen des Gedichts als Motto über seine C-dur-Phantasie, op. 17:

> «Durch alle Töne tönet
> Im bunten Erdentraume
> Ein leiser Ton gezogen,
> Für den, der heimlich lauschet.»

Das Bekenntnis zur Romantik wurde deutlich in Schlegels «*Wanderer*» (XX, 351), als op. 65, Nr. 2, von Schubert 1826 veröffentlicht. Der Text stimmt ganz offensichtlich mit des Tondichters damaligen Tagebucheintragungen überein, sind diese doch ganz auf den gleichen Ton stillen Glücks und milden Verzichts gestimmt. Weitere Vertonungen von Texten Friedrich Schlegels fanden, weil die textlichen Unterlagen zu subtil und etwas verspielt waren, keinen eigentlichen Widerhall.

Im Februar 1819 vertonte Schubert Texte, die ihm besondere metrische Probleme aufgaben: J. P. Silberts «*Abendbilder*» (XX, 352) und «*Himmelsfunken*» (XX, 353), das erste in restloser Bewältigung der Form, das zweite feinfühlig und einheitlich in der Begleitung. – Von ähnlicher Bedeutung in bezug auf formale Probleme war Mayrhofers «*Beim Winde*» (XX, 365), im Oktober 1819 entstanden. – *Franz Grillparzer*, der eben mit seiner «Ahnfrau» Aufsehen erregte, lieferte Schubert das Gedicht «*Berthas Lied in der Nacht*» (XX, 355). Es entstand schon 1817 und war für Sophie Schröder, die erste Ahnfrau, bestimmt. Das in es-moll beginnende und in Fis-dur ausklingende Lied atmet ganz die bange Stimmung einer schicksalshaften Nacht.

Nun findet Schubert zu Schiller zurück, dessen «*Götter Griechenlands*» (XX, 371) die Sehnsucht nach einer untergegangenen schönen Welt verkörpert, die nur noch «im Feenland der Lieder» lebt. – Im Mai 1819 lernt der Tonsetzer Gedichte von *Novalis* (Friedrich von Hardenberg, 1772 bis 1801) kennen. Er vertont gleich fünf von dessen christlich-mystischen Hymnen, die seiner eigenen ins All gewendeten Religiosität so gut entsprechen. Vor allen andern Gedichten spricht «*Nachthymne*» (XX, 372), im Januar 1820 vertont, in ekstatischem

Schwung zum Hörer. — Nochmals erfolgt, vorausgenommen durch Schillers «Die Götter Griechenlands», ein Ausflug Schuberts in die Antike. Sein Führer war Mayrhofer, der als früherer Student der Theologie Latein und Griechisch kannte und in der Welt der Alten zu Hause war. Dem Gefühl schweifender Sehnsucht nach dem Tode geben «*Sternennächte*» (XX, 366) und «*Nachtstück*» (XX, 368) in ergreifender Art Ausdruck. Letzteres ist ein Hymnus von rhapsodischer Weite. — Gipfelpunkt dieser antikischen Gesänge bildet Goethes «*Prometheus*» (XX, 370) vom Oktober 1819, Gegenstück zu «Schwager Kronos». Sein rezitativisch-deklamatorischer Stil weiß mit ausladenden Steigerungen den prometheischen Trotz einmalig groß zu gestalten. Mit diesen Werken beginnt die Zeit, in der jedes neu entstehende Lied von einer scharf umrissenen Individualität wird. Und sollte es auch ein einfaches Strophenlied sein, wie etwa Ludwig Uhlands «*Frühlingsglaube*» (XX, 380), dessen schlicht-innige Wärme von unvergänglichem Reiz ist. Gedicht und Lied sind in trüben Zeiten Unzähligen Hoffnungs- und Trostspender geworden. — Von nun an werden zusammenfassende Vertonungen und Strophenlieder immer seltener. Kein Vergleich mit Zeitgenossen ist möglich durch die Vertonung von Friedrich Schlegels «*Im Walde*» (XX, 388), dieser groß erlebten Hymne allumfassenden Weltgefühls. — Nicht weniger erfüllt sind August Wilhelm Schlegels «*Die gefangenen Sänger*» (XX, 389) und Karoline Pichlers «*Der Unglückliche*» (XX, 390). Mit diesem denkt Schubert an das Paradies — oder das Elternhaus:

«Woraus in deiner Jugend goldnen Zeiten
Die harte Hand des Schicksals dich verstieß.»

Und wieder greift Schubert zu Goethe, hat er doch an den antikischen Texten weiter reifen können. Im März 1821 entsteht «*Grenzen der Menschheit*» (XX, 393), Gegenstück zu «Prometheus», vom Oktober 1819, trotz der demütig-religiösen Haltung des Textes gewaltig groß in seinem Gegensatz von göttlicher und menschlicher Berufung. — Im April 1821 vertont Schubert zwei «*Mignon-Lieder*» aus «Wilhelm Meister» (XX, 394/95), beide in h-moll stehend, mit einer über der Begleitung schwebenden Singstimme, beide von stärkster Intensität des Gefühls, vollkommene Einheiten von Wort und Ton. Dies möchte man wenigstens meinen; doch genügen diese Fassungen Schubert nicht. Er übertraf sie und sich fünf Jahre später. — Anfangs 1821 stieß Schubert auf den zwei Jahre vorher erschienenen «*West-östlichen Divan*», in dem Goethe in der Maske des persischen Lyrikers und Lebenskünstlers Hafis (1320 bis 1389) einem ganz neuen Lebensgefühl Ausdruck gab. Es war das Menschliche, das Schubert in diesen Gedichten so ganz unmittelbar packte. Dem ersten Lied «*Versunken*» (XX, 391), verlieh er eine eilende Skalenbegleitung der rechten Hand, die wohl das Wühlen in den Locken der Geliebten darstellen sollte. Die Schlußzeilen:

«So hast du, Hafis, auch getan;
Wir fangen es von vorne an...»

unterdrückte der Komponist. Was kümmert ihn schon Hafis! — «*Geheimes*» (XX, 392) geht auf eine Ghasele des wirklichen Hafis zurück. Schubert ließ der Musik die ganze dem Text innewohnende Treuherzigkeit zukommen. — «*Suleika I und II*» (XX, 396/397) stammen nicht von Goethe, sondern von seiner Geliebten Marianne von Willemer, einer Österreicherin. Brahms hielt «Suleika I» für das schönste Lied, das je geschaffen wurde. Beide Lieder sind in ihrer drängenden Bewegung vollkommener Ausdruck des drängenden Liebesempfindens und von ausnehmend reich bedachter modulatorischer Vielseitigkeit. — Weit in das 19. Jahrhundert hinaus weist «*Der Jüngling an der Quelle*» (XX, 398) von Salis-Seewis. Seine rieselnde A-dur-Begleitung schafft eine Atmosphäre, wie sie der malende und musizierende Impressionismus nicht zwingender gestalten konnte. Die einfache Melodie, meist in Akkordbrechung, ist weich, hingegeben an die sehnsüchtige Schwärmerei einer jungen Liebe.

*

Am 24. August 1818 hatte Franz Schubert aus Zelesz seinem Bruder Ferdinand geschrieben: «Es ist Nachts halb zwölf Uhr, und fertig ist Deine Trauermesse. Traurig macht sie mich, glaub es mir, denn ich sang sie aus voller Seele. Was dran fehlt, ergänze, d.h. schreibe den Text drunter und die Zeichen drüber. Willst Du manches repetieren, so tu es, ohne mich in Zelesz darum zu fragen.» Ferdinand, selber ein tüchtiger Musiker, nahm es mit dem geistigen Eigentum nicht sehr genau, wenn es seinen Bruder Franz betraf und führte das anspruchslose Werk einen Monat später in der Waisenhauskirche auf. Er konnte dabei der Versuchung nicht widerstehen und gab die Musik als seine eigene aus. Er bekannte diese seine «Missetat» dem Bruder nach Zelesz. Dieser erteilte ihm von hier aus in einem Brief vom 29. Oktober 1818 volle Absolution: «Die Sünde der Zueignung – Aneignung – war Dir schon im ersten Brief verziehen, Du hattest also keine Ursache, so lange mit Deinem Schreiben zu säumen, als höchstens Dein zartes Gewissen. Die Trauermesse gefiel Dir, Du weintest dabey und vielleicht bey dem nämlichen Wort, wo ich weinte; lieber Bruder, das ist mir der schönste Lohn für dieses Geschenk.» Ferdinand ging aber noch weiter und veröffentlichte das Werk 1825/26 bei Diabelli unter seinem Namen. Es galt als ein Werk Ferdinands, bis O. E. Deutsch den richtigen Schöpfer eruierte und es 1928 unter dessen Namen veröffentlichte. Es besteht aus zehn kleinen Stücken für gemischten Chor und Orgel. Schon einmal hatte Ferdinand ein Werk seines jüngern Bruders als eigen ausgegeben: ein kurzes «Kyrie» von 1813 (XIV, 21), in eine eigene Messe eingebaut. Um der treuen Hut willen, die er nach dem Tode seines Bruders Franz dessen Werken angedeihen ließ, seien ihm diese kleinen Entlehnungen aus dem Reichtum seines Bruders auch unsererseits verziehen!

An kirchlichen Werken entstand im November 1819 ein «*Salve Regina*» für Sopran und Streichquintett (XIV, 3), 1843 bei Diabelli als «Drittes Offertorium», op. 153, erschienen. Es ist ein empfindungsvolles Stück in hellem, durchsichtigem A-dur. – Es wurden ferner «*Sechs Antiphonen*» (XIV, 18) für den Palmsonntag komponiert, trotz ihrer einfachen Homophonie von starkem Ausdruck.

An weltlichen Chorwerken sind in diesen Jahren an Zahl wenige, an künstlerischem Wert gewichtige Stücke entstanden. Wie wir schon von den Klavierliedern meldeten, treten auch hier die Strophenlieder mehr und mehr zurück, um Kompositionen Platz zu machen, die vom Besten sind, was Chören geschenkt wurde. Dabei wollen wir aber nicht vergessen, daß Schubert seine weltlichen Chorwerke für eine solistische, nicht für eine chorische Besetzung schuf.

Im April 1819 entstand eine Chorfassung von Mignons «*Nur wer die Sehnsucht kennt*», für zwei Tenöre und drei Bässe (XVI, 35), a cappella, erstaunlich durch die kühne Harmonie und die aufs feinste abgestufte Dynamik, die das Werk in die Nähe italienischer Madrigale rücken, die ja auch ein individuelles Bekenntnis durch ein chorisches «Ich» ausdrücken. Es fand seine Erstaufführung anläßlich Schuberts Aufenthalt in Steyr im Hause Sylvester Paumgartners. – Das Seitenstück war eine Vertonung des aus unbekannter Hand stammenden Gedichtes «*Ruhe, schönstes Glück der Erde*» (XVI, 36), wieder für zwei Tenöre und zwei Bässe. Schwelgt das Lied Mignons in einem klanglichen Auskosten des Wechsels von E-dur und C-dur, so dieses Werk durch einen solchen zwischen C-dur und As-dur. Subtilste Dynamik und eigenartige harmonische Überraschungen malen die romantische Todessehnsucht in verhaltenen Klängen, die sich gegen den Schluß zu einem Osterhymnus von ausladender Kraft steigern. – Nach Schuberts Rückkehr aus Steyr, am 19. November 1819, erklang im Hause Ignaz von Sonnleithners, wie schon erwähnt, «*Das Dörfchen*» (XVI, 4) erstmals. Es erntete reichen Beifall und wurde immer wieder gesungen. – Um die Jahreswende 1820/21 entstand «*Die Nachtigall*» (XVI, 5), auf einen Text von J. K. Unger und für ein Konzert am Kärntnertortheater vom 23. April 1821 besonders komponiert. Das homophon gehaltene, reich und doch klar modulierende Werk ist ein überaus feinsinniges Naturstück. – Mit Matthissons «*Geist der Liebe*» (XVI, 6), diesmal in ausdrucksstarker chorischer Fassung für vier Männerstimmen und Klavier, überschreiten wir den Zeitabschnitt, den wir eben durchgehen; denn das innerlich bewegte Werk entstand im Januar 1822. Es wurde in einem von Leopold Sonnleithner dirigierten Konzert der Gesellschaft der Musikfreunde am 3. März 1822 im großen Redoutensaal uraufgeführt, als einziges Gesangsstück zwischen Orchesterwerken, darunter Mozarts «Jupitersinfonie» und Beethovens «Egmont-Ouvertüre», eine wahrhaft illustre Gesellschaft. Am 15. April 1822 wurde es in einem Konzert des Cellisten J. Merk im Landhaus wiederholt. Bei dieser Wiedergabe sang Johann Nestroy den ersten Baß. Mit dem «Dörfchen» und der «Nachtigall» erschien es als op. 11, wie diese dem ersten Tenor Joseph Barth, Beamter in fürst-schwarzenbergischen Diensten gewidmet, noch im selben Jahr bei Cappi und Diabelli.

Einzelne dieser Werke von op. 11 wurden gelegentlich mit der zweiten Fassung von Goethes «*Gesang der Geister über den Wassern*» (XVI, 3) aufgeführt. Diesen Gesang empfinden wir als eines der großartigsten Werke der Musikliteratur überhaupt. Die drei Gruppen: vier

STILLE ZEITEN – STILLES SCHAFFEN

Tenöre, vier Bässe und die Instrumente – zwei Violen, zwei Celli und Kontrabaß – musizieren mit- und gegeneinander Goethes herrlichen Text vom Wasser, dem des Menschen Seele, und vom Winde, dem des Menschen Schicksal gleiche. Der Liedsänger Franz Schubert ging jedem Ausdruck des Textes, jedem Gedanken des Dichters, jeder seelischen Regung nach, die Goethe sprachlich so plastisch zu formen verstand und schuf ein Ton- und Seelengemälde, das höchster Bewunderung wert ist:

Das Werk erschien 1858 bei Spina in Wien. Seine Uraufführung erfolgte im schon erwähnten Konzert vom 7. März 1821 im Kärntnertortheater mit «Erlkönig» und «Dörfchen».

Die Reaktion der sogenannten Sachverständigen war genau die gleiche wie diejenige der Hörer, die das Neue, Unvertraute am Alten, Vertrauten messen und der Meinung sind, das Neue müsse sein, wie das Alte war. Spaun hat die allgemeine Kritik, die Schuberts Kunst zu dessen Lebzeiten fand, zusammengefaßt (siehe S. 157).

Doch hielten die Freunde tapfer und unentwegt zu ihm und setzten, wo es nur ging, seine Werke auf Programme von Konzerten oder Hausmusiken. Die Stimmen über Schuberts Schaffen mehren sich. Von allgemeiner Gültigkeit und zukunftsweisend sind Hentls Feststellungen, die wir ebenfalls auf S. 157 zitierten.

Ein Werk höchster Weisheit und erhabenen Gefühls ist die Vertonung des «*dreiundzwanzigsten Psalms*» (XVIII, 2), für vier Frauenstimmen und Klavier, den Gesangsschülerinnen von Anna Fröhlich im Dezember 1820 komponiert. Das Werk ist eines der holdesten As-dur-Musikstücke, die es überhaupt gibt, ein Juwel in jeder Hinsicht. Zart und schlicht beginnt das Werk mit «Gott ist mein Hirt», gerät in eine liebliche Bewegung «Er leitet mich an stillen Bächen», steigert sich kraftvollgläubig bei «Er führt mich auf gerechtem Steige», intensiviert den Ausdruck durch absteigende Chromatik auf «Und wall' ich auch im Todesschatten Thale», um in einer tröstlichen Auflichtung «So wall' ich ohne Furcht», zum verklärten Schluß «Einst ruh' ich ew'ge Zeit dort in des Ew'gen Haus» zu gelangen. Dabei weiß Schubert trotz aller wechselnden Stimmungen die Ausgeglichenheit der Form herrlich zu wahren!

NEUE OPERNVERSUCHE

Offenbar ließ der Wunsch, mit einer erfolgreichen Oper das Glück zu suchen, Schubert auch jetzt noch keine Ruhe. Am 8. September 1818 antwortet er aus Zelesz einem Freunde, der ihm vermutlich die am 3. September in Szene gegangene «Elisabetta» von Rossini rühmte, unter anderem: «Daß die Operisten in Wien jetzt so dumm sind und die schönsten Opern ohne meine aufführen, versetzt mich in eine kleine Wut.» Wenn Schubert neben dem künstlerischen auch an einen finanziellen Erfolg dachte, der sich mit einem glücklichen Bühnenwurf erringen ließe, so ist das nur zu verständlich. Denn nach wie vor lebte er in einer finanziellen Misere, und es ging ihm wirtschaftlich ausgesprochen schlecht. Darüber erzählt Spaun: «So sehr auch der Kreis sich vergrößerte, welcher Schuberts Talente bewunderte und seinen Liedern große Genüsse verdankte, so blieb er doch, einige Beihilfe, die ihm von Vogl wurde, abgerechnet, ohne irgendwelche Unterstützung. Seine Lage war wahrhaft drückend. Kein Verleger war zu finden, der es gewagt hätte, für seine herrlichen Schöpfungen auch nur einiges zu bieten. Er blieb jahrelang pekuniären Sorgen ausgesetzt; ja, der so Reiche an Melodien konnte selbst die Miete für ein Klavier nicht erschwingen. Die Schwierigkeit seiner Lage lähmte jedoch seinen Fleiß und seine Lust durchaus nicht. Er mußte singen und dichten, das war sein Leben...»

Um die Jahreswende 1818/19 geht Schubert neuerdings an die Komposition einer Oper. Auf Vorstellungen seines Freundes Vogl beauftragte die Operndirektion Georg von Hoffmann mit der Umarbeitung eines französischen Lustspiels «Les deux Valentins» zu einem einaktigen Libretto, «*Die Zwillingsbrüder*» (XV, 5). Natürlich sollte Vogl die Rollen der beiden Brüder Franz und Friedrich Spieß spielen. Schubert muß gegen das Frühjahr 1819 mit der Komposition des Singspiels fertig gewesen sein; denn in einem Brief an Anselm Hüttenbrenner vom 19. Mai nach Graz nimmt Schubert Bezug auf offenbare Schwierigkeiten, die einer Aufführung entgegenstanden: «Neues gibt's hier Weniges, wenn man was Gutes hört, so sind es immer die alten Sachen... Trotz eines Vogls ist es schwer, wider Canaillen von Weigl (Hofoperndirektor), Treitschke (Dramaturg) etc. zu manövrieren. – Drum gibt man statt meiner Operette («Die Zwillingsbrüder») andere Ludern, wo einem die Haare zu Berge stehen.» Am 14. Juni 1820 war es aber dann doch so weit, und das Singspiel – das Programm nennt es eine Posse – ging am Kärntnertortheater zusammen mit einem Ballett von Adalbert Gyrowetz, «Die zwey Tanten, oder ehemals und heute», in Szene. Die Handlung ist reichlich naiv: Ein rheinischer Dorfschulze versprach vor Jahren die Hand seiner Tochter Lieschen seinem Nachbarn Franz Spieß, als dieser mit seinem Zwillingsbruder Friedrich in den Krieg zog. Nach Jahren kommen die beiden zurück, ohne aber voneinander zu wissen. Das Hin und Her der

Handlung löst sich in Minne, und der lachende Dritte, Anton, führt die Braut heim.

Der Erfolg war nicht eindeutig. «Die Operette hat nichts Empfehlendes, doch Schuberts Freunde machten viel Lärm, die Gegenpartei zischte, am Ende stürmte man», notiert der Gatte der Opernsängerin Therese Großmann, Karl Rosenbaum, in sein Tagebuch. Mozarts Sohn, der die Aufführung zufälligerweise hörte, sagt, die Musik enthalte einige ganz hübsche Dinge, sei aber ein bißchen zu schwer gehalten. «Herr Schubert hat mehr Fähigkeiten zum Tragischen als zum Komischen», findet auch die «Wiener Allgemeine Musikalische Zeitung». Ähnlich, doch wohlwollender, läßt sich das «Wiener Konversationsblatt» vernehmen: «In seinen wunderschönen, leider zu wenig bekannten Liedern offenbart sich ein ebenso einfaches, tiefes als poetisch reiches Gemüt; fast ängstlich mag er nun an dem Stoffe einen Zug gesucht haben, in dem er seine Stärke kundgeben könnte. Die possenhafte Seite der Handlung sprach ihn offenbar nicht an, denn die blieb vollkommen unberührt.»

Schubert hörte sich die Vorstellung neben Holzapfel auf der Galerie an. «Er war ganz glücklich», schreibt dieser, «daß die Introduktion mit gewaltigem Applaus aufgenommen ward. Alle Nummern, in denen Vogl beschäftigt war, wurden lebhaft beklatscht. Am Schlusse wurde Schubert stürmisch gerufen, er wollte jedoch nicht auf die Bühne hinabgehen, da er einen alten Rock anhatte. Ich zog eilig meinen schwarzen Frack aus und überredete ihn, denselben anzuziehen, um sich dem Publikum zu präsentieren, was ihm nützlich gewesen wäre; er war aber zu unentschlossen und zu scheu. Da das Hervorrufen kein Ende nehmen wollte, trat endlich der Regisseur hervor und meldete, Schubert sei im Opernhause nicht anwesend, was dieser selbst lächelnd anhörte.»

Er ging den Abend mit seinen Freunden bei einem Glase Ungarwein feiern. Nach sechs Aufführungen verschwand Ende Juli das Stück, an das Schubert eine sehr nette, gut klingende Musik nicht ohne Charakter gewagt hatte, in der Versenkung. Die erste Berührung des Dramatikers Schubert mit der Wiener Bühne war nicht eben ermutigend. Die Enttäuschung klingt weiter in einem eigenen Gedicht vom September 1820:

«*Der Geist der Welt*»

«Laßt sie mir in ihrem Wahn,
Spricht der Geist der Welt,
Er ist's, der im schwanken Kahn
So sie mir erhält.

Laßt sie rennen, jagen nur
Hin nach einem fernen Ziel,
Glauben viel, beweisen viel,
Auf der dunkeln Spur.

Nichts ist wahr von allem dem,
Doch ist's kein Verlust,
Menschlich ist ihr Weltsystem,
Göttlich bin ich's mir bewußt.»

Im Februar 1820, also in der Zeit der Intrigen gegen seine «Zwillingsbrüder», komponierte Schubert sein erstes und einziges Oratorium, «*Lazarus*» (XVII, 1), ein «religiöses Drama in drei Handlungen». Schubert selbst bezeichnet es als «Osterkantate», was zutreffender ist, da eine raummäßige Darstellung, auch wenn sie gedacht worden wäre, niemals in Frage kommen konnte. Außerdem war der Verfasser des Textes ein protestantischer Theologe, August Hermann Niemeyer (1754 bis 1828), Oberkonsistorialrat in Halle, der preußischen Regierung als unruhiger Kopf verdächtig. «Lazarus, oder die Feier der Auferstehung» war schon 1778 im Druck erschienen, auch schon anderweitig komponiert worden. Niemand weiß, wie Schubert auf den Text geriet. Der erste Teil enthält die Sterbeszene Lazari. Maria und Martha, seine Schwestern, führen ihn unter frommen Ermahnungen ins Freie, wo er nach der Versicherung ewigen Lebens durch Nathanael verscheidet. Sogar Jairi Töchterchen ist als Zeugin des Auferstehungswunders erschienen!

Die zweite «Handlung» nennt als Szene «eine grünende Flur voll von Grabsteinen, von Palmen und Zedern umpflanzt». Der Saducäer Simon erscheint als Zweifler und schreckt vor dem offenen Grabe zurück. Nathanael muntert ihn aber auf, der Grablegung Lazari beizuwohnen:

«Vielleicht daß dir im Liede der Freundschaft
süße Andacht der Unsterblichkeit herüberlispelt.»

Männer- und Frauenchöre, ein Klagegesang von Simon und Martha und ein gemischter Chor beschließen in kraftvoller Steigerung: «er wächst zur Zeder Gottes empor», das Fragment, dessen dritte «Handlung» verlorenging, wenn sie überhaupt komponiert wurde, was keineswegs sicher ist. Das Werk, eine seltsam anmutende Mischung von Hymne und Oper, von Klopstock und Metastasio, hätte mit einer Synthese der beiden im dritten Teil vermutlich einen Schubert offenbart, dessen Begabung für das Oratorium stärker gewesen war als für die Oper. Dies zeigt «Mirjams Siegesgesang», eine Frucht von Schuberts Bekanntschaft mit Werken Händels. Diese hätte ihn, wenn er das Leben gehabt hätte, vielleicht doch zum Oratorium geführt. Das Werk blieb vermutlich ein Torso aus den gleichen Gründen, wie es die «Unvollendete» blieb: fand Schubert in der Sinfonie kein den vorausgehenden Sätzen würdiges Scherzo, so mag ihm in der Osterkantate «Lazarus» der Atem für die große Synthese noch gefehlt haben.

Der erste Teil, die «Grablegung», wurde zum Schubertjahr 1928 von Walter Haenel, einem Schüler Hugo Riemanns und Musikberater des damaligen deutschen Arbeitersängerbundes in einer pietätvollen Ausgabe (mit Chören und Musik aus «Rosamunde») zu praktischem Gebrauch herausgegeben. – Eine szenische Aufführung unter Paul von Klenau fand 1928 im Wiener Konzerthaus, eine konzertmäßige unter Dr. Hans Münch im Mai 1954 in Basel statt. – Was von der Partitur vorhanden war, kam in verschiedene Hände. Der erste Teil fand sich 1857 bei Spaun, der zweite kam 1859 beim Tode Ferdinands in die Hände des spätern Beethovenbiographen A.W. Thayer. Dort sah ihn 1861 der Schubertbiograph Heinrich von Kreißle. Ein letzter Bogen des zweiten Teils will Johann Herbeck als Makulatur bei einem Greißler gefunden haben. Zu Ostern 1863 führte Herbeck «Lazarus» in einem außerordentlichen Konzert der Gesellschaft der Musikfreunde erstmals öffentlich auf und publizierte 1866 bei Spina einen Klavierauszug. Wenn man die abenteuerlichen Schicksale des Werkes kennt und an die völlig ausgereifte und vollendete Ausarbeitung des ersten und weiter Strecken des zweiten Teiles denkt, möchte man zu gerne hoffen, der dritte Teil, die Auferstehung, sei auch komponiert worden. Die Hoffnung aber, ihn aufzufinden, dürfte noch geringer sein als jene, die verlorengegangene Gasteiner Sinfonie aufzufinden, von der später die Rede sein wird. Denn diese wurde sicher komponiert und vollendet. «Lazarus» bricht auch in der Partitur mit einem letzten fragmentarischen Rezitativ ab, ähnlich der «Unvollendeten», deren paar Takte ausgearbeitetes Scherzo sich bald in Skizzenhaftigkeit verlieren. Man kann dies nur bedauern.

Im Sommer dieses Jahres 1820 erhielt Schubert einen neuen Opernauftrag. Er sollte die Musik zu einem Spektakelstück, «*Die Zauberharfe*» (XV, 7), komponieren, das als Benefiz für Theatermaler, Maschinenmeister und Kostümier des Theaters an der Wien gedacht war. Der Theatersekretär Georg von Hoffmann verfaßte das Textbuch nach Baron Schlechtas Rezept: «Nimm ein Stück guten und ein Stück bösen Zauberer, welche miteinander sich katzbalgen, ferner ein mondsüchtiges Ruinenfräulein, einen heulenden Vater, einen verfeiten Sohn, item einige alberne Ritter, die sich lächerlich machen müssen, endlich zehn oder zwölf Ungeheuer, je possierlicher desto besser. Mische diese Ingredienzien mit einem Eimer Tränen, einer Handvoll Seufzer und einer derben Portion des unsinnigsten Zaubers – zu einem unverständlichen Brei – und so ist das Unding fertig...» Ein solches Monstre- und Spektakelstück konnte Schubert wenig inspirieren, die Musik nennt ihr Schöpfer selber «aufhauerisch», also laut, lärmend, billig aufs äußerliche gehend. Ritter- und Knappenchöre nehmen etwas von Webers «Euryanthe» voraus. In fünf von den dreizehn Nummern muß Schubert Musik zu einem melodramatischen, leeren Pathos schreiben. Die Instrumentation würde einem Berlioz alle Ehre machen; Horn und Harfen verrichten Wunder, Bläser vor und hinter der Bühne brillieren in wahrhaft meisterlicher Routine, eben in Routine. Lebendig ist von dieser «aufhauerischen» Musik nur die formal fragwürdige Ouvertüre geblieben, im Konzertsaal als «Ouvertüre zu Rosamunde» bekannt.

Das Stück erlebte immerhin zwölf Aufführungen, die Spaun der Wirkung von Schuberts Musik zuschrieb. Bauernfeld notierte in seinem Tagebuch: «Im Theater an der Wien ,Die Zauberharfe', ein Dekorations- und Maschinenstück. Musik von Franz Schubert. Ausgezeichnet.» Dabei kannte er Schubert in diesem Zeitpunkt noch nicht. – Die Kritik vermöbelte Musik und Schöpfer nach Hieb und Stich.

Nur Baron Franz von Schlechta, der Wohlmeinende, Aufgeschlossene, fand lobende Worte im «Konversationsblatt»: «Im Gesang hat Schubert sein poetisches Gemüt zu entfalten vielfache Gelegenheit gehabt und dies redlich und glücklich getan. Bald klingen seine Töne aus einem friedlichen, stillen Tanze herüber, bald rauscht die Zauberharfe gewaltig und doch mild versöhnend darein. Der sprechendste Beweis für die Vorzüglichkeit der Komposition ist endlich der Umstand, daß sie trotz der größtenteils mittelmäßigen Aufführung so allgemein ansprach. Man gewähre mir am Schlusse den freudigen Wunsch auszusprechen, daß Schubert mit dem unendlichen Reichtum seiner Klänge es recht oft versuchen möge, uns aufzuwecken aus dem schläfrigen Taumel, in welchen uns die Zwittergeburten des Tages versenken.» Richtiges Erkennen, albernes Besserwissenwollen, hochfahrende Abkanzelung mischten sich, nicht zum letzten Mal, zu einem Brimborium komischster Art. — Das ausbedungene Honorar von 100 Gulden erhielt Schubert wegen Zahlungsunfähigkeit des Theaterunternehmens nie ausbezahlt.

Im Oktober 1820 beschäftigte sich Schubert neuerdings mit einem Opernstoff. Johann Philipp Neumann, der den Text zur «deutschen Messe» liefern wird, skizzierte zwei Akte des indischen Stoffes «*Sakuntala*», doch blieb das Projekt nur Projekt, im musikalischen sehr skizzenhaft. Nur der Schlußchor des ersten Aktes, ein Frauenchor mit Bläserbegleitung, wurde auskomponiert. Die Musik, weder fertige noch skizzenhafte, wurde nicht in die Gesamtausgabe aufgenommen.

Im Jahre 1821 bestellte die Direktion der Hofoper, nach herkömmlichem Brauch, zwei Einlagen in Hérolds «*Das Zauberglöcklein*», eine pathetische Tenorarie und ein lustiges Duett für Tenor und Baß (XV, 15). Am 20. Juni 1821 ging die Oper in Szene. Die Herkunft der Einlagen war selbst den Freunden Geheimnis geblieben; sie ernteten, vor allem das Duett, den größten Beifall. Sogar die Kritik war diesmal einverstanden!

Im September 1821 geht's wieder auf frohe Wanderfahrt: Der Bischof von St. Pölten, der etwa 70 Kilometer westlich von Wien gelegenen Stadt, hatte seinen Neffen Franz von Schober, dessen Familie und Freund zu einem Aufenthalt auf sein Landschlößchen Ochsenburg eingeladen. Über den Aufenthalt orientierte Schober den gemeinsamen Freund Spaun:

«Wien, den 2. November 1821

Treuer Freund!

Schubert und ich sind nun von unserem halb Land-, halb Stadtaufenthalt wieder zurückgekehrt... In Ochsenburg hatten wir mit den wirklich schönen Gegenden und in St. Pölten mit Bällen und Konzerten sehr viel zu tun. Demohngeachtet waren wir fleißig, besonders Schubert, er hat fast zwei Akte, ich bin im letzten. Ich hätte nur gewunschen, Du wärest da gewesen und hättest die herrlichen Melodien entstehen hören, es ist wunderbar, wie reich und blühend er wieder Gedanken hingegossen hat... Daß wir ‚Kuppeln' (Leopold Kupelwieser), der nachzukommen versprochen hatte und nicht kam, hart entbehrten, kannst Du denken, wie Dich; denn Euch zwei hätten wir besonders zu Richtern über unsere Arbeit gemacht. Gestern sind in Wien die Freischützen von Weber gegeben worden, haben aber nicht recht gefallen. Da ich an der Oper arbeite, glaube ich nichts anderes schreiben zu können.   Dein Schober.»

Die Oper, an der beide Freunde arbeiteten, war «Alfonso und Estrella». Der Aufenthalt bei Bischof Dankesreither sagte Schubert nicht wenig zu. Zum Dank widmete er dem Bischof seine Harfnerlieder, wofür dieser in einem undatierten Schreiben dankt:

«Wohlgeborner Herr!

Sie haben mir eine wahrlich unverdiente und ganz besondere Ehre dadurch erwiesen, daß Sie mir das zwölfte Werk Ihrer allgemein geschätzten und beliebten musikalischen Kunstprodukte gewidmet. Empfangen Sie sowohl für diese Auszeichnung und Aufmerksamkeit als für die mit Ihrem gütigen Zueignungsschreiben übersendeten Exemplare dieses vortrefflichen Werkes meinen sehr verbindlichen Dank und das Geständnis, daß ich mich als großer Schuldner von Ihnen erkenne. Gott, von welchem jede gute Gabe kommt, hat Sie vorzugsweise mit einem so seltenen Musiktalente ausgestattet, daß Sie durch die fernere Bearbeitung und Benützung desselben Ihr Glück standhaft gründen können. Da ich Ihnen dies Lebensglück recht herzlich wünsche, versichere ich Sie, daß ich mit ausgezeichneter Hochachtung und vieler Verbindlichkeit bin Ihr ergebener Diener
  Johann Nepomuk m. p., Bischof.»

Noch haben wir, um unsere Betrachtung dieses Zeitabschnittes zu runden, einige Instrumentalwerke zu erwähnen. Im August 1821 skizzierte Schubert eine «*Sinfonie in E-dur*». Von ihr sind das einleitende Adagio und der Beginn des Allegros ausgearbeitet, total 110 Takte. Das übrige hat Felix Weingartner 1934, etwas frei, in der Partitur rekonstruiert, wobei er sich auf Schuberts Skizzen und eine vom Iren Francis Barnett 1883 erstellte zweihändige Klavierausgabe stützte. Ferdinand Schubert hatte das Autograph 1846 Felix Mendelssohn überlassen in der Meinung, dieser vervollständige das Werk. Felix Mendelssohn unterließ dies aber, und sein Bruder Paul gelangte in den Besitz der kostbaren Reliquie. Er schenkte sie 1868 dem verdienten Förderer des Londoner Musiklebens, Sir George Grove, Direktor des «Royal College of Music». Kein Geringerer als Johannes Brahms setzte sich in einem Brief an seinen Freund Joseph Joachim vom Dezember 1868 aus Wien dagegen zur Wehr, daß das Werk in England vervollständigt werde, wenn Mendelssohn der Mut dazu gefehlt habe. Joachim möchte doch seinen Einfluß geltend machen, daß mit dem Werk «keine Unzucht getrieben» werde.

John-Francis Barnett, früherer Schüler des Leipziger Konservatoriums, Pianist und Komponist vollendete die «Sinfonie in E-dur» in Partitur, die ungedruckt blieb und in einem Klavierauszug, den Breitkopf & Härtel 1883 veröffentlichten. Am 5. Mai 1883 wurde die Version Barnett im Londoner Kristallpalast uraufgeführt und im folgenden Jahr neuerdings zu Gehör gebracht. Dann blieb es still um sie, bis sich, wie schon gesagt, Felix Weingartner zu einer Rekonstruierung des Werkes entschloß.

Nun nahm sich auch der Genfer Schubertfreund Emile Amoudruz, wie Franz Walter in Nr. 12 der «Schweizerischen Musikzeitung» vom Jahre 1954 näher ausführte, des Werkes an und begab sich im Mai 1948 nach London auf die Suche nach Barnetts Orchesterpartitur. Es sollten noch zwei Exemplare existieren, eines im Kristallpalast, das andere als Privatbesitz Barnetts. Zu seinem Bedauern mußte er vernehmen, daß das eine Exemplar 1936 beim Brande des Kristallpalasts verbrannte, während Barnetts Exemplar mit dessen 1916 erfolgtem Tode verschwand.

Auch die im Besitze von Breitkopf & Härtel befindliche Kopie existiert nicht mehr, sie verbrannte 1943 während eines Bombardements. Schuberts Autograph, das im «Royal College of Music» aufbewahrt wird, und Barnetts Klavierauszug gaben nun Emile Amoudruz die Grundlage, seinerseits eine Vervollständigung der Sinfonie zu versuchen. Ein Urteil wird man erst fällen können, wenn das Werk in der neuen Fassung zu hören sein wird. Man kann nur hoffen, daß Amoudruz ebenso vorsichtig zu Werke ging, wie man dies Barnett nachsagen darf. Schubert hatte erstmals die nun üblichen drei Posaunen in einer Sinfonie verwendet. Was aus seiner Hand vorhanden ist, blickt zurück auf die italienische Ouvertüre und vorwärts zur kommenden großen C-dur-Sinfonie. Einstein nennt sie «ein Werk der Mitte.»

Anfangs 1821 ersuchte der Verleger Diabelli fünfzig «vaterländische» Komponisten, über einen von ihm komponierten zweiteiligen Walzer je eine Variation zu schreiben. Beethoven schuf die «*33 Variationen über ein Thema von Diabelli*», mit denen am 9. Januar 1824 Diabelli die Verlagstätigkeit der neuen Firma Diabelli & Co. eröffnete. Beethovens Arbeit war so umfangreich geraten, daß Diabelli die Variationen der «Konkurrenten» in einem zweiten Teil herausgeben mußte. Dieser Teil enthielt die erste Komposition von Franz Liszt. Als erster der Eingeladenen hatte sich Franz Schubert mit seinem Beitrag (XI, 8) eingestellt und zwar bereits im März 1821. Schubert hat die nichtssagende Vorlage Diabellis in reizendster Art verwandelt, sicher vertieft und künstlerisch gehoben:

Von den Zusammenkünften, an denen Schubert zum Tanz aufspielte, war schon die Rede. Am 29. November 1821 erschienen zum erstenmal solche *Tänze* als op. 9 bei Cappi & Diabelli (XII, 1), das erste im Druck erschienene Instrumentalwerk des Tondichters! Von diesen drei Dutzend Walzern ist die Nr. 2, der «Trauerwalzer», schon 1816 entstanden und von Schubert mehrmals abgeschrieben worden. Die Nummern 5 bis 13 tragen als Titel und Datum «Deutsche. 12. Novbr. 1819», die Nummern 29 bis 31 «Atzenbrucker Deutsche. July 1821». Damals weilte Schubert mit Schober und andern Freunden in Atzenbruck bei Schobers Oheim Josef Derffel. Die Nummern 32 bis 36, alle in Fis-dur stehend, tragen das Datum «8. März 1821». Die Ausgabe setzte die letzteren nach F-dur, der leichtern Spielbarkeit wegen! Auch aus verkaufstechnischen Gründen! Es sind lauter Ländler gemütvoller Art, meist in achttaktigen Hälften, manchmal harmonisch lebendig, anregend, dann wieder hausbacken, bieder.

Am 5. Februar 1823 erschienen als op. 18 wieder zwei Hefte *Tänze* (XII, 2), ebenfalls bei Cappi & Diabelli. Das erste Heft enthält zwölf Walzer und sechs Ecossaisen, das zweite siebzehn Ländler und drei Ecossaisen. Auch sie sind teilweise 1821 in Atzenbruck entstanden, wo man bei Lied, Tanz, Scharaden und Spiel die Welt Welt sein ließ und sich köstlich amüsierte. Die Tänze haben nichts Virtuoses an sich, bestechen aber durch ihre von Herzen kommende Natürlichkeit.

Im Herbst 1821 trennte sich Schubert von Mayrhofer. Dieser nennt als Grund «den Strom der Verhältnisse und der Gesellschaft, Krankheit und geänderte Anschauung des Lebens». Diese letzte Bemerkung war der wirkliche Grund: die Freunde hatten sich etwas auseinander gelebt. Schober nahm den Musikanten bei sich auf. Anselm Hüttenbrenner zog nach Graz, um dort das Gut seines Vaters zu übernehmen, Spaun übersiedelte für zwei Jahre nach Linz. Die Maler Leopold Kupelwieser und Moritz von Schwind ersetzten die Wegziehenden, die mit den Freunden in Wien brieflich in Verbindung blieben.

«Stille Zeiten – stilles Schaffen» nannten wir diese Epoche von Schuberts Leben. Nicht alle Blüten hatten die erhofften Früchte gezeitigt. Doch schien im ganzen die Sonne freundlich über Schuberts Lebenslandschaft. Man hörte Schubert, man sprach von ihm, die ersten Werke erschienen nun im Druck. Franz Schubert blickte zuversichtlich in die Zukunft, vor allem aber der Gegenwart lebend und in ihr wirkend.

Achtes Kapitel

VON «ALFONSO UND ESTRELLA» ZUR «SCHÖNEN MÜLLERIN»
1822–1823

> *« Meine Erzeugnisse sind durch den Verstand*
> *für Musik und durch meinen Schmerz vorhanden;*
> *jene, welche der Schmerz allein erzeugt hat,*
> *scheinen am wenigsten die Welt zu erfreuen.»*
> (Tagebucheintragung Schuberts vom 27. März 1824)

Das Jahr 1822 begann, wie das vorhergehende geendet hatte, mit der Arbeit an der in St. Pölten begonnenen Oper in drei Akten, «*Alfonso und Estrella*» (XV, 9). In ihr war Schubert vom Singspiel über das Zauberstück zur «Großen Oper» gelangt. Die Handlung, die Schober in ein Libretto umarbeitete, ist folgende:

Troila, ein entthronter König, hat sich mit seinem Sohn Alfonso und einigen Getreuen in einer Felsengegend ein Asyl geschaffen. Estrella, die liebreizende Tochter des Usurpators Mauregato, verirrt sich auf der Jagd in jene Gegend, trifft «zufällig» den jungen Königssohn Alfonso. Die berühmte Liebe auf den ersten Blick stellt sich ein, was zu erwarten ist, und die Handlung wird vom Textdichter durch allerlei spannungsvolle, bühnenwirksame Szenen in der theatralischen Aufmachung der «grand opéra» zum erwarteten glücklichen Ende geführt. Rachearien, große Duette, Verschwörerszenen und Sarastrogroßmut gaben Schubert Gelegenheit zu einer entsprechend italianisierten, wenn auch geschmackvollen Musik, in der vielgestaltige Doppelchöre und stimmungsmalende Ensembles so wenig fehlen wie in den Opern Verdis. Das Werk ist durchkomponiert, doch etwas dicklich instrumentiert. Darüber schrieb Franz Liszt in seinen «Gesammelten Schriften»: «Die Instrumentation spielt eine sehr untergeordnete Rolle und ist eigentlich nur eine für Orchester arrangierte Klavierbegleitung. Besonders sind die häufig angewandten Violinenarpeggien – sogenannte Batterien – und die Monotonie ermüdend, mit welcher er Akkorde, Figuren und Passagen von verschiedenen

Instrumenten verdoppelt, ohne daß die andern auch nur die geringste
Episode oder Abwechslung hineinbrächten...» Liszt darf sich wohl
über das Werk äußern, hat er es doch 1854 in Weimar herausgebracht.
Die schwungvoll-heftige Ouvertüre, eine leidenschaftliche Liebeswerbung, die Reuearie Mauregatos, der zur musikalischen Szene erweiterte Beginn des dritten Aktes weisen eher auf den mittleren Verdi
hin. Solche Dramatik hatte man bisher aus Schuberts Bühnenwerken
nicht vernommen. Und wenn diese Dramatik auch recht theatra-
lisch war, so gab sie dem Theater ganz unmißverständlich, was ihm
gehörte.

Eine Aufführung kam in Wien nicht zustande, trotzdem Vogl, dem
die Rolle des Troila zugedacht war, nach Kräften sich dafür einsetzte.
Am 7. Dezember 1822 teilt Schubert seinem Freunde Spaun nach Linz
mit: «Mit der Oper ist es in Wien nichts, ich habe sie zurückbegehrt
und erhalten, auch ist Vogl wirklich vom Theater weg. Ich werde
sie in kurzem entweder nach Dresden, von wo ich vom Weber einen
vielversprechenden Brief erhalten, oder nach Berlin schicken.» Später
fügt er bei: «Mir ging es sonst ziemlich gut, wenn mich nicht die
schändliche Geschichte mit der Oper so kränkte.» Die Hoffnung auf
eine Aufführung in Dresden, wo Weber ja Theaterkapellmeister war,
zerrann, als Schubert sich herausnahm, Weber nach der Aufführung
von dessen «Euryanthe» in Wien ihren Mangel an Melodien zu kri-
tisieren. Webers Reaktion war mehr als säuerlich: «Der Affe soll
früher etwas lernen, bevor er mich beurteilt.» Auch eine Vermitt-
lung des Schubert freundlich gesinnten Vizedirektors der k. k. Hof-
bühnen, Ignaz von Mosels, blieb erfolglos. Sollte sich mit Berlin
etwas machen lassen?

In Berlin riß *Anna Milder-Hauptmann*, Beethovens erste Leonore,
zu Stürmen der Begeisterung hin. Sie bemühte sich dort erfolgreich
um die Verbreitung von Schuberts Liedern. Ende 1824 bat sie Schubert um eine seiner Opern, da er, wie sie höre, mehrere geschrieben
haben solle. Natürlich kam der Komponist dem Wunsche der Gefeierten sofort nach. Unterm 8. März 1825 antwortet sie: «Was ,Alfonso
und Estrella', Ihre Oper, anbelangt, ist es mir unendlich leid, bemerken zu müssen, daß das Buch hievon dem hiesigen Geschmack nicht
entspricht, man hier die große, hochtragische Oper gewöhnt oder die
französische komische Oper. Nach diesem Ihnen hier beschriebenen

Geschmack werden Sie selbst einsehen, daß ‚Alfonso und Estrella' durchaus kein Glück hier machen würde.» Natürlich hat sie für sich eine gute Rolle gesucht und diese nicht gefunden. Denn die Milder war eine hochdramatische Sängerin, die Partie der Estrella aber für einen lyrischen Sopran angelegt. In den folgenden Zeilen läßt sie die Maske fallen: «Sollte ich die Freude haben, in einer Ihrer Opern darstellen zu können, so müßte es wohl für meine Individualität berechnet sein, z. B. die Rolle einer Königin, Mutter oder Bäuerin. Ich würde daher raten, etwas Neues zu machen und womöglich in einem Akt, und zwar ein orientalisches Sujet, wo der Sopran die Hauptperson, dies müßte Ihnen ganz vorzüglich geraten; so wie ich aus Goethes ‚Divan' (sie meint den ‚West-östlichen Divan') ersehe. Auf drei Personen und Chor könnten Sie für hier der guten Aufführung gewiß sein, nämlich ein Sopran, ein Tenor, ein Baß... Lassen Sie mich gefälligst wissen, was mit Ihrer Oper ‚Alfonso' geschehen soll.» Schubert verlangte sie zurück, um eine weitere Enttäuschung reicher.

Im Spätsommer 1827, anläßlich eines Besuches bei den Pachlers in Graz, kam es zu zwei Durchspielproben mit dem Orchester. Dann wurde das Werk als zu schwierig weggelegt. Auch die schon erwähnte Uraufführung durch Liszt in Weimar zeitigte keinen tiefern Erfolg. Ihr folgten 1881 Karlsruhe und 1882 Wien, beide ohne einen über den Abend hinausdauernden Nachhall. – Aber vielleicht weiß doch Liszts Klarsinn das richtige Urteil zu fällen, wenn er in seinen «Gesammelten Schriften» sich weiterhin zu diesem Werk äußert: «Schuberts Bestimmung war, indirekt der dramatischen Musik einen immensen Dienst zu erweisen. Dadurch, daß er in noch höher potenzierter Weise als Gluck es getan, die harmonische Deklamation anwandte und ausprägte, sie zu einer bisher im Lied nicht für möglich gehaltenen Energie und Kraft gesteigert und Meisterwerke der Poesie mit ihrem Ausdruck verherrlicht hat, übte er auf den Opernstil einen vielleicht größeren Einfluß, als man es sich bis jetzt klargemacht hat. Er naturalisierte gleichsam den poetischen Gedanken im Gebiete der Musik und verschwisterte ihn mit derselben wie Seele und Körper.»

Der durchkomponierten großen Oper im Stile der italienischen «Semiseria», Halbernsten, folgte wieder ein Singspiel in Nummern und mit gesprochenem Dialog. Ende April 1823 war die Musik «*Die*

Verschworenen» (XV, 6) beendet, allerdings ohne Ouvertüre. Das Libretto stammte von einem Bekannten, dem Wiener Schriftsteller Ignaz Franz Castelli (1781 bis 1862), der schon den Text zu Weigls «Schweizerfamilie» geliefert hatte. Seine witzigen «Memoiren» sind recht aufschlußreich über das biedermeierische Wien. Der Titel «Die Verschworenen» erregte die Bedenken der Herren Zensoren. Er wurde abgeändert in «*Der häusliche Krieg*». Den Stoff hat schon Aristophanes in «Lysistrata» behandelt, einer hochaktuellen Komödie, die 411 vor Christus in Athen zur Aufführung kam. Castelli ließ seine zahme Handlung, die außer dem Titel nichts, aber auch gar nichts Aktuelles oder Politisches enthielt, in der Zeit der Kreuzzüge spielen. Die auf einer deutschen Burg zu Hause verbliebenen Frauen wollen sich den heimkehrenden Männern so lange versagen, bis diese geloben, nicht mehr in den Krieg zu ziehen. Die läppische Handlung, die sich in kleinen, lüstern wirkenden Anzüglichkeiten ergeht, im Dienerpaar eine Entlehnung bei Mozarts «Entführung aus dem Serail» vornimmt, ohne aber deren Witz mitzunehmen, fährt in denkbar ausgefahrenen Geleisen. Schuberts Reinfall auf den Text kann nur verstanden werden, wenn man annimmt, er habe um jeden Preis auf die Bühne gelangen, sich um jedes Opfer einen Theatererfolg erkämpfen wollen. Die beste, musikalisch eindruckvollste Nummer ist eine Arie der Burgherrin mit dem Chor der verschworenen Frauen. Langweiliger sind die Chöre der heimkehrenden Männer gehalten, während eine sentimentale Romanze, Duette und eine kleine Arie der Burgherrin operettenhaft leicht wiegen. Zu einer Aufführung kam es erst am 1. März 1861! Und zwar zu einer konzertmäßigen. Der eben achtzigjährig gewordene Textdichter, der zur Aufführung eingeladen worden war, äußerte sich über das Werk, er habe von ihm nur gehört, die Musik sei ohne jeden Humor und viel zu düster, da habe er sich nicht weiter um die Geschichte gekümmert. Ja, den Komponisten habe er persönlich gekannt.

Die Wiener Operndirektion, der Schubert Partitur und Textbuch einreichte, beachtete das Werk kaum. Schubert erhielt auf dringendes Verlangen die Partitur uneröffnet(!) zurück. Unterdessen war das Buch in Berlin komponiert und mit Beifall aufgenommen worden. Castelli soll doch auch was tun! Schober stupst Schubert: «Castelli schreibt in ein paar auswärtige Blätter, Du hast eine Oper von ihm gesetzt; er soll's Maul aufmachen!» Da aber Castelli unterdessen über die Musik Ungünstiges gehört hatte, hielt er seinen Mund geschlossen.

Schubert konnte, wie Paumgartner meldet, sein Singspiel wenigstens einmal bei einer Privataufführung hören. Diese fand im Hause des Institutsdirektors Giannatasio del Rio statt. Kathi Fröhlich sang, und Fanny Giannatasio saß eingepfercht zwischen Mitwirkenden und Zuhörern am Klavier und «vertrat tapfer das Orchester».

Nun lieferte wieder ein Freund ein Libretto: Josef Kupelwieser, Bruder des Malers, Sekretär am Kärntnertortheater. Er hatte aus der altfranzösischen Legende von Großmaul «Fierabras» und der deutschen Legende «Eginhard und Emma» ein romantisches Liebesdrama von gehäuften Unwahrscheinlichkeiten aus der Zeit Karls des Großen zusammengeschustert. Dieses Machwerk hat Schubert in Todesverachtung – oder Ahnungslosigkeit – vom 23. Mai bis zum 2. Oktober 1823 zur Oper «*Fierabras*» (XV, 10) werden lassen. Es ist wieder eine Nummernoper, der Dialog erschreckend papieren, die Musik – zur Zeit der Müllerlieder entstanden! – leere Konvention, abgesehen von einer beginnenden Leitmotivik, die allerdings nicht konsequent, sondern nur sporadisch verwendet ist. Lag sie in der Luft? War sie Gesprächs- oder Diskussionsthema? Darauf ließe eine Wendung schließen im Gespräch, das Grillparzer mit Beethoven über seinen Stoff «Melusine» führte: «Ich habe mir überhaupt gedacht, ob es nicht passend wäre, jede Erscheinung oder Einwirkung Melusinens durch eine wiederkehrende, leicht faßliche Melodie zu bezeichnen. Könnte nicht die Ouvertüre mit dieser beginnen?» Im Hinblick auf die Entwicklung der deutschen Oper im 19. Jahrhundert ist dieser frühe Hinweis auf die Leitmotivik zum wenigsten interessant. Eine Aufführung kam nicht zustande. Am 31. März 1824 schreibt Schubert an Leopold Kupelwieser: «Die Oper von Deinem Bruder (der nicht sehr wohl that, daß er vom Theater wegging) wurde für unbrauchbar erklärt und mithin meine Musik nicht in Anspruch genommen.» Um eine Hoffnung ärmer und um eine weitere Enttäuschung reicher, nahm Schubert diese Tatsache zur Kenntnis.

Zu einem Erfolg kam Schubertsche Bühnenmusik allerdings, wenn auch erst Jahrzehnte nach ihrer Entstehung. Dafür blieb er um so treuer an ihr haften. Es hatte Wilhelmina von Chézy (1783 bis 1856) Carl Maria von Weber das Textbuch zu seiner romantischen Ritteroper «Euryanthe» geliefert. Helmina von Chézy, ein literarischer Blaustrumpf, entstammte der pseudodichterischen Welt Kotzebues. Zur Aufführung der «Euryanthe», die zur Entfremdung zwischen Weber und Schubert führen sollte, war sie nach Wien gekommen, wo sie sofort die ihr nötig und nützlich scheinenden Verbindungen aufnahm, beziehungsweise spielen ließ, um auch hier anzukommen. Sie reichte dem Direktor des Theaters an der Wien ein «neues Drama mit Chören» ein. Mit der Komposition wurde der «rühmlich bekannte, talentvolle Tonsetzer Herr Franz Schubert» betraut. Am 20. Dezember 1823 ging das Stück in Szene. Wir erfahren näheres aus einem Briefe Schwinds an Schober:

«Wien, am 22. Dezember 1823

Vorgestern wurde (im Theater) an der Wien ein Stück von der heillosen Frau von Chézy gegeben: ‚Rosamunde von Cypern' mit Musik von Schubert. Du kannst Dir denken, wie wir alle hineingingen! Da ich den ganzen Tag nicht aus war wegen dem Husten, so konnte ich mich auch nicht verabreden und kam allein in den dritten Stock, während die anderen im Parterre waren. Schubert hatte die Ouvertüre, die er zur ‚Estrella' geschrieben hat, hergegeben, da er sie für die ‚Estrella' zu aufhauerisch findet und eine neue machen will. Mit allgemeinem Beifall wurde sie wiederholt zu meiner größten Freude. Du kannst Dir denken, wie ich die Bühne und die Instrumentierung verfolgte. Ich weiß, daß Du dafür gefochten hast... Nach dem ersten Akt war ein Stück eingelegt, das für den Platz, den es einnahm, zu wenig rauschend war und sich zu oft wiederholte. Ein Ballett ging unbemerkt vorüber, ebenso der zweite und dritte Zwischenakt. Die Leute sind halt gewohnt, gleich nach dem Akt zu plaudern, und ich begreife nicht, wie man ihnen zutrauen konnte, so ernste und löbliche Sachen zu bemerken. Im dritten Akt kam ein Chor von Hirten und Jägern, so schön und natürlich, daß ich mich nicht erinnere, etwas ähnliches gehört zu haben. Mit Beifall wurde er wiederholt, und ich glaube, er wird dem Chor aus der Weberschen ‚Euryanthe' einen gehörigen Stoß versetzen. Noch eine Arie, wiewohl von Mad. Vogl auf das greulichste gesungen, und ein kurzes Bukolikon wurden beklatscht. Ein unterirdischer Chor war unmöglich zu vernehmen, und die Gesten des Herrn Rott, der während dessen Gift kochte, ließen ihn nicht zur Existenz kommen...»

Schubert schrieb zu «*Rosamunde*» (XV, 8) neun Musikstücke, die zum besten gehören, was seiner Feder entstammte und als Eingebungen seiner Muse in besonders glücklicher Stunde entstanden. Sicher merkt man der Musik in gar keiner Weise die innere und äußere Not jenes Jahres 1823 an. Sie erschien, als op. 26, 1827 mit der Ouvertüre zur «Zauberharfe». Es ist anzunehmen, daß diese Zuteilung dem Willen Schuberts entspricht.

Die Kritik machte es diesmal ziemlich gnädig. Die «Theaterzeitung» vom 30. Dezember 1823 schrieb: «...Die Musik von Franz Schubert, unserem verehrten Landsmanne, zeichnet sich in einigen Nummern wirklich aus... Die Ouvertüre mußte repetiert werden, gleiche Ehre widerfuhr dem ländlichen Chor im letzten Akt. Das Lied zum Anfange des dritten Aktes und der Chor im nämlichen sind ausgezeichnet. Herr Schubert fand einstimmige Anerkennung...»

Die «Wiener Zeitschrift» gar äußerte sich schier überschwänglich: «Ein majestätischer Strom, als süß verklärender Spiegel der Dichtung durch ihre Verschlingungen dahinwallend, großartig, rein melodiös, innig und unnennbar rührend und tief, riß die Gewalt der Töne alle Gemüter hin...» Es fehlte nicht an den üblichen onkelhaften Ratschlägen in andern Stimmen. Kritiken, wie «die Chöre gingen etwas unsicher, besonders schwankend zeigte sich die Intonation des weiblichen Chors» lassen vermuten, die Vorbereitung der Aufführung sei nicht mit der nötigen Gründlichkeit vorgenommen worden. Obwohl die «Wiener Zeitschrift» die Musik sehr pries, kamen nur zwei Aufführungen des Werkes zustande.

Uns ist die Musik sehr lieb geworden. Am Marsch wurde die sinfonische Haltung getadelt. Wir freuen uns am Frage- und Antwortspiel zwischen Streichern und Bläsern. Das «Andante poco assai» der ersten Ballettmusik ist ein Stück bester Schubertscher Poesie; nicht weniger herzlich und beglückend sind die Chöre der Hirten und Jäger sowie die Hirtenmelodien der Klarinetten, Hörner und Fagotte geraten, die den vierten Aufzug so bukolisch freundlich beseelen. Die zweite Ballettmusik erwähnten die Berichte nicht, doch ist sie das beliebteste und bekannteste Stück der Partitur geworden, neben der Einleitung der Szene, in der Rosamunde, Fürstin von Zypern, im idyllischen Tale der Hirten erscheint. Ihr Thema wurde im Streichquartett in a-moll und im Impromptu in B-dur, op. 142, Nr. 3, verwendet:

Und die Romanze der Axa, «Der Vollmond strahlt auf Bergeshöhn», ist zum sorgsam bewahrten Juwel Schubertscher Melodie- und Klangseligkeit geworden. Der Text zum Schauspiel ist verschollen.

Wir eilen unserem Abschnitt voraus, wenn wir in diesem Zusammenhang auch noch auf Schuberts letzte Opernversuche zu sprechen kommen. Zwar hat Schubert 1824 einem Wunsch J. G. Seidls, für sein dramatisches Märchen «*Der kurze Mantel*» die für die bevorstehende Aufführung am Theater an der Wien benötigten musikalischen Einlagen zu schaffen, nicht entsprochen. Ein Vorschlag Schwinds an Schober, für Schubert den biblischen Stoff von «*David und Abigail*» zu dramatisieren, wurde von Schober nicht akzeptiert.

Aufgegeben aber hat Schubert seine Opernpläne eigentlich nie. Noch im Todesjahr und auf dem Totenbett äußerte sich der Tondichter entsprechend. – Als im März 1825 Eduard von Bauernfeld Schuberts Bekanntschaft gemacht hatte, trug er in sein Tagebuch ein: «Er – Schubert – will einen Operntext von mir, schlug mir die ‚Bezauberte Rose' vor. Ich meine, ein ‚Graf von Gleichen' gehe mir durch den Kopf.» An schneller, eilfertiger Produktion nahm er es mit Schubert auf, zögerte aber, aus dem Stoff, den Schubert meinte – es war ein sentimentales Gedicht von Ernst Schulze –, eine weitere Bühnenschauerlichkeit mit Rittern, Feen, Maschinerie, Aufmärschen und Musik vor und hinter der Szene zu fabrizieren. Er machte sich vielmehr an den «*Grafen von Gleichen*», wie er sich am 2. Mai 1826 in seinem Tagebuch äußerte: «Dramatisch-musikalischer Gegensatz: Orient und Okzident, Janitscharen und Rittertum, romantische Minne und Gattenliebe usw. – kurz, ein türkisch-christliches Brouillon. Die Verse flossen mir ziemlich leicht. Die meisten Nummern hab' ich auch componiert und gesungen.» Schubert antwortete: «Daß Du die Oper gemacht hast, ist ein sehr gescheiter Streich, nur wünschte ich, daß ich sie schon vor mir sähe. Man hat hier meine Opernbücher verlangt, um zu sehen, was damit zu machen sei. Wäre Dein Buch schon fertig, könnte man ihnen dieses vorlegen, und bei Anerkennung des Wertes, woran ich nicht zweifle, in Gottes Namen damit anfangen oder es nach Berlin zur Milder schicken.»

Wir sehen, Schubert hat nunmehr wenig Hoffnung auf einen Erfolg, deutet doch die Wendung «in Gottes Namen» nicht auf ein großes Selbstbewußtsein oder auf die Hoffnung, diesmal den großen Wurf tun zu können. Dichter und Komponist unterlagen der gleichen Naivität, wenn sie meinten, die k. k. Theaterzensur lasse den Stoff einer Doppelehe, wie ihn 1775 Goethe in seiner «Stella» behandelt hatte, passieren. Ende Juli 1826 kam Bauernfeld von einer Ferienreise durch Kärnten und das Salzkammergut nach Wien zurück: «Als wir des Abends in Nußdorf landeten, liefen mir Schwind und Schubert aus dem Kaffeehaus entgegen. Großer Jubel! – ‚Wo ist die Oper?' fragte Schubert. ‚Hier!' – Ich überreichte ihm feierlich den ‚Grafen von Gleichen'.» Im August 1826 hatte aber Schubert mit der Vertonung des Textbuches noch nicht begonnen, am 26. Oktober ist der Schuß heraus: «Der Operntext von der Zensur verboten. Schubert will sie trotzdem komponieren.» Und am 31. August 1827 wieder: «Schubert komponiert den ‚Grafen von Gleichen'.» Noch im Todesjahr 1828 «skizzierte er völlig neue Harmonien und Rhythmen» für dieses Werk. Für den Fall eines Verbotes für Wien wollte Grillparzer sich für eine Aufführung auf der Königsstädter Bühne in Berlin verwenden.

Nach Ludwig Herbecks Auslassungen in der Biographie seines Vaters wäre das Manuskript, soweit es komponiert oder skizziert war, in Johann Herbecks Besitz gelangt. «Es kann wohl nicht mehr als eine Skizze genannt werden, denn nur die Singstimmen sind wirklich ausgeführt, während von der Begleitung bloß der Baß stellenweise angedeutet erscheint.» Eine vorherige Skizzierung ist für Schubert sehr ungewöhnlich, da er immer frisch von der Leber weg komponierte. Johann Herbeck instrumentierte Teile der Oper, führte auch Chöre daraus auf, ohne z. B. vom Chor «Morgengesang im Walde» zu wissen, daß er den Eingangschor des Werkes bilde, da er ihm auf losen Skizzenbogen zugekommen war.

Schuberts tragisches Ringen um die Oper ist zu Ende. Selten hat ein Künstler so beharrlich und in solcher Verkennung eigener Kraft und seines eigentlichen Wesens, seiner Künstlerschaft und -berufung an Kunstformen festgehalten, die er nicht ihrer Eigengesetzlichkeit entsprechend bewältigen konnte, wie Franz Schubert. Der Dramatiker, vor allem der Bühnendramatiker, muß scharf charakterisieren, die Charaktere im Bühnengeschehen gegeneinander ausspielen, aus der Vielgestaltigkeit von Problemen und Handlungen dem Träger die dramaturgische und musikalische Einheit schaffen. Vor allem muß er sich und seine Gestalten objektivieren, muß sich jederzeit in ihnen und außer ihnen befinden, darf natürlich auch die Wirkung der Vielheit in der Einheit und der Einheit in der Vielheit in bezug auf den Zuschauer und Zuhörer nicht außer acht lassen. Schubert konnte freilich charakterisieren, aber zu wenig dramatisieren. Seine Konflikte bilden immer eine Einheit. Ihre Behandlung erfolgt aus Schuberts Empfindung heraus, aus der Empfindung einer kindlich-reinen Seele, die naiv reagiert, aber eher registriert, als dramatisiert, d. h. Affekte gegeneinander ausspielt. Er kostet Empfindungen aus, sagt zum Augenblick, zur Eingebung: «Verweile doch, du bist zu schön!»

Aus dieser Grundeinstellung heraus, alles Geschehen durch seine naive Natürlichkeit auszusprechen, aus dem Fehlen eines grimmigen Humors, wie ihn Beethoven, einer objektivierenden Ironie, wie sie Mozart besaßen, aus dem mangelnden Sensorium heraus, eine Vielheit und Vielfalt von Stimmungen, Grundaffekten zu verarbeiten, rührt das her, was wir bei Schubert «Mangel an dramatischer Begabung» nennen möchten. Dieser Mangel, nicht etwa ein Fehlen des dramatischen Sensoriums läßt Schubert monopolar empfinden und gestalten. Er bleibt in allen Situationen der, der er ist: ein liebenswerter Mensch, ein großer Künstler, eine reine Seele, welche die Gedanken und Stimmungen musikalisch spiegeln, aber nicht kämpfen läßt. Wo Schubert diese seine innerste Berufung wissentlich oder ahnend erfüllt, schafft er Unvergängliches. Wo er sie vernachlässigte, schaffte er Vergängliches.

An Versuchen, Schuberts Bühnenwerke der Vergessenheit zu entreißen, fehlte es nicht. Neben dem recht geglückten Versuch von Otto Maag und Felix Weingartner, Schubertsche Originalmusik zu einer Oper zusammenzustellen, der in «Schneewittchen» reizende Gestalt annahm, ist das Bemühen des musikalischen Mitarbeiters vom Studio Bern des Landessenders Beromünster, Christoph Lertz, anerkennend zu erwähnen. Unter seiner Leitung hat Radio Bern sämtliche Bühnenmusik Franz Schuberts in lückenloser Folge, zum Teil in Uraufführung, herausgebracht.

Hier möchten wir nochmals Franz Liszt das Wort geben, der ahnend und wissend erkannte: «Seine – Schuberts – himmlische Muse mit dem in den Wolken verlorenen Blick ließ am liebsten die Falten des Azurmantels über Äthergefilde, Wälder und Berge wehen und war der künstlichen Farbe unkundig, auf welcher die dramatische Muse vorsichtig zwischen Kulissen und Lampenreihen einherwandelt. Seine geflügelte Strophe fühlte ein unheimliches Bangen vor dem Rasseln des Maschinen- und Räderwerkes.»

Die Singspiele könnten bei einiger Überarbeitung im Texte den Musikschulen oder Liebhabervereinigungen dienen; in vermehrtem Maß dürften Chöre, Soli oder Szenen konzertmäßig aufgeführt werden, wie dies ab und zu schon vorkam. Als Ganzes sind Schuberts Opern nicht zu retten, trotz der vielen Herrlichkeiten, die sie im einzelnen, aber eben nur im einzelnen, enthalten.

DIE MESSE IN AS-DUR

Das Jahr 1822, das seinen Theaterversuchen so ungnädig gesinnt war, ließ auf andern Gebieten herrliche Früchte reifen. Im September vollendete Schubert seine «*Messe in As-dur*» (XIII, 5). Ihre Anfänge gehen auf die Rückkehr Schuberts von Steyr zurück, auf den November 1819. Für Schubert ist eine dreijährige Reifezeit für ein einzelnes Werk eine ungewöhnlich lange Zeit. Veröffentlicht wurde sie erst 1875 (ihre Erstaufführung in der schweizerischen Bundesstadt z. B. fiel sogar erst in das Jahr 1939!). Schubert hielt sehr große Stücke auf sie, arbeitete die Gloria-Fuge «Cum sancto spirito» um und ersetzte das «Osanna» durch eine neue Fassung. Das Werk entstand ohne jeden äußern Anlaß. In einem Brief an Spaun vom 7. Dezember 1822 äußert der Komponist seine Meinung: «Meine Messe ist geendigt, und wird nächstens producirt werden; ich habe noch die alte Idee, sie dem Kaiser oder der Kaiserin zu widmen, da ich sie für gelungen halte.» Damit wäre doch ein äußerer Grund für ihre Entstehung gegeben: der Wunsch, durch ein großes kirchenmusikalisches Werk eine Anstellung an einem k. k. Musikerposten zu erhalten. Doch erfüllte sich auch dieser Wunsch nicht.

Im Vergleich zu Beethovens gleichzeitig entstandener «Missa solemnis», diesem explosiven Bekenntniswerk einer großen Seele, fällt ihre freiere Verwendung der Tonarten auf, die sich an keine herkömmliche Verwandtschaft halten, die reichere Polyphonie, die ausgefeilte Kontrapunktik, die Herkunft aus der Überlieferung, die sie zugleich überwindet. Das Werk ist so wenig Auseinandersetzung mit dem kirchlichen Dogma wie mit dem eigenen Glauben. Es ist eine fast rührende Unterhaltung mit dem Göttlichen, wie es Schubert eben fühlte. Wie sehr er aber gewachsen ist, zeigen Klang, Melodie und Harmonie in jedem Satz. Das Ungewöhnliche, Unakademische war es wohl, das eine Aufführung durch die Hofkapelle, die der im Herbst 1824 Salieri in der Leitung folgende Joseph Eybler geplant hatte, verhinderte. Als Grund wurde ihre Schwierigkeit angeführt. Stark in die Waagschale gefallen ist vermutlich der tiefe Schauer aufwühlende Beginn des «Sanctus» mit den tremolierenden Streichern. Im «Agnus Dei» flehen die Stimmen in ihrer fallenden Terz unvergeßlich um jenen Frieden, den ihnen der edle As-dur-Schluß tröstlich gewährt. – Die Erstaufführung ist schwer nachzuweisen, obschon Schubert am 7. April 1826 in einem Gesuch um den Posten eines Vizekapellmeisters auf seine fünf Messen aufmerksam macht, «welche bereits in verschiedenen Kirchen Wiens aufgeführt wurden».

DIE «UNVOLLENDETE»

Im November 1822 reifte das Werk, das vor allen andern zum Inbegriff Schubertscher Seelenwärme und Empfindungstiefe wurde. Es rührt in einmaliger Weise jeden Menschen an, der es hört. Wir meinen die «*Sinfonie in h-moll*» (I, 8), die «Unvollendete». Ihre Niederschrift wurde am 22. Oktober 1822 begonnen. Fertig wurden der erste und der zweite Satz. Über die Gründe, warum Schubert den dritten und vierten Satz in den Anfängen steckenbleiben ließ, ist viel gemutmaßt worden, und kein geringerer Musiker als Felix Weingartner versuchte, neben andern, die neun vollendeten Takte Scherzo, samt der Klavierskizze dazu und den vierten Satz zu «vollenden», als ob irgendein Mensch zu irgendeiner Zeit sich hätte anmaßen dürfen, dieses Wunderwerk an Vollendung in Form, Inhalt und Instrumentation zu «vollenden»! Warum h-moll? Auch der «*Doppelgänger*» wird in h-moll stehen. Die Melancholie in dieser Musik grenzt an Schwermut, ja stellenweise an Dämonie.

Bebend beginnen Celli und Kontrabässe:

Bebend antworten die Geigen:

Die Bläser stimmen darüber ihren wehmütigen Gesang an:

Den Seitensatz beginnen nach schmerzlichen, synkopischen Akzenten die Celli mit einem aufblühenden Ländlerthema von edlem Wohlklang:

Die schmerzlichen Ausbrüche der Schlußgruppe kontrastieren damit in ergreifender Art.

Fortspinnung und Fortführung des Satzes sind harmonisch so reich, melodisch so innerlich, beseelt, sind eine so glückhaft einmalige Verschmelzung kunstvoller Form mit naiv volkshafter Gefühlstiefe, daß die «Unvollendete» seit jeher als vollendet gilt. Eine Fortsetzung, die eine Steigerung hätte sein müssen, war für Schubert eine Unmöglichkeit. Sie ist und bleibt es auch für alle Versuche aus zweiter und dritter Hand.

Das Schicksal der h-moll-Sinfonie liest sich wie ein Roman: Durch Schubert kam die Partitur nach Graz. Denn am 10. August hatte der Schubertianer Johann Baptist Jenger beim Steiermärkischen Musikverein den Antrag gestellt, Schubert zum Ehrenmitglied zu ernennen. Er begründete seinen Antrag mit dem Argument, dieser Compositeur sei zwar noch jung, doch habe er durch seine Kompositionen doch schon den Beweis erbracht, daß er einst als Tonsetzer einen hohen Rang einnehmen werde. Am 20. September 1823 dankte Schubert für die Ehrung, die ihn sehr freute: «Möchte es meinem Eifer für die Tonkunst gelingen, dieser Auszeichnung einstens vollends würdig zu werden. Um auch in Tönen meinen lebhaften Dank auszudrücken, werde ich mir die Freyheit nehmen, dem löblichen Vereine ehestens eine meiner Sinfonien in Partitur zu überreichen.» Da die Sinfonie aber schon Ende 1822 fertig war, kann sie nicht für den Steiermärker Musikverein geschaffen worden sein, obschon die Fama dies wahrhaben möchte. Denn am 8. April 1860 äußerte sich Josef Hüttenbrenner zum Hofkapellmeister Johann Herbeck – nach der Biographie von dessen Sohn –, Schubert habe ihm die Partitur einer Sinfonie in h-moll für Anselm übergeben zum Dank, daß dieser durch ihn – Josef – das Ehrendiplom des Grazer Musikvereins überreichen ließ. Das war die erste Nachricht über die Existenz dieses Werkes. Am 30. April 1865 suchte und fand Herbeck den zum menschenscheuen, einsiedlerischen Kauz gewordenen Anselm Hüttenbrenner in Ober-Andwitz bei Graz. Durch die Kriegslist, er plane ein Konzert mit Werken von Schubert, Lachner und Hüttenbrenner – der mit Schubert zusammen ja Schüler Salieris gewesen war –, erhielt Herbeck die Partitur der «Unvollendeten» aus einem Wust weiterer Schubertmanuskripte in seine Hände. Er nahm sie samt der Partitur einer c-moll-Sinfonie Hüttenbrenners mit nach Wien, wo er sie im dritten Gesellschaftskonzert der Wiener Musikfreunde am 17. Dezember 1865, 43 Jahre nach ihrer Entstehung, zur erfolgreichen Uraufführung brachte. Sie bereitete durch den geheimnisvollen Zauber ihrer Lieblichkeit dem Sinfoniker Franz Schubert einen unverlierbaren Platz im Herzen der Musikfreunde der ganzen kultivierten Welt.

DIE WANDERERFANTASIE

Im November jenes Jahres 1822 vollendete Schubert ein Klavierwerk, das an Popularität jene der Sonaten bei weitem übertrifft, die «*Wandererfantasie*» (XI, 1, op. 15) in C-dur. Schubert widmete sie dem

Wilhelm Müller (1794–1827).

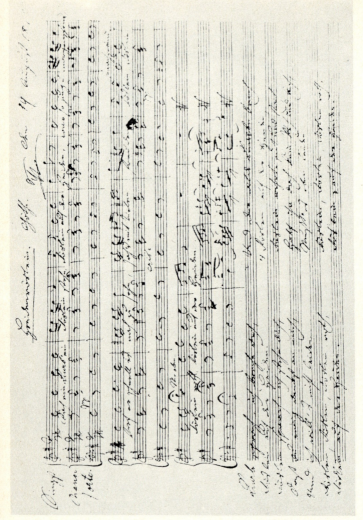

Eigenhändige Partitur des »Heidenröslein«.

Einladung

zu dem Privat-Concerte, welches Franz Schubert am 26. März, Abends 7 Uhr im Locale des österreich. Musikvereins unter den Tuchlauben N.° 558 zu geben die Ehre haben wird.

Vorkommende Stücke

1. Erster Satz eines neuen Streich-Quartetts, vorgetragen von den Herren Böhm, Holz, Weiß und Linke.

2.
   a) Der Kreuzzug von Leitner.
   b) Die Sterne von demselben.
   c) Der Wanderer a. d. Mond v. Seidl.
   d) Fragment aus dem Äschylus.
   Gesang mit Begleitung des Piano-Forte vorgetragen von Herrn Vogl k. k. pensionierten Hofopernsänger.

3. Ständchen von Grillparzer, Sopran-Solo und Chor, vorgetr. von Fräulein Josephine Fröhlich und den Schülerinnen des Conservatoriums.

4. Neues Trio für das Piano-Forte, Violin und Violoncelle, vorgetragen von den Herren Carl Maria von Bocklet, Böhm und Linke.

5. Auf dem Strome von Rellstab, Gesang mit Begleitung des Horn's und Piano-Forte, vorgetragen von den Herren Tietze und Lewy dem Jüngern.

6. Die Allmacht, von Ladislaus Pyrker, Gesang mit Begleitung des Piano-Forte vorgetragen von Herrn Vogl.

7. Schlachtgesang von Klopstock, Doppelchor für Männerstimmen.

Sämtliche Musikstücke sind von der Composition des Concertgebers.

Eintrittskarten zu f 3 W. W. sind in den Kunsthandlungen der Herren Haslinger, Diabelli und Leidesdorf zu haben.

Einladungskarte zu Schuberts einzigem Konzert.

Müller-Lieder »Was sag' ich denn vom Rauschen?«
(Holzschnitt von R. Schuster nach A. Baumann, 1877).

geadelten jüdischen Gutsbesitzer Emanuel Karl Edlen von Liebenberg, der ein Schüler Hummels war und sich für die Widmung erkenntlich zeigte (was der Zweck solcher Widmungen war). Sie enthält Stellen brillanter Hummelscher Virtuosität, wird durch das berühmte cis-moll-Motiv im Lied «Der Wanderer», auf den Text «Die Sonne dünkt mich hier so kalt», in Schuberts Lieblingsrhythmus des Dactylus innerlich verklammert, läßt aber doch Schuberts schöpferisch-strömendem Willen Freiheit genug, sich die Form selbst zu bauen. Die Sätze folgen sich pausenlos, und auch die Viersätzigkeit ist nur noch äußerliche Erfüllung der Überlieferung. Die Freiheit zwangloser Improvisation paart sich mit zuchtvoller Gebundenheit im Formalen zu einem ausgewogenen Organismus von planvoll Gewachsenem. Dabei waltet zwischen allen vier Sätzen so viel Verwandtes an Material, an Zitaten von Gedanken, Einzelheiten oder Gruppen, daß das Werk weit mehr ist als eine Fantasie über das Wandererthema allein. Dieses eröffnet schmerzvoll das «Allegro con fuoco» als Hauptthema:

um sich mit den Seitenthemen in E und Es kämpferisch auseinanderzusetzen. Statt einer Reprise erscheint eine Überleitung zum Adagio in cis-moll, welches das bekannte Liedthema variiert:

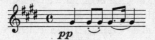

Im Presto-Scherzo wird das Thema tänzerisch abgewandelt, wobei ein Walzer echt Schubertscher Prägung auftaucht:

Das Allegro-Finale schließlich zeigt sich erst als Fugato,

verläßt aber die einem Romantiker unbequeme formale Fesseln auferlegende gebundene Form und steigert sich in rhapsodischer Spielfreudigkeit zu einem mitreißenden Schluß. – Die glückliche Art, in der die Vielfalt an Stimmungen musikalisch ausgedrückt wird, sichert auch diesem Werk seine gleichbleibende Beliebtheit bei Pianisten und Hörern.

Die amtliche «Wiener Zeitung» vom 30. April 1823, die am 24. Februar das Werk angekündigt hatte als «Fantaisie pour le Pianoforte, composée et dédiée à Monsieur Em. Noble de Liebenberg de Zittin par François Schubert, Oeuvre 15», widmet ihm einige liebenswürdige Worte: «...Ein solches Tonstück ist... wohl am meisten geeignet, die Gefühle, welche den Tonsetzer bei der Erschaffung desselben beseelten, getreu in sich aufzunehmen und wiederzugeben, ja es kann füglich als ein Spiegel seiner Tiefe angesehen werden. Da nun ein Tonsetzer, wie Herr Schubert, der schon früher in seinen allgemein geschätzten Liederkompositionen ein tiefes Gemüt verriet, mit einem solchen Seelengemälde auftritt, kann es der musikalischen Welt nicht anders als erfreulich sein...» Dann kommt das berühmte Härchen in der Suppe: «Der Tonsatz ist ziemlich rein, nur sei es erlaubt, dem geschätzten Verfasser zu bemerken, daß er in Hinsicht der guten Akkordenfolge hier und da doch zu weit gegangen und selbe nicht jedem Gehör erträglich sein dürfte...»

Der liebenswürdige Schubert ist in einem Werk vertreten, das «*Adagio und Rondo in E-dur*» (XI, 5, op. 145) heißt. Es kann nicht mehr sicher datiert werden, ist aber wohl um einiges älter als die «Wandererfantasie». Die beiden Sätze gehörten ursprünglich nicht zusammen, können auch – wenigstens das Rondo – nicht als Sonatensätze angesprochen werden. Es sind spielfreudige Stücke, wie sie später in den «Impromptus», allerdings geschlossener und vertiefter, zustandekommen werden.

Im Februar des Jahres 1823 kehrte Schubert zur Klaviersonate zurück. Es entstand die «*Sonate in a-moll*» (X, 8), im Jahre 1839 bei Diabelli & Co. erschienen als «Grande Sonate pour le Piano par Fr. Schubert. Oeuv. 143. Dédiée à Monsieur Felix Mendelssohn-Bartholdy par les Editeurs.» Den Titel «Grande Sonate» trägt das Stück zu Unrecht, denn es ist trotz vieler Unheimlichkeiten und Ausbrüche ein eher intimes Werk von seltsam berührender orchestraler Sprache. Das gilt besonders für die beiden ersten Sätze, Allegro giusto und Andante, wo das Themenmaterial knapp und die Durchführung straff ist. Der dritte Satz ist durch ein Passagenwerk in Triolenbewegung beherrscht, welche ab und zu von den charakteristischen Oktavengängen abgelöst wird. Die Sonate ist weit entfernt vom unbekümmerten Musikantentum der Jugendsonaten des Zwanzigjährigen aus dem Jahre 1817. Die Reife naht mit Riesenschritten. Oder ist sie schon da?

TÄNZE

Die in der Gesamtausgabe, Serie XII, uns erhalten gebliebenen Schubertschen *Tänze* ergeben eine Zahl von 332 Werken. Eine weitere Zahl ist uns sicher verloren gegangen. Von diesen Tänzen stehen vier Fünftel im Dreitakt. Die 64 Zweitakter heißen Ecossaisen oder Galoppe, die Dreitakter tragen die Namen Ländler, Deutsche, Walzer, Grätzer Walzer, Valses sentimentales, Valses nobles, Wiener Damenländler; viele tragen keinen Namen, alle quellen sie aber aus dem Urgrund einer Musikantenseele, die sich nicht für zu vornehm achtete, auch solche volkstümliche Köstlichkeiten zu verschenken. Sie erschienen recht früh, waren sie doch die gangbarste Münze im Vertrieb des Verlegers. Außer den im vorigen Kapitel erwähnten Tänzen op. 9 und op. 18 erschienen sie als op. 33 (1825), op. 49 (1826), op. 50 (1826), op. 77 (1827), op. 91 (1828), op. 127 (1830), op. 171 (1864, schon 1823 entstanden). Als Opera posthuma erschienen 1869 die 20 Ländler aus dem zweiten Zeleszer Aufenthalt und 1871 weitere 12 Deutsche und fünf Ecossaisen. Ihre Verbreitung wurde durch die Walzer der Lanner und Johann Strauß Vater etwas überschattet, gehemmt. Sie bilden aber eine herrliche Fundgrube eingänglicher, melodiöser, klangvoller Musik von echter, gesunder Volkstümlichkeit. Aufs schönste erfüllten sie ihre Aufgabe im Selbststudium eines andern begnadeten Melodikers: Richard Strauß. In einem Gespräch mit Max Marschalk, einem der führenden Musikkritiker Berlins zwischen den beiden Weltkriegen, äußerte er sich: «In meinen jungen Jahren hat mir Brahms, nachdem er in Weimar meine f-moll-Symphonie gehört und meine Art, auf liegenden Akkorden zu kontrapunktieren als zu billig bezeichnet hat, geraten, die Schubertschen Tänze auf Melodienbildung hin zu studieren und mich dauernd im Erfinden von achttaktigen Melodien zu üben. Diesen Rat habe ich befolgt.» Und er ist wahrlich dabei nicht schlecht gefahren!

Die Tänze wurden für alle Besetzungen und Schwierigkeitsgrade bearbeitet, mit Texten versehen, für das ominöse «Dreimäderlhaus» geplündert. Ihren ureigensten Zweck erfüllen sie natürlich im häuslichen Musizieren, für das sie auch geschrieben wurden. Schubert spielte herzlich gern zum Tanz auf. Er tanzte selber nicht, ließ sich aber kaum je nötigen, der lustigen Gesellschaft, in der er sich befand, aufzuspielen. Darüber läßt sich der Hofschauspieler Heinrich Anschütz in einer Anekdote vernehmen:

«... Schubert, der schon ein paar Klavierstücke zum besten gegeben hatte, setzt sich selbst in der heitersten Laune an das Instrument und spielt zum Tanze auf. Alles schwingt sich im Kreise, man lacht und trinkt. Plötzlich werde ich abgerufen, ein fremder Herr will mich sprechen. Es war ein Polizeikommissar, der die Einstellung des Tanzes verlangte, weil wir im Fasten waren. Als ich mit der Hiobspost in das Gesellschaftszimmer trat und die Polizei nannte, stob in parodierendem Schrecken alles auseinander. Schubert aber meinte: ‚Das tun s' mir zu Fleiß, weil s' wissen, daß i halt gar so gern Tanzmusik mache.'»

Die Tänze Schuberts entstammen dem Urgrund wienerischer Volksmusik, die in Schubert ihren liebenswertesten Vertreter fand. Die zweizeitigen Tänze sind aus dem Schreiten hervorgegangen und sind somit älter als die aus dem Drehen oder Springen entstandenen dreizeitigen. Deren Urahn, der Rundtanz, der Dreher, Schleifer oder Hupfauf hat sich in Deutschland und Österreich einer überaus großen Volkstümlichkeit erfreuen dürfen. Gegen alle Verbote von Kirche und Staat erhielt er sich lebendig. So trotz des kaiserlichen Verbotes von 1765, das den Ländler «als der Gesundheit schädlich und auch der Sünden halber sehr gefährlich» diffamierte. Der Walzer und sein mitreißender Schwung kamen mit der Französischen Revolution auf, mit der um die Freiheitsbäume und Schaffotte getanzten «Carmagnole», die das gemessene höfische Menuett entthronte und in Lebenslust und Begeisterung alles in seinen schleifenden, wiegenden Rhythmus riß. Ursprünglich, noch um 1800, unterschied er sich wenig vom Ländler, intensivierte dann aber unter Lanner und der Dynastie Strauß Rhythmus und Melodie immer mehr, um im 19. Jahrhundert so recht zum musikalischen Ausdruck einer optimistischen, sich ihres Lebens und Besitzes freuenden Gesellschaft zu werden, bis ihn nach dem aufwühlenden Erlebnis des Ersten Weltkrieges 1914 bis 1918 die von Amerika herüberbrandende Welle des lauten und grellen Jazz etwas in die Ecke drängte.

Schuberts Walzer sind gemütvoller Ausdruck des Biedermeiers, für den Tanz gedacht, weder stilisiert noch zu Szenen erweitert. Es sind meist einfache, in sich geschlossene Gebilde von oft zweimal acht Takten, weit von der Brillanz Chopins oder Liszts entfernt, auch schlichter und volkstümlicher als die wenigen Walzer Schumanns oder Brahms'. Nicht alle diese Tänze können gleichwertig sein. Manche sind recht trocken, manche aber von so viel harmonischem Reiz und melodischer Seligkeit, wie sie nur Franz Schubert so selbstverständlich und leicht aus dem Ärmel schüttelte. Daß so mancher von diesen Tänzen seinem eigentlichen Zweck entfremdet wurde, gehört in das traurige Kapitel der Verkitschung und Kommerzialisierung der Musik, deren sie sich leider nicht erwehren kann, wenn der Urheberschutz erloschen ist.

Erwähnenswert ist ein Beitrag Schuberts in einer Sammlung von Klavierkompositionen, die 1823 bei Sauer & Leidsdorf erschien, eine «*Aire(!) russe für das Pianoforte*». Schubert übernahm das Stück als Nr. 3 in sein op. 94, wo es nun «Moment musical in f-moll» heißt. Das Opus erschien im Frühling des Todesjahres 1828. Könnte das reizvolle Stück mit dem lächelnden Schluß in F-dur nicht auch erst jetzt entstanden sein? Wie schwer ist es und wie heikel, die Entstehung undatierter Schubertscher Kompositionen zeitlich einwandfrei zu fixieren!

ERSTE SCHATTEN FALLEN

Das Jahr 1823 ließ sich erst nicht übel an, doch wurde es bald schwer überschattet durch eine Krankheit, die Schubert sehr zusetzte, die einen Spitalaufenthalt nötig machte und seine Gesundheit brach, so daß er sich eigentlich nie mehr so recht wohl fühlte. – Am 8. Mai 1823 gab er seinen Gemütsdepressionen in folgendem Gedicht ergreifenden Ausdruck:

Mein Gebet

> Tiefer Sehnsucht heil'ges Bangen
> Will in schön're Welten langen;
> Möchte füllen dunklen Raum
> Mit allmächt'gem Liebestraum.
>
> Großer Vater! reich' dem Sohne,
> Tiefer Schmerzen nun zum Lohne,
> Endlich als Erlösungsmahl
> Deiner Liebe ew'gen Strahl.
>
> Sieh, vernichtet liegt im Staube,
> Unerhörtem Gram zum Raube,
> Meines Lebens Martergang
> Nahend ew'gem Untergang.
>
> Töt' es und mich selber töte,
> Stürz' nun Alles in die Lethe,
> Und ein reines kräft'ges Sein
> Laß', o Großer, dann gedeih'n.

Das Auf und Ab seines Zustandes spiegelte sich in wechselnden Stimmungen und Äußerungen. – Im Sommer flog er in Begleitung Vogls wieder nach Steyr aus. Von hier aus schrieb er Schober, der im Begriffe stand, nach Breslau abzureisen, wohin er als Schauspieler engagiert worden war:

«Steyr, 14. August 1823

Lieber Schober!

Obwohl ich etwas spät schreibe, so hoffe ich doch, daß Dich dies Schreiben noch in Wien trifft. Ich korrespondiere fleißig mit Schäffer (Schuberts Arzt) und befinde mich ziemlich wohl. Ob ich je wieder ganz gesund werde, bezweifle ich fast. Ich lebe hier in jeder Hinsicht sehr einfach (wohl: mäßig), gehe fleißig spazieren, schreibe viel an meiner Oper («Fierabras») und lese Walter Scott.

Mit Vogl komme ich recht gut aus. Wir waren miteinander in Linz, wo er recht viel und schön sang... Da ich Dich schwerlich vor Deiner Rückreise noch sehen werde, so wünsche ich Dir nochmals alles Glück zu Deinem Unternehmen und versichere Dich meiner ewig währenden Liebe, die Dich auf das schmerzlichste vermissen wird. Laß, wo Du auch seyst, von Zeit zu Zeit etwas von Dir hören
                                      Deinem Freunde Franz Schubert.»

Über das Konzert, das Schubert und Vogl in Linz gaben, weiß Spaun zu berichten: «In Linz mußte einmal dem Konzerte ein Ende gemacht werden, da nach dem Vortrage einiger wehmütiger Lieder der gesamte Frauen- und Mädchenkreis in Tränen schwamm und selbst die Männer die ihrigen kaum zurückhalten konnten.»

Als Schubert nach Wien zurückkehrte, wartete hier seiner das Ehrendiplom des Steiermärkischen Musikvereins mit folgendem Wortlaut, datiert vom 10. April 1823:

«Euer Wohlgeboren!
Die Verdienste, welche Sie um die Tonkunst bereits sich erworben haben, sind zu allbekannt, als daß der Ausschuß des steiermärkischen Musikvereins nicht auch davon Kunde haben sollte. Indem derselbe Ihnen nun einen Beweis seiner Anerkennung geben will, hat er Sie zum auswärtigen Ehrenmitgliede des steierm. Musikvereins aufgenommen, worüber im Ausschuß das diesfällige Diplom nebst einem Exemplar der Gesellschaftsstatuten mitfolgt.
                              Vom Ausschuß: Kalchberg, Jenger»

Schuberts Antwort kennen wir bereits.
Er mied nun die Gesellschaft. Seine Haare waren ausgefallen, so daß er eine Perücke tragen mußte. Eine Eintragung in Beethovens Konversationsheften aus der Hand seines Neffen Karl lautet: «Man lobt den Schubert sehr, man sagt aber, er soll sich verstecken.» Am 6. November nahm Schubert auch nicht teil am Abschiedsessen, das die Schubertianer zu Ehren des nach Rom ziehenden Malers Leopold Kupelwieser veranstalteten. Schwind schrieb darüber an Schober unterm 9. November: «... Vorgestern reiste Kupelwieser nach Rom

ab. Tags zuvor war noch eine Art Bacchanal bei der (ungarischen) Krone. Wir speisten alle dort außer Schubert, der denselben Tag im Bett lag. Schaeffer und Bernard, der ihn besuchte, versicherten, er sei auf dem besten Wege der Genesung und reden schon von einem Zeitraum von vier Wochen, wo er vielleicht ganz hergestellt sein wird...»

Am 9. Dezember schrieb Johanna Lutz, Kupelwiesers Braut, ihrem Freund nach Rom: «...Der Schubert ist schon recht gesund und zeigt auch schon wieder Lust, die strenge Ordnung nicht lange mehr zu halten. Wenn er sich nur nicht verdirbt. O, da wäre es wieder recht gut, wenn Sie da wären...» Offenbar dachte sie an einen mäßigenden Einfluß, den ihr Bräutigam auf Schubert ausüben würde; Schuberts Arzt hatte sehr Mühe, den Patienten auf Diät und Enthaltsamkeit zu verpflichten.

Am 26. Dezember 1823 schrieb Schwind an Schober: «Schubert ist besser, es wird nicht lange dauern, so wird er wieder in seinen eigenen Haaren gehen, die wegen des Ausschlages geschoren werden mußten. Er trägt eine sehr gemütliche Perücke.» Am 13. Februar 1824 hieß es: «Schubert hält jetzt ein vierzehntägiges Fasten und Zuhausebleiben. Er sieht viel besser aus und ist sehr heiter, ist sehr komisch hungrig und macht Quartetten und Deutsche und Variationen ohne Zahl.» Später: «Schubert ist sehr wohl, er hat seine Perücke abgelegt und zeigt einen niedlichen Schneckerlanflug. Er hat wieder die schönsten Deutschen eine Menge...» Und am 24. Februar 1824 Johanna Lutz an ihren Bräutigam nach Rom: «Der Schubert war auch da. Der war aber sehr lieb. Er war recht lustig, was mich sehr freute.»

Schuberts Tagebucheintragungen aber waren nicht so zuversichtlich. Die Krankheit, von der die Freunde schrieben, wollte nicht Ruhe geben. Am 14. April 1824 meldete Schwind an Schober: «Schubert ist nicht ganz wohl. Er hat Schmerzen am linken Arm, daß er gar nicht Klavier spielen kann. Übrigens ist er guter Dinge(!)...» Ein zweiter Aufenthalt in Zelesz im Sommer 1824 und die damit verbundene ruhigere und gesündere Lebensweise wirkten wohltätig. Im Herbst fühlte sich Schubert «seit Monaten gesund» (am 21. September 1824 an Schober). Die Freunde waren über das gute Aussehen des Heimkehrenden erfreut. Doch traten immer wieder Rückfälle auf, ein besonders schwerer Ende 1825, der ihn von der Silvesterfeier der Freunde fernhielt. Es stellten sich auch chronische Kopfschmerzen ein, über die er sich bei seiner Gönnerin Marie Pachler in Graz beklagte, als er ihr für ihr Söhnchen den Kindermarsch übersandte: «Ich hoffe, daß sich Euer Gnaden besser befinden als ich, da mir meine gewöhnlichen Kopfschmerzen schon wieder zusetzen.»

Die völlige Gesundheit erlangte Franz Schubert nicht mehr. Er hatte kein festes Zuhause, meist auch kein Geld. Er lebte allzu unregelmäßig, dem Wein und auch etwa der Liebe ergeben; so hatte der Typhus des Todesjahres 1828 leichtes Spiel mit dem geschwächten Körper. Die Krankheit – darüber herrscht Klarheit – war eine verschleppte Syphilis, die sich Schubert wohl beim netten Stubenmädchen der Esterhazy von Galantha in Zelesz geholt hatte. Für ihre Heilung bestand damals keinerlei Aussicht.

LICHT IM DUNKEL

Trotz der Schatten, die über Schuberts Leben lasteten, schuf der junge Meister in unablässigem Schaffensdrang, der sich eher noch intensivierte. Es entstanden so nebenbei die vier «*Chöre für Männerstimmen*» (XVI, 20 bis 23), die am 9. Oktober 1823 als op. 17 bei Cappi & Diabelli erschienen: Matthissons «*Jünglingswonne*», Schillers «*Liebe*», Salis-Seewis' «*Zum Rundtanz*» und, vor allen andern bekannt und beliebt geworden, F. A. Krummachers «*Die Nacht*». Sie sind ohne Begleitung, aber Vorbild geworden für eine unübersehbare Produktion ähnlicher, doch nicht erreichter Chorwerke geselliger Art für Männerstimmen, in denen patriotische, naturhafte oder kameradschaftliche Gefühle ihren klangvollen musikalischen Ausdruck finden. Sie wurden namentlich Vorbilder für Mendelssohns Kompositionen für Männerchor.

Am 22. November 1822 schuf Schubert ein Quartett für Sopran, Alt, Tenor, Baß und Klavier, «*Des Tages Weihe*» (XVII, 11), für die Namens- oder Geburtstagsfeier eines Herrn Ritter, einer der spärlichen Aufträge, die Schubert zuteil wurden. Als es 1843 als op. 146 bei Diabelli herauskam, fügte ihm der Verleger Violin- und Violoncellostimmen hinzu. Es ist ein liebenswürdiges Larghetto in As-dur und atmet sanfte Ruhe. Der Dichter ist unbekannt geblieben.

Gewichtiger als dieses Gelegenheitswerk ist der begleitete Frauenchor «*Gott in der Natur*» (XVIII, 3), nach Ewald Christian von Kleist, vom August 1822, ein Werk, dessen hymnischer Charakter nach Orchestrierung der Klavierbegleitung und einem Massenaufgebot an Frauenstimmen ruft.

Die Liedproduktion trat zahlenmäßig etwas zurück; doch entstanden in den Jahren 1822 und 1823 immerhin etwa drei Dutzend einzelne Lieder, die aber vorwiegend unbekannt blieben. Daran mag vor allem der Text Schuld tragen, der meist von Freunden stammte. Schubert erspürte in jedem der Gedichte etwas, das in ihm verwandte Saiten zum Schwingen brachte: ein Wort, ein Symbol, eine Empfindung, ein Bild.

Das schwache Gedicht des Grafen Maylàth, «*Der Blumen Schmerz*» (XX, 399), adelt Schubert durch eine verschleierte Zärtlichkeit, die alle Sentimentalität abstreift. – Rückerts Ghasel «*Sei mir gegrüßt*» (XX, 400) verliert seine übertriebene Gefühlshaftigkeit ganz durch schlichte Verinnerlichung. Die Melodie wurde im Duo op. 159 für Violine und Klavier zu Variationen benützt. – In Sauters «*Wachtelschlag*» (XX, 401) tritt Schubert in Realkonkurrenz mit Beethoven, dessen gleichnamiges, durchkomponiertes Lied er aber vermutlich nicht gekannt hat. Er ist einfacher, empfindungsvoller als Beethoven. – Mayrhofers «*Nachtviolen*» (XX, 403) atmet in der Harmonie den geheimnisvollen Duft der Blume, der das feingefühlte Gedicht des Freundes huldigt. «*Heliopolis II*» (XX, 405) wurde ein Lied voll leidenschaftlicher Empfindung.

Schubert kehrt auch wieder bei Goethe ein. «*Am Flusse*» (XX, 418) und «*Willkommen und Abschied*» (XX, 419) blieben bis heute ziemlich unbekannt. «*An die Entfernte*» (XX, 417) blieb dies sicher zu Unrecht, fand Schubert doch für diesen musikalischen Brief den Ton feiner und schlichter Natürlichkeit vollkommen. «*Wanderers Nachtlied*» (XX, 420), «Über allen Gipfeln ist Ruh», fand in Schubert den dem Dichter kongenialsten Vertoner. – Fröhlicher Übermut durchschwingt den «*Musensohn*» (XX, 416), herrlich frische Naturstimmung Stolbergs «*Auf den Wassern zu singen*» (XX, 428). – Die beiden Gesänge nach Schiller, «*Das Geheimnis*» (XX, 431) und «*Der Pilgrim*» (XX, 432), vom Mai 1823, zeigen die ganze Entwicklung auf, die Schubert seit der Fassung von «*Geheimnis*» als Strophenlied (XX, 105) durchgemacht hat. Er schaltet nun souverän mit Text und Musik und versteht es, Weiten und Tiefen zu füllen, die er früher überhüpft hätte.

Es entsteht auch noch eine wirkliche Ballade: Matthäus Collins «*Der Zwerg*» (XX, 425), als Nr. 1 von op. 22, am 27. Mai 1823 im Druck erschienen. Es ist eine etwas dunkle Geschichte von einer Königin und ihrem Hofzwerg. Weil «um den König sie ihn hat verlassen», erdrosselt sie der Zwerg während einer Seefahrt und versenkt sie im Meer. «Ihm brennt nach ihr das Herz so voll Verlangen. An keiner Küste wird er je mehr landen.» Die Komposition mit ihrem Einklang zwischen Melodie und Baßführung in einer Tremoloorgie der rechten Hand weckt eine seltsam eindringliche, zwielichtige Stimmung. Im gleichen Opus erschien auch Collins «Wehmut» (XX, 426) mit der für Schubert so bezeichnenden harmonischen Symbolik auf «so wohl – so weh».

DIE SCHÖNE MÜLLERIN

Im Jahre 1823 entstand ein weiteres Werk, durch das Franz Schuberts Name der Nachwelt zum unverlierbaren Besitz wurde. Im Mai, während seiner Krankheit, nach den beiden ersten Akten der Oper «Fierabras», zum Teil im Spital, dann nach Vollendung des dritten Aktes dieser Oper, schuf Schubert die Liednovelle «*Die schöne Müllerin*» (XX, 433 bis 452).

Wilhelm Müller, der Dichter der Müllerlieder und der «Winterreise», war ein Sänger des Philhellenentums in den Befreiungskämpfen der Griechen vom Türkenjoch. Er wurde 1794 in Dessau geboren, und zwar im Hause eines ehrsamen Schuhmachermeisters. Vorfahren seien Müller gewesen, auf welchen Beruf sein Familienname deutet. Er wurde Soldat der preußischen Befreiungskriege, war 1815 bis 1817 in Berlin Student der Philologie und unternahm 1817/18 eine Reise nach Italien. Seit 1819 war er Bibliothekar und Lehrer in Dessau. Er war befreundet mit den Männern des schwäbischen Dichterkreises, mit Ludwig Uhland, Wilhelm Hauff, Friedrich Rückert, dem er einst beim Baden das Leben rettete, mit Gustav Schwab und Friedrich de la Motte-Fouqué, dem Verfasser des Librettos von Lortzings «Undine». In seinen Gedichten fand er den schlichten Ton des Volksliedes, seine Gestalten empfanden wie die Menschen des täglichen Lebens. Sicher gab «Des Knaben Wunderhorn», 1805 erschienen, dem Dichter viele und bestimmende Anregungen. Die 23 Stücke der «schönen Müllerin» erschienen (mit Prolog und Epilog) 1821 in

Dessau als Bändchen mit dem echt romantischen Titel «77 Gedichte aus den hinterlassenen Papieren eines reisenden Waldhornisten». Im Vorwort zu dieser Sammlung schrieb der Dichter: «Ich kann weder spielen noch singen, und wenn ich dichte, so singe ich doch und spiele auch. Wenn ich die Weisen von mir geben könnte, so würden meine Lieder besser gefallen als jetzt. Aber getrost, es kann sich ja eine gleichgesinnte Seele finden, die die Weise aus den Worten heraushorcht und sie mir zurückgibt.» Und diese gleichgesinnten Musikantenseelen fanden sich: Ludwig Berger, Carl Zöllner, Franz Schubert. Es war Schubert, der mit den ausgewählten 20 Liedern auch dem Dichter zur Unsterblichkeit verhalf. Des Tondichters Biograph Kreißle von Hellborn weiß auch zu berichten, wie Schubert zu den Texten kam: «Eines Tages besuchte Schubert den Privatsekretär des Grafen Seczenyi, Herrn Benedikt Randhartinger, mit welchem er in freundschaftlichem Verkehr stand. Kaum hatte er das Zimmer betreten, als der Sekretär zum Grafen beschieden wurde. Er entfernte sich sofort, dem Tondichter bedeutend, daß er binnen kurzem zurück sein werde. Franz trat an den Schreibtisch, fand da einen Band Gedichte liegen, steckte das Buch zu sich und ging fort, ohne Randhartingers Rückkehr abzuwarten. Dieser vermißte alsbald nach seiner Zurückkunft die Gedichtsammlung und begab sich des andern Tages zu Schubert, um das Buch abzuholen. Franz entschuldigte seine eigenmächtige Handlung mit dem Interesse, welches ihm die Gedichte eingeflößt hätten, und zum Beweis, daß er das Buch nicht fruchtlos mit sich genommen habe, präsentierte er dem erstaunten Sekretär die Komposition der ersten ‚Müllerlieder', die er zum Teil in der Nachtzeit vollendet hatte.» Wir haben keinen Grund, die Wahrheit dieser Ausführungen zu bezweifeln.

Es ist die alte Geschichte, die täglich neu wird: Ein Bursche hat ein Mädchen lieb, ein Müllerbursche, der auf der Wanderschaft einem rauschenden Bächlein folgt, im Erlengrund eine Mühle findet, sich hier in die reizende, kapriziöse Müllerstochter verliebt, scheinbar Gegenliebe findet, bis der erfolgreichere Nebenbuhler, hier ein Jäger, ihn bei der launischen Schönen aussticht. Im Wehr der Mühle findet der Unglückliche Ruhe und Frieden.

Die Idee der Liednovelle war nicht neu. Bereits acht Jahre früher hatte Beethoven sechs Gedichte von A. J. Jeiteles durchkomponiert.

«An die ferne Geliebte», op. 98, heißt der schöne Liederkreis. Doch Schubert findet eine ganz eigene und selbständige Lösung, eine Einheit aus einer Vielheit von Einzelgeschehnissen, die ein großer Bogen zu einem herrlichen Ganzen zusammenfaßt. Ohne Schuberts «Die schöne Müllerin» sind weder Schumanns «Frauenliebe und -leben» und «Dichterliebe», noch Brahms' «Die schöne Magelone» oder Schoecks «Elegie» zu denken. Die etwas maskierte Treuherzigkeit des Erzählers erfüllt sich aufs schönste in den Figuren seiner Liednovelle und deren Empfindungen, nimmt in der tonpoetischen Sprache des Komponisten wahrhaftige Volkstümlichkeit an.

Zum Volkslied geworden ist «*Das Wandern ist des Müllers Lust*», das die Novelle eröffnet. Die Achtelbewegung der linken Hand ahmt das frohe Ausschreiten des Müllerburschen nach, die Sechzehntel der rechten malen das über die Steine kugelnde Bächlein. – «*Wohin?*» fragt der Bursche den Bach, der so munter durch den Wiesenplan murmelt. – «*Halt!*» gebietet die Mühle mit ihrem Rädergebraus. – Warmherzigkeit strömt die «*Danksagung an den Bach*» aus, leidenschaftlich losbrechende Liebe «*Am Feierabend*». – Zwischen ja und nein schwankt der «*Neugierige*» hin und her, in einer Musik, die an Schlichtheit und Beseelung ihresgleichen auch bei Schubert sucht. Die Triolenbewegung von «*Ungeduld*» drängt zur Erfüllung des sehnsuchtsvollen Liebesverlangens. – Herzlicher als dies im «*Morgengruß*» geschieht, kann ehrliche Liebe nicht «Guten Tag!» wünschen. – «*Des Müllers Blumen*», liebliche Vergißmeinnicht, erhalten ein schlichtes Gewand. – Der zwielichtige «*Tränenregen*» findet eine überraschende Wendung in «*Mein*», das erhörter Liebe jubelnden Ausdruck gibt. – In «*Pause*» tauchen trübe Ahnungen auf, die in den Modulationen und in der stockenden Begleitung ergreifende Töne finden. – «*Mit dem grünen Lautenbande*» läßt wieder neue Hoffnung aufkeimen, doch nun taucht drohend und ungestüm «*Der Jäger*» auf. – «*Eifersucht und Stolz*» zerwühlen den Liebenden. – «*Die liebe Farbe*» weckt bittersüße Empfindungen, welche von den durchgehenden Sechzehnteln «fis» getragen werden. – Verzweiflung und Trotz läßt «*Die böse Farbe*» in ihm auferstehen. – Wundersam ergreifend findet herzliche Liebe, die zum Verzicht bereit ist, in «*Trockne Blumen*» ihren Ausdruck, wundersam tröstet in «*Der Müller und der Bach*» das Wasser den Unglücklichen. – In «*Des Baches Wiegenlied*» beruhigt sich die drängende Bewegung im Klavier, die fernen Hornquinten wecken in psychologisch feiner Art die quälende Erinnerung an die Ursache des bittersüßen Erlebnisses, dessen Träger zu der großen Mutter heimgefunden hat.

Durchschaute Schubert die poetische Maskerade dieser Gedichte, deren Volkstümlichkeit jener literarischen Devise der Frühromantiker entsprach? Die innern Beziehungen zu den Volksliedern aus «Des Knaben Wunderhorn», welch letztere Schubert offenbar nicht kannte, da er sie kaum ignoriert hätte, muß er wenigstens gefühlt haben, sonst wäre die in den Müllerliedern auffällige Rückkehr zum reinen oder variierten Strophenlied nicht zu erklären. Es spricht aber wiederum für sein feines Sensorium, daß er das Strophenlied, wo es ihm nötig schien, bedenkenlos verließ. Schuberts feinfühlige Musikantenseele erfüllte die literarisch leicht angekränkelten Gedichte mit pulsierendem Leben, mit wahrer Empfindung und echter Leidenschaft. Darum wurden die Gedichte des reisenden Waldhornisten unsterblich. Sie wurden es durch die Vollendung, die ihnen Franz Schuberts Musik gab.

SCHUBERT UND DIE VERLEGER

Franz Schubert war darauf angewiesen, seine Kompositionen dem Musikhandel und seinem Vertreter, dem Verleger, gegen Honorierung zu verkaufen. Abgesehen von Vergütungen für erfolgte Widmungen oder sporadischen Musikunterricht und einige wenige Aufträge hatte Schubert auf keine andern Einnahmen zu rechnen. Während nun Beethoven seine Werke fast noch naß vom Schreibtisch weg verkaufen und sich rühmen konnte: «Ich fordere, und man zahlt», konnte Schubert sich dieses Vorzuges nicht rühmen. Der erste Versuch von Schuberts Freunden, ein Werk von ihm – es betraf den «Erlkönig» – bei Gottfried Härtel in Leipzig anzubringen, schlug auf jene tragikomische Weise fehl, von der wir schon hörten. – Ein erster Versuch mit Haydns Verlag Artaria & Co. soll dem Komponisten jene bereits genannte Abweisung durch den Seniorchef Domenico Artaria eingetragen haben: «Danke, Schülerarbeiten nehme ich nicht!» Nach O. E. Deutsch erschienen als erste Werke «Am Erlafsee», «Widerschein» und «Die Forelle» als Beilagen zu Taschenbüchern 1818 und 1820. Eine Entschädigung wurde natürlich nicht ausgerichtet.

Dann nahmen sich die Freunde Josef Hüttenbrenner und Leopold von Sonnleithner seiner Musenkinder an, und es gelang ihnen, die Liederhefte op. 1 bis 7 und 12 bis 14 auf eigene Kosten zu stechen und gedruckt dem Verlag Cappi & Diabelli in Kommission zu geben. Der Verkauf ließ sich gar nicht übel an, weil Schuberts Freunde, vor allem Vogl durch seinen Vortrag, alles taten, um die Lieder in ihren Kreisen bekannt zu machen. Im Frühling 1823 wurde nun Schubert hinter dem Rücken seiner Freunde dazu verleitet, dem Verleger Platten und Verlagsrechte für den Betrag von 800 Gulden abzutreten. Unter ihnen befanden sich einige der beliebtesten Lieder. Der «Wanderer» allein trug dem Verlag in den ersten vierzig Jahren nicht weniger als 27000 Gulden ein! Natürlich waren die Freunde sehr enttäuscht, vielleicht auch aufgebracht, was wir ihnen gar nicht verdenken wollen. Wie konnte sich Schubert nur so übers Ohr hauen lassen! War es wirklich nur Naivität? War es vielleicht eher der Verzweiflungsschritt eines Künstlers, dem das Wasser der Not an den Mund reichte? Solche Not jedenfalls war es, die Schubert seine Kompositionen zu jedem Preis an den Mann zu bringen zwang, die «Wandererfantasie» z. B. um lumpige 50 Gulden! Das meinte auch Spaun, wenn er sich äußerte: «Der große Künstler mußte darben. Die Musikhändler bezahlten seine herrlichen Kompositionen so elend, daß er fortwährend in den kümmerlichsten Verhältnissen leben mußte, ja, seine Mittel reichten nicht aus, sich ein Fortepiano anzuschaffen, und er war darauf beschränkt, am Tische zu komponieren...

Die einzigen fünf Hefte der Müllerlieder, für die er eine Bagatelle erhalten hatte, brachten dem Verleger durch oft wiederholte Auflagen so großen Gewinn, daß er damit ein Haus kaufen konnte, und der Sänger Stockhausen nahm für den einmaligen Vortrag der Müllerlieder im Musikvereinssaale dreimal so viel ein, als Schubert für ihre Komposition erhalten hatte.» Oder: «Wenn Schubert seine Kompositionen verkaufte, so schien er mit allem zufrieden, was man ihm dafür gab; doch kränkte es ihn häufig, daß er so viel verschleudern mußte, um nur leben zu können.»

Zum Verschleudern der erwähnten Platten und Verlagsrechte nimmt Leopold von Sonnleithner in echter Freundestreue Stellung: «Dieses eigentlich undankbare Benehmen Schuberts entfremdete ihn uns keineswegs; wir bedauerten seine Schwäche, fuhren aber fort,

uns der Aufführung und Verbreitung seiner Werke anzunehmen...
Leider befand sich Schubert, dem jeder Sinn für Geld fehlte, immer
in Verlegenheit, so daß die Verleger, wenn er gerade Geld brauchte,
seine Werke ihm um Spottpreise abnahmen und dabei das Hundertfache gewannen.»

Endlich hatte aber Schubert genug von Cappi & Diabelli. Nachdem er Herrn Diabelli am 21. Februar 1823 in einem Brief sein Befremden geäußert hatte, da zwei Hefte Walzer nicht verabredungsgemäß herausgebracht worden waren, wurde er am 10. April 1823
deutlich: «Euer Wohlgeboren haben mich durch Ihr Schreiben wirklich überrascht, nachdem ich nach dem eigenen Ausspruch des H. v.
Cappi die Rechnung gänzlich abgeschlossen wähnte. Da ich zwar
schon durch das frühere Verfahren bey Herausgabe der Walzer nicht
die allerredlichste Absicht meiner Verleger bemerkte, so konnte ich
mir dieses zweyte Benehmen auch erklären, woraus Sie sich, meine
Herren, wieder sehr natürlich erklären können werden, warum ich
mit einem andern Kunsthändler in ein dauerndes Verhältnis getreten
bin. Nicht recht begreif ich übrigens die Angabe einer Schuld von
150 fl. W. W., indem die Copiatur der Oper nach Ihrem Ausspruch
auf 100 fl. W. W. sich belief. Doch dem sey, wie es wolle, so glaub
ich, daß der so äußerst geringe Verkauf(spreis) der früheren Sachen,
sowie jener der Fantasie (Wandererfantasie) zu 50 fl. W. W. jene
mir ungerecht auferlegte Schuld längst getilgt hat. Indem ich aber
sehr zweifle, daß Sie diese menschliche Gesinnung hegen, so mache
ich Sie höflichst aufmerksam, daß ich die gerechte Forderung von
20 Exemplaren der letzteren und von 12 der früheren Hefte zu machen
habe, und die noch gerechtere der 50 fl., welche Sie mir wirklich auf
eine gar feine Art zu entlocken wußten. Rechnen Sie dies gütigst
zusammen, und Sie werden finden, daß meine Forderung nicht nur
die größere, sondern auch die gerechtere ist, welche ich aber dennoch
nicht gemacht haben würde, wenn Sie mich nicht so unangenehm
daran erinnert hätten. Da die Schuld, wie Sie gefälligst einsehen werden, auf diese Weise schon längst getilgt war, so kann also auch von
Herausgabe von Liedern ganz und gar keine Rede seyn, welche Sie
abermahls nicht wohlfeil genug taxieren konnten, indem ich gegenwärtig für ein Heft 200 fl. W. W. bekomme und mir H. v. Steiner schon
mehrere Male den Antrag zur Herausgabe meiniger Werke machen

ließ. Zum Schlusse muß ich Sie noch ersuchen, mir meine sämtlichen Manuskripte sowohl der gestochenen als der ungestochenen Werke gefälligst zu senden.

Mit Achtung   Frz. Schubert, Compositeur.

N.B. Ich bitte um genaue Rechnung der mir verabfolgten Exemplare seit unserm ersten Verkaufsabschluß, indem ich finde, daß meine Rechnung die Ihre bey weitem übersteige.»

Mit seinen neuen Verlegern Sauer & Leidesdorf hatte Schubert nicht mehr Glück. Vom ersten der beiden Firmeninhaber, Ignaz Sauer, weiß Einstein zu berichten, er sei ein kleiner Musikant gewesen, seit 1800 auch ein Winkelverleger und nebenbei ein Kauz. Sein Kompagnon, Joseph Leidesdorf, war ein unbedeutender Musiker, ein gutmütiger Idealist, doch ganz und gar kein Geschäftsmann. Geld hatte keiner von ihnen. Schon zu Beginn des Jahres 1823 hatte dieser Verlag Schubertsche Tänze herausgebracht. Am 10. April 1823 folgten die drei Lieder von op. 20, «Sei mir gegrüßt» (Rückert), «Frühlingsglaube» (Uhland) und «Hänflings Liebeswerben» (vom Freischützdichter Friedrich Kind). Ihnen folgten bis zum Herbst noch die Lieder op. 21 bis 24. Geld erhielt Schubert von diesem Verleger höchst selten. Im März 1824 schrieb er Kupelwieser nach Rom: «Leidesdorf ist zwar wirklich ein tiefer und guter Mensch, doch von so großer Melancholie, daß ich beinahe fürchte, von ihm mehr als zuviel in dieser Hinsicht profitiert zu haben; auch geht es mit meinen und seinen Sachen schlecht, daher wir nie Geld haben.» Aus diesem Grunde wandte sich Schubert wieder an Cappi & Diabelli, die immerhin zahlten, wenn auch wenig genug. Ein Versuch Joseph Hüttenbrenners, für Schubert Verbindung mit C.F. Peters in Leipzig aufzunehmen, schlug fehl, da Schubert die zur Einsicht erbetenen Werke nicht einschickte, vermutlich, weil ihn die Bewertung als ein Anfänger kränkte. Dabei hatte Joseph Hüttenbrenner in seinem Brief vom 14. August 1822 gar nicht ungeschickt operiert: «...Unter den hiesigen neueren Kompositeurs besitzt Wien dermal wieder ein Talent, was bereits die allgemeine Aufmerksamkeit erregt und schon zum Liebling des hiesigen Publikums geworden ist – kurz und ohne Übertreibung gesagt, es ist ein zweiter ‚Beethoven‘; dieser unsterbliche

Mann sagt von ihm gar: ‚Dieser wird mich übertreffen.'» C. F. Peters aber wartete genau drei Monate mit der salbungsvollen Antwort voller Eigenruhms: «... übrigens werden die Bedingungen keinen Anstand geben, denn die Beständigkeit, mit welcher meine Autoren bei mir bleiben, beweist schon, daß mit mir gut auskommen ist, und mir selbst kann ich dieses Lob erteilen, übrigens werden ja die Bedingungen des jungen Künstlers nicht so hoch gestellt sein, daß solche nicht leicht annehmbar wären...» Gedenkt C. F. Peters nicht, einem jungen Talent den Weg zu ebnen und auch ein Risiko zu übernehmen? Mit nichten, denn in diesem gleichen Brief läßt der berühmte Verleger die Katze ganz ungeniert aus dem Sack: «... Gar oft trifft mich der Vorwurf, daß ich zur Bekanntmachung der Werke neuer Komponisten nicht beitragen wolle und er nicht bekannt werden könne, wenn sich der Verleger mit der Ausgabe seiner Werke nicht befasse, allein dieser Vorwurf trifft mich ganz ungerecht, alles kann man nicht machen, sondern einem Plane muß man folgen, wenn etwas Ordentliches herauskommen soll; ich trachte nach den Werken der schon anerkannten Künstler, manche drucke ich zwar außerdem, allein kann ich von diesen genug erhalten, so muß ich die Einführung neuer Komponisten andern Verlegern überlassen, diese können auch etwas tun...» Hier war für Franz Schubert auf lange hinaus nichts zu suchen.

Anton Pennauer erhielt die Klaviersonate in a-moll, op. 42, mit acht andern Werken, andere überließ Schubert dem Sohn des Hauses Artaria, Matthias, weitere verlegte er bei Taddäus Weigl, bei Tobias Haslinger und endlich auch beim ältern Artaria. Hans Georg Nägeli in Zürich, der von Schubert eine Klaviersonate erbat, würdigte die Forderung nach einem Honorar von 120 Gulden überhaupt keiner Antwort.

Mit den Leipziger Musikhäusern Breitkopf & Härtel und H. A. Probst, denen der Tonsetzer im Sommer und Herbst 1826 schrieb, kam noch keine Verbindung zustande. Schuberts Brief an Härtel vom 12. August 1826 lautete: «Euer Wohlgeboren! In der Hoffnung, daß Ihnen mein Name nicht ganz unbekannt ist, mache ich hiermit höflichst den Antrag, ob Sie nicht abgeneigt wären, einige meiner Compositionen gegen billiges Honorar zu übernehmen, indem ich sehr wünsche, in Deutschland so viel als möglich bekannt zu werden. Sie können die Auswahl treffen unter: Liedern mit Pianoforte-Begleitung, unter Streichquartetten, Klavier-Sonaten – 4-händigen Stücken etc. etc. Auch ein Octett habe ich geschrieben. In jedem Fall würde es mir eine besondere Ehre syn, mit einem so alten, berühmten Kunsthandlungshause in Verbindung zu treten...» Die Firma wollte das erste Werk ohne Honorar, doch gegen die Abgabe einer größern Anzahl von Freiexemplaren herausgeben und erst später auf eine «anständige Vergütung» eintreten. – H.A.Probst sprach in einem Brief vom 26.August 1826 an Schubert seine Ansicht folgendermaßen aus: «...bin ich sehr gern bereit, zur Verbreitung Ihres Künstlerberufs nach meinen Kräften beizutragen. Nur gestehe ich Ihnen offen, daß der eigene, sowohl oft geniale als wohl auch mitunter etwas seltsame Gang Ihrer Geistesschöpfungen in unserem Publikum noch nicht genugsam und allgemein verstanden wird. Deshalb bitte ich, bei Übersendung Ihrer Manuskripte gefälligst darauf Rücksicht zu nehmen. Lieder mit Auswahl, nicht zu schwierige Pianoforte-Kompositionen à 2 und 4 m., angenehm und verständlich gehalten, würden mir passend erscheinen...» In einem Brief Propsts an Schubert vom 15.Januar 1827 verzichtete der Verleger auf eine «Einverleibung» von Schuberts Namen seinem Verlagskatalog. Er war mit der Herausgabe des Gesamtwerkes von Kalkbrenner überbeschäftigt. Auch fand er das geforderte Honorar von 80 Gulden für jedes Manuskript als zu hoch.

Anläßlich eines Besuches in Wien im Frühling 1827 wird Propst andern Sinnes. Am 9.Februar 1828 bittet er dann um Werke, «die ohne Ihrer Eigentümlichkeit etwas zu vergeben, doch nicht schwer aufzufassen sind». Schubert verlangt darauf für ein Lieder- oder Klavierheft 60 Gulden Honorar. Probst versteht es jedoch, Schubert zum Preis von 20 Gulden 60 Kreuzer auch noch das Klaviertrio in Es-dur, op.100, abzunehmen! Der geplagte Tonsetzer gibt es seufzend hin, «um endlich einen Anfang zu machen». Am 2.Oktober 1828 erkundigt er sich unruhig nach dem Erscheinungstermin des Trios, nachdem er schon am 1.August entschieden hatte: «Dedicirt wird dieses Werk niemanden außer jenen, die Gefallen daran finden. Dies die einträglichste Dedication.» Zugleich bietet er die drei letzten Klaviersonaten, die Heinelieder und das Streichquintett an. Das Klaviertrio op.100 erschien Mitte Oktober als erstes und einziges Werk, das noch zu Schuberts Lebzeiten außerhalb Österreichs herausgegeben wurde.

Vor der Enttäuschung, die ihm eine Ablehnung der Probst angebotenen Werke bereitet hätte, bewahrte ihn der sechs Wochen später erfolgte Tod.

Um die gleiche Zeit meldeten sich nun auch B. Schott's Söhne, Mainz. Sie baten um «Klavierwerke oder Gesänge für eine oder mehrere Stimmen mit oder ohne Piano-Begleitung», die ihnen stets willkommen seien. – Am 21. Februar 1828 bot Schubert dem Verlag einige hundert Werke an, die Lieder einzeln gezählt, auch das Trio op. 100, die Klavierfantasie in f-moll für vier Hände, die Streichquartette in d-moll und G-dur, die vier Impromptus op. 142, drei Opern, die Messe in As-dur. Er erwähnte auch die Gasteiner Sinfonie, damit der Verlag mit seinem Streben nach dem Höchsten in der Kunst bekannt würde. Hätte Schubert die Sinfonie auch abgeschickt, wäre sie uns vielleicht erhalten geblieben! Das Quartett sollte, da es ein kleines Opus sei, mit 30 Gulden honoriert werden. Schott aber wünschte nur das Trio (das abgelehnt und später von Propst übernommen wurde), die Impromptus und den Männerchor «Mondenschein» (Schober.) Dieser erschien erst 1830, und die Impromptus brachte 1838 Diabelli heraus.

Das traurigste Kapitel im traurigen Roman «Schubert und die Verleger» bildet wohl der Erwerb der «Winterreise» durch Haslinger. Anfangs 1827 war Schubert wieder sehr krank und bedurfte dringend finanzieller Mittel. Franz Lachner ging mit den ersten zwölf Gesängen dieses Zyklus' zu Haslinger und bat um Vorschuß. Der Komponist habe das Geld bitter übel nötig, um stärkende Nahrung und Arzneimittel zu beschaffen. Tobias Haslinger verschloß sich diesen beweglich vorgebrachten Gründen nicht und bezahlte – einen Gulden pro Lied! – Schubert kränkte sich, seinem Naturell entsprechend, wohl über diese Ausnützung seines Schaffens, fügte sich aber mehr oder weniger raunzend darein. Im langen Brief vom 25. Juli 1825 aus Steyr an seine Eltern nimmt er auf die hier geschilderten Unannehmlichkeiten Bezug: «... Wenn nur mit den – (vermutlich durch einen zoologischen Ausdruck zu ersetzen) von Kunsthändlern etwas Honettes zu machen wäre, aber dafür hat schon die weise und wohltätige Einrichtung des Staates gesorgt, daß der Künstler ewig der Sklave jedes elenden Krämers bleibt.» Vater Schubert mag über diesen Ausfall gegen die Ordnung der Dinge nicht übel erschrocken sein.

Spaun weiß, daß Schubert unter der Unmöglichkeit, seine Werke zu anständigen Preisen zu verkaufen, litt: «In der letzten Zeit (Herbst 1828) kränkten ihn einige höchst unbillige Angebote aus dem Ausland, die er mit Unwillen verwarf. Es wäre hier der Ort, wohl manches darüber zu sagen, wie gering die Unterstützung war, die Schuberts großes Talent genoß; allein da er selbst hierüber so ganz ohne Bitternis war, so geziemt es auch jetzt seinen Freunden nicht, hierüber zu klagen.»

Soweit die Verleger ihr Verhältnis zu Franz Schuberts Werken rein kaufmännisch, als ein reines Problem von Angebot und Nachfrage, betrachteten, ist dazu kaum etwas zu sagen. Kunst als Ware war je und je ein betrübliches Kapitel in der Geschichte der menschlichen Kultur, und die aufgekommene bürgerliche Gewerbefreiheit ließ die Macht des Stärkern ohne große Skrupel spielen. Wo es sich aber um eine offensichtliche Übervorteilung wider besseres Wissen, um ein skrupelloses Ausnützen eines wirtschaftlich Schwachen handelte, muß diese Sünde an einem unserer liebenswertesten Komponisten als unmoralisch bezeichnet werden. Die Verleger hatten einen mildernden Umstand für ihr rein kaufmännisches Denken: Da es damals weder Autoren- noch Verlegerschutz gab, konnten andere Verleger die von den Kollegen erworbenen Werke bedenkenlos nachdrucken. Was sie denn auch taten!

Neuntes Kapitel

VON ZELESZ NACH GASTEIN
1824–1825

> «*Eine Schönheit soll den Menschen
> durch das ganze Leben begeistern, wahr ist es;
> doch soll der Schimmer dieser Begeisterung
> alles andere erhellen.*»
> (Tagebucheintragung Schuberts vom 27. März 1824)

JAHRESWENDE

Das Jahr 1823 war mit einer Silvesterfeier zu Ende gegangen, über die Schwind an Schober berichtet:

«Wien 2. Januar 1824

Unser Silvesternachtfest lief glücklich ab. Wir waren bei Mohn (Ludwig Mohn war Lithograph) versammelt. Bruchmann und Doblhoff kamen mit Schlag zwölf aus der Stadt zurück, wo sie den Schubert erwartet und gesucht hatten. Du, Senn, Kupelwieser, Bruchmann und die allerseitigen Geliebten wurden durch Gesundheiten gefeiert. Bald darauf kündigten sich Schubert und Dr. Bernhardt (der ihn behandelnde Arzt) durch ein kleines Scheibenschießen (mit Schneebällen) an. Schubert traf, und die verwundete Fensterscheibe brachte alles in Aufruhr. Mit dem Doktor hab' ich schmoliert (Duzbrüderschaft getrunken), das wird mir gut stehn. Um halb fünf früh kam ich nach Haus. Das ganze war etwas roh und gemein, aber besser, als wir erwarten konnten.» – Doblhoff weiß am 7. Januar 1824 Schober zu erzählen, sie hätten sechs Bruchmannsche Mosler-Bouteillen (sechs Flaschen Moselwein) gestürzt, und der Abend habe die vorjährige Silvesterfeier in freier, ungebundener Lust und im Einklang der rauschenden Freude bei weitem besiegt. – Es war nun aber nicht nur jugendliche Ausgelassenheit, die in dieser Zusammenkunft, wo so wacker Gott Bacchus gehuldigt wurde, den Ton angab. Es waren in die Schubertrunde in wenig wählerischer Art Elemente aufgenommen worden, über deren Tun und Reden sich auch Kupelwiesers Braut Johanna Lutz ärgerte. Am 25. Januar 1824 schrieb sie dem Maler nach Rom:

«...Ich fürchte mich recht, denn es herrscht schon wieder allerlei Verdruß in der Gesellschaft (der Freunde). Du würdest Dich sehr ärgern über die dummen Plauschereien, welche immer unter den Herren sind, und ich fürchte mich so davor, daß ich recht froh sein werde, wenn der Donnerstag vorbei sein wird. Der Mohn ist recht gut, aber er verletzt immer die ungestörten Sitten und ist dann über jede Kleinigkeit beleidigt. Die vorige Woche war Schwind da und hat mir den Russischen von Schubert gebracht. Ich freue mich recht, ihn Dir vorzuspielen.»

Schubert hatte das Haus des Vaters in der Rossau wieder verlassen und wohnte, vermutlich mit Josef Huber (dem «langen Huber»), der auf den Einwohnerlisten zwar nicht aufgeführt ist, im Winter 1823/24 im Hause Innere Stadt Nr. 1187 auf der Stubentorbastei, in nächster Nähe von Schwind, dessen unversiegliche und unverbrüchliche Liebe und Treue Schubert ein großer Trost waren.

Sonst ging es wieder einmal hoch her. Schwind schrieb unterm 2. Februar 1824 an Schober nach Breslau: «...das war Schuberts Geburtstag (31. Januar). Wir hatten ein Fest bei der Kron (ungarische Krone, ein Gasthof, den Schubert und seine Freunde häufig besuchten), und wiewohl alle sehr besoffen waren, so wünschte ich doch, daß Du, um des Schuberts Freude über Dein Glück willen, dabei gewesen wärest. Im höchsten Rausch konnt' ich sehen, wie jeder ist. Alle waren mehr oder weniger dumm. Schubert schlief. Bruchmann allein, wiewohl er von allem nichts mehr weiß, war wie einer, der begeistert ist... Schubert hält jetzt ein vierzehntägiges Fasten und Zuhausebleiben. Er sieht viel besser aus und ist sehr heiter, ist sehr komisch hungrig und macht Quartetten (a-moll und d-moll) und Deutsche und Variationen ohne Zahl.»

Schubert war wirklich sehr fleißig, das stimmt. Trotz seines bessern Aussehens und seiner scheinbaren Heiterkeit, die an ihm auffielen, ging es ihm aber gesundheitlich nicht gut. Die Hoffnung, Dr. Bernhardts neue Behandlungsweise hätte die unangenehme Krankheit gebrochen, erwies sich als ein Irrtum. Eine große Freude erlebte er hingegen, als das Schuppanzigh-Quartett (Schuppanzigh, Mayseder, Weiß und Linke, bekannt durch die Uraufführungen der Streichquartette Beethovens) am 14. März 1824 sein a-moll-Streichquartett, op. 29, zusammen mit dem Septett, op. 20, von Beethoven im Musikvereinssaal beim «Roten Igel» aus der Taufe hob. Trotzdem drückte, wie immer, die äußere Not; wohl hatten Sauer & Leidesdorf eben das erste Heft der schönen Müllerin herausgebracht, doch hatte Schubert keine Einnahmen davon.

Ein vom Grafen Ferdinand von Troyer bestelltes Oktett entstand in diesen Februartagen und strahlte behagliche Freude aus. Die wahre Stimmung aber, in der sich der Tonmeister befand, verrät das geplante und wohl erst 1825 vollendete Streichquartett in d-moll, verraten eindeutig die Tagebucheintragungen vom März 1824:

25. März: «Schmerz schärft den Verstand und stärket das Gemüth; dahingegen Freude sich um jenen selten bekümmert und dieses verweichlicht oder frivol macht.

Aus dem tiefsten Grunde meines Herzens hasse ich jene Einseitigkeit, welche so viele Elende glauben macht, daß nur eben das, was sie treiben, das Beste sey, alles Übrige aber sey nichts. Eine Schönheit soll den Menschen durch das ganze Leben begeistern, wahr ist es; doch soll der Schimmer dieser Begeisterung alles Andere erhellen.»

27. März: «Keiner, der den Schmerz des Andern, und Keiner, der die Freude des Andern versteht! Man glaubt immer, zueinander zu gehen, und man geht immer nur nebeneinander. O Qual für den, der dies erkennt! Meine Erzeugnisse sind durch den Verstand für Musik und durch meinen Schmerz vorhanden; jene, welche der Schmerz allein erzeugt hat, scheinen am wenigsten die Welt zu erfreuen.»

28. März: «Die höchste Begeisterung hat zum ganz Lächerlichen nur einen Schritt, so wie die tiefste Weisheit zur krassen Dummheit.

Mit dem Glauben tritt der Mensch in die Welt; er kommt vor Verstand und Kenntnisse weit voraus; denn um etwas zu verstehen, muß ich vorher etwas glauben; er ist die höhere Basis, auf welche der schwache Verstand seinen ersten Beweispfeiler aufpflanzt. – Verstand ist nichts als ein analysierter Glaube.»

29. März: «O Phantasie! du höchstes Kleinod des Menschen, du unerschöpflicher Quell, aus dem sowohl Künstler als Gelehrte trinken! O bleibe noch bey uns, wenn auch von Wenigen nur anerkannt und verehrt, um uns von jener sogenannten Aufklärung, jenem häßlichen Gerippe ohne Fleisch und Blut zu bewahren!»

(Ohne Datum): «Um 2 Uhr nachts. Beneidenswerther Nero! Der du so stark warst, bei Saitenspiel und Gesang ekles Volk zu verderben!»

Welch beredte Sprache spricht nicht der Brief, den Schubert am 31. März 1824 Leopold Kupelwieser, «pittore tedesco, recapito al caffè grecco», in Rom zukommen läßt:

«Lieber Kupelwieser!
Schon längst drängt' es mich Dir zu schreiben, doch niemahls wußte ich wo aus wo ein. Doch nun beut sich mir die Gelegenheit... und ich kann endlich wieder einmahl meine Seele ganz ausschütten. Du bist ja so gut u. bieder, Du wirst mir gewiß manches verzeihen, was mir andere sehr übel nehmen würden. – Mit einem Wort, ich fühle mich als den unglücklichsten, elendsten Menschen auf der Welt. Denk Dir einen Menschen, dessen Gesundheit nie mehr richtig werden will, u. der aus Verzweiflung darüber die Sache immer schlechter statt besser macht, denke Dir einen Menschen, sage ich, dessen glänzendste Hoffnungen zu Nichts geworden sind, dem das Glück der Liebe u. Freundschaft nichts biethen als höchstens Schmerz, dem Begeisterung (wenigstens anregende) für das Schöne zu schwinden droht, und frage Dich, ob das nicht ein elender, unglücklicher Mensch ist? – ‚Meine Ruh' ist hin, mein Herz ist schwer, ich finde sie nimmer und nimmermehr', so kann ich wohl jetzt alle Tage singen, denn jede Nacht, wenn ich schlafen geh, hoff ich nicht mehr zu erwachen, u. jeder Morgen kündet mir nur den gestrigen Gram. So Freude- und Freundelos verbringe ich meine Tage, wenn nicht manchmal Schwind mich besuchte u. mir einen Strahl jener vergangenen süßen Tage zuwendete. – Unsere Gesellschaft (Lesegesellschaft) hat sich, wie Du wohl schon wissen wirst, wegen Verstärkung des rohen Chors im Biertrinken und Würstelessen den Tod gegeben, denn ihre Auflösung erfolgt in zwei Tagen, obwohl ich schon beynahe seit Deiner Abreise sie nicht mehr besuchte...»

Auch Schwind war mit der Art, wie ihre Zusammenkünfte durchgeführt wurden, nicht mehr einverstanden: «Ich stehe im Begriffe, mich loszumachen, denn das Lesen ist so übertäubt durch Kassageschäfte und Schwänke, daß einem nicht einmal mehr ein ungestörtes Beysammensein möglich ist. Wenn Du oder der Senn plötzlich hineinkämen, wir müßten uns wahrlich dieser Kompagnie schämen. Schubert wird mit mir halten...»

Im Brief an Kupelwieser beschäftigte sich Schubert dann mit seinen Plänen, auch wolle er sich den Weg zur großen Sinfonie bahnen.

Seiner Hoffnungslosigkeit, die er nur allzuoft seinen Freunden hinter der Maske des lustigen Zechbruders und Tanzmusikanten verbarg, entriß ihn eine neuerliche Einladung der Esterhazy, den Sommer 1824, wie jenen von 1818, mit der gräflichen Familie in Zelesz zu verbringen. Dort finden wir Franz Schubert Ende Mai.

WIEDER IN ZELESZ

Sicher war ihm die Einladung hochwillkommen. Hatte man dem Musiklehrer und Komponisten 1818 neben freier Station ein Monatsgehalt von 75 Gulden bezahlt, so waren es diesmal für fünf Monate 500 Gulden, also 100 Gulden monatlich, ein für Schuberts prekäre Verhältnisse geradezu fürstliches Honorar. In der Gehaltserhöhung spiegelte sich auch eine entsprechende Steigerung von Schuberts Einschätzung durch den Grafen, was dem ganz und gar nicht Verwöhnten doppelt wohl tat. Die Musikabende waren gesichert, tägliches Brot und kostenloses Obdach auch. Dann war Karoline Esterhazy aus dem zwölfjährigen Mädel eine achtzehnjährige junge Dame geworden! Mit ihr war gar herrlich vierhändig zu musizieren. Freiherr von Schönstein, dem die «Müllerlieder» gewidmet worden waren, wird diese und andere Lieder in der ihm eigenen einfühlenden Art singen. Herz, was willst du noch mehr? Schubert griff mit beiden Händen zu.

Karoline Esterhazy? Sie war diese ganze Zeit hindurch Schuberts Klavierschülerin gewesen. Schubert unterrichtete sie natürlich im gräflichen Heim, im Beisein der Mutter oder Erzieherin. Die Legende, Franz Schubert habe für die junge Komtesse tiefere Gefühle gehegt, sei gar in sie verliebt gewesen, hat sich bis heute hartnäckig erhalten. Er selber schwieg sich darüber aus, wie er ja höchst selten, und nur vertrautesten Freunden gegenüber, sein Inneres offenbarte. Die Meinung, Karoline von Esterhazy sei Schuberts unsterbliche Geliebte gewesen, knüpft an eine Bemerkung an, die Schubert in Zelesz entschlüpft sei. Als ihn nämlich eines Tages seine Schülerin fragte, warum er ihr noch keines seiner Werke gewidmet habe, soll er sich geäußert haben: «Ihnen ist ja ohnedies alles gewidmet.» Eine offizielle Widmung fand später statt: jene der f-moll-Fantasie, op. 103.

In einem Brief an Ferdinand vom Juli 1824 erwähnte Franz Schubert unangenehme (Ent-)Täuschungen, die man erfahre, wenn man glaube, an einem Ort, wo man einst glücklich war, hänge das Glück, während es doch nur in uns selber sei. Dies kann ganz allgemein verstanden werden, kann aber auch auf Enttäuschungen gemünzt sein, die ihm während dieses zweiten ungarischen Aufenthaltes zuteil wurden.

In einem Brief an Schwind vom August desselben Jahres sprach der Musiker von einem anziehenden bewußten Stern, der ihn aber die verfluchte Sehnsucht nach Wien und seinen Freunden nicht vergessen lasse. War dieser bewußte anziehende Stern nun Komtesse Karoline von Esterhazy?

Eduard von Bauernfeld schrieb später: «Eigentlich war er (Schubert) zum Sterben in eine seiner Schülerinnen verliebt, in eine junge Komtesse Esterhazy, welcher er auch eine seiner schönsten Klaviersachen, die vierhändige Fantasie aus f-moll gewidmet hatte. Er kam auch außer den Lektionen bisweilen in das gräfliche Haus (!), unter Schutz und Schirm seines Gönners, des Sängers Vogl, der mit Fürsten und Grafen wie mit seinesgleichen verkehrte, überall das große Wort führte... Schubert hielt sich im stillen zu der angebeteten Schülerin, drückte sich den Liebespfeil immer tiefer ins Herz...» Er dichtete auch:

> «Verliebt war Schubert; der Schülerin
> Galt's, einer der jungen Komtessen,
> Doch gab er sich einer – ganz Anderen hin,
> Um die – Andere zu vergessen.»

Auch Freiherr von Schönstein, den Schubert im gräflichen Hause kennengelernt hatte, ließ sich darüber aus: «Bald nach seinem Eintritt ins gräfliche Haus knüpfte Schubert ein Verhältnis mit einer Dienerin daselbst an, welches aber sofort einer poetischeren Flamme weichen mußte, die für die jüngere Tochter, Gräfin Karoline, in seinem Herzen emporschlug. Und diese loderte fort bis an sein Lebensende. Karoline schätzte ihn und sein Genie, erwiderte aber seine Liebe nicht und ahnte vielleicht nicht einmal den Grad, in welchem sie tatsächlich vorhanden war. Denn daß die Neigung für sie bestand, mußte ihr durch eine Äußerung Schuberts klar geworden sein.» Schönstein meint wohl jene Bemerkung, ihr sei ohnedies alles gewidmet.

Dagegen erwähnt Spaun, Schuberts ältester und intimster Freund, eine Liebe Schuberts zur jüngeren Gräfin Esterhazy nicht, auch lehnt er die Möglichkeit eines intimen Verhältnisses Schuberts zu einer Dienerin des Hauses ab. Eine Verwechslung aber, die ihm mit den Vornamen der beiden Komtessen (Karoline besaß eine drei Jahre ältere Schwester Marie) unterlief, läßt schließen, daß Spaun nicht sehr gut orientiert war.

Leopold Sonnleithner weiß auch wenig: «... Von einer entschiedenen, länger dauernden Liebschaft habe ich nie etwas gehört. Auf einem Gute in Ungarn soll er (soll!) bedeutend für eine Dame höheren Standes geschmachtet haben.»

Kann man, darf man aus den spärlichen, unsichern Bemerkungen an einen Liebesroman des armen Musikanten zu der in unerreichbaren gesellschaftlichen Fernen thronenden Komtesse Karoline von Esterhazy glauben? Ist dies nicht eher die Story für einen jener schmachtenden, Tatsachen durcheinander wirbelnden Musikerfilme, wie sie uns der Geist Hollywoods am laufenden Bande schenkt?...

Das Ende? Karoline von Esterhazy heiratete erst mit 38 Jahren, also 1844, sechzehn Jahre nach Schuberts frühem Tod. Sie legte eine Sammlung von Schubertschen Manuskripten an. Das ist alles, was wir Sicheres von ihr wissen. Daß das häufige vierhändige Klavierspiel mit ihr, die Bauernfeld seine «stille, wohltätige Muse, als die Leonore dieses musikalischen Tasso» nannte, Schuberts Phantasie ganz offensichtlich beflügelte, befruchtete und uns eine Reihe herrlicher Gaben bescherte, ist genug. Seien wir damit zufrieden!

Am 17. Oktober 1824 kehrte Schubert nach Wien zurück, nicht ohne eine Reihe gewichtiger Kompositionen, die im stillen Zelesz gereift waren. Er reiste mit Schönstein in dessen vierspänniger Chaise «vortrefflich dahin. Den größten Teil unserer Fahrt», so ließ sich Schönstein in einem Brief an Esterhazy vernehmen, «wiegte uns Morpheus in seinen wohltätigen Schlummer, der am ersten Abend nur durch die Finsternis und somit durch die stete Angst vor dem Umwerfen gestört wurde. Zum Überfluß hatte mir Schubert in seinem Phlegma das am Rückteil des Wagens angebrachte Fenster zerschlagen, wodurch der gräßlichste aller Winde freies Spiel um unsere Ohren bekam.» Am Nachmittage des zweiten Tages langten die Reisenden in Wien an.

Die Freunde waren glücklich, die Seele ihres Kreises wieder unter sich zu wissen. Besonders Schwind freute sich lebhaft, verhieß doch die Umsiedlung des Musikers aus dem Vaterhaus in das Mondscheinhaus auf der Wieden einen täglichen Verkehr mit dem Intimus. Dabei ging es nicht ohne vorübergehende Spannungen ab, die angesichts der empfindsamen Künstlernatur Schwinds nicht zu vermeiden waren. Eine Zeitlang war man auch mit Bruchmann überworfen und grüßte sich nicht einmal mehr. So schrieb im Frühling 1825 Johanna Lutz ihrem Bräutigam, diesmal nach Neapel: «Wie Du und der Schober fort waren, so hat sich der ganze Verein anders, aber nicht besser gestaltet und mußte sich vollends auflösen. Doch die Bessern finden sich immer wieder, und da ist nichts verloren... Schubert und Schwind leben in offener Fehde mit dem Bruchmann. Sie kommen mir beide vor wie Kinder, und sie äußern ihren Haß kindisch... Schubert ist nun recht fleißig und ordentlich; das freut mich sehr.» Zur rechten Zeit trat nun Eduard von Bauernfeld in den Freundeskreis ein, in dem er bald eine wohltätig ausgleichende und vermittelnde Rolle spielte.

Der Jahresbeginn schenkte Schubert die wertvolle Bekanntschaft mit der jungen, zarten Hofburgschauspielerin *Sophie Müller* (1803 bis 1830). Sie trat zu Schuberts Musik in eine ähnlich starke und unmittelbare Beziehung wie Kathi Fröhlich, Grillparzers Braut. Sie war ebenfalls sehr musikalisch und begeisterte sich an Schuberts Liedern, die sie sehr herzlich zu singen wußte. Schubert und Vogl waren oft Gäste in ihres Vaters Haus in Hietzing. Die Tochter notierte eifrig in ihr Tagebuch:

24. Februar 1825: «Vogl und Schubert speisten heute zum erstenmal bei uns; nach Tisch sang Vogl mehrere Schillersche Gedichte von Schubert.»

1. März 1825: «Vogl und Schubert kamen nachmittags und brachten neue Lieder aus dem ‚Pirat', dann die Rose. Vogl sang auswendig aus dem Tartarus von Schiller.»

2. März 1825: «Nach Tisch kam Schubert; bis gegen 6 Uhr sang ich mit ihm...»

3. März 1825: «Nach Tisch kam Schubert, brachte ein neues Lied: ‚Die junge Nonne'; später kam auch Vogl, ich sang es ihm; es ist schön komponiert. Der alte Lange (Schauspieler, Schwager Mozarts) besuchte uns dann auch noch. Wir musizierten bis 7 Uhr, da gingen die Herren.»

7. März 1825: «Vogl kam vor Tisch und um 5 Uhr Schubert; sie brachten mehrere neue Lieder, worunter eine Szene aus dem Aischylos, ‚Ihr Grab', ‚Die Forelle' und ‚Der Einsame' vorzüglich sind. Um halb 8 Uhr gingen sie fort.» In dieser Art verkehrten Schubert und seine musikalischen Freunde in vielen Bürgerhäusern Wiens.

Am 6. Juni 1825 las man in der amtlichen «Wiener Zeitung»:

«Bei Anton Diabelli und Kompagnie sind erschienen: ‚An Schwager Kronos', ‚An Mignon', ‚Ganymed', Gedichte von Goethe. In Musik gesetzt für eine Singstimme mit Begleitung des Pianoforte und dem Dichter verehrungsvoll gewidmet von Franz Schubert. 19. Werk.» Schubert versuchte noch einmal, an den greisen Dichterfürsten von Weimar zu gelangen und durch Widmung und Übersendung der Lieder von diesem ein Wort des Dankes oder der Anerkennung zu erhalten. Er schrieb:

«Euer Exzellenz!
Wenn es mir gelingen sollte, durch die Widmung dieser Composition Ihrer Gedichte meine unbegrenzte Verehrung gegen E. Exzellenz an den Tag legen zu können, und vielleicht einige Beachtung für meine Unbedeutenheit zu gewinnen, so würde ich den günstigen Erfolg dieses Wunsches als das schönste Ereignis meines Lebens preisen. – Mit größter Hochachtung Ihr ergebenster Diener
                    Franz Schubert.»

Unterm 16. Juni 1825 notierte Goethe in sein Tagebuch: «Sendung von Felix (Mendelssohn-Bartholdy) von Berlin, Quartette. Sendung von Schubert aus Wien, von meinen Liedern Compositionen.» Während sein Liebling Mendelssohn einen sehr netten Dankesbrief erhielt, wurde der unbekannte Schubert in Wien von Goethe keines Wortes gewürdigt.

Für Schubert war solche Mißachtung nichts Ungewohntes. Er wußte ihr nicht anders als durch vertiefte Arbeit zu begegnen. Diese

Arbeit wurde von 1824 an immer ernster, gefestigter, reifer und dehnte sich namentlich auf die ihm entwicklungsfähig erscheinenden Instrumentalformen Streichquartett, Streichquintett, Bläseroktett, Sinfonie aus.

Ein Vergleich der nun entstehenden Werke mit jenen aus früheren Perioden von Schuberts Entwicklung zeigt deutlich einen innern Abstand, ein Wachstum zu Reife und Vollendung. Dieses innere Reifen, auch ein Abstandnehmen von den «Dingen dieser Welt», äußerte sich in Briefen, die nicht mehr so unbekümmert Erlebnisse des Tages aufzählten, äußerte sich im Verhältnis zu seinen Freunden, denen gegenüber er sehr unabhängig wurde. Weil er einmal einer Zusammenkunft im Hause der geliebten Netti Hönig ohne Entschuldigung fernblieb, zürnte ihm Schwind sehr ernstlich. Schuberts lakonische Ausrede hieß: «Ich hatte darauf vergessen.» Das mochte wahr sein, vielleicht war Schubert in schöpferischem Drang in seine Arbeit vertieft, vielleicht hatte er einfach keine Lust, andere Menschen zu sehen, auch wenn es seine Freunde oder deren Geliebte waren. Nach außen hatte er sich kaum verändert. Noch war er der oft heitere, oft ausgelassene, oft still in sich versonnene, in die Ferne blickende, schweigsame Kumpan und Freund einer angeregten Tafelrunde. Er sah, wie Bernhard Paumgartner dies so schön ausgedrückt, «alle jene Dinge der Außenwelt nur anders, von einer andern Ebene aus, wie er anders in seine Werke hineinsah, mit dem freundlichen Lächeln des Leiderfahrenen, des in seiner Kunst den vergänglichen Dingen Entwachsenden.»

WANDERFAHRTEN IN OBERÖSTERREICH

Im März 1825 war Vogl nach Steyr vorausgereist. Zwei Monate später folgte ihm Schubert nach. Unterwegs in den Stiften von St. Florian und Kremsmünster lernte er warme Freunde seiner Kunst und einen guten Pianisten kennen, mit dem er eifrig seine Werke musizierte. Dann traf er Vogl in Steyr, wo die beiden Freunde wieder bei Sylvester Paumgartner Quartier bezogen. Von diesem Standquartier aus unternahmen sie kürzere oder längere Ausflüge, kehrten aber immer wieder nach Steyr zurück. Schubert war glücklich, wie immer, wenn er auf der Wanderschaft durch Gottes schöne Welt zog. Sein Freund Bauernfeld ist Kronzeuge für dieses Glücksgefühl: «Seine fröhlichsten Sommer waren diejenigen, die er mit seinem älteren Freunde Vogl in Oberösterreich verbrachte. Wie die Minstrels in den Zeiten der Ritterschaft zogen sie durch die lachenden Gegenden und sangen in den Häusern und zu den Herzen liederlustiger Menschen. Linz, Steyr, Gmunden, Gastein und mehrere Klöster Oberösterreichs haben die freundlichen Sänger gern und oft bei sich aufgenommen und werden sich ihrer noch lange und sehnsuchtsvoll erinnern.»

Der erste größere Ausflug führte die beiden nach Gmunden, wo sie sechs Wochen im Hause des Kaufmanns Ferdinand Traweger, der ein prächtiges Piano besaß, verbrachten, «wie zur Familie gehörig». Trawegers Sohn Eduard, damals noch ein Knirps, erinnerte sich später:

«Die häutige Bräune warf mich aufs Krankenlager; der Arzt ordinierte Blutegel, aber niemand konnte mich bewegen, die Operation vornehmen zu lassen. Vogl und Schubert redeten mir zu: endlich wirkte die vom Vater uns eingeimpfte unbegrenzte Hochachtung für Schubert; seine Worte wirkten. Weinend bat ich ihn, er möge mir die Igel setzen, was er nach Andeutung des Arztes auch tat. Als die Blutsauger an meinem Halse hingen, gab er mir einen silbernen Bleistiftschuber als Andenken...

Wenn Vogl sang und Schubert am Fortepiano akkompagnierte, durfte ich immer zuhören. Zu diesen Genüssen waren mehrfach Verwandte und Freunde geladen. Solche Kompositionen, so vorgetragen, mußten die Empfindungen zum Ausbruch bringen, und war das Lied zu Ende, so geschah es nicht selten, daß die Herren sich in die Arme stürzten, und das Übermaß des Gefühles in Tränen sich Bahn brach...

Kaum, als ich früh erwachte, sprang ich noch im Hemde zu Schubert. Vogl machte ich keine Morgenvisite mehr, weil er mich einmal, als ich ihn im Schlafe störte, als einen schlimmen Buben ausgejagt hat. Schubert im Schlafrocke, mit der langen Pfeife, nahm mich auf die Knie, rauchte mich an, setzte mir seine Augengläser auf, rieb mir den Bart ein, ließ mich in seinem Lockenkopf herumwühlen und war so lieb, daß auch wir Kinder ohne ihn nicht sein konnten...

Nun studierte mir Schubert mit vieler Mühe das Lied ‚Guten Morgen, schöne Müllerin' ein. und noch heute höre ich, wie er mir zurief: ‚Komm Eduardl, sing Guten Morgen und du bekommst den schönen Kreuzer – gewöhnlich einen Silbergroschen –, und ich quietschte, so gut es ging. Waren Fremde da, so ließ ich mich schwerer dazu bestimmen, aber wenn Schubert mich zwischen die Knie nahm und so akkompagnierte, ging's schon doch... Vater sprach von Schubert stets mit Begeisterung und hing ihm mit ganzer Seele an.» Kann Schuberts Verhältnis zu Kindern besser und vielsagender ausgedrückt werden?

Einen interessanten Beitrag zur Interpretation Schubertscher Lieder verdanken wir dem gleichen Eduard Traweger: «Ich begleitete Schubert und Vogl gewöhnlich zu Hofrat Schiller; ich erinnere mich auch ganz gut, daß Vogl im ‚Erlkönig' die Worte ‚das Kind war tot' nicht sang, sondern sprach, und im ‚Wanderer' die Stelle ‚dort ist das Glück' mit einer improvisierten Skala schloß, was Sensation machte.»

Von Gmunden aus ging die Reise nach Linz, wo Schubert im Hause Ottenwalt nicht weniger herzlich aufgenommen wurde. Der Rechtsanwalt Dr. Anton Ottenwalt gab seiner Freude über den Besuch Schuberts in einem Brief an seinen Schwager Joseph von Spaun, der kurz vor Schuberts Ankunft von Linz nach Lemberg versetzt worden war, beredten Ausdruck:

«Linz, 19. Juli 1825

Wir genießen eine angenehme Zeit und möchten Dich so gern sie mitgenießen lassen. – Schubert ist hier, bis jetzt allein... Schubert sieht gesund und kräftig aus, ist so gemütlich heiter, so freundlich mitteilend, daß man innige Freude daran haben muß... Von seinen Liedern sagte er uns, sind seither einige aus Scotts ‚Fräulein vom See' entstanden. Übrigens hat er in Gmunden an einer Sinfonie gearbeitet, die im Winter in Wien aufgeführt werden soll (es handelt sich um die verschollene Gasteiner Sinfonie).» In einer Nachschrift meldete sich Spauns Schwester, Marie Ottenwalt: «Könntest Du doch diese Tage mit uns verbringen, wie sehr wünschte ich erst heute, daß Du auch die neuen herrlichen Lieder hören könntest, die Schubert komponierte und sang (es waren die Gesänge aus Walter Scotts ‚Fräulein vom See').»

Unterm 21. Juli schrieb Schubert seinem Freunde Spaun nach Lemberg:

«Du kannst Dir denken, wie sehr mich das ärgern muß, daß ich in Linz an Dich einen Brief schreiben muß nach Lemberg!!! Hol der Teufel die infame Pflicht, die Freunde grausam auseinander reißt, wenn sie kaum aus dem Kölch der Freundschaft genippt haben. Da sitz ich in Linz, schwitze mich halbtodt in dieser schändlichen Hitz, habe ein ganzes Heft neuer Lieder, und Du bist nicht da! Schämst Du Dich nicht? Linz ist ohne Dich wie ein Leib ohne Seele oder wie ein Reiter ohne Kopf, wie eine Suppe ohne Salz. Wenn nicht der Jägermeyr ein so gutes Bier hätte, u. auf dem Schloßberg ein passabler Wein zu haben wäre, so müßte ich mich auf der Promenade aufhängen, mit der Überschrift: Aus Schmerz über die entflohene Linzer Seele!... Daß Du mit dem jungen Mozart zusammenkommst, freut mich recht, grüße ihn von mir. Und nun lebe recht wohl! Mein lieber guter Spaun!...»

Am 27. Juli schrieb Ottenwalt neuerlich seinem Schwager Spaun. Nachdem er sich begeistert über einzelne Lieder nach Walter Scott geäußert hatte, fand er folgende bezeichnende Worte über seinen Gast: «...Wir saßen bis nicht weit von Mitternacht beisammen und nie hab ich ihn so gesehen noch gehört! – ernst, tief und wie begeistert. Wie er von der Kunst sprach, von Poesie, von seiner Jugend, von Freunden und andern bedeutenden Menschen, vom Verhältnis des Ideals zum Leben u. dgl.

Ich mußte immer mehr erstaunen über diesen Geist, dem man nachsagte, seine Kunstleistung sei so unbewußt, ihm selbst oft kaum offenbar, und verständlich u. so weiter. Und wie einfach das alles. – Ich kann nicht reden von dem Umfang und einem Ganzen seiner Überzeugungen – aber Blicke einer nicht bloß angeeigneten Weltansicht waren das, und der Anteil, den edle Freunde daran haben mögen, benimmt der Eigentümlichkeit nichts, die sich darin verkündet.

Darum macht es mir große Freude, daß er so gern auch um mich zu sein schien und sich von dieser Seite uns zeigen mochte, die man nur einem befreundeten Gemüte zuwendet, und darum war mir Bedürfnis, Dir davon zu schreiben.» Hier hatten sich ganz offensichtlich verwandte edle Seelen gefunden. Dieser Brief zerstört auch die Legende von Schubert als einem mangelhaft gebildeten, linkischen, oder heiter tändelnden, nur den Genüssen des Lebens zugewandten Musikanten. Sicher hat der redliche Ottenwalt aus seiner Begeisterung über Schubert und seine Lieder auch dem Künstler gegenüber kein Hehl gemacht. Aus solchen ehrlichen und spontanen Zustimmungen, an denen er eine ehrliche Freude hatte, schöpfte Schubert immer wieder neuen Mut und neue Kraft zu weiterer Arbeit. Ihr entsproß auch jene offene Mitteilsamkeit, die seinen Gastgeber und dessen Familie so sehr entzückte.

Mit seinem Konviktskameraden Albert Stadler, der in Linz Sekretär des Musikvereins war, unternahm Schubert mehrere Abstecher nach dem eine schwache Stunde von Linz entfernten Schloß Steyregg des Grafen von Weißenwolff, der ein warmer Kunstfreund und dessen Frau Sophie eine talentierte Sängerin war. So hören wir wenigstens von Stadler. Schubert widmete der Gräfin die zwei Hefte seiner Lieder aus Scotts «Fräulein vom See». Stadler teilte dort mit Schubert das Schlafgemach und erinnerte sich, daß ihm dieser einmal im Bett ein Motiv aus der «Zauberflöte» zum Sekundieren vorsang und sich köstlich amüsierte, als er die Unterstimme lange nicht finden konnte. – Wir vernehmen weiterhin von Stadler:

«Am Morgen war ich sehr früh auf den Füßen und wollte ihm von einem nahen Hügel die herrliche Umgebung zeigen. Er war dazu nicht zu bewegen, das Bett war ihm lieber, und er ließ mich die Promenade allein machen. So der Meister, in dessen Geist und Brust die Natur mit all ihrem Zauber wohnte, so der Sänger der bunten Flur und des rauschenden Baches, so Schubert, dessen tiefes Gemüt so schmerzvoll sang ‚die Blümlein alle, die sie mir gab!'»

Nun meldete sich auch Vater Schubert:

«Wien, 8. Juli 1825

Der Herr Vater der Madame Milder überbrachte mir diesen Brief an Dich und ließ mich aus Berliner Zeitungsblättern sehr viel Rühmliches über die am 9. Juni d. J. von seiner Tochter gegebene Abendunterhaltung lesen, wo auch Deine Kompositionen sehr erhoben werden.

Es wundert mich und alle Angehörigen sehr, warum Du gar nichts von Dir hören läßt. Segenswünsche und Freundschaftsgrüße ohne Zahl soll ich Dir von allen Seiten mitteilen... Ich und alle meine Anverwandten sind, Gott sei Dank, wohlauf, und in der Erwartung einer erfreulichen Antwort von Dir wünsche ich Dir alles wahre und dauerhafte Gute als Dein treuer   Vater Fr. Schubert.

An den hochzuverehrendsten Herrn v. Vogl, Deinen erhabenen Gönner, meine herzliche Verehrung.»

Unterm 25. Juli entschuldigte sich Franz Schubert jun. sehr wegen seines langen Schweigens und ließ in einem ausführlichen Brief die Seinen an seinen Erlebnissen teilhaben.

Um diese Zeit erkrankte der Hoforganist Hugo Worziczek schwer. Da mit seinem Ableben gerechnet wurde, sollte seine Stelle ersetzt werden. Die in Wien verbliebenen Freunde, besonders Schwind, ermunterten Franz, sich um den mit 500 Gulden dotierten Posten zu bewerben: «Es wird, soviel ich erfahren kann, auf ein Georgel über ein gegebenes Thema ankommen, um ein gemachter Mann zu sein.

In Gmunden – wohin sich Schubert und Vogl über Puschberg begeben hatten – wird Dir doch wohl eine Orgel zu Gebot stehen, um Dich zu üben?...» Schubert verzichtete auf eine Bewerbung, sei es, daß er sich nicht an ein Amt binden wollte, sei es, daß ihm das Probespiel zuwider war. Die Stelle erhielt der Salierischüler Ignaz Aßmayer, ein Freund Schuberts, während Simon Sechter, der musikalischen Welt als Lehrer Anton Bruckners bekannt geworden, an den Posten des ersten Hoforganisten vorrückte.

Mitte August reisten die Freunde über Salzburg nach Bad Gastein, wo Vogl Linderung seines Gichtleidens suchte. Am 4. September meldete das Gästebuch von Bad Gastein: «Abgereist Joh. Michl. Vogl, k.k. pens. Hofopernsänger. Franz Schubert, Compositeur.» Wieder in Gmunden angelangt, fand Schubert einen Brief seines Bruders Ferdinand vor, in welchem er um eine ausführliche Reisebeschreibung bat. Franz erfüllte die Bitte seines Bruders:

«Gmunden, 12. September 1825

Lieber Bruder!

...Wir reiseten ungefähr halben August von Steyer ab, fuhren über Kremsmünster, welches ich zwar schon öfter gesehen habe, aber wegen seiner schönen Lage nicht übergehen kann. Man übersieht nämlich ein sehr liebliches Thal, von einigen kleinen sanften Hügeln unterbrochen, auf dessen rechter Seite sich ein nicht unbedeutender Berg erhebt, auf dessen Gipfel das weitläufige Stift schon von der Fahrstraße, die über einen entgegengesetzten Bach herabführt, den prächtigsten Anblick gewährt, der besonders durch den mathematischen Thurm sehr erhöht wird... Wir setzten unsere Reise bis nach Vöklabruk fort, wo wir abends anlangten: ein trauriges Nest. Den andern Morgen kamen wir über... nach Neumarkt, wo wir Mittag machten. Diese Örter, welche schon im Salzburgischen liegen, zeichnen sich durch eine besondere Bauart der Häuser aus. Alles ist beinahe von Holz. Das hölzerne Küchengeschirr steht auf hölzernen Stellen, die außen an den Häusern angebracht sind, um welche hölzerne Gänge herumlaufen. Auch hängen allenthalben zerschossene Scheiben an den Häusern, die als Siegestrophäen aufbewahrt werden aus längst vergangenen Zeiten: denn man findet die Jahreszahlen 1600 und 1500 häufig. Auch fängt hier schon das bairische Geld an. Von Neumarkt, welches die letzte Post vor Salzburg ist, sieht man schon Bergesspitzen aus dem Salzburger Tal herausschauen, die eben mit Schnee bedeckt waren. Ungefähr eine Stunde von Neumarkt wird die Gegend schon wunderschön. Der Waller-See, welcher rechts von der Straße sein helles blaugrünes Wasser ausbreitet, belebt diese anmuthige Gegend auf das herrlichste... Die Berge steigen immer mehr in die Höhe... Die Dörfer zeigen Spuren von ehemaligem Reichthum. An den gemeinsten Bauernhäusern findet man überall marmorene Fenster- und Thürstöcke, auch sogar manchmal Stiegen von rothem Marmor... Das weite Thal, welches mit einzelnen Schlössern, Kirchen und Bauernhöfen wie ausgesäet ist, wird dem entzückten Auge immer sichtbarer. Thürme und Paläste zeigen sich nach und nach; man fährt endlich an dem Kapuzinerberge vorbei, dessen ungeheure Felswand hart an der Straße senkrecht in die Höhe ragt und fürchterlich auf den Wanderer herabblickt. Der Untersberg mit seinem Gefolge wird riesenhaft, ihre Größe will uns fast erdrücken.

Und nun geht es durch einige herrliche Alleen in die Stadt selbst hinein. Festungswerke aus lauter Quadersteinen umgeben diesen so berühmten Sitz der ehemaligen Churfürsten. Die Thore der Stadt verkünden mit ihren Inschriften die verschwundene Macht des Pfaffenthums. Lauter Häuser von vier bis fünf Stockwerken erfüllen die ziemlich breiten Gassen, und an dem wunderlich verzierten Hause des Theophrastus Paracelsus vorbei geht es über die Brücke der Salzach, die trüb und dunkel mächtig vorüberbraust. Die Stadt selbst machte einen etwas düsteren Eindruck auf mich, indem ein trübes Wetter die alten Gebäude noch mehr verfinsterte, und überdies die Festung, die auf dem höchsten Gipfel des Mönchsberges liegt, in allen Gassen der Stadt ihren Geistergruß herabwinkt.»

Durch einen mit Vogl bekannten Kaufmann wurden sie im Haus des Grafen von Platz eingeführt, wo ihre Namen nicht unbekannt waren. Vogl sang Lieder seines Freundes, die dieser begleitete. Das «Ave Maria» ging allen sehr zu Gemüte. Die Art und Weise, wie Vogl sang und Schubert begleitete, wie sie in einem solchen Augenblick Eins zu sein schienen, war den Gastgebern etwas ganz Neues, Unerhörtes.

Bei einem Rundgang durch Salzburg fiel Schubert auf, daß viele Gebäude leer standen oder nur von wenigen Familien bewohnt waren. Zwischen den Steinen auf den Plätzen wuchs Gras, so wenig wurden sie betreten. Nach einer anschaulichen Schilderung der Domkirche, die auf ihn einen gewaltigen Eindruck machte, erzählt er uns in seinem Brief an Ferdinand vom Besuch des Klosters St. Peter, wo Michael Haydn «residirt hat». Der Besuch des in einem Winkel stehenden Grabmals Michael Haydns und der Anblick der Urne, in welcher Haydns Haupt ruhte, ergriffen Schubert sehr. Eine schwere Träne entfiel seinen Augen, als sie weitergingen.

Die beiden Reisenden bestiegen den Mönchsberg und den Nonnenberg, von wo aus sie einen herrlichen Blick in das hintere Salzburger Tal hatten. Es kam Schubert wie ein lieblicher Garten vor. Auf der Weiterreise, über die er Ferdinand nach der Rückkehr aus Gastein in einer in Gmunden geschriebenen Fortsetzung berichtete, die vom 21. September datiert ist, kam er «in die zwar merkwürdige aber äußerst schmutzige und grausliche Stadt Hallein. Die Einwohner sehen alle wie Gespenster aus, blaß, hohläugig und mager zum Anzünden. Dieser schreckliche Contrast... machte einen höchst fatalen Eindruck auf mich. Es ist, als wenn man von dem Himmel auf einen Misthaufen fiele, oder nach einer Mozartschen Musik ein Stück von dem unsterblichen A. hörte. Den Salzberg sammt den Salzbergwerken anzusehen, war Vogl nicht zu bewegen, dessen große Seele, angetrieben durch seine Gicht, nach Gastein strebte, wie in finsterer Nacht der Wanderer nach einem lichten Punct...» Sie fuhren also weiter, und die Beschreibung der Paßfahrt, die Ferdinand erhielt, läßt an Anschaulichkeit nichts zu wünschen übrig. Leider vollendete Franz den Bericht nicht. Er fand plötzlich: «Himmel, Teufel, das ist etwas Erschreckliches, eine Reisebeschreibung, ich kann nicht mehr. Da ich so in den ersten Tagen des Octobers nach Wien komme, so werde ich Dir dieses Geschreibsel selber übergeben und das Übrige mündlich erzählen.» So wird Schubert auch getan haben. Damit kamen wir um die Beschreibung der weitern Erlebnisse, namentlich auch um den Bericht über die Rückkehr durch Salzburg, wo er weitere Sehenswürdigkeiten besuchen wollte. Hat er wohl Mozarts Geburtshaus aufgesucht? Möglich wäre es, denn er hielt auf Mozarts Musik gar große Stücke. Doch ist uns über einen solchen Besuch nichts bekannt geworden.

Über eine weitere Begebenheit in Gmunden-Gastein liegt schleierhaftes Dunkel gebreitet. Wir führten bereits die Bemerkung aus Spauns Aufzeichnungen über Franz Schubert an, wonach dieser in Gastein seine größte und schönste Sinfonie komponiert habe. Auch an einer andern Stelle steht darüber zu lesen: «Im Sommer des Jahres 1825 schrieb Schubert zu Gastein eine große Sinfonie, für die er ganz besondere Vorliebe hatte.» Da sich Schuberts Aufenthalt in Gastein auf knappe vierzehn Tage beschränkte, wird die Sinfonie zum größern Teil in Gmunden, wohin er wieder zurückkehrte, entstanden sein.

DIE GASTEINER-SINFONIE

So heißt sie nämlich in der Schubert-Literatur, diese verlorene Sinfonie. Es ist die neunte in der Reihe ihrer Geschwister, und um sie ist viel gemutmaßt worden. Hat Spaun sich geirrt? Kaum, denn auch Schwind erwähnt eine in Arbeit befindliche Sinfonie in einem Brief an Schubert vom 14. August: «Wegen Deiner Sinfonie können wir uns gute Hoffnung machen.» Auch Bauernfeld wußte von dieser Sinfonie, wenn auch nur durch Spaun. Die Tatsachen sind klar: Im Oktober 1826 hat Schubert sie, sicher in der Orchesterpartitur, der Gesellschaft der Musikfreunde in Wien mit folgendem Begleitschreiben übergeben:

«Von der edeln Absicht des österr. Musikvereins, jedes Streben nach Kunst auf die möglichste Weise zu unterstützen, überzeugt, wage ich es, als ein vaterländischer Künstler, diese meine Sinfonie demselben zu widmen und sie seinem Schutz höflichst anzuempfehlen. Mit aller Hochachtung Ihr Ergebener Frz. Schubert.»

Das Manuskript muß ganz bestimmt in den Besitz der Gesellschaft der Musikfreunde gelangt sein, denn zu Anfang Oktober 1826 wurde ihr Eingang im Verzeichnis des Vereins bestätigt:

«Schubert (Franz, Tonkünstler). Derselbe verehrt dem Verein eine Symphonie, von ihm komponiert.» Es wurde dem Komponisten die Widmung mit einem Honorar von 100 Gulden vergütet, «nicht als Honorar sondern als einen Beweis, daß sich die Gesellschaft verpflichtet finde und mit Dank die Teilnahme anerkenne». Das Werk wurde nicht aufgeführt, konnte im sonst sorgsam behüteten Archiv der Gesellschaft der Musikfreunde nicht aufgefunden werden und ist seither spurlos verschwunden. Wohin mag es verschwunden sein? Besteht noch die geringste Hoffnung, die Partitur jemals wieder aufzufinden? Ist wirklich, wie vermutet wurde, die in Zelesz entstandene vierhändige Klaviersonate «Grand Duo» in C-dur (IX, 12, op. 140), deren Charakter schon Robert Schumann als orchestral empfand, identisch mit einem Klavierauszug dieser Sinfonie? Wir können nicht recht daran glauben, denn das Werk ist 1824 in Zelesz entstanden, und gar keine Äußerung Schuberts oder seiner Freunde spricht vom Klavierauszug einer Sinfonie im Zusammenhang mit dieser Sonate. Dann ist es bei der Arbeitsweise Schuberts sehr fragwürdig, daß er erst einen Klavierauszug und dann die Sinfonie geschrieben hätte. Immerhin wurde das «Grand Duo», op. 140, mehrmals instrumentiert, so z. B. vom Geiger Josef Joachim (1831 bis 1907) und 1949 vom Berner Dirigenten Luc Balmer. Während, wie Schumann richtig empfand, in der Sonate «Saiten- und Blasinstrumente, Tuttis und einzelne Soli, Paukenwirbel» zu hören sind, sprechen doch viele Stellen gegen die Annahme eines sinfonischen Klavierauszuges: die Triolenreihen des ersten Satzes vor allem, die ganz und gar pianistisch sind, auch die vielen rein klaviermäßig klingenden herrlichen Modulationen, ferner das in Rhythmik und Melodik ganz ungarisch empfundene Finale in seiner Ouvertürenform an Stelle eines Sinfoniesatzes. Warum auch sollte Schubert für das vierhändige Spiel mit den beiden jungen Komtessen einen Klavierauszug einer Sinfonie angelegt haben? Da lag ihm doch die Form der Variation oder der Sonate bedeutend näher! Das «Grand Duo» in seiner kraftvollen Originalität kann nicht der Klavierauszug der verschollenen «Gasteiner Sinfonie» sein. Robert Schumann setzte die Sucher nach diesem Werk auf eine falsche Fährte.

Im September 1825 begab sich Vogl nach Italien, während Schubert die Rückreise nach Wien antrat. Von Linz aus reiste sein Freund und Spielgenosse Joseph Gahy mit ihm. In Wien, wo auch Schober aus Breslau und Kupelwieser aus Rom eingetroffen waren, wurde Schubert enthusiastisch begrüßt und gebührend gefeiert. Bauernfeld hielt fest:

«Oktober 1825. Schubert ist zurück. Gast- und Kaffeehausleben mit den Freunden, häufig bis zwei, drei Uhr des Morgens.

> Wirtshaus, wir schämen uns,
> Hat uns ergötzt;
> Faulheit, wir grämen uns,
> Hat uns geletzt.

Schober ist darin der Ärgste. Er hat freilich nichts zu tun, tut auch nichts, was ihm Moritz (v. Schwind) häufig vorwirft.»

Die geselligen Zusammenkünfte mehrten sich wieder. Schubert trieb fröhlich im Strom der lustigen Gelage mit. Gerade hatte ihm Matthias Artaria für die Lieder nach Texten Walter Scotts 200 Gulden bezahlt, womit der Komponist höchlichst zufrieden war. Er wollte damit auch gut haushalten, doch blieb es beim löblichen Vorsatz. Man traf sich nun öfters im Gasthaus «Zum Stern» auf der Brandstatt. Häufig fand sich auch Wilhelm von Chezy, Wilhelminas Sohn, ein. Er erinnerte sich später: «...Mayrhofer war mürrisch, scheu und für neue Gesichter unzugänglich... Das vollkommene Widerspiel zu ihm gab der kleine breite Musikus, von außen zwar ein Teigklumpen, aber mit dergestalt blitzenden Augen, daß sich das innere Feuer dem ersten Blick verriet...»

In diesen Tagen erschien bei Cappi & Compagnie, k. k. privilegierte Kunsthändler am Graben, das vom Kupferstecher Johann Passini nach Freund Rieders Bild gestochene Porträt des Tonkünstlers.

Von einer wachsenden Popularität zeugt ein Weiteres: Die Gesellschaft der Musikfreunde hatte ein «Comitée für Biographie und Bibliographie» gegründet und Schuberts Freund Joh. Baptist Jenger beauftragt, innerhalb von drei Monaten eine Biographie Schuberts zu schreiben. Als diese Frist verstrichen war, stellte das Protokoll fest:

«Von der ersten Sitzung rückständig: Herr Jenger – Schubert Franz.» Warum die Ausführung des Auftrags unterblieb, ist nicht bekannt. Weder wurde er wiederholt, noch wurde auf seine Ausführung gedrungen. Schade!

Im November erfuhren bei einer Abendunterhaltung der Gesellschaft der Musikfreunde die Männerchöre «Geist der Liebe» und «Der Gondelfahrer» eine liebenswürdig aufgenommene Wiedergabe.

Silvester wurde bei Schober gefeiert. Nach Mitternacht verlas Bauernfeld eine Art Schnitzelbank, eine Parodie auf Freunde und Freundinnen. Schubert erschien darin als Pierrot. Doch weilte der Musiker nicht in der fröhlichen Silvesterrunde, er war wieder krank geworden. Die in Oberösterreich gewonnene gesundheitliche Kräftigung hatte nicht lange vorgehalten.

DIE KLAVIERWERKE

Der Aufenthalt in Zelesz regte Schubert wieder zur Schaffung einer Reihe zwei- und vierhändiger Klavierwerke an, die dem Musizieren der gräflichen Familie zu dienen hatten. Sicher waren in den sechs Jahren seit dem ersten Aufenthalt in Zelesz die beiden Komtessen bessere Klavierspielerinnen geworden und das Zusammenspiel mit ihnen eine rechte Freude.

Wohl haben manche der uns bekannten großen Komponisten ausgezeichnete Klavierwerke für vier Hände komponiert. Keiner aber hat diese Gattung so reich bedacht, wie Franz Schubert. Das ist kaum einer besondern Neigung Schuberts zu dieser Form der Klaviermusik zu danken, sondern der Gelegenheit oder dem Bedürfnis zum Spiel vierhändiger Klavierwerke. Die Zurückhaltung, die sich die Komponisten von Klaviermusik in der Produktion solcher Stücke zahlenmäßig auferlegten, mag davon herrühren, daß vierhändige Klavierwerke äußerst selten öffentlich gespielt werden: Zwei sich entsprechend ergänzende Spieler sind nicht ohne weiteres zu finden, der Vorteil des weitern Klangraumes wird aufgewogen durch die verminderte «Ellbogenfreiheit» der Spieler und der Einschränkung im Pedalgebrauch, die das Spiel spröder macht. Obwohl die Pianisten an Schuberts Klaviersatz spieltechnisch manches auszusetzen haben, was mit dem mäßigen pianistischen Können des Komponisten zu erklären ist, hat er als Meister der Meister dieser Musikart doch alles aus ihr herauszuholen verstanden, was herauszuholen war.

Das im Zusammenhang mit der verschollenen Gasteiner Sinfonie bereits erwähnte «*Grand Duo in C-dur*» (IX, 12, op. 140) ist viersätzig. In der Anlage ist durch das Ableiten des thematischen Materials aus einer Idee der erste Satz ganz Beethovisch. Im zweiten Satz sind leichte Anklänge an die langsamen Sätze der zweiten und fünften Sinfonie festzustellen. Das Scherzo darf sich neben Beethovens besten ähnlichen Sätzen vollwertig hören lassen, während das Finale in seiner formal lockereren Anlage der Gedankenwelt Schumanns und Brahms' verwandt ist. Im ersten Satz entzücken immer wieder die plötzlichen harmonischen Rückungen, etwa in der Exposition, wo überraschend jenes cis-moll eintritt, von dem aus dann das As-dur des zweiten Themas gefunden wird.

Von großem Reiz sind besonders die «*Variationen*», op. 35, in As-dur (IX, 16), dem Grafen Anton Berchtold gewidmet. Das eigene Thema ist ebenfalls marschähnlich, von leiser Verhaltenheit und inniger Wärme. Von den acht Variationen stehen sieben in As-dur, die fünfte steht in as-moll, was ihr eine lastende Traurigkeit verleiht. Die Tonartenwechsel innerhalb der einzelnen Variationen sind wieder von ungewöhnlicher Vielfalt und lassen plötzlich Lichter aufblitzen – etwa die grellen Ausbrüche in C-dur in der siebenten Variation und ihr Ausklingen nach f-moll – die wohl analytisch erfaßt und gedeutet, deren tiefe Wirkung auf den Hörer aber nicht erklärt werden können. Sie tauchen zu tief hinunter in die jeder Erklärung widerstrebenden seelischen Regungen.

Das eigentliche ungarische Werk des zweiten Aufenthaltes in Zelesz ist das «*Divertissement à la hongroise*», op. 54, in g-moll (IX, 19). Nur sein Kern wurde in Zelesz komponiert, wo Schubert die Themen einer Küchenmagd abgelauscht haben soll. Das Werk wurde dann in Wien überarbeitet und beendet. Schon während des ersten ungarischen Aufenthaltes hatte sich Schubert lebhaft für die ungarische Bauern- und Zigeunermusik interessiert, die, wie uns Bela Bartók lehrte, nicht identisch sind. Die erste wird vielmehr von der zweiten benützt und variiert. Rhythmus und Melodie des Werkes atmen die Luft der Puszta, auch das Hackbrett, das Cymbal Lenaus, klingt deutlich hinein. Das Stück ist voll reizendster Eigenheiten und von flottem musikalischem Schwung. Bei der Veröffentlichung im April 1826 widmete Schubert das Werk der Sängerin Cathinka Laszny von Folkusfalva, geb. Buchwieser, einer mit einem Ungarn verheirateten Dame.

Dem zweiten ungarischen Aufenthalt verdanken ihr Entstehen weitere vierhändige Kompositionen, außer vielen Tänzen die «*Militärmärsche*», op. 51 (IX, 3). Der erste der Märsche ist eine von Schuberts populärsten Kompositionen; er steht in D-dur und existiert sozusagen in allen Besetzungen, die nur möglich sind. – Geschwinde Reitermärsche in dahinjagenden Sechsachtel-Rhythmen sind die «*Deux marches caractéristiques*», op. 121 (IX, 6). Ihre sinfonische Anlage führte Liszt dazu, den ersten der beiden Märsche zu instrumentieren. – Um die Wende 1825/26 entstanden, wohl als Konjunkturstücke: «*Grande Marche Funèbre d'Alexandre I*» (IX, 4, op. 55), und «*Grande Marche Héroïque au Sacre de Nicolas I*» (IX, 5, op. 66), der eine der Märsche zum Tode, der andere zur Krönung eines russischen Zaren am 1., beziehungsweise am 24. Dezember 1825 komponiert. Beide Märsche rufen nach Instrumentierung, was beim zweiten durch Rimsky-Korsakow glanzvoll besorgt wurde.

Unter den vierhändigen Tänzen dieser Epoche sind die «*Polonaisen*», op. 61 und 75 (IX, 25 und 26), als besonders poesievoll und feinfühlig gearbeitet zu nennen. Die vier Nummern von op. 75 mögen schon 1818 entstanden sein, so gewiß ist die Chronologie der Tänze nicht. Den sechs Stücken von op. 61 widmete der «*Frankfurter Allgemeine musikalische Anzeiger*» am 4. April 1827 eine Besprechung, die festgehalten zu werden verdient:

«Man muß hier nicht wirkliche Polonaisen erwarten, sondern kurze, höchst originelle und zum größten Teil sehr melodienreiche Stücke für das Pianoforte im Polonaisen-Rhythmus, den wir jedoch nicht durchaus für diese beiden Hefte beizubehalten wünschen, weil dadurch eine große Einerleiheit entstanden ist, welche die andern Schönheiten und Eigentümlichkeiten kaum aufzuwiegen vermögen. Die Ausführung ist zum Teil schwierig wegen der zuweilen überraschenden, zuweilen auch wohl gesuchten Modulationen. Bestens empfohlen.» Immerhin: Bestens empfohlen!

Das auch in dieser wohlwollenden Besprechung zutage tretende mangelhafte Verständnis für Schuberts Harmonik ist uns nichts Neues, doch scheint sich uns in der Anerkennung anderer Eigenschaften Schubertscher Musik ein Verständnis anzubahnen, dessen sich auch weitere Werke Schuberts nun zusehends erfreuen dürfen.

*

Bot das Jahr 1824 eine reiche Ernte an vierhändigen Klavierwerken, so sah das kommende Jahr eine Rückkehr zur zweihändigen Klaviersonate. Bereits Ende 1824 oder Anfang 1825 entstand ein Sonatentorso, die «*Sonate in C-dur*» (XXI, 14). Ihr Herausgeber Whistling versah sie 1861 mit der Bezeichnung «*Reliquie*», wofür uns jedes Verständnis abgeht. Menuett und Finale blieben unvollendet und wurden später ergänzt durch Ernst Krenek (1923, Universaledition, Wien) und Walter Rehberg (1927, Steingräber, Leipzig). Wiederum ist nicht recht ersichtlich, warum Schubert die beiden unfertigen Sätze nicht vollendete. Die Grundhaltung des Werkes ist Erhabenheit, Ruhe, vermischt mit sinnierendem Grübeln. Tröstlich beginnt das Andante:

Romantischer Zauber erfüllt das fragmentarische Menuett, das sich aus feiner Lyrik zu leidenschaftlicher Wucht aufreckt, von der sich das durchsichtig gehaltene Trio in gegensätzlicher Stimmung abhebt. – Der letzte Satz, voll launiger Originalität, ist zu virtuos gehalten, um sich den andern Sätzen gegenüber halten zu können.

Die «*Sonate in a-moll*» (X, 9, op. 42) entwickelt sich, wie der Torso in C-dur, nach anderthalb Unisono-Takten in einem akkordischen Bogen. Dieser steigt nach weitern anderthalb Unisono-Takten auf der Obersekunde in vollgriffiger Gegenbewegung über zwei Zwischendominanten machtvoll zur Dominante E-dur auf. Der erste Satz behält die Stimmung innerlich drängender Klage und verhaltener Leidenschaft «so still, so träumerisch, bis zu Tränen könnte es rühren, dabei so leicht und einfach aus zwei Stücken gebaut, daß man den Zauberer bewundern muß, der sie so seltsam in- und gegeneinander zu stellen weiß», meinte Robert Schumann. – Der zweite Satz, ein «Andante, poco mosso», ist ein Variationensatz, welcher schlichte Innerlichkeit mit virtuoser Brillanz aufs schönste und in echt Schubertscher Überzeugungskraft verbindet. – Das ausholende, temperamentvolle Scherzo schwingt ständig in einem bezeichnenden Schwanken zwischen Dur und Moll hin und her. Das ruhig sich wiegende Trio «un poco più lento» bildet einen sanften Ruhepunkt zum unruhig drängenden Hauptteil. – Das verhaltene Rondo läßt die viersätzige gewichtige Sonate in einer Frage ausklingen.

Etwas später erschien die «*Seconde Grande Sonate in D-dur*» (X, 11, op. 53). Sie entstand im August 1825 in Bad Gastein und wurde Carl-Maria Bocklet, einem Musiker und Freund Schuberts, gewidmet. Er war erst Geiger, dann geschätzter Klavierspieler und Interpret Schubertscher Klavierwerke, etwas jünger als der Komponist. Der konventionell gehaltene und etwas länglich wirkende erste Satz ist von virtuosem Schwung und fröhlich-unbekümmertem Optimismus. – Viel inniger, Schubertisch beseelt, wirkt der zweite Satz, einfach «con moto» – bewegt – betitelt. – Geistvoll keck rollt das Scherzo dahin, um im Trio wieder einen Ruhepunkt von beseligender Innerlichkeit zu finden. – Erfreulicherweise hält das Rondo-Finale die Höhe der vorausgehenden Sätze. Das Hauptthema ist überaus reizvoll und rhythmisch beschwingt:

Schumann nannte den Satz etwas abschätzig «possierlich». Das ist er keineswegs. Er ist heiter und unschuldig. Aber diese unschuldige Heiterkeit ist eine Heiterkeit von Schuberts Gnaden. Mozart hatte sie auch. Sie stammt aus Höhen, die jenseits jedes Kampfes und Ringens um irgend etwas liegen. Der Satz ist eines der kostbarsten Juwele der gesamten Sonatenliteratur. Wenn wir von ihm auf die gleichzeitig entstandene verlorene Sinfonie schließen dürfen, so müssen wir deren Verlust um so tiefer bedauern.

Zu den hier genannten Klaviersonaten in a-moll und D-dur gehört innerlich auch die «*Sonate in G-dur*» (X, 12, op. 78), allerdings erst im Oktober 1826 entstanden und bei der Veröffentlichung im folgenden Jahr dem alten Freund Joseph von Spaun gewidmet. Dieser erzählt:

«Ich fand ihn eines Morgens an einer Sonate schreibend. Obwohl gestört, spielte er mir sogleich das fast vollendete erste Stück (den ersten Satz), und als ich ihm Beifall zollte, sagte er: ‚Gefällt dir die Sonate, so soll sie auch dein sein, ich möchte dir ja so viel Freuden machen als ich nur kann'; und bald darauf brachte er sie mir gestochen und dediziert.» Daß Haslinger sie «*Fantasie, Andante, Menuetto und Allegretto*» nannte, war eine jener Verlegermarotten, wie sie aus unerfindlichen Gründen in Erscheinung traten. Natürlich ist das Werk eine regelrechte Sonate; über sie ist ein klanglicher Liebreiz von unnennbarem Schmelz ausgebreitet. Schumann nannte sie die «vollendetste in Form und Geist» unter den drei genannten Sonaten. Die dynamischen Schattierungen gehen vom ppp bis zum fff. Weich, farbig wie ein Blumenteppich auf einer Maienwiese zeigt sich der Beginn des lebensvollen ersten Satzes im Hauptteil, der von einem rhythmisch belebten Seitensatz abgelöst wird. – Das liedhafte Andante mit seiner Ausgeglichenheit von gelöster Ruhe und verhaltener Leidenschaft in der Bewegung ist von eigenartiger Größe. – Das Menuett mit seinem tänzerischen Schwung, seiner liebwerten Walzerseligkeit und vielgestaltigen Harmonik ist ein Kleinod, wie solche auch in Schuberts vielfältigem Werk auffallen müssen.

Das Allegretto des Finalsatzes ist verkörperte Anmut, vermählt mit federnder Leichtigkeit. Von ihm bleibe, nach Robert Schumann, «weg, wer keine Phantasie hat, sein Rätsel zu lösen».

Könnte dieses Wort nicht auch für den letzten Satz von Beethovens letzter Sonate, op. 111, Geltung haben? Wobei durchaus keine ursächlichen Beziehungen zwischen beiden Sonatensätzen oder ihren Komponisten liegen. Schubert war nur genau so ein Eigener geworden, wie sein Abgott Beethoven einer war. Solchen Welten gegenüber können die Werke klingender Äußerlichkeit oder brillanter Virtuosität dieser Zeit übergangen werden. Eine Vollständigkeit der Werkanalyse ist ohnedies – wir wiederholen es – weder angestrebt noch raummäßig möglich. Wenn Schubert gerade in manchen dieser Klavierwerke modischem Zeitgeschmack huldigte, so wollen wir ihm dieses Schielen nach dem Brotkorb und nach aufmunternder Anerkennung in der Öffentlichkeit nicht verargen.

DIE KAMMERMUSIK

«...In Liedern habe ich wenig Neues gemacht, dagegen versuchte ich mich in mehreren Instrumental-Sachen, denn ich componierte 2 Quartette für Violinen, Viola und Violoncello u. ein Octett, u. will noch ein Quartetto schreiben, überhaupt will ich mir auf diese Art den Weg zur großen Sinfonie bahnen...» So Schubert am 31. März 1824 an Leopold Kupelwieser nach Rom. Das erste dieser genannten Quartette (die drei Werke sollten das Opus 29 bilden) war das dreizehnte seiner Art. Es ist das im Februar/März 1824 entstandene «*Streichquartett in a-moll*» (V, 13, op. 29), dem Geiger Ignaz Schuppanzigh gewidmet; von seiner Uraufführung durch dessen Quartettvereinigung war schon die Rede. Es ist das Quartett, von welchem Schwind unterm 6. März 1824 geschrieben hatte: «...Ein neues Quartetto wird Sonntag bei Schuppanzigh aufgeführt, der ganz begeistert ist und besonders fleißig einstudiert haben soll.» Das Schuppanzigh-Quartett genoß einen ausgezeichneten Ruf wegen seiner Wiedergaben der Streichquartette der Wiener Klassiker, vorab Beethovens, aber auch Mozarts und Haydns. Wenn Schuberts Werk besonders fleißig geübt wurde, so war dies gar nicht selbstverständlich, da in jener Zeit auch unbekannte Werke, sogar Sinfonien, oft vom Blatt gespielt wurden. Es spricht für Schuppanzighs Aufgeschlossenheit, daß er für ein Streichquartett, das so unbeethovisch wie nur möglich war, so viel übrighatte.

Am Tage der Uraufführung schrieb Schwind an Schober nach Breslau:

«Wien, 14. März 1824

Das Quartett von Schubert wurde aufgeführt, nach seiner Meinung etwas langsam, aber sehr rein und zart. Es ist im ganzen sehr weich, aber von der Art, daß einem Melodie bleibt wie von Liedern, ganz Empfindung und ganz ausgesprochen. Es erhielt viel Beifall, besonders der Menuett, der außerordentlich zart und natürlich ist. Ein Chineser (unverständiger Zuhörer) neben mir fand es affektiert und ohne Stil. Ich möchte Schubert einmal affektiert sehen. Einmal hören, was ist das für unser einen, erst für einen solchen Notenfresser. Darauf kam das berühmte Septett von Beethoven.»

Die «Leipziger Allgemeine musikalische Zeitung» räusperte sich: «Quartett von Schubert; als Erstgeburt nicht zu verachten.» Dabei hatte dieses Meisterwerk romantischer Quartettkunst zwölf ältere Geschwister!

Ein anderes Urteil war klüger: «Man muß das Quartett mehrmals hören, bevor man urteilen kann.»

Das Streichquartett in a-moll beginnt nach einer Einstimmung durch die Wellenbewegung der zweiten Violine und die rhythmisch pochenden Quinten von Viola und Violoncello mit einem einfachen, doch so sprechenden Einfall: mit der fallenden Quinte, die sich in eine die Mollterz umspielende Achtelbewegung auflöst:

Ein zweites, ein drittes Mal erscheint das Thema, nun unmerklich nach A-dur aufgelichtet und sich kraftvoll zur Höhe emporschwingend:

Erstmals eigentlich benützt Schubert das Thema als Quelle des Tonmaterials, das diesen Satz in seiner glücklichen Mischung von Melancholie und Heiterkeit baut. Nirgends spürt man Absicht, alles ergibt sich in selbstverständlichem Fluß der Themen und Klänge. Die Stimmungswechsel sind organisch vorbereitet und gelöst, und wo sie in plötzlichem pp oder ff auftreten, fühlt man sie immer als notwendig, wie denn auch die harmonischen Rückungen weniger überraschen, als immer neu die Grundhaltung des Satzes durchschimmern lassen, die wir als ein Lächeln durch Tränen hindurch empfinden.

Das Andante benützt Schuberts Lieblingsthema aus der «*Rosamundemusik*», das wir schon zitierten. Es dominiert den musikalischen Fluß meist unverändert, sich lediglich in der verhaltenen Harmonik spiegelnd, die um C-dur kreist:

Das Menuett zitiert wörtlich die Vertonung des Schillerschen Fragments «*Die Götter Griechenlands*» (XX, 371) vom November 1819: «Schöne Welt, wo bist du? Kehre wieder, holdes Blüthenalter der Natur!»

So beginnt das Lied:

So das Menuett:

Die innerste Beziehung von Klavierlied und Quartettsatz äußert sich ebenso deutlich im Wechsel von Moll zu Dur. Auflichtung und ländlerhafte Form erinnern an glücklich verbrachte Tage, an unschuldige Freuden, an welche Schubert lächelnd zurückdenkt. Dabei geht die Grundhaltung in diesem Satz - wie in den beiden vorhergehenden - nie aus einer schwebenden Lyrik hinaus, die trotz rhythmischer Straffung und klanglicher Härtung auch den vierten Satz erfüllt, ein Allegretto moderato:

Diese verschleierte Lyrik nimmt dem Schlußsatz jede laute, auftrumpfende Helle. Es klingt etwas Ungarisches in ihm auf, Schatten verdunkeln vorübergehend die sonnige Landschaft. Sie kann trotz ihrer Hügelwellen, Wälder und Seen eine gewisse Melancholie nicht verbergen. Sie ist aber nicht ohne Trost. Wir unterstreichen ganz, was Schwind an Schober schrieb, es sei «von der Art, daß einem Melodie bleibt, wie von Liedern, ganz Empfindung und ganz ausgesprochen». Dabei gehört es gerade zum Wesen dieses Streichquartetts, daß das nicht Gesagte ebenso wichtig ist wie das Ausgesprochene. Doch muß man dies fühlen, man kann es nicht erjagen! Das Werk wurde bereits im Herbst seiner Uraufführung der Öffentlichkeit durch Drucklegung zugänglich gemacht, für Schubert ein ganz ungewöhnliches Ereignis.

Das zweite der erwähnten Streichquartette, als op. 29, Nr. 2 gedacht, wurde 1824 begonnen und vermutlich 1825 vollendet, doch erschien es als Opus posthum erst 1831. Es war das «*Streichquartett in d-moll*» (V, 14), «Der Tod und das Mädchen» zubenannt, weil Schubert im langsamen Satz Teile dieses Liedes variierte. Es ist ein erschütterndes Dokument eines Menschen, der in Schmerzen zu höchster Erkenntnis gereift war, diese Schmerzen in einem Kunstwerk ausströmen ließ, das formal vollendet gebaut ist, obschon es außermusikalische Ideen oder Inhalte mit den Mitteln der Musik gestaltet. Dies trifft nicht nur auf den Variationensatz zu, sondern auf das ganze Werk, das ein Bekenntnis und ein Seelengemälde ist. Unrast und

Bangen vor Bedrohung durch das Schicksal, durch Armut, Krankheit und Tod münden aus in ein Gefühl der Erlösung, der Überwindung in jenen Regionen, in denen sich das Genie mit seinem Gott unterhält, der ihm zu sagen gab, wie er litt. Es gibt wenige Werke in der Musikliteratur, die bestimmte Erlebnisse und Empfindungen aus dem Bereich des Seelischen in einem geistigen Prozeß, als der das Komponieren anzusprechen ist, in so reiner musikalischer Gestalt zeigen. Man fände solche am ehesten bei Joh. Seb. Bach und bei W. A. Mozart.

Der erste Satz beginnt mit einer Art von Schicksalsmotiv, das vorab rhythmische Impulse ausströmt, sich dann dehnend entfaltet:

In eilenden Sechzehntelläufen erreicht der Strom die ausdrucksvolle, fast pathetisch anmutende Reprise mit dem ausladenden Thema

Unter nochmaliger Verwendung des thematischen Materials des Hauptgedankens klingt der Satz in einer vorwärtsdrängenden Bewegung aus. Die formale Geschlossenheit des Satzes hat der Themenwahl viel zu danken, sind doch die Themen viel weniger in sich abgerundete Liedmelodien, als in den frühen Quartetten oder in den Klaviersonaten. Das thematische Material zeigte sich für die Durchführung, die es im Sonatensatz zu verarbeiten hat, als ungewöhnlich ergiebig.

Variiert Schubert im «Forellenquintett» eine Liedmelodie, so im «Andante con moto» seines d-moll-Quartetts den Instrumentalsatz, der die Weise des Todes einleitet, begleitet und abschließt. Die Dreiteilung des Liedes – Einleitung, Mädchen, Tod – ist in diesem Satz zur Dreiteilung: Einleitung, Antwort des Todes und Tröstung, «Sei gutes Muts», geworden. Es ist nicht der Tod, der zum Helden tritt oder ihn beklagt, wie in den beiden Trauermärschen Beethovens («Eroica» und «Sonate in As-dur», op. 26). Er tritt als Freund und Erlöser zu einem gequälten Menschen, der die Last seines Leidens und seines Leibes los sein möchte. Die fünf Variationen lassen die drei Themengruppen in immer neuen Schattierungen erklingen, in rhythmischen Stößen sich aufbäumen, umspielt von Figurenwerk sich beruhigen, stimmungsvoll in den Wechsel von Moll und Dur eingetaucht.

Ungestüm, aufgewühlt löst das synkopierte Kopfmotiv des Scherzos den in verklärter Ruhe ausklingenden Variationensatz ab:

Das Trio in D-dur ist ein sehnsüchtiger Gesang von ergreifender Innigkeit:

Das Hauptthema des Prestos ist ein atemraubender Totentanz:

Die unheimliche Bewegung erfährt eine Stauung mit dem Eintritt des Seitenthemas, das den Tonfluß verbreitert und harmonisch spannt. Eine Auflichtung erweist sich als trügerisch. Das prestissimo hetzende Hauptthema beschließt den Satz wie in Angst und schicksalshafter Ausweglosigkeit.

Wenn wir überlegen, daß Beethoven zur Zeit der Entstehung des Streichquartetts «Der Tod und das Mädchen» am ersten seiner letzten Streichquartette arbeitete, so ermessen wir an den Unterschieden dieser beiden Werke die völlige Unabhängigkeit Schuberts von Beethoven. Angesichts der überragenden Stellung, die dieser im musikalischen Wien jener Zeit einnahm, kann diese Unabhängigkeit Schuberts nur erklärt werden durch das völlig gefestigte Bewußtsein eigenen Wertes, das Grillparzer in jene stolzen Worte faßte: «Schubert heiß' ich, Schubert bin ich!» – Erstaunlich an diesem Werk ist, daß es sowohl in seinen einzelnen Teilen als auch in den Themen und ihrer Benützung so einheitlich geraten ist, obgleich sich seine Entstehung über die bei Schubert ungewöhnlich lange Zeit von mehr als einem Jahr hinzog. Am 29. und 30. Januar 1826 spielte das Quartett der Brüder Hacker das Werk erstmals aus den Stimmen, die Schubert zwischen den beiden Proben noch korrigierte. Am 1. Februar 1826 wurde es in der Wohnung des Sängers Joseph Barth aufgeführt, mit bescheidenem Erfolg. Wer hätte mit dieser «Danse macabre» damals viel anzufangen gewußt? Zu weit ins romantische 19. Jahrhundert hinaus wies das Werk den Weg. Am 12. März 1833 wurde es in Berlin erstmals öffentlich gespielt. Erst der volle Durchbruch der Romantik öffnete ihm den Weg in die Welt.

Zu Beginn des Jahres 1824, als Schubert am a-moll-Quartett arbeitete, erhielt er vom Haushofmeister des Erzherzogs Rudolf, dem Grafen Ferdinand von Troyer, den Auftrag zur Komposition eines Oktetts. Der Auftraggeber dilettierte als Komponist und blies brav die Klarinette. Weil er Beethovens Musik über alles liebte, stellte er die Bedingung, das Oktett müsse genau sein, wie Beethovens Septett.

Diese Bedingung wurde denn auch erfüllt, doch ist die Ähnlichkeit rein äußerlich. Schubert fügte dem Streichquartett Kontrabaß, Klarinette, Fagott und Horn bei und folgte auch in der Reihenfolge und Sechszahl der Sätze seinem großen Vorbild. Das Werk ist ein später Nachfahre des Divertimentos, der beliebten Form der Gesellschaftsmusik des 18. Jahrhunderts. Auch bei Schubert fehlen Marsch, Menuett und Pastorale nicht. Dieses «*Oktett in F-dur*» (III, 1, op. 166) wurde im Februar 1824 rasch hingesetzt und bereits am darauffolgenden 1. März aufgeführt. Der Besteller blies die Klarinette, Ignaz Schuppanzigh spielte die erste Violine. Die Themen sind heiter, alle Sätze frisch von der Leber weg musiziert. Das Ganze atmet Freude, Bejahung, gesundes Leben und ist, namentlich wieder durch die vielen klanglichen Überraschungen, ein echter Schubert. Seine erste öffentliche Wiedergabe erfolgte durch das Schuppanzigh-Quartett unter Zuzug von Bläsern am 16. April 1827. Dann verschwand es für Jahrzehnte, bis es 1853 bei Spina im Druck erschien. Doch erst die Gesamtausgabe hielt sich streng an das Schubertsche Autograph und berichtigte die vermutlich von Hellmesberger – der das Werk mit seinem Quartett aufführte – vorgenommenen «Korrekturen» in den einzelnen Stimmen.

Im Januar 1824 schuf Schubert für den Flötisten Joseph Bogner die «*Flötenvariationen Trockne Blumen*» (VIII, 7, op. 160). Bogner heiratete ein Jahr später Barbara Fröhlich, zu seinem und zu ihrem Unglück, wie Einstein sagt. Schuberts Werk ist von ungleichem Wert. Die geheimnisvolle Einleitung und einzelne Variationen stehen erheblich über dem allzu äußerlichen letzten Satz, der das beliebte, ausdrucksvolle Lied marschmäßig mißhandelt. Die Flöte ist technisch anspruchsvoll geführt, das Werk als Ganzes aber zu brillant, um nicht ein Bedauern darüber zu wecken, daß Schubert, wenn er schon die spärliche Flötenliteratur bereichern wollte, nicht ein eigens dafür erfundenes Thema entsprechend verarbeitete. – Eine öffentliche Aufführung zu Lebzeiten Schuberts ist nicht bekannt. Am Konzert, das die Schwestern Fröhlich am 30. Januar 1829 veranstalteten, um die Mittel für ein Denkmal für den verstorbenen Freund zu erhalten, blies Bogner andere Flötenvariationen.

Ein anderes Auftragswerk aus dieser Epoche ist die im November 1824 entstandene «*Sonate für Klavier und Arpeggione*» (VIII, 8). Dieses

Instrument war eine sechssaitige große Gitarre, eine Art Cello, und war erfunden worden vom Wiener Instrumentenmacher J. G. Stauffer. Schubert schrieb das Werk für das ausgefallene, bald wieder verschwundene Instrument im Auftrage des Cellisten Vincenz Schuster. Es wurde eine nette, melodiöse Angelegenheit, die sich allerlei Bearbeitungen gefallen lassen mußte, darunter auch eine solche für Viola und Orchester durch den Bratschisten Nicolas Birò. Es war einmal sehr populär, wurde von den meisten Cellisten in ihrem Repertoire geführt, doch ist es heute in den Hintergrund getreten. Technisch hat Schubert den großen Umfang des Instruments gut ausgenützt, nicht aber seine Möglichkeiten zu doppelgriffigem und mehrstimmigem Spiel, wie dies etwa J. S. Bach in seinen Solosuiten und -sonaten für Violine oder Cello so großartig tat.

DIE VOKALMUSIK

Wie wir sahen, waren die Jahre 1824 und 1825 vornehmlich der Schaffung von Instrumentalwerken gewidmet. Schubert hatte sich ja selber entsprechend geäußert: «An Liedern habe ich wenig Neues gemacht...» Immerhin entsproß dem Musizieren in der Familie Esterhazy der Chor für gemischtes Quartett, «*Gebet vor der Schlacht*» (XVII, 10, op. 139*a*), Text von de la Motte-Fouqué. Es soll, wie Kreißle von Hellborn erzählt, in den ersten Septembertagen 1824 während des gemeinsamen Frühstücks die Gräfin Esterhazy ihren Hausmusiker aufgefordert haben, das Gedicht in Musik zu setzen. «Schubert nahm das Buch und entfernte sich, um in Tönen zu dichten. Noch am selben Abend desselben Tages wurde die umfangreiche Komposition aus dem Manuskript heraus am Klavier durchgesungen. Die Freude über das treffliche Musikstück steigerte sich am folgenden Abend, wo dasselbe aus den von Schubert selbst mittlerweile herausgeschriebenen Stimmpartien mit größerer Sicherheit vorgetragen werden konnte und das Ganze an Klarheit und Schönheit des Ausdrucks wesentlich gewann. Das Quartett war innerhalb zehn Stunden komponiert und fehlerlos niedergeschrieben worden...

Die ganze Familie Esterhazy war musikalisch. Der Graf befand sich im Besitz einer Baßstimme; die Gräfin und ihre Tochter Karoline sangen Alt und die Komtesse Marie erfreute sich eines wunderschönen hohen Soprans. Da nun auch Freiherr Karl von Schönstein, ein trefflicher Tenor-Bariton, das Esterhazysche Haus oft zu besuchen pflegte, so stand das Vokal-Quartett fertig da. Der Gesang steht in klangvollem As-dur, weist eine klangliche und rhythmisch interessante Klavierbegleitung auf und gibt den Stimmen je ein rührendes italienisches Solo, wofür besonders Schönstein, der ein Liebhaber der italienischen Oper war, dankbar gewesen sein wird.

Gegen Ende 1825 entstand als liebenswürdige Gelegenheitskomposition für zwei Frauen- und zwei Männerstimmen «*Der Tanz*» (XVII, 14). Geschaffen wurde das Werk für die vierzehnjährige Irene Kiesewetter, die allzu tanzlustig gewesen war, krank wurde und deren Genesung man mit dem heitern Werk feierte.

Bereits 1824 vertonte Schubert zweimal den «*Gondelfahrer*» von Mayrhofer, im März als Sololied, im Laufe des Sommers als Quartett für vier Männerstimmen und Klavier (XVI, 9, op. 28). Noch im Jahr vorher, was vermutet werden darf, lehnte er eine Aufforderung Leopold Sonnleithners zur Schaffung neuer Quartette für die Gesellschaft der Musikfreunde ab: «... Sie wissen selbst, wie es mit der Aufnahme der spätern Quartette stand; die Leute haben es genug. Es könnte mir freilich vielleicht gelingen, eine neue Form zu erfinden, doch kann man auf so etwas nicht sicher rechnen...» Diese neue Form hat Schubert mit dem «Gondelfahrer» gefunden, denn nun ist es nicht mehr möglich, die mit dem vokalen Teil eine künstlerische Einheit bildende Klavierbegleitung durch eine Gitarre ad libitum zu ersetzen und das Werk als Rundgesang in fröhlicher Tafelrunde zu singen. Es handelt sich hier um ein regelrechtes venezianisches Gondellied, in dessen Bässen Mond und Sterne tanzen, während die Tenöre das Wellenspiel der nächtlichen Lagune malen, bis im hallenden As-dur die Glocken von San Marco Mitternacht schlagen. «Der Gondelfahrer» ist ein naturnahes Stimmungsbild von ganz unmittelbarem und eingänglichem Reiz. Das Werk, das natürlich auch von beweglichen Chören mit Gewinn vorgetragen werden kann, wurde bereits im Jahre der Entstehung durch Cappi & Diabelli als op. 28 veröffentlicht.

Ins Jahr 1825 fallen die drei Quartette, die Pennauer im Oktober 1828 als op. 64 herausgab. «*Wehmut*» (XVI, 24) ist ein Gedicht von *Heinrich Hüttenbrenner* (1799 bis 1830), Anselms jüngstem Bruder und

Schuberts Jugendfreund. In der ersten und dritten Strophe hallt in halben Noten des ersten Basses auf dem kleinen «F» die Abendglocke tröstlich hin, um Balsam in ein wundes Herz zu gießen, das «so leicht von Kummer bricht». Die Wiedergabe erfolgt wohl am wirkungsvollsten in chorischer Besetzung der einzelnen Stimmen.

Aus dem «poetischen Tagebuch» des Lyrikers *Ernst Schulze* (1789 bis 1817) vertonte Schubert zehn Gedichte. «*Ewige Liebe*» (XVI, 25) wurde ein Werk von überraschendem klanglichem Reichtum, ein harmonisch zwischen C-dur, B-dur, a-moll, As-dur und A-dur hin- und herschwingender Männergesang in konsequent durchgehaltenem Viertel-Zweiachtel-Rhythmus.

Carl Lappe (1773 bis 1847), der um diese Zeit in Schuberts Gesichtskreis trat, lieferte dem Tondichter außer dem Text des Lobgesangs «Im Abendrot» auch das Gedicht «*Flucht*» (XVI, 26), ein Hymnus auf die Freiheit, nicht ungefährlich in jenen Tagen, weshalb vorsichtshalber die Freiheit als «Freie» erscheint. So konnte man der Zensur ausweichend behaupten, diese «Freie» bedeute die freie Natur! Zwischen dem akkordisch-homophonen Anfang und Ende ist der Chorsatz frei imitierend, recht mitreißend und im kraftvollen Bekenntniston gehalten. Seine Aufführung fand das Werk unter der Leitung des Geigenvirtuosen und Schuberts Konviktskameraden *Georg Hellmesberger* (1800 bis 1873) am 20. März 1825 in einem Mittagskonzert im Landhaussaal.

Das lateinische «*Trinklied*» (XVI, 29) aus dem 16. Jahrhundert entstand im Juli 1825 in Gmunden für Schuberts und Vogls Gastgeber Ferdinand Traweger, ein munter vorzutragender, hurtiger Gesang für tafelnde und pokulierende Sänger, besonders humorvoll im Wechsel der p singenden Tenöre und Bässe, die darauf, gleich dem aus dem umgestürzten Becher rinnenden letzten Tropfen, anderthalb Oktaven weit im Unisonogang hinunterstürzen. Schubert kommt nur noch einmal auf eine Vertonung solcher Texte zurück, für die seine Muse ihm offenbar zu gut wird.

«Ich habe seit der Zeit, daß Du weg bist, beinahe gar keine Lieder componiert...» hatte im September 1824 Schubert aus Zelesz seinem Freund Schober nach Breslau geschrieben. Doch waren die Namen, denen sich Schubert zugewendet hatte, um so gewichtigere: Rückert, Schiller, Goethe und die Brüder Schlegel. Daneben erscheinen, trotz der eingetretenen Verstimmung, letzte Texte Mayrhofers und solche einiger lokaler Berühmtheiten, deren Namen nur durch die Melodien und Klänge Schuberts der Nachwelt bekannt wurden. Von großem Gewinn für den Liedmeister wurde die Bekanntschaft mit Übersetzungen von Werken Walter Scotts und William Shakespeares, die teils seit etwa einem Jahrzehnt in Wien bekannt, teils eben erschienen waren.

Wenn wir zuerst die Wiener Lokalgrößen aus dem literarischen Biedermeier nennen, so deshalb, weil mancher ihrer Texte Schubert zu Vertonungen anregte, die recht bekannt wurden. So wurde C. Lappes «*Im Abendrot*» (XX, 463) zu einem Gesang von großer Feierlichkeit und ergreifender Schönheit. Seine Beliebtheit verdankt er, wie Rückerts «Du bist die Ruh», seiner schlichten, beseelten Frömmigkeit. – Von den drei letzten Liedern nach Texten seines alten, nun immer hypochondrischer werdenden Freundes Johann Mayrhofer (XX, 458 bis 460) nimmt das letzte, «*Auflösung*», spürbar deutlich die Gefühlswelt von Wagners «Tristan» um drei Jahrzehnte voraus.

Die romantische Todessehnsucht fand, trotz ihrer etwas düstern Art, in «*Totengräbers Heimweh*» (XX, 467) nach J. N. Craigher rührenden Ausdruck, während F. X. Schlechtas «*Totengräberweise*» (XX, 496), der gleichen Gedanken- und Gefühlswelt entsprossen, durch den choralartig schreitenden Rhythmus und die vielsagenden Modulationen besonders eindrücklich wirkt. – In vollem Gegensatz zu diesen etwas makabren Texten steht Schlechtas «*Fischerweise*» (XX, 495, op. 96, Nr. 4), ein munteres, lebensfrohes und -bejahendes Ständelied, in welchem Singstimme und Baß Haschen spielen. – Craighers balladenhaftes Gedicht «*Die junge Nonne*» (XX, 469) wurde zu einem expansiven Tongemälde, das einen Felix Weingartner zur Instrumentierung verleitete, aus Erwägungen, die wir heute nicht mehr anerkennen können. – Das im gleichen Opus 43 veröffentlichte ruhig fließende, herrlich vielsagende und doch so einfache «*Nacht und Träume*» (XX, 470) stammt textlich von Matthäus von Collin, nicht von Schiller, wie ältere Ausgaben angeben! – I. G. Seidls «*Wiegenlied*» (XX, 512, op. 105, Nr. 2) wurde ein empfundenes Werk, dessen gefühlswarme Melodie in Schuberts Lieblingsrhythmus von einer gitarreähnlichen Begleitung getragen wird.

Im Jahre 1821 hatte Schubert aus leicht verständlichen Gründen die drei Lieder von Opus 4, darunter den «*Wanderer*», dem Patriarchen von Venedig, *Johann Ladislaus Pyrker* (1772 bis 1847), gewidmet und dafür die erwartete klingende Erkenntlichkeit erhalten. Vier Jahre später, 1825, trafen sich beide in Bad Gastein, und Schubert vertonte von ihm die zwei Gedichte «*Das Heimweh*» (XX, 478) und «*Die Allmacht*» (XX, 479), als op. 79 ebenfalls dem Dichter gewidmet. Während Schubert mit dem ersten Text wenig anzufangen wußte – vermutlich, weil ihm das Heimweh eines Berglers zu fern stand –, wurde der zweite zu einer Hymne von großem, echt empfundenem Pathos.

Wenn Schubert auf wertvolle Texte stieß, entstanden fast ausnahmslos Lieder von gleichrangigem Wert. Friedrich Schlegels «*Fülle der Liebe*» (XX, 480) entstand zusammen mit der Gasteiner Sonate in Bad Gastein im Spätsommer 1825. Seine vollgriffige Begleitung ist ein klangvolles Seitenstück zum Andante der Klaviersonate, zu dessen Verständnis das Lied verhilft:

«Ein sehnend Streben teilt mir das Herz,
Bis alles Leben sich löst in Schmerz...»

Von Friedrich Schiller wird als letztes Gedicht «*Dithyrambe*» (XX, 457, op. 60, Nr. 2) vertont, ein feurigzügiger Hymnus, den man sich gut als Zwiegesang für Solo und einstimmigen Chorrefrain denken kann.

Auf den sieben komponierten Gesängen aus Walter Scotts «Das Fräulein vom See», einem Lieblingsbuch Vogls, hielt Schubert sehr viel. Wir wissen, daß sie zur Zeit der Sommerfahrt in Oberösterreich entstanden. Sie wurden «mit sehr viel Glück» in Gmunden und Linz gesungen. In seinen Briefen an Spaun schwärmte Dr. Anton Ottenwalt in überschwänglichen Ausdrücken von ihnen. Zuerst entstand, noch in Wien vor der Abreise, «*Lied des gefangenen Jägers*» (XX, 475). Die Drucklegung setzte es an den Schluß von op. 52. – Den Beginn machen die beiden Schlummerlieder Ellens «*Raste, Krieger*» (XX, 471), und «*Jäger, ruhe von der Jagd*» (XX, 472). Der dritte Gesang Ellens, Nummer sechs der Reihe, wurde das wohl beliebteste Lied Schuberts; es ist der fromme, harfenbegleitete, gebetartige Sang «*Ave Maria*» (XX, 474). Er wird meist sentimentaler gesungen, als Schubert ihn verstanden und empfunden haben wollte, setzte er doch seine Frömmigkeit in Gegensatz zu der Bigotterie, die im Vaterhaus gewaltet und den Brüdern das Leben so sauer gemacht hatte. – Der «*Bootsgesang*» (XVI, 10) ist ein Männerchor, als Triumphgesang für den heimkehrenden Sieger Sir Roderick gedacht und gebaut. – «*Coronach*» (XVIII, 1) dagegen ist ein schlichter Klagegesang der Frauen und Mädchen, geheimnisvoll und düster in der Begleitung, in der das Tremolo als dumpfe Trommelschläge gedeutet werden kann, ans Herz greifend im Wechsel von f-moll, As-dur und F-dur in der vierstimmigen Chorpartie. – Bleibt noch «*Normans Gesang*» (XX, 473), ein sich aus trüber Ahnung zur Hoffnung auf Sieg sich steigernder kriegerischer Hymnus mit der rhythmisch gespannten Klavierbegleitung.

Von der Widmung dieser sieben Gesänge an die Gräfin Sophie von Weißenwolff auf Steyregg sprachen wir bereits. Auf ihre Veröffentlichung setzte ihr Schöpfer, wie ein Brief an die Eltern vom 25. Juli 1825 bezeugt, sehr große Hoffnungen: «Mit der Herausgabe dieser Lieder gedenke ich aber doch eine andere Manipulation zu machen als die gewöhnliche, indem sie den gefeierten Namen des Scott an der Stirne tragen und auf diese Art mehr Neugierde erregen könnten, und mich bei Hinzufügung des englischen Textes auch in England bekannter machen würden...» Um diese Hoffnung zu erfüllen, hätte die Melodieführung überarbeitet werden müssen, da die Übersetzung wohl sinngemäß, doch metrisch frei war.

Noch einmal griff Schubert zu einem Text Walter Scotts. Im März 1826 entnahm er dem berühmten Roman «Ivanhoe» die «*Romanze des Richard Löwenherz*» (XX, 501), im Todesjahr 1828 als op. 86 veröffentlicht. Wir dürfen aus der Herausgabe als einzelnes Opus schließen, daß sie der Komponist als ein gewichtiges Werk achtete. «Großer Thaten that der Ritter fern im heilgen Lande viel» beginnt – mäßig, doch feurig – in ritterlichem Fanfarenton der Gesang, dessen Größe in der kraftvollen Begleitung, in der Einfachheit des formalen Baus und in der schwungvollen Melodieführung liegt.

Führten die Gesänge aus dem «Fräulein vom See» nochmals in die Welt Ossians, so drei andere in die Welt Shakespeares. Aus «Antonio und Cleopatra», übersetzt durch Eduard von Bauernfeld, stammt das derbe «*Trinklied*»: «Bacchus! feister Fürst des Weins»

(XX, 502), dessen eine Stelle «Füll' uns, bis die Welt sich dreht» vom Komponisten vielsagend deutlich herausgestrichen wurde. – Aus den «Beiden Edelleuten aus Verona», von Bauernfeld übersetzt, stammt «*An Sylvia*» (XX, 505, op. 106), mit den drei andern Werken des Opus Frau Maria Pachler-Koschak in Graz gewidmet. Seine Reize liegen in der ansprechenden Melodieführung, in der Sicherheit der Deklamation und in der beziehungsreichen Baßführung.

Aus «Cymbeline» stammt «*Ständchen*» (XX, 503), «Horch, horch, die Lerch' im Ätherblau» in einer Übersetzung Schlegels, der Fr. Reil in den gängigen Ausgaben zwei weitere Strophen zudichtete. Die empfindungsvolle und doch so einfache Melodie mit der aufleuchtenden Modulation von As-dur nach C-dur – «mit allem, was da reizend ist» –, machen im Vereine mit der hingetupften Klavierbegleitung das Werk zu einem reizenden Kabinettstück intimer Liedkunst.

Von den vier Gedichten Friedrich Rückerts ist jedes dem andern ebenbürtig vertont. «*Daß sie hier gewesen*» (XX, 453, op. 59, Nr. 2) mutet in seiner farbig getönten Begleitung wie eine Vorwegnahme impressionistischer Klangbilder an, wobei das Lied Schuberts aber von erheblich größerer seelischer Empfindsamkeit zeugt. – In gehaltvoller Innigkeit und stärkster melodischer Intensität klingt das wundervolle «*Du bist die Ruh*» (XX, 454, op. 59, Nr. 3), während das liebenswerte «*Lachen und Weinen*» (XX, 455, op. 59, Nr. 4) treuherzige Volkstümlichkeit ausstrahlt. – Mit Schillers «Dithyrambe» zusammen erschien in op. 60 «*Greisengesang*» (XX, 456), die Welt der «Winterreise» und der Heinelieder vorausnehmend, ahnungsvoll und bedeutend wieder im Schubertschen Dur-Moll-Wechsel, Hoheit und edle Größe verratend.

Nennen wir noch gleich die Gesänge aus «*Wilhelm Meister*» (XX, 488 bis 491), in op. 62 zusammengefaßt und der Fürstin Mathilde zu Schwarzenberg gewidmet. Das Lied des Harfners «*Nur wer die Sehnsucht kennt*» erscheint als ein Duett (entsprechend der Situation im Roman Goethes) und als Sololied. Es sind die fünfte und sechste Fassung des Textes, ein sprechendes Zeichen für das Ringen Schuberts mit dem Stoff und seiner musikalischen Erscheinungsform. – Unter den Liedern der Mignon nimmt «*Heiß mich nicht reden*» durch seine Schlichtheit und Verinnerlichung, die nur am Schluß etwas aus sich herausgeht, eine besondere Stellung ein, «*So laßt mich scheinen*» durch seine großartige Konzeption in allen musikalischen Belangen. Sie alle stehen mit in der Reihe von Franz Schuberts gehaltvollsten und reifsten Schöpfungen.

DIE SCHUBERTIADEN

Diese der Belehrung und der Geselligkeit – man beachte wohl die Reihenfolge, die ein Programm und die richtige Bewertung bedeutet – gewidmeten Zusammenkünfte begannen 1821 und erhielten sich trotz wechselvoller Schicksale mit kleinern oder größern Unterbrechungen bis in die Zeit von Schuberts tödlicher Krankheit hinein. Das Wort «Schubertiade» tauchte erstmals in einem Brief auf, den Schubert und Schober 1821 nach der Rückkehr von ihrem Aufenthalt in Ochsenburg dem alten Freund Josef von Spaun nach Linz sandten. Kaum zu glauben: der bescheidene, äußerlich so unscheinbare, oft von fröhlichem Übermut überschäumende, oft melancholisch in die Ferne träumende oder in sich gekehrte Musikant war der Mittelpunkt eines Kreises kunstfreudiger, begeisterungsfähiger Menschen geworden. Es waren Dichter, Maler, Musiker, Studenten, Beamte, adeliger und bürgerlicher Herkunft, welche Gespräche und Diskussionen von hoher Geistigkeit veranstalteten, sogenannte «Lesungen». Sie verstanden es vorzüglich, sie mit Unterhaltung und Zerstreuung in froher Tafelrunde zu verbinden. Der Schauspieler Anschütz nannte sie etwa «fröhliche Unsinnsgesellschaft», womit er aber nur eine Nebenerscheinung dieser Zusammenkünfte traf. Dieser frohe, für alles Große, Edle, Schöne eingenommene und aufgeschlossene Kreis einer begeisterten und begeisterungsfähigen Jugend musizierte, sang, spielte, tanzte, rauchte, liebte, diskutierte, rezitierte und philosophierte, man las Shakespeare und Aeschylos, das Nibelungenlied, Goethes «Faust», besprach die neuen Werke von Kleist, Schlegel oder Tieck. Die jungen Künstler des Kreises fanden willig Auge und Ohr und ein offenes Urteil, eine ehrlich gemeinte Kritik und ebensolche Anerkennung. Die Teilnehmer waren stolz auf das musikalische Genie in ihrer Mitte, das Franz Schubert hieß, erst Bertl, später Schwammerl genannt wurde und dessen Schöpfungen sie ebenso eifrig anzubringen versuchten, wie sie die dafür eingehandelten Honorare dem gutmütigen Komponisten durchzubringen halfen.

Die Polizei Metternichs hatte ein scheeles Auge auf sie geworfen, den Tiroler Dichter Johann Michael Senn auch gemaßregelt, wovon wir bereits hörten. Kreißle von Hellborn nennt uns die «Ungarische Krone» als bevorzugtes Besammlungslokal, wenn man nicht in Privathäusern zusammenkam. Dort hatten die Freunde ein Extrazimmer zu ebener Erde. «Zu den Abendgästen gehörten die Maler Schwind, Kupelwieser, Schnorr und Teltscher (später auch Rieder), die Dichter Senn und Bauernfeld, die Beamten Joseph Hüttenbrenner, Berindl und Bernhard Teltscher; der Börsenmann Engelsberg, der Klavierspieler Szalay u. a. m.» Wer einen Freund besaß oder eine Freundin, brachte sie mit. Willkommen war, wer was wußte und was konnte und bereit war, dies den Freunden mitzuteilen. Auch durfte man kein Spielverderber sein. Hier wurden Freundschaften fürs ganze Leben geschlossen und mit Wein – oder mit Sirup – besiegelt, hier wurde eine Kameradschaftlichkeit gepflegt, die uns noch heute sympathisch berührt. Oft wurde, wenn der Ernst dem Scherz, die Arbeit der ungebundenen Fröhlichkeit wichen, über die Stränge geschlagen. Darauf deutet ein Brief, den am 2. November 1821 Schober an Spaun schrieb: «...mir ist's wie einem, der in die Sonne gesehen hat und nun überall den fatalen schwarzen Fleck sieht, so störend ist mir überall Dein Abgang (nach Linz). Derfel ist nun ganz vom Whistteufel besessen, er hat zwei stabile Whist-Tage bei sich errichtet... Gahy (Schuberts Kamerad im vierhändigen Klavierspiel) hat alles mit Dir verloren, ich habe ihn traurig gefunden, er weiß nicht, was er tun soll und sieht in der Verzweiflung Spielen zu, ich werde suchen, ihm etwas zu sein...» Diese letzte Wendung bezeugt uns die Gesinnung echter Kameradschaft, die diesen Kreis beseelte. Es war der Geist des trotzigen «Dennoch!», der die jungen Leute erfüllte und sie zwang, sich der muffigen Atmosphäre des Metternichschen Vormärz entgegenzustemmen. – Häufig fanden solche Schubertiaden in befreundeten Häusern statt, bei den Schwestern Fröhlich z. B., auch bei Schober, der den Sinn ihres Freundschaftsbundes zu Silvester 1822/23 durch den Mund einer Göttin verkünden ließ:

«Die schönsten Gaben, die in guter Stunde
Ich einzeln sende in die weite Welt,
Ihr fandet sie in eurem kleinen Bunde,
Ihr hattet sie geordnet und gesellt.

> Die stumme Lippe wußte ich zu lösen,
> Daß die Empfindung eine Sprache fand,
> Die bunte Schar beliebter Zauberwesen
> Entquoll auf meinen Ruf der sichern Hand.
>
> Dem Sänger hab' ich Weisen eingegeben,
> Noch seid ihr ja von ihrem Klang gerührt,
> Und in der Dinge Geist und inn'res Leben
> Hat euch die Kraft des Denkens eingeführt.
>
> Und nicht mit unerhörter Sehnsucht Schmerzen,
> In starrer Einsamkeit habt ihr gezeugt;
> Ich sandt' euch treue, liebevolle Herzen,
> Die lauschend euch die Seele zugeneigt.»

Das lange Gedicht enthält auch einen «Dank an Alle, die uns erkannt, geduldet und geliebt», und klingt aus in das Gelübde:

> «Und jeder wird mit voller Seele streben,
> Daß der Vergangenheit er würdig sei.»

Für Franz Schubert war dieser Freundeskreis, der seinen Namen trug, besonders in den Zeiten der Spannungen mit seinem Vater, eine Notwendigkeit und ein Segen, wobei wir allerdings einschränkend bemerken müssen, daß er seinen Hang zu ungebundenem Leben manchmal zu sehr verstärkte.

Zu fröhlicher Ausgelassenheit führten die Würstelbälle. Jemand lud eine Gesellschaft Gleichgesinnter und -gestimmter zu einem häuslichen Abend mit Spiel und Tanz ein und zu einem ungezwungenen Mahl, an welchem kleine Würstchen, Bier oder Wein herumgereicht wurden. An diesen Abenden spielte man zwei- und vierhändige Werke Schuberts, sang man seine Lieder, die lieben alten und die neusten, stellte Scharaden und löste Pfänder aus und ließ den Abend in Tanz ausklingen. Den Musikanten hatte man ja gleich mitgebracht!

So gern Schubert auch immer zum Tanz aufspielte, ab und zu kniff er, wenn er «just nicht gesellig gestimmt war oder ihm dieser oder jener Gast nicht besonders zusagen wollte. Nicht selten, daß er eine geladene Gesellschaft vergeblich auf sich warten ließ, während er mit einem halben Dutzend Schulgehilfen, seinen ehemaligen Kollegen, in einer verborgenen Kneipe behaglich beim Wein saß. Wenn wir ihm tags darauf Vorwürfe machten, so hieß es mit einem gemütlichen Kichern: ‚Ich war halt nicht aufgelegt!'...»

Mit der Rückkehr Kupelwiesers aus Rom und Schobers aus Breslau lebten die etwas eingeschlafenen und ihrem eigentlichen Zweck des Gedankenaustausches entfremdeten Schubertiaden wieder auf. Schober war ein geistig überlegener Kopf, aber ein etwas schwankender Charakter, leichtlebig, leichtsinnig, auch leichtfertig in bezug auf das weibliche Geschlecht. Sein Einfluß auf Schubert in dieser Hinsicht ist bestritten. Während Schober sich dahin äußerte, Schubert habe über seine Beziehungen zum weiblichen Geschlecht selbst den vertrautesten Freunden gegenüber eine große Zurückhaltung bewahrt und weitere Stimmen von Schuberts außergewöhnlicher Scheu in erotischen Dingen wissen wollen, so reden andere Zeugen davon, Schober, der es mit der Liebe nicht genau genommen habe, weder mit der käuflichen noch mit der andern, habe Schubert etwa zu Eskapaden verleitet, die man verurteilen müsse. Die Wahrheit mag in der Mitte liegen. Sicher ist nur, daß Schubert den Freuden dieser Welt durchaus nicht abgeneigt war. Wollen wir ihm dies verübeln? «Wo viel Licht ist, ist starker Schatten» läßt Goethe Goetz von Berlichingen zu Weislingen sprechen. Wir möchten dieses Wort in bezug auf Franz Schubert – und nur auf Schubert – variieren: «Wo starker Schatten ist, ist auch viel Licht.» Daß Schubert viel Licht ausstrahlte, steht völlig außer Zweifel, leuchtet es doch noch heute in unverminderter Kraft.

Zehntes Kapitel

JAHR DER REIFE
1826

> «*Schubert ist die rechte Mischung
> von Idealem und Realem.
> Die Erde ist ihm schön.*»
> (Bauernfeld über Schubert)

SCHUBERT ALS MENSCH

Was wir von Schuberts Zeitgenossen über sein Äußeres hören, widerspricht sich in manchen Dingen. Als außerordentlich ähnlich wurde – wie wir schon wissen – allgemein W. A. Rieders Aquarell vom achtundzwanzigjährigen Schubert beurteilt. Schwind, der seinen Freund Bertl selber porträtiert hatte, nannte es das beste Bild. Dem Malerauge Schwinds dürfen wir sicher vertrauen. Das Porträt verdankte sein Entstehen einem Zufall. Am 25. Mai 1825 flüchtete Rieder, vom Regen überrascht, zu seinem Freund und skizzierte sein Bildnis, das er in einigen weiteren Sitzungen vervollkommnete. Fünfzig Jahre später, 1875, schuf Rieder nach dem Aquarell ein Ölbild. Weitere Bilder, Zeichnungen, Skizzen wurden von Leopold Kupelwieser, Josef Teltscher und Moritz von Schwind angefertigt, wobei des ersteren Kreidezeichnung vom sechzehnjährigen Schubert in seiner Identität angezweifelt ist. In der Tat muß ein eingehender Vergleich dieser Zeichnung mit den spätern Bildnissen immer deutlicher zum Schluß kommen, daß dieser junge, charakteristische Kopf mit den einprägsamen Zügen kaum so weich und rund geworden sein kann, wie ihn sechs, acht Jahre später andere Bildnisse zeigen.

Franz Schubert war nicht von jenem Äußern, das Frauen anzieht. Anfang 1818, kurz nach der Übersiedlung in die Roßau, maß er nach einer von Deutsch mitgeteilten Eintragung in einen behördlichen Aufnahmebogen 4 Schuh, 11 Zoll, 2 Strich, also 1,567 m. «Er war von kleiner Statur, vollen runden Angesichts und ziemlich beleibt.» Diese Feststellungen Anselm Hüttenbrenners wurden in den Erinnerungen der Freunde näher umschrieben. Der schon mehrmals erwähnte erste Biograph Schuberts, Kreißle von Hellborn, stützte sich auf Ausführungen Franz Lachners und Leopold von Sonnleithners:

«Schuberts Erscheinung war nichts weniger als anziehend. Sein rundes, dickes, etwas aufgedunsenes Gesicht, die niedere Stirn, die aufgeworfenen Lippen, buschigen Augenbrauen, die stumpfe Nase und das gekräuselte Haar gaben seinem Kopf ein mohrenartiges Aussehen. Seine Statur war unter Mittelgröße, Rücken und Schultern gerundet, die Arme und Hände fleischig, die Finger kurz. Der Ausdruck seines Gesichts konnte weder als geistreich noch als freundlich gelten, und nur dann, wenn ihn Musik oder Gespräche anregten, besonders aber dann, wenn es sich um Beethoven handelte, fing sein Auge zu blitzen an und belebten sich seine Züge.»

Diese Ausführungen, aus zweiter Hand geschöpft, blieben nicht unwidersprochen. Einer von Schuberts ältesten Freunden, Josef von Spaun, wandte sich energisch gegen sie:

«Schuberts Gesicht wird von Kreißle als ein beinahe häßliches, negerartiges geschildert; wer ihn aber immer kannte, muß dem widersprechen. Das von Rieder gemalte und in Kupfer gestochene Porträt Schuberts ist außerordentlich ähnlich. Man besehe es und urteile, ob das Gesicht ein häßliches und negerartiges sei. Man kann ebensowenig sagen, daß Schubert schön gewesen sei, allein er war wohlgebildet, und wenn er freundlich sprach oder lächelte, so waren seine Gesichtszüge voll Anmut, und wenn er voll Begeisterung glühend vor Eifer arbeitete, so erschienen seine Züge gehoben und nahezu schön. Was seinen Körper betrifft, so dürfte man sich ihn nach Kreißles Beschreibung als einen Fettklumpen vorstellen. Das ist nun durchaus unrichtig. Schubert war festen, gedrungenen Körpers, aber von Fett war keine Rede. Sein sehr jugendlicher Freund Moritz von Schwind übertraf ihn schon damals an Umfang.»

Schuberts Jugendfreund und Mitschüler Dr. G. F. Eckel, später Direktor des Tierarznei-Instituts in Wien, kannte Schubert als Knaben und Jüngling. Er beschrieb dessen Äußeres wie folgt:

«Die Gestalt klein, aber stämmig, mit stark entwickelten festen Knochen und strammen Muskeln, ohne Ecken, mehr gerundet. Nakken kurz und stark; Schultern, Brust und Becken breit, schön gewölbt; Arme und Schenkel gerundet; Hände und Füße klein; der Gang lebhaft und kräftig. Den ziemlich großen, runden und derben Schädel umwallte ein braunes, üppig sproßendes Lockenhaar. Das Gesicht, in welchem Stirn und Kinn vorherrschend entwickelt waren, zeigte weniger eigentlich schöne als vielmehr ausdrucksvolle, derbe Züge. Das sanfte, wenn ich nicht irre, lichtbraune, bei Erregung feurig leuchtende Auge war durch ziemlich vorspringende Augenbögen und buschige Brauen stark beschattet und dadurch sowie durch häufiges Zusammenkneifen der Lider, wie es bei Kurzsichtigen vorzukommen pflegt, anscheinend kleiner, als es wirklich war. Nase mittelgroß, stumpf, etwas aufgestülpt, mit einer sanften Einwärtsschweifung in die vollen, üppigen, festschließenden und meist geschlossenen Lippen verbunden. Am Kinn das sogenannte Schönheitsgrübchen. Die Gesichtsfarbe blaß, aber lebhaft, wie bei allen Genies. Ein sanftes Mienenspiel als Ausdruck der inneren steten Erregung, bald in gewaltigen Stirnfalten und ineinandergepreßten Lippen das ernste, bald im sanft leuchtenden Auge und lächelndem Munde das liebliche Gebilde seines schaffenden Genies verkündend. Im ganzen zeigte Schuberts Gesicht den klassischen Ausdruck der Harmonie von Kraft und Milde eines Olympiers.»

Diese prägnant formulierte Beschreibung von Schuberts Äußerm deutet auf einen geistig arbeitenden, den Genüssen des Lebens aber durchaus nicht abholden Menschen von nicht gewöhnlichem Format.

Nicht nur Dr. Eckel, sondern auch Anselm Hüttenbrenner sprach von Schuberts ungewöhnlich hoher Stirn: «Sehr schön gewölbt war seine Stirne. Seiner Kurzsichtigkeit wegen trug er stets Brillen, die er selbst während des Schlafens nicht ablegte. Das Toilettemachen war seine Sache durchaus nicht, daher er auch ungern in höhere Zirkel sich begab, für die er sich mehr herausputzen mußte... Er vernachlässigte seinen Anzug, besonders die Zähne, roch stark nach Tabak...»

Dagegen meinte Hoffmann von Fallersleben nach einem Besuche bei Schubert: «Er unterscheidet sich gar nicht von jedem andern Wiener. Er spricht wienerisch, hat wie jeder Wiener feine Wäsche, einen saubern Rock, einen blanken Hut.» Der Besucher, der einen genialen Bohémien erwartet hatte, war ganz enttäuscht, einen so normalen Wiener zu finden. Auch Leopold von Sonnleithner sprach Schubert jedes genial Schlampige ab: «Von einem Zukunftsmusiker hatte er keine Spur an sich.»

Auch über Franz Schuberts Lebensweise kam manche anschauliche

Bemerkung auf uns. So äußerte sich Bauernfeld in seinen «Erinnerungen an Franz Schubert»: «Die Lebensweise... war einfach wie er selbst. Jeden Morgen um neun Uhr besuchte ihn die Muse und verließ ihn selten vor zwei Uhr mittags ohne eine bedeutende Gabe. Wenn ihm nun was Tüchtiges gelungen war, so schlug sein guter Humor vor und belebte des Abends den ganzen Freundeskreis.»

Kein Wort könnte besser Schuberts Arbeitsweise kennzeichnen, als das von uns bereits erwähnte: «...wenn ich ein Stück fertig habe, fange ich ein anderes an...» Wer mit Schubert näher bekannt wurde, war durch dessen rasche Arbeitsweise verblüfft, die etwas Unheimliches, Unbegreifliches an sich hatte. So läßt sich Spaun vernehmen: «...Schuberts Schnelligkeit im Komponieren war außerordentlich, und als ein Beleg mag dienen, daß das Lesen und Komponieren von Goethes ‚Erlkönig' das Werk eines einzigen Nachmittags war... Statt durch die ungeheure Verschwendung der herrlichsten Melodien ärmer zu werden, schien die Verschwendung nur neue größere Reichtümer zu enthüllen.»

Ferdinand Schubert nannte des Bruders Schnelligkeit im Aufschreiben seiner Kompositionen erstaunlich. Diese Schnelligkeit des Schöpferaktes, diese erstaunlich rasche und unversiegliche Produktion, die ganz an jene Vincent van Goghs in Arles, St. Rémy und Auvers gemahnt, führte manchen Freund zur Annahme, Schubert besitze übernatürliche Kräfte. Die Beobachtung, daß des Freundes Augen während des Schaffensprozesses in schier überirdischem Glanz erstrahlten, ließ sie an Hellseherei, an Gesichte, an eine Art Trance glauben. Hören wir Josef Hüttenbrenner: «Beim Komponieren kam mir Schubert wie ein Somnambulus vor. Seine Augen leuchteten dabei hochvorstehend wie ein Glas. Dabei schnalzte er öfters mit der Zunge.» Ähnlich ließ sich Kreißle von Hellborn vernehmen: «Oft fühlte er sich von seinen Schöpfungen selbst ergriffen, und Augenzeugen versichern, daß sie da an seinem leuchtenden Auge und der veränderten Sprache entnehmen konnten, wie mächtig es in seinem Innern arbeite.»

An den Konviktsgenossen Albert Stadler, den wir mit dem Komponisten 1825 in Linz und auf Steyregg antrafen, schrieb der Sänger Vogl 1831: «Wenn vom Fabrizieren, Erzeugen, Schöpfen die Rede ist, mache ich mich aus dem Spiel, besonders seitdem ich durch

Schubert kennengelernt, daß es zweierlei Arten Komposition gibt, eine, die wie eben bei Schubert in einem Zustand von Clairvoyance oder Somnambulisme zur Welt kommt, ohne alle Willkür des Tonsetzers, wie er muß, durch höhere Gewalt und Eingebung. Ein solches Werk läßt sich wohl anstaunen, mit Entzücken genießen, aber ja nicht – beurteilen; eine andere, die reflektierte...» Die Ansicht, als ob Schubert seine Werke gleichsam unbewußt, als Werkzeug einer höhern Macht geschaffen hätte, zerstören die Autographe seiner Werke in Urschrift. Natürlich schuf Schubert seine Musik anders als der um die Form seiner musikalischen Gedanken ringende Beethoven. Aber auch Schubert arbeitete oft genug an seinen Einfällen, bis sie jene Form gefunden hatten, die ihm die richtige schien. Die auf uns gekommene Urschrift des ersten Teils der «Winterreise» spricht hier eine recht klare und deutliche Sprache.

In dieser Hinsicht wäre auch Karoline Pichlers Urteil etwas zu retuschieren: «Schubert brachte das Schöne, das Ergreifende seiner Kompositionen fast unbewußt hervor... So bewußtlos, so unwillkürlich sind diese Hervorbringungen, und man kann nicht umhin, hier an magnetische Zustände und jene geheimnisvollen Fähigkeiten der Psyche zu denken, die in ihr, wie die Schmetterlingsflügel in der Puppe, verschlossen und zusammengewickelt liegen, bis sie einst, wenn die Puppe zerbrochen wird, entfalten darf...»

Spauns Schwager, Dr. Ottenwalt, bei dem Schubert im Sommer 1825 in Linz weilte, war auch eher der Meinung, Schubert habe bewußter geschaffen, als es das Gros der Freunde meinte: «...erinnern sich, wie Schubert insbesonders auch von dem Standpunkte der Musik überhaupt und dem eigentümlichen seiner Werke auf eine Art Rechenschaft zu geben wußte, wodurch die hier und da gehegte Meinung, er habe sein Herrlichstes gleichsam wie durch eigentliche Inspiration ohne besonnene Selbsttätigkeit hervorgebracht, auf das entschiedenste widerlegt wird.» Dr. Ottenwalt beruft sich bei diesem Urteil auf den Eindruck, den er von Schuberts wachem Kunstverstand erhielt, wenn sich der Komponist in den abendlichen Diskussionen so kurz und beredt äußerte. Daß jeder wahrhaft schöpferische Künstler etwas von dieser «Clairvoyance», dieser Inspiration besitzt, besitzen muß, ist kaum zu leugnen. Daß bei Schubert diese Inspiration einen Schuß Intuition aufwies, ist uns klar. Er hat beides stets als hohe und verpflichtende Gnade empfunden. Sie verbanden sich zusehends stärker mit Schuberts Selbstkritik, was in den letzten vier oder fünf Lebensjahren zu jenen Kunstwerken führte, die wir auch heute noch als große, irgendwie nicht völlig zu begreifende Wunder empfinden. Wer Schubert kannte, schrieb Spaun, wußte, «wie tief ihn seine Schöpfungen ergriffen und wie er sie in Schmerzen geboren». Daß solche Geburten manchmal schmerzlos, manchmal schmerzhaft, sehr, sehr schmerzhaft sind, dies erfuhr ja auch Schuberts Bruder im Geist, Wolfgang Amadeus Mozart.

Wie stand es mit Schuberts Bildung? Aus Äußerungen Anselm Hüttenbrenners zu schließen, wurde sie angezweifelt, besonders von Leuten, die sich auf ihre eigene sogenannte Bildung nicht wenig zugute taten. Das Talent habe man dem guten Schubert nicht wohl absprechen können, hingegen den feinen Schliff, den guten Ton, auch das Wissen, kurz, jede weltmännische wie literarische Bildung fehlten ihm gänzlich, sei von ihnen behauptet worden. Ja, man sei zuletzt nicht übel gewillt gewesen, sich den zarten Liedersänger als eine Art «besoffenen Wilden» vorzustellen.

Was das Fehlen des weltmännischen Schliffes betraf, so müssen wir Schubert seine Herkunft aus engen, kleinbürgerlichen Verhältnissen zugute halten. Wäre er aber ungehobelt gewesen, wäre seiner Lehrtätigkeit im Hause Esterhazy wohl ein rasches Ende gesetzt worden! Ein Fehlen von gesellschaftlichem «Savoir vivre» konnte ebensogut aus einer bewußten Mißachtung der äußern Dinge kommen. Wessen Inneres solche Reichtümer aufwies, wie dasjenige Franz Schuberts, der durfte wohl die Nichtigkeit äußern Scheins empfinden und durch ein entsprechendes Benehmen kennzeichnen.

Über Schuberts musikalische Bildung sind wenig Worte zu verlieren. Er empfing sie namentlich im Konvikt und in Salieris Privatunterricht, empfand aber ihre Lückenhaftigkeit und hatte noch im Todesmonat die Absicht, das versäumte Studium des Kontrapunkts bei Simon Sechter, dem ersten Hoforganisten, nachzuholen. Das tat dann aufs gründlichste Anton Bruckner! Wir sind der Meinung, daß Franz Schubert für sein Schaffen genug theoretische Kenntnisse besaß. Bestand nicht die Gefahr, daß ein Wissen und Befolgen trockener theoretischer Regeln den frisch sprudelnden Quell der Inspiration allzusehr eingedämmt hätte?

Die Allgemeinbildung Schuberts war so gut, wie sie damals ein Hilfslehrer aus dem Bürgerstand erwerben konnte. Als Kronzeugen zitieren wir nochmals Hüttenbrenner:

«Schubert besaß... allerdings keine eigentlich akademische Bildung; seine Studien reichten kaum über das Gymnasium hinaus, und er blieb sein kurzes Leben lang Autodidakt. In seinem Fache kannte er die Meister und Muster ziemlich genau... Auch in der Literatur war er nichts weniger als unbewandert, und die Art und Weise, wie er die verschiedensten dichterischen Individualitäten als Goethe, Schiller, Wilhelm Müller, J. G. Seidl, Mayrhofer, Walter Scott, Heine poetisch lebendig aufzufassen, in neues Fleisch und Blut zu verwandeln und eines jeden Wesen in schöner und edler musikalischer Charakteristik treu wiederzugeben verstand, dürfte allein genügen, um darzutun, aus welchem tiefen Gemüt, aus welcher zartbesaiteter Seele diese Schöpfungen hervorquollen. Wer die Dichter so versteht, ist selbst ein Dichter! Und wer ein Dichter ist und mit Freunden und Gleichgesinnten ab und zu anakreontisch zecht, hat noch weit bis zum ‚besoffenen Wilden'. Auch hätte sich dieser Wilde nicht an ernste Lektüre gewagt, es finden sich Exzerpte von seiner Hand aus historischen, selbst philosophischen Schriften vor... und sein Lieblingsumgang waren Künstler und Kunstverwandte...» Mit Dr. Ottenwalts Meinung über Schubert werden diese Ausführungen zu einem äußerst sprechenden Bild ergänzt.

Schuberts Hang nach Geselligkeit, nach Gedankenaustausch mit Gleichgesinnten, wurde sprichwörtlich. Mayrhofer erzählt uns darüber: «Geselliger Verkehr war ihm nach vollbrachtem Tagewerk zum Bedürfnis; kein Festmahl, keine Unterhaltung gewährte ihm Genuß, wenn sie nicht durch gemütlichen Umgang mit den Freunden gewürzt war.» Ähnlich Spaun: «Kein Fest, kein Mahl, keine Unterhaltung bot ihm Genuß, wenn sie nicht durch freundschaftlichen Umgang gewürzt waren... In dem Kreise seiner Freunde stundenlang zu verweilen, gereichte Schubert zur größten Freude. Gar häufig überraschte die Mitternachtsstunde noch die begeisterten Freunde in ihren warmen Gesprächen über Kunst und Leben.»

Am eindrücklichsten kennzeichnete diese Gespräche Anselm Hüttenbrenner: «Bei einem Glase Wein oder Punsch war Schubert am gesprächigsten; seine musikalischen Urteile waren scharf, kurz und bündig; er traf allezeit den Nagel auf den Kopf. Er glich hierin Beethoven, der mitunter auch sehr ironisch war. Wenn in Gesellschaften gründlich über Musik gesprochen wurde, hörte Schubert mit Vergnügen zu und fiel selten in die Rede. Wenn aber irgendein naseweiser Dilettant Behauptungen aufstellte, die von totaler theoretischer Unwissenheit zeugten, da riß dem guten Schubert die Geduld, und er sagte einem solchen Schwätzer rasch ins Gesicht: ‚Schweigen Sie lieber, das verstehen Sie nicht und werden's auch nie verstehen!' Von sich und seinen Werken sprach Schubert selten und auch da nur wenige Worte. Sein Lieblingsdiskurs drehte sich um Händel, Mozart und Beethoven. Er schätzte auch die beiden Haydn sehr hoch; aber ihre Werke gaben seinem Geiste zu wenig Nahrung und Aufschwung. Mit Sebastian Bachs Kompositionen war Schubert nur wenig vertraut... Beethovens C-Messe stimmte ihn am meisten zur Andacht.»

Wenn auch Schubert im Kreise seiner Freunde manchmal zu tief ins Glas schaute, so war er dennoch alles andere als ein Trinker, wie wir dies etwa von Modest Mussorgskij wissen. Dem dreimal Gerechten, der Schubert seine menschlich-allzumenschlichen Wege verübeln möchte, können wir nur nochmals das Goethe-Wort vom Licht und vom Schatten zitieren.

Von Schuberts Freude an der Natur erzählen beredt seine Reisebriefe, auch von seiner Beobachtungs- und treffsicheren Charakterisierungsgabe. Hören wir unsern Gewährsmann Spaun: «Für die Schönheiten der Natur war er ungemein empfänglich, und im Sommer bei schönem Wetter machte er beinahe täglich in den Nachmittags- und Abendstunden weitere Ausflüge in die schönen Umgebungen Wiens. Mit großer Vorliebe gedachte er in dieser Beziehung der herrlichen Gegenden Oberösterreichs und Salzburgs.

In den Erinnerungen der Freunde wird Schubert schüchtern und scheu genannt, besonders in eleganten Kreisen, in denen er sich nicht behaglich fühlte und die er nur betrat, um zu musizieren, besonders um seine Lieder zu begleiten. Ihn deswegen als linkisch, als mit Minderwertigkeitskomplexen behaftet hinzustellen, geht nicht an. Gar oft verletzte Schubert die herkömmlichen Umgangsformen bewußt; er war aufrichtig, offen, er gab sich, wie er war, sprach aus, was er fühlte und dachte. Wie anders wäre seine Tagebucheintragung zu verstehen: «Ein mächtiger Antipode der Aufrichtigkeit der Menschen gegeneinander ist die städtische Höflichkeit. Das größte Unglück der Weisen und das größte Glück des Toren gründet sich auf die Convenienz.» Sehr oft entsprang diese Scheu dem Unbehagen, das in ihm gewöhnliche, langweilige Spießbürger mit ihrer Leere und Hohlheit erzeugten. Goethes Wort: «Lieber will ich schlechter werden, als mich ennuyieren!» war auch Schuberts Maxime.

Sehr oft verletzte Schuberts offenes Wort über die Werke eines Komponisten, die eben zur Diskussion standen. Wenn er die Eitelkeit anderer traf, geschah das nie absichtlich, boshaft oder aus kleinlicher Eifersucht. Mayrhofer nannte die Milde in der Beurteilung fremder Leistungen geradezu eine Charaktereigenschaft Schuberts. Doch gab er auch zu, daß Schubert oft einen über die Grenzen der Klugheit hinausgehenden Freimut an den Tag legte.

Alle Freunde waren sich darüber einig, daß Schuberts hervorstechendste Eigenschaft seine Bescheidenheit war. Sehr schön setzt uns wieder Spaun auf das laufende: «Die Bescheidenheit Schuberts war ohne Grenzen. Der lauteste Jubel seiner Freunde und der größte Beifall einer zahlreichen Menge konnten ihn nicht schwindeln machen.»

Über jedes Stück guter Musik freute sich Schubert vorbehaltlos, es mochte stammen, von wem es auch wollte. «Es ist doch eine Freude, daß solche Sachen herauskommen», äußerte er sich kurz vor seinem Tode über ein Werk von Abbé Stadler. – Auch Anna Fröhlich ließ sich vernehmen: «Schubert war allemal überglücklich, wenn etwas Gutes von einem andern Tonsetzer aufgeführt wurde.» Es war neben dieser Neidlosigkeit und seiner musikalischen Größe besonders die Anspruchslosigkeit und Herzlichkeit, die von ihm ausstrahlten, welche ihm die Verehrung und Liebe seiner Freunde zuwandten. In einem gewissen Umfang sind es diese Charakterzüge, die dazu führten, daß Schubert sich oft selber im Wege stand.

Sehr bezeichnend ist, was Schober von seinem Freunde schrieb: «Im gewöhnlichen Leben war nur wenigen und diesen in selten geweihten Stunden Gelegenheit geboten, sich zu überzeugen, welch ein Seelenadel ihn auszeichnete, und sie entnahmen dies aus Zeichen und Worten, welche sich nicht leicht wiederholen und beschreiben lassen.»

Wenn Mozart die Feststellung des Dichters von den zwei Seelen in der Brust eines jeden Menschen in seinen beseelten Kantilenen und seinen derben Briefen an das Bäsle in Augsburg ausdrückt, so tat dies

Schubert in seinen Werken und in seinem Leben. Die Zwiespältigkeit Schuberts kennzeichnete unübertrefflich Eduard von Bauernfeld: «Schubert schlummerte... eine Doppelnatur. Das österreichische Element, derb, sinnlich, schlug im Leben vor wie in der Kunst... Kam in dem kräftigen und lebenslustigen Schubert, so im geselligen Verkehr wie in der Kunst, der österreichische Charakter bisweilen allzustürmisch zur Erscheinung, so drängte sich zeitweise ein Dämon der Trauer und Melancholie mit schwarzen Flügeln in seine Nähe – freilich kein böser Geist, da er in den dunkeln Weihestunden oft die schmerzlich-schönsten Lieder hervorrief.» – Sein alter Freund Mayrhofer stellte fest: «In seinem Wesen mischten sich Zartheit und Derbheit, Genußliebe mit Treuherzigkeit, Geselligkeit und Melancholie.»

Die Melancholie, die wie die schwarzen Vögel in Vincent van Goghs letztem Bild mit schwerem Flügelschlag über Schubert Franz hinwegzog, bestätigt uns, daß er zutiefst ein Einsamer war. Die Tagebuchäußerung, wonach keiner des andern Schmerz und keiner die Freude des andern verstehe, spricht erschütternd deutlich. Diese seine Doppelnatur erkannte Schubert klar: «Wollte ich Liebe singen, so ward sie mir zum Schmerz. Und wollte ich wieder Schmerz nur singen, ward er mir zur Liebe.» Seinem Bruder Ferdinand schrieb er von der «ewig unbegreiflichen Sehnsucht». Diese Sehnsucht trug ihn über alle Not hinweg, entriß ihn aller Enge seines bedrückenden irdischen Daseins. Sie war es auch, die ihn früh mit dem Tode vertraut werden ließ. Wir kennen dieses vertraute Verhältnis mit dem Tod auch von Mozart, der wohl Schuberts nächster Geisterverwandter war. «Als wenn der Tod das Schlimmste wäre, was uns Menschen begegnen könnte», tröstete er aus Steyr nach Hause, wo sich Bruder Ferdinand in hypochondrischer Melancholie und Todesfurcht verzehrte, um dann weiterzufahren: «Könnte er (Ferdinand) nur einmal diese göttlichen Berge und Seen schauen, deren Anblick uns zu erdrücken oder zu verschlingen droht, er würde das winzige Menschenleben nicht so sehr lieben, als daß er es nicht für ein großes Glück halten sollte, der unbegreiflichen Kraft der Erde zu neuem Leben wieder anvertraut zu werden.»

Schubert war diesseitig und jenseitig und fühlte diesen Dualismus tief. Dem Schauspieler Anschütz gönnte er einmal, was selten genug vorkam, einen tiefen Blick in seine Seele: «Mir kommt's manchmal

vor, als gehörte ich gar nicht in diese Welt.» Er kam aus einer andern
in diese, unsere Welt, um sie nach kurzem Erdenwallen wieder aufzusuchen. Doch hat sein kurzes Leben in dieser unserer Welt durch
seine Werke jene Wärme hinterlassen, die tröstet, «wie einen seine
Mutter tröstet».

WIRD FRANZ SCHUBERT KAPELLMEISTER?

Die Unpäßlichkeit, die Schubert verhinderte, an der Silvesterfeier
1825/26 teilzunehmen, behob sich in den ersten Tagen des neuen
Jahres 1826. Am 14. Januar treffen wir ihn an einem Würstelball bei
Schober. Er mußte Walzer spielen. Bei Sophie Müller, die unterdessen
sein Bild erhalten hatte, speiste er mit Jenger und andern Freunden
am 25. Januar. Er sang auch neue Lieder. Mit Bauernfeld zusammen
besuchte er am 21. Februar ein Beethovenkonzert im Redoutensaal,
an welchem die Sinfonie in D-dur und die Ouvertüre zu Goethes
«Egmont» zum Vortrage gelangten. Beide Freunde schwärmten sehr
und begaben sich nach einem gemeinsamen Mittagsmahl zu Schuppanzigh, wo sie Quartette von Haydn und Beethoven sowie ein Quintett
von Mozart hörten. «Alle himmlisch!» urteilt Bauernfeld. Auch Franz
Grillparzer war zugegen.

Daneben drückte wie immer die Not. Nun war aber bereits im
März 1824 der berühmte Salieri vom Posten eines k. k. I. Hofkapellmeisters zurückgetreten und Eybler an seine Stelle vorgerückt. Nach
zwei Jahren Vakanz sollte der Posten des Vize-Kapellmeisters wieder
besetzt werden. Sollte sich Franz Schubert nicht doch endlich um
eine feste Anstellung, um einen sichern Brotkorb bewerben? War es
klug gewesen, sich ein Jahr zuvor nicht für die Stelle des zweiten
k. k. Hoforganisten interessiert zu haben? Die Freunde drängten, und
Schubert bewarb sich bei Kaiser Franz I. mit folgendem Schreiben um
den Posten des Vize-Hofkapellmeisters:

Euer Majestät! «7. April 1826
Allergnädigster Kaiser!
In tiefster Ehrfurcht waget der Unterzeichnete die gehorsamste
Bitte um allergnädigste Verleihung der erledigten Vice-Hofkapell-
meisters Stelle, und unterstützt sein Gesuch mit folgenden Gründen:

1. Ist derselbe in Wien gebürtig, der Sohn eines Schullehrers und 29 Jahre alt.

2. Genoß derselbe die allerhöchste Gnade, durch 5 Jahre als Hofsängerknabe Zögling des k. k. Convictes zu seyn.

3. Erhielt er vollständigen Unterricht in der Composition von dem gewesenen ersten Hofkapellmeister Herrn Anton Salieri, wodurch er geeignet ist, jede Kapellmeisters Stelle zu übernehmen, laut Beylage A.

4. Ist sein Name durch seine Gesangs- und Instrumental-Compositionen nicht nur in Wien, sondern auch in ganz Deutschland günstig bekannt, auch hat er

5. fünf Messen, welche bereits in verschiedenen Kirchen Wiens aufgeführt wurden, für größere oder kleinere Orchester in Bereitschaft.

6. Genießt er endlich gar keine Anstellung und hofft auf dieser gesicherten Bahn sein vorgestecktes Ziel in der Kunst erst vollkommen erreichen zu können.

Der allergnädigsten Bittgewähr vollkommen zu entsprechen, wird sein eifrigstes Bestreben seyn.

Unterthänigster Diener Franz Schubert.

Wohnhaft auf der Wieden No. 100 nächst der Karlskirche 5te Stiege, 2ter Stock.»

Beilage A:

«Daß Herr Franz Schubert die Tonkunst vollständig erlernet und bereits sowohl für die Kirche, als für das Theater sehr gute Kompositionen geliefert hat; und daher, sowohl in Rücksicht seines moralisch guten Charakters, für jede Kapellmeister-Stelle vollkommen geeignet ist, wird hiermit zu seinem Lobe bestätigt.

Ant. Salieri, k. k. Hofkap. Meister.»

Aus einem Akt des Musikgrafen Karl Harrach an den Oberhofmeister Fürst Ferdinand Trauttmannsdorff vom 19. Dezember 1826 kennen wir die Bewerber um den Posten des k. k. Vize-Hofkapellmeisters. Es waren: Ignaz Ritter von Seyfried, Adalbert Gyrowetz, Franz Schubert, Konradin Kreutzer, Joachim Hofmann, Anselm Hüttenbrenner, Wenzel Würfel und Franz Gläser. Sie waren alle bereits erfolgreiche Komponisten oder Theaterkapellmeister oder beides, mit Ausnahme Franz Schuberts, der sich seine Dirigentensporen erst noch verdienen mußte. Der Musikgraf gab zu, daß alle Bittsteller verdiente Männer seien, doch war er der Ansicht, man sollte bei den gegebenen Zeitverhältnissen «vorzüglich auch die Schonung des allerhöchsten Ärars» – der kaiserlichen Schatulle – bedenken und überlegen, «daß die Aufgabe einer Besetzung der Vize-Kapellmeisterstelle am besten gelöst sein würde, wenn sich das Individuum auffände, welches dem Dienste der k. k. Hofkapelle gewachsen wäre, ohne dabei dem allerhöchsten Ärar eine neue Last aufzubürden...» Das wollte in unserer Sprache sagen: Wir suchen einen Kandidaten, der möglichst billig ist! Umständlich und eingehend wird in diesem Bericht ausgeführt, daß z. B. der Hoftheater-Kapellmeister Josef Weigl gegen einen geringen Zuschuß zu seiner Pension den Posten übernehmen könnte.

Am 27. Jänner 1827 erst fiel dann endlich der allerhöchste Entscheid: Seine Majestät geruhte den Hoftheater-Kapellmeister Josef Weigl zum k. k. Vize-Hofkapellmeister zu ernennen. Mit den «systemisierten» Genüssen. Die Bewerber erhielten mit einem entsprechenden ablehnenden Bescheid ihre eingereichten Beilagen zurück. Es erhielt auch Franz Schubert seine Antwort: «Nachdem S. Majestät die hierin angesuchte Stelle zu besetzen geruht haben, kann hierüber nichts mehr verfügt werden.»

Die Reaktion des Abgewiesenen war rührend. Bruder Ferdinand erzählt sie uns: «Da ein würdiger Mann wie Weigl es geworden ist, so muß ich mich wohl zufrieden geben.» – Sarkastisch kommentierte Bauernfeld später in Reimen:

> «Dank Gott, daß du gestorben bist!
> Dein Ruhm ist dir gewiß,
> Seit dich gelobt der berühmte Liszt
> und das leichtsinnige Paris.
>
> Ein echter Wiener – und ein Genie!
> Es staunt das ganze Land;
> Die Wiener selbst erfuhren's nie,
> Als nur aus dritter Hand.

Dank Gott, daß du gestorben bist!
Du hätt'st es nicht weit gebracht;
Sie hätten dich nicht in Lebensfrist
Zum Hofkapellmeister gemacht.»

In diese Zeit fiel auch die beschämende Angelegenheit mit der Messe, die Schubert dem Herrn Eybler brachte, wobei er die Antwort erhielt, er, der k. k. Hofkapellmeister, kenne noch kein Werk Schuberts. Später lehnte er die Messe ab mit den Worten, sie sei nicht in dem Stil komponiert, den der Kaiser liebe. «Ich bin denn nicht so glücklich, im kaiserlichen Stil schreiben zu können», bemerkte Schubert bitter zu unserem Gewährsmann, Dr. Franz Hauer, mit dem er im Kaffeehaus «Zum Rebhuhn» vertraulich beim «Schwarzen» saß.

Von einer weitern Abfuhr Schuberts berichten die Zeitgenossen widersprechend. Im Jahre 1826 war infolge Wegzugs der Platz eines «Novizen am Direktionspult im Kärntnertortheater erledigt». Wir haben darunter wohl den Posten eines Korrepetitors zu verstehen, der ab und zu Gelegenheit erhielt, bereits aufgeführte Werke nachzudirigieren. Es gelang Vogl, die Aufmerksamkeit des Verwalters Duport auf Schubert zu lenken, der allerdings über keine Erfahrung als Kapellmeister verfügte, man rechne denn die von ihm geleitete denkwürdige Aufführung seiner ersten Messe am 16. Oktober 1814 dazu. Duport machte, ob in ehrlicher Absicht oder aus Feigheit, eine klare Ablehnung auszusprechen, die Besetzung der Stelle durch Schubert von einer Probedirektion abhängig. Anton Schindler schilderte nun ausführlich, wie Schubert sich bockig geweigert hätte, der Sängerin Nanette Schechner, einer Verehrerin seiner Lieder, gewisse Erleichterungen an der von ihm pflichtgemäß komponierten Arie anzubringen. An der Generalprobe sei es zu einem großen Krach gekommen. Die Sängerin, vom fast unausgesetzten Kampf gegen das Orchester, besonders gegen die Bläser, erdrückt, sei entkräftet auf einen zur Seite des Proscéniums stehenden Stuhl gesunken. Duport habe zu vermitteln versucht, desgleichen mehrere Künstler des Orchesters. Auch Schindler selber habe den störrischen Komponisten am Pult zum Nachgeben zu bewegen versucht. «Nachdem unser Mann sich die Auseinandersetzungen mit steigendem Ingrimm angehört, rief er mit erhobener Stimme aus: ‚Ich ändere nichts!'' Dies ausrufend, schlug er die Partitur laut schallend zu, nahm sie unter den Arm und ging raschen Schrittes zum Hause hinaus. Dies der Anfang und zugleich das Ende der Laufbahn Franz Schuberts als Opern-Dirigent.» So Anton Schindler.

Der im Orchester mitspielende Franz Zierer, Professor am Konservatorium, wußte nichts von einer Szene, wie sie uns Schindler erzählt. Im Gegenteil, er bekannte, Schubert habe sich während der Probe seiner Art gemäß still und ruhig verhalten.

Josef Hüttenbrenner gar behauptete, die Sängerin sei mit der wunderschönen Arie Schuberts sehr zufrieden gewesen und die Anstellung sei nicht an seinem Starrsinn, sondern ganz einfach an Theaterintrigen gescheitert, was auch möglich war.

Die Anekdote gibt verschiedene Rätsel auf. Warum ließ man Schubert eine eigens von ihm komponierte Szene für Chor und Sopransolo dirigieren? Es gab doch bereits verschiedene Bühnenszenen von ihm. Man hätte Schuberts Fähigkeiten als Theaterkapellmeister auch an ihnen prüfen können! Wo blieb diese eigens komponierte musikalisch-theatralische Szene, deren Text vom Theatersekretär Hofmann stammen sollte? War Schubert gar, wie man aus einer Wendung Leopold von Sonnleithners schließen könnte, zeit- oder probeweise Korrepetitor am Kärntnertortheater gewesen? In diesem Falle wären solche und ähnliche Auseinandersetzungen zwischen Schubert und der Theaterleitung oder einzelnen Mitgliedern des Solopersonals durchaus möglich gewesen. Sie hätten aus irgendeinem Grunde so gravierend sein können, daß eine ersprießliche Weiterarbeit unmöglich scheinen konnte. Kurz und bündig stellte Spaun fest: «Später hätte er sollen Kapellmeister am Kärntnertor-Theater werden, allein auch dazu hatte er keine Lust, und ganz richtig sagte er, er passe nicht dazu.»

Eingehender schilderte Leopold von Sonnleithner die Situation. Seine Ausführungen bergen wohl den Schlüssel zu Schuberts Verhalten, namentlich zu seiner Abneigung, Bindungen für eine geregelte Arbeitsweise einzugehen: «Schubert war ungemein fruchtbar und fleißig im Komponieren. Für alles andere aber, was Arbeit heißt, hatte er keine Lust... er liebte den Abend im Kreise lustiger Kameraden im Gasthaus zuzubringen, wobei oft die Mitternachtsstunde unbemerkt vorüberstrich und im Genusse zuviel getan wurde. Damit gewöhnte er sich an, bis zehn, elf Uhr des Morgens im Bette zu bleiben. Und da er dann um diese Zeit die meiste Lust zum Komponieren verspürte, so vergingen auf diese Art die Vormittagsstunden, und die schönste Zeit zu dem Erwerb durch Unterricht war damit verloren. Diese Lebensweise war auch vorzüglich daran schuld, daß er sich als Korrepetitor am Kärntnertortheater nicht halten konnte. Er vermochte nicht die Probestunden pünktlich einzuhalten, und das Mechanische dieser Arbeit war ihm verdrießlich. Was Schindler über den Verlust der Anstellung im Theater erzählt, mag nicht ganz ohne Grund sein, doch hörte ich damals nichts davon. Der Hauptgrund war gewiß sein Mangel an Pünktlichkeit.»

Diese Darlegungen Sonnleithners werden indirekt durch andere Erzählungen über Schuberts Gewohnheit, in den Vormittagsstunden zu komponieren, bestätigt, desgleichen durch die festzustellenden Klagen der Freunde über Schuberts Unpünktlichkeit oder Unverläßlichkeit in bezug auf das Einhalten von Verabredungen. Fest steht wohl eines: Schubert war so voll musikalischer Gedanken, die nach Formgebung drängten, daß seine Scheu und innere Ablehnung gegen alles, was ihn dieser seiner ureigensten Aufgabe entfremden wollte, nur zu verständlich sind!

Unter den Schubertianern gab es manche Veränderung: Spaun war nach fast fünfjähriger Abwesenheit aus Lemberg nach Wien zurückbeordert worden, zur großen und aufrichtigen Freude Schuberts, der den alten, lieben Konviktsgenossen mit Rührung umarmte. An neuen Kameraden traten die Brüder Hartmann aus Linz in den Kreis. Sie werden uns noch sehr anschauliche Einblicke in das Leben und Treiben der Kreise um Schubert verschaffen. Der Kreis festigte sich, als wollte er noch in einer lieblichen Abendröte erstrahlen, bevor er dann allmählich erblassen mußte. Die ältern Genossen kamen nun nämlich in Amt und Würden oder wurden versetzt. Spaun verlobte sich und wurde nun von seiner Braut mit Beschlag belegt. Leopold Kupelwieser führte seine Johanna Lutz heim. Sie hatte Schubert stets eine schwesterliche Zuneigung bewahrt. Selbst der alte Hagestolz Johann Michael Vogl, der Achtundfünfzigjährige, war in den Hafen der Ehe eingelaufen. Die sanfte Kunigunde Rosas, seine Braut und Gattin, war seine Schülerin gewesen und war ihm ehrlich zugetan. Der beiden Neigung war den Schubertianern völlig Geheimnis geblieben, um so größer war darum auch ihr Erstaunen. Der Ehe entsproß noch ein Töchterchen, und der ältliche Papa freute sich herzlich an ihm und an seinem abendlichen Familienglück. Auch Josef Kriehuber, der Porträtist, heiratete, und Freund Bertl spielte an seiner wie der andern Freunde Hochzeit zum Tanz auf.

Den Sommer 1826 verbrachte Schubert mit Schober in Währing, denn es herrschte wieder einmal bedenklich Ebbe in seiner Kasse. Aus diesem Grunde mußte der geplante Ausflug ins Salzkammergut, wo es Schubert ein Jahr vorher so gefallen hatte, unterbleiben. Mit Schwind war, seit er in Netti Hönig verliebt war, nicht mehr gut Kirschen essen; denn bereits zeichnete sich das später wirklich erfolgte Auseinandergehen der beiden Verliebten an. Bauernfeld war in Kärnten und schrieb, wie wir bereits wissen, das Libretto «Der Graf von Gleichen». Ihm klagte Schubert: «...Ich arbeite gar nichts. – Das Wetter ist hier wirklich fürchterlich, der Allerhöchste scheint uns gänzlich verlassen zu haben, es will gar keine Sonne scheinen. Man kann im Mai noch in keinem Garten sitzen. Schrecklich! fürchterlich! entsetzlich! für mich das Grausamste, was es geben kann!... Ich kann unmöglich nach Gmunden oder irgend wo anders hin kommen, ich habe gar kein Geld, und es geht mir überhaupt sehr schlecht. Ich mache mir nichts daraus, und bin lustig. – Komme so bald wie möglich nach Wien.» Konnte in dieser «Lache-Bajazzo-Stimmung» wohl etwas Vernünftiges gedeihen? Gewiß, denn so gar nichts, wie er haben wollte, hatte Schubert nun auch wieder nicht geschaffen!

VOM LETZTEN STREICHQUARTETT ZUR «NACHTHELLE»

Das Hauptwerk des Jahres wurde das «*Streichquartett in G-dur*» (X, 15, op. 161), geschaffen, hinausgeschleudert zwischen dem 20. und 30. Juni 1826. Wer es je hörte, wird uns begreifen, wenn wir, von der Meinung anderer unterstützt, aus dem Werke etwas Orchestrales heraushören: Unisono, erregtes Tremolo in Melodie oder Begleitung, das gruppenweise Gegenüberstellen von Frage und Antwort, vor allem aber die expansive Tonsprache, deren sich Schubert hier bediente, charakterisieren es. Gab es bisher im Streichquartettsatz einen so losbrechenden Anfang:

Der geradezu explosive Beginn setzt sich in jähen Ausbrüchen und plötzlichem Zusammenzucken kontrastreich fort; der Dur-Moll-Wechsel des Anfangs ist bezeichnend für den ganzen Satz. Träger des Tonflusses sind Rhythmus und Harmonie. Die Durchführung zeigt wahrhaft sinfonische Ausmaße. Immer wieder brechen die Riesensprünge und ff-Ausbrüche des rhythmisch zugespitzten Hauptgedankens herein.

Der zweite Satz ist ein Andante, ein wenig bewegt und läßt das Cello das große Wort führen. Die anderen Instrumente umspielen seine elegische Melodie. Düstere Episoden eilender Läufe, zuckender Vorschläge aus erregendem Tremolo, unheimlich wirkende Modulationen stören die Stimmung in schmerzlichen Ausbrüchen:

Der seltsame Spuk wird dann von einem versöhnlichen Klagegesang, der in Dur schließt, verscheucht.

An ein nächtliches Haschen von Elfen gemahnt das Scherzo. Sein Trio, ein Ländler, löst das Geheimnisvolle, Gespensterhafte in hellichten Tag auf.

Das Allegro assai des vierten Satzes ist ein in Rondo-Form gehaltenes Husarenstück von unaufhörlich vorwärts drängender Melodik und heiter beschwingtem Sechsachtel-Rhythmus. Trotz der auftauchenden Moll-Dunkelungen wirkt der Satz als befreiender Ausklang. Das Werk ist von erstaunlicher Aussagekraft und von einer Kühnheit, die Schubert an die Seite des späten Beethoven rückt.

Von der großartigen «Fantasie-Sonate» in G-dur, op. 78 (X, 12), die im Oktober 1826 entstand und von Liszt das Epitaph «Virgilische Dichtung» erhielt, war schon die Rede. – Aus dem gleichen Jahr stammt ein Werk von virtuoser Haltung, das «*Rondeau brillant in h-moll*» für Pianoforte und Violine (VIII, 1). Geschaffen wurde es für Schuberts Freund, den Pianisten *C. M. v. Bocklet* (1801 bis 1881), und den knapp zwanzigjährigen Geiger *Josef Slavik* (1806 bis 1833). Nach einer privaten Aufführung in seinem Haus anfangs 1827 übernahm es Domenico Artaria als op. 70 in seinen Verlag. Im Thema klingen Erinnerungen an Ungarn auf, die mit lyrisch gehaltenen Partien alternieren und in einen fanfarenhaft aufrauschenden Schlußteil münden. Solche Virtuosenkost gab es damals in Hülle und Fülle. Die Quantität war nicht ohne Einfluß auf die Qualität. Mit ihrer Geburt hatte auch schon das Schicksal gesprochen: Gewogen und zu leicht befunden! Schubert stand mit seinem «Rondeau brillant» um viele Stufen über der geistesverwandten Tagesproduktion und hatte sich, sprach er hier auch nicht seine eigentliche Sprache, seiner Anlehnung an den Zeitgeschmack nicht zu schämen. Die Aufführung schlug ein, wie die anerkennende Kritik in der «Wiener Zeitschrift für Kunst» vom 7. Juli 1828 schrieb: «...Obwohl das Ganze brillant ist, so verdankt es doch nicht seine Existenz den bloßen Figuren, die uns aus mancher Komposition in tausendfältigen Verrenkungen angrinsen und die Seele ermüden. Der Geist des Erfinders hat hier oft recht kräftig seinen Fittich geschwungen und uns mit ihm erhoben. Sowohl das Pianoforte als die Geige braucht einen geübten Spieler, der sich auf Perioden gefaßt machen muß, die nicht durch unzähligen

Gebrauch etwa ihr Bürgerrecht erlangt haben, sondern die eine neue und begeisterte Ideenfolge kund tun...» Der Zwiespalt, der wohl in allen Werken zwischen künstlerischem Gehalt und technischer Überspitzung der Sprache klafft, ist vom Kritiker auf liebenswürdige Weise ausgedrückt worden.

Ein ähnliches Werk ist die «*Fantasie für Violine und Pianoforte*» in C-dur (VIII, 5, op. 159), ein Duo, das erheblich gewichtiger wiegt und vom Hörer erheblich mehr fordert. Diese Fantasie entstand im Dezember 1827 und wurde am 20. Januar 1828 durch Slavík in einer musikalischen Matinee vorgetragen. Ihre Form der miteinander verknüpften Teile erinnert an die «Wandererphantasie», op. 15, doch ist die Satzfolge ungewöhnlich. Ein Andante molto, eigentlich ein Adagio, beginnt ganz leise und in sich gewendet das Werk. Es folgt ein Allegretto in a-moll, etwas ungarisch, wie jenes im Rondeau op. 70. Den Schluß bildet ein Thema mit Variationen. Wieder gibt ein Lied das Thema ab: «Sei mir gegrüßt» (XX, 400), und wieder bedauert man — wie in den Flötenvariationen «Trockne Blumen» — die offenkundige Vergröberung, die das schwärmerische Lied durch die etwas handfeste Behandlung erfuhr. Die Kritik war wieder einmal ablehnend. Die «himmlische Länge» fiel auf. «Der Sammler» war am 7. Februar 1828 der Meinung: «Die Fantasie für Pianoforte und Violine des Herrn Franz Schubert dehnte sich etwas zu lang über die Zeit aus, die der Wiener den geistigen Genüssen widmen will. Der Saal wurde allmählich leerer, und Referent gesteht, daß auch er von dem Ausgang dieses Musikstückes nichts zu sagen weiß.» Das ist wenig, doch faßte die «Allgemeine musikalische Zeitung Leipzig» das Urteil zusammen und konstatierte: «...Man könnte darüber füglich das Urteil fällen, der beliebte Tonsetzer habe sich hier geradezu verkomponiert.»

Nun sind die beiden genannten Werke wohl konzertant gehalten und lassen bedauern, daß Schubert kein eigentliches Violinkonzert geschaffen hat. Sicher liegt das Gewicht auf einer technischen Brillanz, die äußerlicher wirken muß, als dies eine Duosonate getan hätte. Wird Schuberts Größe durch Stücke dieser Art herabgemindert? Schafft ein Künstler lauter gleichwertige Werke? Auch Beethoven hat ab und zu dem Zeitgeschmack gehuldigt und ein Monstrum wie die «Schlacht bei Vittoria» verbrochen. Es ist ferner durchaus möglich, daß Schubert bei einer spätern Sichtung die Werke ähnlich virtuosbrillanter Art verworfen hätte. Bei der Spärlichkeit wirklich guter und gekonnter virtuoser Violinmusik wird die Redseligkeit der beiden Schubertschen Stücke in Kauf genommen.

*

Das Jahr 1826 sah auf dem Gebiete des Männerquartetts wenige Werke reifen. Ihre Qualität steht aber im umgekehrten Verhältnis zur Quantität. Die beliebten romantischen Stimmungselemente der Nacht, des Mondes und des Grabes hatten es Schubert wieder einmal besonders angetan. Franz von Schober hatte diese Elemente auch dichterisch behandelt. Sein Gedicht «Vollmondnacht» wurde von Schubert «*Mondenschein*» genannt und für zwei Tenöre und drei Bässe a cappella vertont. Mit einer vom Verleger unterlegten Klavierbegleitung erschien das Werk 1831 bei Diabelli als op. 102 (XVI, 27). Der erste Tenor ist solistisch gedacht, weil von ihm eine ungewöhnliche Beweglichkeit verlangt wird. Schubert liebte das Stück, dessen Opuszahl vom Komponisten stammt. Es ist ein Meisterstück romantischen Klanges, höchst sensibel und im Mittelteil von himmlischer Naturschwärmerei.

Johann Gabriel Seidl, der sich so gern an Goethe orientierte, lieferte Schubert die Texte zu drei weiteren Kostbarkeiten. «*Grab und Mond*» (XVI, 41) ist etwas vom Stimmungsvollsten, was man sich für Männerquartett in solistischer oder chorischer Besetzung denken kann. In kühlem a-moll fällt sehr leise und sehr langsam silbergrauer Mondenschein herab. Ergreifend, beschwörend wirkt nach dem Sekundakkord d-gis-h-e die an den Freund des Schlummers in klarem C-dur gerichtete Bitte, das Schweigen zu brechen und zu sagen, ob im Grabe Dunkel wohne oder Licht. Nachdem der Mond stumm bleibt, geht über As-dur die Modulation ppp nach as-moll mit der Bitte an das Grab, es möge doch die Frage beantworten, da es ja so manchen Mondenblick «silbergrau» (Ces-dur) in sich berge. In dreimaliger Aufforderung, die von Ces-dur über d-moll nach A-dur führt, lädt das Grab ein: «Komm und schau!» In diesem völlig homophon und sehr gedrängt gehaltenen, bereits 1827 erschienenen Werk fing Franz Schubert auf knappstem Raum den ganzen holden Zauber der Romantik ein. Erst in Schumanns «Mondnacht» wird Schuberts «Grab und Mond» ein Gegenstück gleichwertigen Stimmungsgehalts bekommen.

Am Begräbnistag Schuberts, am 21. November 1828, erschien als op. 105, Nr. 1 im Verlage von Josef Czerny ein freundliches Naturbild, «*Widerspruch*», für vier Männerstimmen und Klavier (XVI, 12). Das am besten chorisch zu besetzende frische Stück wird durch eine vollgriffige, pastose Klavierbegleitung getragen und musikantisch schwungvoll durch Mollschatten und über unvermutete Rückungen zu einem ausladenden Schluß geführt, der das Herz sich weit öffnen und nach Unendlichkeit sehnen läßt.

Das dritte Werk dieses Jahres für Männerstimmen auf einen Text von Seidl ist «*Nachthelle*» (XVI, 13). Schubert komponierte den Text für einen sehr hohen Tenor, Männerquartett und Klavier im September 1826. Es ist ein Nachtstück von ganz außergewöhnlicher Eindringlichkeit des Stimmungs- und Gefühlshaften, das im Mittelteil geradezu ekstatischen Ausdruck findet. Solotenor und Quartett singen im Wechselgesang, während hohe Klavierakkorde durch ihre Wiederholungen flimmerndes Sternenlicht malen. Wenn je Musik Malerei wurde, so ist sie's hier geworden. Aber auch hier ist Musik mehr «Ausdruck der Empfindung, als Mahlerey», wie Beethoven seine «Pastoral-Sinfonie» aufgefaßt haben wollte.

JAHRESNEIGE

Das Ende des Jahres der Reife 1826 fand in den Tagebüchern der in diesem Jahre zum Schubertkreis gestoßenen Brüder Franz und Fritz Hartmann eine sehr anschauliche Schilderung. Die beiden Linzer studierten in Wien, schnupperten überall herum und hielten mit ihren Urteilen nicht hinter dem Berg. Hören wir aber zuerst Spaun: «Von Lemberg nach Wien zurückgekehrt, fand ich Schubert in der Fülle und Blüte seines Talentes. Er fand endlich mehr allgemeine Anerkennung, seine Werke wurden honoriert, wenn auch im Verhältnisse zu ihrem Werte armselig. Seine Lage hatte sich gebessert, wenn sie auch noch immer dürftig blieb. In der Zeit meiner Abwesenheit (seit 1821) waren Hunderte von Liedern entstanden... Zu den Verehrern Schubertscher Lieder gehörten nun auch unser trefflicher Grillparzer... und viele andere.

Vogl und Schönstein trugen nun in immer weiteren Kreisen seine Lieder vor, und keine nur etwas empfängliche Brust konnte dem überwältigenden Eindrucke widerstehen... Wenn wir uns nun bei Tage auch weniger sahen, so vereinigten wir uns doch täglich mit vielen Freunden abends im Gasthause.»

Geben wir nun Franz von Hartmann das Wort. Er trug oft täglich, manchmal jeden zweiten Tag, doch nie in langen Zwischenräumen, seine Erlebnisse oder Bemerkungen in sein Tagebuch ein:

19. November 1826: «Mit Fritz zum Anker, wo eine große Gesellschaft, worunter Schwind, der mir ein kleines Bukett schenkt, Schubert, Bauernfeld. Spaun kömmt später auch noch. Um 11 1/2 geht man auseinander.»

21. November 1826: «Um 10 Uhr zum Anker, wo Spaun, Schubert, Schober usw., die recht fidel sind... Um 11 1/2 endlich geht alles nach Hause.»

25. November: «Zum Anker, wo ich Spaun zu treffen hoffe. Erst spät aber kommen Schober und Bauernfeld und ein talkichter Bayer (Franz Lachner). Schober ist recht interessant, Bauernfeld sehr fad. Ich bleibe bis 11 2/3 Uhr.»

Am fünften und siebenten Dezember ist Hartmann wieder im Anker und bleibt bis um oder gegen Mitternacht im Schubertkreis.

8. Dezember 1826: «Ich begab mich um 8 1/2 Uhr zu Spaun... Dann kam Schubert und spielte ein herrliches, aber melancholisches Stück von seiner Komposition. Endlich auch Schwind, Bauernfeld, Schober. Nun sangen Schubert und Schwind die herrlichsten Schubertischen Lieder. Endlich soupierte man herrlich. Alles war sehr lebhaft und aufgeweckt. Zuletzt fing alles zu rauchen an... Um 12 3/4 Uhr trennte man sich. Wir begleiteten Schober nach Hause.»

15. Dezember 1826: «Ich gehe zu Spaun, wo eine große, große Schubertiade ist... Die Gesellschaft ist ungeheuer... Bauernfeld, Gahy (der herrlich mit Schubert à 4 mains spielte), Vogl, der fast dreißig herrliche Lieder sang... Fast zu Tränen rührte mich, da ich heute in einer besonders aufgeregten Stimmung war, das Trio des 5. Marsches, das mich immer an meine gute Mutter erinnert. Nachdem das Musizieren aus ist, wird herrlich schnabeliert und dann getanzt. Doch ich bin nicht zum Courmachen aufgelegt. Um 12 1/2 begleiten wir... und gehen zum Anker, wo noch Schober, Schubert, Schwind, Derfel, Bauernfeld. Lustig. Nach Hause. Um 1 Uhr zu Bett.»

16. Dezember 1826: «Spax (Max von Spaun) holt uns ins Kaffeehaus ab, wo auch Pepi (Joseph v. Spaun), Schwind, Schubert, Schober, Bauernfeld, Derfel. Diese begleiten wir zu Hönig (in deren Tochter Netti Schwind sterblich verliebt war), wo Schubertiade ist, nehmen am Tore Abschied und gehen nach Hause.»

17. Dezember 1826 (Sonntag): «Zu Spaun, wo Gahy nagelneue Schubertische Deutsche (mit dem Titel ‚Hommage aux belles Viennoises', worüber sich Schubert sehr ärgert) spielt. Frühstück. Dann fahren in zwei Wagen Gäste der Wandrerischen nach Nußdorf ab... Man nimmt bei den äußerst lieben und hübschen Wandrerischen ein herrliches Mittagsmahl ein, wo es sehr heiter zugeht... Nach dem Essen kommen ... die drei Anbeter der Frau von Kurzrock, Schober, Schwind und Bauernfeld. Letztere beiden spielen und singen ganz jämmerlich Schubertische Lieder, nachdem früher getanzt worden war... Wir brachten den Abend (bei Spaun und im Anker) noch aufs Lustigste mit Erzählungen und Anekdoten zu. Pepi Spaun erklärte noch, er habe die Fahrt nach Nußdorf aufgewichst (spendiert) und wurde fast böse, als wir doch rechnen wollten. Um 11½ trennte sich alles und ging schlafen.»

27. Dezember 1826: «Wir gingen zum Anker, wo Schubert, die Lachners, Randhartinger. Auch Schober kam, mit Vorwürfen, daß wir so lange nicht mehr hingekommen. Wir drei blieben mit Schubert noch lange sitzen. Endlich begleiteten wir Schober nach Hause.»

30. Dezember 1826: «Wir gehen zum Anker, wo Schober, Schwind, Schubert, Bauernfeld, Derfel. Spaun kömmt später und Derfel und Bauernfeld gehen... Wie wir aus dem Anker hinaustreten, ist alles tief angeschneit. Wir bekommen Lust zu schneeballen, was wir sogleich zur Ausführung bringen dort, wo sich die Grünangerstraße in die Singerstraße mündet. Spaun hilft mir und Fritz und Schober dem Schwind. Schober trifft mich immer und tüchtig und ich besonders ihn oder Schwind. Spaun schützt sich gegen die Schüsse herrlich mit seinem aufgespannten Regendach. Schubert und Haas nehmen nicht am Kampfe teil. Nach Hause, wo der Hausmeister grob war, weil wir stark läuteten.»

31. Dezember 1826: «Gegen 8½ mußten wir zu Schober, wo Enders, Schwind, Schubert, Bauernfeld und in der Folge noch Spaun. Man ist den ganzen Abend über sehr lustig, raucht Tabak und liest

sehr spaßige Briefe. Dann setzt man sich ins andere Zimmer zum Souper und wartet, bis es zwölf Uhr schlägt. Dann kommt aus dem andern Zimmer Schobers Mutter heraus, die wie ein Gespenst aussieht. Mit Schlag 12 Uhr waren die Tokaiergläser gefüllt, und man trank sich auf das kommende Jahr Gesundheit zu. Wir tranken dann Kaffee, rauchten wieder, und endlich um 2 Uhr gingen anfangs Spaun und Enders, dann wir andern bis auf Schwind, der bei Schober schlief; oder eigentlich, wir warteten. In der Singerstraße Abschied von Schubert und Bauernfeld.»

Die Tagebücher verraten, was damals einem jungen Studenten der Jurisprudenz wichtig schien. Sie sind durch das, was sie sagen und was sie verschweigen ein Zeitdokument und eine Art Steckbrief eines Kreises, der in muckerischer Zeit für Kunstgenuß und Tafelfreuden schwärmte, das Rauchen für erwähnenswert hielt und sich für das kommende Jahr nicht große Sorgen machte. Es sollte für Schubert und die musikalische Welt nicht bedeutungslos werden!

Elftes Kapitel

JAHR DER ERNTE
1827

> «*Lasset mir nur meine Zither,
> Und ich bleibe froh und reich!*»
> (Franz von Schlechta, 1796–1875)

BEETHOVENS TOD

Das neue Jahr begann, wie das alte geendet: man traf sich bei Freunden und im Café, man lachte, scherzte, sang und tanzte. Und Franz Schubert schuf in gesteigerter Intensität Werk um Werk. Da schlug ein Blitz ein: Am 26. März 1827 um fünf Uhr nachmittags, während von Westen her unter Blitz und Donner ein Schneegestöber mit Hagelschauern über Wien hinbrauste, starb im Schwarzspanierhaus Ludwig van Beethoven. Krank war er im Frühwinter mit dem entgleisten Neffen Karl von einem Besuch bei seinem Bruder Johann, Gutsbesitzer in Gneixendorf bei Krems, heimgekehrt in sein einsames Junggesellenquartier im Haus der «schwarzen Benediktiner».

Still war es um ihn geworden, der die Welt mit seiner Musik in ihren tiefsten Tiefen erschüttert hatte. Die Not klopfte an seine Kammer und trat auch ein. Ihr war die Krankheit vorausgegangen, eine Entzündung der Atemwege und die Wassersucht. Mehrmals wöchentlich kam der Arzt und entnahm dem aufgedunsenen Körper Wasser. Das Herz wollte nicht mehr, das so viel erlebt und so heiß geschlagen hatte für Recht und Freiheit, für die Menschheit und für die Kunst. Einer aus dem Schubertkreis, Anselm Hüttenbrenner, drückte dem großen Toten die Augen zu. In der Ferne verebbte der Sturm, und heiteres Abendrot überstrahlte die Stadt, die eben einen ihrer berühmtesten Söhne verloren hatte.

Drei Tage später, am 29. März 1827, trug man den Toten zu Grabe. Was in Wien Beine hatte, stand Spalier am Wege, den der Leichenzug durchziehen sollte, oder schritt im Zuge mit. Zwanzigtausend sollen es gewesen sein, die dem Toten die letzte Ehre erwiesen, und über hundert Trauerwagen folgten dem Sarg. Auf beiden Seiten, vom

Anfang des Zuges bis zum Sarge zurück, waren die Fackelträger, 36 an der Zahl, bestehend aus Musikern und Dichtern, unter ihnen Schubert, Raimund, Schuppanzigh, Kreutzer, Hummel, Weigl, Grillparzer, Lenau, Bauernfeld und Castelli. Alles war schwarz gekleidet und trug Handschuhe von gleicher Farbe. An den Kleidern waren weiße Rosen und wehende «Flöre» am linken Arm, außer bei den Herren Fackelträgern, welche dafür weiße Liliensträuße angeheftet hatten, wogegen die Fackeln umflort waren. So war noch kein Musikus bestattet worden, nirgends und zu keiner Zeit. In der Kirche der Alservorstadt erklang der Trauergesang, aus Beethovens Manuskript eingerichtet von Ignaz Ritter von Seyfried, sowie dessen «Libera» und der Gesang «Beethovens Begräbnis»; sein Text stammte vom Dichter des Liederzyklus' «An die ferne Geliebte», Alois Jeitteles.

Am Grabe sprach der Hofschauspieler Anschütz die von Grillparzer verfaßte Totenrede: «Der letzte Meister des tönenden Liedes, der Tonkunst holder Mund, der Erbe und Erweiterer von Händels und Bachs, Haydns und Mozarts unsterblichem Ruhm hat ausgelebt, und wir stehen weinend an den zerrissenen Saiten des verklungenen Spiels... Wie der Behemot die Meere durchstürmt, durchflog er die Grenzen seiner Kunst. Vom Girren der Taube bis zum Rollen des Donners, von der spitzfindigsten Verwebung eigensinniger Kunstmittel bis zu dem furchtbaren Punkte, wo das Gebildete übergeht in die regellose Willkür streitender Naturgewalten, alles hatte er durchmessen, alles erfaßt. Der nach ihm kommt, wird nicht fortsetzen, er wird anfangen müssen, denn sein Vorgänger hörte nur auf, wo die Kunst aufhört.»

Der, der nach Beethoven kommen sollte, war schon da. Er hatte auch ein vom Sarge herabhängendes Kreuzband in der einen und eine brennende, umflorte Wachsfackel in der andern Hand getragen. Franz Schubert hieß er und stand am Grabe des abgöttisch Verehrten und hörte, wie der Redner mit pathetischer Stimme Grillparzers Worte sprach: «Noch lebt zwar – und möge er lange leben! » der Held des Sanges in deutscher Sprach' und Zunge...» Galt das ihm, dem tief Bewegten, zutiefst Erschütterten? Bedeutete die Fackel, die er in erhobener Hand zu Ehren des Verstorbenen getragen, mehr als nur die Ehrung eines großen Toten? War sie gar Symbol, Zeichen, daß ihr Träger Beethovens Erbe anzutreten berufen sei? Wer denn wäre, sollte dies zutreffen, dazu wohl mehr berufen gewesen, als unser Franz Schubert?

Hätte Schubert selbst an dieser Berufung, des großen Toten Erbe anzutreten, dessen Flamme zu unterhalten und zu nähren auch gezweifelt, seine Freunde hingegen zweifelten keinen Augenblick daran. Nach Fritz von Hartmanns Tagebucheintragung gingen er, Schober, Schubert und Schwind zum «Schloß Eisenstadt», einem der Stammlokale, und blieben dort bis fast 1 Uhr nachts. «Selbstverständlich sprachen wir nur von Beethoven, seinen Werken und den wohlverdienten Ehren, die heute seinem Andenken bezeigt wurden.»

Beethovens junger Freund Gerhard von Breuning wollte später wissen: «Unmittelbar nach dem beendeten Trauergeleite ereignete sich folgender ahnungsvoller Vorgang. Franz Schubert, Benedikt Randhartinger und Franz Lachner gingen zusammen in das Gasthaus ,Zur Mehlgrube' am Neuen Markt. Man bestellte Wein, und Schubert erhob das Glas mit dem Ausrufe: ,Auf das Andenken unseres unsterblichen Beethoven!' und als die Gläser geleert waren, füllte er es zum andern Male, ausrufend: ,Nun, und dieses auf denjenigen von uns Dreien, der unserem Beethoven als Erster nachfolgen wird!'» Das tragische Geschick wollte, daß er derjenige werden sollte, dem sein Trinkspruch galt!

Über das persönliche Verhältnis Schuberts zu Beethoven herrscht einige Unklarheit, da die auf uns gekommenen Berichte nicht ohne weiteres anerkannt werden. Nach Josef Hüttenbrenner wäre Schubert zum ersten und letztenmal erst an Beethovens Sterbelager mit dem verehrten Vorbild in Berührung gekommen. Schindler hätte ihn, Anselm, Schubert und Teltscher an das Bett des mit dem Tode Ringenden geführt.

Anders Schindler, der uns von einer persönlichen Überreichung der Beethoven gewidmeten «Variationen über ein französisches Lied, op. 10» im Jahre 1822 und von einer korrigierenden Bemerkung des Meisters zu erzählen weiß. – Über Vorkommnisse im Februar 1827 lesen wir auch bei Schindler: «Da die Krankheit, der Beethoven erlag, ihm von Anbeginn derselben die gewohnte Geistestätigkeit unmöglich machte, so mußte man an eine Zerstreuung für ihn denken, die seinem Geiste und seiner Neigung entsprach. So kam es auch, daß ich ihm eine Sammlung von Schubertschen Liedern und Gesängen, ungefähr 60 an der Zahl, und darunter viele damals noch als Manuskripte, vorlegte. Dies geschah nicht allein in der Absicht, ihm eine angenehme Unterhaltung zu verschaffen, sondern ihm Gelegenheit zu geben, Schubert in seiner Wesenheit kennenzulernen, um eine günstigere Meinung von seinem Talente zu bekommen... Der große Meister, der früher nicht fünf Lieder von Schubert kannte, staunte über die Zahl derselben und wollte gar nicht glauben, daß Schubert bis zu jener Zeit deren bereits über 500 geschrieben hatte. Aber staunte er schon über die Zahl, so geriet er in die höchste Verwunderung, als er ihren Inhalt kennenlernte. Mehrere Tage hindurch konnte er sich gar nicht davon trennen, und stundenlang verweilte er täglich bei ‚Iphigenia‘, ‚Grenzen der Menschheit‘, ‚Allmacht‘, ‚Junge Nonne‘, ‚Viola‘, den ‚Müllerliedern‘ und anderen mehr. Mit freudiger Begeisterung rief er wiederholt: ‚Wahrlich, in dem Schubert wohnt der göttliche Funke!‘ – ‚Hätte ich dieses Gedicht gehabt, ich hätte es auch in Musik gesetzt.‘ So bei den meisten Gedichten, deren Stoff, Inhalt und originelle Bearbeitung er nicht genug loben konnte. Ebenso konnte er nicht begreifen, wie Schubert Muße hatte, ‚sich über so viele Dichtungen zu machen, wovon manche zehn andere enthält‘, wie er sich ausdrückte... Kurz, die Achtung, die Beethoven für Schuberts Talent bekam, war so groß, daß er nun auch seine Opern und Klavierwerke sehen wollte; allein seine Krankheit nahm bereits in dem Grade zu, daß er diesen Wunsch nicht befriedigen konnte. Doch sprach er noch oft von Schubert und prophezeite: ‚daß dieser noch viel Aufsehen in der Welt machen werde‘, so wie er auch bedauerte, ihn nicht früher schon kennengelernt zu haben...» – Schubert werde ihn, Beethoven, noch übertreffen, soll er sich auch rühmend geäußert haben.

Schubert seinerseits verehrte, bewunderte Beethoven uneingeschränkt. Dessen Werke wurden zu seinen stärksten Eindrücken, zu seinen tiefsten Erlebnissen. Wo je sie aufgeführt wurden, war auch Franz Schubert unter den Zuhörern anzutreffen. Ihm und seinem Schaffen galt Schuberts «Lieblingsdiskurs». Dem Wiener Schriftsteller Braun von Braunthal gegenüber bekannte er einst: «...Ihm ist die Kunst bereits Wissenschaft geworden; er weiß, was er kann, und die Phantasie gehorcht seiner unergründlichen Besonnenheit... Der kann alles, wir aber können noch nicht alles verstehen, und es wird noch viel Wasser die Donau dahinwogen, ehe es zum allgemeinen Verständnis gekommen, was dieser Mann geschaffen. Nicht nur, daß er der erhabenste und üppigste aller Tondichter ist, er ist auch der mutwilligste. Er ist gleich stark in der dramatischen, wie in der epischen Musik, in der lyrischen, wie in der prosaischen; mit einem Worte: er kann alles. Mozart verhält sich zu ihm wie Schiller zu Shakespeare; Schiller ist bereits verstanden, Shakespeare noch lange nicht. Mozart versteht alles schon, Beethoven begreift niemand so recht, er müsse denn recht viel Geist und noch mehr Herz haben und entsetzlich lieben oder sonst unglücklich sein.» Immer drückte sich Schubert so «kernig aus, so gesund, verständig, bündig».

Im ganzen aber sind die persönlichen Beziehungen oder Begegnungen der beiden Komponisten, die dreißig Jahre in der gleichen Stadt lebten, schafften und litten, in Dunkel gehüllt. So wie es Schubert nicht vergönnt war, mit Goethe in persönlichen Verkehr zu treten, so wenig gelang es ihm, mit Beethoven auch nur schwächste Fäden zu knüpfen. Gar oft begegnete er zwar dem um eine Generation Älteren, wenn dieser mit vorgestrecktem Kopf durch Glacis und Bastei stürmte, unverständliche Laute vor sich herbrummend, mit den Händen einen unverständlichen Rhythmus markierend. Mehr als zu einem scheuen, respektvollen Gruß kam es aber offenbar nicht. Wir wissen, daß Schubert nie den Mut fand, Beethoven anzusprechen. War es mangelnder Mut? Kaum, denn den vielen Tagesgrößen Wiens gegenüber fühlte Schubert sich überlegen. Es lohnte sich nicht, mit ihnen nähere Verbindung aufzunehmen. Seine Gutmütigkeit anerkannte in milder Nachsicht, was anzuerkennen war. Beethovens Feuergeist und ungestümem Impetus gegenüber versagte seine Selbstsicherheit. Beethovens gewaltig ausgreifender Geist erschütterte ihn. Wie sicher, breit und fest stand nicht des Ältern Kunst, der schäumende Inhalt durch die klare Form gebändigt, vor seinem Suchen. Welche Synthese hatte nicht Beethoven gefunden, während er noch um sie rang. Wie drückte den Jüngern die Last der Verantwortung, als Nachgeborener neben dem großen Vorgänger zu bestehen. Wie wenig konnte sich Schubert mit dem Gedanken befreunden, ein Epigone zu sein. Wie glühend wünschte er, vor ihm, dem Gewaltigen, zu bestehen.

Schubert war als Künstler genau so, wie er als Mensch war: naiv, unreflektorisch. Wie er's in sich fühlte, so gab er's weiter. Freimütig, ohne Ansprüche zu stellen, doch im Tiefsten fühlend, mit seiner Kunst und ihrer Art Beethoven ebenbürtig zu sein, so stand er diesem gegenüber, stolz und bescheiden verschmähend, sich an die Berühmtheit, die mit Kaisern, Königen und Fürsten wie mit ihresgleichen verkehrte, heranzumachen. Doch wie glücklich der Tag, an dem er Beethoven in einem der Stammlokale oder in der Steinerschen Verlagshandlung räsonieren hörte. Wie oft mag es ihm aber ergangen sein wie dem spätern Darmstädter Hofkapellmeister Louis Schlösser, der nach einer «Fidelio»-Aufführung im November 1822 folgendes Erlebnis hatte: «Fieberhaft erregt von der wunderbaren Schlußhymne, dieser Apotheose treuer Gattenliebe, bemerkte ich kaum, wie das Haus sich allmählich entleerte, bis mein treuer Freund Franz Schubert meinen Arm ergriff, mich zum Ausgang zu geleiten. Mit uns zugleich traten drei Herren aus den unteren Logengängen, die ich indessen nicht weiter beachtete, weil sie mir den Rücken zuwendeten – wohl aber war ich darüber erstaunt, daß alle Hinausströmenden auf dem Vorplatze sich zur Seite drängten, um den dreien freien Raum zu lassen. Da zupfte mich Schubert ganz sachte, mit dem Finger auf den mittleren Herrn deutend, der soeben den Kopf umdrehte, so daß der helle Schein der Lampen auf das Gesicht fällt und ich – die mir durch Stich und Bild wohlbekannten Züge des Schöpfers der heutigen Oper, Beethoven, selbst erblickte. Mein Herz schlug überlaut in dieser Minute, ob und was ich Schubert sagte, dessen erinnerte ich mich nicht...»

Was die beiden, Beethoven und Schubert, trotz ihrer verschiedenen Sprache einte, war die Tatsache, daß für jeden nach seiner Art E. T. A. Hoffmanns Wort galt, er errege «die unendliche, durch nichts zu stillende und daher ewig schmerzliche Sehnsucht». Beide wußten sie diese Sehnsucht auch zu stillen: Schubert durch die vollendete, in sich geschlossene Melodie, Beethoven durch die Gebete seiner langsamen Instrumentalsätze.

SCHAFFENSFÜLLE

Als sich Beethoven zum Verlassen dieser Welt anschickte, ging es auch Franz Schubert nicht gut. Von den ewigen Geldsorgen wollen wir nun nicht mehr reden, sie begleiteten ihn durch sein Leben, wie die Krähe den Wanderburschen in der «Winterreise», deren erste zwölf Gesänge in dieser Zeit entstanden. Auch von wieder auftretenden quälenden Kopfschmerzen sprechen seine Äußerungen. Meisterte er die Schwermut nicht mehr, daß er sie in so todesbange Gesänge goß? Wie leicht war sie früher durch die Arbeit umgewertet, sublimiert worden zu den Kunstwerken, die wir bisher kennenlernten. Wollte es nicht mehr gelingen?

O ja, es gelang noch immer, war doch dieses Jahr 1827 eines der fruchtbarsten in Schuberts kurzem Leben. Da entstanden die drei Trios für Klavier, Violine und Cello mit den Opuszahlen 99, 100 und 148, die so viel des Beglückenden bergen, so frisch von der Leber weg musiziert werden und in ihrer überlegten Anlage so in sich geschlossen wirken. Beginnen wir mit dem letztgenannten Werk, dem zur Zeit des Duos op. 159 entstandenen «*Notturno*» (VII, 5), allerdings erst 1845 erschienen. Das Fantasie-Duo in C-dur lieferte das Motiv des Andante molto. Im großen und ganzen ist das «Notturno» zwar eine leicht wiegende, modische Gelegenheitskomposition, doch erzeugen Modulationen und harmonische Sensibilitäten Stimmungen, die nur von Schubert herrühren können.

Sehr viel wertvoller ist das «*Trio in B-dur*» (VII, 3, op. 99) vom Sommer 1827. Es wurde zu Schuberts Lebzeiten nicht öffentlich aufgeführt, doch hörte es sein Schöpfer in einer bei Spaun veranstalteten Privataufführung am 28. Januar 1828. Es spielten Bocklet (Klavier), Schuppanzigh (Violine) und Linke (Violoncello). Das in sich abgerundete Thema des Allegro moderato ist so zügig und schubertisch liedhaft, daß man Einstein sofort glaubt, wenn er darauf aufmerksam macht, der Gedanke sei bereits vorgebildet im Lied «*Des Sängers Habe*» (XX, 466) vom Februar 1825, dessen Text von Schlechta stammte. Eine Nachprüfung bestätigt diese Meinung durchaus, womit dieser erste Satz so etwas wie eine Paraphrase über dieses Lied wäre, dessen erste Strophe lautet:

> «Schlagt mein ganzes Glück in Splitter,
> Nehmt mir alle Habe gleich,
> Lasset mir nur meine Zither,
> Und ich bleibe froh und reich!»

Frohe Helligkeit, Freude, Ritterlichkeit empfinden auch wir aus diesem frisch hinmusizierten ersten Satz, dessen Hauptgedanke wieder so abgerundet ist, daß er sich nicht zu einer sonatenmäßigen Behandlung, also zu einer Zertrümmerung in einzelne Untergedanken und zu einer neuen Zusammensetzung der Einzelteile, eignet. Man mag dies bedauern. Wir unsererseits lieben dieses Allegro moderato in seiner ganzen Musizierseligkeit, wie es dem Sinnen des Schöpfers entsprang. Das Hauptthema lautet:

Kann wohl der beseelte Gesang des «Andante un poco mosso» über dem Es-dur-Wellenspiel des Klaviers von einem andern als Franz Schubert stammen? Der ausschwingend umspielte Dreiklang des Abgesangs tauchte das ganze 19. Jahrhundert hindurch immer wieder auf, genauer, bis zum Es-dur-Wogen von Wagners «Rheingold».

Das graziös hüpfende «Scherzo» nimmt seinen Keim

aus den Sexten des Gegenthemas und mündet im Trio in einen richtigen Walzer ein. – Das Rondo-Allegro geht, wie uns wieder Einstein einleuchtend dartut, auf Deinhardsteins «Skolie» (XX, 154) vom 15. Oktober 1815 zurück:

> «Laß im Morgenstrahl des Mai'n
> Uns der Blume Leben freun,
> Eh ihr Duft entweichet!»

Die beschwingt aufsteigende Tonleiter trägt das Finale kraftvoll in jener frohen Musizierlust, die unter Einbezug von verwandtschaftlichen Anklängen das ganze Werk in einer neuen Einheitlichkeit erkennen läßt. Nach seiner Aufführung im erwähnten Privatkreis soll

Bocklet Schubert umarmt und geküßt haben. Diese unwillkürliche, ganz spontan ausbrechende Reaktion eines guten und anerkannten Musikers sagt uns sicher genug!

Die Schwester des Trios op. 99 ist das «*Trio in Es-dur*» (VII, 4, op. 100). Es wurde schon am 26. Dezember 1827 von den Spielern Bocklet, Schuppanzigh und Linke gespielt, mehrfach wiederholt und knapp vor Schuberts Tod im Herbst 1828 durch Probst in Leipzig verlegt. Das Trio ist etwas länger als jenes in B-dur, doch konzentrierter, einheitlicher, konstruktiver. Der erste Satz verarbeitet einen Einfall scherzhafter Art, erst stockend, lenkt dann aber lyrisch-gesangsmäßig in die Welt der «Unvollendeten» ein. – Das «Andante con moto» in der Parallel-Tonart c-moll hat eine eigene Geschichte. Schubert hatte bei den Schwestern Fröhlich einen schwedischen Tenor kennengelernt, den sein Lehrer Josef Siboni, damals Direktor des Konservatoriums von Kopenhagen, an die Schwestern Fröhlich, seine frühern Schülerinnen, empfohlen hatte. Der Tenor Konrad Berg, erster Lehrer der berühmten Jenny Lind, ließ sich bei Fröhlichs, wie Leopold von Sonnleithner berichtet, oft als Sänger hören: «Vorzüglich trug er schwedische Nationallieder vor, und Schubert, der ihn bei einer solchen Gelegenheit hörte, war ganz entzückt von diesen schwedischen Liedern. Er erbat sich eine Abschrift davon und benützte die vorzüglichsten davon als Thema zu dem Es-Trio.»

Über dem trauermarschartig beginnenden Klavier singt das Cello seine zwischen Dur und Moll schwankende Melodie, die tatsächlich volksliedhaft anmutet und von Schubert ganz balladenhaft behandelt und entwickelt wird. – Das Scherzo wirkt in seiner kanonischen Oktavenführung von Streichern und Klavier zu Beginn wie ein Klaviertrio Haydns und ist eher dem Geist der frühen Kammermusik zugewandt. – Liedhaft wirkt auch der Hauptgedanke des Allegro moderato, ein scherzhafter Sechsachteltakt von mozartschem Geist. Doch kehrt auch das schwedische Volkslied wieder ein, wohl in veränderter, doch erkennbarer Form; der Hauptgedanke wird in breiter Anlage immer wieder neu und anders gespiegelt. Ausladende Entwicklungen des Themas steigern den Tonfluß zu stark wirkenden, auch polyphon gehaltenen Komprimierungen. — Das zwischen Rondo- und Sonatenform schwingende Finale greift auch wieder auf den Hauptgedanken zurück und bindet damit die Sätze zu einer überzeugenden Einheit.

Das zutreffendste Urteil über die Trios op. 99 und 100 fällte Robert Schumann, als er schrieb: «Ein Blick auf das Trio — Schumann spricht vom Trio in B-dur, op. 99 — und das erbärmliche Menschentreiben flieht zurück und die Welt glänzt wieder frisch. Ging doch schon vor etwa zehn Jahren ein Schubertsches Trio wie eine zündende Himmelserscheinung über das damalige Musiktreiben hinweg; es war gerade sein hundertstes Werk, und kurz darauf, im November 1828, starb er. Das neuerschienene Trio scheint ein älteres. Im Stil verrät es durchaus keine frühere Periode und mag kurz vor dem bekannten in Es geschrieben sein. Innerlich unterscheiden sie sich aber wesentlich voneinander. Der erste Satz, der dort tiefer Zorn und wiederum überschwengliche Sehnsucht, ist in unserm anmutig, vertrauend, jungfräulich; das Adagio — Andante un poco mosso —, das dort ein Seufzer ist, der sich bis zur Herzensangst steigern möchte, ist hier ein seliges Träumen, ein Auf- und Niederwallen schön menschlicher Empfindung. Die Scherzos ähneln sich; doch gebe ich dem im früher erschienenen zweiten Trio (op. 100) den Vorzug. Über die letzten Sätze entscheid' ich nicht. Mit einem Worte, das Trio in Es-dur ist mehr handelnd, männlich, dramatisch, unseres (op. 99) dagegen leidend, weiblich, lyrisch...»

Beide Trios bilden, bei einiger Langatmigkeit in den Ecksätzen, in den Durchführungsteilen rückschauend eine innere Verbindung zu der musikantischen Haltung von Schuberts früher Kammermusik. Das Klavier namentlich ist von einer frischen Spielfreudigkeit durchpulst und jener verfeinerten, virtuosen Gesellschaftsmusik verhaftet, die vor allem die Werke von Schuberts Zeitgenossen, jene Beethovens ausgenommen, kennzeichnet. Dieses Gesellschaftlich-Virtuose, das aber den bewußt einheitlichen Bau der Trios nicht erschüttern kann, erfüllt die im Februar 1827 entstandenen «*Variationen über ein Thema von Hérold*» für Klavier zu vier Händen (IX, 17) in allen Fasern. Das Werk kam im Herbst 1827 als op. 82 heraus. Hérolds Oper «Marie», der das Thema entnommen ist, wurde in Castellis Übersetzung im Dezember 1826 am Kärntnertortheater gespielt. Hier muß die bezeichnende Tatsache erwähnt werden, daß Schubert wohl französische, doch nie italienische Themen variierte. Das Thema des Müllers Lubin, «Sur la rivière», wird vom Tonsetzer völlig frei, ziemlich ausgedehnt und allseitig abgewandelt. Das schwungvolle Werk wechselt Takte und Tonarten recht unbekümmert um Herkommen und Brauch, ist dadurch aber ein Klanggemälde von echt Schubertschem Geist geworden. Die «Allgemeine musikalische Zeitung Leipzig» nannte das Stück in ihrer Ausgabe vom 6. Februar 1828 «das Gelungenste, was dem Rezensent bisher von Schubert bekannt geworden ist, für ein Werk, das gewiß den besten der neuesten Zeit zugezählt werden muß».

Natürlich fehlen auch die Walzer nicht, auch nicht andere Tänze. In Graz entstanden, es wird davon noch die Rede sein, die zwölf «*Grätzer Walzer*» op. 91, erschienen 1828 (XII, 7), bemerkenswert in ihrer Einheitlichkeit auch in der Tonartenwahl. – An diese Walzer reiht sich der «*Grätzer Galopp*» in C-dur (XII, 24), ohne Opuszahl in einem Heft von 17 «*Favorit- oder Lieblingsgaloppen*» mit Werken von Johann Strauß-Vater und Josef Lanner zusammen erschienen. In diesem Heft reichen die Walzerfürsten dem populären Schubert die Hand, wobei allerdings zu bemerken ist, daß das «Populare», wie es Leopold Mozart auch seinem Sohne Wolfgang empfahl, bei Lanner und Strauß das Wesentliche, bei Schubert nur den kleinen Teil des Lebenswerkes ausmacht. – Die 20 «*Letzten Walzer*» (XII, 8), worunter einige bereits 1815 entstanden, erschienen als op. 127 im Jahre 1830, zwei Jahre nach Schuberts Tod. Wie die andern Tänze zwischen Opus 9 und 171, geschaffen zwischen 1815 und 1827, erschienen zwischen 1821 und 1871, bilden auch sie einen beliebten Grundstock häuslichen Musizierens und einen willkommenen Quell lebensbejahender Gefühle. Was Schumann über die in op. 9 erschienenen Walzer schrieb, gilt mehr oder weniger auch für die letzten: «Erste Walzer von Franz Schubert, kleine Genien, die ihr nicht höher über der Erde schwebt, als etwa die Höhe einer Blume ist – zwar mag ich den Sehnsuchtswalzer, in dem sich schon hundert Mädchengefühle abgebadet, und auch die drei letzten nicht, die ich als ästhetischen Fehler im *Ganzen* ihrem Schöpfer nicht verzeihe –; aber wie sich die übrigen nun um jenen herumdrehen, ihn mit duftigen Fäden mehr oder weniger einspinnen und wie sich durch alle eine so schwärmerische Gedankenlosigkeit zieht, daß man es selbst wird und beim letzten noch im ersten zu spielen glaubt – ist gar gut.» Wir finden dies auch.

Am 26. April 1827 schrieb Schubert «seinem lieben Freunde Walcher zur Erinnerung» das «*Allegretto in c-moll*» (XI, 12). Ferdinand Walcher reiste am 5. Mai 1827 als Beamter des Hofkriegsrates nach Venedig, das damals Hauptquartier der k. k. Kriegsmarine war. Schubert wollte durchaus keine programmatische Abschiedsmusik schreiben. Doch lebt manches an Abschiedsschmerz (c-moll) und Hoffnung auf Wiedersehen (zärtliches As-dur) in dem liebenswerten Stück, das ebensogut auch in den lyrischen Stücken der «Impromptus» und «Moments musicaux» stehen könnte, wie außerhalb ihnen. Vermutlich wäre es in jenem Falle bekannter geworden.

Ein weiteres Gelegenheitswerk entstand im Herbst. Anläßlich seines Aufenthaltes vom September 1827 in der Familie des Advokaten Dr. Karl Pachler in Graz hatte Schubert, der Kinderfreund, auch die Bekanntschaft des neunjährigen Söhnchens Faustus gemacht. Der Knabe hatte von seiner hochmusikalischen Mutter bereits einigen Klavierunterricht erhalten und bettelte dem Gast, der so schöne Musik spielte, ein eigens für ihn komponiertes Stück ab. Schubert vergaß das Versprechen, wurde aber von Frau Pachler nach seiner Ankunft in Wien im Oktober 1827 aufmerksam gemacht, daß man ein dem Kinde gegebenes Versprechen auch einlösen müsse. Schubert war voll und ganz dieser Meinung und schrieb den reizenden «*Kindermarsch in G-dur*» (IX, 7) für vierhändiges Klavier. Der erste Spieler war natürlich der kleine Faust, dem der Komponist nur sehr leichte Aufgaben stellte. Der zweite Spieler, den wir uns in der Person der reizenden Frau Mama denken müssen, hatte entsprechend schwierigere Probleme zu bewältigen. Am 12. Oktober 1827 sandte Schubert das Manuskript nach Graz mit dem netten Begleitwort, der Marsch werde dem kleinen Empfänger kaum gefallen, «indem ich mich für dergleichen Kompositionen eben nicht sehr geschaffen fühle». Das wäre noch zu prüfen. Nicht auszudenken, was für reizende Dinger Franz Schubert den Kindern hätte schreiben müssen, wenn er Familie und eine Kinderschar sein eigen genannt hätte, wie der illustre Kantor Bach zu St. Thomas in Leipzig. Am 4. November 1827, zu Papa

Pachlers Geburtstag, spielten Sohn und Mutter das Stücklein zum erstenmal, sehr zur Freude des großen Geburtstagskindes.

Vom Besten und Schönsten, was Schubert den Klavierspielern schenkte, waren die um die Jahreswende 1827/28 entstandenen «*Impromptus*» und «*Moments musicaux*». Die Verwandten dieser musikalischen Kostbarkeiten sind nicht etwa Beethovens «Bagatellen», auch nicht *John Fields* (1782 bis 1837) «Nocturnes». Bei den Bagatellen handelt es sich wirklich um «Nichtigkeiten» (freilich um was für welche!), um Skizzen, um entwicklungsfähige Gedanken. Und John Fields «Nachtstücke» entsprossen zu sehr nur dem Stimmungsmäßigen, während die Stücke Schuberts bei aller Stimmungshaftigkeit doch primär im Musikalischen wurzeln. Es ist auch nicht möglich, sie oder einzelne Teile aus ihnen zu isolieren, zu entwickeln oder umzuformen. Diese Werke sind alle abgeschlossen, in sich ruhend, vollendet, völlig ausgewogen im Verhältnis von Inhalt und Form. Damit erfüllen sie alle Bedingungen, die an diese pianistische Kleinform gestellt sind. Begründer dieser Form war Schubert nicht. Er hatte einige Vor- und Mitläufer: Vom Tschechen *Wenzel Johann Tomascheck* (1774 bis 1850) gab es 1827 schon acht Hefte solcher Stücke, die «Eclogues» , «Rhapsodien», «Dithyramben» hießen. Sein Landsmann *Johannes Hugo Worzischek* (1791 bis 1825), um dessen Hoforganistenstelle Schubert sich zu bewerben unterließ, verwendete bereits 1822 in seinem op. 7 den Ausdruck «Impromptus». Von Weber gab es schon ein «Momento capriccioso». Sicher hat Schubert einige dieser Werke gekannt. Auch stammt sein «Air russe», op. 94, bereits aus dem Jahre 1823.

Diese musikalischen Kleinformen waren typisch für die kleinen Inhalte einer engen, stillen Welt der Stimmungen, Gefühle, Ahnungen, Träumereien, als die wir das Biedermeier und die frühe Romantik kennen. Diese Stimmungen und Gefühle füllten diese Formen prall bis an den Rand und ließen sie zu einem musikalischen Kleinlebewesen von einheitlicher, geschlossener Erscheinung werden. Später erhielten diese lieblichen Stücke programmatische Inhaltserklärungen. Daß Schubert sich solcher Überschriften enthielt, deutet an, daß er sie rein musikalisch aufgefaßt haben wollte.

Von den vier «*Impromptus*» op. 90, (XI, 2), erschienen die ersten beiden Stücke – c-moll und Es-dur – noch zu Schuberts Lebzeiten bei Haslinger, die letzten zwei erst 1855. Über Nr. 1 schrieb der Verleger mit Bleistift «Impromptu». Offenbar war Schubert damit einverstanden, denn er hat die vier im Dezember entstandenen weitern «Impromptus» (op. 142) eigenhändig als solche bezeichnet und betitelt. Ihre Numerierung von 5 bis 8 deutet darauf hin, daß sie als Fortsetzung von op. 90 gedacht waren oder wenigstens diesen Eindruck erwecken sollten, was aus Gründen vermehrten Absatzes geschehen sein könnte. Von den «Impromptus» op. 90 atmet das vom Verleger von Ges-dur nach G-dur transponierte dritte Stück eine ganz besonders tief empfundene Stimmung innigster Gefühlshaftigkeit.

Die sechs «*Moments musicaux*», op. 94 (XI, 4), sind ebenfalls Muster an Dichte und Reife der Tonsprache, die an Plastik und Vereinfachung ihresgleichen sucht. Konnte sich Schubert in Sonatensätzen oft fast nicht von einem Einfall trennen, den er immer wieder vorweist und den er immer wieder sich spiegeln läßt, hier beschränkt er sich weise und charaktervoll auf einen, höchstens zwei Gedanken; damit entstanden Kleinodien von höchster künstlerischer Eigenart und Prägnanz. Die Welt wäre um vieles ärmer, wenn uns Franz Schubert diese Schätze nicht hinterlassen hätte. Dabei dürfen wir den originalen Titel «Momens musicals» offenbar nicht Schubert ankreiden, sondern seinem Verleger Leidesdorf, der schon einmal aus eigener Feder stammende «Momens mélancholiques» veröffentlicht hatte. Damit erübrigt sich die Frage, ob man nicht aus Pietätsgründen die in ältern Ausgaben stehende unrichtige Orthographie beibehalten sollte.

Die vier «*Impromptus*» op. 142, (XI, 3), wurden von Schott abgelehnt und erschienen 1838 bei Diabelli. Als «Impromptus» bezeichnete sie ihr Komponist in jenem Brief an Schott vom 21. Februar 1828. Er war auch mit einer Einzelausgabe der Stücke einverstanden. Man darf daraus schließen, daß Schubert sie sich als einzelne, in sich geschlossene Werke dachte. Anderer Meinung war Robert Schumann. Als die Stücke, die der Verleger Franz Liszt widmete, herauskamen, schrieb er: «Doch glaub ich kaum, daß Schubert diese Sätze wirklich ,Impromptus' überschrieben; der erste ist so offenbar der Satz einer Sonate, so vollkommen ausgeführt und abgeschlossen, daß gar kein Zweifel aufkommen kann. Das zweite Impromptu halte ich für den zweiten Satz derselben Sonate; in Tonart und Charakter schließt es sich dem ersten knapp an. Wo die Schlußsätze hingekommen, ob

Schubert die Sonate vollendet oder nicht, müßten seine Freunde wissen; man könnte vielleicht das vierte Impromptu als das Finale betrachten, doch spricht, wenn auch die Tonart dafür, die Flüchtigkeit in der ganzen Anlage dagegen. Es sind dies also Vermutungen, die nur eine Einsicht in die Originalmanuskripte aufklären könnte...
Was das dritte Impromptu anlangt, so hätte ich es kaum für eine Schubertsche Arbeit, höchstens für eine aus seiner Knabenzeit gehalten; es sind wenig oder gar nicht ausgezeichnete Variationen über ein ähnliches Thema. Erfindung und Phantasie fehlen ihnen gänzlich, worin sich Schubert gerade auch im Variationsgenre an andern Orten so schöpferisch gezeigt. So spiele man denn die zwei ersten Impromptus hintereinander, schließe ihnen, um lebhaft zu enden, das vierte an, und man hat, wenn auch keine vollständige Sonate, so eine schöne Erinnerung an ihn mehr... Im ersten Satz ist es der leichte phantastische Zierat zwischen den melodiösen Ruhestellen, was uns in Schlummer wiegen möchte; das Ganze ist in einer leidenden Stunde geschaffen, wie im Nachdenken an Vergangenes. Der zweite Satz hat einen mehr beschaulichen Charakter, in der Art, wie es viel von Schubert gibt; anders der dritte (das vierte Impromptu), schmollend, aber leise und gut: man kann es kaum vergreifen; Beethovens ‚Wut über den verlorenen Groschen', ein sehr lächerliches, wenig bekanntes Stück, fiel mir manchmal dabei ein.»

Als Sonatensatz ist das erste Impromptu, in f-moll stehend, recht ungewöhnlich, ist doch die Durchführung, die kämpferischen Charakters sein sollte, abgelöst durch «jenen phantastischen Zierat, der uns in Schlummer wiegen möchte». Einstein findet das Stück nicht als für sich gedacht oder bestehend, da die Wiederkehr des Kopfthemas in den letzten zehn Takten nach einer Fortsetzung und Lösung rufe, die dann das bekannte Allegretto in As-dur an Stelle eines Menuetts bringe, «Vorklang alles romantischen Zaubers, dessen das Klavier fähig werden sollte». Gewiß kann man, wie Einstein dies tut, das vierte Impromptu, Allegro scherzando, als Rondo mit ausgeführtem Mittelteil bezeichnen. Es ist voller Schalkhaftigkeit, auch in rhythmischer Hinsicht. Als Schlußsatz einer Sonate hingegen hat es – bei aller Launenhaftigkeit – zu wenig hinreißenden Schwung, zu wenig klangliche und pianistische Durchschlagskraft. – Nicht einverstanden sind wir mit Schumanns vernichtendem Urteil über das dritte Impromptu, B-dur, mit dem variierten Lieblingsthema, das im «Streichquartett op. 29» und in «Rosamunde» ein so entzückendes Spiel treibt. Dieses Andante ist ein so holdes Stück Schubertscher Musik und so weit entfernt von Weberschem Geklingel, an das Schumann sich offenbar erinnert fühlte, daß wir es durchaus nicht verworfen haben möchten. Und sollten die vier Impromptus op. 142 wirklich eine Sonate bilden, so stände dieses Andante durchaus am rechten Platz.

*

Außer den in diesem Kapitel erwähnten Werken instrumentaler Art brachte dieses Jahr der Ernte, 1827, auch eine stolze Reihe von Vokalkompositionen ein, und zwar solche für Einzel- und Chorgesang.

Abgesehen von den wirklich für eine chorische Besetzung gedachten Werken der kirchlichen Gebrauchsmusik schuf Schubert seine «Chöre» für solistische oder zwei-, höchstens dreifache Besetzung. So wurden sie im Freundeskreis, an den Schubertiaden und öffentlichen Konzerten, an den Akademien und Unterhaltungsabenden gesungen. Für manche dieser Kompositionen ist eine solche reduzierte Stimmbesetzung durchaus am Platz, ja, das einzig Richtige. Dies namentlich überall dort, wo die Beweglichkeit der Stimmen eine solche Einschränkung gebieterisch verlangt. Die Männerchöre, wie wir sie heute kennen, kamen damals eben erst auf, und Schubert schrieb nicht für sie, sondern für seine Freunde. Wenn wir namentlich bedenken, daß aus den von Bachschen Passionen erhaltenen Chorstimmen ihre höchstens drei- bis vierfache Besetzung ersichtlich ist, sind die Vorbehalte der Fachmusiker hinsichtlich der chorischen Wiedergabe von Schuberts Vokalquartetten nur zu verständlich. Hingegen offenbart die Erfahrung, daß manche dieser Quartette von kleinen, beweglichen, gut und rein singenden Chören, Halbchören oder Chorgruppen ohne Einbuße des künstlerischen Wertes gesungen werden können. Schwierigkeiten bieten vor allem der meist sehr hoch geführte erste Tenor und die farbige Harmonie mit ihren Modulationen und Rückungen. Es dürfen so heikle Werke, wie die «Nachthelle», wirklich nur von ganz gut geschulten und geführten, leistungsfähigen Chören «angegangen» werden. Daneben gibt es aber eine stattliche Zahl von ausgesprochen vertikal angelegten, also homophonen Stücken, die eine chorische Besetzung durchaus ertragen, ja, einer solchen geradezu rufen. Als solches Werk empfinden und haben wir erprobt — neben andern — «Grab und Mond».

Außer der rein künstlerischen Seite der Wünschbarkeit, diese Werke nur in solistischer Besetzung aufzuführen, darf man die Tatsache ihres eminent bedeutenden erzieherischen und geschmacksbildenden Wertes nicht außer acht lassen. Die Beschränkung auf eine solche Besetzung würde gerade diesen bedeutungsvollen Einfluß völlig unterbinden, oder zum mindesten stark einschränken. Eine kammermäßige Besetzung läßt sich wohl in jedem Fall auch künstlerisch voll verantworten. Gerade auch im Hinblick auf die bedauerliche Verflachung und Verwässerung nach der sentimentalen Seite hin, welche die Männerchorliteratur im Laufe der Jahrzehnte unter dem Begriff «Liedertafel-Literatur» erfahren hat, kann der musikalische Einfluß der Schubertschen Chorkompositionen nicht hoch genug veranschlagt werden!

Am 28. Februar 1827 komponierte Schubert Klopstocks «*Schlachtlied*» (XVI, 28). Es wurde ein achtstimmiger Doppelchor für Männerstimmen, dessen «teutonischer» Text in der friedlichen Metternichschen Aera eigentlich keinen Anlaß zur Vertonung fand. Die fanfarenhafte Anlage in hellem D-dur und der Wechsel von chorischen und unisonen Stellen verleihen dem Werk, das eine sehr starke Besetzung erträgt, ja, verlangt, bei rhythmisch strafferer Wiedergabe eine zündende Wirkung. Es erschien 1843 als op. 151. Der Chor schloß das erste und einzige Konzert Schuberts vom 26. März 1828 wirkungsvoll ab, wenn wir dem Rezensenten der «Allgemeinen musikalischen Zeitung Leipzig» Glauben schenken dürfen, der fand, das Chorwerk habe die erhabenen Worte des hehren Barden mit echt germanischer Kraft aufgefaßt und wiedergegeben. Heute wirkt die Komposition, besonders textlich, doch wohl allzu bombastisch und kraftmeierisch.

Das «*Frühlingslied*» (XXI, 36) gilt allgemein als im April 1827 entstanden. Die Textvorlage stammt von A. Pollak. Die einseitig homophone Anlage, die vielen sich durch die ganze Komposition hinziehenden Tonwiederholungen, der kurzatmig wirkende Bau wären gute Gründe, die Entstehung um zehn Jahre früher anzusetzen, wenn man nicht bei Schuberts Art, ab und zu in eine frühere Kompositionstechnik zurückzufallen, einige Vorsicht walten lassen müßte. Die Harmonik ist eine Lektion in Harmonielehre, wie nämlich im Chorsatz die Terzverwandtschaft eingesetzt werden muß, um mit der wechselvollen Dynamik zusammen die von der bilderreichen Sprache angetönte Stimmung von der Musik her zu verstärken. Entstand das Werk wirklich 1827, so war die Technik des Chorsatzes für vier Männerstimmen zu einfach, um den Inhalt des etwas gespreizten Textes von goldgeschmückt prangenden Sylphiden und der verschönt blühenden Flora musikalisch ohne Rest zu verarbeiten, wie wir dies von den andern Kompositionen dieser Jahre her gewöhnt sind.

Im April 1827 schuf Schubert den Männerchören ein homophones Werk auf einen Text romantischer Naturschwärmerei aus der Feder J. G. Seidls, «*Nachtgesang im Walde*» (XVI, 1). Die vier Männerstimmen, gegen deren chorische Besetzung vernünftigerweise nichts einzuwenden ist, werden mit Feingefühl und großem Sinn für dynamische Kontraste behandelt und wechseln mit dem sie stützenden, umspielenden oder echoartig wiederholenden Hornquartett eindrucksvoll ab. Geschaffen wurde das viel gesungene Werk für den Hornisten am Kärntnertortheater Josef Rudolf Lewy, der es in einem Privatkonzert im Musikvereinssaal unter den Tuchlauben am 22. April 1827 zur Erstaufführung brachte. Erschienen ist das nette, sangbare Stück 1846 bei Tobias Haslinger. Eine Klavierbegleitung, die derjenigen des Hornquartetts entspricht, findet sich, laut einer Bemerkung des um die Verbreitung und die Wiedergabe Schubertscher Männerquartette sehr verdienten Viktor Keldorfer, bereits in der Spaun-Witteczekschen Sammlung von Werken Schuberts.

Ein Stück, das an Stimmungszauber, Klangfreudigkeit und Laune seinesgleichen sucht, ist die Vertonung von Grillparzers «*Ständchen*» für Altsolo, Männerstimmen und Klavier (XVI, 14). Die Geschichte, warum dieses Juwel für Männer- und auch für Frauenstimmen (XVIII, 4, op. 135) existiert, ist zu nett, um unterschlagen zu werden. Anna Fröhlich erzählt sie uns:

«So oft ein Namens- oder Geburtstag der Gosmar, der späteren Frau L. Sonnleithners, nahe war, bin ich allemal zu Grillparzer gegangen und habe ihn gebeten, etwas zu der Gelegenheit zu machen, und so habe ich es auch wieder einmal getan, als ihr Geburtstag bevorstand. Ich sagte ihm: ‚Sie, lieber Grillparzer, ich kann Ihnen nicht helfen, Sie sollten mir doch ein Gedicht machen für den Geburtstag der Gosmar!' Er antwortete: ‚Noja, wenn mir was einfällt.' In ein paar Tagen gab er mir das Ständchen: ‚Leise klopf ich mit

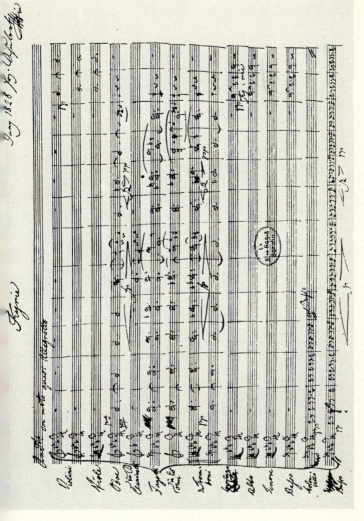

Eigenhändige Partitur des Kyrie aus der Es-Dur-Messe.

Moritz von Schwind (1804–1877).

*Schuberts Zimmer mit seinem Flügel
(Zeichnung von Moritz von Schwind, 1821).*

Schubert, Lachner und Bauernfeld in Grinzing.

gekrümmtem Finger...' Und wie dann bald der Schubert zu uns kommen ist, habe ich ihm gesagt: ‚Sie, Schubert, Sie müssen mir das in Musik setzen.' Er: ‚Nun, geb'n Sie's einmal her!' Ans Klavier gelehnt, es wiederholt durchlesend, rief er ein- über das anderemal aus: ‚Aber, wie schön ist das – das ist schön!' Er sah so eine Weile auf das Blatt und sagte endlich: ‚So, es ist schon fertig, ich hab's schon.' Und wirklich, schon am dritten Tage hat er mir es fertig gebracht, und zwar für einen Mezzosopran (für die Pepi nämlich) und für vier Männerstimmen. Da sagte ich ihm: ‚Nein Schubert, so kann ich es nicht brauchen, denn es soll eine Ovation lediglich von Freundinnen der Gosmar sein. Sie müssen mir den Chor für Frauenstimmen machen.' Ich weiß es noch ganz gut, wie ich ihm das sagte; er saß da im Fenster. Bald brachte er es mir dann für die Stimme der Pepi und den Frauenchor, wie es jetzt ist.» Am Tage der Aufführung, am 11. August 1827, hatte Anna Fröhlich ihre Gesangsschülerinnen in drei Wagen nach Döbling, wo die Gosmar wohnte, geführt, das Klavier heimlich unter ihr Fenster tragen lassen und Schubert eingeladen. Wer aber nicht kam, war Schubert. Anderntags fragte ihn Anna Fröhlich nach dem Grunde des Fernbleibens. Er entschuldigte sich: «Ach ja, ich habe darauf ganz vergessen.» Als das «Ständchen» am 24. Januar 1828 im Musikvereinssaal öffentlich aufgeführt werden sollte, war der Komponist noch nicht da, als man beginnen wollte. Der spätere Hofrat Walcher hatte den guten Gedanken, Schubert könnte bei Wanner zur «Eiche» sitzen, wohin damals die Musiker des guten Bieres wegen häufig gingen. «Richtig, dort saß er und kam mit ihm. Nach der Aufführung aber war er ganz verklärt und sagte zu mir: ‚Wahrhaftig, ich habe nicht gedacht, daß es so schön wäre.'» Leopold von Sonnleithner, Luise Gosmars späterer Gatte, bestätigte in seinen Erinnerungen diese Ausführungen.

Die Serenade, denn eine solche ist das «Ständchen», ist in ihrer originalen Fassung derjenigen für Frauenchor vorzuziehen. Wie in Brahms' «Altrhapsodie» schwebt im «Ständchen» die Altstimme über dem Männerquartett; «wie ein Stern über leis bewegtem Wasser», findet Albert Einstein so zutreffend. Die Modulationen sind herrlich, das Solo und der Zwiegesang mit dem Chor von nicht zu übertreffendem Reiz, die hingetupfte Klavierbegleitung von lautenartiger Wirkung und trotz ihrer konsequent durchgeführten Art höchst lebendig. Eine

Instrumentierung nahm Felix Mottl vor, leider. Denn ein schwereres Klangkleid kann den intimen Zauber des Werkes nur herabmindern.

Der «*Wintertag*» (op. posth. 169) für vier Männerstimmen und Klavierbegleitung ist nur fragmentarisch erhalten. Das Originalgedicht dürfte von Franz Schubert stammen; seine hausbackene Sprache führte zu einer Textunterlegung durch einen Anton Weiß. Die Klavierbegleitung ging verloren und wurde in der Ausgabe der Universaledition von Viktor Keldorfer versuchsweise ersetzt. Das in a-moll beginnende Werk mutet dem ersten Tenor einen Pianoschluß auf dem hohen «a» zu, und zwar auf die Endsilbe «min-dér»! Eine höchst seltsame Betonung! Der polyphone, recht bewegliche Mittelteil deutet auf Schubert als Autor, doch fällt das Werk ab. Es könnte, wie Pollaks «Frühlingslied», zwischen 1817 und 1820 entstanden sein.

Dem Zeitgeschmack huldigte Schubert in dem im November 1827 geschaffenen komischen Terzett auf einen Text Schobers «*Der Hochzeitsbraten*» (XIX, 2). Es ist sozusagen eine Farce, eine unschuldige zwar, und soll am 28. Januar 1828 anläßlich der letzten Schubertiade bei Spaun mit großem «Beyfall» aufgeführt worden sein. Dort ging es überhaupt hoch her, denn die meisten der Teilnehmer waren betrunken. – Das Terzett hatte einen Vorläufer in einem solchen für zwei Tenöre, Baß und Pianoforte, das am 16. Mai 1827 unter Schuberts Namen bei Diabelli herauskam. Es trägt die Opuszahl 74. Das Autograph enthält den üblichen Vermerk «Excudatur. Vom k. k. Central Büch Revis Amte... Wien d 12 t Mai 1827 Schodl.» Der Name Schodl findet sich nach Deutsch noch auf zwei andern Schubert-Manuskripten jener Zeit. Das Terzett hieß «*Die Advokaten*» (XIX, 1), stammt aber nicht von Schubert, sondern ist um 1805 von einem sieben Jahre vorher in Wien eingewanderten bayrisch-Schwaben Anton Fischer verfaßt worden. Schubert schrieb es 1812 ab, nach Deutsch leicht verändert, und führte es zu Neujahr 1813 im Elternhause auf. Warum Schubert sich diese platte Angelegenheit unterschieben ließ, ist unerfindlich. – Sein Terzett «Der Hochzeitsbraten» steht um einiges höher und könnte an geselligen Anlässen zur Unterhaltung beitragen. Die Handlung ist singspielhaft einfach: Das Brautpaar Theobald und Therese hat für den morgigen Hochzeitstag einen Braten nötig. Nach einigem Zögern folgt die Braut dem Bräutigam, der sich als Wilderer den Braten erjagt. Ein Jäger ertappt ihn über dem verbotenen Schuß und droht mit polizeilichen Maßnahmen, beruhigt sich aber nach einigem Poltern und akzeptiert die Einladung, am morgigen Hochzeitsschmaus teilzunehmen. Natürlich wäre er lieber Bräutigam als Gast! Das leichte Ding entstammt der Welt Hillers, Dittersdorfs, Weigls und so vieler anderer Zeitgenossen. Schubert wartet mit einem hübschen Schluß auf: die Brautleute jodeln, der Jäger hilft sarkastisch mit, macht sich aber im Rezitativ seine kommentierenden Glossen. Schubert offerierte das leichtgeschürzte Ding Schott mit den letzten Streichquartetten und einem der Klaviertrios. Es erschien als op. 104 nach Schuberts Tod.

Unter den vielen Männergesangvereinen, welche die acht kurzen Gesänge der «*Deutschen Messe*» (XIII, 7) a cappella aufführen, wissen wohl nur wenige Sänger, daß die Originalfassung Schuberts aus dem Jahre 1827 unter dem Titel «Zur Feier des heiligen Opfers der Messe» für gemischten Chor geschaffen wurde und von Oboe, Klarinette, Fagott, Horn, Trompete, Posaune, Pauke, Kontrabaß ad libitum und nicht obligater Orgel begleitet werden sollte. Doch hatte bereits Schuberts Bruder Ferdinand die homophonen, einfachen Quartette für Männerquartett umgearbeitet, als sie Johann Herbeck für Männerchor gesetzt herausgab. Sie figurieren in dieser Bearbeitung in vielen Liedersammlungen und Einzelausgaben, wobei die Fassung für Männerchor von jener für Gemischten Chor in der Harmonisierung stellenweise ungerechtfertigt abweicht.

Herbeck ersetzte auch das originale «Nach der Wandlung» durch eine Männerchorbearbeitung des den Messegesängen angeschlossenen Anhangs «Das Gebet des Herrn», welcher der Originaltext «Nach der Wandlung» unterlegt wurde. Die Komposition bestellte der Textdichter J. Ph. Neumann, der sie dem Komponisten mit 100 Gulden honorierte und den wir bereits als Bearbeiter der indischen Legende «Sakuntala» zu einem Operntext für Schubert kennen. Dieser bestätigte den richtigen Empfang des Geldes:

«16. Oktober 1827

Geehrter Herr Professor!

Ich habe die 100 fl. W. W., welche Sie mir für die Composition der Meßgesänge schickten, richtig empfangen, und wünsche nur, daß selbe Comp. den gemachten Erwartungen entsprechen möge.

Mit aller Hochachtung Ihr ergebenster   Frz. Schubert.»

Neumann war Professor der Physik am Polytechnischen Institut, ein Anhänger der Josephinischen Aufklärung und Popularisierung des Gottesdienstes und der Kirchenmusik. Dieser «Deutschen Messe» sind die freimaurerischen Werke Mozarts und Michael Haydns «Deutsche Messe» von 1772 verwandt. Die einfachen, ganz liedmäßig gebauten Gesänge strahlen eine herzliche, volkshaft-einfältige Frömmigkeit aus. Unter ihnen ergreift das «Sanctus» stets durch die edle und so einfache harmonische Tonsprache, die vom verhaltenen «Heilig ist der Herr!» über das majestätische «Er, der nie begonnen» einen Bogen von vollkommener organischer Gestalt zum hauchzarten «... sein wird immerdar» spannt. Die Wiener Kirchenbehörden ließen Veröffentlichung und Verbreitung des Werkes zu, doch nicht seine Verwendung im Kult.

HERBSTFAHRT NACH GRAZ

Wie gern Franz Schubert auf Wanderung ging, wissen wir bereits; auch das erfuhren wir, daß er mit offenen Sinnen Natur und Menschen erlebte, in sich aufnahm. Eine Wiederholung solcher Freude wurde ihm im Herbst 1827 zuteil. Lange schon hatte sein Freund Jenger, der uns bekannte Sekretär des steiermärkischen Musikvereins, 1825 nach Wien versetzt, seinen Freund Schubert nach Graz mitnehmen wollen. Dort war das sehr musikalische Haus von Dr. Karl Pachler, Advokat und Brauereibesitzer. Sein älterer Bruder Anton war mit Beethoven befreundet, der für 1827, das sein Todesjahr werden sollte, einen Besuch bei Pachlers geplant hatte. Frau Marie Pachler-Koschak war eine hervorragende, von Beethoven hochgeschätzte Pianistin. Zehn Jahre früher hatte er ihr geschrieben: «Ich bin sehr erfreut, daß Sie noch einen Tag zugeben, wir wollen noch viel Musik machen. Die Sonate aus F-dur und c-moll spielen Sie mir doch? nicht wahr? Ich habe noch niemand gefunden, der meine Kompositionen so gut vorträgt, als Sie, die großen Pianonisten nicht ausgenommen, sie haben nur Mechanik oder Affektation. Sie sind die wahre Pflegerin meiner Geisteskinder.»

Dieser bedeutenden Frau schrieb Jenger unterm 12. Januar 1827: «... Schubert läßt Ihnen, gnädige Frau, unbekannterweise die Hände küssen, und auch er freut sich sehr, die Bekanntschaft einer so warmen

Anhängerin an Beethovens Schöpfungen zu machen. Gott gebe, daß unser allseitiger Wunsch, dieses Jahr nach Grätz kommen zu können – in Erfüllung gehe.»

Auch Franz Schubert, der unterdessen Beethovens geistiger Erbe geworden war, ließ sich vernehmen:

«Wien, am 12. Juny 1827

Euer Wohlgeboren! Gnädige Frau!

Obwohl ich nicht einsehe, wie ich ein solch freundliches Anerbieten, als Euer Gnaden mir durch das an Jenger gesendete Schreiben bekannt machten, irgend verdiene, noch, ob ich je etwas entgegen zu biethen im Stande seyn werde, so kann ich doch nicht umhin, einer Einladung zuzusagen, wodurch ich nicht nur das vielgepriesene Grätz endlich zu sehen bekomme, sondern überdiess Euer Gnaden persönliche Bekanntschaft zu machen die Ehre habe.

Ich verharre mit aller Hochachtung

Euer Wohlgeb. Ergebenster Frz. Schubert.»

Im Hochsommer war es dann so weit. Am 30. August 1827 schrieb Jenger aus Wien an Frau Pachler: «Künftigen Sonntag, den 2. September, reisen Freund Schubert und ich mit dem Eilwagen um $^1/_2$ 10 Uhr abends hier ab und hoffen zu Gott, am Montag abends 9 Uhr in Grätz bei Ihnen einzutreffen, worauf wir uns schon herzinniglich freuen...»

Durch Kreißle von Hellborn wissen wir von Frau Pachler, daß man auf Schubert sehr gespannt war und daß der kleine Faustus am 3. September vor Aufregung und Erwartung gar nicht zu Bett gehen, sondern die Ankunft der beiden Gäste erwarten wollte. Als es offenbar wurde, daß der Eilwagen mit Verspätung eintreffen werde, musterte sie den Kleinen ins Bett. Anderntags konnte er die Gäste beim Frühstück begrüßen. Schubert trug einen grünen Rock und weiße Beinkleider.

Natürlich wurde wacker musiziert, auch komponiert – die Grätzer Walzer entstanden ja hier –, und man lud Freunde ein und wurde von ihnen wieder eingeladen. So lernte Schubert auch Gattin und Kinder Anselm Hüttenbrenners kennen. Man besuchte das Theater, wo sich anläßlich einer Aufführung von Meyerbeers «Kreuzritter» am 5. September Schubert zu dem die Anekdote übermittelnden Anselm Hüttenbrenner nach dem ersten Akt wendete: «Du, ich halt's nimmer aus; gehen wir ins Freie!» Wohin sie auch gegangen sein dürften!

Schubert wirkte auch an einem öffentlichen Konzert mit. Die «Grazer Zeitung» sprach von der «gefälligen Mitwirkung eines Künstlers und hochgefeierten Tonsetzers aus der Residenz.» Ein Konzertprogramm vom 8. September nannte als aufzuführende Werke Schuberts «Normanns Gesang» aus Walter Scotts «Fräulein am See» und das Männerquartett «Geist der Liebe» nach Schober, um dann fortzufahren: «Abermals widmete der Musikverein die ihm statutenmäßig zukommende Einnahme dem Wohltätigkeits-Zwecke, und dieser, wie die gefällige Mitwirkung eines Tonsetzers, dessen geistvolle Werke selbst das ferne Ausland kennt und bewundert, verbürgen den zahlreichen Zuspruch des großmütigen kunstsinnigen Publikums.»

Natürlich kam auch die frohe Geselligkeit zu ihrem Recht. In der Umgebung von Graz besaß Frau Witwe Anna Maßegg, Dr. Karl Pachlers Tante, das freundliche Schloßgut Wildbach, wohin am 10. September 1827 in mehreren Wagen eine lustige Gesellschaft fuhr. Dort gab es den Schilcherwein, der so gut schmeckte und so gute Laune machte und dem das Trio Hüttenbrenner, Jenger und Schubert wacker zusprach. Frau Maßegg besaß sechs liebliche Töchter, die den Gästen, welche bis zum 12. September blieben, lustige Gefährtinnen wurden. Nach O. E. Deutschs Nachforschungen wußten zwei Töchter der Marie Maßegg, die als Vierundzwanzigjährige damals Schubertsche Lieder sang, zu berichten, daß nach der Familienüberlieferung Schubert vom Gesang ihrer Mutter zu Tränen gerührt worden sei: «Sie sprach noch in ihren alten Tagen mit Rührung und Glückseligkeit davon, daß sie damals als junges Mädchen das Glück gehabt habe, einige der schönsten Lieder Schuberts – u.a. nannte sie immer den ‚Wanderer' – vorzusingen.» Schubert schied von Wildbach mit dem festen Versprechen, übers Jahr wiederzukommen.

Auf einem Besuch des Pachlers Freund Dr. Franz Haring gehörenden Hallerschlößchens erhielt Schubert jenen verhängnisvollen Spitznamen «Schwammerl». Es muß eine harmlos-lustige Angelegenheit gewesen sein, die zu folgendem scherzhaften Theaterzettel führte:

«September 1827

‚Der Fußfall im Hallerschlössel' oder ‚Zwilchen S' mi nit so!'

Personen:

Harengros – Dr. Franz Haring

Pachleros – Dr. Karl Pachler

Schwammerl – Franz Schubert

Schilcherl – Anselm Hüttenbrenner»

Dieser unglückselige Zuname, einer vermutlich weinseligen Laune entsprungen, wurde von Roman-, Singspiel- und Filmfabrikanten weidlich ausgenützt. Wohl machte er Franz Schubert populär, doch stellte er ihn leider in ein so schiefes Licht, daß im Bewußtsein des Volkes von Schubert jenes verzerrte «Dreimäderlhausbild» entstand, das nicht auszurotten ist, von der Verballhornung einzelner Schubertscher Lieder und Musikstücke gar nicht zu reden!

Hier in Graz war es, wo Schubert Freunden und Theaterleuten seine Oper «Alfonso und Estrella» vorspielte. Sie wurde bekanntlich gewogen und – zu schwer befunden, obwohl Schubert dem Theaterkapellmeister Kinsky, wenn auch widerwillig genug, die Erlaubnis erteilt hatte, die in Cis-dur und Fis-dur stehenden Stücke durch den Kopisten einen Halbton heruntertransponieren zu lassen.

Eine weitere nette Begebenheit rettete Anselm Hüttenbrenner vor der Vergessenheit: «Daß Schubert zwei Lieder nach Texten von Ernst Schulze – ‚Im Walde' (XX, 476) und ‚Auf der Bruck' (XX, 477) – dem Grätzer Kunsthändler Kienreich käuflich überließ, soll den Wiener Verlegern der Schubertschen Werke ein wenig in die Nase geraucht haben; denn sie mußten dieser zwei Lieder wegen öfters nach Grätz schreiben, um gewisse Kunden, die alles und jedes von Schubert haben wollten, zu befriedigen. Schubert speiste eines Tages bei Kienreich, wo seine Lieder sehr bewundert wurden.»

Die siebzehn Herbsttage in der grünen, allmählich bunt werdenden Steiermark taten Schubert ungemein wohl. Er fühlte sich geschätzt, hoch geehrt, ja geliebt sogar, man anerkannte ihn und seine Kunst, und diese Anerkennung kam von Herzen und war von einem aufrichtigen Verständnis getragen. Man hielt mit bewundernden Urteilen nicht zurück. So war denn am 20. September 1827 die Abschiedsstunde schwer und trüb, und nur das Versprechen Schuberts, nächstes

Jahr den Besuch gewißlich zu wiederholen, erleichterte das Auseinandergehen. Dem kleinen Faust versprach Schubert nochmals den «Kindermarsch à 4 mains», und dann entschwand der Wagen in raschem Tempo den winkenden Gastfreunden. Wenn Schubert sein Versprechen, den Besuch im kommenden Jahre zu erneuern, nicht einlöste, so trug er diesmal ausnahmsweise keine Schuld. Über den Verlauf der Heimfahrt schrieb Jenger an Frau Pachler:

«Wien, 27. September 1827

Durch den morgen von hier nach Grätz abfahrenden glücklichen Steirer Josef Hüttenbrenner senden wir, Freund Schwammerl und ich, Ihnen, liebe gnädige Frau sowie dem Freunde Dr. Karl noch unsern herzlichsten und innigsten Dank für alle uns erwiesene Güte und Freundschaft, die wir ewig nie vergessen werden.» Über Fürstenfeld, Hartberg kamen sie an den Eselsberg, wo sie zu Fuß bergan stiegen, um dann die schöne Aussicht hinunter nach Steiermark, Ungarn und hinauf nach Österreich – «im Durchmesser gewiß über 40 Stunden» – zu genießen. «Auf der Spitze an der Grenze zogen wir unsere Mützen ab und sandten mit dem lebhaftesten Danke für alles Empfangene unsere herzlichsten Grüße noch an alle unsere Lieben in der Steiermark, mit dem festen Vorsatze, so bald als möglich wieder zu kommen...» Von Sapang kamen sie auf schlechten Wegen über Seebenstein, Pitten, Walbersbach und Schleinz am 23. September abends halb zehn Uhr in Wien an. Unter den Tuchlauben beim «Blauen Igel», wo Schubert wohnte, trennten sich die beiden mit dem Vorsatz, «unsern Lieben in Grätz so bald als möglich Nachricht zu geben...».

Auch Schubert ließ sich vernehmen und schrieb an Frau Pachler:

«27. September 1827

Euer Gnaden!

...In Grätz erkannte ich bald die ungekünstelte und offene Weise, mit- und nebeneinander zu sein, in die ich bey längerem Aufenthalt sicher noch mehr eingedrungen seyn würde. Besonders werde ich nie die freundliche Herberge mit ihrer lieben Hausfrau, dem prächtigen Pachleros und dem kleinen Faust vergessen, wo ich seit langer Zeit die vergnügtesten Tage verlebt habe. In der Hoffnung, meinen Dank auf eine würdige Weise noch an den Tag legen zu können, verharre ich mit aller Hochachtung

      Euer Gnaden Ergebenster Frz. Schubert.»

Der «lieben Hausfrau» bezeigte Schubert den Dank, indem er ihr die vier Lieder von op. 106 zueignete: Klenkes «Heimliche Liebe», Leitners «Das Weinen» und «Vor meiner Wiege» sowie Shakespeares «An Sylvia». Dem kleinen Faust schickte er den versprochenen Kindermarsch. Aus einem weitern Brief Jengers an Frau Pachler – er ist vom 26. Oktober datiert – geht unzweideutig hervor, daß die beiden Besucher noch auf Wochen hinaus von dieser Fahrt sprachen, sie gleichsam als «Thema mit Variationen» behandelten.

Die Bedeutung dieses Lichtpunktes in Schuberts armselig-seligem Leben wird ganz klar, wenn wir an die Kopfschmerzen denken, die Schubert sofort nach der Ankunft in Wien wieder befielen und von denen er Frau Pachler klagt. Wie schäbig und erniedrigt kam er sich nach den heitern Tagen in Graz in der Residenz vor! Wie demütigend diese Bettelgänge zu den heimischen Verlegern, die Bettelbriefe an die ausländischen Verlagshäuser! Ein eigenes Quartier konnte er sich nicht mehr leisten. Schober nahm ihn wieder zu sich. Der Winter fiel ein. Schubert hungerte. Einmal suchte er seine gute neue Mutter in der Roßau auf: «Frau Mutter, lassen Sie mich ein wenig nachsehen, vielleicht finden sich in Ihren Strümpfen ein paar Zwanziger, die Sie mir schenken könnten, damit ich mir heute einen guten Nachmittag antun kann.» Er wird nicht umsonst gebeten haben.

In diesem Jahre 1827 war es, wie Bauernfeld sich erinnerte, daß er seinem Freunde Schubert auf einem Spaziergang die Hoffnung aussprach, bald mit einem Stück auf die geheiligten Bretter des Hofburgtheaters zu gelangen und seine neue Aufgabe im Kreisamtsdienst lobte. «Mit dir geht's vorwärts!» sagte Schubert in sich gekehrt zu ihm. «Ich sehe dich schon als Hofrat und als berühmten Lustspieldichter! Aber ich! Was wird mit mir armen Musikanten? Ich werde wohl im Alter wie Goethes Harfner an die Türen schleichen und um Brot betteln müssen!» Dem, der solche Worte sprach, war es bitter ernst zu Mute. Was gab es aber anderes, Besseres, als das «Dichten in Tönen?» Wirklich steckte Franz Schubert schon wieder mit heißen

Augen und brennendem Herzen in seiner schöpferischen Arbeit: Er vollendete den zweiten Liederzyklus nach Wilhelm Müller, «Die Winterreise». Bevor wir aber näher auf dieses ergreifende, beispiellose Werk eingehen, haben wir noch einen kurzen Blick auf die andern in diesem Jahr der Ernte entstandenen Klavierlieder zu werfen.

Für den Sänger Luigi Lablanche – und ihm als op. 83 gewidmet – komponierte Schubert die «*Drei Gesänge von Metastasio*» (XX, 579 bis 581). Lablanche, drei Jahre älter als Schubert, war ein gefeierter Bassist am Kärntnertortheater und verkehrte auch in den musikinteressierten Wiener Familien, so bei Kiesewetters und Frau Laszny-Buchwieser, wo er einmal im «Gondelfahrer» den zweiten Baß gesungen haben soll (Einstein). Von Metastasio selber stammen aber nur die zwei ersten Gesänge; den dritten nahm Schubert aus unbekannter Hand. Das Vorbild von Rossinis Auftrittsarie des Barbiers von Sevilla ist so sinnenfällig, daß der Text nur nach 1817 entstanden sein kann. Schubert komponierte die drei Texte sicher nur aus Bewunderung für Lablanches außergewöhnlich schöne und umfangreiche Stimme, die sich in den drei Gesängen in italienischer Sprache im vollen Glanz ihres Schmelzes und ihrer Beweglichkeit entfalten konnte. Die erste Arie ist ganz lyrisch gehalten, die zweite ungewöhnlich pathetisch, während die dritte Rossinis «Largo al factotum» imitiert. Die Stücke sind ein weiteres und letztes Zeugnis für Schuberts heimliche Liebe zum italienischen Belcanto. Sind diese drei Gesänge mit einem deutlichen Seitenblick auf Bühne und Theater geschaffen worden, so entstanden vor und nach der Grazer Reise eine Anzahl Lieder, die vor allem textlich nicht sehr überzeugend sind.

Bevor Schubert und Jenger die Grazer Fahrt antraten, griff jener nochmals in das Werk Walter Scotts und nahm aus «Montrose» das «*Lied der Anne Lyle*» (XX, 451) und aus «Pirat» den «*Gesang der Norna*» (XX, 542). Beide Lieder erschienen im Mai 1828 als op. 85. Ihre Texte regten Schubert zu etwas Nordischem an, wobei der zweite, eine Ballade in Strophenform, gut als «Nornas Lied» in einer Oper zu denken ist. «Anne Lyle» ist ein edler Klagegesang mit harmonisch reizvollen Wendungen. Sir Walter Scott ragt unter den Dichtern, deren Texte Schubert um diese Zeit vertonte, wie ein «rocher de bronce» hervor. Nicht nur Alfred Einstein bedauert, daß der wählerische Franz Schubert jetzt auf keine Gedichte Eichendorffs oder

Novalis' stieß. Was ihm in die Hände fiel, war zweit- und drittrangige Literatur von Landsleuten, gut gemeint und nicht ohne Empfindung, aber im Ganzen blutleer und papieren. Ein solcher Text ist «*Das Lied im Grünen*» (XX, 543) vom Juni 1827. Er stammt vom Hofschauspieler Friedrich Reil und könnte dem Kreis um Hölty entstammen. Das dem biedern Text umgeworfene Tongewand hebt ihn in Höhen, wohin der Textdichter dem Tondichter zu folgen sich wahrlich umsonst bemüht hätte.

Aus Graz brachte Schubert außer den Tänzen nur zwei Lieder mit. «*Heimliches Lieben*» (XX, 544) auf einen Text von Caroline Louise von Klenke, Wilhelmine von Chézys Mutter, ist eine Romanze mit einer Melodie in der obern Randstimme der rechten Hand, sonst etwas leer und ein Jahrzehnt später von Karl Czerny zum Klavierstück arrangiert.

Bei Pachlers mag Schubert auf Herders «Stimmen der Völker in Liedern» gestoßen sein, die ihm den Text der Ballade «*Edward*» (XX, 545) lieferten. Die berühmte Sammlung wurde von Schubert sonst nicht benützt. Das Stück wurde in Strophenform komponiert als ein Dialog zwischen Frauenstimme (Mutter) und Männerstimme (Sohn). Die lapidare Form gemahnte an ähnliche Balladen aus dem Berliner Kreis um Zelter, die Goethes Gefallen besser fanden als Schuberts armer «Erlkönig», ließe nicht die kühne, vollgriffige Harmonisierung das Werk aus jenem Rahmen heraustreten.

Neben «Heimliches Lieben» und «An Sylvia» bilden das Frau Pachler gewidmete Opus 106 die Lieder «*Das Weinen*» (XX, 546) und «*Vor meiner Wiege*» (XX, 547). Ihr Textverfasser Karl Gottfried Leitner war in Graz Lehrer am Lyceum und ein Freund Pachlers. Schubert traf ihn nicht an, da er in diesem Jahr nach Cilli in der Steiermark gezogen war, glücklicherweise, wie man fast sagen möchte. Denn Leitners Texte sind trocken in Bild und Sprache. Nur Schuberts Kunst, auch solchen Texten durch die Fülle seiner Empfindung eine gewisse Herzenswärme zu verleihen, macht sie uns einigermaßen erträglich. Von diesen Liedern nach Texten Leitners ist der «*Kreuzzug*» (XX, 549) bekannter geworden, eine etwas sentimentale Angelegenheit, in der ein Mönch aus seiner Zelle einem vorbeiziehenden Kreuzfahrerheer nachschaut und findet, er sei eigentlich auch ein Kreuzfahrer, da jedes Leben ein Kreuzzug in das gelobte Land bedeute. Für solche Werke fand Einstein den treffenden Ausdruck «nazarenische Frühromantik».

An weitern Gedichten Leitners komponierte Schubert Ende 1827 «*Des Fischers Liebesglück*» (XX, 550), bei dem man aus der krausen Melodie gaukelnde Irrlichter, schwankende Wasserflächen, seliges Schweben der Liebenden ins Gefunkel der Sterne vernehmen kann. – «*Der Winterabend*» (XX, 551) ist harmonisch besonders reich behandelt; «*Die Sterne*» (XX, 552, op. 96, Nr. 1) sehen Schuberts daktylischen Lieblingsrhythmus in obstinater Beharrlichkeit und entweder pp oder gar ppp durchgehalten. Dadurch erhält die behend und durchwegs ganz leise zu spielende Klavierbegleitung eine flimmernde Kühle, der die strophisch einfache Melodie einige Wärme entgegenstellt. Originell ist die im Liede bisher selten verwendete enharmonische Verwechslung auf dem Text «sie schweben als Boten der Liebe umher», wo Es-dur durch Umdeutung der Terz plötzlich ppp nach H-dur wechselt. Damit sind wir aber bereits in den Januar des Jahres 1828 gelangt, womit es an der Zeit ist, uns endlich dem Hauptwerk des Jahres 1827 zuzuwenden, dem Zyklus

DIE WINTERREISE (XX, 517-540)

«Was wird aus mir armen Musikanten?» hatte Schubert mehr sich selbst, als Bauernfeld gefragt. Wir dürfen wohl in der Lage, aus der heraus der Musiker die Frage stellte, den eigentlichen Grund zur Vertonung dieser schmerzlichen Liederreihe erblicken, auch wenn der erste Teil der Folge der 24 Gesänge bereits entstanden war, als Schubert jene Äußerung tat. Das war in der Zeit geschehen, als Beethoven auf seinem Krankenlager mit dem Tode rang, im Februar 1827. Woher er sie hatte, diese Gedichte, wurde uns nicht überliefert. Sie stammen, wie jene der Liednovelle «Die schöne Müllerin», von Wilhelm Müller, dem «Griechenmüller», wie er auch etwa hieß. Als Schubert den zweiten Teil zu vertonen begann, was nach der Rückkehr aus Graz im Oktober 1827 geschah, hatte der Dichter eben die Augen geschlossen. Er war nicht ganz dreiunddreißigjährig geworden und mochte kaum geahnt haben, daß ihm im Sänger Franz Schubert ein Komponist erstanden war, der ihn und seine Gedichte in die Unsterblichkeit erheben sollte.

«Was wird aus mir armen Musikanten?» Er mußte wieder in argen Sorgen gesteckt haben und von einer Melancholie befallen gewesen sein, die tief in ihm nistete; von ihr war hier schon des öftern die Rede. War diese Melancholie eine spezielle Schubertsche Melancholie? So wenig war sie dies, wie die Melancholie des späten Mozart eine speziell Mozartsche gewesen war. Es war die Melancholie des empfindsamen Menschen, die in jedem Künstler ihren Platz hat, zuzeiten überwunden, vielleicht eher überdeckt wird, zuzeiten Sinnen und Fühlen überschattet, wie die Wolken eine Landschaft überschatten. Daß Schuberts Seelenlandschaft von Hause aus sonnig war, schloß diese Schatten nicht aus. Glücklicherweise wurde die Sonne in Schubert des Dunkels immer wieder Herr. Ist es aber nicht so, daß mit zunehmendem Licht auch die Tiefe der Schatten wächst? Wäre die Wahl dieser Texte, die an den Rand des Irrsinns und des Selbstmordes führen, möglich gewesen, wäre sie wohl auch erfolgt, wenn ihre Gedanken und Stimmungen nicht auf Gedanken und Stimmungen verwandter Art gestoßen wären? Sicher darf man nicht aus einzelnen Gedichten und der in ihnen geschilderten Situation konkret auf bestimmte gleiche Situationen in Schuberts äußerem oder innerem Leben schließen. Es war einfach das die Gedichtfolge der «Winterreise» bis an den Rand füllende Gefühl der Ausweglosigkeit, das im Komponisten verwandte Saiten zum Schwingen und Erklingen brachte. Ein Dichter hatte gesprochen, ein schöpferischer Musiker hatte verstanden und dabei eine Sensibilität offenbart, die immer wieder erschüttert. Dabei steht außer Zweifel, daß der Musiker den lyrischen Ergüssen des Dichters das ihnen innewohnende Überschwängliche, Krankhafte, auch Unnatürliche und allzu Gefühlshafte überdeckte, oder auch wegnahm, indem er bis zum innersten Wesenskern jedes Textes vordrang und ihn in eine musikalische Form faßte, die diesem innersten Kern bis zur letzten Faser entsprach. Wie viele Gedichte sind mehrmals vertont worden! Wilhelm Müllers «Winterreise» ist von Schubert derart treffend in Musik gefaßt worden, daß daneben keine andere Vertonung ernstlich Raum finden kann.

Mayrhofer, der aus seiner eigenen Seelenlage heraus wohl am besten die Wahl der Texte verstehen konnte, da er hier auf verwandte Seelenschwingungen traf, ließ sich darüber vernehmen: «Schon die Wahl der ‚Winterreise' beweist, wie der Tonsetzer ernster geworden. Er war lange und schwer krank gewesen, er hatte niederschlagende Erfahrungen gemacht, dem Leben war die Rosenfarbe abgestreift, für ihn war der Winter eingetreten. Die Ironie des Dichters, in Trostlosigkeit wurzelnd, sagte ihm zu; ich wurde schmerzlich ergriffen.» Das ist ein gutes Wort; es ist eigentlich das rechte Wort. Schmerzliche Ergriffenheit — wer würde sie heute denn nicht auch empfinden?

In den 24 Liedern der «Winterreise» schildert der Dichter, wie ein empfindsamer junger Mann, der sogar Werther hätte heißen können, aus enttäuschter Liebe und Hoffnung das Haus der unbeständigen Schönen bei Nacht und Nebel verläßt. «*Gute Nacht*» schreibt er ihr noch ans Tor, damit sie sehe, daß er noch im Scheiden ihrer gedacht. Wie blüht im hellen Dur-Teil die Erinnerung auf, und welcher Schmerz legt sich in der Wiederholung dieser Schlußphase auf die Seligkeit dadurch, daß sie in Moll erscheint! — «*Die Wetterfahne*» auf dem Dach ist dem traurigen Wanderer Symbol der Unbeständigkeit. Wie unmutig zucken seine Schultern in den Vorschlägen. Daß er des «Hauses aufgestecktes Schild» auch nicht eher bemerkte! — «*Gefrorne Tränen*» fallen, des Wanderers Verwunderung erregend. Quellen denn diese Tränen nicht siedendheiß aus seiner Brust? Wie können sie gefrieren? — Hastig und flatternd huschen in «*Erstarrung*» die suchenden Blicke über den Schnee nach den Spuren ihrer gemeinsamen Wanderungen. Vergebens. — «*Der Lindenbaum*» hat seine Blätter mit den Triolen des Klaviers dahinwirbeln lassen. Bittersüß klingt im E-dur der ersten Strophe die Erinnerung auf. Wollen wir Friedrich Silcher zürnen, daß er sie zum Volkslied vereinfachte? Wollen wir dem Volk zürnen, daß es die Melodie mit der Schwester der dritten Strophe als Volkslied akzeptierte? Ist dies nicht der beste Beweis für die Herkunft solcher Schubertscher Melodie aus dem musikalischen Boden Wiens, der so manchen andern musikalischen Born ans Tageslicht treten ließ? Quellen, aus denen Melodien im Herzen des Volkes ihre Heimat fanden. Immer werden wir nun finden, daß Teile in Dur selige Erinnerung, Teile in Moll erregte Auseinandersetzung oder Ausblicke in trostlose Zukunft kennzeichnen. — Zuckend pocht das Herz in «*Wasserflut*», zuckend pulst das Blut durch die punktierten Achtel der Begleitung, stockend setzt sich Fuß vor Fuß in der Wanderung durch die Winternacht. — «*Auf dem Flusse*» liegt eine Eisdecke, gleich der Rinde, mit welcher der seltsame Wanderer sein Herz umschlossen hält. — So wie aber der Fluß unter seiner eisigen Decke lebhaft murmelt, so pocht und pocht des Wanderers Herz im «*Rückblick*» auf jene Zeit, die vorbei ist, deren Schatten er aber wie ein Bleigewicht mit sich zieht. Kann Liebessehnsucht heißer brennen, als in der H-dur-Episode der glühenden Mädchenaugen im unmittelbar auf g-moll folgenden G-dur-Teil? – Ein «*Irrlicht*» geistert nicht nur in der Winternacht, sondern auch in der Klavierbegleitung, in der die mit einem kurzen Auftakt angerissene Quarte eine so bestimmende Rolle spielt. – Der schleppende Gang stockt endgültig. Die eingeschaltete «*Rast*» zeigt dem Unglücklichen erst, wie müd' er ist. Es ist eher eine Müdigkeit der Seele, und sie findet in der stockenden Klavierbegleitung ihren Ausdruck. In bald leiser, bald starker Sechzehntelbewegung bohrt der nagende Wurm des «Mußte es sein?». – Wie hold klingt im hellen A-dur der «*Frühlingstraum*» auf, um in Moll-Episoden jäh zerstört zu werden. Doch das süße Gedenken läßt sich nicht vertreiben. Selig schließt der Wanderer die Augen und läßt sich durch die nachschlagenden Achtel der Begleitung in holde Täuschung versetzen: Hält er nicht sein Liebchen, wie einst, im Arm? Doch unsanft schrickt er im gebrochenen d-moll-Akkord aus seinen Träumen, die im a-moll-Schluß leise ersterben. – Wie ein Alpdruck hockt die «*Einsamkeit*» auf seinen Schultern. Möchten doch die Stürme im Innern wieder toben, damit er nicht gar so elend wäre. Wie knapp und schlagend sagen Singstimme und Begleitung, was hier zu sagen ist. – «*Die Post*» rollt daher. Der Schwager bläst lustig ins Horn. Wie zuckt das Herz auf, wenn die Pferde in der punktierten Begleitung daherhoppeln. Umsonst, die Post bringt sicher keinen Brief für ihn, auch wenn sie aus der Stadt kommt. Und die Frage, ob das Herz des Verwundeten hinübersehen wolle, um zu fragen, wie es dort gehe, ist eine bloß rhetorische. Ihre Antwort erhält sie durch die Pausen des zweitletzten Taktes. – Wie qualvoll die Erkenntnis, daß «*Der greise Kopf*» nicht wirklich weiß geworden, der das Haar überschimmernde Reif allzurasch hinweggetaut ist. Wie weit der Weg zur Bahre, und wie schmerzlich intensiv das Figurenwerk der rechten Hand in Vor-, Zwischen- und Nachspiel. – Unruhig suchend flattert «*Die Krähe*» dem todmüden Wanderer um das Haupt. Unruhig flatternd drängt die Klavierbegleitung. Wird wenigstens dieser schwarze Schatten die Treue bis zum Grabe wahren, die sonst der Liebe Aufgabe war? – Hin und her schwankend fällt mit den letzten Blättern auch die «*Letzte Hoffnung*» von dem Unglücklichen ab. – «*Im Dorfe*» verbellen die Hunde den einsamen Spätling und rasseln an ihren Ketten. Was will er unter den Schlafenden und ihren Träumen suchen? Seine Träume sind ausgeträumt. – «*Der stürmische Morgen*» graut. Stoßweise treibt der kräftige Wind die Wolken am Himmel dahin. Sind sie, die torkelnden Achtel und die ffz begonnenen Sechzehntelwiederholungen, nicht das Bild seines eigenen Herzens? – Lockt eine «*Täuschung*»? Tanzt nicht ein freundliches Bild vor dem Fußgänger her? Die A-dur-Stimmung möchte auch den Hörer dies glauben lassen. Wer so elend ist, wie dieser junge Mann, gibt sich so gerne holder Täuschung hin. – Doch da steht «*Der Wegweiser*» und weist unverrückt mit dem klopfenden Grundton des dritten g-moll-Teils dorthin, wo seit Beginn der winterlichen Wanderung das Ziel lag. Die Straße, die der Wegweiser weist, wird auch dieser müde Mensch nicht mehr zurückgehen. – Denn «*Das Wirtshaus*» lockt, eine seltsame Herberge mit grünen, im Winde schwankenden Kränzen. Aus dem F-dur dieser Musik klingt es erst tröstlich. Doch die zweifelnd sich zwischen Dur und Moll bewegende Harmonie verrät ihm, daß hier kein Bleiben für ihn sein kann. – Hat «*Mut*» noch einen Sinn? Ist er nicht maskierte Selbsttäuschung? Bricht nicht blutiger Hohn aus dem Schluß? – Nochmals A-dur? An der Schwelle des Todes? Ein letztes Mal taucht jene Zeit auf, da auch für ihn die Sonne am Himmel stand. Nein, die «*Nebensonnen*» gehören ihm nicht zu. Sie sind auch bereits untergegangen. Wenn die dritte den zwei ersten folgen wird, so weiß der Lebensmüde, daß das Dunkel sich auch über ihn herniedersenken wird, endgültig und barmherzig. – «*Der Leiermann*» empfängt ihn mit seinem monotonen Lied über den fröstelnd wirkenden leeren Quinten. Das Lied hat nur eine Strophe, und diese eine Strophe hat nur einen Vers, er heißt: Tod. Nun erkennt er auch den Leiermann. Doch ist er nicht der Freund des jungen Mädchens, und seine Hand kann und will nicht trösten. Es ist die Hand, die den Vorhang vor dem verschleierten Bild zu Saïs wegzieht, auf daß der Mensch die Wahrheit, die ganze Wahrheit, schaue. Und das Ende. Oder den Anfang?

Wer in seiner Kunst derart an die letzten Grenzen der Seele vorstößt, ist gezeichnet. Wie könnte es anders sein? Und die Umwelt muß dies irgendwie bemerken. So ergriff der schöpferische Prozeß den Tondichter tief. Er rang um die Gestaltung. Am Autograph der Urschrift des ersten Teils können wir dieses Ringen im einzelnen verfolgen. Leider wurde uns der zweite Teil nur in einer Reinschrift überliefert. Wie war der Bogen «Der schönen Müllerin» so leicht zu spannen! Die Stimmung des Müllerburschen und ihre dichterischen Äußerungen kontrastierten von Gedicht zu Gedicht, und – wie im Drama – rollten Exposition, Peripetie und Ausgang Spannung erzeugend ab. In der «Winterreise» fehlte diese Spannung in den Gedichten. Der Ausgang war von Anbeginn klar; es konnte keine Peripetie erfolgen, es waren auch keine Kontraste vorhanden, die dem Musiker zu Hilfe gekommen wären. Sie mußte, mit der Spannung, der Komponist erst erzeugen. Und dies ist ihm in unvergleichlicher Weise gelungen.

Die Freunde mußten natürlich merken, daß in Schubert etwas ganz Besonderes vorging:

«Schubert war durch einige Zeit düster gestimmt und schien angegriffen», erzählt uns Spaun. «Auf meine Frage, was in ihm vorgehe, sagte er: ,Ihr werdet es bald hören und begreifen.' Eines Tages sagte er zu mir: ,Komme heute zu Schober, ich werde euch einen Zyklus schauriger Lieder vorsingen. Ich bin begierig zu sehen, was ihr dazu sagt. Sie haben mich mehr angegriffen, als dieses je bei andern Liedern der Fall war.» Wie hätte ein Komponist durch die Vertonung dieser Gesänge nicht angegriffen werden können? Er goß ja wie kaum je bisher in solchem Maße sein Herzblut in die Töne. «Er sang uns nun», fährt Spaun fort, «mit bewegter Stimme die ganze ,Winterreise' durch. Wir waren durch die düstere Stimmung dieser Lieder ganz verblüfft.» Das können wir uns so gut denken, kannte keiner, auch der Intimus Schober nicht, ihres Freundes geheimste Seelenfalten. Schober gab zu, daß ihm eigentlich nur «Der Lindenbaum» gefallen habe. Schubert antwortete: «Mir gefallen diese Lieder mehr als alle anderen, und sie werden euch auch noch gefallen.» Kann man hier denn von Gefallen reden? Handelt es sich bei diesen Liedern um die Frage eines ästhetischen Genusses? Schuberts Gefallen verstehen wir erst richtig, wenn wir an seine Äußerung über die Ergriffenheit denken, die sie in ihm verursachten. Diese Ergriffenheit rührte weniger vom Inhalt der Gedichte her, als vielmehr vom Ringen um ihre musikalische Gestaltung. Es war auch nicht so sehr ein körperliches, als vielmehr ein seelisches Ergriffensein, das ihr Schöpfer meinte. Daraus geht hervor, daß das Entstehen der «Winterreise» nicht in einen ursächlichen Zusammenhang mit Schuberts frühem Tod gebracht werden kann, noch darf man sie Schuberts «Schwanengesang» nennen, wie dies Spaun tat. Denn Schubert schuf im nächsten Jahr noch den Hymnus der großen C-dur-Sinfonie, und dieser ist ganz und gar lebensbejahend!

Die Freunde blieben nicht bei ihrem ersten Urteil, das Befremdung verriet. Spaun gibt zu, daß Schubert recht behielt mit seiner Meinung, die traurigen Lieder würden bald auch ihnen gefallen: «... bald waren wir begeistert von diesen wehmütigen Liedern, die Vogl unübertrefflich vortrug. Schönere deutsche Lieder gibt es wohl nicht.» Vogl hatte um diese Zeit schon fast keine Stimme mehr, denn er war nahe an die Sechzig. Doch war er ein Gestalter von Gottes Gnaden, hatte gar manchen Sturm erlebt, und nur der kann diesen Liedern ganz gerecht werden, über den auch Stürme hinwegbrausten, erschließen sie sich doch nur von innen, niemals von außen her!

Die Gesänge der «Winterreise» wurden für einen hohen Bariton geschrieben. Am eindrücklichsten wirken sie, wenn sie ein Bariton von mittlerer Stimmlage singt. Müssen sie zu tief gelegt werden, klingt das Klavier stumpf.

Die «Winterreise» sucht auch in Schuberts Werk ihresgleichen. Er wird sie erst in den Heine-Liedern wieder erreichen. An Erfindung, Konzentration, und Intensität des Ausdrucks steht der Zyklus einzig da. Es gibt nichts Einfacheres als diese Gesänge, aber auch nichts Überlegteres, daher ihre Eindringlichkeit. Schubert ist am Ende all seines Wähnens, er ist weise geworden. Hier fühlen wir, wie verwandt er Mozart war. Denn auch an Mozarts Ende steht das Werk eines Weisen: sein eigener Totengesang, das «Requiem». Beider Weisheit stammte aus der gleichen Quelle: der Gnade, durch die Musik in die tiefsten und geheimsten Bezirke ihrer eigenen Seele hinunterzutauchen, um dort jenes Menschenweh zu holen, von dem Carl Spitteler im «Glockenlied» spricht, damit es, vom Geist verschönt, durch unsere Seele töne.

«Schönere deutsche Lieder gibt es wohl nicht», meinte Spaun. Darf man, wir fragen nochmals, von Schönheit reden im Zusammenhang mit diesem Bekenntniswerk? Ist Bachs «Matthäuspassion» schön, Beethovens «Missa solemnis», Bruckners «Te Deum»? Angesichts dieser Werke, denen sich Schuberts «Winterreise» würdig beigesellen darf, ist kein ästhetisches Urteil am Platz, nur ehrfürchtiges Schweigen und ergriffenes Lauschen. Denn sie rühren an die Ewigkeit!

Zwölftes Kapitel

JAHR DER VOLLENDUNG
1828

«*Wir sind nichts;
was wir suchen, ist alles.*»
(Friedrich Hölderlin, 1770–1843)

DAS ERSTE SCHUBERTKONZERT

Silvester 1827 verbrachten die Schubertianer wieder bei Schober, natürlich in üblicher Weise. Franz von Hartmann sei unser Gewährsmann: «Bei Schober, Schlags zwölf Uhr tranken wir (Spaun, Enk, Schober, Schubert, Gahy, Eduard Rößler – ein junger Mediziner aus Pest –, Bauernfeld, Schwind und wir zwei) uns gegenseitig ein glückliches neues Jahr mit Malaga zu. Dann las Bauernfeld ein Gedicht auf diesen Zeitpunkt vor. Um 2 Uhr gingen wir nach Hause, und auf dem Stephansplatz gratulierten wir Enken zu seinem Geburtstag.» – Die Tagebücher Franz von Hartmanns sind weiterhin ergiebige, wenn auch oberflächliche Quellen, um das Treiben der Freunde kennenzulernen:

«2. Jänner 1828: Ins Bierhaus, wo Spaun und Schober über das Duell disputierten und endlich Spaun (ganz gut) sagte, dieses Gespräch sei abzubrechen. Schober, der just spricht, findet sich darüber so beleidigt, daß er ein fürchterliches Geschrei anfängt. Endlich geht Spaun, der sich vortrefflich benahm. Schober hat sich prostituiert. Als es etwas lustiger wurde, war es eineinhalb. Man ging nach Hause.

3. Jänner 1828: Zu Bogner, wo die gewöhnliche Gesellschaft, Spaun schüttelt Schober höchst fidel beim Kommen und Gehen die Hand.»

Am 10. Januar 1828 singt Herr Tietze in einem Konzert der «Gesellschaft der Musikfreunde» das erste Lied der «Winterreise» – «Gute Nacht».

Am 14. Januar 1828 gibt die «Amtliche Wiener Zeitung» bekannt: «Bei Tobias Haslinger ist erschienen: ‚Winterreise' von Wilhelm Müller. In Musik gesetzt für eine Singstimme mit Begleitung des Pianoforte von Franz Schubert. 89. Werk. In farbigen Umschlag gebunden. Erste Abteilung.»

Am 15. Januar 1828 vernahm Franz von Hartmann, daß Spaun die dreißigjährige, «sehr liebe, gebildete, hübsche Fräulein Roner» zu ehelichen gedenke, was ihn recht freute. Am 14. April 1828 fand dann die Trauung Spauns «mit der lieben Fanny Roner» statt. – Am 16. Januar 1828 stellten sich im gewohnten Beisl alle «Beislianer» ein. Spaun machte nun kein Geheimnis mehr aus seiner geplanten Heirat, was «zu den lustigsten Diskursen Anlaß gab». Dann folgte eine letzte Schubertiade, von der wir durch Spaun vernehmen: «Ich war damals Bräutigam. Schubert sagte zu mir: ‚Ich bin zwar traurig darüber, daß du uns verloren gehen wirst, aber du hast recht und hast wohl gewählt, und obwohl ich auf deine Braut eigentlich böse sein sollte, möchte ich dir doch eine Freude machen. Lade sie ein, ich bringe Bocklet, Schuppanzigh und Linke mit, wir wollen etwas musizieren', und so geschah es. Bocklet spielte ein Trio mit Schuppanzigh und Linke und sodann mit Schubert vierhändig Variationen über ein eigenes Thema, letztere mit solchem Feuer, daß alles entzückt war und Bocklet seinen Freund jubelnd umarmte. Wir blieben bis Mitternacht fröhlich beisammen. Es war der letzte solche Abend.»

Eine Intervention Schuberts bei Anselm Hüttenbrenner in Graz, seinem Bruder Karl die dort frei gewordene Zeichenlehrerstelle zuzuhalten, schlug fehl. Fehl schlug auch Schwinds Werbung um seine heiß geliebte Netti Hönig, über die Bauernfeld im März 1828 in sein Tagebuch eintrug: «Schwind hat um Netti geworben und zwar im zerrissenen Frack... Trotz seiner prekären Lage hatte Schwind seine Geliebte im Frühjahr 1828 feierlich begehrt» – erinnerte er sich später – «war auch als Bräutigam angenommen worden. Die Sippschaft des Mädchens wurde nun zusammengetrommelt, ein kleines Heer von Tanten und Basen, Onkeln und Cousins, alten Hofräten und dergleichen – kurz, eine Kaffee- und Whist-, nebenbei Braut-Gesellschaft. Freund Moritz wollte erst gar nicht dabei erscheinen, oder im Malerrock, da ihm der schwarze Frack fehlte, mit welchem ihm zuletzt einer der Freunde aushalf. Dann dachte er daran, gleich in der ersten Viertelstunde wieder auszureißen – die Braut hatte alle Not, ihn bis zehn Uhr festzuhalten.

Ich hatte den glücklichen Bräutigam mit Schubert im Kaffeehaus erwartet. Er trat ganz verstört ein, schilderte uns die philisterhafte Gesellschaft mit einer Art verzweifelten Humors. Schubert kam aus seinem gemütlichen Kichern nicht heraus. Schwind stürzte ein Glas Punsch nach dem andern hinunter, versicherte uns dabei, er fühle sich total vernichtet und hätte nicht übel Lust, sich auf der Stelle zu erschießen.» Schwind sei seiner Braut nicht fromm genug gewesen, vernehmen wir noch, er sei toll geworden und habe die Beziehung zu Netti Hönig abgebrochen. Später fand auch er die richtige Frau.

In diesem Vorfrühling 1828 war es, daß Schubert auf einem Spaziergang Eduard von Bauernfeld gegenüber seine trüben Aussichten äußerte. «Du bist zwar ein Genie», antwortete ihm dieser, und zwar lustiger, als ihm zu Mute war, «aber auch ein Narr! Du zweifelst an dir! Bist du gescheit? Wer dein Talent hat, so dasteht wie du, dem ist die Hauptsache zu Teil geworden. Dein Name klingt in aller Munde, und jedes deiner Lieder ist ein Ereignis; du hast die prächtigsten Streichquartette und Trios verfaßt, der Sinfonien nicht zu denken! Deine Freunde sind davon entzückt, aber kein Kunsthändler will sie vorderhand kaufen, und die Öffentlichkeit hat noch keine Ahnung von der Schönheit und Anmut, die in diesen Werken schlummert. So nimm dir einen Anlauf, bezwinge deine Trägheit, gib ein Konzert, nur von deinen Sachen natürlich. Vogl wird dir mit Vergnügen beistehen, Bocklet, Böhm und Linke werden sich's zur Ehre schätzen, einem Meister wie du mit ihrer Kunstfertigkeit zu dienen. Die Besucher werden sich um die Eintrittskarten reißen, und wenn du nicht mit einem Schlage ein Krösus wirst, so genügt doch ein einziger Abend, um dich fürs ganze Jahr zu decken. So ein Abend läßt sich alle Jahre wiederholen, und wenn die Neuigkeiten Aufsehen machen, wie ich gar nicht zweifle, so kannst du deine Diabellis, Artarias und Haslingers mit ihrer schäbigen Bezahlung bis ins Unermeßliche hinauftreiben! Ein Konzert also, folge meinem Rat, ein Konzert!»

Die Idee war zu schön, und die Freunde halfen das Eisen schmieden, so lange es heiß war. Franz Schubert stellte ein formelles Gesuch an die «Gesellschaft der Musikfreunde»: «Franz Schubert, Mitglied des Repräsent.-Körpers der Gesellschaft der Musikfreunde... bittet um die Überlassung des Lokals beim roten Igel zur Abhaltung eines privat. Konzertes für den 21. März 1828, abends um 7 Uhr, unter Vorlage der Bewilligung hierzu von den beiden k. k. Hoftheatern...»
Die Erledigung des Gesuches war verheißungsvoll: «Dem Herrn

Gesuchsteller wird das erbetene Vereins-Lokale beim roten Igel... mit Vergnügen unentgeltlich überlassen.»

Die Freunde blieben nicht müßig. Was und wer mit Schuberts Kunst vertraut war, wurde um die Mitwirkung angegangen, es war eine Ehrensache. So konnte denn mit einer nötig gewordenen Verspätung von fünf Tagen dieses erste Schubertkonzert stattfinden. Es war der 26. März 1828, Beethovens Sterbetag!

Die «Wiener Allgemeine Theaterzeitung» lud mit folgenden herzlichen Worten zum Besuche des Konzertes ein: «Unter den mannigfachen musikalischen Kunst-Ausstellungen, die in dieser Saison geboten wurden und noch bevorstehen, dürfte eine die allgemeine Aufmerksamkeit um so mehr in Anspruch nehmen, als sie durch Neuheit und Gediegenheit der Kompositionen, den anziehenden Wechsel der Tonstücke, ebenso wie durch die teilnehmende Mitwirkung der gefeiertsten hiesigen Künstler ebenso neuen als überraschenden Genuß bietet. – Franz Schubert, dessen geisteskräftige, bezaubernd liebliche, originelle Tondichtungen ihn zum Liebling des gesamten Musikpublikums machen und die durch ihren echten künstlerischen Wert ihrem genialen Schöpfer einen mehr als ephemeren, ja unvergänglichen Ruhm bereiten dürften, führt uns am 26. März in einem Privatkonzert (im Lokal des österreichischen Musikvereins) einen Zyklus seiner neuesten Geistesprodukte vor.»

Vor einem ausverkauften Saal wurde denn an diesem denkwürdigen Tag unter den Tuchlauben Nr. 558 folgendes Programm mit Werken Franz Schuberts zu Gehör gebracht:

«*Vorkommende Stücke*

1. *Erster Satz eines neuen Streich-Quartetts, vorgetragen von den Herrn Böhm, Holz, Weiß und Linke.*
2. a) *Der Kreuzzug von Leitner*   *Gesänge mit Begleitung des Piano-*
    b) *Die Sterne von demselben*   *forte, vorgetragen von Herrn Vogl,*
    c) *Der Wanderer a. d. Mond v. Seidl*   *k. k. pensionierten Hofopern-*
    d) *Fragment aus dem Aischylos*   *sänger.*
3. *Ständchen von Grillparzer, Sopran-Solo und Chor, vorgetragen von Fräulein Josefine Fröhlich und den Schülerinnen des Konservatoriums.*
4. *Neues Trio für Piano-Forte, Violin und Violoncello, vorgetragen von den Herren Karl Maria von Bocklet, Böhm und Linke.*

*5. Auf dem Strome von Rellstab, Gesang mit Begleitung des Horns und Piano-Forte, vorgetragen von den Herren Tietze und Lewy dem Jüngeren.
6. Die Allmacht, von Ladislaus Pyrker, Gesang mit Begleitung des Pianoforte, vorgetragen von Herrn Vogl.
7. Schlachtgesang von Klopstock, Doppelchor für Männerstimmen.*

Sämtliche Musikstücke sind von der Komposition des Konzertgebers. Eintrittskarten zu f. 3 W.W. sind in den Kunsthandlungen der Herren Haslinger, Diabelli und Leidesdorf zu haben.»

Spaun nannte den Gesang der Herren Vogl und Tietze sowie von Fräulein Fröhlich trefflich, desgleichen das Spiel Bocklets. «Eine außerordentliche Teilnahme des gedrängten Publikums entsprach dem seltenen Genuß dieses Abends, der gewiß allen unvergeßlich bleiben wird, die so glücklich waren, an diesem leider nie wiederkehrenden Musikfeste teilzunehmen. Schubert gedachte in jedem Jahre ein ähnliches Konzert zu geben.» Das war zu verständlich, betrug doch der Reinertrag 800 Gulden. Schubert kaufte sich endlich ein Klavier, zahlte Schulden und spendierte nach links und nach rechts.

Franz von Hartmann war natürlich auch im Konzert: «Wie herrlich das war, werde ich nie vergessen...» – Bauernfeld erinnerte sich: «Der Saal war vollgepfropft, jedes einzelne Stück wurde mit Beifall überschüttet, der Kompositeur unzählige Male hervorgerufen. Das Konzert warf beinahe einen Reinertrag von achthundert Gulden ab – was damals für eine Summe galt! Die Hauptsache aber: Schubert hatte sein Publikum gefunden und war mit dem frischesten Mute erfüllt.» Auch Bauernfeld wurde inne: «Merkwürdig genug! Das Jahr vorher, an demselben Tage, war Beethoven gestorben.» Hatte dieses unbeabsichtigte Zusammentreffen eine besondere Bedeutung, einen tiefern Sinn?

Die Wiener Presse schwieg diesen historischen Anlaß tot! Hingegen ließ das Ausland sich vernehmen. So die «Berliner Allgemeine musikalische Zeitung» vom 2. Juli 1828: «...Franz Schubert, welcher in einem Privat-Konzerte lauter eigene Arbeiten, meistens Gesänge, zu Gehör brachte, eine Genre, worin er vorzugsweise Gelungenes liefert. Die zahlreich versammelten Freunde und Protektoren ließen es an rauschendem Beifall bei jeder Nummer nicht fehlen und mehrere derselben wiederholen.»

ZWÖLFTES KAPITEL

Für den Erfolg des Konzertes spricht auch eine Stelle in einem Brief, den Maria von Pratobevera ihrem Bräutigam Josef Bergmann, Gymnasiallehrer in Cilli (Steiermark), unterm 31. März 1828 schrieb. Schubert hatte die Familie Pratobevera 1826 kennengelernt. Franziska sammelte Schubert-Lieder, und Bertha heiratete später den Schubert-Biographen Heinrich von Kreißle. Die Briefschreiberin hatte zwei Tage vorher an der Einweihung von Beethovens Grabmal teilgenommen, über die sie dem Bräutigam schrieb. Dann fuhr sie fort: «...genug von Grab und Tod, ich muß Ihnen auch von frischem, blühendem Leben erzählen, welches in einer Akademie, welche Schubert d. 26. März gab, herrschte. Es wurden lauter Kompositionen von ihm selbst und herrlich gegeben. Alles war in einem Taumel von Bewunderung und Entzücken verloren. Es wurde geklatscht und getrommelt...»

Wien war wieder in einem Rausch befangen. Hatte sich Beethoven seinerzeit sarkastisch über den Rossinitaumel mokiert, so galten die Auslassungen der Schubertianer dem Wundergeiger Nicolò Paganini, der mit seinem Spiel alles behexte. Der Wiener Berichterstatter der «Dresdener Abendzeitung» ließ sich am 12. Juni 1828 vernehmen: «...So kann ich dir nennen: ein Privatkonzert des beliebten Tondichters Schubert... die kleineren Sterne erbleichten vor dem Glanze dieses Kometen (Paganini) am musikalischen Himmel...» – Auch die Leipziger «Allgemeine musikalische Zeitung» berichtete günstig über das Schubertkonzert und beschämte damit die einheimischen Blätter.

Am meisten freute sich Schubert natürlich über die enthusiastischen Äußerungen seiner Freunde. Doch bereitete ihm auch folgender Brief des Breslauer Musikdirektors Johann Theodor Mosewius eine gute Stunde:

«4. Juni 1828

Sehr werter Herr und Freund!

Ich nehme mir die Freiheit, Ihnen diese Zeilen durch meinen Landsmann, Herrn Musiklehrer Kühn, überreichen zu lassen, und denselben, der sich einige Zeit in Wien aufzuhalten und sein Kompositionstalent dort auszubilden gedenkt, aufs angelegenste zu empfehlen. Herzlich freut es mich, daß ich durch Haslinger von Ihrem Wohlbefinden unterrichtet bin und daß es Ihnen überhaupt nach

Verdienst, d. h. gut geht. – Von Ihrem fortgesetzten Fleiß zeugen Ihre vielen Kompositionen, deren Wert auch in unserem früher einseitigeren Norden immer mehr gebührende Anerkennung findet. Es wird Ihnen wenig daran liegen, daß auch ich zu Ihren großen Verehrern gehöre und daß namentlich Ihre Müllerlieder mir das Verständnis Ihrer Eigentümlichkeit eröffnet haben. Ich bin auf alle Erzeugnisse Ihrer Muse fortdauernd begierig und habe mich an Ihrer Winterreise wahrhaft erbaut...» Ist diese Anerkennung eine weiße Krähe, oder mehren sich die Schwalben, die dem wenig verwöhnten Tondichter den Sommer seines Ruhms verkünden?

Denn Schubert war wieder sehr fleißig. Es mehrten sich in Franz von Hartmanns Tagebucheintragungen vom Treiben der Schubertianer jene, die Schuberts Teilnahme oder Anwesenheit verschweigen. Denn es entstand in einem wahren Schaffensrausch Werk um Werk. So im März 1828

DIE GROSSE C-DUR-SINFONIE

Sie ist, trotz ihres Standortes in der Gesamtausgabe vor der 1822 entstandenen «Unvollendeten», die letzte Sinfonie des Meisters und sollte natürlich ihre Zahl mit jener der «Unvollendeten» tauschen. Wenn man die verschollene Sinfonie von Gmunden-Gastein aus dem Jahre 1825 einbezieht, wäre diese Sinfonie gar Nr. 9 der Reihe, die fragmentarischen Werke von 1812 und in «E-dur» vom August 1821 nicht gerechnet. Die Bezeichnung der Sinfonie in h-moll als Nr. 8 rührt von ihrer Entdeckung her, die bekanntlich fast drei Jahrzehnte nach der Sinfonie in C-dur erfolgte.

Auch die große C-dur-Sinfonie mußte erst wieder entdeckt werden. Robert Schumann kommt dieses Verdienst zu. Er siedelte im Herbst 1838 nach Wien über in der Meinung, dort ein besseres Wirkungsfeld zu finden als in Leipzig. Er besuchte die Gräber von Beethoven und Schubert und ließ sich nicht nehmen, Franz Schuberts Bruder Ferdinand zu treffen. Bei ihm fand er, wie er so anschaulich erzählt, am 1. Januar 1839 «einen aufgehäuften Reichtum an Handschriften» Franz Schuberts, von Ferdinand treulich gehütet. Unter diesem verstaubten Reichtum fand sich auch die Partitur einer großen Sinfonie, eben jener in C-dur. «Wer weiß, wie lange sie verstäubt und im Dunkel liegen geblieben wäre, hätte ich mich nicht bald mit Ferdinand Schubert verständigt, sie nach Leipzig zu schicken an die Direktion der Gewandhauskonzerte oder an den Künstler selbst, der sie leitet.» Dieser Künstler war Felix Mendelssohn. «Die Sinfonie wurde gehört – erstmals am 22. März 1839 –, verstanden, wieder gehört und freudig beinahe allgemein bewundert... Sag ich's gleich offen: wer diese Sinfonie nicht kennt, kennt noch wenig von Schubert, und dies mag nach dem, was Schubert bereits der Kunst geschenkt, allerdings als ein kaum glaubliches Lob angesehen werden.» Nachdem Schumann sich über die Komponisten lustig gemacht hatte, die nur ein mattes Spiegelbild Beethovens waren, jener «lahmen langweiligen Symphonienmacher nicht zu gedenken, die Puder und Perücke von Haydn und Mozart passabel nachzuschaffen die Kraft hatten, aber ohne die dazu gehörigen Köpfe», fuhr er fort: «Wie ich geahnt und gehofft hatte, und mancher vielleicht mit mir, daß Schubert, der formenfest, phantasiereich und vielseitig sich schon in so vielen andern Gattungen gezeigt, auch die Symphonie von seiner Seite packen, daß er die Stelle treffen würde, von der ihr... beizukommen, ist nun in herrlichster Weise eingetroffen. Gewiß hat auch er nicht daran gedacht, die neunte Symphonie von Beethoven fortsetzen zu wollen, sondern, ein fleißigster Künstler, schuf er unausgesetzt aus sich heraus eine Symphonie nach der andern (Schumann lernte die «Unvollendete» gar nicht kennen, da er neun Jahre vor ihrer Wiederentdeckung in geistiger Umnachtung starb), und daß jetzt die Welt gleich eine siebente (die der Entstehung nach die achte war) zu sehen bekömmt, ohne der Entwicklung zugesehen zu haben und ihre Vorgängerinnen zu kennen, ist vielleicht das Einzige, was bei ihrer Veröffentlichung leid thun könnte, was auch selbst zum Mißverstehen des Werkes Anlaß geben wird.»

Zu diesem Mißverstehen hat Schumann, dem wir für ihre Ausgrabung sehr danken wollen, nicht wenig beigetragen durch sein Wort von der himmlischen Länge, die einem vierbändigen Roman von Jean Paul gleiche. Er brauchte diese viel umstrittene Wendung bereits am 11. Dezember 1839 in einem Brief an Clara Wieck, seine nachmalige Frau, nachdem er das Werk in einer von Mendelssohn geleiteten Probe im Gewandhaus gehört hatte. Wir zürnen ihm des Wortes wegen nicht im mindesten, hat er doch deren so viele und so richtige über dieses Werk gefunden. Wie könnte man seinen Wert treffender charakterisieren, als er es tat: «In dieser Symphonie liegt mehr als bloßer Gesang, mehr als bloßes Leid und Freud' verborgen, wie es die Musik schon hundertfältig ausgesprochen; sie führt uns in eine Region, wo wir vorher gewesen zu sein uns nirgends erinnern können.» Es wäre denn in ihren ältern Geschwistern, von denen Schumann keines kannte. Es ist ein meisterhaftes Werk diesem einunddreißigjährigen Wiener gelungen, genial in der Erfindung, genial in der Verbindung von breiter Melodik mit schwärmerischen Episoden, urwüchsig und originell in Stimmung und Phantasie, eine herrlich weite, übersonnte Landschaft.

Der *erste Satz* wird durch eine von den Hörnern unisono dargebrachte Andante-Einleitung eröffnet, die echt romantisch den Hörer im Zweifel läßt, ob er sich in C-dur oder in a-moll befindet:

Mit dem Allegro geht die Sonne auf und sendet ihre glitzernden und flimmernden Strahlen aus. Keck schreiten die Geigen aus:

Und wie rauscht und pocht es im zweiten Teil des Satzes:

um in das gemütvoll schwärmerische zweite Thema einzumünden:

Drohend mischen sich die Posaunen ein:

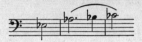

In grandioser Apotheose klingt der erste Satz mit der Melodie aus, mit welcher die Hörner ihn begannen.

Der *zweite Satz* ist ein Andante, dessen erstes Thema in a-moll steht und einen recht ritterlich wirkenden Charakter aufweist:

Dem männlich-herben ersten Thema antwortet ein fraulich-weiches in Dur:

Von diesem Satz konnte Robert Schumann in seiner Besprechung nicht scheiden, ohne ein Wort über ihn zu sagen: «In ihm findet sich eine Stelle, da wo ein Horn wie aus der Ferne ruft, das scheint mir aus anderer Sphäre herabgekommen zu sein. Hier lauscht auch alles, als ob ein himmlischer Gast im Orchester herumschliche.» Er spreche gar so rührend zu uns, dieser Satz, fand Schumann.

Der *dritte Satz*, ein Scherzo, verdient diese Bezeichnung durchaus, denn die einherstampfenden Achtel und Viertel der Streicher haben eher den Charakter derber Stiefel, als jenen von Lackschühlein, wie sie zum Tanzen des höfischen Menuetts getragen wurden:

Doch schmeicheln die Bläser in zärtlichster Weise und locken schmeichelnd zum Walzerdrehen:

Der *vierte Satz*, ein Allegro vivace, zwingt alles zum Aufbruch:

Dann verbreitert sich der Fluß, er wird zum Strom, der weithin rauschend und wogend zum Meere wird, das Welle auf Welle ans Ufer wirft und immer wieder neu ansetzt, um schließlich als Naturhymnus von kosmischer Weite zu enden.

«Die Symphonie hat denn», geben wir nochmals Schumann das Wort, «unter uns gewirkt wie nach den Beethovenschen keine noch. Künstler und Kunstfreunde vereinigten sich zu ihrem Preise, und vom Meister (Mendelssohn), der sie auf das Sorgfältigste einstudiert, daß es prächtig zu vernehmen war, hörte ich einige Worte sprechen, die ich Schuberten hätte bringen mögen, als vielleicht höchste Freudenbotschaft für ihn. Jahre werden vielleicht hingehen, ehe sie sich in Deutschland heimisch gemacht hat; daß sie vergessen, übersehen werde, ist kein Bangen da; sie trägt den ewigen Jugendkeim in sich.»

Mit dem Heimischwerden hatte es wirklich einige Not. In Wien, wo sie ihr Schöpfer kurz nach der Vollendung der «Gesellschaft der Musikfreunde» vorlegte, wurde sie vom Orchester als unspielbar abgelehnt. Schubert bot der Gesellschaft als Ersatz die kleine C-dur, die sechste Sinfonie an. Doch auch sie wurde erst nach seinem Tode aufgeführt. Als Habeneck das Werk 1842 in Paris proben wollte, weigerte sich das Orchester, nach dem ersten noch einen weitern Satz in Angriff zu nehmen. – Zwei Jahre später, 1844, erklärte auch das Orchester der «Londoner Philharmonischen Gesellschaft», die Sinfonie sei «zu lang und zu schwierig». Um so höher ist die Tat Mendelssohns und seiner Gewandhausmusiker anzuschlagen. Am 15. Dezember 1839 führten die Wiener wenigstens die ersten zwei Sätze des Werkes auf, glaubten aber, sie durch eine Arie aus Donizettis «Lucia di Lammermoor» trennen zu sollen. Im «Allgemeinen musikalischen Anzeiger» ließ sich ein Rezensent also vernehmen: «Die beyden aufgeführten Symphoniestücke ließen zwar keineswegs die gründlichen Kompositionskenntnisse verkennen, allein Schubert schien noch nicht recht mit Tonmassen siegen zu können, das Ganze war ein kleines Gefecht von Instrumenten, woraus sich kein wirkungsreiches Hauptgebilde hervorhob. Es ging zwar ein roter Faden durch das Ganze, allein man bemerkte ihn nicht recht, er war blaßrot. Ich glaube, es wäre besser gewesen, dieses Werk ganz ruhen zu lassen.» Es ist nicht das erste Mal, daß die Nachwelt das Urteil der Mitwelt korrigierte. Es wird vermutlich auch nicht das letzte Mal sein.

DIE MESSE IN ES-DUR

Die erstaunliche Schaffenskraft Schuberts, die nach der «Winterreise», diesen erschütternden Variationen über das Thema «Tod» einen so lebensbejahenden Hymnus wie die große C-dur-Sinfonie entstehen ließ, schenkte uns in der im Juni 1828 begonnenen und im Juli vollendeten «*Messe in Es-dur*» (XIII, 6) sein kirchenmusikalisches Bekenntniswerk. Was Schubert veranlaßte, den Messetext ein sechstes Mal zu vertonen, sagt uns O. E. Deutsch. Wollte er mit diesem schönen, formal aber hinter die Schwester in As-dur zurückweisenden Werk etwa auch eine Anstellung als Hofkapellmeister vorbereiten? Hofkapellmeister Josef Eybler, Salieris Nachfolger, zählte freilich schon dreiundsechzig Jahre, ein Jahr mehr als der Vizekapellmeister Josef Weigl. Doch beide Männer starben erst 1846, achtzehn Jahre nach Franz Schubert. Bei dem damals herrschenden Brauch, Männer bis zu ihrem Tode in Ämtern zu belassen, hätte Franz Schubert also noch lange warten können. Es ist möglich, daß gewisse konventionell eingelegte Stellen solchen oder ähnlichen praktischen Erwägungen entsprungen sein mochten. Konventionell kann man die Tonartenfolgen, die Verwendung der Nebentonarten, Art und Stelle der einsetzenden kontrapunktischen Polyphonie bezeichnen. Entgegen der freiern Tonartenfolgen in der As-dur-Messe stehen in der letzten

Messe Schuberts «Kyrie», «Credo» und «Sanctus» nach Brauch und Herkommen in der Haupttonart, also in Es-dur, «Gloria» und «Benedictus» in den nächstverwandten Tonarten B-dur und As-dur, während Schubert für das abschließende «Agnus Dei» die gebräuchliche parallele Moll-Tonart wählte, also c-moll.

Wenn Schubert ein Werk schaffen wollte, mit dem er nicht Anstoß erregte, so müßte er nicht Schubert gewesen sein, wenn ihm diese Absicht überall und durchwegs zu erreichen gelungen wäre. Individuelle Empfindungen und Erwägungen brechen überall durch. So ist die Messe eine «Chor-Messe», die eingesetzten Soli wirken eher nebensächlich, keines tritt in einem bestimmenden Umfang hervor. Über dem ganzen Werk liegt jene heitere, innige Frömmigkeit, die wir aus Schuberts Brief an den Vater kennen und von der im Zusammenhang mit dem Lied «Ave Maria» schon die Rede war. Diese Frömmigkeit war nicht kirchlich gebunden und weder vom Dogma noch vom Ritual beengt. Alles an dem Werk wirkt frei und doch gefaßt, groß und edel, glaubhaft und schwungvoll, sonnig und ausgereift. Die Harmonie ist schubertisch reich, farbig, voller überraschender Wendungen, unter denen plötzliche Rückungen in die Terzverwandtschaft eine wichtige Rolle spielen. Reizvoll ist die Instrumentation, die den Instrumenten nicht immer leichte Aufgaben stellt und damals als nicht oder kaum spielbar erklärt wurde, welches Urteil die Orchester ja auch über Beethovens Sinfonien noch auf Jahrzehnte hinaus fällten. Das Instrumentarium verzichtet auf die Flöte, was mit der Entstehung des Werkes für den bestimmten Zweck und ein bestimmtes Orchester erklärt werden kann. Beachtenswert ist die Aufgabe, die im «Dominus Deus» den Posaunen zugewiesen ist und deren angestimmte Melodie in der Weite der Gregorianik wurzelt. Ein meisterhafter Satz ist vor allem das «Credo», in dem das apostolische Glaubensbekenntnis an eine alleinseligmachende katholische Kirche zwar wieder fehlt, das aber die einzelnen Teile durch eine feste Form bändigt und zum Ganzen organisch rundet. Ganz schubertisch liedhaft ist die Episode des «Andante» im Zwölfachteltakt, in der ein Soloterzett kanonisch das «Et incarnatus est» intoniert und in das der Chor sein innerlich tief erregtes «Crucifixus» anstimmt, von den fiebrigen Sechzehnteltriolen der Streicher gesteigert und in ein mitreißendes Fortefortissimo ausbrechend. Zur Bändigung des Inhalts durch eine konzise Form trägt viel der Beethovensche straffe rhythmische Bau der Motive bei. Zwiespältig ist das Werk nur dort, wo Schubert sich in herkömmlichem Brauchtum bewegt: in den Fugen, die er in Erfüllung schulmäßiger Gesetze erfindet und abrollen läßt und genau dort einsetzt, wo sie jeder erwartete.

Die Messe in Es-dur ist ein Werk tiefinnerlicher Frömmigkeit, ein Bekenntnis vor allem zum Leben, ein Bekenntnis aber auch zum Tod, der alle Schrecken verloren hat und auch nicht mehr lange auf sich warten lassen wird. Seine erste Aufführung fand das Werk unter Ferdinand Schuberts Leitung am 4. Oktober 1829 in der Dreifaltigkeitskirche Alsergrund. Am 15. November 1829 wurde sie in der Pfarrkirche zu Maria Trost wiederholt, vermutlich unter Michael Leitermayer. Ihr Schöpfer ruhte bereits seit einem Jahre nicht weit von Beethovens Grab. Die Aufführungen wurden zu liebevollen, von Freundes- und Bruderhand vorbereiteten und durchgeführten Gedenkstunden an diesen Frühvollendeten. Ihn konnte nun auch die Kritik der «Berliner Allgemeinen Musikzeitung» nicht mehr kränken, die am 20. März 1830 ihrem Wiener Rezensenten das Wort gab: «Die neueste Erscheinung im Fache der religiösen Musik war eine hinterlassene Messe von Franz Schubert, welche der Bruder des Tonsetzers bereits zweimal zur Publizität brachte. Wenngleich die Aufführung nicht zu den gelungenen gezählt werden darf, so möchte doch auch bei höchster Vollendung schwerlich ein bleibender Eindruck zu erzielen sein. Scheint es beinahe, daß der verklärte Meister bei der Konzeption bereits den Tod im Kopf und Herzen getragen hat.» Der Meister, den dieses Urteil betraf, hätte bei seiner Kenntnisnahme wohl resigniert die Schultern gezuckt und bemerkt: «Da kann man halt nichts machen.» Die Nachwelt hat auch jenes schiefe Urteil korrigiert. Doch läßt es vermuten, daß Schuberts Spekulationen mit diesem Werk, falls er überhaupt solche gehegt haben sollte, sich noch auf viele Jahre hinaus als Fehlspekulationen erwiesen hätten. Das Werk erschien im Dezember 1865 bei J. Rieter-Biedermann in Winterthur. Der anonym gebliebene Bearbeiter der Partitur war kein Geringerer als Johannes Brahms. Wenn wir Deutsch folgen dürfen, so wäre die Messe in Es-dur für die Minoritenkirche in Alsergrund geschaffen worden, wo drei wichtige Ereignisse gefeiert wurden: Der Geburtstag von Kaiser Franz I., das Fest der Minoriten und der erste Jahres-

JAHR DER VOLLENDUNG 339

tag der Gründung der Musikgesellschaft dieser Kirche. Rehberg nennt die ihr zugrunde liegende Frömmigkeit «eine liebevolle, dankbare Lebensrückschau, ein Bereitsein zur Verschmelzung des Persönlichen mit dem All...» Diese Frömmigkeit trägt das Werk und durchpulst es in allen seinen Melodien und Klängen. Darum ist es immer und überall herzlich willkommen.

Im Juli 1828, vermutlich nach Vollendung der Es-dur-Messe, vertonte Schubert den «*92. Psalm*» (XVII, 19) für gemischten Chor und Baritonsolo. Der Oberkantor der israelitischen Gemeinde, Salomon Sulzer, hatte das Werk für den jüdischen Tempel von Wien bestellt. Ihm war auch das Baritonsolo zugedacht. Der Oberkantor Sulzer bemühte sich um eine Reform des jüdischen Tempelgesangs. Als besonderes Verdienst wurde ihm angerechnet, daß er die ersten Tonsetzer der Kaiserstadt zur Schaffung von Kompositionen für seine Gemeinde anzuregen vermochte. Unter ihnen besteht die Komposition Schuberts in ihrer schlichten Homophonie, in der Soli und Tutti fragen und antworten. Im Mittelteil erhielt der Oberkantor ein Solo, nach welchem der Sänger über einige Singfertigkeit verfügt haben muß. In den ihm zugemuteten Trillern mag ein Rest orientalischer Singart stecken. Sicher war Schubert auf des Kantors Hilfe bei der Deklamation des hebräischen Textes angewiesen. Das Werk wurde im Sommer 1828 im Judentempel Wien erstaufgeführt und 1841 als Nr. 6 in Salomon Sulzers «Sammlung hebräischer religiöser Gesänge» veröffentlicht. Eine spätere Separatausgabe benützte eine von Moses Mendelssohn angefertigte deutsche Übersetzung. Das schöne, abgerundete Werk wird in einer guten Wiedergabe jedem Gottesdienst zur Erbauung dienen.

Im Mai 1828, zwischen der letzten Sinfonie und der letzten Messe, entstand auch der letzte Männerchor, der doppelchörige «*Hymnus auf den heiligen Geist*». Der Text stammt von einem A. Schmidl. Eine erste Fassung war bereits im März komponiert worden, doch ist sie verlorengegangen. Die zweite Fassung war a cappella (XVI, 42). Im Oktober 1828 erhielt die leicht abgeänderte zweite Fassung eine Bläserbegleitung von je zwei Oboen, Klarinetten, Fagotten, Hörnern, Trompeten und drei Posaunen (XVI, 2). Sie war bestimmt für ein am 5. März 1829 im Landhaussaal stattfindendes geistliches Konzert und erschien als op. 154 posthum 1847 bei Diabelli. Klavierbegleitungen stammen vom Verleger und von Ferdinand Schubert. Es ist ein überaus kraftvolles Stück, abwechslungsreich und von starker Wirkung, zu der die alternierenden Chöre und die reiche Harmonik viel beitragen. Manches wirkt männerchormäßig, auf Effekt angelegt. Der hingehauchte, verklingende Schluß läßt alle Äußerlichkeit vergessen.

Ein letztes Chorstück dürfen wir nicht übergehen: «*Mirjams Siegesgesang*» (XVII, 9), im März 1828 entstanden und lebensbejahend, hymnisch, wie die C-dur-Sinfonie. Den Text hatte Franz Grillparzer speziell für Schubert geschaffen. Er schildert den frenetischen Jubel der Israeliten über den im Roten Meer samt seiner Reiterei versunkenen Pharao. Das wie auf einen Hieb hingesetzte Werk ist in einem musikalischen Al-Fresco-Stil für Sopransolo, Gemischten Chor und Klavierbegleitung komponiert, doch schreit die Klavierbegleitung direkt nach Instrumentierung, die denn Franz Lachner auch besorgte, und zwar für die Wiedergabe in einem am 28. März 1830 im Redoutensaal stattfindenden Konzert. Das Sopransolo schrieb Schubert für Josefine Fröhlich, die Peppi aus dem Viermäderlhaus. Die Erstaufführung der Originalfassung hatte am 30. Januar 1829 im Musikvereinssaal stattgefunden, doch sang an Stelle der Sopranistin ein Tenor das Solo. Man mag mit Einstein an Händel denken, dessen Werke Schubert einige Zeit zuvor erhalten hatte und die er eifrig studierte. Einige Anregungen zur Komposition mochte er dort geschöpft haben. Mehr als einige Anregungen nicht, denn Schuberts Musik steht ganz eigenständig und auf festen Beinen da. Sie ist wohl etwas pausbäckig, doch urgesund und diesseitig und verdient keinerlei Hintansetzung. Das wirkungsvolle Werk erschien 1832 bei Diabelli posthum als op. 136. Seine Widmung an den Schubertsammler Josef Witteczek stammte vom Verleger. Doch war sie ebenso wohlverdient wie jene von op. 80, die von Schuberts eigener Hand stammt.

DIE LETZTEN KLAVIERWERKE

Das Jahr 1828 schenkte der Welt ein weiteres großartiges Vermächtnis: Schuberts letzte Werke für das Klavier. Dieses Instrument bedeutete für Franz Schubert nicht weniger als das Lied; ihm entlockte er die beseeltesten Klänge, ihm ließ er geheimste seelische Empfindungen entströmen, in ihm grollte und zürnte, sang und jubelte er. Kein Wunder, daß die Klavierwerke des Todesjahres ebenfalls von ganz gewichtiger künstlerischer Substanz sind. Während Beethovens letzte Klaviersonate, c-moll, op. 111, bereits fünf Jahre vor des Tondichters Tod entstand, blieb Franz Schubert gerade dieser Kunstform treu bis hart an sein Totenbett. Ihre Art genügte ihm offenbar, um seine musikalischen Gedanken zu formen. Beethoven genügte die Klaviersonate nicht mehr. Er bedurfte des durchgeistigten Streichquartetts.

Schubert begann das Jahr mit der Komposition von vierhändigen Klavierwerken. Im Januar skizzierte er eine «*Fantasie in f-moll*», die er im April ausarbeitete (IX, 24). Am 9. Mai 1828 spielte er sie mit Franz Lachner als Partner dem gemeinsamen Freund Eduard von Bauernfeld vor. So orientiert uns wenigstens jener. Als op. 103, welche Ziffer noch Schubert für das Werk bestimmt hatte, gab sie Diabelli am 16. März 1829 posthum heraus. Der Komponist widmete, was wir bereits wissen, das Werk der Komtesse Karoline von Esterhazy von Galantha. Das Werk ist viersätzig: Allegro-Largo-Scherzo mit Trio-Finale. Alle Sätze sind in freier Sonatenform gehalten, die von den Romantikern ausgesprochen bevorzugt wurde und schon 1821 in Webers «Konzertstück für Klavier und Orchester», op. 79, gewichtig vertreten war. Schuberts Fantasie in f-moll wird durch Reminiszenzen an das Allegro, die im Finale auftauchen, formal gerundet. Sie ist eine selige Erinnerung an die Tage von Zelesz. «All ongarese», auf ungarische Art, beginnt das anspringende, plastische Hauptthema den ersten Satz:

Das Seitenthema in der Paralleltonart As-dur nimmt, wie sein Gegenmotiv, den rhythmischen Impuls vom Hauptthema:

Die Durchführung erhält durch das Thema in der Haupttonart f-moll, das im letzten Satz als Fugenthema erscheint, einen besondern Schwung:

Das Largo steht in Fis-dur, wohin es kein Klassiker gelegt hätte. Er hätte As-dur gewählt. Seine Süße wurde Schubert angekreidet:

Man versteht sie vielleicht – und entschuldigt sie auch, muß sie entschuldigt werden –, wenn man sich erinnert, daß Schubert Paganini gehört hatte und vom Adagio im zweiten Konzert op. 7 fand, er habe darin einen Engel singen hören. – Scherzo und Finale wirken in ihrer kontrapunktischen Dichte hinreißend und architektonisch groß geschaut und gebaut. Vielleicht hat die Erkenntnis, daß ihm eine verstärkte kontrapunktische Bearbeitung der Ideen auch vermehrte Möglichkeiten bieten würde, Schubert im Herbst zum Plan geführt, einen entsprechenden Unterricht bei Simon Sechter, dem trockenen Theoretiker, zu nehmen?

Im «*Allegro in a-moll*» für Klavier zu vier Händen vom Mai 1828 (IX, 23) gelang Schubert eine Tat wie selbstverständlich, die ihm früher viel mehr Mühe bereitet hätte: aus der gefährlichen dreiteiligen Liedform A-B-A findet er in einer dramatisch-bewegten Überleitung, welche Material aus dem ersten Thema verwendet, den Weg zur Bildung des zweiten Themas. In der nun folgenden Stelle sinkt der zweite Spieler in geheimnisvollem Unisono nach Gis hinunter, das sich enharmonisch zu As verwandelt und aus der Höhe herunter eine wundersame Tröstung erfährt. – Bei der Veröffentlichung durch Diabelli 1840 erhielt das Werk mit der Opuszahl 144 auch den Titel «Lebensstürme», gewiß nur aus absatztechnischen Erwägungen heraus. Solche poetische Umschreibungen waren zwar in der Romantik große Mode, doch ist dieses «Allegro in a-moll» in Tat und Wahrheit ein trefflich gelungener Sonatensatz.

Etwas leer ist die vierhändige «*Fuge in e-moll*» (IX, 28), die Schubert am 3. Juni 1828 im Wettstreit mit Franz Lachner in Baden bei Wien schrieb. Am Tage darauf spielte er das Werk zusammen mit seinem Freund auf der Orgel der Zisterzienserabtei «Heiligkreuz». Sie gemahnt etwas an Mozarts «Fuge in g-moll», Köchelverzeichnis Nr. 401, und wirkt wie diese blaß. Schon das Thema sagt wenig aus, und die Durchführung ist einigermaßen flüchtig. Eine Notwendigkeit zu der durch Diabelli 1844 als op. 152 posthum erfolgten Drucklegung für Orgel bestand nicht.

Eine ganz andere Luft beseelt das im Juni 1828 im Auftrag Domenico Artarias geschaffene «*Grand Rondeau in A-dur*», op. 107 (IX, 13), am 11. Dezember 1828 erschienen, ebenfalls ein vierhändiges Klavierwerk, doch recht gemütvoll an Stimmung und sorgfältig gearbeitet. Der Wiener Lokalton, der in Schuberts «Deutschen» und «Walzern» so herzlich zutage tritt, schwingt auch in diesem freundlich-idyllischen Werk wahrhaft beglückend mit. Dieses «Rondo in A-dur» ist Krönung und Schlußstein von Schuberts Schaffen für das vierhändige Klavierspiel. Als ein Vermächtnis ist es uns besonders lieb und wert.

*

Das Todesjahr 1828 krönte ferner Schuberts kompositorisches Schaffen für das Klavier zu zwei Händen. Im Mai fanden die «Impromptus» op. 90 und 142 eine Fortsetzung, die nach Schuberts Willen ebenfalls vier Stücke enthalten sollte. Diese «*Drei Impromptus*» (XI, 13) stehen in es-moll, Es-dur und C-dur und wurden, mit Johannes Brahms als Berater, 1868 von Rieter in Winterthur herausgegeben. Sie erhielten den Titel «Drei Klavierstücke.» Eine neuere Ausgabe des Verlages Steingräber nannte sie gar «Osterspaziergang» (nach Goethes «Faust») und gab den einzelnen Stücken «poetische» Titel wie «Soldaten und Bürgermädchen», «Vom Eise befreit», «Bauern unter der Linde». Das ist eine Irreführung der Öffentlichkeit, da jedermann, der nicht erst das Vorwort gelesen hat, meinen muß, Schubert habe einen «Osterspaziergang nach Goethes Faust» komponiert. Konnte man solche Umbenennungen in der Romantik mit deren Manie der Poetisierung und ihrer Ungenauigkeit, besser vielleicht mit ihrer weitherzigen Auslegung des Begriffes «geistiges Eigentum», erklären, so sollten solche in unsern Tagen nicht mehr vorkommen. Wir lehnen eine Hermeneutik, die mehr auslegt, als auszulegen ist, ab, ebenso die Meinung, die neun Sinfonien Beethovens seien musikalische Gestaltungen von bestimmten Dramen Shakespeares. – Von den drei Stücken ist zu sagen, daß sie nicht ganz die Höhe ihrer ältern Geschwister innehalten. Waren sie als Sonatensätze gedacht? Bald etwas virtuos-gesellschaftlich, wie das an Kreutzer gemahnende Stück in es-moll mit der «Romanze alla francesca» (ein zweiter Mittelteil stand in As-dur), bald all'italiana, wie das leicht schmachtende Stück in Es-dur, bald von fern her all'ongarese, wie das Stück in C-dur, das wieder etwas lang geraten ist, so sind diese drei Impromptus Augenblickseingebungen, die wohl echte Schubertische Züge aufweisen, substanziell aber noch einige zusätzliche Arbeit ertragen hätten, um den Wert ihrer Geschwister zu erreichen.

Als Vermächtnis großartigster Art sind hingegen die im September 1828 entstandenen drei letzten Klaviersonaten zu werten. Robert Schumann, dem sie der Verleger 1838 widmete, fand sie merkwürdig genug, jedenfalls «auffallend anders, als seine andern, namentlich durch eine viel größere Einfalt der Erfindung, durch ein freiwilliges Resignieren auf glänzende Neuheit, wo er sich sonst so hohe Ansprüche stellt, durch Ausspinnung von gewissen allgemeinen musikalischen Gedanken, anstatt er sonst Periode auf Periode neue Fäden anknüpft. Als könne es gar kein Ende haben, nie verlegen um die Folge, immer musikalisch und gesangreich rieselt es von Seite zu Seite weiter, hier und da durch einzelne heftigere Regungen unterbrochen, die sich aber schnell wieder beruhigen. Ob in diesem Urteile schon meine Phantasie durch die Vorstellung seiner Krankheit verführt scheint, muß ich Ruhigeren überlassen.»

Schumann spürt mit wachen Sinnen, daß in diesen drei letzten Sonaten ein Anderes mitschwingt. Dieses Andere aber mit Schuberts letzter Krankheit oder gar mit dem Tod in Verbindung zu bringen, geht völlig daneben. Denn im September 1828 war Schubert nicht kränker als im März oder Juli, als die Sinfonie in C und die Messe in Es entstanden. Dieses Andere war eine Beunruhigung, doch stammte sie weder aus einer Krankheit, die erst noch kommen sollte, noch aus einem Gedanken an den Tod, der ihm jetzt noch nicht näher stand als je zuvor. Die innere Beunruhigung, die Schumann empfand und die er in der «viel größern Einfalt der Erfindung» hörte, rührte von Beethoven her, von der Verpflichtung, dessen Klaviersonaten würdig zu sein oder zu werden, wie man will. Schubert wollte sie dem Komponisten und Virtuosen Johann Nepomuk Hummel widmen. Waren sie aber nicht eher Beethoven zugedacht? Dessen letzte Sonaten konnte ein Franz Schubert nicht unbeachtet lassen. Konnte und wollte er Beethovens Sonatenwerk nicht weiterführen oder gar vollenden, so hat er seine drei letzten Klaviersonaten doch deutlich mit einem Seitenblick auf jenes geschaffen. Er hat sie mit ganz besonderer Sorgfalt vorbereitet. Davon sprechen die autographen Skizzen. Sie decken einen Schaffensprozeß auf, der sich mit der Eingebung des Augenblicks, auch wenn er von einem Meister dieser Eingebung wie Schubert stammte, nicht begnügte, sondern ihn der geistigen Kontrolle unterwarf, ihn beschnitt, ergänzte, umarbeitete, polierte.

Die «*Sonate in c-moll*» (X, 13) beginnt mit ihren Schlägen ganz beethovisch:

Die Grundhaltung der c-moll-Sonate ist aufgewühltes, ans Dämonische grenzendes Empfinden. So seltsam ihre Durchführung anmuten muß, bei Schubert wirkt ihr chromatisches Material ganz echt, seine Verwendung als durchaus zu Recht erfolgt:

Weist diese Stelle nicht auf den Impressionismus hinaus? – Das «Adagio» ist ein wirklicher Gesang, mag er in irgendeiner Weise mit einem Lied und dessen Welt zusammenhängen oder nicht. Innigkeit, Grübelei, auch Sforzato-Ausbrüche von elementarer Gewalt tragen den Satz. – Das «Menuett» hat eigentlichen Scherzo-Charakter, wenigstens im ersten Teil. Im Trio gleitet er ins Tänzerisch-Graziöse hinüber. – Das «Allegro» des letzten Satzes ist ein rondomäßig dahinjagender Galopp, der auch Tarantella heißen könnte. Eingestreute lyrische Episoden bilden eine besondere Würze.

Die «*Sonate in A-dur*» (X, 14) beginnt frühlingshaft. Der erste Satz ist eher balladesk als sonatenmäßig und besteht fast ganz aus Exposition, da auch die Durchführung neues, wunderliebliches Gedankengut darbietet. – Das «Andantino» ist von schier unheimlicher Phantastik, originell, frei, improvisiert wirkend. – Reizend wirkt im «Scherzo» der Wechsel von hüpfenden, wiegenden, rieselnden Klängen und Rhythmen, über denen ein duftiger Hauch von Brillanz liegt. – Das «Rondo-Finale» ist ein stilles Sitzen «an des Hügels Rand» unter klarem Himmel, ist ein Träumen voller Musizierfreude. Der Reichtum an Gedanken wird durch einen deutlichen Anklang an das einleitende Allegretto gerundet.

Die «*Sonate in B-dur*» (X, 15) darf man wohl als die schönste Klaviersonate nach Beethoven (Georgii) bezeichnen, sicher ist sie eines der schönsten Werke der Klavierliteratur überhaupt. Der erste Satz, «Molto moderato», beginnt in B-dur mit einem lang gesponnenen liedhaften Thema, das dann in die schönsten Schubertischen Modulationen getaucht wird, in Ges-dur erscheint:

und von murmelnden Sechzehntelfiguren untermalt ist. Das Thema weitet sich dann zu einem breit fließenden Strom, der nach einem lieblichen Seitenteil scheinbar einem dramatisch gestrafften Schluß zustrebt, der aber in ganz gegensätzlicher Stimmung verhalten und stockend ausklingt. – Das «Andante sostenuto» mit seinem sanften Terzengesang in E-dur, welche Tonart bei einem Klassiker eher Es-dur, vielleicht auch g-moll hieße, über den leicht zuckenden obstinaten Begleitfiguren:

ist von zartester Verklärung. Ist es ein Abschied? Jedenfalls ist es Schubertische Lyrik in ihrer innigsten und reinsten Form. – Das «Scherzo», mit «Allegro vivace con delicatezza» zubenannt, ist von schier unwirklicher Zartheit. Diese wird durch das klangsattere Trio eher noch unterstrichen. – Das «Allegro» ist durch «ma non troppo» gedämpft. Diese Dämpfung vermag die Stimmung gesteigerter Fröhlichkeit nicht zu brechen. Die Form kombiniert Rondo und sonatenhaft gebaute Durchführung und zeigt deutlich, was Schubert an Beethovens Klaviersonaten gelernt hatte. Nun war aber Schubert noch nicht Beethoven geworden, wie hätte er dies je werden können oder werden wollen; damit konnte der Satz trotz seiner Beethovenschen gedrängten Form, die Schumann mit «Einfalt der Erfindung» verwechselte, die Schubertische Gedankenfülle nicht verbergen. Der Satz ist aber nicht nur inhaltlich, sondern auch nach der Form aufs glücklichste gebaut, ans Herz greifend in unserm Wissen um die kurze Spanne Zeit, die dem Schöpfer solchen Reichtums, dem Träumer Gottes zu träumen, beschieden sein sollte.

Wie sehr muß man mit Carl Spitteler einig gehen, der in seinen «Lachenden Wahrheiten» einen Aufsatz über «Schuberts Klaviersonaten» schrieb, der zum besten gehört, was über sie gesagt wurde und gesagt werden kann. Vielleicht, weil ein Dichter mit einem guten Schuß Musikerblutes in Worten über einen Dichter in Tönen schreibt? Was sagt uns Carl Spitteler:

«Wenn wir Schubert zwischen Blumen im Grase liegen sehen – und dies ist seine gewöhnliche Stellung –, sind wir geneigt, ihn als harmlosen Schäfer und Schläfer zu betrachten. Steht er aber einmal auf, so erstaunen wir über seinen Riesenwuchs, über die Majestät seiner Bewegungen, über die herkulische Kraft seiner Leistungen... Über alles herrlich sind seine enharmonischen Modulationen und chromatischen Koloraturen; die hämmert er zu festem Metall, daß eherne Blitze hervorsprühen... Hinsichtlich des Schmelzes spotten

Schuberts Sonaten nicht bloß der Vergleichung, sondern sogar der Ahnung. Da ereignen sich Zauberkünste und Halblichteffekte, vor deren Zartheit die Phantasie den Atem zurückhält.» Dann nennt Spitteler, der seinen Schubert sehr gut kannte, einige Stellen, die selbst dem nüchternen Verstande als Grüße aus dem Paradiese gelten: «Da schmilzt jeder Ton zu schlackenloser Schönheit, da ‚riecht' es nicht bloß ‚nach Musik', es duftet danach. Das ist das reine, stille Seelenglück, in Musik umgesetzt; mit einem Nerv im tiefsten Innern, durch welchen wehmütige kosmische Ahnungen zittern.» Dabei weiß Spitteler recht wohl um die formalen Schwächen, um die himmlischen Längen, die «mitunter etwas überladenen und gequetschten Liedweisen der Andante». Aber im Hinblick auf die herrlichen Reichtümer in anderer Hinsicht fragt er:

«Und dergleichen hätte Schubert unterdrücken sollen? Sämtliche Sünden Schuberts gegen die Form laufen schließlich auf eine glorreiche Tugend hinaus: den unaufhaltsamen Strom seiner himmlischen Inspirationen. Ehe er nur zur Arbeit schritt, stand schon ein Motiv (wir möchten sagen: eine Melodie) von überirdischer Schönheit vor seinen Blicken. Vergebens raunte ihm die Vernunft zu, es zu ermorden, umsonst zückte sein Wille den Stahl; das Mädchen flehte ihn an aus seinen wunderbaren Augen, und er tat, wie der Jäger mit dem Schneewittchen getan: er ließ es leben, ‚weil es so schön war'.

Ein Prophet Samuel mag ihn dafür verdammen; ich bin nicht Samuel.»

Wer möchte überhaupt in diesem Falle Samuel sein?

DAS STREICHQUINTETT

Hat das Klavier die beiden Trios op. 99 und 100 in eine Atmosphäre sinnenfreudiger Musizierlust gerückt und den beiden Werken damit einen Hauch verfeinerter Unterhaltungskunst verliehen, so wurden die beiden Streichquartette in a-moll und d-moll aus dem Jahre 1826 Träger jenes Gestaltungswillens, der gerade das innerste Wesen des letzten Schubert ausmacht. Damit tritt dem beschwingten Musikantentum der Klaviertrios oder der frühern Streichquartette die in letzter Reinheit ausgeprägte Vollendung des Streichquintetts in C-dur (IV, 1) entgegen. Hier ist es völlig müßig, nach Vorbildern zu suchen.

Beethoven vor allem konnte keines sein, da er diese Gattung ganz nebensächlich behandelt und früh verlassen hat. Außerdem ist sein op. 4 aus dem Jahre 1795 die Umarbeitung eines Oktetts, und op. 29 von 1801 fügte dem Streichquartett eine zweite Bratsche bei, während Schubert nach einem zweiten Cello griff. Im «Forellenquintett» war es zum Ausbalancieren des klanglichen Gleichgewichts ein Kontrabaß gewesen; mit dem Einbezug eines zweiten Cellos trat zum Streichquartett ein fünftes Melodieinstrument, wodurch die Stimmführung sich bereichern, spannen mußte. Durch die Verwendung der Bratsche als Mittlerin zwischen einem hohen (mit den beiden Violinen) und einem tiefen (mit den beiden Celli) Trio wurde die Melodieführung stark intensiviert. Ihre Verschmelzung mit einer Klangseligkeit, die in der gesamten Streicherliteratur ihresgleichen sucht, gibt dem Streichquintett Franz Schuberts seinen einzigartigen Charakter.

Begonnen wurde das Werk, dessen Manuskript verlorenging, vermutlich im August 1828, vollendet wurde es im September, im Monat der drei letzten Klaviersonaten. Es steht, wie die letzte Sinfonie, in C-dur, der hellen Tonart freudiger Lebensbejahung, der Tonart von Mozarts Streichquintett, Köchelverzeichnis 515 vom 19. April 1787. An seinen Anfang könnte der Beginn von Schuberts Werk erinnern. Das wäre aber auch alles, denn vier Jahrzehnte Zeitunterschied ergaben in jenen stürmischen Jahren einen Unterschied der Standorte, die weder bewußte noch unbewußte, weder gewollte noch ungewollte Anlehnung zu einer stärkern Annäherung hätte führen können. – Seine erste öffentliche Aufführung fand das Quintett am 27. April 1850 an einem Kammermusikabend Josef Hellmesbergers durch dessen Quartett unter Beiziehung des Cellisten Josef Stransky. Erschienen ist das Werk als op. 163 posthum 1853 in Wien bei Diabellis Nachfolger C. A. Spina. Die Breite der Anlage, in der letzten Sinfonie von Schumann als «himmlische Länge» mißverstanden oder mißverständlich so bezeichnet, vor allem aber auch die geniale Kühnheit der Modulationen überstiegen das Verständnis der Zeitgenossen, wie die Breite der Anlage und die Kühnheit der Modulationen von Anton Bruckners Sinfonien dem Verständnis der Zeitgenossen sich entzogen, sich für Jahrzehnte entziehen mußten. Seine Zeit mußte ebenso kommen, wie die Zeit von Bruckners Sinfonien kam, ist es doch ein Meisterwerk im vollsten und reinsten Sinn des Wortes. Und jedes wahre Meisterwerk findet seine Zeit. Prominenter Zeuge darf uns Josef Joachim sein, der große Geiger. Als er das Werk noch kaum richtig kannte, urteilte er darüber: «Gestern habe ich das Quintett von Schubert durchgespielt. Vieles ist ganz wunderschön, von überquellender Empfindung und so eigenartig im Klang; und leider macht das Ganze wieder keinen befriedigenden Eindruck! Maßlos und ohne Gefühl für Schönheit in den Gegensätzen.» Als Joachim das Werk besser kannte und es ihm vertrauter geworden war, wurde es eine seiner liebsten Kompositionen; über sie ließ er nichts kommen und spielte sie mit seinem Quartett unter Beizug eines zweiten Cellisten immer wieder.

Auch das Streichquintett in C-dur ist, wie das Streichquartett in d-moll, eine Verschmelzung von Gegensätzen zu einer höhern Einheit: Wärme der Empfindung, von Joachim überquellend genannt, klangliche Ausstrahlung, beseelte Unmittelbarkeit der Melodien liegen wie eingebettet in einen Reichtum an Stimmen und Harmonien, deren wechselseitige Durchdringung den Charakter des Werkes wesentlich bestimmt.

Der erste Satz ist ein «Allegro ma non troppo», sein Thema Symbol:

Der in sich dynamisch intensivierte Vierklang der Tonika (reines C-dur, ohne zweites Cello) wird durch die Alterierungen von Bratsche und erstem Cello im dritten Takt zum mit Spannung geladenen verminderten Vierklang umgebogen, aus dem sich im vierten Takt das Thema löst und in einer aufschwingenden Akkordbrechung sich entfaltet, um leicht und beschwingt auszuklingen. Alles drängt in diesen Takten hinauf ans Licht und findet im Gegenthema jene himmlische Fortsetzung durch zwei sich voneinander lösende und sich wieder findende Stimmen, die sowohl reine Melodie sind, als auch reiner Klang. Sie offenbaren die völlig neue Idee, das Seitenthema nicht als Gegensatz, Antithese, sondern als Entwicklungsziel des Hauptgedankens zu behandeln und es entsprechend einzusetzen:

Dieser erste Satz ist eine eigentliche Sonatenform, aber nicht in der klassisch-kämpferischen Auseinandersetzung der Themen, wie bei Beethoven; sie ist auch nicht durch gefühlshafte Konflikte vom Komponisten her bedroht. Der Satz ist eine Einheit geworden, deren Gegensätze sich alle nach innen auswirken und ihm dadurch seine ungewöhnliche Eindringlichkeit und Geschlossenheit verleihen. – Der zweite Satz, ein «Adagio», ein wirkliches «Adagio» und nicht ein verkapptes «Andante», beginnt und endet in E-dur als der Tonart der Terzverwandtschaft. Dieses «Adagio» ist von rechter Feierlichkeit und von einem innern Atem erfüllt, der den Strom im Mittelteil kontrastierend in f-moll zu leidenschaftlich gesteigerter Glut werden läßt. Der dämonisch wirkende Zug ebbt ab und klingt in den Anfang aus, in jenen holden E-dur-Gesang der Mittelstimmen, den leichte Figuren der Außenstimmen umschweben:

Das «Scherzo» ist ein «Presto», das in den verhauchenden Schluß des «Adagios» hineinfährt wie ein Sturmwind. Das Thema blickt ebenfalls zurück auf den ersten Satz und spannt sich durch die synkopische Verschiebung:

Der Tonfluß weitet sich zum Strom, doch erinnert sich die Thematik immer wieder der Grundform des Gedankens. Im Trio in Des-dur, zur Tonart C-dur des ersten Teils in starkem Tonartenkontrast stehend, heben Bratsche und zweites Cello einen expressiven Unisono-Gesang an, der unvermutet in die Subdominante einmündet und dort scheinbar zur Ruhe kommt, aber in der ersten Violine und im ersten Cello noch in einen Nachhall ausschwingt, der sich später recht selbständig gibt:

Der Teil ist so spezifisch schubertisch, dabei aber trotz des ständigen Auftauchens des ersten Themas in kaum veränderter Gestalt von so seltener Eindringlichkeit, die Überleitung zum Beginn des Satzes von so vorbildlicher Knappheit und Eindeutigkeit, daß man sich immer wieder neu verwundert, wieviel Schubert gewachsen ist. – Der letzte Satz, ein «Allegretto», fährt naturhaft unbekümmert einher und weist Charakterzüge eines stampfenden Bauerntanzes auf:

Das Tänzerische der Begleitung wird aber durch einen breiten melodischen Zug abgelöst, der in musikantischem Schwung, der zur Ekstase des Dionysischen wird, den Fortefortissimo-Schluß setzt.

Angesichts der Vollendung, die das Streichquintett in C-dur zeigt, kann man sich nicht vorstellen, daß dieses Werk nur eine Stufe auf dem Anstieg einer weiteren Steigerung hätte darstellen können. Frühvollendete erleben die Gnade, daß sich aus dem jähen Tod ihr Werk in gnadenvoller Reinheit erhebt in einer Vollendung, die nicht mehr zu steigern ist. Im Streichquintett in C-dur hat uns Franz Schubert seine letztwillige Verfügung in der Kammermusik hinterlassen.

DIE LETZTEN LIEDER

Wir verließen den Liedmeister bei der «Winterreise» und den Liedern nach Gedichten Karl Gottfried von Leitners, dem geborenen Grazer und Freund der Familie Pachler. Nach den im Januar 1828 entstandenen Liedern dieses Grazer Professors trat im Liedschaffen ein Unterbruch ein. Im März begann ja die Arbeit an der C-dur-Sinfonie, die ihn vollauf in Anspruch genommen haben wird. Im Mai komponierte er das letzte Gedicht aus dem Kreise der Heimatdichter: Franz von Schlechtas «*Widerschein*» (XX, 553), das er bereits 1819 in einer ersten Fassung vertont hatte (Deutsch 639). Es wurde eine italianisierende, neckische zweiteilige Szene zwischen einem Fischer und seiner Geliebten, deren Bild der Verliebte «treuer nie gemalt» im Widerschein der Wellen entdeckt. Während der Fischer Goethes dem Trugbild in die Tiefe der Wasser folgt, hält sich Schlechtas Fischer fest am Geländer der Brücke, auf welcher er steht.

Schubert fühlte vermutlich nun, daß für ihn in diesem Dichterkreis keine Anregung mehr zu holen war. Leider schrieb sein bester Kopf, Franz Grillparzer, keine Verse. Allerdings kam Schubert in seinem allerletzten Lied doch noch auf den Text eines heimischen Dichters zurück, als er J. G. Seidls «*Taubenpost*» (XX, 567) in ein nettes, biedermeierisches Kleid faßte. Es wurde offenbar mehr aus Gründen der Pietät in den letzten Zyklus aufgenommen, wohin es sich auf Entschluß Tobias Haslingers am 13. Januar 1829 verirren mußte; ihm hatte Ferdinand Schubert am 17. Dezember 1828 lediglich die Gesänge nach Rellstab und Heine angeboten.

Ludwig Rellstab ist in der Literaturgeschichte als Verfasser der Romane «1812» und «Henriette» (Sontag), als Theaterkritiker und Kämpfer für C. M. von Weber gegen Spontini, den Berliner Operndiktator, bekannt. Rellstab war 1825 nach Wien gekommen und hatte sich über dessen Musikleben sehr kritisch geäußert. Vielleicht lernte Schubert ihn auch persönlich kennen. Nach Schindler wären die Gedichte Rellstabs in Beethovens Nachlaß entdeckt worden und er,

Schindler, hätte sie Schubert zur Vertonung überlassen. Vielleicht trug sich die Angelegenheit zu, wie sie Schindler, der sich oft recht wichtigtuerisch benahm und nicht als unbedingt zuverlässig zu gelten hat, erzählte. Im März 1828 komponierte Schubert als ersten Rellstab-Text «*Auf dem Strom*» (XX, 568, am 27. Oktober 1829 bei Leidesdorf als op. post. 119 erschienen). Es ist ein Gesang mit Begleitung von Klavier, Horn oder Violoncello, bestellt durch den Hornisten Jos. Rud. Lewy, der es, mit Schubert am Klavier und Tietze als Sänger, im Schubertkonzert im Kleinen Redoutensaal an jenem 26. März 1828 uraufführte. Das Stück ist ein Abschiedsgesang mit durchgehender, wenig einfallsreicher Triolenbegleitung im Klavier, mit Zwischenspielen und Echostellen zwischen Klavier und Horn.

Die konzertante Szene «*Der Hirt auf dem Felsen*» (XX, 569) ist im Oktober 1828 entstanden. Der Text stammt nicht von Rellstab, sondern floß aus zwei Quellen. Anfang und Schluß lieferte Wilhelm Müllers «Der Berghirt», die eingeschobene Mitte Wilhelmine von Chézys «Liebesgedanken». Das Werk für Sopran, Klavier und Klarinette (oder Violoncello) wurde für Anna Milder geschaffen, die es im März 1830 in Riga zur Erstaufführung brachte. Bestätigt hat sie den Empfang erst nach Schuberts Tod. Am 4. September 1829 erhielt sie durch Vogl eine von Ferdinand Schubert angefertigte Kopie dieses naturhafte Frische ausstrahlenden Werkes, das der Gesangsvirtuosin sehr entgegenkam, das Klavier aber so nachlässig behandelte, wie dies Schubert kaum in einem Lied sich zuschulden kommen ließ. Die nachdenkliche Stimmung des Anfangs hält nicht lange vor, sie geht bald in einem ausbrechenden Jubel über den kommenden Frühling unter.

Wenn wir nun zu den Texten zurückkehren, die Schubert Rellstab entlehnte – sein Gedichtbändchen war 1827 erschienen –, so müssen wir noch das Fragment «*Lebensmut*» (XX, 602) erwähnen, mit dem Schubert den geplanten Rellstab-Zyklus eröffnen wollte; das Lied wurde vom Komponisten ausgeschieden, was zu bedauern ist. Denn es ist von zügiger Melodik und strahlt im Polonaisenrhythmus eine Lebensbejahung aus, die eben auch ein Teil von Schuberts Seelenlage war. Auf Schuberts Verhältnis zum Tod wirft die dritte Strophe ein bezeichnendes Licht:

«Mutig umarmt den Tod! trifft euch sein Machtgebot.
Nehmt euer volles Glas, stoßt an sein Stundenglas;
Thanatos' Brüderschaft öffnet des Lebens Haft.
Neu glänzt ein Morgenrot; mutig umarmt den Tod!»

Im April schrieb Schubert dem jungen Geiger Heinrich Panofka das Lied «*Herbst*» (XX, 589), eine Elegie im Zwölfachteltakt, in dessen Album. Eine innere Erregung läßt Schauer rieseln.

Die Gedichte Rellstabs sind lyrische Ergüsse über Natur, Welt und Mensch, deren literarischer Wert jenen der Wiener Dichter kaum viel überragt. Sie wären auch vergessen, hätte sie nicht Schuberts Vertonung in das Bewußtsein der Menschheit gehoben. Es sollten sieben Rellstab-Gedichte mit sechs Gedichten von Heinrich Heine zusammen herauskommen und den Freunden gewidmet werden. Das achte Lied, eben jenen «Lebensmut», hat Schubert aus unerfindlichen Gründen aus dem Zyklus herausgenommen, dessen Titel «Schwanengesang» vom Verleger stammt. An der Spitze steht «*Liebesbotschaft*» (XX, 554), zu reich und dem Klavier eine zu gewichtige Rolle im Dialog zuweisend, als daß das Lied in der «Schönen Müllerin» stehen könnte, obwohl sein Geist der Geist des rauschenden Bächleins ist, das den Müllerburschen in die Mühle und zu seinen selig-unseligen Erlebnissen führte. Dieser Dialog zwischen Singstimme und Klavier ist etwas völlig Neues. Das Lied ist von herzlicher Innigkeit erfüllt. – «*Kriegers Ahnung*» (XX, 555) entstammt der Welt der Ossian-Gesänge, die das Lied als kleine Kantate recht eigentlich erfüllt. – «*Frühlingssehnsucht*» (XX, 556) nimmt die drängende Schwärmerei von Goethes «Musensohn» auf, während das «*Ständchen*» (XX, 557) mit dem irritierenden Gitarrengezupf in der Begleitung und der gefühlvollen Melodieführung der Singstimme leicht zu Sentimentalität verleitet. Könnte das Stücklein nicht auch unter Mendelssohns venezianischen Gondelliedern seinen Platz haben? – «*Aufenthalt*» (XX, 558) ist in seinem naturhaften Pathos ein Kabinettsstück für kräftige, gesunde Stimmen. Seine Wiedergabe ist auch für Unisono-Chor zu denken. – Ganz andere Töne schlägt das textlich verworren wirkende «*In der Ferne*» (XX, 559) an. Einleitung und Zwischenspiele sind von selten eindringlich harmonischer Spannung, und dem flüchtigen Fußes in die Welt hinaus Ziehenden folgt die Begleitung in hastiger Triolenbegleitung. Einzigartig in der Wirkung der breit ausladende Schluß in seinem Dur-Moll! – «*Abschied*» (XX, 560) könnte als Summe alles dessen bezeichnet werden, was Frühromantik und Biedermeier an Abschiedsgedanken und -empfindungen haben äußern können. In Text und Musik lebt ein Abschiedsschmerz, der nur zu gut weiß, daß das Wiederkommen nicht unmöglich ist. Und dann werden die Sterne freundlich schimmern, wie das Fensterlein der Liebsten und ihre blanken Äuglein.

Ludwig Rellstabs hausbackene Lyrik, die alles möglichst direkt sagte, konnte dem empfindsamen Musiker nicht das bieten, was er nun bei Heinrich Heine fand: echte Lyrik eines wirklichen Dichters. Die sechs Gedichte, die den zweiten Teil des Zyklus' bilden sollten, erschienen 1826 in den «Reisebildern». Am 12. Januar 1828 las man nach dem Tagebuch Franz von Hartmanns bei Schober «die herrliche Geschichte der Marquise von O. von Kleist» aus und fing ein Buch an, «Reiseideen von Heine». – Am 19. Januar war man wieder bei Schober und las die «Reiseideen» zu Ende. Der junge Linzer Student war nicht sehr begeistert, da er «manches Gemütliche. Viel Witz. Falsche Tendenz» darin gefunden haben wollte. Vermutlich hatte er Heines Gefühls- und Gedankenwelt gar nicht begriffen. Vielleicht hatte er dessen Geringschätzung alles Germanischen gespürt, vielleicht Heines ganz andern politischen Standpunkt geahnt. Schubert überlegte natürlich nicht in solchem Sinne. Er fand im ersten Teil der «Reisebilder», in «Heimkehr», die sechs Gedichte, fühlte ihren besondern Reiz, der auf ihn ähnlich spontan wirkte wie seinerzeit Schiller, Ossian und Goethe. Die Gedichte fand Schubert ohne Titel. Diese stammen von ihm. Wieder fand der Dichter in Tönen einen echten Dichter in Worten. Erinnern wir uns, was er von den Texten Goethes sagte: «Das ist halt ein gutes Gedicht, da fällt einem gleich was Rechtes ein.» Auch Heines Gedichte erregen in ihm die richtige Saite. «*Der Atlas*» (XX, 561) trägt die ganze Welt der Schmerzen. Etwas viel auf einmal, möchte man sagen, doch Schubert fand dies offenbar nicht. Er legt das ganze Gewicht der Last in die kraftvolle Melodik, die über dem untergründigen Zittern der Begleitung ihre Bogen spannt. Man kann auch etwas Opernhaftes in der Komposition fühlen, welche durch die Baßführung in der Begleitung etwas durchaus echt Empfundenes verliehen erhält. – «*Ihr Bild*» (XX, 562) malt in einer Geschlossenheit sondergleichen die verzehrende Erinnerung eines Unglücklichen, dem der Verlust der Liebsten eine lebenslänglich schwärende Wunde wird. Erinnert die zweite Strophe in ihrem Singen aus b-moll über B-dur zu Ges-dur nicht an das geheimnisvolle Lächeln der «Gioconda» im Louvre? Aber da bricht der Schmerz in der dritten Strophe in voller Wucht aus dem Sänger heraus, in B-dur, damit der Forteschluß in b-moll um so nachdrücklicher den innern Zusammenbruch des Leidenden bewußt werden läßt. Man kann sich den Text nicht einfacher, nicht aussagekräftiger, nicht «moderner» vertont denken. – «*Das Fischermädchen*» (XX, 563) entführt in eine Welt einfacher, volksnaher Empfindung. – «*Die Stadt*» (XX, 564) hat weder im Werk Schuberts noch in dem seiner Vorfahren und Zeitgenossen ein Vorbild. Aus dem Tremolo der linken Hand, das dem ganzen Lied etwas unheimlich Drohendes verleiht, lösen sich immer wieder die Arpeggien der Nebelschleier, die das impressionistische Bild bald verhüllen, bald der Sicht freigeben. Dann pocht der Rhythmus der Melodie in den Begleitakkorden geheimnisvoll mit, bis das Bild, das sie mithalfen zu malen, im Tremolo und in den wieder und wieder wie Nebelschleier auf- und niederwallenden Arpeggien neuerdings versinkt. In der dritten Strophe wird die Melodik ausladender, bis sie im zweitletzten Takt ihren Höhepunkt erreicht, diesen schmerzlichsten Aufschrei über verlorene Liebe. Das Lied ist reiner Impressionismus. Wäre es bei Debussy, hieße es, ein Lied ohne Worte, «La Cathédrale engloutie» oder ähnlich. – «*Am Meer*» (XX, 565), das so viel mißhandelte Lied, könnte eine Romanze vortäuschen, wie «Das Fischermädchen» eine genannt werden kann, wenn nicht der zweimalige Spannungsakkord des instrumentalen Auftaktes ein Menetekel wäre. Nach der volksliedhaften, in Terzen und Sexten schwelgenden ersten Strophe, deren Art die dritte wieder aufnimmt, malt das Tremolo der Begleitung die steigenden Nebel, die anschwellenden Wasser, bis zu Beginn der dritten Strophe die verzehrende Sehnsucht von Körper und Seele in den beiden Spannungsakkorden des Schlusses ihr erlöschendes «Wo bist du?» fragt. – Diese Frage nimmt «*Der Doppelgänger*» (XX, 566) auf. Der Beginn ist wie ein Gespräch mit sich selbst; einfache Linien, einfache Intervalle, einfache, nur die Harmonie präzisierende Begleitung ließen das abgründige Aufschreien der zweiten Strophe nicht vorausahnen. Vor dem

Schmerz, der in diesem Mittelteil ausbricht, steht man wortlos, erschüttert und denkt des Wortes der armen Kreatur Wozzeck, die in sich hineinblickt und vor dem sich öffnenden Abgrund zurückschaudert. Die Erregung klingt scheinbar ab, sie verlagert sich völlig ins Innere des Menschen, der hier auf dieser Stelle sein Liebstes verlor. In der Einfachheit des organischen Baus und der musikalischen Sprache bei höchster Explosivkraft des Ausdrucks bildet dieses Lied, von dem man mit Einstein fragen möchte, ob es sich um eine lyrische Szene oder um szenische Lyrik handle, einen Abschluß, wie ihn Bachs «Kunst der Fuge», Mozarts «Zauberflöte», Beethovens letzte Quartette bilden. Wohin hätte eine Weiterentwicklung führen müssen? Vom «Doppelgänger» spannt sich der Bogen ohne Zwischenpfeiler zu den «Vier ernsten Gesängen» von Johannes Brahms, die auch am Ende eines reichen Künstlerlebens stehen. Denn Schuberts Leben geht nun zur Neige. Der Sänger hatte seinen «Schwanengesang» angestimmt. Wir stehen im Monat Oktober des Todesjahres 1828.

ENDE UND ANFANG

«Franz gest. Mittwoch, den 19. November 1828, nachmittags drei Uhr (am Nervenfieber), begraben Samstag, 22. November 1828.» So trug Franz Schubert-Vater das Ableben von Franz Schubert-Sohn in die Familienchronik ein, wobei ihm seltsamerweise ein Irrtum im Datum der Beisetzung unterlief. – Im Spätsommer hatte sich Franz Schubert wieder krank gefühlt. Er klagte über die leidigen Kopfschmerzen, über Blutwallungen und Schwindelgefühl. Schober hatte Dr. Rinna, den mit ihm befreundeten Hofarzt, beigezogen. Dieser verordnete viel Bewegung in frischer Luft. Leider wurde aus geplanten Reisen und Aufenthalten bei Traweger in Gmunden und Pachler in Graz nichts. Es fehlte wieder einmal am nötigen Geld. Den Pachlers hatte er seinen Besuch für den September versprochen. Der kleine Faustus rechnete bestimmt damit. Schubert mußte die Freunde auf später vertrösten. Er konnte das Versprechen nicht mehr einlösen.

Vielleicht half ein Umzug in eine Vorstadt, von wo aus sich angenehme Spaziergänge unternehmen ließen? Außerdem ging es nun auch Schober, bei dem Schubert wohnte, finanziell schlecht. Also folgte Franz der Einladung seines Bruders und dem Rate seines Arztes und zog zu Ferdinand in die Firmiansgasse, heute Kettenbrückengasse 6. Die Medizinen, die Dr. Rinna verschrieb, schienen Linderung zu bringen. Am 5. September schauten sich die Schubertianer, unter ihnen auch unser Musikus, im Burgtheater den kläglichen Durchfall von Bauernfelds Lustspiel «Die Brautwerber» an. Der Dichter war ob des Mißerfolges untröstlich: «Nach dem Theater hatte ich mich mit Grillparzer, Schubert, Schwind und andern Freunden in unser gewöhnliches Gasthaus bestellt, war aber nicht imstande, das Rendez-vous einzuhalten, hätte mich lieber in den Bauch der Erde verkriechen mögen. So lief ich in den dunklen Straßen herum und stieß nach Mitternacht auf Grillparzer, der mich auf die liebenswürdigste Weise aufzurichten bemüht war. Am nächsten Morgen besuchten mich Schwind und Schubert, der meine Hypochondrie gar nicht begreifen konnte. ‚Mir hat das Lustspiel ganz außerordentlich gefallen‘ – versicherte er wiederholt –, ‚uns allen! und wir sind doch keine Esel.‘»

Anfangs Oktober unternahm Schubert mit Ferdinand und zwei Freunden einen dreitägigen Ausflug nach Ungarn hinein, nach Unterwaltersdorf und Eisenstadt, wo er lange an Haydns Grabmal verweilte. Die Freunde und der Bruder lobten seine heitere Laune und seine muntern Späße. In Wien begannen die Schmerzen wieder bohrender zu werden.

Mitte Oktober war Schubert nach Budapest eingeladen, wo Franz Lachners Oper «Die Bürgschaft» aufgeführt wurde. Anton Schindler, der die Einladung vermittelte, erwähnte die Möglichkeit eines Privatkonzertes mit Werken Schuberts und unter dessen Mitwirkung. Schubert konnte sich nicht einmal mehr zu einer Antwort aufraffen. Vom 31. Oktober an vertrug er keine Nahrung mehr. Er will an diesem Tag im Gasthaus «Zum roten Kreuz» Fisch essen, legt aber plötzlich angeekelt das Besteck beiseite. Es sei ihm, er habe Gift genommen. Er nahm fast nur noch seine Arzneien ein. Damit war er sehr genau. Wie Schober überliefert, hatte der Unpäßliche, der sich nun doch ins Bett legen mußte, eine «Sackuhr» am Sessel neben dem Bett hängen, um sich genau an die Zeiten halten zu können.

Schubert ergibt sich nicht. Er unternimmt wieder kürzere Spaziergänge und hört sich am 3. November in der Hernalser Pfarrkirche ein Requiem seines Bruders Ferdinand an. Am 4. November sucht er mit dem Pianisten Joseph Lanz den Hoforganisten Simon Sechter auf und bespricht mit diesem Stoff, Umfang und Zeit des zu nehmenden Unterrichts im strengen Satz. Den Unterricht konnte Schubert nicht mehr aufnehmen.

Die körperliche Widerstandskraft war gebrochen. Am 11. November mußte der Kranke das Bett aufsuchen. Am 12. November erhielt der alte Intimus Schober den letzten Brief seines Freundes:

«Lieber Schober!

Ich bin krank. Ich habe schon elf Tage nichts gegessen und nichts getrunken, und wandle matt und schwankend vom Sessel zum Bett und zurück. Rinna behandelt mich. Wenn ich auch was genieße, so muß ich es gleich wieder von mir geben.

Sey also so gut, mir in dieser verzweiflungsvollen Lage durch Lektüre zu Hülfe zu kommen. Von Cooper habe ich gelesen: Den Letzten der Mohikaner, den Spion, den Lotsen und die Ansiedler. Solltest Du vielleicht noch was von ihm haben, so beschwöre ich Dich, mir solches bey der Fr. v. Bogner im Kaffeehaus zu depositieren. Mein Bruder, die Gewissenhaftigkeit selbst, wird solches am gewissenhaftesten mir überbringen. Oder auch etwas Anderes.

Dein Freund Schubert.»

Als auch Dr. Rinna erkrankte, übernahm an dessen Stelle Stabsarzt Joseph von Vering die Behandlung. – Franz Lachner kam aus Budapest nach Wien zurück, und es war sein erstes, Schubert aufzusuchen. Hier löste sich das Rätsel von Schuberts Schweigen in «betrübender Weise: der Freund lag gefährlich am Typhus erkrankt zu Bette. Unvergeßlich sind mir seine Worte: ,Ich liege so schwer da, ich meine, ich falle durch das Bett.' Ungeachtet seiner hierdurch bekundeten außerordentlichen Schwäche hielt er mich lange Zeit bei sich zurück, teilte mir noch verschiedene Pläne für die Zukunft mit und freute sich sehr auf seine Genesung, um seine begonnene Oper ,Der Graf von Gleichen' zu vollenden.» Am 16. November hatte ein Konsilium der Ärzte die Diagnose «Nervenfieber» gestellt, also Typhus. Neben Lachner besuchten den Kranken Spaun, Schober, Bauernfeld. Schwind war unterdessen nach München verreist, war ja die geplante Heirat mit Netti Hönig ins Nichts zerronnen. Andere Freunde mieden den Kranken aus Angst vor einer möglichen Ansteckung. Die dreizehnjährige Halbschwester Josepha kam und ging und erwies sich als stille, opferfreudige Pflegerin. Auch Ferdinand tat, was für ihn zu tun war.

Am 17. November besuchte ihn Bauernfeld: «Er lag hart darnieder, klagte über Schwäche, Hitze im Kopf, doch war er noch des Nachmittags vollkommen bei sich, ohne Anzeichen des Delirierens, obwohl mich die gedrückte Stimmung des Freundes mit schlimmen Ahnungen erfüllte... Schon des Abends phantasierte der Kranke heftig, kam nicht mehr zum Bewußtsein – der heftigste Typhus war ausgebrochen... Noch die Woche vorher hatte er mir mit allem Eifer von der Oper gesprochen und mit welcher Pracht er sie orchestrieren wollte. Auch völlig neue Harmonien und Rhythmen gingen ihm im Kopfe herum, versicherte er...» Und mit diesen sei er eingeschlummert.

Man kann von den Qualen, die diesem Lyriker von Gottes Gnaden die Oper noch kurz vor der einsetzenden Bewußtlosigkeit auf dem Sterbebett verursachten, nur mit größter Bewegung hören.

Am Abend des 18. November ruft er Ferdinand zu sich: «Ferdinand! Halte dein Ohr zu meinem Munde. Du, was geschieht denn mit mir?» Ferdinand antwortete: «Lieber Franz! Man ist sehr dafür besorgt, dich wieder herzustellen, und der Arzt versichert auch, du werdest bald wieder gesund werden, nur mußt du dich fleißig im Bett halten! – Den ganzen Tag wollte er heraus, und immer war er der Meinung, als wäre er in einem fremden Zimmer.» Als ein paar Stunden später der Arzt erschien und ihm auf ähnliche Weise zuredete, sah ihm der Patient starr ins Auge, griff mit matter Hand an die Wand und sagte langsam und mit Ernst: «Hier, hier ist mein Ende!» – Als der Priester mit den Sterbesakramenten kam, mußte er sie einem im Koma Liegenden spenden. «Die Tage der Betrübnis und des Schmerzes lasten schwer auf uns, die gefahrvolle Krankheit unsers geliebten Franz wirkt peinlich auf unsere Gemüter», schreibt Vater Schubert seinem Sohne Ferdinand an diesem 19. November 1828. Doch stärkt er sich im Glauben an Gott, dessen weiser Fügung man sich anvertrauen müsse. Spaun berichtet: «Am 19. November um 3 Uhr nachmittags entschlummerte er, und sein freundliches, unverändertes Antlitz zeigte, daß er sanft und ohne Kampf hinübergegangen sei.»

Nein, Franz Schubert-Sohn fürchtete den Tod nicht. Erinnern wir uns der Äußerung in jenem Brief vom 25. Juli 1825 aus Steyr an die Eltern über Ferdinands Todesfurcht: «Als wenn das Sterben das Schlimmste wäre, was uns Menschen begegnen könnte!» Irgendwie lebt wohl jeder Künstler mit dem Tode auf vertrautem Fuß. Schrieb ja auch Mozart darüber in einem Brief an seinen Vater: «Da der Tod (genau zu nehmen) der wahre Endzweck unseres Lebens ist, so habe ich mich seit ein paar Jahren mit diesem wahren, besten Freunde des Menschen so bekannt gemacht, daß sein Bild nicht allein nichts Schreckendes mehr für mich hat, sondern viel Beruhigendes und Tröstliches!» Hier trat der Tod als Freund auf und mahnte sachte: «Gib deine Hand!» In das Gewand eines Einsiedlers gehüllt, einen Lorbeerkranz um die Schläfen, so lag Franz Schubert aufgebahrt.

Am 20. November 1828 zeigte Franz Schubert-Vater der Öffentlichkeit den Tod seines Sohnes an und daß der Leichnam «Freitag den 21. d. M. Nachmittags um halb drei Uhr von dem Hause No. 694 auf der Neu-Wieden in der neugebauten Gasse nächst dem sogenannten Bischof-Stadel in die Pfarrkirche zum heiligen Josef in Margarethen getragen und daselbst eingesegnet werde.

Wien, am 20. November 1828.

       Franz Schubert, Schullehrer in Roßau.»

Eigentlich sollte der teure Tote auf dem Matzleinsdorfer Friedhof zur letzten Ruhe gebettet werden. Da aber Ferdinand aus den letzten Fieberreden des mit dem Tode Ringenden einen andern Wunsch heraushörte, schrieb er dem Vater:

       «21. November 1828, früh 6 Uhr

Liebwertester Herr Vater!

Sehr viele äußern den Wunsch, daß der Leichnam unseres guten Franz im Währinger Gottesacker begraben werde. Unter diesen vielen bin besonders auch ich, weil ich durch Franzen selbst dazu veranlaßt zu sein glaube. Denn am Abende vor seinem Tode sagte er bei halber Besinnung zu mir: ‚Ich beschwöre dich, mich in mein Zimmer zu schaffen, nicht da in diesem Winkel unter der Erde zu lassen; verdiene ich denn keinen Platz über der Erde?‘ Ich antwortete ihm: ‚Lieber Franz, sei ruhig, glaube doch deinem Bruder Ferdinand, dem du immer geglaubt hast und der dich so sehr liebt. Du bist in dem Zimmer, in dem du bisher immer warst und liegst in deinem Bette.' Und Franz sagte: ‚Nein, es ist nicht wahr, hier liegt Beethoven nicht.' Sollte dies nicht ein Fingerzeig sein, an der Seite Beethovens, den er so sehr verehrte, zu ruhen?!» – Ferdinand hatte bereits über die Kosten verhandelt, welche diese «Leichenübertragung» verursachte. Die 70 fl. W. W. dünkten ihn viel, sehr viel! Aber für Franz doch noch zu wenig! Und Ferdinand will von den gestern erhaltenen 50 fl. gleich deren 40 an die Kosten beisteuern. Sein Wunsch, der sicher auch der Wunsch des Toten war, ging in Erfüllung: auf dem Währinger Friedhof, drei Gräber von Beethoven entfernt, wurde Franz Schubert bestattet.

Über die Totenfeiern orientiert uns Kreißle von Hellborn: «Ungeachtet des schlechten Wetters fand sich außer den Freunden und Verehrern des Verblichenen noch eine ziemlich große Anzahl teilnehmender Menschen ein, die dem Sänger das letzte Geleite geben wollten. Der Sarg wurde vom Sterbehause weg von jungen Männern, Beamten und Studierenden getragen. Franz von Schober war von Schuberts Verwandten als nächster Leidtragender ausersehen und hatte auf die Melodie des Schubertschen ‚Pax vobiscum' (XX, 315, vom April 1817) ein Lied gedichtet. In der kleinen Pfarrkirche exekutierte ein Sängerchor unter Leitung des Domkapellmeisters Gänsbacher eine von diesem komponierte Trauermottette und das erwähnte Pax vobiscum mit Begleitung von Blasinstrumenten.» Die Bearbeitung stammte vom Dirigenten. Der Text von drei Strophen war, wie unter den obwaltenden Umständen erklärlich, eher auf Rührung eingestellt, denn von dichterischem Wert.

Das amtliche Protokoll über Schuberts Nachlaß lautet:

«Herr Franz Schubert, Tonkünstler und Compositeur, ledig, 32 Jahre alt, wohnend No. 694, allda in Aftermiete bei dem leiblichen Bruder Herrn Ferdinand Schubert, gestorben am 19. November 1828, ohne Testament. Nächste Anverwandte: Der leibliche Vater Franz Schubert, Schullehrer in der Roßau No. 147, dann 8 leibliche Geschwister des Erblassers: 1. Ferdinand, Professor zu St. Anna, wohnhaft im Sterbeorte, 2. Ignaz, Schulgehilfe am Himmelpfortgrunde, 3. Karl, am Himmelpfortgrunde, Maler, 4. Theresia, verehelichte Schneider, Professors-Ehegattin im k. k. Waisenhause, aus erster Ehe von der Mutter Elisabeth, dann 5. Marie Schubert 14, 6. Josefa 13, 7. Andrä 5 und 8. Anton Schubert, 3 Jahre alt, alle vier bei dem Vater in der Roßau und Geschwister zweiter Ehe von der Mutter Anna. Als Name desjenigen, der sich der Verlassenschaft annehme und in dessen Hände sie gelassen werde, ist der leibliche Vater angeführt. Das Vermögen besteht nach Angabe des leiblichen Herrn Vaters und leiblichen Bruders blos in folgendem:

3 tuchene Fracke, 3 Gehröcke, 10 Beinkleider, 9 Gilets	37 fl.
1 Hut, 5 Paar Schuhe, 2 Paar Stiefel	2 fl.
4 Hemden, 9 Hals- und Sacktüchlein, 13 Paar Fußsocken, 1 Leintuch, 2 Bettziehen	8 fl.
1 Matratze, 1 Polster, 1 Decke	6 fl.
Außer einigen alten Musikalien geschätzt auf	10 fl.
befindet sich vom Erblasser nichts vorhanden.	
	Sa. 63 fl.

Hierauf hat der leibliche Vater des Erblassers laut in Händen habenden Quittungen an bestrittenen Krankheits- und Leichenkosten 269 fl. 19 kr. in Conv. Münze zu fordern.»

Daß Schubert kein Krösus sein und auch nicht eines solchen Erbgut hinterlassen konnte, dürfte klar sein. Es ist außerdem denkbar, daß nicht aller Besitz in die Wohnung Ferdinands getragen wurde. Es hatte auch der Vater kein Interesse, dem Fiskus an Erbschaftssteuern mehr als das Notwendige abzuliefern. Daß die «alten Musikalien» nur auf zehn Gulden geschätzt wurden, verzeihen wir den Schätzungsbeamten. Was an nicht zu Schätzendem darunter war, wissen wir nun besser.

Moritz von Schwind erhielt die Nachricht vom Tod des Freundes in München. Im Brief, den er Schober schrieb, klagte der ganze Freundeskreis: «Du weißt, wie ich ihn liebte, Du kannst Dir auch denken, wie ich dem Gedanken kaum gewachsen war, ihn verloren zu haben. Wir haben noch Freunde, teure und wohlwollende, aber keinen mehr, der die schöne unvergeßliche Zeit mit uns gelebt und nicht vergessen hat. Ich habe um ihn geweint wie um einen meiner Brüder; jetzt aber gönn ich's ihm, daß er in seiner Größe gestorben ist und seines Kummers los ist. Je mehr ich jetzt einsehe, was er war, je mehr sehe ich ein, was er gelitten hat... Die Erinnerung an ihn wird mit uns sein, und alle Beschwerden der Welt werden uns nicht hindern, in Augenblicken ganz zu fühlen, was nun ganz entschwunden ist... Schubert ist tot und mit ihm das Heiterste und Schönste, das wir hatten.» Diese schönen Worte Schwinds waren allen Freunden aus dem Herzen gesprochen. Sicher waren sie auch mit Franz Grillparzer einverstanden, der meinte: «Die Tonkunst begrub einen reichen Besitz, aber noch schönere Hoffnungen.»

Wir denken wohl nicht mehr ganz so. Denn welche Hoffnungen hätte Franz Schubert noch erfüllen können? Hätte er die «Unvollendete» vollenden, die «Winterreise» fortsetzen, «Ihr Bild», «Die Stadt», den «Doppelgänger» steigern können? Hätte er eine noch gewaltigere Sinfonie komponiert, ein noch klangseligeres Quintett, noch himmlischere Klaviersonaten? Hat Franz Schubert sein Werk vollendet, hat er es unvollendet hinterlassen? Wir vergleichen es mit der Sinfonie in h-moll und nennen es unvollendet und doch vollendet!

Eduard von Bauernfeld mahnte nicht nur seine Freunde, er mahnt auch uns:

«Drum trauert mild, und horcht den Liedern gerne,
Sein bestes Erbteil, das er allen ließ;
Sie klingen her, wie aus bekannter Ferne,
Sie klingen uns ins Herz, so wohl und süß –
Wir blicken aufwärts in das Meer der Sterne,
Wir lächeln, sind nicht länger ungewiß:
Er ist nicht tot im ewgen Reich des Schönen,
Und seine Seele lebt in seinen Tönen.»

Er und Schwind hatten die rechten Worte getroffen. Sie ahnten's, und wir wissen's.

Schubert stand an der Schwelle einer neuen Zeit, der Romantik. In vielen Werken stand er noch diesseits, in sehr vielen Werken stand er bereits jenseits dieser Schwelle. Doch war er noch eine Ganzheit, eine gerundete Individualität, weder von des Gedankens Blässe, des Gefühles ungesundem Überschwange angekränkelt, noch litt er an irgendeinem «mal de siècle». Auch suchte er nicht die blaue Blume der Romantik in nebelhafter Ferne oder im tiefsten Dunkel des Waldes, wenn er gleich den verschleiernden Nebel und das Waldesdunkel in herrlichen Werken einzufangen verstand. Uns scheint Franz Schubert zeitlos zwischen den Zeiten zu stehen: Erfüller der Klassik in seinen frühen Haydn, Mozart und den Italienern zugewendeten Werken; Eröffner der Romantik auf den Schwingen seiner Phantasie und in den Klängen seiner Harmonien.

Diesseitig und jenseitig zugleich war Franz Schubert nicht nur in seiner Kunst, sondern auch in seinem Leben. Herrlicher Kumpan im Kreis der Zecher, froher Wandergefährte auf beschaulichen Fahrten durch die Natur, mimosenhaft Verschlossener und einsam Schaffender in den Stunden bitterer Erkenntnis, daß wir nichts sind, daß das, was wir suchen, alles ist. Diesseitig in den Tänzen, in so unendlich vielen Melodien und beschwingten Klängen; jenseitig in so vielen Dunkelungen der Harmonie, in so vielen Ausbrüchen des Schmerzes und der tiefen Schauer, die seine Seele erzittern ließen. Sein Bruder im Geiste, Robert Schumann, traf das richtige Wort:

«Er hat Töne für die feinsten Empfindungen, Gedanken, ja Begebenheiten und Lebenszustände. So tausendgestaltig sich des Menschen Dichten und Trachten bricht, so vielfach die Schubert'sche Musik. Was er anschaut mit dem Auge, berührt mit der Hand, verwandelt sich zu Musik... Er war der ausgezeichnetste nach Beethoven, der, Todfeind aller Philisterei, Musik im höchsten Sinne des Wortes ausübte.»

Um dieser Menschlichkeit seines Lebens willen, um der Menschlichkeit seiner Musik willen, um ihrer Herzenswärme, um ihrer Klangseligkeit, um ihrer Beschwingtheit, wie auch um ihrer dunklen Schauer willen lieben wir Franz Schubert und seine Musik. Um ihretwillen wird er unser Liebling bleiben, jetzt und immerdar. Und darum war sein Ende kein Ende, sondern ein Anfang!

ANHANG

Zeitliche Lebens- und Werkschau

1783   Franz Schubert, Vater, zieht aus Mähren nach Wien zu seinem Bruder Karl und ist von 1784 bis 1786 an der Karmeliterschule dessen Schulgehilfe.

1785   Er wird am 17. Januar in der Liechtentaler Kirche getraut mit der Köchin Elisabeth Vietz, nachdem die beiden schon in der Badgasse Nr. 152 im Haus «Zum goldenen Ring», heute Neubau Nr. 20, zusammen gewohnt hatten.

1786   Vater Schubert wird am 13. Juni zum Schullehrer auf dem Himmelpfortgrund ernannt. Seine Vorgänger waren um 1780 ein Matthias Bittner und um 1784 Anton Osselini. Er zieht ins Haus «Zum roten Krebsen», das dem Maurermeister Matthias Schmidthuber gehört. Es enthält in Erdgeschoß und erstem Stock 16 Wohnungen, jede aus Zimmer, Küche und Estrich bestehend.

1797   Am 31. Januar wird Franz Peter geboren, der Überlieferung nach im «Alkoven», vermutlich in der Küche, wo heute die Garderobe des Schubertmuseums untergebracht ist. In den zwei Räumen dieser Wohnung schenkte Frau Elisabeth zwischen 1786 und 1801 dreizehn Kindern das Leben.

1801   Vater Schubert erwirbt im Frühling das Haus Säulengasse Nr. 10, «Zum schwarzen Rössel», wohin er den Unterricht verlegt. Die Familie folgt im Herbst. Hier unterrichtet der Vater bis zum Jahr 1817.

1803   Franz Schubert, Sohn, tritt in die Schule seines Vaters ein. Er ist ein sehr guter Schüler.

1805   Beginn des Musikunterrichts: Violinspiel beim Vater, Klavierspiel beim ältesten Bruder Ignaz, damals neunzehnjährig und des Vaters Schulgehilfe. Michael Holzer, Chorregent an der Liechtentaler Pfarrkirche, unterrichtet Franz in Gesang.

1807   Franz Schubert singt in der Pfarrkirche «Zu den 14 Nothelfern» unter Michael Holzer Sopransoli und spielt Violine. Im häuslichen Streichquartett spielen Bruder Ignaz (geb. 1786) und Ferdinand (geb. 1794) Violine, Franz Viola und der Vater Violoncello. Franz Schubert junior verrät eine außergewöhnliche musikalische Begabung.

1808   Eintritt in das Wiener Stadtkonvikt als k. k. Hofsängerknabe und Schüler des akademischen Gymnasiums. Er spielt im Konviktsorchester, dessen Leitung er später stellvertretungsweise übernimmt. Beginn der Freundschaft mit Joseph von Spaun aus Linz. Weitere Freunde aus der Konviktszeit: Anton Holzapfel, Josef Kenner, Johann Michael Senn und Albert Stadler.

1809 Bemerkung in Schuberts Zeugnis: «Ein besonders musikalisches Talent.»

1810 Schubert komponiert vom 8. April bis 1. Mai eine «Fantasie in G-dur» für Klavier zu vier Händen, oft irrtümlich «Leichenfantasie» genannt. Vermutlich entstanden in diesem Jahr Streichquartettskizzen in G-dur.

1811 In Schuberts Zeugnis steht: «Geigt und spielt schwere Stücke prima vista.» – Er wird zunehmend von der Musik absorbiert und vernachlässigt die Schulfächer, was den Vater erzürnt. Es entstehen:
Drei Quartettsätze in C-dur, a-moll und c-moll;
Ouvertüren für Streichquintett in C-dur (29. Juni bis 12. Juli) und zu J. E. Albrechts Komödie «Der Teufel als Hydraulicus»;
Fantasie in g-moll für Klavier zu vier Händen (20. September);
vier Lieder für Singstimme und Klavier: «Hagars Klage» (Schücking, 30. März), «Des Mädchens Klage» (Schiller, nach dem 30. März), «Eine Leichenfantasie» (Schiller, nach dem 30. März) und «Der Vatermörder» (Pfeffel, 26. Dezember).

1812 Tod der Mutter am Fronleichnamstag (28. Mai), Aussöhnung mit dem Vater. – Beginn des Unterrichts in Kontrapunkt bei Salieri (18. Juli). – Im Juli mutiert die Stimme, am 26. Juli «kräht» er zum letztenmal. – Austritt aus der Hofsängerkapelle, doch Verbleib im akademischen Gymnasium. Es entstehen:
Musik zu Kotzebues «Der Spiegelritter» (Fragment, Jahr?);
Oktett für Bläser (Fragment);
Zwei Ouvertüren für Orchester in D-dur;
erstes Streichquartett, in verschiedenen Tonarten;
zweites Streichquartett, C-dur (Fragment);
drittes Streichquartett, B-dur (Fragment, begonnen am 19. November);
Kyrie einer Messe in d-moll für Chor, Orchester und Orgel (25. September);
Salve Regina für Sopransolo, Orchester und Orgel (28. Juni);
Trio in B-dur in einem Satz für Klavier, Violine und Cello (27. Juli bis 28. August);
sechs Variationen in E-dur für Klavier (verloren);
zwölf Menuette und Trios für Klavier (verloren);
sieben Variationen in F-dur für Klavier (die erste eigene Komposition, die Franz nach Ferdinands Zeugnis dem Vater vorspielte);
drei Lieder: «Klaglied» (Rochlitz), «Der Jüngling am Bache» (Schiller, 24. November), «Der Geistertanz» (Matthisson, zwei Fragmente).
Zwischen dem 25. und 27. Dezember kopiert Schubert Anton Fischers komisches Terzett («Die Advokaten», das am 16. Mai 1827 von Diabelli unter Schuberts Namen veröffentlicht wurde.

1813   Vater Schubert heiratet am 25. April Anna Kleyenböck. – Franz schlägt im Oktober das Stipendium der Windhagenschen Stiftung aus und verläßt das Konvikt unter Widmung der am 28. Oktober entstandenen ersten Sinfonie an den Konviktsdirektor Lang. – Eintritt in den Präparandenkurs zu St. Anna, um der drohenden Einberufung zum Militärdienst zu entgehen. – Es entstehen:

KAMMERMUSIK

Menuett und Finale in F-dur für ein Bläseroktett (beendigt am 18. August)
«Eine kleine Trauermusik» für Blasinstrumente (auf den Tod der Mutter,
    1812, oder jenen Theodor Körners, 1813);
viertes Streichquartett, C-dur (3.–7. März);
fünftes Streichquartett, B-dur (Fragment, 8.–16. Juni);
sechstes Streichquartett, D-dur (22. August bis ? September);
zehntes Streichquartett, Es-dur (November);
Deutsche Tänze für Streichquartett.

KLAVIERWERKE

Fantasie in c-moll, vierhändig, genannt «Grande Sonate» (zwei Fassungen, April bis 10. Juni);
30 (20) Menuette (10 sind verloren).

CHORWERKE

Drei Kyrie in d-moll, B-dur und F-dur;
Kantate zur Namensfeier des Vaters (am 27. September beendigt);
20 Männerterzette, u. a. «Totengräberlied» (Hölty), «Dreifach ist der Schritt der Zeit» (Schiller), «Unendliche Freude» (Schiller).

LIEDER

Neun Kompositionen nach Texten von Hölty, Matthisson, Fouqué und Schiller.

1814   Schubert besteht im Herbst das Lehrerexamen und wird vom Vater als sechster Schulgehilfe eingestellt. – Am 16. Oktober Aufführung der ersten Messe, F-dur, in der Liechtentaler Kirche unter Schuberts Leitung. Therese Grob singt das Sopransolo. Liebesfrühling. – Am 22. Oktober Kotzebues Oper «Des Teufels Lustschloß» beendet. – Schubert lernt Mayrhofer kennen. – Es entstehen:

ORCHESTERWERKE

Zweite Sinfonie, B-dur, begonnen (10. Dezember).

BÜHNENWERKE

«Des Teufels Lustschloß» (Kotzebue, am 30. Oktober 1813 begonnen).

KAMMERMUSIK

Siebentes Streichquartett, D-dur;
achtes Streichquartett, B-dur (5.–13. September).

CHORWERKE

Erste Messe, F-dur, für Soloquartett, Gemischten Chor, Orchester und Orgel (17. Mai bis 22. Juli);
Kantate «Wer ist groß?» für Baßsolo, Männerchor und Orchester (Dichter unbekannt, 24./25. Juli).

LIEDER

Am 19. November «Gretchen am Spinnrad» (Goethe, 31. Lied); weitere 26 Lieder nach Texten von Goethe (5), Matthisson (13) u. a. Dichter.

1815 Schubert findet neue Freunde im vielseitigen Franz von Schober und im Musiker Anselm Hüttenbrenner. – Es entstehen:

ORCHESTERWERKE

Zweite Sinfonie, B-dur, vollendet (24. März);
dritte Sinfonie, D-dur (24. Mai bis 19. Juli).

BÜHNENWERKE

«Adrast» (Johann Mayrhofer, 13 Nummern);
«Der vierjährige Posten» (Theodor Körner, 8.–19. Mai);
«Fernando» (Albert Stadler, 27. Juni bis 9. Juli);
«Claudine von Villa Bella» (Goethe, Fragment, begonnen am 26. Juli);
«Die Freunde von Salamanca» (Mayrhofer, 18. Nov. bis 31. Dez.).

KAMMERMUSIK

Neuntes Streichquartett, g-moll (25. März bis 1. April).

KLAVIERWERKE

Erste Sonate, E-dur (begonnen am 18. Februar);
zweite Sonate, C-dur (Fragment, September);
Allegro in E-dur (11. Februar);
zehn Variationen in F-dur (beendet am 15. Februar);
Adagio in G-dur (zwei Fassungen);
Walzer, Ländler, Menuette, Ecossaisen.

CHORWERKE

Zweite Messe, G-dur, für Soloterzett, Gemischten Chor, Streichorchester und Orgel (2.-7. März);
dritte Messe, B-dur, für Soloquartett, Gemischten Chor, Orchester und Orgel (am 11. November begonnen);
Offertorien;
Stabat mater für Chor und Orchester (2.-6. April);
Graduale in C-dur (15. April);
16 Männerchöre ein- bis vierstimmig mit und ohne Begleitung des Klaviers nach Texten von Hölty, Körner, Ossian, Salis-Seewis, Schiller und andern Dichtern;
drei Gesänge für Gemischten Chor («Begräbnislied», Klopstock, 9. März);
drei Gesänge für Frauenchor («Klage um Ali Bey», Claudius);
Gratulationskantate (zu des Vaters Namensfeier, 27. September).

LIEDER

144 Kompositionen (Liederfrühling), darunter 44 Texte von Goethe («Rastlose Liebe», «Heidenröslein», 19. August, «Erlkönig», Spätherbst); weitere Dichter: Schiller («Die Bürgschaft», August), Hölty, Klopstock, Kosegarten, Matthisson, Mayrhofer, Ossian.

1816 Schubert bewirbt sich vergeblich um eine Musiklehrerstelle in Laibach. – Im April schreibt Spaun an Goethe, der nicht antwortet. – Am 24. Juli Aufführung der verlorenen Kantate «Prometheus» unter Schuberts Leitung bei Prof. Watteroth. – Es entstehen:

ORCHESTERWERKE

Dritte Ouvertüre, B-dur (September);
vierte Sinfonie, c-moll (die «Tragische», beendet am 27. April);
fünfte Sinfonie, B-dur (September bis 3. Oktober);
Konzertstück in D-dur für Violine und Orchester (für Ferdinand Schubert komponiert);
Rondeau in A-dur für Violine und Streichorchester (Juni).

KAMMERMUSIK

Adagio und Rondeau concertant für Klavier und Streichtrio (eventuell für Heinrich Grob, Thereses Bruder, komponiert, Oktober);
elftes Streichquartett, E-dur;
Streichtrio in einem Satz, B-dur (September);
drei Sonatinen für Violine und Klavier in D-dur, a-moll und g-moll (März bis April).

KLAVIERWERKE

Verschiedene Stücke, darunter Allegretto, Allegro moderato, Andante, Adagio, alle in C-dur;
fünf Klavierstücke (Sonate in E-dur, August);
99 Ländler und Deutsche, 6 Ecossaisen, 5 Menuette.

CHORWERKE

Vierte Messe, C-dur, für Soloquartett, Gemischten Chor, kleines Orchester und Orgel (Juni/Juli);
Deutsches Salve Regina, F-dur, für Gemischten Chor und Orgel (21. Februar);
Stabat mater, F-dur, für Soli, Chor und Orchester (Übersetzung von Klopstock, 28. Februar)
Salve Regina in B-dur für Gemischten Chor (März);
Tantum ergo in C-dur für Chor, Orchester und Orgel (August);
Tantum ergo in C-dur für Soli, Gemischten Chor und Orchester (August);
Magnificat in C-dur für Soli, Chor, Orchester und Orgel (15. oder 25. September);
Kantate zur Jubelfeier Salieris, für Tenorsolo, Männerquartett und Klavier (Frühling);
Prometheuskantate für H. J. Watteroths Namenstag (Dräxler, verloren, 17. Juni);
Kantate zu Ehren Josef Spendous für Soli, Gemischten Chor und Orchester, September);
Männerterzette a cappella und mit Klavierbegleitung;
zehn Männerchöre a cappella, darunter von Matthisson «Geisterstanz» und «Erinnerungen», von Schober «Frühlingsgesang» und von Salis-Seewis «Das Grab»;
«An die Sonne», für Gemischten Chor und Klavier (Uz, Juni);
«Chor der Engel», für Gemischten Chor (aus Goethes «Faust», Juni).

LIEDER

106 Kompositionen nach Texten von Claudius, Goethe («Harfner- und Mignonlieder», «Der König in Thule», «Schwager Kronos»), Hölty, Jacobi («Litanei auf das Fest Allerseelen»), Klopstock, Mayrhofer, Ossian, Salis-Seewis, Schiller, Stolberg, Schmidt von Lübeck («Der Wanderer»).

1817   Franz Schubert wohnt seit Herbst 1816 (?) bei Franz von Schober im Hause «Zum Winter», Ecke Tuchlauben und Landskrongasse. Er hat den musiktheoretischen Unterricht bei Salieri verlassen. Erste Bekanntschaft mit dem Herrn Hofoperisten Johann Michael Vogl. Schubert lebt mehr und mehr der Komposition und erfährt von seinen Freunden moralische und materielle Hilfe. – Es entstehen:

ORCHESTERWERKE

Sechste Sinfonie, C-dur (die «kleine C-dur») begonnen (Oktober);
vierte Ouvertüre, D-dur (Mai);
fünfte Ouvertüre, D-dur (im italienischen Stil, November);
sechste Ouvertüre, C-dur (im italienischen Stil, November).

KAMMERMUSIK

Sonate für Violine und Klavier, A-dur (August);
Polonaise für Violine und Streichorchester, B-dur (September);
Streichtrio, B-dur (September).

KLAVIERMUSIK

Sechste Sonate, a-moll (eigentlich die vierte Sonate, März);
dritte Sonate, As-dur (Mai);
vierte Sonate, e-moll (Fragment, Juni);
Sonate in Des-dur (Fragment, erste Fassung der Sonate in Es-dur, Juni?);
siebente Sonate, Es-dur (Juni);
fünfte Sonate, H-dur (August);
Allegro, fis-moll (erster Satz einer unvollendeten Sonate, Juli);
Scherzo, D-dur, Allegro, fis-moll (Juli?);
13 Variationen über ein Thema von Anselm Hüttenbrenner (August);
Ouvertüren im italienischen Stil, Bearbeitungen für vier Hände (November/Dezember);
acht Ecossaisen (Februar).

CHÖRE

Vier Männerchöre a cappella, darunter Goethes «Gesang der Geister über den Wassern», erste Fassung (März), Bürgers «Das Dörfchen», erste Fassung, (Dezember).

LIEDER

47 Werke nach Texten von Goethe («Ganymed», März; «Schweizerlied», Mai), Claudius («Tod und Mädchen», Februar), Schiller («Gruppe aus dem Tartarus»); Schubart («Die Forelle», erste Fassung, Juni/Juli), Schober («An die Musik», März; «Pax vobiscum», April), Goldoni («La Pastorella al prato», zweite Fassung, Januar).

1818   Umzug der Familie Schubert ins Schulhaus in der Roßau, Grünetorgasse 11. – Im Januar erste Veröffentlichung eines Schubertschen Liedes, «Am Erlafsee». – Am 1. März erste öffentliche Aufführung eines Schubertschen Werkes, «Ouvertüre im italienischen Stil», D-dur, im Gasthof «Zum römischen Kaiser»; am 12. März daselbst Wiedergabe der «Ouvertüre im italienischen Stil», C-dur, in der Fassung für zwei Klaviere zu je vier Händen. – Im Sommer erster Aufenthalt in Zelesz als Musiklehrer bei dem Grafen Esterhazy von Galantha. – Nach der Rückkehr Auseinandersetzung mit dem Vater, der ihn wieder in den Schuldienst zurückführen will. – Es entstehen:

ORCHESTERWERKE

Sechste Sinfonie vollendet (Februar).

KLAVIERWERKE

Andante, A-dur;
Adagio, E-dur; zwei Sonatensätze in C-dur (April);
Sonate in B-dur, vierhändig (Sommer, Zelesz?);
Sonate in f-moll (Fragment, September, Zelesz);
Introduktion und vier Variationen über ein eigenes Thema, B-dur, vierhändig;
acht Variationen über ein französisches Lied, e-moll (September, Zelesz);
vier Polonaisen, vierhändig;
Trois marches héroïques, vierhändig (h-moll, C-dur, D-dur);
Marsch in E-dur; «Trauerwalzer» (14. März).

CHÖRE

Lebenslust, Gemischter Chor und Klavier (Januar);
Trauermesse («Deutsches Requiem») für vier Stimmen und Orgel (August, Zelesz).

LIEDER

14 Kompositionen nach Texten von Grillparzer, Novalis, den Brüdern Schlegel (drei Sonette von Petrarca), Mayrhofer («Am Erlafsee», «Auf der Donau», «Einsamkeit»), Körner («Auf der Riesenkoppe»).

1819   Am 28. Februar singt der Tenor Franz Jäger im «Römischen Kaiser» das erste Schubertlied öffentlich: «Schäfers Klagelied» (Goethe). – Erste Reise nach Oberösterreich, Steyr und Linz. – Bekanntschaft mit dem Maler Moritz von Schwind. – Schubert wohnt bei Mayrhofer, Wipplingerstraße, neben dem alten Rathaus, Innere Stadt 420. – Es entstehen:

ORCHESTERWERKE

Siebente Ouvertüre in e-moll (Februar), Erstaufführung vermutlich am 14. März im Müllerschen Saal.

KAMMERMUSIK

Forellenquintett, A-dur (Steyr, Herbst?).

KLAVIERWERKE

Allegro in cis-moll (April).
zehnte Sonate, A-dur (Steyr, Juli);
Ouvertüre, g-moll, vierhändig (Oktober);
Ouvertüre, F-dur, vierhändig (November);
Tänze und Märsche.

BÜHNENWERKE

«Die Zwillingsbrüder», Singspiel von Georg v. Hofmann (im Januar beendet);
«Die Zauberharfe», Musik zum Schauspiel Georg von Hofmanns begonnen.

CHORWERKE

Kantate «Der Frühlingsmorgen» (zu Vogls Geburtstag, August in Steyr);
Salve Regina, A-dur (November);
Beginn der Messe in As-dur (November);
«Das Feuerwerk», D-dur, Gemischter Chor und Klavier (A. G. Eberhard); Männerquartette a cappella: «Ruhe» (Schubert?), «Das Dörfchen» (Bürger, zweite Fassung), «Ruhe, schönstes Glück der Erde» (Dichter unbekannt, April);
Quintett für Männerstimmen «Nur wer die Sehnsucht kennt» (Goethe, April).

LIEDER

22 Kompositionen auf Texte von Novalis («Vier Hymnen», Mai), Schiller (u. a. «Der Jüngling am Bache», «Die Götter Griechenlands», November), Goethe (u. a. «Prometheus», Oktober), Grillparzer («Berthas Lied in der Nacht», Februar), Mayrhofer (u. a. «Nachtstück», Oktober);
drittes Offertorium, A-dur, für Sopran und Orchester (November).

1820   Franz Schubert wohnt noch bei Mayrhofer. – Am 14. Juni Erstaufführung des Singspiels «Die Zwillingsbrüder» in der Hofoper, der «Zauberharfe»

am 19. August im Theater an der Wien. Ihre Ouvertüre wird heute zur
«Rosamunde»-Musik gespielt. – Am 21. November heiratet Therese
Grob. – Es entstehen:

INSTRUMENTALMUSIK

12 Ländler und 6 Ecossaisen für Klavier vierhändig (Mai),
Streichquartettsatz, c-moll (Dezember).

VOKALMUSIK

Osterkantate «Die Auferstehung des Lazarus» (Niemeyer, Februar);
Sechs Antiphonen für Palmsonntag (April);
«Sakuntala», Oper in drei Akten (Neumann, Fragment, Oktober);
«Gesang der Geister über den Wassern», acht Männerstimmen und tiefe
    Streicher (Fragment, Dezember);
für vier Männerstimmen und Klavier (Fragment, Dezember);
Psalm 23, vier Frauenstimmen und Klavier (Dezember);
17 Lieder nach Texten von Mayrhofer, Novalis, Friedrich Schlegel und
    Uhland («Frühlingsglaube», erste Fassung);
vier Canzonen nach Vittorelli und Metastasio (Januar).

1821 Schubert ist Zimmerherr im ehemaligen Theatiner-Kloster bei der Hohen
Brücke, Innere Stadt Nr. 380 (Wipplingerstraße 21). – Am 7. März singt
Vogl erstmals den «Erlkönig» öffentlich. Das Werk erscheint am 2. April
als op. 1. – Drucklegung und Verlag der ersten Liederhefte. – Verschie-
dene Aufführungen von Liedern und Gesangsquartetten (u. a. «Das
Dörfchen»). – Sommerausflüge nach Atzenbrugg, Ochsenburg und
St. Pölten. – Josef von Spaun verreist auf fünf Jahre nach Lemberg. –
Beginn der Schubertiaden. – Es entstehen:

ORCHESTERWERKE

Entwurf einer Sinfonie in E-dur (August).

KLAVIERWERKE

Walzer, Ländler, Ecossaisen, Atzenbrugger Deutsche;
Variationen über einen Walzer von Diabelli (März).

BÜHNENWERKE

«Alfonso und Estrella», Oper in drei Akten (Schober, am 20. September
    begonnen);
Arie und Duett zu Hérolds Oper «Das Zauberglöckchen» (Frühling).

CHORWERKE

Männerquartette: «Die Nachtigall» (Unger, April?), «Im Gegenwärtigen
Vergangenes» (Goethe), «Frühlingsgesang» (Schober, erste Fassung);
«Gesang der Geister über den Wassern», acht Männerstimmen und tiefe
Streicher (letzte Fassung, Februar);
Tantum ergo, B-dur, für Soli, Gemischten Chor und Orchester (16. August).

LIEDER

22 Kompositionen meist nach Texten Goethes: u. a. «Grenzen der
Menschheit» (Februar/März), «Geheimes» (März), «Mignon I + II»
(April), «Johanna Sebus» (Fragment, April), Schubart: fünfte und
letzte Fassung von «Die Forelle» (Oktober, für die Drucklegung
geschrieben).

1822 Schubert zieht für ein Jahr zu Schober in den Göttweigerhof, Spiegelgasse 9. Am 27. Februar Vollendung der Oper «Alfonso und Estrella». –
Am 3. Juli Niederschrift von «Mein Traum». – C. M. von Weber kommt
zu einer «Freischütz»-Aufführung nach Wien und lernt Schubert kennen. –
Weitere Aufführungen von Gesangsquartetten und Liedern in der Öffentlichkeit. – Es entstehen:

ORCHESTERWERKE

Siebente Sinfonie (Nr. 8), h-moll, die «Unvollendete» (begonnen am
30. Oktober, 1865 bei Anselm Hüttenbrenner in Graz aufgefunden).

KLAVIERWERKE

Wandererfantasie, C-dur (November);
Ouvertüre der Oper «Alfonso und Estrella», Klavier vier Hände (Nov.);
16 Ländler (Wiener Damenländler);
10 Ecossaisen;
drei Militärmärsche für Klavier zu vier Händen.

CHORWERKE

«Am Geburtstag des Kaisers», Kantate für Soli, Gemischten Chor und
Orchester (Januar);
Tantum ergo, C-dur, für Chor, Orchester und Orgel;
Tantum ergo, D-dur, für Chor, Orchester und Orgel (20. März);
Fragment einer Messe in a-moll (Mai);
fünfte Messe, As-dur, vollendet (September);
«Des Tages Weihe», für Gemischten Chor und Klavier (Dichter unbekannt, 22. November);

Männerquartette: «Frühlingsgesang» (Schober, zweite Fassung mit Klavier), «Geist der Liebe» (Matthisson, Januar), «Jünglingswonne» (Matthisson), «Liebe» (Schiller), «Zum Rundtanz» (Salis-Seewis), «Die Nacht» (Krummacher). Datierung der vier letzten Chöre ungewiß.
«Gott in der Natur», für vier Frauenstimmen und Klavier (Kleist, August).

LIEDER

20 Kompositionen meist nach Texten von Freunden: Bruchmann «Am See», «An die Leier»; Schober, Senn, Mayrhofer «Nachtviolen». Dazu Goethe «Der Musensohn», Platen «Die Liebe hat gelogen», Rückert «Sei mir gegrüßt».

1823 Schubert wohnt vom Herbst bis zum Frühling des nächsten Jahres mit Josef Huber zusammen, Innere Stadt 1187, Stubentorbastei 14. – Beginn einer ernsthaften Erkrankung. – Verkauf des Eigentumsrechts der ersten Werke. – Im Sommer in Oberösterreich. – Schubert wird Ehrenmitglied des Steiermärkischen Musikvereins und schickt als Dank die Partitur der «Unvollendeten». – C. M. von Weber kommt zur Aufführung der Oper «Euryanthe» nach Wien. Verstimmung zwischen den beiden Komponisten. – Aufführung der «Rosamunde» am 20. Dezember im Theater an der Wien. – Es entstehen:

INSTRUMENTALWERKE

Achte Sonate für Klavier, a-moll (vom Verleger Felix Mendelssohn gewidmet, Februar);
Air russe, f-moll (Moment musical);
Bläserstimmen zum Salve Regina in F-dur von 1815;
viele Ländler, Deutsche, Ecossaisen, Walzer für Klavier.

BÜHNENWERKE

«Die Verschworenen» («Der häusliche Krieg»), Komödie von Castelli nach Aristophanes (März/April);
«Fierabras», Operette in drei Akten von J. Kupelwieser (25. Mai bis 2. Okt.);
«Rosamunde», Musik zum Schauspiel der Wilhelmine von Chézy (Herbst).

LIEDER

37 Kompositionen nach Texten von Goethe «Über allen Gipfeln», Collin «Der Zwerg», Stolberg «Auf den Wassern zu singen», Rückert «Du bist die Ruh», «Lachen und Weinen», Wilhelm Müller «Die schöne Müllerin» (20 Lieder, Mai/November).

1824 Im Sommer zweiter Aufenthalt Schuberts in Zelesz. – Vom Herbst bis in den Februar des nächsten Jahres wohnt er beim Vater im Schulhaus in der Roßau. – Anregung zur Komposition vierhändiger Klavierwerke. – Es entstehen:

KAMMERMUSIK

Oktett für Streichquintett und Bläser, F-dur (Februar bis 1. März);
dreizehntes Streichquartett, a-moll (Februar/März);
vierzehntes Streichquartett, d-moll, «Der Tod und das Mädchen», begonnen (März?)
Introduktion und Variationen über «Trockne Blumen», für Flöte und Klavier (Januar);
Sonate für Pianoforte und Arpeggione, a-moll (November).

KLAVIERWERKE

Bearbeitung der Ouvertüre zu «Fierabras», vierhändig;
Sonate in C-dur (Grand Duo), vierhändig (Zelesz, Juni);
acht Variationen über ein Originalthema, As-dur, vierhändig (Zelesz, Sommer);
Divertissement à la Hongroise, g-moll, vierhändig (Zelesz, Herbst?);
six grandes Marches et Trios, vierhändig (Zelesz, Oktober?);
Deutsche Tänze, Ländler, Ecossaisen, 24 Valses sentimentales und weitere Walzer für Klavier zu zwei und vier Händen.

VOKALWERKE

Salve Regina für Männerquartett a cappella (April);
Gebet für Gemischten Chor und Klavier (Fouqué, Zelesz, Anfang September);
«Der Gondelfahrer», Männerquartett und Klavier (März);
Lied eines Kriegers («Reiterlied»), für Baßsolo und Unisonochor (31. Dezember);
sieben Lieder, darunter «Im Abendrot» (Lappe), «Dithyrambe» (Schiller), «Der Gondelfahrer» (Mayrhofer).

1825 Im Februar zieht Schubert als Zimmerherr ins Fruhwirthaus, Vorstadt Wieden Nr. 100 (Technikerstraße 9), neben der Karlskirche, nahe dem «Mondscheinhaus» der Familie von Schwind («Schwindien»). – Anfang Juni Sendung von op. 19 mit den dem Dichter gewidmeten Liedern «An Schwager Kronos», «Mignon» und «Ganymed» an Goethe, der weder auf die Lieder noch auf Schuberts untertänigen Begleitbrief reagiert. – Im Sommer dritte Reise nach Oberösterreich. Aufenthalt in Linz (Bekanntschaft mit Spauns Schwager Dr. Ottenwalt), Steyregg, Salzburg, Gastein und Gmunden. – Schobers Rückkehr aus Breslau und diejenige Kupelwiesers aus Rom festigen die Schubertiaden. – Bekanntschaft mit Eduard von Bauernfeld. – In Berlin singt Anna Milder «Suleika» und «Erlkönig» mit großem Erfolg. – Pläne zur Komposition von Bauernfelds Oper «Der Graf von Gleichen». – Schaffung der verlorenen Gasteiner Sinfonie. – Zweite Klaviersonaten-Periode. – Es entstehen:

INSTRUMENTALWERKE

Achte Sinfonie (Gasteiner, verloren);
vierzehnte Klaviersonate, C-dur («Reliquie», Fragment, April);
neunte Klaviersonate, a-moll (Mai?);
elfte Klaviersonate, D-dur (Gastein, August);
sechs Polonaisen, Walzer in G-dur («Albumblatt», 16. April), zwölf Valses nobles (undatiert), Grande Marche funèbre à l'occasion de la mort de S. M. Alexandre Ier, Empereur de toutes les Russies, c-moll, vierhändig (Dezember – Alexander 1. starb am 1. Dezember 1825);
Divertissement vierhändig, e-moll.

CHORWERKE

«Der Tanz», Quartett für Gemischte Stimmen und Klavier (Schnitzer);
Männerquartett mit Klavier: «Bootgesang» (Scott, Frühling oder Sommer);
Frauenchor und Klavier: «Coronach» (Scott, Frühling oder Sommer);
Männerquartette a cappella: «Wehmut» (Heinrich Hüttenbrenner), «Ewige Liebe» (Ernst Schulze), «Nachtmusik» (Seckendorf, Gmunden, Juli), «Trinklied» (xvi. Jahrhundert, Gmunden, Juli), «Flucht» (Lappe, Erstaufführung am 20. März im Landhaussaal).

LIEDER

22 Kompositionen nach Texten von Collin «Nacht und Träume», Craigher «Die junge Nonne», «Totengräbers Heimweh», Scott, Gesänge aus «Das Fräulein vom See», darunter «Ellens Gesänge I–III» («Ave Maria»), Schlechta «Des Sängers Habe», Lappe «Im Abendrot» (Februar), Pyrker «Die Allmacht» (Gastein, August.).

1826   Schubert ist im Frühling Gast Schobers in Währing, im Herbst zieht er in dessen Wohnung, Innere Stadt Nr. 765 (Bäckerstraße 6). – Er bewirbt sich vergeblich um eine Stelle als Vize-Hofkapellmeister oder Kapellmeister (?) am Kärntnertortheater. – Bemühungen, mit neuen Verlegern in Kontakt zu kommen, scheitern. – Geldsorgen verhindern Schubert, einen Sommerausflug zu unternehmen. – Die Widmung der «Gasteiner Sinfonie» an die «Gesellschaft der Musikfreunde» wird mit einer Ehrengabe von 100 Florin beantwortet. – Spaun kehrt aus Lemberg zurück. – Im Dezember zieht Schubert als Zimmerherr auf die Karolinentor-Bastei. – Es entstehen:

INSTRUMENTALWERKE

Vierzehntes Streichquartett, d-moll, «Der Tod und das Mädchen» beendet (Januar);
fünfzehntes Streichquartett, G-dur (20.–30. Juni);
Rondo in h-moll für Violine und Klavier (Jahresende);
zwölfte Klaviersonate, G-dur, «Fantasie-Sonate» (Oktober);
Grande Marche héroïque zur Krönung von Zar Nikolaus 1., a-moll, Klavier, vierhändig (Frühling);
deux Marches caractéristiques, C-dur, Klavier, vierhändig (Frühling);

CHORWERKE

Deutsche Messe, mit dem Anhang «Gebet des Herrn» (Neumann), für Gemischten Chor, Bläser und Orgel.

MÄNNERCHÖRE

Seidl «Widerspruch» (mit Klavier), Schober «Mondenschein» (mit Klavier, fünfstimmig, Januar), «Nachthelle» (mit Tenorsolo und Klavier), Seidl «Grab und Mond» (a cappella).

LIEDER

27 Kompositionen nach Texten von Goethe, Shakespeare und deutschen Romantikern, u. a. «Der Wanderer an den Mond» (Seidl), «Gesänge aus Wilhelm Meister» (Goethe, Januar), «Fischerweise» (Schlechta, März), «Ständchen» und «An Sylvia» (Shakespeare, Juli in Währing).

1827 Im März zieht Schubert ins Haus «Zum blauen Igel», wo er bis zum August 1828 wohnt (Tuchlauben 18). – Am 29. März wird Beethoven beerdigt, Schubert geht als Fackelträger neben dem Sarge her. – Im Sommer wohnt er im Vorort Dornbach, Gasthof «Zur Kaiserin von Österreich». – Im September Besuch bei Familie Pachler in Graz. – Nach der Rückkehr Vollendung der im Februar begonnenen «Winterreise» von Wilhelm Müller. – Schubert beginnt mit der Vertonung des Librettos «Der Graf von Gleichen» (19. Juni). – Es entstehen:

INSTRUMENTALWERKE

Notturno, Klaviertrio in Es-dur, eventuell Satz eines geplanten Trios;
Klaviertrio in B-dur;
Klaviertrio in Es-dur (November);
vier Impromptus (op. 90), Klavier;
vier Impromptus (op. 142, Dezember), Klavier;
acht Variationen in C-dur über ein Thema aus Hérolds Oper «Marie»
   (Februar), vierhändig;
Fantasie für Violine und Klavier, C-dur («Sei mir gegrüßt», Dezember);
zwölf Grätzer Walzer (Herbst), Grätzer Galopp, Kindermarsch für Faustus Pachler, vierhändig (11. Oktober).

CHORWERKE

«Zur guten Nacht», für Baritonsolo, Männerchor und Klavier (Rochlitz,
   Januar);
«Schlachtgesang», für doppelten Männerchor (Klopstock, 28. Februar);
«Nachtgesang im Walde», für Männerchor und Hornquartett (April);
«Frühlingslied», für Männerquartett a cappella (Aaron Pollak, April);
«Ständchen», für Altsolo, Chor und Klavier (Grillparzer; erste Fassung
   für Männer-, zweite Fassung für Frauenchor, Juli).

LIEDER

«Die Winterreise», 24 Gesänge nach Texten Wilhelm Müllers (Februar
   und Oktober);
drei Gesänge nach Metastasio und unbekannt; «An die Laute» (Rochlitz, Januar); «Edward», Ballade übersetzt von Herder (zwei Fassungen,
September in Graz); Lieder nach Texten Leitners «Vor meiner Wiege»
(Oktober), «Der Kreuzzug» (November), «Des Fischers Liebesglück»
(November).

1828   Am 26. März findet das erste Konzert mit Werken Schuberts statt. –
Schubert fühlt sich krank, vollendet aber in fieberhaftem Schaffensdrang
Werk um Werk. – Im Sommer kann er das im Vorjahr Pachler in Graz
gegebene Versprechen der Wiederholung seines letztjährigen Besuches
nicht einlösen. Er leidet an quälenden Kopfschmerzen. – Anfang Oktober
Ausflug nach Eisenstadt, wo Schubert lange am Grabe Haydns verweilt. –
Er zieht im September zu Ferdinand in die «Neuen Wieden», Nr. 694,
«Zur Stadt Ronsberg», Kettenbrückengasse 6.

31. Oktober: Schubert fühlt sich sehr krank.
3. November: Er hört in Hernals Ferdinands «Requiem».

4. November: Schubert bespricht sich mit Simon Sechter wegen des geplanten Unterrichts im strengen Kontrapunkt (Fugensatz).
11. November: Franz Schubert legt sich zu Bett.
12. November: Er bittet Schober brieflich um Lektüre.
16. November: Ein Ärztekonzilium stellt Nervenfieber (Bauchtyphus) fest. Spaun, Bauernfeld und Franz Lachner besuchen ihn.
19. November: Schubert stirbt nachmittags 3 Uhr. Es ist Mittwoch.
20. November: Aufbahrung im Gewand eines Einsiedlers, einen Lorbeerkranz um die Schläfen gebunden. «Das Antlitz unentstellt, glich er mehr einem Schlafenden, denn einem Toten.»
21. November: Früh um 6 Uhr schreibt Ferdinand dem Vater, Franz habe offenbar den Wunsch gehegt, neben Beethoven im Währinger statt im Matzleinsdorfer Friedhof zu ruhen. Der Tote wird drei Gräber von Beethoven entfernt auf dem Währinger Friedhof beigesetzt. (Vater Schuberts Eintragung in der Familienchronik, wonach Franz am 22. November bestattet worden sei, beruht – nach einer Mitteilung von Prof. O. E. Deutsch an den Verfasser – auf einem Irrtum.)

INSTRUMENTALWERKE

Neunte Sinfonie, C-dur (Nr. 7, März, 1838 von Schumann bei Ferdinand entdeckt);
Streichquintett, C-dur (August/September);
Fantasie für Klavier vierhändig, f-moll (Januar/April);
drei Impromptus («Drei Klavierstücke», Mai);
Allegro in a-moll, Klavier vierhändig («Lebensstürme», Mai);
Rondo in A-dur, Klavier vierhändig (Juni);
Fuge in e-moll für Orgel oder Klavier zu vier Händen (3. Juni);
dreizehnte Klaviersonate, c-moll (September);
vierzehnte Klaviersonate, A-dur (September);
fünfzehnte Klaviersonate, B-dur (September).

CHORWERKE

«Hymnus an den heiligen Geist» (A. Schmidl), Männerquartett a cappella (März), dritte Fassung für achtstimmigen Männerchor und Bläser (Oktober);
«Mirjams Siegesgesang» (Grillparzer), für Sopransolo, Gemischten Chor und Klavier (März);
sechste Messe, Es-dur, für Soli, Gemischten Chor und Orchester (Juni);
92. Psalm für Baritonsolo und Gemischten Chor (Juli);
«Glaube, Hoffnung, Liebe» (Reil), für Gemischten Chor und Blasinstrumente;

zweites Benedictus zur vierten Messe in C-dur (Oktober);
Tantum ergo in Es-dur, für Soli, Gemischten Chor und Orchester (Oktober);
Offertorium in B-dur, für Tenorsolo, Gemischten Chor und Orchester (Oktober).

LIEDER

«Auf dem Strom» (Rellstab), mit Klavier und Horn oder Cello (März); Schlechta «Widerschein» (zweite Fassung, Mai), Reil: «Glaube, Hoffnung, Liebe» (zweite Fassung, August), «Schwanengesang», Gedichte von Rellstab (sieben), Heine (sechs) und Seidl («Taubenpost», Schuberts letztes Lied, August/Oktober), «Der Hirt auf dem Felsen» (Wilhelmine von Chézy und Wilhelm Müller, Oktober).

1829	Spenden der Freunde und die Erträgnisse der zwei durch Netti Fröhlich veranstalteten Konzerte ermöglichen die Errichtung eines Grabmals nach einem Entwurf Franz von Schobers durch Christian Friedrich Förster mit einer Büste des Tirolers Josef Alois Dialer. Die von Franz Grillparzer verfaßte Inschrift lautet in der letzten (vierten) Fassung: «Die Tonkunst begrub hier einen reichen Besitz, aber noch schönere Hoffnungen.»
1838	Robert Schumann entdeckt bei Ferdinand Schubert die Partitur der großen C-dur-Sinfonie.
1839	Felix Mendelssohn bringt die C-dur-Sinfonie am 22. März im Leipziger Gewandhaus zur Uraufführung.
1852	Franz Liszt führt in Weimar «Alfonso und Estrella» auf.
1863	Franz Schuberts Gebeine werden exhumiert und in einem Metallsarg erneut bestattet.
1865	Heinrich Kreißle von Hellborn veröffentlicht die erste Schubert-Biographie. Johann Herbeck findet bei Anselm Hüttenbrenner in Graz die «Unvollendete» und führt sie in Wien auf.
1872	Enthüllung des Schubertdenkmals im Wiener Stadtpark am 15. Mai.
1888	Beisetzung von Schuberts Gebeinen im Ehrenhain des Zentralfriedhofes in Simmering. – Später Errichtung eines neuen Grabmals von Karl Kundmann.
1884–1897	Gesamtausgabe der Werke Schuberts in 40 Bänden durch Breitkopf und Härtel.
1908	Am 22. Mai beschließt der Wiener Gemeinderat den Ankauf des Geburtshauses Franz Schuberts, um es der Stadt Wien als Schubert-Museum zu erhalten.
1912	Eröffnung des Schubert-Museums am 18. Juni.

1923	Umwandlung des Währinger Friedhofs in den Schubert-Park.
1925	Die gußeiserne und später galvanisch verbronzte Büste auf dem Grabmal wird durch einen Abguß ersetzt.
1953	Renovation des Hauses, welches das Schubert-Museum birgt, anläßlich der 125. Wiederkehr von Schuberts Todestag und Neueinrichtung unter Mithilfe des hochverdienten Schubertforschers Otto Erich Deutsch, der nach langjähriger Emigration nach Wien zurückgekehrt war.
1954	Am 19. November, an Schuberts Todestag, wird das Sterbezimmer im Hause Kettenbrückengasse 6, II. Stock, Türe 17, wo Schubert Untermieter seines Bruders Ferdinand war, als würdig und pietätvoll ausgestaltete Weihestätte der Besichtigung freigegeben.

Werkverzeichnis nach Gattungen

GA = Gesamtausgabe Breitkopf & Härtel; die römischen Ziffern geben die Serie, die arabischen Ziffern die Nummer in der Serie an. Die hinter der Gattungsüberschrift stehende Jahrzahl bedeutet das Jahr des Erscheinens innerhalb der GA. –

D = Numerierung des thematisch-chronologischen Katalogs von Otto Erich Deutsch (1951). –

Op. = Werknummer nach Gustav Nottebohms thematischem Verzeichnis (1874).
Die Opuszahlen 1–173 entsprechen nicht der chronologischen Entstehung, sondern derjenigen der Drucklegung der einzelnen Werke.

Die Seitenzahlen, unter denen die einzelnen Werke im Text erwähnt sind, stehen aus satztechnischen Gründen für die Vokalwerke in den betreffenden Abschnitten des vorliegenden Werkverzeichnisses, für die Instrumentalwerke im Sachregister.

SINFONIEN (1884–1885)

1. Sinfonie, D-dur	GA	I, 1	D 82	1813
2. Sinfonie, B-dur	GA	I, 2	D 125	1815
3. Sinfonie, D-dur	GA	I, 3	D 200	1815
4. Sinfonie, c-moll, «Tragische»	GA	I, 4	D 417	1816
5. Sinfonie, B-dur	GA	I, 5	D 485	1816
6. Sinfonie, C-dur, «Kleine C-dur»	GA	I, 6	D 589	1818
7. Sinfonie, h-moll, «Unvollendete»	GA	I, 8	D 759	1822
8. Sinfonie, C-dur, «Große C-dur»	GA	I, 7	D 944	1828

Zwischen Nr. 6 und Nr. 8 entstanden 1821 die Skizzen zu der Sinfonie in E-dur, zwischen Nr. 7 und Nr. 8 wurde 1825 die verschollene «Gasteiner Sinfonie» geschaffen.

OUVERTÜREN UND ANDERE ORCHESTERWERKE (1886)

1. «Der Teufel als Hydraulicus»	GA	II, 1	D 4	1811
2. Ouvertüre in D-dur	GA	II, 2	D 26	1812
3. Ouvertüre in B-dur	GA	II, 3	D 470	1816
4. Ouvertüre in D-dur	GA	II, 4	D 556	1817
5. Ouvertüre «im italienischen Stil», D-dur	GA	II, 5	D 590	1817
6. Ouvertüre «im italienischen Stil», C-dur op. 170	GA	II, 6	D 591	1817
7. Ouvertüre in E-dur	GA	II, 7	D 648	1819
8. Fünf Menuette mit sechs Trios für Streichquartett	GA	II, 8	D 89	1813
9. Fünf Deutsche Tänze und sieben Trios für Streichquartett	GA	II, 9	D 90	1813
10. Menuett in D-dur für Streichquartett	GA	II, 10	D 86	1813

OKTETTE (1889)

Oktett für Streicher und Bläser, F-dur, op. 166	GA	III, 1	D 803	1824
Menuett und Finale für acht Bläser, F-dur	GA	III, 2	D 72	1813
Kleine Trauermusik für neun Bläser, Ges-dur	GA	III, 3	D 79	1813

STREICHQUINTETT (1886)

Streichquintett in C-dur, op. 163	GA	IV, 1	D 956	1828

STREICHQUARTETTE (1890)

1. Streichquartett, B-dur	GA	V, 1	D 18/19	1812
2. Streichquartett, C-dur, «Wechselnde Tonarten»	GA	V, 2	D 32	1812
3. Streichquartett, B-dur	GA	V, 3	D 36	1812
4. Streichquartett, C-dur	GA	V, 4	D 46	1813
5. Streichquartett, B-dur, Fragment	GA	V, 5	D 68	1813
6. Streichquartett, D-dur	GA	V, 6	D 74	1813
7. Streichquartett, Es-dur, op. 125, 1	GA	V, 10	D 87	1813
8. Streichquartett, D-dur	GA	V, 7	D 94	1813/14
9. Streichquartett, B-dur, op. 168	GA	V, 8	D 112	1814
10. Streichquartett, g-moll	GA	V, 9	D 173	1815
11. Streichquartett, E-dur, op. 125, 2	GA	V, 11	D 353	1816
12. Streichquartettsatz, c-moll	GA	V, 12	D 703	1820
13. Streichquartett, a-moll, op. 29	GA	V, 13	D 804	1824
14. Streichquartett, d-moll, «Tod und Mädchen»	GA	V, 14	D 810	1824–26
15. Streichquartett, G-dur	GA	V, 15	D 887	1826

STREICHTRIO (1890)

Streichtrio, B-dur (Fragment)	GA	VI,	D 471	1816

KLAVIERQUINTETT, -QUARTETT UND -TRIOS (1886)

Klavierquintett, A-dur, «Forellenquintett», op. 114	GA	VII, 1	D 667	1819
Klavierquartett, F-dur, «Adagio und Rondo»	GA	VII, 2	D 487	1816
Klaviertrio, B-dur, op. 99	GA	VII, 3	D 898	1827?
Klaviertrio, Es-dur, op. 100	GA	VII, 4	D 929	1827
Klaviertrio, Es-dur, «Notturno», op. 148	GA	VII, 5	D 897	1827?

KLAVIER UND EIN INSTRUMENT (1886)

Rondo für Violine und Klavier, h-moll, op. 70	GA	VIII, 1	D 895	1826
1. Sonatine, D-dur, Klavier u. Violine, op. 137, 1	GA	VIII, 2	D 384	1816
2. Sonatine, a-moll, Klavier u. Violine, op. 137, 2	GA	VIII, 3	D 385	1816
3. Sonatine, g-moll, Klavier u. Violine, op. 137, 3	GA	VIII, 4	D 408	1816
Fantasie für Violine und Klavier, C-dur, op. 159	GA	VIII, 5	D 934	1827
Sonate für Violine u. Klavier, A-dur, op. 162	GA	VIII, 6	D 574	1817
Variationen für Flöte u. Klavier, e-moll, op. 160	GA	VIII, 7	D 802	1824
Sonate für Arpeggione u. Klavier, a-moll	GA	VIII, 8	D 821	1824

KLAVIERWERKE ZU VIER HÄNDEN (1888)

Märsche

Drei Märsche, h-moll, C-dur, D-dur, op. 27	GA	IX, 1	D 602	1818
Six Grandes Marches, op. 40	GA	IX, 2	D 819	1824
Drei Militärmärsche, op. 51	GA	IX, 3	D 733	1822
Grande Marche funèbre, c-moll, op. 55	GA	IX, 4	D 859	1825
Grande Marche héroïque, a-moll, op. 66	GA	IX, 5	D 885	1826
Deux Marches caractéristiques, C-dur, op. 121	GA	IX, 6	D 886	1826
Kindermarsch, G-dur	GA	IX, 7	D 928	1827

Andere Werke

Ouvertüre, F-dur, op. 34	GA	IX, 8	D 675	1819
Ouvertüre, C-dur, «im ital. Stil»	GA	IX, 9	D 597	1817
Ouvertüre, D-dur, «im ital. Stil»	GA	IX, 10	D 592	1817
Ouvertüre zu «Alfonso und Estrella», op. 69	GA		D 773	1823
Sonate, B-dur, op. 30	GA	IX, 11	D 617	1818
Sonate, C-dur, «Grand Duo», op. 140	GA	IX, 12	D 812	1824
Rondo, A-dur, «Grand Rondeau», op. 107	GA	IX, 13	D 951	1828
Rondo, D-dur, op. 138	GA	IX, 14	D 608	1818
Acht Variationen über ein französisches Lied, e-moll, op. 10	GA	IX, 15	D 624	1818
Acht Variationen über ein eigenes Thema, As-dur, op. 35	GA	IX, 16	D 813	1824
Acht Variationen über ein Thema von Hérold, C-dur, op. 82, 1	GA	IX, 17	D 908	1827
Introduktion und Variationen über ein eigenes Thema, B-dur, op. 82, 2	GA	IX, 18	D 603	1818
Divertissement à la hongroise, g-moll, op. 54	GA	IX, 19	D 818	1824
Divertissement à la française, e-moll, op. 63 u. 84	GA	IX, 20/22	D 823	1825?

Allegro, a-moll, «Lebensstürme», op. 144	GA	IX, 23	D 947	1828
Fantasie, f-moll, op. 103	GA	IX, 24	D 940	1828
Sechs Polonaisen, op. 61	GA	IX, 25	D 824	1825
Vier Polonaisen, op. 75	GA	IX, 26	D 599	1818
Vier Ländler	GA	IX, 27	D 814	1824
Fuge für Orgel oder Klavier, e-moll, op. 152	GA	IX, 28	D 952	1828
Allegro moderato in C-dur und Andante in a-moll, «Sonatine»	GA	IX, 29	D 968	
Fantasie, G-dur, erstes erhaltenes Werk	GA	IX, 30	D 1	1810
Fantasie, g-moll	GA	IX, 31	D 9	1811
Fantasie, c-moll, «Grande Sonate»	GA	IX, 32	D 48	1813

KLAVIERSONATEN (1888)

Sonate in E-dur, Fragment	GA	X, 1	D 157	1815
Sonate in C-dur, Fragment	GA	X, 2	D 279	1815
Sonate in As-dur, Fragment	GA	X, 3	D 557	1817
Sonate in e-moll, Fragment	GA	X, 4	D 566	1817
Sonate in H-dur, op. 147	GA	X, 5	D 575	1817
Sonate in a-moll, op. 164	GA	X, 6	D 537	1817
Sonate in Es-dur, op. 122	GA	X, 7	D 568	1817
Sonate in a-moll, op. 143	GA	X, 8	D 784	1823
Sonate in a-moll, op. 42	GA	X, 9	D 845	1825
Sonate in A-dur, op. 120	GA	X, 10	D 664	1819
Sonate in D-dur, «Gasteiner», op. 53	GA	X, 11	D 850	1825
Sonate in G-dur, «Fantasie», op. 78	GA	X, 12	D 894	1826
Sonate in c-moll	GA	X, 13	D 958	1828
Sonate in A-dur	GA	X, 14	D 959	1828
Sonate in B-dur	GA	X, 15	D 960	1828

FANTASIE, IMPROMPTUS UND ANDERES (1888)

Fantasie in C-dur, «Wandererfantasie», op. 15	GA	XI, 1	D 760	1822
Vier Impromptus, op. 90	GA	XI, 2	D 899	1827
Vier Impromptus, op. 142	GA	XI, 3	D 935	1827
Sechs Momens musicals(!), op. 94	GA	XI, 4	D 780	1827
Adagio in Des-dur, op. 145, 1	GA	XI, 5, 1	D 505	1816
Rondo in E-dur, op. 145, 2	GA	XI, 5, 2	D 506	1816
Zehn Variationen, F-dur	GA	XI, 6	D 156	1815
Variationen über ein Thema von Anselm Hüttenbrenner, a-moll	GA	XI, 7	D 576	1817

Variationen über einen Walzer von Diabelli, c-moll	GA	XI, 8	D 718	1821
Andante in C-dur für Klavier	GA	XI, 9	D 29	1812
Andante in A-dur für Klavier	GA	XI, 10	D 604	1818?
Adagio in E-dur für Klavier	GA	XI, 11	D 612	1818
Allegretto in c-moll	GA	XI, 12	D 915	1827
Drei Impromptus, «Drei Klavierstücke»	GA	XI, 13	D 946	1828
Sonate in E-dur, «Fünf Klavierstücke»	GA	XI, 14	D 459	1816
Zwei Scherzi, B-dur und Des-dur	GA	XI, 15	D 593	1817
Marsch in E-dur	GA	XI, 16	D 606	1818

Zu diesen zweihändigen Klavierwerken kommen noch die in Serie XII der GA (Nrn. 1–31) aufgeführten Tänze: Deutsche (96), Walzer (126), Ländler (41), Galopps (2), Ecossaisen (62), Menuette (21), S. 180, 197/199, 299.

MESSEN (1887)

1. Messe, F-dur, S. 81, 82, 83	GA	XIII, 1	D 105	1814
2. Messe, G-dur, S. 84	GA	XIII, 2	D 167	1815
3. Messe, B-dur, op. 141, S. 84	GA	XIII, 3	D 324	1815
4. Messe, C-dur, op. 48, S. 84	GA	XIII, 4	D 452	1816
5. Messe, As-dur, S. 191/192	GA	XIII, 5	D 678	1822
6. Messe, Es-dur, S. 337/339	GA	XIII, 6	D 950	1828
7. «Deutsche Messe», S. 309/310	GA	XIII, 7	D 872	1826

Serie XIV umfaßt in den Nrn. 1–17 kleinere kirchenmusikalische Werke mit und in den Nrn. 18–25 solche ohne Begleitung. S. 80, 81, 167.

DRAMATISCHE MUSIK (1886–1893)

1. «Des Teufels Lustschloß» (Kotzebue) S. 96/97	GA	XV, 1	D 84	1814
2. «Der vierjährige Posten» (Körner) S. 97	GA	XV, 2	D 190	1815
3. «Fernando» (Stadler). S. 98	GA	XV, 3	D 220	1815
4. «Die Freunde von Salamanca» (Mayrhofer) S. 98	GA	XV, 4	D 326	1815
5. «Die Zwillingsbrüder» (Georg v. Hofmann) S. 171/172	GA	XV, 5	D 647	1819
6. «Der häusliche Krieg» (Castelli). S. 184	GA	XV, 6	D 787	1823
7. «Die Zauberharfe» (Georg v. Hofmann) S. 175/176	GA	XV, 7	D 644	1819/20

8. «Rosamunde» (Helmina v. Chézy), op. 26 (Ouvertüre von D 644) S. 186 ff.	GA	XV, 8	D 797	1823
9. «Alfonso und Estrella» (Schober) (die Ouvertüre auch zu D 797) S. 181 ff., 313	GA	XV, 9	D 732	1821/22
10. «Fierabras» (Josef Kupelwieser), op. 76 S. 185	GA	XV, 10	D 796	1823
11. «Claudine von Villa Bella» (Goethe) Fragment. S. 98/99	GA	XV, 11	D 239	1815
12. «Der Spiegelritter» (Kotzebue)	GA	XV, 12	D 11	1812?
13. «Die Bürgschaft» (Dichter unbekannt) Fragment. S. 99	GA	XV, 13	D 435	1816
14. «Adrast» (Mayrhofer), Fragment S. 99	GA	XV, 14	D 137	1815?
15. Arie und Duett in Hérolds «Das Zauberglöckchen» (Théolon de Lambert) S. 176	GA	XV, 15	D 723	1821

WERKE FÜR MÄNNERCHOR (1891)

Mit Begleitung von Streich- oder Blasinstrumenten

«Gesang der Geister über den Wassern» (Goethe), für acht Männerstimmen und Streichquintett, 5. Fassung, op. 167	GA	XVI, 3	D 714	1821
Des Menschen Seele gleicht dem Wasser S. 168/178				
«Hymnus an den heiligen Geist» (Schmidl), für Soli, Doppelchor und 13 Bläser, 3. Fassung, op. 154	GA	XVI, 2	D 964	1828
Herr, unser Gott. S. 339				
«Nachtgesang im Walde» (Seidl), für Männerquartett und vier Hörner, op. 139*b*	GA	XVI, 1	D 913	1827
Sei uns stets gegrüßt. S. 306				

Mit Klavierbegleitung

«Beitrag zu Salieris Jubelfeier» (Schubert), für Männerquartett und Tenorsolo, mit einem Kanon zu drei Stimmen	GA	XVI, 44	D 407	1816
Gütigster! Bester! Weisester! S. 93				
«Bergknappenlied» (?), für Männerquartett Hinab, ihr Brüder	GA	XVI, 18	D 268	1815

«Bootgesang» (Scott), für Männerquartett, op. 52, 3	GA	XVI, 10	D 835	1825
Triumph, er naht. S. 256				
«Das Dörfchen» (Bürger), für Männerquartett, 2. Fassung, op. 11, 1	GA	XVI, 4	D 641	1819?
Ich rühme mir. S. 135, 168				
«Das Grab» (Salis-Seewis), für Quartett, 1	GA	XX, 182	D 330	1815
Das Grab ist tief				
«Der Gondelfahrer» (Mayrhofer), für Männerquartett, op. 28	GA	XVI, 9	D 809	1824
Es tanzen Mond. S. 252				
«Die Nachtigall» (Unger), für Männerquartett, op. 11, 2	GA	XVI, 5	D 724	1821
Bescheiden verborgen. S. 168				
«Frühlingsgesang» (Schober), für Männerquartett, 2. Fassung, op. 16, 1	GA	XVI, 7	D 740	1822
Schmücket die Locken. S. 92				
«Geist der Liebe» (Matthisson), für Männerquartett, op. 11, 3	GA	XVI, 6	D 747	1822
Der Abend schleiert. S. 168				
«Im Gegenwärtigen Vergangenes» (Goethe), für Männerquartett	GA	XVI, 15	D 710	1821
Ros' und Lilie				
«La Pastorella» (Goldoni), für Männerquartett	GA	XVI, 19	D 513	1817
La pastorella al prato. S. 131				
«Nachthelle» (Seidl), für Tenor-Solo und Männerchor, op. 134	GA	XVI, 13	D 892	1826
Die Nacht ist heiter. S. 284				
«Naturgenuß» (Matthisson), für Männerquartett, 2. Fassung, op. 16, 1	GA	XVI, 8	D 422	1822
Im Abendschimmer. S. 92				
«Ständchen» (Grillparzer), für Alt-Solo und Männerquartett	GA	XVI, 14	D 920	1827
Zögernd leise. S. 306				
«Trinklied» (?), für Baß-Solo und Männerchor	GA	XVI, 16	D 75	1813
Freunde, sammelt Euch. S. 89				
«Trinklied» (Autor ?), für Männerquartett	GA	XVI, 17	D 267	1815
Auf! Jeder sei nun.				
«Widerspruch» (Seidl), für Männerquartett, op. 105, 1	GA	XVI, 12	D 865	1826?
Wenn ich durch Busch. S. 284				

«Zur guten Nacht» (Rochlitz), für Bariton-Solo und Männerchor, op. 81, 3	GA	XVI, 11	D 903	1827
Horcht auf!				

Ohne Begleitung

«An den Frühling» (Schiller), für Quartett	GA	XVI, 40	D 338	1816
Willkommen, schöner Jüngling				
«Der Entfernten» (Salis-Seewis), für Quartett	GA	XVI, 38	D 331	1816?
Wohl denk' ich allenthalben				
«Die Einsiedelei» (Salis-Seewis), für Quartett	GA	XVI, 39	D 337	1816
Es rieselt klar				
«Die Nacht» (Krummacher), für Quartett, op. 17,4	GA	XVI, 23	D 983	1822
Wie schön bist du. S. 203				
«Der Wintertag» (Schubert?), für Quartett u. Klavierbegleitung (verloren), op. 169			D 984	
In schöner heller Winterzeit. S. 308				
«Ewige Liebe» (Schulze), für Quartett, op. 64,2	GA	XVI, 25	D 825	1825
Ertönet, ihr Saiten. S. 253				
«Flucht» (Lappe), für Quartett, op. 64,3	GA	XVI, 26	D 825	1825
In der Freie will ich leben. S. 253				
«Frühlingsgesang» (Schober), für Quartett, 1. Fassung	GA	XVI, 31	D 709	1821?
Schmücket die Locken. S. 92				
«Frühlingslied» (Pollak), für Quartett, 1. Fassung	GA	XXI, 36a	D 914	1827
Geöffnet sind. S. 305				
«Geistertanz» (Matthisson), für Chor, vierstimmig	GA	XVI, 32	D 494	1816
Die brettene Kammer. S. 92				
«Gesang der Geister über den Wassern» (Goethe), für Quartett, 2. Fassung	GA	XVI, 33	D 538	1817
Des Menschen Seele. S. 134, 156				
«Grab und Mond» (Seidl), für Quartett	GA	XVI, 41	D 893	1826
Silbergrauer Mondenschein. S. 283				
«Hymnus an den hlg. Geist» (Schmidl), 2. Fassung, für Soloquartett und Chor	GA	XVI, 42	D 948	1828
Komm heil'ger Geist. S. 339.				
«Jünglingswonne» (Matthisson), für Quartett, op. 17, 1	GA	XVI, 20	D 983	1822
Solang im deutschen Eichentale. S. 203				

«Liebe» (Schiller), für Quartett, op. 17, 2	GA XVI, 21	D 983	1822
Liebe rauscht. S. 203			
«Lied im Freien» (Salis-Seewis), für Quartett	GA XVI, 34	D 572	1817
Wie schön ist's im Freien. S. 134			
«Mondenschein» (Schober), für Quintett, Klavierbegleitung unecht, op. 102	GA XVI, 27	D 875	1826
Des Mondes Zauberblume lacht. S. 283			
«Nachtmusik» (Seckendorf), für Chor vierstimmig, op. 156	GA XVI, 30	D 848	1825
Wir stimmen dir			
«Ruhe, schönstes Glück (Autor?), für Quartett	GA XVI, 36	D 657	1819
Ruhe, schönstes Glück der Erde. S. 168			
«Schlachtlied» (Klopstock), für Doppelchor, op. 151	GA XVI, 28	D 912	1827
Mit unserm Arm. S. 305			
«Sehnsucht» (Goethe), für Quintett	GA XVI, 35	D 656	1819
Nur wer die Sehnsucht kennt. S. 167			
«Ruhe» (Schubert?), für Quartett		D 635	1819
Leise, leise (Zwei Strophen von Anton Weiß)			
«Trinklied» (16. Jhdt.), für Quartett, op. 155	GA XVI, 29	D 847	1825
Edit Nona. S. 253			
«Wehmut» (H. Hüttenbrenner), für Quartett, op. 64, 1	GA XVI, 24	D 825	1825
Die Abendglocke tönet. S. 252			
«Wein und Liebe» (Haug), für Quartett	GA XVI, 36	D 901	1827
Liebchen und der Saft der Reben			
«Wer ist groß?» (Autor?), für Baßsolo, Chor und Orchester	GA XVI, 43	D 110	1814
Wer ist wohl groß? S. 90			
«Zum Rundtanz» (Salis-Seewis), für Quartett, op. 17, 3	GA XVI, 22	D 983	1822
Auf! es dunkelt. S. 203			

WERKE FÜR GEMISCHTEN CHOR (1892)

Mit Orchesterbegleitung

«Am Geburtstag des Kaisers» (Deinhardstein), für Soli, Chor und Orchester, op. 157	GA XVII, 3	D 748	1822
Steig empor!			

«Glaube, Hoffnung, Liebe» (Reil), für Chor und Bläser	GA XVII, 5	D 954	1828
Gott! laß die Glocke			
«Gratulationskantate» (für F. M. Vierthaler Autor unbekannt), für Soli, Chor und Orchester	GA XVII, 4	D 294	1815
Erhab'ner			
«Kantate zu Ehren Josef Spendous» (Joh. Hoheisel), für Soli, Chor und Orchester, op. 128	GA XVII, 2	D 472	1816
Da liegt er. S. 103			
«Lazarus, oder die Feier der Auferstehung» (Niemeyer), Osterkantate (religiöses Drama in drei Akten), für Soli, Chor und Orchester, Fragment	GA XVII, 1	D 689	1820
S. 173 ff.			

Mit Klavierbegleitung

«An die Sonne» (Uz), für Quartett	GA XVII, 12	D 439	1816
O Sonne, Königin der Welt. S. 94			
«Begräbnislied» (Klopstock), für Quartett	GA XVII, 16	D 168	1815
Begrabt den Leib			
«Der Tanz» (Schnitzer), für Quartett	GA XVII 14	D 826	1825
Es redet und träumet. S. 252			
«Des Tages Weihe» (Autor?), für Quartett op. 146	GA XVII, 11	D 763	1822
Schicksalslenker, blick hernieder. S. 203			
«Gebet vor der Schlacht» (de la Motte-Fouqué), für Quartett, op. 139*a*	GA XVII, 10	D 815	1824
Du Urquell aller Güte. S. 251			
«Gott der Weltschöpfer» (Uz), für Quartett, op. 112, 2	GA XVII, 7	D 986	1815
Zu Gott flieg auf. S. 91			
«Gott im Ungewitter» (Uz), für Quartett, op. 112, 1	GA XVII, 6	D 985	1815
Du Schrecklicher. S. 91			
«Hymne an den Unendlichen» (Schiller), für Quartett, op. 112, 3	GA XVII, 8	D 232	1815
Zwischen Himmel und Erd'. S. 91			
«Lebenslust» (Autor?), für Quartett	GA XVII, 13	D 609	1818
Wer Lebenslust fühlet			

«Mirjams Siegesgesang» (Grillparzer), für Sopransolo und Chor, op. 136	GA XVII, 9	D 942	1828
Rührt die Cymbel. S. 340			
«Osterlied» (Klopstock), für Quartett	GA XVII, 17	D 987	
Überwunden hat der Herr			
«Zur Genesung von Frl. Kiesewetter» (Autor?), Kantate für Sextett	GA XVII, 15	D 936	1827
Al par del ruscelletto			

Ohne Begleitung

«Chor der Engel» (Goethe), für Chor vierstimmig	GA XVII, 18	D 440	1816
Christ ist erstanden. S. 94			
«Der 92. Psalm», Lied für den Sabbath, für Baritonsolo und Chor	GA XVII, 19	D 953	1828
Lieblich ist's. S. 339			

WERKE FÜR FRAUENCHOR UND KLAVIER (1891)

«Coronach» (Scott), für Chor dreistimmig, op. 52, 4	GA XVIII, 1	D 836	1825
Er ist uns geschieden. S. 256			
«Das Leben» (J. C. Wannovius), Terzett	GA XVIII, 5	D 269	1815
Das Leben ist ein Traum. S. 91			
«Der 23. Psalm», für Chor vierstimmig, op. 132	GA XVIII, 2	D 706	1820
Gott ist mein Hirt. S. 170			
«Gott in der Natur» (E. Ch. von Kleist), für Chor vierstimmig, op. 133	GA XVIII, 3	D 757	1822
Groß ist der Herr! S. 204			
«Klage um Ali Bey» (Claudius), Terzett, Klavierbegleitung fraglich	GA XVIII, 6	D 140	1815
Laßt mich! Ich will klagen. S. 91			
«Ständchen» (Grillparzer), für Altsolo und Chor vierstimmig, op. 135	GA XVIII, 4	D 921	1827
Zögernd leise. S. 306/307			

KLEINERE TERZETTE UND DUETTE (1892)

Mit Begleitung

«Beitrag zu Salieris Jubelfeier» (Schubert), Terzett und Klavier, 2. Fassung	GA XIX, 5	D 441	1816
Gütigster, Bester, Weisester			

«Das Abendrot» (Kosegarten), für Terz. u. Klavier	GA XIX, 6	D 236	1815
Der Abend blüht			
«Der Hochzeitsbraten» (Schober), komisches Terzett mit Klavier, op. 104	GA XIX, 2	D 930	1827
Ach, liebster Herr. S. 308/309			
«Die Advokaten» (Baron Engelhart), komisches Terzett von Anton Fischer, nicht von Schubert, op. 74	GA XIX, 1	D 37	1812
Mein Herr, ich komm'. S. 308			
«Geburtstagkantate für M. Vogl» (Stadler), Terzett mit Klavier, op. 158	GA XIX, 3	D 666	1819
Sänger, der von Herzen singet. S. 161			
«Kantate zur Namensfeier des Vaters» (Schubert), Terzett und Gitarre	GA XIX, 4	D 80	1813
Ertöne Leier. S. 89			
«Punschlied» (Schiller), Terzett mit Klavier	GA XIX, 7	D 277	1815
Vier Elemente, innig gesellt. S. 90			
«Trinklied» (Castelli), für Tenorsolo, Terzett und Klavier, op. 131, 2	GA XIX, 8	D 148	1815
Brüder, unser Erdenwallen. S. 90			

Ohne Begleitung

«Auf den Sieg der Deutschen» (Autor?), Kanon zu drei Stimmen	GA XIX, 21	D 88	1813
Verschwunden sind die Schmerzen			
«Bardengesang» (Ossian), Terzett	GA XIX, 15	D 147	1815
Rolle, du strömigter Carun, S. 91			
«Der Morgenstern» (Körner), für zwei Stimmen oder Hörner	GA XIX, 32	D 203	1815
Stern der Liebe			
«Der Schnee zerrinnt» (Hölty), Kanon für drei Stimmen	GA XIX, 25	D 130	1815
Der Schnee zerrinnt			
«Dessen Fahne Donnerstürme wallten» (Schiller), Terzett	GA XIX, 10	D 58	1813
Dessen Fahne			
«Die zwei Tugendwege» (Schiller), Terzett	GA XIX, 14	D 71	1813
Zwei sind der Wege			
«Dreifach ist der Schritt der Zeit» (Schiller), Kanon für drei Stimmen	GA XIX, 23	D 69	1813
Dreifach ist der Schritt. S. 90			

«Frühlingslied» (Autor?), Terzett	GA XIX, 19	D 243	1815
Die Luft ist blau			
«Goldner Schein» (Matthisson), Kanon für drei Stimmen	GA XIX, 24	D 357	1816
Goldner Schein deckt den Hain			
«Gruppe aus dem Tartarus» (Schiller), Kanon für drei Stimmen, Entwurf	GA XIX, 35	D 65	1813
Schmerz verzerret			
«Hier umarmen sich getreue Gatten» (Schiller), Terzett	GA XIX, 11	D 60	1813
Hier umarmen sich			
«Jägerlied» (Körner), für zwei Stimmen oder Hörner	GA XIX, 33	D 204	1815
Frisch auf, ihr Jäger			
«Lacrimoso son io» (Autor?), 2 Kanons zu drei Stimmen	GA XIX, 28a/b	D 131	1815
Lacrimoso			
«Liebe säuseln die Blätter» (Hölty), Kanon für drei Stimmen	GA XIX, 26	D 988	?
Liebe säuseln			
«Lützows wilde Jagd» (Körner), für zwei Stimmen oder Hörner	GA XIX, 34	D 205	1815
Was glänzt dort vom Walde			
«Mailied» (Hölty), für zwei Stimmen oder Hörner	GA XIX, 31	D 202	1815
Der Schnee zerrinnt			
«Mailied» (Hölty), für zwei Stimmen oder Hörner	GA XIX, 30	D 199	1815
Grüner wird die Au, S. 91			
«Mailied» (Hölty), Terzett	GA XIX, 16	D 129	1815
Grüner wird die Au			
«Sanctus», Kanon für drei Stimmen mit Koda	GA XIX, 29	D 56	1813
Sanctus			
«Selig durch die Liebe» (Schiller), Terzett	GA XIX, 12	D 55	1813
Selig durch die Liebe			
«Totengräberlied» (Hölty), Terzett	GA XIX, 20	D 38	1813?
Grabe, Spaten, grabe			
«Trinklied im Mai» (Hölty), Terzett	GA XIX, 17	D 427	1816
Bekränzet die Tonnen			
«Trinklied im Winter» (Hölty), Terzett	GA XIX, 18	D 242	1815
Das Glas gefüllt!			

«Unendliche Freude» (Schiller), Kanon für drei Stimmen	GA XIX, 22	D 54	1813
Unendliche Freude durchwallet			
«Vokalübungen für zwei Stimmen mit figuriertem Baß»	GA XIX, 36	D 619	1818
«Vorüber die stöhnende Klage» (Schiller), Terzett	GA XIX, 9	D 53	1813
Vorüber die stöhnende			
«Wer die steile Sternenbahn» (Schiller), Terzett	GA XIX, 13	D 63	1813
Wer die steile			
«Willkommen, lieber schöner Mai» (Hölty), 2 Kanons zu drei Stimmen, 2 Fassungen	GA XIX, 27a/b	D 244	1815
Willkommen			
«Widerhall» (Matthisson), für Terzett	GA fehlt	D 428	1816
Auf ewig dein			

LIEDER UND GESÄNGE (1894–1895)
(Alphabetisch geordnet nach Textautoren und Titeln)

Bauernfeld, Eduard von

«Der Vater mit dem Kind»	GA XX, 514	D 906	1827
Dem Vater liegt			

Baumberg, Gabriele von

«Abendständchen»	GA XX, 125	D 265	1815
Sei sanft (nach dem Französischen)			
«An die Sonne», op. 118, 3	GA XX, 127	D 270	1815
Sinke, liebe Sonne			
«Cora an die Sonne»	GA XX, 123	D 263	1815
Nach so vielen			
«Der Morgenkuß»	GA XX, 124	D 264	1815
Durch eine ganze			
«Lob des Tokayers», op. 118, 4	GA XX, 135	D 248	1815
O köstlicher Tokayer			

Bernard, Josef Karl

«Vergebliche Liebe», op. 173, 3	GA XX, 58	D 177	1815
Ja, ich weiß es			

Bertrand, F. Anton Franz (?)

«Adelwold und Emma»	GA XX, 79	D 211	1815
Hoch und ehern schier			
«Minona»	GA XX, 40	D 152	1815
Wie treiben die Wolken			

Bruchmann, Franz Seraph von

«Am See»	GA XX, 422	D 746	1822/23
In des Sees Wogenspiele			
«An die Leier», op. 56, 2	GA XX, 414	D 737	1822
Ich will von Atreus Söhnen			
«Der zürnende Barde»	GA XX, 421	D 785	1823
Wer wagt's			
«Im Haine», op. 56, 3	GA XX, 415	D 738	1822
Sonnenstrahlen durch die			
«Schwestergruß»	GA XX, 413	D 762	1822
Im Mondenschein wall'			

Castelli, Ignaz Franz

«Das Echo», op. 130	GA XX, 513	D 868	1826?
Herzliebe, gute Mutter			

Chezy, Wilhelmine von

«Der Hirt auf dem Felsen», op. 129	GA XX, 569	D 965	1828
Wenn auf dem			

Claudius, Matthias

«Abendlied»	GA XX, 278	D 499	1816
Der Mond ist aufgegangen. S. 77			
«Am Grabe Anselmos», op. 6, 3	GA XX, 275	D 504	1816
Daß ich dich verloren. S. 77			
«An die Nachtigall», op. 98, 1	GA XX, 276	D 497	1816
Es liegt und schläft. S. 77			
«An eine Quelle», op. 109, 3	GA XX, 273	D 530	1817
Du kleine grünumwachsne			
«Bei dem Grabe meines Vaters»	GA XX, 274	D 496	1816
Friede sei			
«Das Lied vom Reifen»	GA XX, 303	D 532	1817
Seht meine lieben			
«Der Tod und das Mädchen», op. 7, 3	GA XX, 302	D 531	1817
Vorüber. S. 77			
«Lied», 1. Fassung	GA XX, 280	D 362	1816
Ich bin vergnügt			
«Lied», 2. Fassung	GA XX, 281	D 501	1816
Ich bin vergnügt			
«Täglich zu singen»	GA XX, 304	D 533	1817
Ich danke Gott			

Collin, Matthäus von

«Der Zwerg», op. 22, 1	GA XX, 425	D 771	1823?
Im trüben Licht, S. 205			

Ein Schubert-Abend bei Josef von Spaun (Zeichnung von Moritz von Schwind).

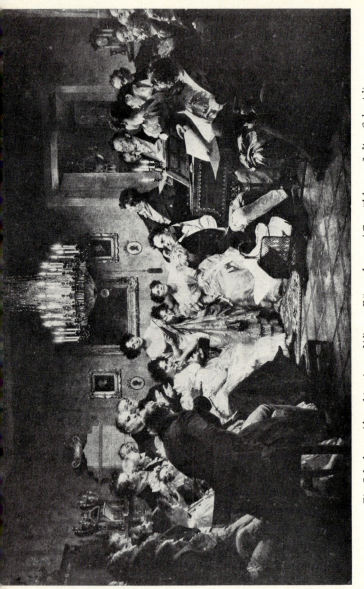

Ein Schubert-Abend in einem Wiener Bürgerhaus (Gemälde von Julius Schmid).

Franz Schubert
(Lithographie von Kriehuber, 1845).

Das Schubert-Denkmal im Stadtpark von Wien.

«Licht und Liebe»	GA	XX, 286	D 352	1816?
Liebe ist ein süßes				
«Nacht und Träume», op. 43, 2	GA	XX, 470	D 827	1825?
Heil'ge Nacht. S. 254				
«Sendschreiben an Spaun»	GA	XX, 588	D 749	1822
Und nimmer				
«Wehmut», op. 22, 2	GA	XX, 426	D 772	1823
Wenn ich durch Wald. S. 205				

Cowley, Abraham

«Der Weiberfreund»   GA XX, 128   D 271   1815
Noch fand von Evens Töchterscharen
(Übersetzer: J. F. von Ratschky)

Craigher, Jak. Nikolaus

«Der blinde Knabe», op. 101 (nach Colley
Cibber)   GA XX, 468   D 833   1825
O sagt ihr Lieben

«Die junge Nonne», 2 Fassungen, op. 43, 1   GA XX, 469a/b D 828   1825
Wie braust durch. S. 254

«Totengräbers Heimweh»   GA XX, 467   D 842   1825
O Menschheit. S. 254

Deinhardstein, Joh. Ludwig Ferdinand

«Skolie»   GA XX, 154   D 306   1815
Laßt im Morgenstrahl. S. 296

Ehrlich, Bernhard Ambros (?)

«Als ich sie erröten sah»   GA XX, 41   D 153   1815
Als ich

Ermin-Kumpf, Joh. Gottfried

«Der Mondabend», op. 131, 1   GA XX, 43   D 141   1815
Rein und freundlich

«Mein Gruß an den Mai»   GA XX, 153   D 305   1815
Sei mir gegrüßt

Fellinger, Joh. Georg

«Die erste Liebe»   GA XX, 61   D 182   1815
Die erste Liebe

«Die Sterne»   GA XX, 57   D 176   1815
Was funkelt ihr

«Die Sternenwelten»   GA XX, 155   D 307   1815
Oben drehen sich

Goldoni, Carlo

«La Pastorella»   GA XX, 574   D 528   1817
La pastorella al prato. S. 131

Goethe, Joh. Wolfgang, von

«Am Flusse», 1. Fassung	GA XX, 47	D 160	1815
Verfließt, vielgeliebte. S. 70			
«Am Flusse», 2. Fassung	GA XX, 418	D 766	1822
Verfließt, vielgeliebte. S. 204			
«An den Mond», 1. Fassung	GA XX, 116	D 259	1815
Füllest wieder. S. 70			
«An den Mond», 2. Fassung	GA XX, 176	D 296	1815
Füllest wieder. S. 70			
«An die Entfernte»	GA XX, 417	D 765	1822
So hab' ich wirklich. S. 204			
«An Mignon», 2 Fassungen, op. 19, 2	GA XX, 48a/b	D 161	1815
Über Tal und Fluß. S. 70			
«An Schwager Kronos», op. 19, 1	GA XX, 263	D 369	1816
Spute dich Kronos. S. 75			
«Auf dem See», 2 Fassungen, op. 92, 2	GA XX, 310a/b	D 543	1817
Und frische Nahrung. S. 133			
«Bundeslied»	GA XX, 115	D 258	1815
In allen guten Stunden			
«Der Fischer», op. 5, 3	GA XX, 88	D 225	1815
Das Wasser rauscht. S. 71			
«Der Goldschmiedsgsell»	GA XX, 122	D 560	1817
Es ist doch			
«Der Gott und die Bajadere»	GA XX, 111	D 254	1815
Mahadöh. S. 67			
«Der König in Thule», op. 5, 5	GA XX, 261	D 367	1816
Es war ein König. S. 75			
«Der Musensohn», 2 Fassungen, op. 92, 1	GA XX, 416a/b	D 764	1822
Durch Feld und Wald. S. 204			
«Der Rattenfänger»	GA XX, 112	D 255	1815
Ich bin der wohlbekannte Sänger			
«Der Sänger», 2 Fassungen, op. 117	GA XX, 45a/b	D 149	1815
Was hör' ich			
«Der Schatzgräber»	GA XX, 113	D 256	1815
Arm am Beutel. S. 71			
«Die Liebende schreibt», op. 165, 1	GA XX, 367	D 673	1819
Ein Blick			
«Die Spinnerin», op. 118, 6	GA XX, 119	D 247	1815
Als ich still. S. 71			
«Erlkönig», 4 Fassungen, op. 1	GA XX, 178a/d	D 328	1815
Wer reitet. S. 72–74, 112/113, 156, 160			

«Erster Verlust», op. 5, 4 GA XX, 89 D 226 1815
Ach, wer bringt. S. 71
«Ganymed», op. 19, 3 GA XX, 311 D 544 1817
Wie im Morgenglanze. S. 133
«Geheimes», op. 14, 2 GA XX, 392 D 719 1821
Über meines Liebchens. S. 166
«Geistesgruß», 5 Fassungen, op. 92, 3 GA XX, 174*a/d*+B D 142 1815
Hoch auf dem alten
«Gesänge des Harfners» aus «Wilhelm Meister»
   Wer sich der Einsamkeit ergibt GA XX, 173 D 325 1815
   I Wer sich der Einsamkeit ergibt, op. 12,1 GA XX, 254*a/b* D 478 1816
   S. 74
   II An die Türen will ich schleichen, op. 12,3 GA XX, 255*a/b* D 479 1816
   S. 74
   III Wer nie sein Brot, op. 12, 2 GA XX, 256/58 D 480 1816–22
   S. 74
«Gesänge der Mignon» aus «Wilhelm Meister» GA XX, 168 D 321 1815
Kennst du das Land. S. 74
Mignon I, 1. Fassung GA XX, 394 D 726 1821
Heiß mich nicht reden. S. 74, 165
Mignon II, 3. Fassung GA XX, 395 D 727 1821
So laßt mich scheinen. S. 165
Mignon II, 1. und 2. Fassung GA XX, 395 D 469 1816
So laßt mich scheinen. S. 74, 165
«Gesänge aus ‚Wilhelm Meister'», S. 257
1. Mignon und der Harfner GA XX, 488 D 877 1826/27
Nur wer die Sehnsucht kennt, S. 74
2. Lied der Mignon GA XX, 489 D 877 1826/27?
Heiß mich nicht reden
3. Lied der Mignon GA XX, 490 D 877 1826/27?
So laßt mich scheinen. S. 74
4. Lied der Mignon, op. 62, 1–4 GA XX, 491 D 877 1826/27?
Nur wer die Sehnsucht
«Grenzen der Menschheit» GA XX, 393 D 716 1821
Wenn der uralte. S. 165
«Gretchen am Spinnrad», op. 2 GA XX, 31 D 118 1814
Mein Ruh ist hin. S. 55, 66/67, 84
«Heidenröslein», op. 3, 3 GA XX, 114 D 257 1815
Sah ein Knab'. S. 60, 71
«Hoffnung», 2 Fassungen GA XX, 175*a/b* D 295 1815 u.
Schaff' das Tagwerk 1817

«Jägers Abendlied», 1.Fassung	GA XX, —	D 215	1815
Im Felde schleich'			
«Jägers Abendlied», 2.Fassung, op. 3, 4	GA XX, 262	D 368	1816
Im Felde schleich'			
«Liebhaber in allen Gestalten»	GA XX, 120	D 558	1817
Ich wollt'			
«Meeresstille», op. 3, 2	GA XX, 82	D 216	1815
Tiefe Stille herrscht. S. 71			
«Nachtgesang»	GA XX, 32	D 119	1814
O gib vom weichen Pfühle. S. 68			
«Nähe des Geliebten, 2 Fassungen, op. 5, 2	GA XX, 49a/b	D 162	1815
Ich denke dein. S. 70			
«Prometheus»	GA XX, 370	D 674	1819
Bedecke deinen Himmel. S. 168			
«Rastlose Liebe», op. 5, 1	GA XX, 177	D 138	1815
Dem Schnee, dem Regen. S. 74			
«Schäfers Klagelied», 2 Fassungen, op. 3, 1	GA XX, 34b/a	D 121	1814
Da droben auf. S. 69			
«Schweizerlied»	GA XX, 121	D 559	1817
Uf em Bergli bin i. S. 71			
«Sehnsucht»	GA XX, 35	D 123	1814
Was zieht das Herz. S. 69			
Szene aus «Faust», 2 Fassungen	GA XX, 37a/b	D 126	1814
Wie anders, Gretchen. S. 69			
«Tischlied», op. 118, 3	GA XX, 97	D 234	1815
Mich ergreift			
«Trost in Tränen»	GA XX, 33	D 120	1814
Wie kommt's. S. 69			
«Versunken»	GA XX, 391	D 715	1821
Voll Locken kraus. S. 166			
«Wandrers Nachtlied I», op. 4, 3	GA XX, 87	D 224	1815
Der du von. S. 71			
«Wandrers Nachtlied II». op. 96, 3	GA XX, 420	D 768	1823
Über allen. S. 204			
«Wer kauft Liebesgötter?»	GA XX, 118	D 261	1815
Von allen			
«Willkommen und Abschied», 2 Fassungen, op. 56, 1	GA XX, 419a/b	D 767	1822
Es schlug mein Herz. S. 204			
«Wonne der Wehmut», op. 115, 2	GA XX, 117	D 260	1815
Trocknet nicht. S. 71			

Grillparzer, Franz

«Bertas Lied in der Nacht» GA XX, 355 D 653 1819
Nacht umhüllt. S. 164

Heine, Heinrich

«Am Meer» GA XX, 565 D 957, 12 1828
Das Meer erglänzte. S. 357

«Das Fischermädchen» GA XX, 563 D 957, 10 1828
Du schönes Fischermädchen. S. 357

«Der Atlas» GA XX, 561 D 957, 8 1828
Ich unglücksel'ger Atlas. S. 356

«Der Doppelgänger» GA XX, 566 D 957, 13 1828
Still ist die Nacht. S. 60, 357/358

«Die Stadt» GA XX, 564 D 957, 11 1828
Am fernen Horizonte. S. 357

«Ihr Bild» GA XX, 562 D 957, 9 1828
Ich stand in dunkeln. S. 356/357

Hell, Theodor (Karl Gottfried Theodor Winkler)

«Das Heimweh» GA XX, 241 D 456 1816
Oft in einsam stillen

Herder, Johann Gottfried (Übersetzer)

«Altschottische Ballade», op. 165, 5 GA XX, 545a/b D 923 1827
Dein Schwert. S. 317

Hölty, Ludwig Heinrich Christoph

«An den Mond», op. 57, 3 GA XX, 69 D 193 1815
Geuß, lieber Mond. S. 76

«An den Mond» GA XX, 243 D 468 1816
Was schauest du so hell

«An die Apfelbäume» GA XX, 73 D 197 1815
Ein heilig Säuseln

«An die Nachtigall», op. 172, 3 GA XX, 72 D 196 1815
Geuß nicht so laut. S. 76

«Auf den Tod einer Nachtigall» GA XX, 218 D 399 1816
Sie ist dahin

«Blumenlied» GA XX, 223 D 431 1816
Es ist ein halbes Himmelreich

«Der Liebende» GA XX, 76 D 207 1815
Beglückt, beglückt, wer

«Der Traum», op. 172, 1 GA XX, 80 D 213 1815
Mir träumt'

«Die frühe Liebe» GA XX, 222 D 430 1816
Schon im bunten

«Die Knabenzeit»	GA XX, 219	D 400	1816
Wie glücklich, wem			
«Die Laube», op. 172, 2	GA XX, 81	D 214	1815
Nimmer werd' ich			
«Die Mainacht»	GA XX, 70	D 194	1815
Wann der silberne Mond. S. 76			
«Die Nonne», 1. Fassung	GA XX, 77	D 208	1815
Drauf wurde			
«Die Nonne», 2. Fassung	GA XX, 77	D 212	1815
Es liebt' in Welschland			
«Erntelied»	GA XX, 226	D 434	1816
Sicheln schallen			
«Klage an den Mond», 1. Fassung	GA XX, 216	D 436	1816
Dein Silber schien			
«Minnelied»,	GA XX, 221	D 429	1816
Holder klingt der Vogelsang			
«Seligkeit»	GA XX, 225	D 433	1816
Freuden sonder Zahl			
«Seufzer»	GA XX, 74	D 198	1815
Die Nachtigall singt			
«Totengräberlied»	GA XX, 7	D 44	1813
Grabe, Spaten. S. 76			
«Winterlied»	GA XX, 220	D 401	1816
Keine Blumen blühn			

Hüttenbrenner, Heinrich

«Der Jüngling auf dem Hügel», op. 8, 1	GA XX, 385	D 702	1820
Ein Jüngling			

Jacobi, Johann Georg

«An Cloen»	GA XX, 244	D 462	1816
Bei der Liebe reinsten			
«Die Perle»	GA XX, 248	D 466	1816
Es ging ein Mann			
«Hochzeitslied»	GA XX, 245	D 463	1816
Will singen euch			
«In der Mitternacht»	GA XX, 246	D 464	1816
Todesstille deckt			
«Lied des Orpheus», 2 Fassungen	GA XX, 250a/b	D 474	1816
Wälze dich hinweg			
«Litanei auf Allerseelen»	GA XX, 342	D 343	1816
Ruhn in Frieden. S. 134			

«Trauer der Liebe»	GA XX, 247	D 465	1816
Wo die Taub' in stillen			

Kalchberg, Johann Nepomuk von

«Die Macht der Liebe»	GA XX, 156	D 308	1815
Überall, wohin mein			

Kenner, Josef

«Ballade», op. 126	GA XX, 99	D 134	1815
Ein Fräulein schaut			
«Der Liedler», op. 38	GA XX, 98	D 209	1815
Gib, Schwester mir			
«Grablied»	GA XX, 84	D 218	1815
Er fiel den Tod			

Kind, Johann Friedrich

«Hänflings Liebeswerbung», op. 20, 3	GA XX, 316	D 552	1817
Ahidi, ich liebe			

Klenke, Caroline Louise von

«Heimliches Lieben», 2 Fassungen, op. 106, 1	GA XX, 544a/b	D 922	1827
O du, wenn deine Lippen. S. 317			

Klopstock, Friedrich Gottlieb

«An sie»	GA XX, 142	D 288	1815
Zeit, Verkündigerin der besten			
«Das große Halleluja»	GA XX, 227	D 442	1816
Ehre sei dem			
«Das Rosenband»	GA XX, 139	D 280	1815
Im Frühlingsgarten fand. S. 71			
«Dem Unendlichen», 2 Fassungen	GA XX, 145a/c	D 291	1815
Wie erhebt sich. S. 71			
«Die frühen Gräber»	GA XX, 144	D 290	1815
Willkommen, o silberner			
«Die Gestirne»	GA XX, 229	D 444	1816
Es tönet sein Lob			
«Die Sommernacht», 2 Fassungen	GA XX, 143a/b	D 289	1815
Wenn der Schimmer von			
«Edone»	GA XX, 230	D 445	1816
Dein süßes Bild			
«Furcht der Geliebten», 2 Fassungen	GA XX, 138a/b	D 285	1815
Cidli, du weinest			
«Hermann und Thusnelda»	GA XX, 169	D 322	1815
Ha, dort kömmt er			
«Schlachtgesang»	GA XX, 228	D 443	1816
Mit unserm Arm			

«Selma und Selmar», 2 Fassungen	GA XX, 140a/b	D 286	1815
Weine du nicht			
«Vaterlandslied», 2 Fassungen	GA XX, 141a/b	D 287	1815
Ich bin ein			

Köpken, Friedrich von

«Freude der Kinderjahre»	GA XX, 240	D 455	1816
Freude, die im			

Körner, Theodor

«Amphiaros»	GA XX, 52	D 166	1815
Vor Thebens siebenfach			
«Auf der Riesenkoppe»	GA XX, 336	D 611	1818
Hoch auf dem Gipfel. S. 133			
«Das gestörte Glück»	GA XX, 157	D 309	1815
Ich hab' ein heißes			
«Das war ich», 1. Fassung	GA XX, 56	D 174	1815
Jüngst träumte mir			
«Das war ich», 2. Fassung	GA XX, 56	D 174	1816
Jüngst träumte mir			
«Gebet während der Schlacht»	GA XX, 55	D 171	1815
Vater, ich rufe dich			
«Liebesrausch», Fragment	GA fehlt	D 164	1815
Glanz des Guten			
«Liebesrausch», 2. Fassung	GA XX, 59	D 179	1815
Glanz des Guten. S. 75			
«Liebeständelei»	GA XX, 75	D 206	1815
Süßes Liebchen!			
«Sängers Morgenlied», 1. Fassung	GA XX, 50	D 163	1815
Süßes Licht!			
«Sängers Morgenlied», 2. Fassung	GA XX, 51	D 165	1815
Süßes Licht!			
«Schwertlied», mit Chor	GA XX, 54	D 170	1815
Du Schwert an meiner. S. 75			
«Sehnsucht der Liebe», 2 Fassungen	GA XX, 60	D 180	1815
Wie die Nacht			
«Trinklied vor der Schlacht», Chor unisono	GA XX, 53	D 169	1815
Schlacht, du brichst an! S. 90			
«Wiegenlied»	GA XX, 152	D 304	1815
Schlummre sanft			

Kosegarten, Ludwig Gotthard (Theobul)

«Abends unter der Linde», 1. Fassung	GA XX, 100	D 235	1815
Woher, o namenloses			

«Abends unter der Linde», 2. Fassung	GA XX, 101	D 237	1815
Woher, o namenloses			
«Alles um Liebe»	GA XX, 104	D 241	1815
Was ist es			
«An die untergehende Sonne», 2. Fassung, op. 44	GA XX, 237	D 457	1817
Sonne, du sinkst			
«An Rosa I»	GA XX, 162	D 315	1815
Warum bist du nicht			
«An Rosa II», 2 Fassungen	GA XX, 163a/b	D 316	1815
Rosa, denkst du an mich?			
«Das Finden»	GA XX, 85	D 219	1815
Ich hab' ein Mädchen funden			
«Das Sehnen», op. 172, 4	GA XX, 94	D 231	1815
Wehmut, die mich hüllt. S. 76			
«Der Abend», op. 118, 2	GA XX, 95	D 221	1815
Der Abend blüht			
«Die Erscheinung» («Erinnerung»), op. 108, 3	GA XX, 92	D 229	1815
Ich lag auf grünen			
«Die Mondnacht»	GA XX, 102	D 238	1815
Siehe, wie die Mondesstrahlen. S. 76			
«Die Sterne»	GA XX, 160	D 313	1815
Wie wohl ist mir			
«Die Täuschung», op. 165, 4	GA XX, 93	D 230	1815
Im Erlenbusch			
«Geist der Liebe», op. 118, 1	GA XX, 96	D 233	1815
Wer bist du			
«Huldigung»	GA XX, 103	D 240	1815
Ganz verloren			
«Idens Nachtgesang»	GA XX, 90	D 227	1815
Vernimm es, Nacht			
«Idens Schwanenlied»	GA XX, 164	D 317	1815
Wie schaust du			
«Luisens Antwort»	GA XX, 166	D 319	1815
Wohl weinen Gottes			
«Nachtgesang»	GA XX, 161	D 314	1815
Tiefe Feier schauert. S. 76			
«Schwangesang»	GA XX, 165	D 318	1815
Endlich stehn die Pforten			
«Von Ida»	GA XX, 91	D 228	1815
Der Morgen blüht			

Kuffner, Christoph
«Glaube, Hoffnung und Liebe», op. 97   GA XX, 462   D 955   1828
   Glaube, hoffe
Lappe, Karl
«Der Einsame», 2 Fassungen, op. 41   GA XX, 465a/b D 800   1824?
   Wann meine Grillen schwirren
«Im Abendrot»   GA XX, 463   D 799   1824?
   O, wie schön ist deine Welt. S. 254
Leitner, Karl Gottfried von
«Das Weinen», op. 106, 2   GA XX, 546   D 926   1827
   Gar tröstlich kommt. S. 317
«Der Kreuzzug»   GA XX, 549   D 932   1827
   Ein Münich steht. S. 317
«Der Wallensteiner Landsknecht»   GA XX, 548   D 931   1827
   He, schenket
«Der Winterabend»   GA XX, 551   D 938   1828
   Es ist so still. S. 318
«Des Fischers Liebesglück»   GA XX, 550   D 933   1827
   Dort blinket. S. 318
«Die Sterne», op. 96, 1   GA XX, 552   D 939   1828
   Wie blitzen die Sterne. S. 318
«Drang in die Ferne», op. 71   GA XX, 424   D 770   1823?
   Vater, du glaubst
«Vor meiner Wiege», op. 106, 3   GA XX, 547   D 927   1827
   Das also, das ist. S. 317
Leon, Gottlieb
«Die Liebe»   GA XX, 291   D 522   1817
   Wo weht der Liebe hoher Geist?
Lubi, Michael
«Ammenlied»   GA XX, 38   D 122   1814
   Am hohen, hohen Turm
MacDonald, Andrew
«Lied der Anne Lyle»   GA XX, 541   D 830   1825
   Wärst du bei mir
Matthisson, Friedrich von
«Adelaide»   GA XX, 25   D 95   1814
   Einsam wandelt dein Freund. S. 57, 65
«Andenken»   GA XX, 16   D 99   1814
   Ich denke dein. S. 57
«An Laura»   GA XX, 28   D 115   1814
   Herzen, die gen Himmel

«Der Abend»	GA XX, 22	D 108	1814
Purpur malt die Tannenhügel			
«Der Geistertanz», 2 Skizzen	GA XX, 590	D 15	1812
Die bretterne Kammer. S. 91			
«Der Geistertanz»	GA XX, 29	D 116	1814
Die bretterne Kammer. S. 76, 91			
«Die Betende»	GA XX, 20	D 102	1814
Laura betet! S. 65			
«Die Schatten»	GA XX, 8	D 50	1813
Freunde, deren Grüfte. S. 76			
«Die Sterbende»	GA XX, 65	D 186	1815
Heil, dies ist die			
«Entzückung»	GA XX, 211	D 413	1816
Tag voll Himmel!			
«Erinnerungen»	GA XX, 24	D 98	1814
Am Seegestad'			
«Geist der Liebe»	GA XX, 212	D 414	1816
Der Abend schleiert			
«Geisternähe»	GA XX, 17	D 100	1814
Der Dämmrung Schein. S. 65			
«Julius an Theone»	GA XX, 215	D 419	1816
Nimmer darf ich			
«Klage»	GA XX, 213	D 415	1816
Die Sonne steigt			
«Lebenslied»	GA XX, 284	D 508	1816
Kommen und Scheiden			
«Lied aus der Ferne»	GA XX, 21	D 107	1814
Wenn in des Abends. S. 65			
«Lied der Liebe»	GA XX, 23	D 109	1814
Durch Fichten am Hügel			
«Naturgenuß»	GA XX, 64	D 188	1815
Im Abendschimmer wallt			
«Romanze», 2 Fassungen	GA XX, 27	D 114	1814
Ein Fräulein klagt			
«Skolie»	GA XX, 283	D 507	1816
Mädchen entsiegelten			
«Stimme der Liebe», 1. Fassung	GA XX, 63	D 187	1815
Abendgewölke schweben			
«Stimme der Liebe», 2. Fassung	GA XX, 214	D 418	1816
Abendgewölke schweben			

«Totenkranz für ein Kind»	GA XX, 132	D 275	1815
Sanft wehn			
«Totenopfer» («Erinnerung»)	GA XX, 17	D 101	1814
Kein Rosenschimmer			
«Trost an Elisa»,	GA XX, 19	D 97	1814
Lehnst du deine			

Maylàth, Graf Johann

«Der Blumen Schmerz», op. 173, 4	GA XX, 399	D 731	1821
Wie tönt es mir. S. 204			

Mayrhofer, Johann

«Abendstern»	GA XX, 459	D 806	1824
Was weilst du einsam			
«Abschied»	GA XX, 251	D 475	1816
Über die Berge zieht ihr. S. 77			
«Alte Liebe rostet nie»	GA XX, 253	D 477	1816
Alte Liebe rostet			
«Am Erlafsee», op. 8, 3	GA XX, 331	D 586	1817
Mir ist so wohl. S. 132			
«Am See»	GA XX, 36	D 124	1814
Sitz' ich im Gras			
«Am Strome», op. 8, 4	GA XX, 306	D 539	1817
Ist mir's doch. S. 131			
«An die Freunde»	GA XX, 356	D 654	1819
Im Wald, da grabt mich			
«Antigone und Oedip», op. 6, 2	GA XX, 309	D 542	1817
Ihr hohen Himmlischen. S. 132			
«Atys»	GA XX, 330	D 585	1817
Der Knabe seufzt übers grüne Meer			
«Auf der Donau», op. 21, 1	GA XX, 317	D 553	1817
Auf der Wellen Spiegel. S. 132			
«Auflösung»	GA XX, 460	D 807	1824
Verbirg dich, Sonne. S. 254			
«Augenlied»	GA XX, 171	D 297	1815
Süße Augen, klare Bronnen			
«Aus Heliopolis» I, op. 65, 3	GA XX, 404	D 753	1822
Im kalten rauhen Norden			
«Aus Heliopolis» II,	GA XX, 405	D 754	1822
Fels auf Felsen. S. 204			
«Beim Winde»	GA XX, 365	D 669	1819
Es träumen die Wolken. S. 164			

«Der Alpenjäger», 2 Fassungen, op. 13, 3	GA XX, 295a/b	D 524	1817
Auf hohem Bergesrücken			
«Der entsühnte Orest»	GA XX, 383	D 699	1820
Zu meinen Füßen			
«Der Gondelfahrer»	GA XX, 461	D 808	1824
Es tanzen Mond			
«Der Hirt»	GA XX, 267	D 490	1816
Du Turm! Zu meinem Leide			
«Der Schiffer», op. 21, 2	GA XX, 318	D 536	1817
Im Winde, im Sturme. S. 132			
«Der Sieg»	GA XX, 458	D 805	1824
O unbewölktes Leben			
«Der zürnenden Diana», 2 Fassungen, op. 36, 1	GA XX, 387a/b	D 707	1820
Ja, spann nur			
«Die Sternennächte», op. 165, 2	GA XX, 366	D 670	1819
In monderhellten. S. 165			
«Einsamkeit»	GA XX, 339	D 620	1818
Gib mir die Fülle. S. 132			
«Fahrt zum Hades»	GA XX, 297	D 526	1817
Der Nachen dröhnt. S. 132			
«Fragment aus dem Aeschylus», 2 Fassungen	GA XX, 236a/b	D 450	1816
So wird der Mann			
«Freiwilliges Versenken»	GA XX, 384	D 700	1820
Wohin, o Helios?			
«Geheimnis. An Franz Schubert»	GA XX, 269	D 491	1816
Sag' an, wer. S. 75			
«Iphigenia», op. 98, 3	GA XX, 325	D 573	1817
Blüht denn hier. S. 132			
«Liane»	GA XX, 170	D 298	1815
Hast du Lianen nicht gesehen?			
«Liedesend», 2 Fassungen	GA XX, 249a/b	D 473	1816
Auf seinem gold'nen Throne			
«Lied eines Schiffers», op. 65, 1	GA XX, 268	D 360	1816
Dioskuren, Zwillingssterne			
«Memnon», op. 6, 1	GA XX, 308	D 541	1817
Den Tag hindurch. S. 132			
«Nach einem Gewitter»	GA XX, 320	D 561	1817
Auf den Blumen			
«Nachtstück», op. 36, 2	GA XX, 368	D 672	1819
Wenn über Berge sich. S. 165			

«Nachtviolen»	GA XX, 403	D 752	1822
Nachtviolen, Nachtviolen. S. 204			
«Orest auf Tauris»	GA XX, 382	D 548	1817
Ist dies Tauris			
«Philoctet»	GA XX, 307	D 540	1817
Da sitz' ich ohne Bogen. S. 132			
«Rückweg»	GA XX, 252	D 476	1816
Zum Donaustrom			
«Schlaflied», op. 24, 2	GA XX, 298	D 527	1817
Es mahnt der Wald			
«Sehnsucht», op. 8, 2	GA XX, 386	D 516	1817
Der Lerche wolkennahe Lieder			
«Trost»	GA XX, 367	D 671	1819
Hörnerklänge rufen klagend			
«Uraniens Flucht»	GA XX, 319	D 554	1817
Laßt uns, ihr Himmlischen. S. 132			
«Wie Ulfru fischt», op. 21, 3	GA XX, 296	D 525	1817
Die Angel zuckt. S. 132			
«Zum Punsche»	GA XX, 270	D 492	1816
Woget brausend, Harmonien			

Mendelssohn, Moses

«Der 13. Psalm»	GA fehlt	D 663	1819
Ach, Herr, wie lange (nach dem Hebräischen)			

Metastasio, Pietro

«Misero pargoletto»	GA XX, 570	D 42	1813
Arie aus «Demofoonte»			
«Pensa, che questo istante»	GA XX, 571	D 76	1813
Arie aus «Alcide al Bivio»			
«Son fra l'onde»	GA XX, 572	D 78	1813
Arie aus «Gli orti esperidi»			
«Vedi, quanto adoro»	GA XX, 573	D 510	1816
Arie aus «Didone abbandonata»			
«Vier Canzonen»:			
1. Non t'accostar all'urna (Vitorelli)	GA XX, 575	D 688	1820
2. Guarda che bianca luna (Vitorelli)	GA XX, 576	D 688	1820
3. Da quel sembiante (Metastasio)	GA XX, 577	D 688	1820
4. Mio ben, ricordati (Metastasio)	GA XX, 578	D 688	1820
«Drei Gesänge»:			
1. L'incanto degli occhi, op. 83	GA XX, 579	D 902	1827
2. Il traditor deluso, op. 83	GA XX, 580	D 902	1827
3. Il modo di prender (Autor?), op. 83. S. 316	GA XX, 581	D 908	1827

«Leiden der Trennung»   GA XX, 285   D 509   1816
  Vom Meere trennt
  (Übersetzung: Heinrich von Collin)

Motte-Fouqué, Friedrich de la
«Der Schäfer und der Reiter», op. 13, 1   GA XX, 293   D 517   1817
  Ein Schäfer saß
«Don Gayseros», drei Romanzen:
  1. Don Gayseros   GA XX, 13   D 93   1814
  2. Nächtens klang die süße Laute   GA XX, 14   D 93   1814
  3. An den jungen Morgenhimmel   GA XX, 15   D 93   1814
«Lied aus ‚Undine'»   GA XX, 184   D 373   1816
  Mutter geht durch ihre

Müller, Wilhelm
«Der Hirt auf dem Felsen», op. 129   GA XX, 569   D 965   1828
  Wenn auf dem. S. 354
«Die schöne Müllerin», op. 25   GA XX, 433–452 D 795 1823
  20 Lieder. S. 205 ff.
«Die Winterreise», op. 89   GA XX, 517–540 D 911 1827
  24 Lieder. S. 294, 318 ff.

Novalis, Friedrich (Friedrich von Hardenberg)
«Vier Hymnen»:
  1. Wenige wissen das Geheimnis   GA XX, 360   D 659   1819
  2. Wenn ich ihn nur habe   GA XX, 361   D 660   1819
  3. Wenn alle untreu werden   GA XX, 362   D 661   1819
  4. Ich sag' es jedem   GA XX, 363   D 662   1819
«Marie»   GA XX, 364   D 658   1819
  Ich sehe dich in tausend
«Nachthymne»   GA XX, 372   D 687   1820
  Hinüber wall' ich. S. 164

Ossian
«Cronnan»   GA XX, 188   D 282   1815
  Ich sitz' bei der moosigten
  (Übersetzer: Harold)
«Das Mädchen von Inistore»   GA XX, 148   D 281   1815
  Mädchen Inistores. S. 72   (Übersetzer: Harold)
«Der Tod Oskars»   GA XX, 187   D 375   1816
  Warum öffnest du
  (Autor unsicher, Übersetzer: Harold)
«Die Nacht»   GA XX, 305   D 534   1817
  Die Nacht ist dumpfig
  (Autor unsicher, Übersetzer: Harold)

«Kolmas Klage»	GA XX, 83	D 217	1815
Rund um mich Nacht. S. 72			
(Übersetzer unsicher)			
«Lodas Gespenst»	GA XX, 44	D 150	1815/16
Der bleiche kalte Mond,			
(Übersetzer: Harold)			
«Lorma», 2. Fassung, Fragment	GA XX, 592	D 376	1816
Lorma saß in der Halle			
(Übersetzer: Harold – 1. Fassung D 327)			
«Ossians' ‚Lied nach dem Falle Nathos'», 2 Fassungen	GA XX, 147	D 278	1815
Beugt euch aus euren. S. 72			
(Übersetzer: Harold)			
«Shilrick und Vinvela»	GA XX, 146	D 293	1815
Mein Geliebter ist ein Sohn			
(Übersetzer: Harold)			

Ottenwalt, Dr. Anton

«Der Knabe in der Wiege», 2 Fassungen	GA XX, 335	D 579	1817
Er schläft so süß. S. 162			

Percy, Thomas (Übersetzer: J. G. Herder)

«Altschottische Ballade», 2 Fassungen, op. 165, 5	GA XX, 545a/b	D 923	1827
Dein Schwert			

Petrarca (Übersetzer: August Wilhelm Schlegel und J. D. Gries)

«Drei Sonette»:

1. Apollo, lebet noch dein hold	GA XX, 345	D 628	1818
2. Allein, nachdenklich	GA XX, 346	D 629	1818
3. Nunmehr, da Himmel, Erde	GA XX, 347	D 630	1818
S. 134			

Pfeffel

«Der Vatermörder»	GA XX, 4	D 10	1811
Ein Vater starb			

Pichler, Karoline

«Der Unglückliche», 2 Fassungen, op. 87, 1	GA XX, 390a/b	D 713	1821
Die Nacht bricht an. S. 165			
«Der Sänger am Felsen»	GA XX, 264	D 482	1816
Klage, meine Flöte			
«Lied»	GA XX, 265	D 483	1816
Ferne von der großen Stadt			

Platen, August, Graf von

«Die Liebe hat gelogen», op. 23, 1	GA XX, 410	D 751	1822
Die Liebe hat			

«Du liebst mich nicht», 2 Fassungen,
op. 59, 1   GA XX, 409a/b   D 756   1822
   Mein Herz ist

Plat(t)ner, Eduard
«Die Blumensprache», op. 173, 5   GA XX, 299   D 519   1817
   Es deuten die Blumen

Pollak, Aaron
«Frühlingslied»   GA XXI, 36b   D 919   1827
   Geöffnet sind des Winters

Pope, Alexander (Übersetzer: J. G. Herder)
«Verklärung»   GA XX, 10   D 59   1813
   Lebensfunke vom Himmel

Prandstetter, Martin Josef
«Die Fröhlichkeit»   GA XX, 134   D 262   1815
   Wess' Adern leichtes

Pyrker von Felsö-Eör, Johann Ladislaus
«Das Heimweh», 2 Fassungen, op. 79, 1   GA XX, 478a/b   D 851   1825
   Ach, der Gebirgssohn. S. 255
«Die Allmacht», op. 79, 2   GA XX, 479   D 852   1825
   Groß ist Jehovah. S. 255

Reil, Johann Anton Friedrich
«Das Lied im Grünen», op. 115, 1   GA XX, 543   D 917   1827
   Ins Grüne, ins Grüne. S. 317

Reissig, Christian Ludwig
«Der Zufriedene»   GA XX, 167   D 320   1815
   Zwar schuf das Glück

Rellstab, Ludwig
«Abschied»   GA XX, 560   D 957   1828
   Ade, du muntre, du fröhliche. S. 356
«Auf dem Strom», op. 119   GA XX, 568   D 943   1828
   Nimm die letzten. S. 355
«Aufenthalt»   GA XX, 558   D 957   1828
   Rauschender Strom. S. 355
«Frühlingssehnsucht»   GA XX, 556   D 957   1828
   Säuselnde Lüfte. S. 355
«Herbst»   GA XX, 589   D 945   1828
   Es rauschen die Winde. S. 355
«In der Ferne»   GA XX, 559   D 957   1828
   Wehe dem Fliehenden
«Kriegers Ahnung»   GA XX, 555   D 957   1828
   In tiefer Ruh'. S. 355

«Lebensmut», Fragment	GA	XX, 602	D 937	1828
Fröhlicher Lebensmut. S. 354				
«Liebesbotschaft»	GA	XX, 554	D 957	1828
Rauschendes Bächlein. S. 355				
«Ständchen»	GA	XX, 557	D 957	1828
Leise flehen meine Lieder. S. 355				

Rochlitz, Johann Friedrich

«Alinde», op. 81, 1	GA	XX, 287	D 904	1827
Die Sonne sinkt ins tiefe Meer				
«An die Laute», op. 81, 2	GA	XX, 288	D 905	1827
Leiser, leiser, kleine Laute				
«Klaglied», op. 131, 3	GA	XX, 6	D 23	1812
Meine Ruh' ist dahin				

Roos, Richard (Karl August Engelhardt)

«Ihr Grab»	GA	XX, 402	D 736	1822
Dort ist ihr Grab				

Rückert, Friedrich

«Daß sie hier gewesen», op. 59, 2	GA	XX, 453	D 775	1823
Daß der Ostwind. S. 257				
«Du bist die Ruh», op. 59, 3	GA	XX, 454	D 776	1823
Du bist die Ruh. S. 257				
«Greisengesang», op. 60, 1	GA	XX, 456	D 778	1823
Der Frost hat mir. S. 257				
«Lachen und Weinen», op. 59, 4	GA	XX, 455	D 777	1823
Lachen und Weinen. S. 257				
«Sei mir gegrüßt!», op. 20, 1	GA	XX, 400	D 741	1822
O du Entrißne mir. S. 204, 282				

Salis-Seewis, Johann Gaudenz von

«Abschied von der Harfe»	GA	XX, 208	D 406	1816
Noch einmal tön'				
«Das Grab», 3. Fassung	GA	XX, 323	D 569	1817
Das Grab ist tief. S. 92, 135				
«Der Entfernten»	GA	XX, 203	D 350	1816
Wohl denk' ich. S. 76				
«Der Herbstabend»	GA	XX, 202	D 405	1816
Abendglockenhalle zittern				
«Der Jüngling an der Quelle»	GA	XX, 398	D 300	1815?
Leise rieselnder. S. 166				
«Die Einsiedelei», 1. Fassung	GA	XX, 198	D 350	1816
Es rieselt klar und wehend. S. 76				

«Die Einsiedelei», 2. Fassung	GA XX, 322	D 563	1817
Es rieselt, klar und wehend			
«Die Wehmut»	GA XX, 200	D 404	1816
Mit leisen Harfentönen. S. 76			
«Fischerlied», 1. Fassung	GA XX, 204	D 351	1816
Das Fischergewerbe gibt			
«Fischerlied», 2. Fassung	GA XX, 321	D 562	1817
Das Fischergewerbe gibt			
«Gesang an die Harmonie»	GA XX, 199	D 394	1816
Schöpferin beseelter			
«Herbstlied»	GA XX, 282	D 502	1816
Bunt sind schon die Wälder			
«Lied», 2 Fassungen	GA XX, 201a/b	D 403	1816, 1823
Ins stille Land!			
«Pflügerlied»	GA XX, 197	D 392	1816
Arbeitsam und wacker			

Sauter, Samuel Friedrich

«Der Wachtelschlag», op. 68	GA XX, 401	D 742	1822
Ach, mir schallt's dorten. S. 204			

Schiller, Friedrich

«Amalia», op. 173, 1	GA XX, 71	D 195	1815
Schön wie Engel			
«An den Frühling», 1. Fassung	GA XX, 107a	D 245	1815
Willkommen, schöner Jüngling			
«An den Frühling», 2. Fassung	GA XX, 136	D 283	1815
Willkommen, schöner Jüngling. S. 71			
«An den Frühling», A-dur, op. 172, 5	GA XX, 107b	D 587	1817
Willkommen, schöner Jüngling			
«An die Freude», op. 111, 1	GA XX, 66	D 189	1815
Freude, schöner Götterfunken. S. 91			
«An die Hoffnung», 1. Fassung	GA XX, 106	D 251	1815
Es reden und träumen			
«An die Hoffnung», 2. Fassung, op. 87, 2	GA XX, 358	D 637	1819
Es reden und träumen. S. 71			
«An Emma», 3 Fassungen, op. 58, 2	GA XX, 26a/c	D 113	1814
Weit in nebelgrauer Ferne. S. 57/58, 66			
«Das Geheimnis», 1. Fassung	GA XX, 105	D 250	1815
Sie konnte mir kein. S. 71, 204			
«Das Geheimnis», 2. Fassung, op. 173, 2	GA XX, 431	D 793	1823
Sie konnte mir kein. S. 204			

«Das Mädchen aus der Fremde», 1.Fassung In einem Tal bei	GA XX, 30	D 117	1814
«Das Mädchen aus der Fremde», 2.Fassung In einem Tal bei. S. 65/66	GA XX, 108	D 252	1815
«Der Alpenjäger», 2 Fassungen, op. 37, 2 Willst du nicht	GA XX, 332a/b	D 588	1817
«Der Flüchtling» Frisch atmet des Morgens	GA XX, 192	D 402	1816
«Der Jüngling am Bache», 1.Fassung An der Quelle saß	GA XX, 5	D 30	1812
«Der Jüngling am Bache», 2.Fassung An der Quelle saß	GA XX, 68	D 192	1815
«Der Jüngling am Bache», 2 Fassungen, op. 87, 3 An der Quelle saß	GA XX, 259b/a	D 638	1819
«Der Kampf», op. 110 Nein, länger werd' ich diesen. S. 131	GA XX, 333	D 594	1817
«Der Pilgrim», op. 37, 1 Noch in meines Lebens Lenze. S. 204	GA XX, 432	D 794	1823
«Der Taucher», 1.Fassung Wer wagt es, Rittersmann oder	GA XX, 12a	D 77	1813/14
«Der Taucher», 2.Fassung Wer wagt es, Rittersmann oder. S. 72	GA XX, 12b	D 111	1814
«Des Mädchens Klage», 1.Fassung Der Eichwald braust	GA XX, 2	D 6	1811/12
«Des Mädchens Klage», 2.Fassung, op. 58, 3 Der Eichwald braust	GA XX, 67a/b	D 191	1815
«Des Mädchens Klage», 3.Fassung Der Eichwald braust. S. 75	GA XX, 194	D 389	1816
«Die Bürgschaft» Zu Dionys, dem Tyrannen. S. 72	GA XX, 109	D 246	1815
«Die Entzückung an Laura», 1.Fassung Laura, über diese	GA XX, 195	D 390	1816
«Die Entzückung an Laura», 2 Fragmente Laura, über diese	GA XX, 597I/II	D 577	1817
«Die Erwartung», op. 116 Hör' ich das Pförtchen. S. 71	GA XX, 46	D 159	1816
«Die Götter Griechenlands», 2 Fassungen Schöne Welt. S. 164, 245	GA XX, 371a/b	D 677	1819
«Die vier Weltalter», op. 111, 3 Wohl perlet im Glase	GA XX, 196	D 391	1816

«Dithyrambe», op. 60, 2	GA XX, 457	D 801	1824
Nimmer, das glaubt mir. S. 255			
«Elysium»	GA XX, 329	D 584	1817
Vorüber die stöhnende Klage. S. 131			
«Gruppe aus dem Tartarus», 1. Fassung, Fragment	ungedruckt	D 396	1816
Horch, wie Murmeln			
«Gruppe aus dem Tartarus», 2. Fassung, op. 24, 1	GA XX, 328	D 583	1817
Horch, wie Murmeln. S. 133			
«Hektors Abschied», 2 Fassungen, op. 58, 1	GA XX, 159a/b	D 312	1815
Will sich Hektor ewig. S. 72			
«Klage der Ceres»	GA XX, 172	D 323	1815/16
Ist der holde Lenz erschienen? S. 72			
«Laura am Klavier», 2 Fassungen	GA XX, 193a/b	D 388	1816
Wenn dein Finger			
«Lied»	GA XX, 137	D 284	1815
Es ist so angenehm.			
«Punschlied. Im Norden zu singen»	GA XX, 110	D 253	1815
Auf der Berge			
«Ritter Toggenburg»	GA XX, 191	D 397	1816
Ritter, treue Schwesterliebe			
«Sehnsucht», 1. Fassung	GA XX, 9	D 52	1813
Ach, aus dieses Tales Gründen			
«Sehnsucht», 2. Fassung, op. 39	GA XX, 357a/b	D 636	1819
Ach, aus dieses Tales Gründen			
«Thekla», 1. Fassung	GA XX, 11	D 73	1813
Wo ich sei			
«Thekla», 2. und 3. Fassung, op. 88, 2	GA XX, 334a/b	D 595	1817
Wo ich sei			

Schlechta, Franz von

«Auf einem Kirchhof»	GA XX, 39	D 151	1815
Sei gegrüßt			
«Des Sängers Habe»	GA XX, 466	D 832	1825
Schlagt mein ganzes Glück. S. 295			
«Fischerweise», 2 Fassungen, op. 96, 4	GA XX, 495a/b	D 881	1826
Den Fischer fechten Sorgen. S. 254			
«Des Fräuleins Liebeslauschen»	GA XX, 381	D 698	1820
Hier unten steht			
«Totengräber-Weise»	GA XX, 496	D 869	1826
Nicht so düster. S. 254			

«Widerschein», 1. Fassung	GA fehlt	D 639	1819
Fischer harrt. S. 353			
«Widerschein», 2. Fassung	GA XX, 553	D 949	1828
Fischer harrt. S. 353			

Schlegel, August Wilhelm

«Abendlied für die Entfernte», op. 88, 1	GA XX, 482	D 856	1825
Hinaus, mein Blick!			
«Die gefangenen Sänger»	GA XX, 389	D 712	1821
Hörst du von. S. 165			
«Die verfehlte Stunde». 1. Fassung (2. Fassung ungedruckt)	GA XX, 206	D 409	1816
Quälend ungestilltes			
«Lebensmelodien», op. 111, 2	GA XX, 205	D 395	1816
Auf den Wassern wohnt			
«Lob der Tränen», op. 13, 2	GA XX, 294	D 711	1821
Laue Lüfte. S. 134			
«Sprache der Liebe», op. 115, 3	GA XX, 207	D 410	1816
Laß dich mit			
«Wiedersehen»	GA XX, 481	D 855	1825
Der Frühlingssonne holdes			

(In der Erstausgabe 1843 fälschlicherweise Friedrich zugeschrieben.)

Schlegel, Friedrich

«Abendröte»	GA XX, 376	D 690	1820
Tiefer sinket schon			
«Blanka»	GA XX, 348	D 631	1818
Wenn mich einsam Lüfte. S. 163			
«Das Mädchen»	GA XX, 354	D 652	1819
Wie so innig			
«Der Fluß»	GA XX, 375	D 693	1820
Wie rein Gesang sich			
«Der Knabe»	GA XX, 374	D 692	1820
Wenn ich nur ein Vöglein			
«Der Schiffer»	GA XX, 377	D 694	1820
Friedlich lieg' ich			

(Fälschlicherweise August Wilhelm zugeschrieben.)

«Der Schmetterling», op. 57, 1	GA XX, 179	D 633	1819
Wie soll ich nicht			
«Der Wanderer», op. 65, 2	GA XX, 351	D 649	1819
Wie deutlich des. S. 164			
«Die Berge», op. 57, 2	GA XX, 180	D 634	1819
Sieht uns der Blick			

«Die Gebüsche»	GA XX, 350	D 646	1819

Es wehet kühl. S. 164

«Die Rose», 2 Fassungen, op. 73 GA XX, 408a/b D 745 1822
Es locket schöne Wärme
(Fälschlicherweise August Wilhelm zugeschrieben)

«Die Sterne» GA XX, 378 D 684 1820
Du staunest, o Mensch
(Fälschlicherweise August Wilhelm zugeschrieben)

«Die Vögel», op. 172, 6 GA XX, 373 D 691 1820
Wie lieblich und fröhlich

«Fülle der Liebe» GA XX, 480 D 854 1825
Ein sehnend Streben. S. 255

«Im Walde» GA XX, 388 D 708 1820
Windesrauschen, Gottesflügel. S. 165
(Fälschlicherweise August Wilhelm zugeschrieben)

«Vom Mitleiden Mariä» GA XX, 349 D 632 1818
Als bei dem Kreuz. S. 163

Schmidt von Lübeck, Georg Philipp

«Der Wanderer», 2 Fassungen, op. 4, 1 GA XX, 266a/b D 489 u.
Ich komme vom Gebirge her. S. 77 493 1816

Schober, Franz von

«Am Bach im Frühling», op. 109, 1 GA XX, 272 D 361 1816
Du brachst sie nun. S. 131

«An die Musik», 2 Fassungen, op. 88, 4 GA XX, 314a/b D 547 1817
Du holde Kunst. S. 75

«Augenblicke im Elysium» verloren D 582

«Die Wolkenbraut» verloren D 683

«Genügsamkeit», op. 109, 2 GA XX, 181 D 143 1815
Dort raget ein Berg

«Jägers Liebeslied», op. 96, 2 GA XX, 515 D 909 1827
Ich schieß den Hirsch

«Pax vobiscum» GA XX, 315 D 551 1817
Der Friede sei mit euch!

«Pilgerweise» GA XX, 429 D 789 1823
Ich bin ein Waller

«Schatzgräbers Begehr», 2 Fassungen, op. 23, 4 GA XX, 412a/b D 761 1822
In tiefster Erde

«Schiffers Scheidelied» GA XX, 516 D 910 1827
Die Wogen am

«Todesmusik», op. 108, 2 GA XX, 411 D 758 1822
In des Todes Feierstunde

«Trost im Liede»	GA XX, 313	D 546	1817
Braust des Unglücks			
«Vergißmeinnicht»	GA XX, 430	D 792	1823
Als der Frühling			
«Viola», op. 123	GA XX, 423	D 786	1823
Schneeglöcklein			

Schopenhauer, Johanna

«Hippolits Lied»	GA XX, 504	D 890	1826
Laßt mich			

Schreiber, Alois

«An den Mond in einer Herbstnacht»	GA XX, 337	D 614	1818
Freundlich ist. S. 133			
«Das Abendrot», op. 173, 6	GA XX, 344	D 627	1818
Du heilig glühend			
«Das Marienbild»	GA XX, 341	D 623	1818
Sei gegrüßt			
«Der Blumenbrief»	GA XX, 340	D 622	1818
Euch Blümlein will			

Schubart, Christian Friedrich Daniel

«An den Tod»	GA XX, 326	D 518	1817
Tod, du Schrecken			
«Die Forelle», 5 Fassungen, op. 32	GA XX, 327a/e	D 550	1817
In einem Bächlein helle. S. 134			
«Grablied auf einen Soldaten»	GA XX, 239	D 454	1816
Zieh hin			
«Seraphine an ihr Klavier»	GA XX, 238	D 342	1816
Sanftes Clavier			

Schubert, Franz

«Abschied»	GA XX, 586	D 578	1817
Lebewohl			
«Der Strom» (Autor?)	GA XX, 324	D 565	1817
Mein Leben wälzt			
(Gedicht in der GA Albert Stadler zugeschrieben)			

Schücking von Münster

«Hagars Klage»	GA XX, 1	D 5	1811
Hier am Hügel. S. 62			

Schulze, Ernst

«An mein Herz»	GA XX, 485	D 860	1825
O Herz, sei endlich stille			
«Auf der Bruck», op. 93, 2	GA XX, 477	D 853	1825
Frisch trabe sonder Ruh'. S. 313			

«Der liebliche Stern»	GA XX, 486	D 861	1825
Ihr Sternlein still			
«Im Frühling»	GA XX, 497	D 882	1826
Still sitz' ich			
«Im Walde», op. 93, 1	GA XX, 476	D 834	1825
Ich wandre über Berg. S. 313			
«Lebensmut»	GA XX, 498	D 883	1826
O, wie dringt das junge			
«O Quell, was strömst du», Fragment	ungedruckt	D 874	1826
O Quell			
«Tiefes Leid	GA XX, 487	D 876	1826
Ich bin von aller Ruh'			
«Über Wildemann», op. 108, 1	GA XX, 500	D 884	1826
Die Winde sausen			
«Um Mitternacht», op. 88, 3	GA XX, 499	D 862	1825
Keine Stimme hör' ich			

Schütz, Wilhelm von
«Zwei Szenen aus dem Schauspiel ‚Lacrimas'»:

1. Nun, da Schatten niedergleiten, op. 124	GA XX, 483	D 857	1825
2. Ach, was soll ich beginnen, op. 124	GA XX, 484	D 857	1825

Scott, Sir Walter

«Ellens Gesang I», op. 52, 1	GA XX, 471	D 837	1825
Raste Krieger. S. 255			
«Ellens Gesang II», op. 52, 2	GA XX, 472	D 838	1825
Jäger, ruhe von. S. 255			
«Ellens Gesang III», op. 52, 6	GA XX, 474	D 839	1825
Ave Maria. S. 80, 255			
«Gesang der Norna», op. 85, 2	GA XX, 542	D 831	1825
Mich führt mein Weg. S. 316			
«Lied der Anne Lyle», op. 85, 1	GA XX, 541	D 830	1825
Wärst du bei mir. S. 316			
«Lied des gefangenen Jägers», op. 52, 7	GA XX, 475	D 843	1825
Mein Roß. S. 255			
«Normanns Gesang», op. 52, 5	GA XX, 473	D 846	1825
Die Nacht bricht. S. 256			

(Übersetzungen 1–3, 5–7 von Adam Storck, Nr. 4 von Sam. H. Spiker)

«Romanze des Richard Löwenherz», op. 86	GA XX, 501	D 907	1827

Großer Taten. S. 256   (Übersetzung von K. L. Methusalem Müller?)

Seidl, Johann Gabriel

«Am Fenster», op. 105, 3	GA XX, 492	D 878	1826
Ihr lieben Mauern			

«Das Zügenglöcklein», op. 80, 2	GA XX, 507	D 871	1826
Kling' die Nacht durch			
«Der Wanderer an den Mond», op. 80, 1	GA XX, 506	D 870	1826
Ich auf der Erd'			
«Im Freien», op. 80, 3	GA XX, 494	D 880	1826
Draußen in der weiten			
«Sehnsucht», op. 105, 4	GA XX, 493	D 879	1826
Die Scheibe friert			
«Taubenpost»	GA XX, 567	D 957	1828
Ich hab' eine Brieftaub'. S. 353			
«Vier Refrainlieder»			
1. Die Unterscheidung, op. 95	GA XX, 508	D 866	1826
Die Mutter hat			
2. Bei dir allein, op. 95	GA XX, 509	D 866	1826
Bei dir allein			
3. Die Männer sind méchant! op. 95	GA XX, 510	D 866	1826
Du sagtest mir			
4. Irdisches Glück, op. 95	GA XX, 511	D 866	1826
So mancher sieht			
«Wiegenlied», op. 105, 2	GA XX, 512	D 867	1826
Wie sich der Äuglein. S. 254			

Senn, Johann Michael Chrysostomus

«Schwanengesang», op. 23, 3	GA XX, 407	D 744	1822
Wie klag' ich's aus. S. 34			
«Selige Welt», op. 23, 2	GA XX, 406	D 743	1822
Ich treibe auf des Lebens Meer. S. 34			

Shakespeare, William

«An Sylvia», op. 106, 4	GA XX, 505	D 891	1826
Was ist Sylvia. S. 256			
(Übersetzer: Eduard von Bauernfeld)			
«Ständchen»	GA XX, 503	D 889	1826
Horch, horch die Lerch'. S. 256			
(Übersetzer: August Wilhelm Schlegel)			
«Trinklied»	GA XX, 502	D 888	1826
Bacchus, feister Fürst. S. 256/257			
(Übersetzer: Eduard von Bauernfeld? und Ferdinand Mayerhofer)			

Silbert, Johann Peter

«Abendbilder»	GA XX, 352	D 650	1819
Still beginnt's im Hain. S. 164			
«Himmelsfunken»	GA XX, 353	D 651	1819
Der Odem Gottes weht. S. 164			

Spaun, Josef, Edler von
«Der Jüngling und der Tod», 2 Fassungen GA XX, 312a/b D 545
Die Sonne sinkt
Stadler, Albert
«Lieb Minna» GA XX, 86 D 222 1815
Schwüler Hauch weht mir. S. 34
«Namenstagslied» GA XX, 587 D 695 1820
Vater, schenk mir
Stolberg, Friedrich Leopold, Graf von
«Abendlied» GA XX, 133 D 276 1815
Groß und rotentflammt
«An die Natur» GA XX, 183 D 372 1816
Süße, heilige Natur
«Auf den Wassern zu singen», op. 72 GA XX, 428 D 774 1823
Mitten im Schimmer. S. 204
«Daphne am Bach» GA XX, 209 D 411 1816
Ich hab' ein Bächlein funden
«Lied in der Abwesenheit GA fehlt D 416 1816
Ach, mir ist das Herz
«Lied» GA XX, 427 D 788 1823
Des Lebens Tag ist schwer
«Morgenlied» GA XX, 126 D 266 1815
Willkommen, rotes Morgenlicht
«Romanze», Fragment GA XX D 144 1815/16
In der Väter Hallen Revisionsbericht
Stoll, Josef Ludwig
«An die Geliebte» GA XX, 151 D 303 1815
O, daß ich dir
«Labetrank der Liebe» GA XX, 150 D 302 1815
Wenn im Spiele
«Lambertine» GA XX, 149 D 301 1815
O Liebe, die mein Herz erfüllet
Széchényi, Ludwig, Graf von
«Der Flug der Zeit», op. 7, 2 GA XX, 301 D 515 1817
Es floh die Zeit
«Die abgeblühte Linde», op. 7, 1 GA XX, 300 D 514 1817
Wirst du halten
Tiedge, Christoph August
«An die Sonne» GA XX, 129 D 272 1815
Königliche Morgensonne

Uhland, Ludwig

«Frühlingsglaube», 2 Fassungen, op. 20, 2   GA XX, 380a/b   D 686   1820–22
    Die linden Lüfte sind erwacht. S. 60, 61, 165

Uz, Johann Peter

«An Chloen», Fragment   ungedruckt   D 363   1816
    Die Munterkeit

«An den Schlaf» (Textdichter fraglich)   GA XX, 232   D 447   1816
    Komm und senke die umflorten

«Der gute Hirte»   GA XX, 234   D 449   1816
    Was sorgest du?

«Die Liebesgötter»   GA XX, 231   D 446   1816
    Cypris, meiner Phyllis gleich

«Die Nacht»   GA XX, 235   D 358   1816
    Du verstörst uns nicht

«Gott im Frühling»   GA XX, 233   D 448   1816
    In seinem schimmernden

Vittorelli, siehe Metastasio

Werner, Friedrich Ludwig Zacharias

«Jagdlied»   GA XX, 290   D 521   1817
    Trara, wir kehren daheim

«Morgenlied», op. 4, 2   GA XX, 379   D 685   1820
    Eh' die Sonne früh aufersteht

Willemer, Marianne von

«Suleika I», op. 14, 1   GA XX, 396   D 720   1821
    Was bedeutet die Bewegung?

«Suleika II», op. 31   GA XX, 397   D 717   1821
    Ach, um deine feuchten Schwingen

Zettler, Alois

«Trinklied»   GA XX, 62   D 183   1815
    Ihr Freunde

Übersetzungen

aus dem Englischen: siehe Cibber, Cowley, Herder, MacDonald, Ossian, Scott, Shakespeare, Percy, Pope

aus dem Französischen: siehe Baumberg

aus dem Griechischen: siehe Bruchmann, Mayrhofer

aus dem Hebräischen: siehe Mendelssohn

aus dem Italienischen: siehe Goldoni, Metastasio, Petrarca

Unbekannte Textautoren

«Abend», Fragment   ungedruckt   D 645   1819
    Wie ist es denn, daß

«Abendlied»	GA XX, 190	D 382	1816
Sanft glänzt			
«An den Mond», ohne Text und Klavier		D 311	1815
«Auf den Sieg der Deutschen»	GA XX, 583	D 81	1813
«Blondel zu Marien»	GA XX, 343	D 626	1818
In düstrer Nacht			
«Das Bild», op. 165, 3	GA XX, 42	D 155	1815
Ein Mädchen ist's			
«Der Leidende», 2 Fassungen	GA XX, 224*a/b*	D 432	1816
Klage – Nimmer trag' ich			
(lange Hölty zugeschrieben)			
«Der Leidende», 3. Fassung	ungedruckt	D 512	1817
Nimmer länger trag' ich			
«Der Tod Oskars»	GA XX, 187	D 375	1816
Warum öffnest du (Ossian? – Übersetzer: Harold)			
«Die Befreier Europas in Paris»	GA XX, 584	D 104	1814
«Die drei Sänger», Fragment	GA XX, 591	D 329	1815
Der König saß			
«Die Erde»	verloren	D 989	
Wenn sanft entzückt mein Auge sieht			
«Die Nacht»	GA XX, 305	D 534	1817
Die Nacht ist dumpfig			
(Übersetzer: Harold)			
«Frohsinn»	GA XX, 289	D 520	1817
Ich bin von lockerem Schlage			
«Frühlingslied»	GA XX, 217	D 398	1816
Die Luft ist blau			
(lange Hölty zugeschrieben)			
«Grablied für die Mutter»	GA XX, 338	D 616	1818
Hauche milder. S. 133			
«Ich saß an einer Tempelhalle», Fragment	ungedruckt	D 39	1813?
«Klage», Skizze	GA XX, 185*a*	D 292	1815
Trauer umfließt			
(lange Hölty zugeschrieben)			
«Klage», 2. Fassung	GA XX, 185*b*	D 371	1816
Trauer umfließt			
«Lied»	GA XX, 585	D 535	1817
Brüder, schrecklich brennt			
(mit kleinem Orchester)			
«Lied eines Kindes»	GA XX, 598	D 596	1817
Lauter Freude fühl' ich			

«Lilla an die Morgenröte»	GA XX, 130	D 273	1815
Wie schön bist du			
«Morgenlied»	GA XX, 189	D 381	1816
Die frohe, neubelebte			
«O laßt euch froh begrüßen», Fragment	ungedruckt	D 991	
«Tischlerlied»	GA XX, 131	D 274	1815
Mein Handwerk			
«Trost»	GA XX, 292	D 523	1817
Nimmer lange weil' ich			
«Wer wird sich nicht innig freuen», Fragment	ungedruckt	D 992	
«Wiegenlied», op. 98, 2	GA XX, 277	D 498	1816
Schlafe, schlafe holder. S. 77			
(fälschlicherweise M. Claudius zugeschrieben)			

SUPPLEMENT (1897)

Instrumentalmusik

«Der Spiegelritter» (Kotzebue), Singspiel,	GA XXI, 1	D 11	1812?
1. Akt	GA XV, 12	D 11	1812?
Ouvertüre für Orchester in D-dur	GA XXI, 2	D 12	1812
Concerto, «Konzertstück» in D-dur für			
Violine und Orchester	GA XXI, 3	D 345	1816?
Rondo in A-dur für Violine und Streichorchester	GA XXI, 4	D 438	1816
Streichtrio in B-dur	GA XXI, 5	D 581	1817
Ouvertüre in g-moll für Klavier vierhändig	GA XXI, 6	D 668	1819
(vielleicht eine Klavierskizze für ein verlorenes Orchesterwerk)			
Ouvertüre zu «Fierabras» für Klavier vier-			
händig	GA XXI, 7	D 798	1824
Allegro in E-dur für Klavier	GA XXI, 8	D 154	1815
Sonate in Des-dur für Klavier, drei Sätze	GA XXI, 9	D 567	1817?
Allegro in fis-moll für Klavier, Fragment	GA XXI, 10	D 571	1817
Zwei Sätze einer Klaviersonate in C-dur,			
Fragment	GA XXI, 11	D 613	1818
(vielleicht erster und letzter Satz einer unvollendeten Sonate)			
Sonate in f-moll für Klavier, Fragment	GA XXI, 12	D 625	1818
(von Walter Rehberg 1927 vollendet, Edition Steingräber)			
Allegro in cis-moll für Klavier, Fragment	GA XXI, 13	D 655	1819
(Skizze eines ersten Sonatensatzes)			
Sonate in C-dur, «Reliquie», für Klavier	GA XXI, 14	D 840	1825
(Die Sonate wurde vollendet von Ernst Krenck, 1921, Universaledition, und Walter Rehberg, 1927, Edition Steingräber)			

Fantasie in C-dur für Klavier, Fragment	GA XXI, 15	D 605	1818?
Allegretto in c-moll für Klavier, Fragment	GA XXI, 16	D 900	1827?
Allegretto in C-dur für Klavier, Fragment	GA XXI, 17	D 346	1816?
Allegro moderato in C-dur für Klavier, Fragment	GA XXI, 18	D 347	1816?
Andantino in C-dur für Klavier, Fragment	GA XXI, 19	D 348	1816?
Scherzo in D-dur und Allegro in fis-moll für Klavier, Fragment	GA XXI, 20	D 570	1817?
(gehören vielleicht zum Allegro in fis-moll	GA XXI, 10	D 571)	
Adagio in C-dur für Klavier, Fragment	GA XXI, 21	D 349	1816?
Adagio in G-dur für Klavier (zwei Versionen)	GA XXI, 22	D 178	1815
Zwölf «Wiener Deutsche» für Klavier	GA XXI, 23	D 128	1815
Menuett in A-dur mit Trio für Klavier	GA XXI, 24	D 334	1816
(Einstein vermutet, das Menuett gehöre zur Sonate in a-moll, op. 164,	GA X, 6	D 537)	
Menuett in E-dur mit Trio, für Klavier	GA XXI, 25	D 335	1816
Menuett in D-dur mit Trio, für Klavier	GA XXI, 26	D 336	1816
Menuett in cis-moll für Klavier	GA XXI, 27	D 600	1818
(dazu gehört vielleicht das Trio in E-dur, der «verlorene Sohn eines Menuetts»)	GA XII, 31	D 610,	
Zwei Menuette mit je einem Trio, für Klavier	GA XXI, 28	D 380	
Zwölf Ecossaisen für Klavier	GA XXI, 29	D 299	1815
Acht Ecossaisen für Klavier	GA XII, 11	und	
	GA XXI, 30	D 529	1817
Walzer in G-dur, «Albumblatt», für Klavier	GA XXI, 31	D 844	1825

Vokalmusik

Tantum ergo in Es-dur für Soloquartett, Gemischten Chor und Orchester	GA XIV, 32	und	
	GA XXI, 32	D 962	1828
Offertorium in B-dur für Tenorsolo, Gemischten Chor und Orchester	GA XXI, 33	D 963	1828
«Gesang der Geister über den Wassern» (Goethe), für Männerchor und Klavier, 2. Skizze	GA XXI, 34	D 705	1820
«Fischerlied» (Salis-Seewis), für Männerquartett	GA XXI, 35	D 364	1816/17?
«Frühlingslied» (Pollak), für Männerquartett	GA XXI, 36a	D 914	1827
«Frühlingslied» (Pollak), Lied	GA XXI, 36b	D 919	1827
«Unendliche Freude» (Schiller), für Männerterzett	GA XXI, 37	D 51	1813

«Hier strecket der wallende Pilger» (Schiller) für Männerterzett	GA XXI, 38	D 57	1813
«Ein jugendlicher Maienschwung» (Schiller), für drei Stimmen	GA XXI, 39	D 61	1813
«Thronend auf erhabnem Sitz» (Schiller), für Männerterzett	GA XXI, 40	D 62	1813
«Majestät'sche Sonnenrosse» (Schiller), für Männerterzett, Fragment	GA XXI, 41	D 64	1813
«Frisch atmet des Morgens» (Schiller), für Männerterzett	GA XXI, 42	D 67	1813
«Dreifach ist der Schritt der Zeit» (Schiller), für Männerterzett	GA XXI, 43	D 43	1813
«Die Schlacht» (Schiller), 2. Skizze einer Kantate mit Klavierbegleitung	GA XXI, 44	D 387	1816

(Schubert benützte die Klaviereinleitung für den ersten der drei «Marches héroïques», op. 27, GA IX, 1 D 602)

Werkverzeichnis nach Opuszahlen

E = Entstehung der Werke A = Erstausgabe

Op. 1 Lied: Erlkönig (Goethe), 4. Fassung, E: Spätherbst 1815, A: 2. April 1821, Wien, Cappi & Diabelli. (Graf Moritz von Dietrichstein gewidmet.)

Op. 2 Lied: Gretchen am Spinnrad (Goethe), E: 19. Oktober 1814, A: 30. April 1821, Wien, Cappi & Diabelli. (Reichsgraf Moritz Fries gewidmet.)

Op. 3 Vier Lieder: 1. Schäfers Klagelied (Goethe), 2. Fassung, E: 30. November 1814, A: 21. Mai 1821, Wien, Cappi & Diabelli. 2. Meeresstille (Goethe), E: 20./21. Juni 1815, A: 22. Mai 1821, A: wie Nr. 1. 3. Heidenröslein (Goethe), E: 19. August 1815, A: wie Nr. 1. 4. Jägers Abendlied (Goethe), E: Anfang 1816, A: wie Nr. 1. (Ignaz von Mosel gewidmet.)

Op. 4 Drei Lieder: 1. Der Wanderer (Schmidt von Lübeck), 2. Fassung, E: nach Oktober 1816, A: 29. Mai 1821, Wien, Cappi & Diabelli. 2. Morgenlied (Werner), E: 1820, A: wie Nr. 1. 3. Wanderers Nachtlied I (Goethe), E: 5. Juli 1815, A: wie Nr. 1. (Johann Ladislaus Pyrker gewidmet.)

Op. 5 Fünf Lieder: 1. Rastlose Liebe (Goethe), E: 1815, A: 9. Juli 1821, Wien, Cappi & Diabelli. 2. Nähe des Geliebten (Goethe), 2. Fassung, E: 27. Februar 1815, A: wie Nr. 1. 3. Der Fischer (Goethe), E: 5. Juli 1815, A: wie Nr. 1. 4. Erster Verlust (Goethe), E: 5. Juli 1815, A: wie Nr. 1. 5. Der König in Thule (Goethe), E: Anfang 1816, A: wie Nr. 1. (Antonio Salieri gewidmet.)

Op. 6 Drei Lieder: 1. Memnon (Mayrhofer), E: März 1817, A: 23. August 1821, Wien, Cappi & Diabelli. 2. Antigone und Oedip (Mayrhofer), E: März 1817, A: wie Nr. 1. 3. Am Grabe Anselmos (Claudius), E: 4. November 1816, A: wie Nr. 1. (Johann Michael Vogl gewidmet.)

Op. 7 Drei Lieder: 1. Die abgeblühte Linde (Széchényi), E: 1817, A: 27. November 1821, Wien, Cappi & Diabelli. 2. Der Flug der Zeit (Széchényi), E: 1817, A: wie Nr. 1. 3. Der Tod und das Mädchen (Claudius), E: Februar 1817, A: wie Nr. 1. (Graf Ludwig von Széchényi gewidmet.)

Op. 8 Vier Lieder: 1. Der Jüngling auf dem Hügel (Heinrich Hüttenbrenner), E: November 1820, A: 9. Mai 1822, Wien, Cappi & Diabelli. 2. Sehnsucht (Mayrhofer), E: 1817, A: wie Nr. 1. 3. Am Erlafsee (Mayrhofer), E: September 1817, A: 6. Februar 1818, Wien, Anton Doll, Almanach «Mahlerisches Taschenbuch für Freunde interessanter Gegenden, Natur- und Kunst-Merkwürdigkeiten der Österreichischen Monarchie. 4. Am Strome (Mayrhofer), E: März 1817, A: wie Nr. 1. (Graf Johann Karl von Esterhazy gewidmet.)

Op. 9 Originaltänze für Klavier, «Erste Walzer», E: 1816–1821, A: 29. November 1821, Wien, Cappi & Diabelli.

Op. 10 Acht Variationen über ein französisches Lied («Reposez-vous, bon chevalier»), für Klavier vierhändig, E: September 1818 in Zelesz, A: 19. April 1822, Wien, Cappi & Diabelli. (Ludwig van Beethoven zugeeignet von seinem Verehrer und Bewunderer Franz Schubert.)

Op. 11 Drei Gesänge für Männerquartett mit Klavier- oder Gitarre (?)-begleitung, 1. Das Dörfchen (Bürger), 2. Fassung, E: 1819, A: 12. Juni 1822, Wien. Cappi & Diabelli. 2. Die Nachtigall (Unger), E: April 1821 (Begleitung?), A: wie Nr. 1. 3. Geist der Liebe (Matthisson), E: Januar 1822 (Begleitung?), A: wie Nr. 1. (Dem Tenor Josef Barth gewidmet.)

Op. 12 Gesänge des Harfners aus «Wilhelm Meister» (Goethe), E: September 1816, A: 13. Dezember 1822, Wien, Cappi & Diabelli. 1. Wer sich der Einsamkeit ergibt, 2. Fassung. 2. Wer nie sein Brot mit Tränen aß, 3. Fassung. 3. An die Türen will ich schleichen, 2. Fassung. (Bischof Nepomuk von Dankesreither gewidmet.)

Op. 13 Drei Lieder: 1. Der Schäfer und der Reiter (Fouqué), E: 1817, A: 13. Dezember 1822, Wien, Cappi & Diabelli. 2. Lob der Tränen (A. W. Schlegel), E: 1821, A: wie Nr. 1. 3. Der Alpenjäger (Mayrhofer), 1. Fassung, E: Januar 1817, A: wie Nr. 1. (Josef von Spaun gewidmet.)

Op. 14 Zwei Lieder: 1. Suleika I (Marianne von Willemer), E: März 1821, A: 13. Dezember 1822, Wien, Cappi & Diabelli. 2. Geheimes (Goethe), E: März 1821, A: wie Nr. 1. (Franz von Schober gewidmet.)

Op. 15 Fantasie in C-dur, «Wanderer-Fantasie» (Klavier), E: November 1822, A: 24. Februar 1823, Wien, Cappi & Diabelli. (Emanuel Liebenberg von Zsittin gewidmet.)

Op. 16 Zwei Gesänge für Männerquartett und Klavier: 1. Frühlingsgesang, «Frühlingslied» (Schober), E: 1822, A: 9. Oktober 1823, Wien, Cappi & Diabelli. 2. Naturgenuß (Matthisson), 2. Fassung, E: Februar 1822, A: wie Nr. 1.

Op. 17 Vier Gesänge für Männerquartett a cappella: 1. Jünglingswonne (Matthisson), E: 1822? A: 9. Oktober 1823, Wien, Cappi & Diabelli. 2. Liebe (Schiller), E: 1822? A: wie Nr. 1. 3. Zum Rundetanz (Salis-Seewis), E: 1822? A: wie Nr. 1. 4. Die Nacht (Krummacher? Ossian?), E: 1822? A: wie Nr. 1.

Op. 18 Zwölf Walzer, siebzehn Ländler und neun Ecossaisen für Klavier. E: 1815–Juli 1821, A: 5. Februar 1823, Wien, Cappi & Diabelli.

Op. 19 Drei Lieder: 1. An Schwager Kronos (Goethe), E: Anfang 1816, A: 6. Juni 1825, Wien, A. Diabelli & Co. 2. An Mignon (Goethe), 2. Fassung, E: 27. Februar 1815, A: wie Nr. 1. 3. Ganymed (Goethe), E: März 1817, A: wie Nr. 1. (Von Schubert dem Dichter gewidmet.)

Op. 20 Drei Lieder: 1. Sei mir gegrüßt (Rückert), E: 1822, A: 10. April 1823, Wien, Sauer & Leidesdorf. 2. Frühlingsglaube (Uhland), 2. Fassung, E: November 1822, A: wie Nr. 1. 3. Hänflings Liebeswerbung (Kind), E: April 1817, A: wie Nr. 1. (Frau Justine von Bruchmann gewidmet.)

Op. 21 Drei Lieder: 1. Auf der Donau (Mayrhofer), E: April 1817, A: 19. Juni 1823, Wien, Sauer & Leidesdorf. 2. Der Schiffer (Mayrhofer), E: März 1817, A: wie Nr. 1. 3. Wie Ulfru fischt (Mayrhofer), E: Januar 1817, A: wie Nr. 1. (Von Schubert dem Dichter gewidmet.)

Op. 22 Zwei Lieder: 1. Der Zwerg (M. von Collin), E: 1823; A: 27. Mai 1823, Wien, Sauer & Leidesdorf. 2. Wehmut (M. von Collin), E: 1823, A: wie Nr. 1. (Von Schubert dem Dichter gewidmet.)

Op. 23 Vier Lieder: 1. Die Liebe hat gelogen (Platen), E: Frühling 1822, A: 4. August 1823, Wien, Sauer & Leidesdorf. 2. Selige Welt (Senn), E: 1822, A: wie Nr. 1. 3. Schwanengesang (Senn), E: 1822, A: wie Nr. 1. 4. Schatzgräbers Begehr (Schober), 1. Fassung, E: November 1822, A: wie Nr. 1.

Op. 24 Zwei Lieder: 1. Gruppe aus dem Tartarus (Schiller), 2. Fassung, E: September 1817, A: 27. Oktober 1823, Wien, Sauer & Leidesdorf. 2. Schlaflied, «Schlummerlied» (Mayrhofer), E: Januar 1817, A: wie Nr. 1.

Op. 25 Zyklus «Die schöne Müllerin», 20 Lieder (W. Müller), E: Mai/November 1823, A: 17. Februar, 24. März, 12. August 1824, Sauer & Leidesdorf, Wien. (Von Schubert Karl von Schönstein gewidmet.)

Op. 26 «Rosamunde», Romantisches Spiel (Chezy), E: Herbst 1823, A: Romanze Jäger-, Geister- und Hirtenchor, März 1824, ganzes Werk mit der Ouvertüre «Alfonso und Estrella» GA 1891.

Op. 27 Trois Marches héroïques für Klavier zu vier Händen, E: 1818, A: 18. Dezember 1824, Wien, Sauer & Leidesdorf.

Op. 28 Der Gondelfahrer (Mayrhofer), für Männerquartett und Klavier, E: März 1824, A: 12. August 1824, Wien, Sauer & Leidesdorf.

Op. 29 Streichquartett in a-moll, E: Februar/März 1824, A.: 7. September 1824, Wien, Sauer & Leidesdorf. (Von Schubert dem Geiger Schuppanzigh gewidmet.)

Op. 30 Sonate in B-dur für Klavier zu vier Händen, E: Sommer 1818 in Zelesz? A: 30. Dezember 1823, Wien, Sauer & Leidesdorf. (Von Schubert Graf Palffy von Erdöd gewidmet.)

Op. 31 Lied: Suleika II (Willemer), E: März 1821, A: 12. August 1825, Wien, A. Pennauer. (Von Schubert Frau Anna Milder-Hauptmann gewidmet.)

Op. 32 Lied: Die Forelle (Schubart), 4. Fassung, E: Frühling 1817, A: 9. Dezember 1820 «Wiener Zeitschrift für Kunst».

Op. 33 Sechzehn Deutsche Tänze und zwei Ecossaisen für Klavier, E: Januar 1823–November 1824, A: 8. Januar 1825, Wien, Cappi & Co.

Op. 34 Ouvertüre in F-dur für Klavier zu vier Händen, E: November 1819, A: 28. Februar 1825, Wien, Cappi & Co.

Op. 35 Acht Variationen über ein Originalthema in As-dur für Klavier zu vier Händen, E: Sommer 1824 in Zelesz, A: 9. Februar 1825, Wien, Sauer & Leidesdorf. (Von Schubert Graf Anton Berchtold gewidmet.)

Op. 36 Zwei Lieder: 1. Der zürnenden Diana (Mayrhofer), 2. Fassung, E: Dezember 1820, A: 11. Februar 1825, Wien, Cappi & Co. 2. Nachtstück (Mayrhofer), E: Oktober 1819, A: wie Nr. 1. (Von Schubert Frau Laszny-Buchwieser gewidmet.)

Op. 37 Zwei Lieder: 1. Der Pilgrim (Schiller), E: Mai 1823, A: 28. Februar 1825, Wien, Cappi & Co. 2. Der Alpenjäger (Schiller), 2. Fassung, E: Oktober 1817, A: wie Nr. 1. (Von Schubert Ludwig Schnorr von Carolsfeld gewidmet.)

Op. 38 Lied: Der Liedler (Kenner), E: Juni–12. Dezember 1815, A: 9. Mai 1825, Wien, Cappi & Co.

Op. 39 Lied: Sehnsucht (Schiller), 2. Fassung, E: 1819, A: 8. Februar 1826, Wien A. Pennauer.

Op. 40 Sechs Märsche und Trios für Klavier zu vier Händen, E: 1818? 1824? in Zelesz? A: 7. Mai und 21. September 1825, Wien, Sauer & Leidesdorf. (Von Schubert seinem Arzt Dr. J. Bernhardt gewidmet.)

Op. 41 Lied: Der Einsame (Lappe), E: 1823 oder 1824, 2. Fassungen, A: 12. März 1825 «Wiener Zeitschrift für Kunst» (a), 5. Januar 1827, A. Diabelli & Co., Wien.

Op. 42 Sonate in a-moll für Klavier, E: 1825, A: September 1825–Februar 1826, Wien, A. Pennauer. (Von Schubert Erzherzog Rudolf gewidmet.)

Op. 43 Zwei Lieder: 1. Die junge Nonne (Craigher), E: 1825, A: 25. Juli 1825, Wien, A. Pennauer. 2. Nacht und Träume (M. von Collin), E: 1825, A: wie Nr. 1. (Die Erstausgabe nennt als Dichter Friedrich Schiller.)

Op. 44: Lied An die untergehende Sonne (Kosegarten), E: Juli 1816/Mai 1817, A: 5. Januar 1827, Wien, A. Diabelli & Co.

Op. 45 Tantum ergo in C-dur für Chor, Orchester und Orgel, E: 1822, A: in Stimmen September 1825, Wien, A. Diabelli & Co.

Op. 46 Erstes Offertorium in C-dur, E: 1815 oder 1816, A: in Stimmen Herbst 1825. (Von Schubert dem Sänger Ludwig Tietze gewidmet.)

Op. 47 Zweites Offertorium in F-dur, E: 5. Juli 1815 und 28. Januar 1823, A: in Stimmen 4. August 1825, Wien, A. Diabelli & Co. (2. Fassung mit zugefügten Bläsern.)

Op. 48 Vierte Messe in C-dur, E: Juni/Juli 1816, A: in Stimmen 3. September 1825, Wien, A. Diabelli & Co. (Von Schubert Michael Holzer gewidmet.)

Op. 49 Galopp und acht Ecossaisen für Klavier, E: 1822, A: 21. November 1825, Wien, A. Diabelli & Co.

Op. 50 Vierunddreißig «Valses sentimentales» für Klavier, E: 1823/24? A: 21. November 1825, Wien, A. Diabelli & Co.

Op. 51 Drei Militärmärsche für Klavier zu vier Händen, E: 1822, A: 7. August 1826, Wien, A. Diabelli & Co.

Op. 52 Sieben Gesänge nach Walter Scotts «Fräulein vom See»: Nrn. 1–2 und 5–7 für Singstimme und Klavier. Nr. 3 Männerchor und Klavier, «Bootsgesang». Nr. 4 Frauenchor und Klavier, «Coronach». E: Frühling–Sommer 1825, A: 5. April 1826, Wien, Matthias Artaria. (Von Schubert der Gräfin Sophie von Weißenwolff-Breuner gewidmet.)

Op. 53 Sonate in D-dur für Klavier, «Gasteiner Sonate», E: August 1825 in Gastein, A: 8. April 1826, Wien, Matthias Artaria, «Seconde grande Sonate». (Von Schubert dem Pianisten K. M. Bocklet gewidmet.)

Op. 54 Divertissement à la hongroise in g-moll für Klavier zu vier Händen, E: Herbst 1824? in Zelesz? A: 8. April 1826, Wien, Matthias Artaria. (Von Schubert Frau K. von Laszny-Buchwieser gewidmet.)

Op. 55 Grande Marche funèbre in c-moll für Klavier zu vier Händen, E: Dezember 1825, A: 8. Februar 1826, Wien, A. Pennauer.

Op. 56 Drei Lieder: 1. Willkommen und Abschied (Goethe), 2. Fassung, E: Dezember 1822, A: Frühling 1826, Wien, A. Pennauer. 2. An die Leier (nach Anacreon, von Bruchmann), E: 1822, A: wie Nr. 1. 3. Im Haine (Bruchmann), E: 1822, A: wie Nr. 1.

Op. 57 Drei Lieder: 1. Der Schmetterling (F. Schlegel), E: 1819, A: 6. April 1826, Wien, Thaddäus Weigl. 2. Die Berge (F. Schlegel), E: 1819, A: wie Nr. 1. 3. An den Mond (Hölty), E: 17. Mai 1815, A: wie Nr. 1.

Op. 58 Drei Lieder: 1. Hektors Abschied (Schiller), 2. Fassung, E: 19. Oktober 1815, A: wie op. 57. 2. An Emma (Schiller), 3. Fassung, E: 17. September 1814, A: wie op. 57. 3. Des Mädchens Klage (Schiller), 2. Fassung, E: 15. Mai 1815, A: wie op. 57.

Op. 59 Vier Lieder: 1. Du liebst mich nicht (Platen), 2. Fassung, E: Juli 1822, A: 21. September 1826, Wien, Sauer & Leidesdorf. 2. Daß sie hier gewesen (Rückert), E: 1823, A: wie Nr. 1. 3. Du bist die Ruh' (Rückert), E: 1823, A: wie Nr. 1. 4. Lachen und Weinen (Rückert), E: 1823, A: wie Nr. 1.

Op. 60 Zwei Lieder: 1. Greisengesang, «Vom künftigen Alter» (Rückert), E: 1823, A: 10. Juni 1826, Wien, Cappi & Czerny. 2. Dithyrambe, «Der Besuch» (Schiller), E: 1824, A: wie Nr. 1.

Op. 61 Sechs Polonaisen für Klavier zu vier Händen, E: 1825, A: 8. Juli 1826, Wien, Cappi & Czerny.

Op. 62 Vier Gesänge aus «Wilhelm Meister» (Goethe), E: Januar 1826/27? A: 2. März 1827, Wien, A. Diabelli & Co. 1. Mignon und der Harfner: Nur wer die Sehnsucht kennt. 2. Lied der Mignon: Heiß mich nicht reden. 3. Lied der Mignon: So laßt mich scheinen. 4. Lied der Mignon: Nur wer die Sehnsucht kennt. (Von Schubert der Fürstin Mathilde von Schwarzenberg gewidmet.)

Op. 63 Divertissement à la française – en forme d'une marche – in e-moll für Klavier zu vier Händen, E: 1818? 1824? 1825? A: Tempo di Marcia, 17. Juni 1826, Wien, Thaddäus Weigl.

Op. 64 Drei Gesänge für Männerchor a cappella: 1. Wehmut (H. Hüttenbrenner), E: 1825, A: 6. Oktober 1828, Wien, A. Pennauer. 2. Ewige Liebe (Schulze), E und A wie Nr. 1. 3. Flucht (Lappe), E und A wie Nr. 1.

Op. 65 Drei Lieder: 1. Lied eines Schiffers an die Dioskuren (Mayrhofer), E: 1816, A: 24. November, Wien, Cappi & Czerny. 2. Der Wanderer (F. Schlegel), E: Februar 1819, A: wie Nr. 1. 3. Heliopolis (Mayrhofer), E: April 1822, A: wie Nr. 1.

Op. 66 Grande Marche héroïque in a-moll für Klavier zu vier Händen, E: Frühling? 1826, A: 14. September 1826, Wien, A. Pennauer.

Op. 67 Sechzehn Ländler und zwei Ecossaisen für Klavier, «Wiener Damen-Ländler», E: 1822, A: 12. Februar 1827, Wien, A. Diabelli & Co. unter dem Titel «Hommage aux belles Viennoises».

Op. 68 Lied: Der Wachtelschlag (Sauter), E: 1822, A: 16. Mai 1827, Wien, A. Diabelli & Co.

Op. 69 Ouvertüre zu «Alfonso und Estrella», bearbeitet für Klavier zu vier Händen, E: 1823, A: 20. Februar 1826, Wien, Sauer & Leidesdorf. (Von Schubert Fräulein Anna Hönig gewidmet.)

Op. 70 Rondo brillant in h-moll für Klavier und Violine, E: Ende 1826, A: 19. April 1827, Wien, Artaria & Co.

Op. 71 Lied: Drang in die Ferne (Leitner), E: 1823? A: 25. März 1823 als Beilage zur «Wiener Zeitschrift für Kunst».

Op. 72 Lied: Auf dem Wasser zu singen (Stolberg), E: 1823, A: 30. Dezember 1823 als Beilage zur «Wiener Zeitschrift für Kunst».

Op. 73 Lied: Die Rose (F. Schlegel), 1. Fassung, E: 1822, A: 7. Mai 1822 als Beilage zur «Wiener Zeitschrift für Kunst».

Op. 74 Komisches Trio «Die Advokaten», für Klavier, zwei Tenöre und Baß, von Anton Fischer stammend, Text von Baron Engelhardt, von Schubert zwischen 25. und 27. Dezember 1812 kopiert, A: 16. Mai 1827, Wien, A. Diabelli & Co. Erste Veröffentlichung 1805 bei Josef Eder, Wien.

Op. 75 Vier Polonaisen für Klavier zu vier Händen, E: 1818, A: 6. Juli 1827, Wien, A. Diabelli & Co.

Op. 76 Fierabras, Oper in drei Akten von Josef Kupelwieser, E: 25. Mai–2. Oktober 1823; A: Ouvertüre in Bearbeitung Karl Czernys für Klavier zu vier Händen 1827 bei A. Diabelli & Co., Wien. – Vollständige Ausgabe GA 1886.

Op. 77 Zwölf «Valses nobles» für Klavier, E: 1825, A: 22. Januar 1827, Wien, Tobias Haslinger.

Op. 78 Sonate in G-dur, «Fantasie-Sonate», für Klavier, E: Oktober 1826, A: 11. April 1827, Wien, Tobias Haslinger. (Von Schubert Josef von Spaun gewidmet.)

Op. 79 Zwei Lieder: 1. Das Heimweh (Pyrker), 2. Fassung, E: August 1825 in Gastein, A: 16. Mai 1827, Wien, Tobias Haslinger. 2. Die Allmacht (Pyrker), E.: August in Gastein, A: wie Nr. 1. (Von Schubert dem Dichter gewidmet.)

Op. 80 Drei Lieder: 1. Der Wanderer an den Mond (Seidl), E: 1826, A: 25. Mai 1827, Wien, Tobias Haslinger. 2. Das Zügenglöcklein (Seidl), E und A wie Nr. 1. 3. Im Freien (Seidl), E: März 1826, A: wie Nr. 1.

Op. 81 Vier Lieder: 1. Alinde (Rochlitz), E: Januar 1827, A: 28. Mai 1827, Wien, Tobias Haslinger. 2. An die Laute (Rochlitz), E und A wie Nr. 1. 3. Zur guten Nacht (Rochlitz), für Baritonsolo, Männerchor und Klavier, E und A: wie Nr. 1.

Op. 82 1. Acht Variationen über ein Thema aus Hérolds «Marie», C-dur, Klavier zu vier Händen, E: Februar 1827, A: 3. September 1827, Wien, Tobias Haslinger. (Von Schubert Professor Kajetan Neuhaus, Linz, gewidmet.) 2. Einleitung und vier Variationen über ein eigenes Thema in B-dur für Klavier zu vier Händen, E: 1818? A: 1860, Hamburg, Julius Schuberth & Co.

Op. 83 Drei Gesänge: 1. Die Macht der Augen (Metastasio), E: 1827, A: 12. September 1827, Wien, Tobias Haslinger. 2. Der getäuschte Verräter (Metastasio), E und A wie Nr. 1. 3. Die Art ein Weib zu nehmen (Autor?), E und A wie Nr. 1. (Von Schubert dem Sänger Luigi Lablache gewidmet.)

Op. 84 Divertissement à la française – en forme d'une marche – E: 1818? 1824? 1825? A: Andantino und Allegretto am 6. Juli 1827, Wien, Thaddäus Weigl. Siehe auch op. 63.

Op. 85 Zwei Lieder: 1. Lied der Anne Lyle (Scott, Übersetzung von Sophie May), E: Anfang 1825? A: 14. März 1828, Wien, A. Diabelli & Co. – Text von Scott aus MacDonalds Komödie «Love and Loyalty» entnommen. 2. Gesang der Norna (Scott, Übersetzung von S. H. Spiker), E und A wie Nr. 1.

Op. 86 Lied: Romanze des Richard Löwenherz (Scott, Übersetzung von K. L.? Müller?), E: Januar 1827, A: 14. März 1828, Wien, A. Diabelli & Co.

Op. 87 Drei Lieder: 1. Der Unglückliche (Pichler), 2. Fassung, E: Januar 1821, A: 6. August 1827, Wien, A. Pennauer. 2. An die Hoffnung (Schiller), 2. Fassung, E: 1819, A: wie Nr. 1. 3. Der Jüngling am Bache (Schiller), 3. Fassung, E: 1819, A: wie Nr. 1.

Op. 88 Vier Lieder: 1. Abendlied für die Entfernte (A. W. Schlegel), E: September 1825, A: 12. Dezember 1827, Wien, Thaddäus Weigl. 2. Thekla (Schiller), 3. Fassung, E: November 1817, A: wie Nr. 1. 3. Um Mitternacht (Schulze), E: Dezember 1825, A: wie Nr. 1. 4. An die Musik (Schober), 2. Fassung, E: März 1817, A: wie Nr. 1.

Op. 89 Die Winterreise, Zyklus von 24 Liedern (W. Müller), E: Februar/Oktober
1827, A: I. Teil am 14. Januar 1828, II. Teil am 30. Dezember 1828, Wien,
Tobias Haslinger.

Op. 90 Vier Impromptus für Klavier, E: 1827? A: 10. Dezember 1827, Wien,
Tobias Haslinger.

Op. 91 Zwölf Grätzer Walzer für Klavier, E: Herbst 1827, A: 5. Januar 1828,
Wien, Tobias Haslinger.

Op. 92 Drei Lieder: 1. der Musensohn (Goethe), 2. Fassung, E: Anfang Dezember
1822, A: 11. Juli 1828, Wien, M. J. Leidesdorf. 2. Auf dem See (Goethe),
2. Fassung, E: März 1827, A: wie Nr. 1. 3. Geistesgruß (Goethe), 4. Fassung, E: 1815, A: wie Nr. 1. (Von Schubert Frau Josefine von Franck
gewidmet.)

Op. 93 Zwei Lieder: 1. Im Walde (Schulze), E: März 1825, A: 30. März 1828,
Graz, J. A. Kienreich. 2. Auf der Bruck [«Auf der Brücke»] (Schulze),
E: August 1825, A: wie Nr. 1.

Op. 94 Sechs Momens musicals (!) für Klavier, E: 1823–1828, A: in verschiedenen Sammelheften, Sauer & Leidesdorf.

Op. 95 Vier Refrain-Lieder (Seidl), E: 1826, A: 1826, Wien, Thaddäus Weigl.
(Von Schubert dem Dichter gewidmet.)

Op. 96 Vier Lieder: 1. Die Sterne (Leitner), E: Januar 1828, A: Sommer 1828,
Wien, Lithographisches Institut. 2. Jägers Liebeslied (Schober), E: Februar 1827, A: 23. Juni 1827, Wien, Beilage zur «Wiener Zeitschrift für
Kunst». 3. Wanderers Nachtlied II (Goethe), E: 1823, A: wie Nr. 2.
4. Fischerweise (Schlechta), 2. Fassung, E: März 1826, A: wie Nr. 1. (Von
Schubert der Fürstin Karoline Kinsky gewidmet.)

Op. 97 Lied: Glaube, Hoffnung, Liebe (Kuffner), E: August 1828, A: 6. Oktober
1828, Wien, A. Diabelli & Co. in der Klaviersammlung «Philomele».

Op. 98 Drei Lieder: 1. An die Nachtigall (Claudius), E: November 1816, A:
10. Juli 1829, Wien, A. Diabelli & Co. 2. Wiegenlied (Autor?), E: wie
Nr. 1, A: dgl. 3. Iphigenia (Mayrhofer), E: Juli 1817, A: wie Nr. 1.

Op. 99 Trio in B-dur für Klavier, Violine und Violoncello, E: 1826/27, A: 1836,
Wien, A. Diabelli & Co.

Op. 100 Trio in Es-dur für Klavier, Violine und Violoncello, November 1827,
A: Stimmen im Oktober oder November 1828, Leipzig, H. A. Probst,
Partitur GA 1886.

Op. 101 Lied: Der blinde Knabe (Cibber, Übersetzung Craigher), 2. Fassung,
E: Februar–April 1825, A: 25. September 1827, Wien, Beilage zur «Wiener
Zeitschrift für Kunst». – Schubert hatte die Nummer für die unter 142
veröffentlichten vier Impromptus bestimmt.

Op. 102 Gesang für Männerquintett und Klavier: Der Mondenschein (Schober),
E: Januar 1826, A: 1829, Wien, A. Diabelli & Co, mit einer Klavier-

begleitung von fragwürdiger Echtheit; Nachdruck durch Schott 1831 oder 1832 ohne und mit (originaler?) Klavierbegleitung.

Op. 103 Fantasie in f-moll für Klavier zu vier Händen, E: 1828, A: 16. März 1829, Wien, A. Diabelli & Co. (Von Schubert der Komtesse Karoline von Esterhazy gewidmet.)

Op. 104 Komisches Terzett «Der Hochzeitsbraten» (Schober) für Soli und Klavier, E: November 1827, A: 1829, Wien A. Diabelli & Co.

Op. 105 Vier Lieder: 1. Widerspruch (Seidl), für Männerchor und Klavier, E: 1826? A: 21. November 1828, Wien, Josef Czerny. 2. Wiegenlied (Seidl), E: 1826? A: wie Nr. 1. 3. Am Fenster (Seidl), E: März 1826, A: wie Nr. 1. 4. Sehnsucht (Seidl), E: März 1826, A: wie Nr. 1.

Op. 106 Vier Lieder: 1. Heimliches Lieben (Klenke), E: September 1827 in Graz, A: 2. Fassung, im Frühling 1828, Wien, Lithographisches Institut. 2. Das Weinen (Leitner), E: Oktober 1827, A: wie Nr. 1. 3. Vor meiner Wiege (Leitner), E und A wie Nr. 2. 4. An Sylvia (Shakespeare, Übersetzung Ed. v. Bauernfeld), E: Juli 1826 in Währing, A: wie Nr. 1. (Von Schubert Frau Marie Pachler gewidmet.)

Op. 107 Rondo in A-dur für Klavier zu vier Händen, E: Juni 1828, A: 11. Dezember 1828, Wien, Artaria & Co., «Grand Rondeau».

Op. 108 Drei Lieder: 1. Über Wildemann (Schulze), E: März 1826, A: 28. Januar 1829, Wien, M. J. Leidesdorf. 2. Todesmusik (Schober), E: September 1822, A: wie Nr. 1. 3. Erinnerung (Kosegarten), E: 7. Juli 1815, A: 11. Dezember 1824, Wien, Sauer & Leidesdorf.

Op. 109 Drei Lieder: 1. Am Bach im Frühling (Schober), E: 1816, A: 10. Juli 1829, Wien, A. Diabelli. 2. Genügsamkeit (Schober), E: 1815, A: wie Nr. 1. 3. An eine Quelle (Claudius), E: Februar 1817, A: wie Nr. 1.

Op. 110 Lied: Der Kampf (Schiller), E: November 1817, A: Januar 1829, Wien, Josef Czerny.

Op. 111 Drei Lieder: 1. An die Freude (Schiller), E: Mai 1815, A: 5. Februar 1829, Wien, Josef Czerny. 2. Lebensmelodien (A. W. Schlegel), E: März 1816, A wie Nr. 1. 3. Die vier Weltalter (Schiller), E: März 1816, A: wie Nr. 1.

Op. 112 Drei Gesänge für Gemischten Chor und Klavier: 1. Gott im Ungewitter (Uz), E: ? A: 11. März 1829, Wien, Josef Czerny. 2. Gott der Weltschöpfer (Uz), E: ? A: wie Nr. 1. 3. Hymne an den Unendlichen (Schiller), E: 11. Juli 1815, A: wie Nr. 1.

Op. 113 Sechs Antiphonen für Gemischten Chor, E: April 1820, A: in Stimmen am 21. März 1829, Wien, A. Diabelli & Co. (Auf Veranlassung von Bruder Ferdinand entstanden und ihm gewidmet.)

Op. 114 Quintett in A-dur für Klavier, Violine, Viola, Violoncello und Kontrabaß, «Forellenquintett», E: Herbst 1819 in Steyr, A: Frühling 1829, Wien, Josef Czerny. (Für Silvester Paumgartner geschrieben und ihm gewidmet.)

Op. 115 Drei Lieder: 1. Das Lied im Grünen (Reil), E: Juni 1827, A: 16. Juni 1829, Wien, M. J. Leidesdorf. 2. Wonne der Wehmut (Goethe), E: 20. August 1815, A: wie Nr. 1. 3. Sprache der Liebe (A. W. Schlegel), E: April 1816, A: wie Nr. 1.

Op. 116: Lied: Die Erwartung (Schiller), E: 27. Februar 1815, A: 13. April 1829, Wien, M. L. Leidesdorf. (Josef Hüttenbrenner gewidmet.)

Op. 117 Lied: Der Sänger (Goethe), 1. Fassung, E: Februar 1815, A: 19. Juni 1829, Wien, Josef Czerny.

Op. 118 Sechs Lieder: 1. Geist der Liebe (Kosegarten), E: 15. Juli 1815, A: 19. Juni 1829, Wien, Josef Czerny. 2. Der Abend (Kosegarten), E: Juli 1815, A: wie Nr. 1. 3. Tischlied (Goethe), E: 15. Juli 1815, A: wie Nr. 1. 4. Lob des Tokayers (Baumberg), E: August 1815, A: wie Nr. 1. 5. An die Sonne (Baumberg), E: 25. August 1815, A: wie Nr. 1. 6. Die Spinnerin (Goethe), E: August 1815, A: wie Nr. 1.

Op. 119 Lied mit Begleitung durch Klavier, Horn oder Violoncello: Auf dem Strom (Rellstab), E: März 1828, A: 27. Oktober 1829, Wien, M. J. Leidesdorf.

Op. 120 Sonate in A-dur für Klavier, E: Juli(?) 1819 in Steyr, A: Ende 1829, Wien, Josef Czerny. (Für Josefine von Koller geschrieben.)

Op. 121 Zwei charakteristische Märsche in C-dur für Klavier zu vier Händen, E: Frühling (?) 1826, A: Februar 1830, Wien, A. Diabelli & Co.

Op. 122 Sonate in Es-dur für Klavier, E: Juni 1817, A: 1829, Wien, A. Pennauer als «Troisième grande Sonate».

Op. 123 Lied: Viola (Schober), E: März 1823, A: 26. November 1830, Wien, A. Pennauer.

Op. 124 Zwei Szenen des Spiels «Lacrimas» (Schütz), E: September 1825, A: 30. Oktober 1829, Wien, A. Pennauer.

Op. 125 1. Streichquartett in Es-dur, E: November 1813. 2. Streichquartett in E-dur, E: 1816. A: 1830, Wien, Josef Czerny.

Op. 126 Ballade «Ein Fräulein schaut vom hohen Turm» (Kenner), E: 1815, A: 5. Januar 1830, Wien, Josef Czerny.

Op. 127 Zwanzig Walzer für Klavier, «Letzte Walzer», E: 1815–1824, A: 1830, Wien, A. Diabelli & Co.

Op. 128 Kantate zu Ehren Josef Spendous für Soli, Gemischten Chor und Orchester, E: September 1816, A: Klavierauszug Ferdinand Schuberts am 6. Juli 1830, Wien, A. Diabelli, Partitur GA 1892.

Op. 129 Lied mit Begleitung durch Klavier, Klarinette oder Violoncello: Der Hirt auf dem Felsen (Wilhelm Müller und Wilhelmine von Chézy), E: Oktober 1828, A: 1. Juni 1830, Wien. Tobias Haslinger.

Op. 130 Lied: Das Echo (Castelli), E: 1826? A: 12. Juli 1830, Wien, Thaddäus Weigl.

Op. 131 Drei Lieder: 1. Der Mondabend (Ermin: J.G.Kumpf), E: 1815, A: 9.November 1830, Wien, Josef Czerny. 2. Trinklied (Castelli), für Solo und Männerterzett, E: Februar 1815, A: wie Nr. 1. 3. Klaglied (Rochlitz), E: 1812, A: wie Nr. 1.

Op. 132 Frauenchor und Klavier: Der 23. Psalm (Übersetzung Moses Mendelssohn), E: Dezember 1820, A: 1831, Wien, A. Diabelli & Co.

Op. 133 Frauenchor und Klavier: Gott in der Natur (E. Chr. von Kleist), E: August 1822, A: 1838, Wien, A. Diabelli & Co.

Op. 134 Männerchor mit Tenorsolo und Klavier: Nachthelle (Seidl), E: September 1826, A: wie op. 133.

Op. 135 Frauenchor mit Altsolo und Klavier: Ständchen (Grillparzer), 2. Fassung, E: Juli 1827, A: wie op. 133.

Op. 136 Gemischter Chor mit Sopransolo und Klavier: Mirjams Siegesgesang (Grillparzer), E: März 1828, A: 1839, Wien, A. Diabelli & Co.

Op. 137 Drei Sonatinen für Klavier und Violine: 1. Sonatine in D-dur, E: März 1816. 2. Sonatine in a-moll, E: März 1816. 3. Sonatine in g-moll, E: April 1816, A: 1836, Wien, A. Diabelli & Co.

Op. 138 Rondo in D-dur für Klavier zu vier Händen, E: Januar 1818, A: Mai 1835, Wien, A. Diabelli & Co.

Op. 139 Zwei Chorwerke: *a*. Gebet (Motte-Fouqué), E: Anfang September 1824 in Zelesz, A: 1838, Wien, A. Diabelli & Co., Gemischter Chor und Klavier. *b*. Nachtgesang im Walde (Seidl) für Männerchor und vier Hörner, E: April 1827, A: 1846, wie Nr. 1.

Op. 140 Sonate in C-dur für Klavier zu vier Händen, «Grand Duo», E: Juni 1824 in Zelesz, A: 1838, Wien, A. Diabelli & Co. (Vom Verleger Clara Wieck gewidmet.)

Op. 141 Dritte Messe in B-dur für Soloquartett, Gemischten Chor, Orchester und Orgel, E: begonnen am 11. November 1815, A: in Stimmen 1838, Wien, Tobias Haslinger. (Von Ferdinand Schubert Josef Spendou gewidmet.)

Op. 142 Vier Impromptus für Klavier, E: Dezember 1827, A: Ende 1838, Wien, A. Diabelli & Co. (von Robert Schumann und Alfred Einstein für eine Sonate gehalten). Der Verleger widmete das Opus Franz Liszt.

Op. 143 Sonate in a-moll für Klavier, E: Februar 1823, A: 1839, Wien, A. Diabelli & Co. (Vom Verleger Felix Mendelssohn-Bartholdy gewidmet.)

Op. 144 Allegro in a-moll, «Lebensstürme», Klavier, E: Mai 1828, A: 1840, Wien, A. Diabelli & Co.

Op. 145 Zwei Klaviersätze: 1. Adagio in Des-dur, E: Dezember (?) 1816. 2. Rondo in E-dur, E: wie Nr. 1. A: 1847, Wien, A. Diabelli & Co.

Op. 146 Gemischter Chor (Quartett?) mit Klavier, «Geburtstagshymne» oder «Des Tages Weihe», Dichter unbekannt, E: 22. November 1822, A: 1841, Wien, A. Diabelli & Co.

Op. 147 Sonate in H-dur für Klavier, E: August 1817, A: 1844, Wien, A. Diabelli & Co. (Vom Verleger dem Pianisten Siegmund Thalberg gewidmet.)
Op. 148 Adagio in Es-dur für Klaviertrio, «Notturno», E: 1827 (?), A: 1845, Wien, A. Diabelli & Co. (vermutlich ein Satz eines geplanten Klaviertrios).
Op. 149 Salve Regina in C-dur für gemischtes Quartett, E: April 1824, A: 1843, Wien, A. Diabelli & Co.
Op. 150 Graduale in C-dur für Chor, Orchester und Orgel, E: 15. April 1815, A: 1843, Wien, A. Diabelli & Co.
Op. 151 Doppelchor für Männerstimmen a cappella: Schlachtlied (Klopstock), E: 28. Februar 1827, A: 1843, Wien, A. Diabelli & Co.
Op. 152 Fuge in e-moll für Orgel oder Klavier zu vier Händen, E: 3. Juni 1828 in Baden bei Wien, A: 1844, Wien, A. Diabelli & Co.
Op. 153 Salve Regina in A-dur für Sopran und Orchester, E: November 1819, A: in Stimmen 1843, Wien, A. Diabelli & Co.
Op. 154 Chorwerk für Männerstimmen und Bläser: Hymne an den Heiligen Geist (Schmidl), E: Oktober 1828, A: 1847, Wien, A. Diabelli & Co.
Op. 155 Quartett für Männerstimmen a cappella: Trinklied aus dem XVI. Jhdt. (lateinisch), E: Juli 1825 in Gmunden, A: 1849, Wien, A. Diabelli & Co.
Op. 156 Männerchor a cappella: Nachtmusik (Seckendorf), E: Juli 1825 in Gmunden, A: 1848, Wien, A. Diabelli & Co.
Op. 157 Chorwerk für Soli, Gemischten Chor und Orchester: Am Geburtstage des Kaisers (Deinhardstein), E: Januar 1822, A: 1848, Wien, A. Diabelli & Co. als «Constitutionslied», Privatdruck 1822, Wien.
Op. 158 Chorwerk: Kantate zum Geburtstag des Sängers J. M. Vogl, Terzett für Sopran, Tenor, Baß und Klavier, «Der Frühlingsmorgen», Text von Albert Stadler, E: Anfang August 1819 in Steyr, A: 1849, Wien, A. Diabelli & Co. unter dem 2. Titel.
Op. 159 Fantasie in C-dur für Klavier und Violine, E: Dezember 1827, A: 1850, Wien, A. Diabelli & Co.
Op. 160 Introduktion und sieben Variationen in e-moll über das Lied «Trockne Blumen», für Klavier und Flöte, E: Januar 1824, A: April 1850, Wien, A. Diabelli & Co.
Op. 161 Streichquartett in G-dur, E: 20.–30. Juni 1826 in Währing, A: November 1851, Wien, A. Diabelli & Co.
Op. 162 Sonate in A-dur für Klavier und Violine, E: August 1817, A: Ende 1851, Wien, A. Diabelli & Co.
Op. 163 Streichquintett in C-dur, E: Sommer–Herbst 1828, A: 1853, Wien, C. A. Spina.
Op. 164 Sonate in a-moll für Klavier, E: März 1817, A: 1852, Wien, C. A. Spina.
Op. 165 Fünf Lieder: 1. Die Liebende (Goethe), E: Oktober 1819, A: 26. Juni 1832 als Beilage zur «Wiener Zeitschrift für Kunst». 2. Sternennächte

(Mayrhofer), E wie Nr. 1, A: 1852, Wien, C. A. Spina. 3. Das Bild (Dichter?), E: 11. Februar 1815, A: 1864, Wien, C. A. Spina. 4. Die Täuschung (Kosegarten), E: 7. Juli 1815, A: 11. Mai 1855 als Beilage zu Zellners «Blätter für Musik, Theater und Kunst». 5. Eine altschottische Ballade (Übersetzer J. G. Herder), E: September 1827 in Graz, A: 2. Fassung 1864, Wien, C. A. Spina.

Op. 166 Oktett in F-dur für Streich- und Blasinstrumente, E: Februar–1. März 1824, A: März 1853, Wien, C. A. Spina.

Op. 167 Chorwerk für achtstimmigen Männerchor und Streicher: Gesang der Geister über den Wassern (Goethe), E: Februar 1821, A: März 1858, Wien, C. A. Spina. (Vom Verleger Leopold von Sonnleithner gewidmet.)

Op. 168 Streichquartett in B-dur, E: 5.–13. September 1814, A: Mai 1863, Wien, C. A. Spina.

Op. 169 Quartett für Männerstimmen und (verlorener) Klavierbegleitung: Der Wintertag, «Geburtstagslied» (Dichter?), E: ? A: 1865, Wien, C. A. Spina, Echtheit fraglich.

Op. 170 Ouvertüre in C-dur, «im italienischen Stil», für Orchester, E: November 1817, A: Partitur 1866, Wien, C. A. Spina.

Op. 171 Zwölf Deutsche Tänze, «Ländler», für Klavier, E: Mai 1823, A: 1864, Wien, C. A. Spina (durch Johannes Brahms unter dem Titel «Zwölf Ländler», der Herausgeber blieb anonym).

Op. 172 Sechs Lieder: 1. Der Traum (Hölty), E: 17. Juni 1815. 2. Die Laube (Hölty), E: wie Nr. 1. 3. An die Nachtigall (Hölty), E: 22. Mai 1815. 4. Das Sehnen (Kosegarten), E: 8. Juli 1815. 5. An den Frühling (Schiller), E: 6. September 1815, 2. Fassung. 6. Die Vögel (F. Schlegel), E: März 1820. A: 1866, Wien, C. A. Spina.

Op. 173 Sechs Lieder: 1. Amalia (Schiller), E: 19. Mai 1815. 2. Das Geheimnis (Schiller), E: Mai 1823, 2. Fassung. 3. Vergebliche Liebe (Bernard), E: 6. April 1815. 4. Der Blumen Schmerz (Maylàth), E: September 1821. (Erstausgabe als Beilage zur «Wiener Zeitschrift für Kunst».) 5. Die Blumensprache (Platner), E: Januar (?) 1817. 6. Das Abendrot (Schreiber), E: November 1818 in Zelesz. A: 1867, Wien, C. A. Spina.

Die Werke mit den Opuszahlen 1–108 erschienen zu Lebzeiten, diejenigen von 109–173 sowie die unnumerierten Werke als opera posthuma nach dem Tode Franz Schuberts. Eine Ausnahme bilden die Werke mit den Opuszahlen 98, 99 und 101–105, die wohl durch Schubert selber mit diesen Ziffern bezeichnet wurden, doch ebenfalls erst nach seinem Tod erschienen (O. E. Deutsch).

Sachregister

(Eingeschlossen Schuberts Instrumentalwerke; D = Numerierung nach Otto Erich Deutsch;
Eingezogenes: Werke Schuberts)

A cappella: Chorgesang ohne Begleitung durch Instrumente.
Adagio: Musikalische Tempobezeichnung, ruhig.
    Adagio und Rondo concertant in F-dur für Klavierquartett (D 487). S. 103.
    Adagio in Es-dur für Klaviertrio (Notturno, D 897).
    Adagio in G-dur für Klavier (D 178). S. 125.
    Adagio in C-dur für Klavier (D 349).
    Adagio in Des-dur für Klavier (D 505). S. 196.
    Adagio in E-dur für Klavier (D 612).
    Adagio in D-dur für Violine und Orchester (Konzertstück, D 345).
Äußeres, Schuberts. S. 263/264.
Affekt: Gemütsbewegung, Ausdruck von Empfindungen mit musikalischen Mitteln.
Ahnfrau, Die: Trauerspiel von Franz Grillparzer (1817).
Air: Lied, Melodie.
    «Air russe» in f-moll für Klavier, identisch mit «Moment musical», op. 94, Nr. 3 (D 780). S. 199.
Akademie: Fachhochschule, auch Bezeichnung für konzertmäßige Darbietung.
Albumblatt: Musikalisches Erinnerungsstück.
    Albumblatt für Klavier in G-dur (Walzer in G-dur, D 844).
Allegretto: Musikalische Tempobezeichnung, etwas weniger schnell als «Allegro».
    Allegretto in C-dur für Klavier (D 346).
    Allegretto in c-moll für Klavier (Fragment, D 900).
    Allegretto in c-moll für Klavier (D 915). S. 300.
Allegro: Musikalische Tempobezeichnung, schnell.
    Allegro in B-dur für Klaviertrio (D 28).
    Allegro in C-dur für Streichquartett (D 103).
    Allegro in C-dur und Andante in a-moll für Klavier vierhändig (D 968).
    Allegro in a-moll für Klavier vierhändig (D 947). S. 342.
    Allegro in C-dur für Klavier vierhändig (D 968).
    Allegro in E-dur für Klavier (D 154).
    Allegro in C-dur für Klavier (D 347).
    Allegro in fis-moll für Klavier (D 570).
    Allegro in fis-moll für Klavier (D 571).
    Allegro in cis-moll für Klavier (D 655).

Allegro in c-moll für Klavier (D 703).
Allegro in e-moll für Klavier (D 994).
Allianz, Die Heilige: Bündnis der Sieger über Napoleon I., 1815 von den Herrschern Rußlands, Österreichs und Preußens gegründet, um Europa nach den Napoleonischen Kriegen im konservativen Sinn zu konsolidieren.
Alt: Tiefe Frauenstimme.
Andante: Musikalische Tempobezeichnung, gehend.
Andante in a-moll für Klavier vierhändig (D 968).
Andante in C-dur für Klavier (D 29).
Andante in A-dur für Klavier (D 604).
Andantino: Musikalische Tempobezeichnung, etwas weniger langsam als «Andante».
Andantino in C-dur für Klavier (D 348).
Andantino varié et Rondeau brillant sur des motifs originaux français in e-moll (Divertissement à la française, D 823).
Antiphone: Wechselgesang.
Apotheose: Verklärung, Schlußeffekt.
Appassionata: Klaviersonate in f-moll, Opus 57 von Beethoven.
Arbeitsweise, Schuberts. S. 65, 266/267, 277/278.
Arie: Gesangsnummer für eine Singstimme, meist aus einer Oper; auch liedmäßiger Instrumentalsatz.
Arpeggione: Gitarreähnliches, sechssaitiges Streichinstrument, 1823 von G. Staufer in Wien erbaut. Schubert schrieb für dieses Instrument die Sonate für Klavier und A. (D 821). S. 250.
Atzenbrugg: Schlößchen an der Perschling zwischen Tulln und Traismauer in Niederösterreich, wo Schobers Onkel Josef Derffel, der es verwaltete, 1817 bis 1822 sommerliche Feste für die Freunde seines Neffen, deren Schwestern und Bräute veranstaltete. Schubert schrieb 1821 die Atzenbrugger Deutschen (D 145 und 365). S. 180.
Aufklärung: Bezeichnung für die große europäische Geistesbewegung, die alles mit dem Maßstab der menschlichen Vernunft zu bewerten begann. Die A. wurde besonders vom Bürgertum getragen (Descartes, Rousseau), doch zählt man ihr auch die Monarchen Friedrich II. von Preußen und Joseph II. von Österreich zu.
Augarten: Park mit einem Konzerthaus, von Joseph II. am 30. April 1775 dem Publikum geöffnet. Im Saal fanden öffentliche Konzerte statt, auch solche von Mozart. Besonderer Anziehung erfreute sich alljährlich das Konzert vom 1. Mai. S. 20.
Austerlitz: Stadt in Mähren, wo 1805 die Dreikaiserschlacht geschlagen wurde (Napoleon I. gegen Zar Alexander I. von Rußland und Franz II. von Österreich). Letzteres mußte daraufhin den demütigenden Frieden von Preßburg schließen.

Autograph: Originalhandschrift, Originalmanuskript.

Babenberger: Markgrafen an der bayrischen Ostmark, aus der sich das Herzogtum und spätere Kaiserreich Österreich entwickelte. Die Babenberger waren bekannt für ihr Musikverständnis. An ihrem Hof hielten sich sozusagen alle deutschen Minnesänger vorübergehend auf. S. 15/17.

Bagatelle: Pianistische Kleinform, auch von Beethoven gepflegt.

Ballade: In der Dichtung schildert die B. halb legenden- oder sagenhafte, oft unheimliche, auch geschichtliche Geschehnisse in einfacher, dramatisch bewegter Art. – In der Musik nannte man B. im 14. und 15. Jahrhundert eine kunstvolle Form des von Instrumenten begleiteten Tanzliedes. Die neuere B. entstand im 18. Jhdt. im Anschluß an die Balladendichtung (Herder, Bürger, Schiller, Goethe) als Lied für Singstimme und Klavier (Reichardt, Zelter, Zumsteeg, Schubert, Loewe, Wolf). Balladen für Klavier schufen Chopin und Brahms, Chorballaden schrieb Friedrich Hegar (Schlafwandel, Totenvolk). S. 58.

Ballett: Tanzgruppe, auch Bühnen- oder Schautanz. Eine Reform im Sinn eines natürlichen Ausdruckstanzes leitete Glucks Ballett «Don Juan» (1761) ein. Ballettmusik zu «Rosamunde» (D 797). S. 186 ff.

Bariton: Mittlere Männerstimme, auch Streich- oder Blasinstrument von mittlerer Stimmlage.

Baß: Tiefe Männerstimme, auch Blas- oder Streichinstrument (Kontrabaß) von tiefer Stimmlage.

Bastien und Bastienne: Singspiel des zwölfjährigen Mozart (1768), Köchelverzeichnis 50. S. 46.

Begabung, Schuberts. S. 30, 31, 267/268.

Belvédère: In Parks architektonisch gestalteter Aussichtsplatz. Berühmt wurde der von Hildebrand für Prinz Eugen gebaute Gartenpalast in Wien (1724), wo ebenfalls Konzerte (Akademien) stattfanden. S. 20.

Benedictus: Fünfter Satz der Messe, zwischen Sanctus und Agnus dei.

Biedermeier: Bezeichnung für den bürgerlichen Stil in der ersten Hälfte des 19. Jahrhunderts, der auf Einfachheit und Gediegenheit in Material und Erscheinungsform hinausging. In der Musik waren die Kleinformen (Lied, Bagatelle, Impromptu, Lied ohne Worte, Moment musical, Prélude) besonders beliebt. S. 141 ff.

Bildnisse, Schuberts. S. 236, 263.

Bildung, Schuberts. S. 268/269

Biographie: Lebensbeschreibung: Schuberts B. gründet vor allem auf die Zeugnisse seiner Freunde und die Forschungen O. E. Deutschs.

Buffo: Komisch, heiter: Opera buffa, komische Oper.

Capitol: Einer der sieben Hügel Roms, gegen 1540 von Michelangelo in monumentaler Art ausgestaltet. S. 9.

Cassation: Mehrsätziges, unterhaltsames Tonstück, das im 18. Jhdt. als Abendmusik oder Ständchen im Freien dargebracht wurde.

Charaktereigenschaften, Schuberts. S. 158/159.

Chromatisch: In Halbtonschritten auf- und absteigend.

Cobenzel: Hügel bei Wien. S. 18.

Collegium musicum: Seit dem 16. Jhdt. Bezeichnung für eine Liebhabervereinigung zur Musikpflege vorwiegend in bürgerlichen oder studentischen Kreisen zur eigenen Erbauung der Spieler.

Colosseum: Berühmtes Amphitheater von riesenhaften Ausmaßen in Rom, von Kaiser Vespasian begonnen und von Titus im Jahr 80 eingeweiht. S. 9.

Concerto grosso: Orchesterkonzert mit Wechsel von ganzem Orchester (ripieno) und Solistenensemble (concertino). – Heute versteht man unter Concerto (Konzert) ein virtuos gehaltenes Musikstück für ein Soloinstrument und Orchester. Concerto (Konzertstück) in D-dur für Violine und Orchester (D 345).

Con moto: Musikalische Bezeichnung, mit Bewegung.

Coriolan: Römische Sagengestalt aus dem fünften vorchristlichen Jahrhundert, Held der gleichnamigen Dramen von Shakespeare und H. J. von Collin (Wien). Zu Collins «Coriolan» schuf Beethoven die so geheißene Ouvertüre, op. 62.

Cotillon: Tanz, als scherzhafter Schluß von Bällen beliebt.
Cotillon in Es-dur für Klavier (D 976).

Credo: Glaubensbekenntnis, dritter Satz der Messe, zwischen Gloria und Kyrie.

Cymbal: Chromatisch gestimmtes, mit Hämmerchen geschlagenes Saiteninstrument (Hackbrett) der Zigeuner.

Czardas: Ungarischer Nationaltanz.

Danse macabre: Totentanz (zum Beispiel von Camille Saint-Saëns).

Deutsche: Deutsche Tänze (100), Ländler (85) und Walzer (132) von Schubert. S. 46, 180, 197/199.

Divertimento: Im 18. Jhdt. eine Folge von kammermusikalisch und solistisch angelegten Sätzen für Streicher und Bläser, gehobene Unterhaltungsmusik, in Österreich seit 1765 eine wichtige Wurzel der frühklassischen Sinfonie. – D. nannte man in der Oper des 17. und 18. Jhdts. auch begleitete Balletteinlagen.
Divertissement en forme d'une Marche brillante (D 823, Nr. 1).
Divertissement à la hongroise in g-moll für Klavier vierhändig (D 818). S. 238.
Divertissement à la française in e-moll für Klavier vierhändig (D 823).

Döbling: Vorort Wiens.

Dominante: In der Musiktheorie die Bezeichnung für den Dreiklang der fünften Stufe, der als Spannung zum Dreiklang der ersten (Tonika) tritt und sich in diesen auflöst. Subdominante ist der Dreiklang der vierten Stufe.

Don Giovanni (Don Juan): Oper Mozarts mit dem alten spanischen Thema des steinernen Gastes (1787), Köchelverzeichnis 527.

Doppelnatur, Schuberts. S. 272/273.

Dualismus: Zwiespältigkeit.

Duett: Gesangsstück für zwei Stimmen.

Duo: Musikstück für zwei Instrumente.
>Duos in Es-dur für zwei Hörner (D 199, 202, 203, 204, 205).
>>A-dur für Klavier und Violine (D 574).

Duosonaten, siehe Sonaten oder Sonatinen.

Dur: Tongeschlecht, dessen Tonleiter die Halbtöne von der dritten zur vierten und von der siebenten zur achten Stufe aufweist.

Durchführung: In größern Kompositionen (Sinfonien) der Teil, in welchem die in der Exposition aufgestellten Hauptgedanken (Themen) eines Satzes frei verarbeitet, in ihre Bestandteile aufgelöst und neu kombiniert werden. Die D. wurde besonders von der Mannheimer Schule gepflegt und von den Wiener Klassikern (Haydn vor allem) ausgestaltet.

Ecossaise: Alter schottischer Volkstanz im ruhigen Dreivierteltakt, meist vom Dudelsack begleitet. Im 18. Jahrhundert wurde die Ecossaise zum lebhaften Gesellschaftstanz im Zweivierteltakt. – Ecossaisen für Klavier. S. 64, 79.

Ehrendiplom des Steiermärkischen Musikvereins. S. 194, 201.

Enns: Rechter Zufluß der Donau nach Linz, nach dem Zweiten Weltkrieg Grenze zwischen der russischen und der alliierten Zone in Österreich.

Entführung aus dem Serail: Deutsches Singspiel von Mozart (1782), Köchelverzeichnis 384.

Entr'akt: Zwischenakt, Pause zwischen zwei Akten eines Bühnenstückes.
>Entr'aktmusik aus «Die Bürgschaft» (D 435).
>Entr'aktmusik aus «Rosamunde» (D 797).

Epigone: Nachkomme, Nachahmer ohne eigene Schöpferkraft.

Erdödyquartette: Die dem Grafen Joseph Erdödy gewidmeten meisterlichen Streichquartette, op. 76, von Joseph Haydn.

Eroica: Sinfonie Nr. 3, op. 55, in Es-dur von Beethoven, dem Andenken eines Helden (ursprünglich Napoleons I.) gewidmet.

Erscheinung, Schuberts: Siehe Äußeres.

Esterhazy, Schloß: Zelesz in Galantha, wo Schubert die Sommer 1818 und 1824 verbrachte, und Eisenstadt, wo Haydn Kapellmeister war.

Evangelimänner: Straßensänger, die durch rührselige Vorträge die Herzen zum Schmelzen brachten. «Der Evangelimann» heißt eine Oper des österreichischen Komponisten Wilhelm Kienzl. S. 24.

Exposition: Im Drama die Einführung des Zuschauers in die Vorgänge und Probleme der Handlung und Personen, in der Musik das erste Auftreten der musikalischen Hauptgedanken (Themen), die dann in der Durchführung verarbeitet werden.

Fantasie: In der Musik formal frei gestaltetes Instrumentalstück, eine Art von Improvisation. F. nennt man auch Paraphrasen über beliebte Melodien und potpourriartige Zusammenstellungen aus Opern, Volksliedern usw., Meister der Paraphrase war Franz Liszt.

Fantasie in C-dur für Klavier und Violine («Sei mir gegrüßt», D 934). S. 282.
Fantasie in G-dur für Klavier vierhändig (D 1). S. 46.
Fantasie in g-moll für Klavier vierhändig (D 9). S. 46.
Fantasie in c-moll für Klavier vierhändig (D 48). S. 46.
Fantasie in f-moll für Klavier vierhändig (D 940). S. 341.
Fantasie in C-dur für Klavier (Fragment, D 605).
Fantasie in C-dur für Klavier («Wandererfantasie», D 760). S. 77, 194/196.
Fantasie in c-moll für Klavier (D 993).
Fantasiesonate, siehe Sonaten für Klavier.

Faust: Dramatische Dichtung in zwei Teilen von Goethe. S. 343.
Fidelio: Oper von Beethoven (1805).
Finale: Ende, Schluß von Musikwerken.
Fioritur: Verzierung vokaler oder instrumentaler Art.
Forellenquintett: Siehe Quintett.
Forte: Musikalischer Stärkegrad, laut.
Fortissimo: Musikalischer Stärkegrad, sehr laut.
Freimaurer: Angehörige einer Freimaurer-Loge. Die Freimaurerei ist ein Kind der Aufklärung und des Gedankens, daß alle Menschen Brüder seien. Mozarts Oper «Die Zauberflöte» ist von freimaurerischen Gedanken erfüllt.
Freude an der Natur, Schuberts. S. 231 ff., 270/271.
Freunde, Schuberts. S. 115 ff., 137, 148 ff.
Frömmigkeit, Schuberts. S. 80, 81, 82.
Fuge: Lateinisch fuga (Flucht), einsätziges Musikstück, in dem sich je nach der Stimmenzahl Hauptthema (Führer, dux) und Nebenthema (Gefährte, comes) zu jagen scheinen. Die Themen können vergrößert, verkleinert oder umgekehrt werden oder in zeitlich gedrängtem Einsatz (Engführung) auftreten. Meister der Fuge waren J. S. Bach (besonders instrumental) und G. F. Händel (besonders vokal). Die Komponisten der Klassik und Romantik verloren das Gefühl für diese strenge Form etwas. Moderne Fugenkomponisten waren César Franck und Max Reger. – Doppelfuge ist eine Fuge mit zwei Hauptthemen (Führern). – Fugato: In der Art einer Fuge. – Fughette: Kleine Fuge mit vereinfachter Durchführung.

Fuge in d-moll für Klavier (?, D 13).
Fuge in e-moll für Orgel oder Klavier vierhändig (D 952). S. 343.

Gaillarde: Altitalienischer lebhafter Tanz im Dreivierteltakt. Im 16. und 17. Jhdt. als Nachtanz der strengen Pavane weitverbreitet.
Galopp: Lebhafter Tanz im Zweivierteltakt.
Galopps (2) für Klavier (D 735 und 925).
Gastein: Heilbad im Salzkammergut, in dem sich Schubert und Vogl im Spätsommer 1825 aufhielten. S. 231 ff.
Gasteiner Sinfonie (verschollen, D 849).

Gasteiner Sonate, siehe Sonate.

Gegenbewegung: In der Musiktheorie das Zu- und Voneinander der Stimmen.

Geselligkeit, Schuberts. S. 269/270.

Gewandhaus, Leipziger: Zunfthaus der Schneider in Leipzig, wo musikalische Anlässe stattfanden, aus denen sich die Gewandhauskonzerte entwickelten, deren berühmteste Dirigenten Felix Mendelssohn und Arthur Nikisch waren. S. 332.

Gioconda: Berühmtes Bild von Leonardo da Vinci, als «Mona Lisa» (Louvre) zu einem Begriff geworden.

Gitarrenquartett: Unecht (D 96).

Gmunden: Stadt in Oberösterreich, wo sich Schubert und Vogl im Sommer 1825 aufhielten. S. 231 ff.

Grand: Groß.

Grand Duo in C-dur für Klavier vierhändig (D 812, Klavierauszug der Gasteiner Sinfonie?).

Grande Marche funèbre in c-moll für Klavier vierhändig (D 859).

Grande Marche héroïque in a-moll für Klavier vierhändig (D 885).

Grand Rondeau in A-dur für Klavier vierhändig (D 951).

Grandes Marches (six) und Trios für Klavier vierhändig (D 819).

Grandes Sonates, siehe Sonaten.

Graz: Hauptort der Steiermark, wo sich Schubert im Herbst 1827 bei Familie Pachler aufhielt. S. 310 ff.

Grätzer Galopp (1) in C-dur für Klavier (D 925).

Grätzer Walzer (12) für Klavier (D 924).

Grave: Musikalische Tempobezeichnung, langsam, ernst, schwer.

Grave und Allegro in c-moll für Streichquartett (D 103).

Grinzing: Vorort Wiens.

Große Sinfonie: siehe Sinfonien.

Große Sonaten: siehe Sonaten.

Habsburg: Stammschloß der Habsburger bei Brugg (Kanton Aargau). Habsburger: Nachkommen Rudolfs von Habsburg (gest. 1291), der von den deutschen Kurfürsten 1273 zum deutschen König gewählt wurde, womit die «kaiserlose, schreckliche Zeit» ihr Ende fand. S. 13.

Hackbrett: Mit Hämmerchen geschlagenes Saiteninstrument, siehe Cymbal.

Hallein: Stadt im Salzkammergut, bekannt durch ihre Salzbergwerke.

Hauptsatz: Wichtigster Teil des ersten Sinfonie- oder Sonatensatzes; in ihm entwickelt der Komponist das Hauptthema.

Heiligenstadt: Vorort Wiens, berühmt geworden durch Beethovens Heiligenstädter Testament (6. Oktober 1802).

Helvetische Gesellschaft: 1761 im Bad Schinznach (Kanton Aargau) gegründete Vereinigung von schweizerischen Patrioten, die eine Erneuerung der Eidgenossenschaft aus dem Geiste der Aufklärung heraus erstrebten. Ihr gehörte als prominentes Mitglied Heinrich Pestalozzi an. Für ihre Zusammenkünfte schuf der Zürcher Pfarrer Johann Caspar Lavater seine Schweizerlieder.

Hofmusikkapelle. S. 18, 32.

Hommages aux belles Viennoises: Walzer (16) von Schubert (D 734).

Homophonie: Kompositionsstil, bei dem eine Hauptstimme, meist die oberste, von den andern Stimmen im gleichen Rhythmus akkordisch begleitet wird. Gegenteil: Polyphonie.

Hymne: Lobgesang.

Jenaer Sinfonie: Kurz vor Beginn des Ersten Weltkrieges in Jena aufgefundene Sinfonie in C-dur, die Beethoven zugeschrieben wird. Ihre Echtheit ist aber noch nicht erwiesen.

Impressionismus: Stilbezeichnung, die zuerst in der Malerei angewendet wurde, dann aber auch für die Werke der Dichtkunst und Musik Verwendung fand. In der Musik will der I. das naturhaft-atmosphärische Wesen der Dinge darstellen, jedoch nicht mit den Mitteln äußerlicher Tonmalerei. Der musikalische I. löst die klaren Beziehungen der Akkorde auf, verwischt die einfachen Dreiklänge durch Zufügung fremder Töne und benützt namentlich auch die Instrumentation zur Herbeiführung der speziellen subtilen, eigenartig verschwommenen Klanggebilde. Hauptmeister des musikalischen I. ist Claude Debussy (1862–1918).

Impromptu: Unvorhergesehenes, Stegreifwerk, plötzlicher Einfall.

Impromptus für Klavier (D 899, 935, 946). S. 301 ff., 343/44.

Improvisation: Unvorbereitete Darbietung. Meister der Improvisation waren am Klavier Beethoven, auf der Orgel J. S. Bach.

Insignien: Zeichen, Symbole.

Inspiration: Eingebung.

Instrumentation: Im Orchesterwerk die Verteilung der Melodien (Themen) auf die verschiedenen Instrumente. Meister der Instrumentation waren Hector Berlioz und Richard Strauß. – Instrumentalmusik ist Musik für Instrumente, im Gegensatz zu Vokalmusik, der Musik für Singstimmen.

Introduktion: Einleitung.

Introduktion und Variationen (7) in e-moll; für Klavier und Flöte («Trockne Blumen», D 802). S. 250.

Introduktion und Variationen (4) in B-dur für Klavier vierhändig (Echtheit? D 603).

Intuition: Gefühlsmäßige, im Gegensatz zu verstandesmäßiger Erkenntnis.

Iphigenie: Hier «Iphigenie auf Tauris», Oper (1779) von Gluck, in der Schuberts Freund Vogl die Rolle Orests, des von den Rachegöttinnen verfolgten Muttermörders, darstellte und damit den jungen Schubert sehr beeindruckte.

Italienische, Das, bei Schubert. S. 129 ff.

Italienische Ouvertüren, siehe Ouvertüren.

Kanon: Strengste Form der musikalischen Nachahmung (Imitation), in der zwei oder mehr Stimmen mit gleicher Melodie hintereinander her laufen. Der K. ist eine der ältesten musikalischen Formen mehrstimmig-polyphoner Musik.

Kantate: Gesangwerk mit Instrumentalbegleitung für Einzelstimme(n) oder für Einzelstimme(n) und Chor.

Kapellmeister: Dirigent mit dem durch ein Fachstudium rechtmäßig erworbenen Titel. S. 273 ff.

Karlsbader Beschlüsse: Nach der Ermordung des Dichters Kotzebue durch den wirren Theologiestudenten Sand (1819) traten die führenden Monarchen der Heiligen Allianz in Karlsbad (Böhmen) zusammen und gelobten sich, die Universitäten aufs strengste zu überwachen und die Zensur peinlich durchzuführen, damit die freiheitlichen Ideen sich nicht verbreiten könnten.

Kärntnertortheater: Theater beim Kärntnertor in Wien.

Kastraten: Sänger, die durch Kastration (Entfernung der Hoden) am Stimmbruch verhindert wurden. Ihre Stimme blieb ein Sopran oder Alt und wurde beim Erwachsenen leuchtkräftiger. K. wurden namentlich in der Oper des 17. und 18. Jhdts. verwendet. Die Aufklärung und das zunehmend stärker werdende Gefühl für Natürlichkeit machten dem Unwesen der entmannten Sänger ein Ende.

Kirchenmusik: Musik im und für den Gottesdienst (sakrale Musik) im Gegensatz zur Musik für weltliche Zwecke (profane Musik).

Klavierwerke, Allgemeines. S. 122 ff., 237.

  Kindermarsch in G-dur für Klavier vierhändig (D 928).

  Klavierkonzert in F-dur (Klavierquartett, D 487).

  Klavierstücke, fünf (Sonate in E-dur, D 459).

Komische Ländler (4) in D-dur (D 354).

Kleine Trauermusik:

  Kleine Trauermusik für Blasinstrumente (D 79).

Koloratur: Verzierung.

Koma: Bewußtlosigkeit.

Kongreß, Wiener: Friedenskongreß in Wien nach der Internierung Napoleons auf der Insel Elba (1814), nach der Schlacht bei Waterloo (1815) in Paris fortgesetzt und beendet, anerkannte die Neutralität der Schweiz als im Interesse Europas bestehend. S. 141 ff.

Kontrapunkt, Lehre vom: Kunst und Lehre von der musikalischen Setzweise in Hinsicht auf die melodische Führung und Gleichberechtigung der einzelnen Stimmen.

Konvikt: Ort gemeinsamen Lebens.

Konzertstück:

  Konzertstück in D-dur für Violine und Orchester (D 345).

Krankheit, Schuberts. S. 138, 199, 358 ff.

Kremsmünster: Benediktinerabtei, 777 vom bayrischen Herzog Tassilo zur Missionierung und Kolonisierung der Ostmark gegründet, Kirche frühgotisch, Klosterbauten barock, bedeutende Sammlungen.

Kritik an Schuberts Werken. S. 156/157, 172, 176, 187, 196, 239, 244.

Laibach: Slowenisch Ljubliana, Hauptstadt der jugoslawischen Banschaft Drau.

Ländler: Walzer des 18. und 19. Jhdts. von oberösterreichischer Herkunft.

Ländler für Klavier (85). S. 197/199.

Lebensweise, Schuberts. S. 118, 266.

Lebensstürme: Allegro in a-moll für Klavier vierhändig.(D 947).

Leichenfantasie: Fantasie in G-dur für Klavier vierhändig (? D 1).

Letzte Sonate: Siehe Sonaten.

Letzte Walzer: Zwanzig Walzer für Klavier (D 146).

Libretto: Textbuch für Oper oder Operette.

Liturgie: Anordnung der Gebete und Gesänge für den Gottesdienst.

Madrigal: Schäferlied, a-cappella-Chor des 16. Jhdts.

Markomannen: Germanischer Volksstamm, der um das Jahr 8 v. Chr. aus der Maingegend nach Böhmen auswanderte, wo er mit den Römern zusammenstieß.

Märsche:

Marsch für zwei Klaviere zu vier Händen (D 858, Echtheit fraglich).

Marsch in E-dur für Klavier (D 606).

Marches héroïques (3, D 602). S. 128.

Marches militaires (3, D 733). S. 239.

Grandes Marches (6, D 819). S. 128.

Marche funèbre (Alexander 1., D 859). S. 239.

Marche héroïque (Niklaus 1., D 885). S. 239

Marches caractéristiques (2, D 886). S. 239.

Kindermarsch (für Faust, Pachler D 928). S. 300.

Mazurka: Polnischer Tanz im Dreivierteltakt.

Mehlgrube: Konzertlokal in Wien. S. 20.

Melk: Benediktinerabtei in Niederösterreich.

Melodrama: Deklamation mit Instrumentalbegleitung.

Melusine: Nixe, einem Sterblichen vermählt; Drama Grillparzers (1833).

Menetekel: Warnungszeichen.

Menuett: Höfischer Tanz mit zierlichen Schritten und gemessenen Bewegungen, seit 1650 Satz der Orchestersuite und seit 1750 (mit Joh. Stamitz, J. Christian Bach und dem jungen J. Haydn) dritter Satz der viersätzigen Sonate und Sinfonie. Beethoven ersetzte das M. durch das dramatischere Scherzo. S. 49.

Menuett und Finale in F-dur (aus einem Oktett, D 72).

Menuett in D-dur für Streichquartett (D 86).

5 Menuette und 6 Trios für Streichquartett (D 89).

22 Menuette für Klavier (D 41). S. 46.

Messe: Kulthandlung der katholischen Kirche, auch musikalisches Kunstwerk für

Soli, Chor und Instrumentalbegleitung mit den Sätzen Kyrie, Gloria, Credo, Sanctus, Benedictus und Agnus Dei. Berühmte musikalische Messen: Marcellus-Messe von Palestrina, Messe in h-moll von J.S.Bach, Missa solemnis von Beethoven, Messe in f-moll von Anton Bruckner. Schubert-Messen: siehe Vokalmusik.

Messo: Musikalische Stärkebezeichnung, halb.

Mezzoforte: Halbstark.

Mezzosopran: Frauenstimme in mittlerer Lage.

Minoriten: Zweig des Franziskanerordens.

Moderato: Musikalische Tempobezeichnung, mäßig schnell.

Modulation: Übergang, Tonartenwechsel.

Moll: Tongeschlecht, Halbtöne von der zweiten zur dritten, fünften und sechsten und siebten und achten Stufe (harmonisch Moll). Durch Ausgleich zwischen sechster und siebenter Stufe entsteht melodisch Moll.

Moment musical: Musikalischer Augenblick (Einfall).
  Moments musicaux für Klavier (D 780). S. 199; 301 ff.

Mondnacht: Lied von Robert Schumann nach einem Text Eichendorffs.

Mondscheinsonate: Sonate in cis-moll, op. 27, Nr. 2, für Klavier von Beethoven.

Monodie: Musikstil mit führender Melodie-Oberstimme, der sich die Begleitung unterordnet (Opernrezitativ). M. ist auch unbegleiteter, einstimmiger Gesang in Antike und Mittelalter (Gregorianik, Minnesang). S. 58, 61.

Morpheus: Gott des Schlummers.

Motette: Kirchengesang (meist a cappella), bei dem die einzelnen Textabschnitte motivisch selbständig vertont werden.

Motiv: Kleinstes Melodieglied.

Mutation: Veränderung, Stimmbruch.

Nachlaß, Schuberts. S. 363/364.

Nibelungenlied: Mittelhochdeutsches Heldengedicht (um 1205) in vierzeiligen Strophen, in drei Hauptschriften überliefert.

Nocturne, Notturno: Nachtstück mit elegischer Stimmung (Chopin);
  Nocturne in Es-dur für Klaviertrio (Adagio in Es-dur, D 897).

Nonett: Komposition für neun Instrumente.
  Nonett «Eine kleine Trauermusik» für Bläser (D 79). S. 49.

Notre amitié est invariable:
  Rondo in D-dur für Klavier vierhändig (D 608).

Nußdorf: Vorort Wiens.

Ochsenburg: Schloß in der Nähe von St. Pölten, wo Schubert an der Oper «Alfonso und Estrella» arbeitete. S. 176 ff.

Offertorium: Teil der Messe, vor oder während des Opfers, auch Satz der Totenmesse zwischen Credo und Sanctus.

Oktave: Zwischenraum vom ersten zum achten Ton der Tonleiter.

Oktett: Komposition für acht Instrumente.
 Menuett und Finale in F-dur für Blasinstrumente (D 72).
 Oktett in F-dur für Streich- und Blasinstrumente (D 803). S. 218, 249/250.
Opus: Werk.
Orchester: Großes Orchester mit allen Blas- und Streichinstrumenten, Blasorchester, Kammerorchester mit kleiner Besetzung.
Orchesterskizzen in D-dur (D 966 und 966a).
Orgelfuge: Fuge in e-moll, vierhändig (D 952).
Originaltänze für Klavier (D 365).
Oratorium: Dramatisches Tonwerk für Soli, Chor und Orchester von meist geistlichem, doch auch weltlichem Inhalt, entbehrt der äußerlichen Handlung, womit es sich von der Oper scheidet. Berühmte Oratorien sind «Der Messias» von Händel, «Die Schöpfung» und «Die Jahreszeiten» von J. Haydn. Schubert schrieb das Fragment «Lazarus», siehe Vokalmusik.
Ouvertüre: Instrumentales Einleitungsstück, meist zu Bühnenwerken und in Sonatenform.
 Ouvertüre in B-dur für Streichquartett (verloren, D 20).
 Ouvertüre in c-moll für Streichquintett (D 8). S. 49.
 Ouvertüre «Der Teufel als Hydraulicus» (D 4). S. 49/50.
 Ouvertüre in B-dur für Orchester «Der Spiegelritter» (D 11). S. 50, 96.
 Ouvertüre in D-dur für Orchester (D 12). S. 50.
 Ouvertüre in D-dur für Orchester (D 26, 1812). S. 50.
 Ouvertüre in B-dur für Orchester (D 470). S. 102/103.
 Ouvertüre in D-dur für Orchester (D 556, 1817). S. 130.
 Ouvertüre in D-dur für Orchester (im italienischen Stil, D 590). S. 130.
 Ouvertüre in C-dur für Orchester (im italienischen Stil, D 591.) S. 130/131.
 Ouvertüre in e-moll für Orchester (D 648). S. 162.
 Ouvertüre in D-dur für Orchester (D 996).
 Ouvertüre «Des Teufels Lustschloß» (D 84). S. 96.
 Ouvertüre «Der vierjährige Posten» (D 190).
 Ouvertüre «Claudine von Villa Bella» (D 239).
 Ouvertüre «Die Freunde von Salamanka» (D 326).
 Ouvertüre «Die Zauberharfe» (D 644).
 Ouvertüre «Die Zwillingsbrüder» (D 647).
 Ouvertüre «Fierabras» (D 796).
 Ouvertüre zu «Rosamunde» (D 644).
 Ouvertüre «Alfonso und Estrella» (auch «Rosamunde», D 732).
 Ouvertüren für Klavier vierhändig:
  «Alfonso und Estrella» (D 773).
  «Fierabras» (D 798).
  D-dur (im italienischen Stil, D 592). S. 130.

C-dur (im italienischen Stil, D 597). S. 130.
g-moll (D 668).
F-dur (D 675). S. 163.
Ouvertüren für Klavier zweihändig:
«Alfonso und Estrella» (D 732).

Pastorale: Hirtenmusik, Sinfonie Nr. 6 in F-dur von Beethoven. Pastoralmusik steht im Sechsachteltakt und weist einen ländlich-heiteren Charakter auf.

Pathétique: Erhaben, feierlich. P. heißen die Klaviersonate in c-moll, op. 13, von Beethoven und die Sinfonie Nr. 6 in h-moll von Tschaikowsky.

Pavane: Gradtaktiger Schreitetanz in gemessen gravitätischen Bewegungen, Satz der frühen Suite. P. heißt eigentlich «Pfauentanz».

Phantasie: Siehe Fantasie.

Phönix: Sagenhafter Vogel, der jeweils zu Asche verbrannte und wieder neu aus ihr erstand. S. 79.

Piano: Abkürzung für Pianoforte, Klavier; musikalischer Stärkegrad, leise.

Pianissimo: Musikalischer Stärkegrad, sehr leise.

Piaristen: Katholischer Lehrorden (gegr. 1597) zur Erziehung von Knaben. S. 36.

Polonaise: Polnischer Tanz im Dreivierteltakt, besonders von Chopin in die Kunstmusik eingeführt.
Polonaise in B-dur für Violine und Orchester (D 580).
Polonaisen für Klavier vierhändig (4, D 599).
Polonaisen für Klavier vierhändig (6, D 824). S. 239.

Polyphonie: Mehrstimmigkeit, bei der alle Stimmen melodische und rhythmische Selbständigkeit besitzen, Gegensatz von Homophonie.

Präludium: Einleitung, Vorspiel, bei Chopin und Debussy kürzere Klavierstücke von besonderem Stimmungsgehalt.

Präparandenanstalt: Vorbereitungsschule, Lehrerseminar.

Premier grand Trio: Siehe Trio (D 898).

Première grande Sonate: Siehe Sonate (D 845).

Presto: Musikalische Tempobezeichnung, eilig.

Prestissimo: Sehr eilig.

Primgeiger: Der Spieler der ersten Violine.

Profan: Weltlich, Gegensatz sakral, geistlich, kirchlich.

Programmusik: Musik, die eine dichterische Idee oder ein Programm mit den Mitteln der Tonkunst darstellen will. Hauptvertreter: Hector Berlioz, Franz Liszt und Richard Strauß. P. bedient sich der Tonmalerei zur Schilderung von etwas Außermusikalischem, von Geräuschen oder Naturlauten.

Quarte: Abstand vom ersten zum vierten Ton.

Quartett: Tonstück für vier Instrumente oder Singstimmen.
Quartettsatz in c-moll für Streichquartett (D 703).

Quinte: Abstand vom ersten zum fünften Ton der Tonleiter.

Quintett: Tonstück für fünf Instrumente oder Singstimmen.
   Quintett in A-dur (Forellenquintett, D 667). S. 161, 349.
   Streichquintett (Ouvertüre) in c-moll (D 8).
   Streichquintett in C-dur (D 956). S. 348/353.
Reisebrief, Schuberts. S. 231.
Reliquie: Überrest von Heiligen, teures Andenken.
   Reliquie, Klaviersonate in C-dur (D 840).
Reprise: Wiederholungsteil im Sonatensatz, der auf Exposition und Durchführung folgt. Beide Themen der R. stehen in der Haupttonart.
Requiem: Totenmesse (Mozart, Berlioz).
Rheingold: Erster Teil von Wagners Bühnenwerk «Der Ring der Nibelungen».
Rhythmus: Bezieht sich auf die Unterschiede der Tondauer.
Rohrau: Geburtsort Haydns im Burgenland, nahe der ungarischen Grenze.
Rokoko: Kunststil der zweiten Hälfte des 18. Jhdts. mit Vorliebe für Geschweiftes und Gerundetes, für Hohlkehlen und Stäbchen, lichte Farben, anmutige Bewegungen und Schäferspiele.
Romantik: Kunstrichtung, die sich aus dem deutschen Idealismus entwickelte und das 19. Jhdt. beherrschte: Zug in die Ferne, ins Jenseitige, Betonung des Gefühls in Literatur und Musik, Sprengung der klassischen Form, Flucht vor der Wirklichkeit; Entdeckung des Mittelalters, des Märchens und der Volksdichtung überhaupt. Die Musik der R. bevorzugte die kleinen Formen und entwickelte die charakteristischen Klangfarben der Orchesterinstrumente und ihre Mischung, die sie vielfach zu Tonmalerei benützte. Vertreter der musikalischen R. sind C. M. von Weber, Robert Schumann, Felix Mendelssohn-Bartholdy, Franz Liszt, Richard Wagner und Richard Strauß. Franz Schubert ist nur bedingt den Romantikern zuzuzählen.
Romanze: Gedichtform aus dem spanisch-romanischen Sprachgebiet in volksliedhaft einfacher Art. – In der Musik heißt R. ein gefühlshaft-ruhiges lyrisches Musikstück. S. 58.
Rondo: Rundgesang, Tonstück mit wiederkehrendem Hauptthema und frei gearbeiteten Einschüben. Oft der letzte Satz einer Sinfonie oder eines Instrumentalkonzertes (umfangreicheres Tonstück für ein Soloinstrument mit Begleitung des Orchesters).
   Rondo concertante in F-dur für Klavierquartett («Klavierkonzert», D 487).
   Rondo in B-dur für Klavier und Orchester (D 895).
     A-dur für Violinsolo und Streichorchester (D 438).
     E-dur für Klavier (D 506). S. 196
     D-dur für Klavier vierhändig (D 608). S. 128.
     h-moll für Klavier und Violine (D 895). S. 281.
     A-dur für Klavier vierhändig (D 951). S. 343.
Roßau: Vorort Wiens, wo Schuberts Vater Lehrer war.

Salve Regina: Hymne für die Himmelskönigin (Maria).

Salzburg: Geburtsstadt Mozarts, Wirkungs- und Begräbnisstadt Michael Haydns. S. 232.

Salzkammergut: Von der Traun durchflossene Alpenlandschaft in Oberösterreich und Steiermark, mit zahlreichen Seen.

Sarabande: Gravitätischer Tanz spanischer Herkunft, Suitensatz.

Sarastro: Oberpriester in Mozarts «Zauberflöte».

Schaffensweise, Schuberts. S. 44, 116.

Scherzo: Heiteres und rhythmisch gespanntes Tonstück im Dreivierteltakt, meist dritter Satz einer Sinfonie (Beethoven) oder Sonate, wo es das Menuett verdrängte, auch selbständiges Tonstück von lebhaftem Tempo und heiterer Laune (Chopin); Mehrzahl: Scherzi.

Scherzo für Klavier in D-dur (D 570).

Scherzi für Klavier in B-dur und Des-dur (D 593). S. 127.

Schinznach: Heilbad bei Brugg (Kanton Aargau), Tagungsort der Helvetischen Gesellschaft.

Schlacht bei Vittoria: Tongemälde Beethovens für den Erfinder des Metronoms, Mälzel.

Schöpfung, Die: Oratorium von Josef Haydn.

Schubertiaden. S. 217, 220, 236, 258 ff., 326.

Schulgehilfe, Schubert als. S. 54.

Schwarzspanierhaus: Sterbehaus Beethovens. S. 289.

Seitensatz: Durchführungsteil im ersten Satz einer Sonate oder Sinfonie, steht in der Dominant- oder in der verwandten Moll- oder Dur-Tonart.

Seconde grande Sonate (D 850).

Seldwyla: Schauplatz der Novellen in Gottfried Kellers «Die Leute von S.».

Sekundakkord: Vierklang in der dritten Umkehrung, der ursprünglich vierte Ton des Akkords, die Septime, steht im Baß und ist vom nächsten, dem ursprünglichen Grundton, eine Sekunde entfernt.

Sekunde: Tonschritt von einer Stufe zur nächstfolgenden.

Serenade: Ständchen.

Sexte: Zwischenraum von der ersten zur sechsten Tonstufe der Tonleiter, oft zweite Stimme im einfachen, zweistimmig gesungenen Volkslied.

Sextett: Komposition für sechs Instrumente oder Singstimmen.

Silvesterfeiern. S. 286/87, 325.

Sinfonie, Symphonie: Ursprünglich mehrstimmiges Instrumentalstück, nach 1750 drei-, dann unter Beizug des Menuetts viersätziges Orchesterwerk von bestimmtem Formbegriff mit klar gegliederten Themen und ihrer Verarbeitung in These und Antithese. Beethoven führte ausdrucksvolle und dramatisch belebende Elemente ein. Außer Haydn, Mozart und Beethoven waren führende Sinfoniker im 19. Jhdt. Schubert, Schumann, Mendelssohn, Brahms, Bruckner und Mahler. Die Neigung der Romantik zum Poetischen und Beschreibenden führte zum Nebenzweig der Programmsinfonie und der Sinfonischen Dichtung bei Berlioz, Liszt und R. Strauß. – Die Sinfonie concertante ist eine nach 1750 entstandene Zwischenform von S. und Konzert mit mehreren Soloinstrumenten.

Sinfonietta: Kleine Sinfonie. S. 10, 103 ff.

Sinfonien: D-dur (Fragment, D 997).
    D-dur, Nr. 1 (D 82). S. 44, 50.
    B-dur, Nr. 2 (D 125). S. 107.
    D-dur, Nr. 3 (D 200). S. 108.
    c-moll, Nr. 4 (Tragische, D 417). S. 108/109.
    B-dur, Nr. 5 (D 485). S. 109/110.
    C-dur, Nr. 6 (kleine C-dur, D 589). S. 130.
    D-dur (Skizzen, D 615)
    E-dur (Skizze, D 729). S. 178 ff.
    h-moll (Unvollendete, D 759, Nr. 8), S. 11, 192/194.
    Gasteiner (verschollen, D 849; D 812?). S. 234/235.
    C-dur (große C-dur, D 944, Nr. 7). S. 331 ff.

Singakademie: 1790 von Fasch in Berlin gegründet als «Verein zur Pflege des höheren Chorgesangs», nahm 1792 den Namen S. an, als die Proben in die königliche Akademie verlegt wurden. Die S. wurde Beispiel für weitere Chorvereinigungen; berühmt wurde die Aufführung von Bachs «Matthäuspassion» unter Mendelssohns Leitung.

Singgemeinschaft «zum Antlitz». S. 85.

Singspiel: Kleine Oper mit gesprochenen Dialogen und liedmäßig einfachen Arien, Mozarts «Die Entführung aus dem Serail» und «Die Zauberflöte», auch Albert Lortzings Spielopern «Der Waffenschmied», «Zar und Zimmermann», «Undine», Schoecks «Erwin und Elmire», Schuberts «Die Zwillingsbrüder».

Sankt Florian: Augustiner-Chorherrenstift südöstlich von Linz, prachtvoller Barockbau, Wirkungsort und Grabstätte Anton Bruckners, der hier Organist war. S 159.

Sankt Marx: Friedhof in Wien, auf dem Mozart beigesetzt wurde.

Sankt Pölten: Bischofssitz westlich Wiens.

Sonate: Hauptform der Wiener Klassik, durch Einbeziehung des Menuetts und des Scherzos viersätzig gewordene und bestimmende Form für Klavierstück, Sinfonie, Kammermusik; Tempi meistens «schnell–langsam–Menuett–schnell», der erste, oft auch der vierte Satz von zwei gegensätzlichen Themen und ihren Teilen beherrscht, der zweite Satz lied-, der dritte tanzmäßig. Die Sonatenform wurde von Bruckner durch die Einführung und thematische Verarbeitung mehrerer Themen erweitert. Der vierte Satz steht auch etwa in Rondoform. – Sonatine: Kleine Sonate. S. 122 ff.

Sonaten für Klavier und ein Instrument:
    In A-dur für Klavier und Violine (D 574). S. 127.

In a-moll für Klavier und Arpeggione (D 821). S. 250.
Sonaten für Klavier vierhändig:
In B-dur (D 617). S. 127.
In C-dur (Grand Duo, D 812). S. 235, 238.
Sonaten für Klavier:
In E-dur (1815, D 157). S. 124.
In C-dur (1815, D 279). S. 124/125.
In E-dur (1816, D 459). S. 126.
In a-moll (1817, D 537).
In As-dur (1817, D 557). S. 125.
In e-moll (1817, D 566). S. 125.
In Des-dur (1817, D 567). S. 126.
In Es-dur (1817, D 568). S. 126.
In fis-moll (1817, D 570/571). S. 125.
In H-dur (1817, D 575). S. 126.
In C-dur (1818, D 613). S. 126.
In f-moll (1818, D 625). S. 126.
In cis-moll (1818, D 655). S. 126.
In A-dur (1819, D 664). S. 126/127, 160.
In a-moll (1823, D 784). S. 197.
In C-dur (1825, D 840). S. 240.
In a-moll (1825, D 845). S. 240.
In D-dur (1825, D 850). S. 241.
In G-dur (1825, D 894). S. 242.
In c-moll (1828, D 958). S. 345.
In A-dur (1828, D 959). S. 346.
In B-dur (1828, D 960). S. 346/347.
Sonatensatz für Klaviertrio (D 28).
Sonatine für Klavier vierhändig (D 968).
Sonatinen für Violine und Klavier:
D-dur (D 384). S. 103.
a-moll (D 385). S. 103.
g-moll (D 408). S. 103.

Steyr: Industriestadt (Metall) in Oberösterreich an der Einmündung der Steyr in die Enns. S. 160 ff., 226 ff.

Steyregg: Sitz des Grafen von Weißenwolff.

Streichquartett: Tonstück für vier Streichinstrumente.
G-dur (1810, D 2), Fragment, ungedruckt.
In verschiedenen Tonarten (1812, D 18, 19). S. 47.
F-dur (?) (1812, D 998), Fragment, ungedruckt.
C-dur (1812, D 32), Fragment, S. 47.

B-dur (1812/13, D 36). S. 47.
Es-dur (1813, D 40), verloren.
C-dur (1813, D 46). S. 47/48.
B-dur (1813, D 68). Fragment. S. 48.
D-dur (1813, D 74). S. 48.
Es-dur (1813, D 87). S. 49.
D-dur (1814, D 94). S. 48/49.
c-moll (1814, D 103). Fragment.
B-dur (1814, D 112). S. 100/101.
g-moll (1815, D 173). S. 102.
E-dur (1816, D 353). S. 112.
B-dur (1818? D 601).
c-moll, Quartettsatz (1820, D 703). S. 163.
a-moll (1824, D 804). S. 11, 218, 243/246.
d-moll (1825? D 810). S. 246/249.
G-dur (1826, D 887). S. 279/281.

Streichquintett: Tonstück für fünf Streichinstrumente.
c-moll, Ouvertüre (1811, D 8).
C-dur (1828, D 956). S. 11, 348/353.
A-dur, Rondo für Violine und Streichorchester (1816, D 438).

Streichtrio: Tonstück für drei Streichinstrumente.
B-dur (1816, D 471). S. 102.
B-dur (1817, D 581). S. 102.

Sturm und Drang: Literarische Bewegung zwischen 1770 und 1780, aus dem Bürgertum stammende revolutionäre Jugendbewegung, geistig und dichterisch überschwänglich.

Suite: Tonstück für Orchester oder Einzelinstrument, bestehend aus verschiedenen aneinandergereihten Tanzsätzen: Allemande, Courante, Menuett, Sarabande, Gavotte, Gigue.

Tagebücher der Brüder Hoffmann. S. 284 ff., 325 ff.

Tagebuch, Schuberts. S. 113/114, 202/203, 219.

Tagebuch, Sophie Müllers. S. 224/225.

Tancred: Oper von Rossini (1813).

Tasso, Torquato: Schauspiel Goethes. Die Fürstin Leonore von Este erscheint darin als Muse, als guter Geist, des italienischen Dichters.

Tenor: Hohe Männerstimme.

Terz: Tonschritt von der ersten zur dritten Stufe der Tonleiter, die Moll-Terz ist ein Halbton enger als die Dur-Terz.

Terzett: Tonstück für drei Singstimmen.

Terzverwandtschaft: Verwandtschaft einer Tonart zu einer folgenden im Abstand einer Terz. Der aparte Klangreiz des Übergangs wurde von Schubert in vielen

Kompositionen verwendet, ebenso die Aufeinanderfolge von Dur- und Moll-Terz (Verdunkelung) und Moll-Dur-Terz (Aufhellung des Ausdrucks).

Thema: Musikalischer Gedanke, der für den Verlauf einer Komposition von wesentlicher Bedeutung ist, meist aus mehreren Motiven (kleinsten Melodieteilchen) bestehend. Das Th. ist im Barock und in der Wiener Klassik vor allem melodisch-rhythmisch bestimmt, in der Romantik erhalten Harmonie und Klang wesentlichen Anteil.

Thematische Arbeit: Die Verarbeitung der Themen im Ablauf des Tonstücks.

Titan, Der: Roman von Jean Paul (Richter).

Tod Schuberts. S. 361.

Torup: Schwedische Ortschaft, von wo Franz von Schober nach Wien kam.

Trafalgar: Seeschlacht an der portugiesischen Küste, in der 1806 der englische Admiral Nelson Napoleons Flotte vernichtend schlug, dabei auf seinem Flaggschiff durch eine feindliche Kanonenkugel tödlich verwundet wurde.

Tragische Sinfonie: Sinfonie in c-moll (D 417). S. 108/109.

Trauermarsch: Marsch Nr. 5 (D 819).

Trauerwalzer: Walzer Nr. 2 (D 365).

Traum, Schuberts. S. 138/139.

Trio: Tonstück für drei Instrumente; Mittelteil eines Menuetts oder eines Marsches.
  Trio in B-dur für Klavier, Violine und Cello (1812, D 28).
  Trio in Es-dur für Klavier, Violine und Cello (Notturno, D 897). S. 295.
  Trio in B-dur für Klavier, Violine und Cello (D 898). S. 295/297.
  Trio in Es-dur für Klavier, Violine und Cello (D 929). S. 297/298.
  Trio in B-dur für Streicher (1816, D 471). S. 102.
  Trio in B-dur für Streicher (1817, D 581). S. 102.

Triole: Figur von drei gleichen Notenwerten an Stelle von zwei oder vier Noten der gleichen Art.

Trivialschulen: Die Volksschulen in Österreich zur Zeit Schuberts. S. 29.

Troisième grande Sonate: Klaviersonate in Es-dur (1817, D 568).

Umwelt, Schuberts. S. 12 ff.

Unisono: Einklang.

Ungarische Melodie für Klavier: Siehe D 817.

Unvollendete: Sinfonie in h-moll (D 759) von Schubert.

Valses nobles für Klavier (12, D 969).

Valses sentimentales (36, D 779).

Variationen: Veränderungen eines Themas.
  Variationen in G-dur für Flöte und Klavier («Trockene Blumen», D 802). S. 250.
  Variationen (Andantino) in C-dur für Violine und Klavier («Sei mir gegrüßt», D 934). S. 282.
  8 Variationen in e-moll über ein französisches Lied, Klavier vierhändig (D 624). S. 128.

8 Variationen in As-dur über ein eigenes Thema, Klavier vierhändig (D 813). S. 238.

8 Variationen in C-dur über ein Thema aus Hérolds «Marie», Klavier vierhändig (D 908). S. 128, 298.

Variationen für Klavier (zweihändig):
  Es-dur (6, D 21).
  F-dur (7, D 24).
  F-dur (10, D 156). S. 125.
  a-moll (13) über ein Thema von A. Hüttenbrenner (D 576). S. 127.
  c-moll (1) über ein Thema von Diabelli (D 345). S. 179.

Verleger, Schubert und die. S. 110/111, 208 ff., 313.

Vesper: Abendzeit, abendliches Gebet, kirchliche Komposition.

Viola: Streichinstrument; Viola da braccio (Bratsche), im Arm zu halten, Viola da gamba (Gambe, zwischen den Knien zu halten). Während die Bratsche (kurz Viola genannt) heute noch als Instrument im Orchester, Streichtrio und -quartett usw. verwendet wird, spielt die Viola da gamba nur noch in der originalen Wiedergabe alter Musik eine Rolle.

Violinkonzert: Tonstück für Solovioline und Orchesterbegleitung, meist dreisätzig, schnell–langsam–schnell.

Violinkonzert (Konzertstück) in D-dur (D 345).

Violoncello: viersaitiges Baß- und Melodieinstrument, in Quinten gestimmt, anderthalb Oktaven tiefer als die Violine. Berühmter Cellospieler: Pablo Casals.

Vittoria, Schlacht bei: Tongemälde Beethovens.

Vormärz: die der Märzrevolution 1848 vorausgehenden Jahre der Restauration und Reaktion, gekennzeichnet durch einen starken politischen Druck und eine geistige Knebelung (besonders in Deutschland und Österreich).

Währing: Vorort Wiens. S. 279.

Walzer: Tanz im raschen Dreivierteltakt. Schubert schrieb 132 Walzer für Klavier:
  1 in Cis-dur (D 139).
  12 Opus 18 (D 145).
  20 Letzte Walzer (D 146).
  36 Erste Walzer, op. 9 (D 365).
  34 Valses sentimentales (D 779).
  1 in G-dur (D 844).
  12 Grätzer Walzer (D 924).
  12 Valses nobles (D 969).
  1 in As-dur (D 978).
  1 in G-dur (D 979).
  2 in G-dur (D 980).
  S. 180, 197/199, 299.

Wartburgfest. S. 143.

Wandererfantasie: Fantasie in C-dur für Klavier (D 760). S. 194/196.
Whist: Dem Bridge und Skat verwandtes Spiel mit 52 Karten. S. 259.
Wilhelm Meister: Roman Goethes mit den Gestalten der Mignon und des Harfners.
Würstelbälle. S. 260.
Zauberflöte, Die: Oper von Emanuel Schikaneder (Text) und W. A. Mozart (Musik, 1791). S. 358.
Zeitungsstimmen über Schubert. S. 156, 157, 158, 172, 187, 196, 239, 281, 282, 299, 329, 330, 336, 338.
Zelesz, Aufenthalte in. S. 136 ff., 221 ff.
Zigeunermusik. S. 138, 238/239.

Personenregister

Aeschylos, griechischer Dichter, 525-456 v. Chr.

Albrechtsberger, Johann Georg, 1736-1809, Komponist und Kapellmeister zu St. Stephan in Wien, Lehrer Beethovens.

Anakreon, griechischer Lyriker um 500 v. Chr.

Andorfer, Joseph, Schuberts Mitschüler im Konvikt.

Anschütz, Heinrich, 1785-1865, Hofschauspieler in Wien, mit Schubert befreundet, sprach am Grabe Beethovens Grillparzers Nachruf auf diesen. S. 198, 290

Artaria, Domenico, 1775-1842, Musikverleger in Wien. S. 111.

Artaria, Matthias, Sohn Domenicos, Musikverleger in Wien.

Assmayer, Ignaz, 1790-1862, Kirchenkomponist, lernte als Schüler Salieris Franz Schubert kennen, wurde später Hoforganist und Vize-Hofkapellmeister. S. 231.

Bach, Carl Philipp Emanuel, 1714-1788, zweiter Sohn Johann Sebastians, Kammercembalist Friedrichs des Großen, fruchtbarer Komponist von Klavierwerken des empfindsamen Stils. S. 56.

Bach, Johann Christian, 1735-1782, jüngster Sohn Johann Sebastians, trat in Mailand zum Katholizismus über und wurde später Mittelpunkt des Londoner Musiklebens (Bach-Abelsche Konzerte); Komponist des empfindsamen Stils und einflußreiches Vorbild Mozarts. S. 21, 56.

Bach, Johann Sebastian, 1685-1750, Kantor zu St. Thomas in Leipzig, zu Lebzeiten berühmter Orgelspieler; einer der größten schöpferischen Musiker aller Zeiten. S. 79, 80, 251.

Balmer, Luc, geb. 1898, Komponist und Dirigent in Bern. S. 235.

Barth, Josef, 1781-1865, Buchhalter des Fürsten Schwarzenberg, Tenorist und Schubertsänger. In seinem Haus wurde am 1. Februar 1826 das Streichquartett in d-moll, «Tod und Mädchen», uraufgeführt. S. 168.

Bartok, Bela, 1881-1945, ausgezeichneter Komponist moderner Haltung, Sammler ungarischer und rumänischer Volkslieder.

Bauernfeld, Eduard von, 1802-1890, Wiener Lustspieldichter und Schriftsteller, mit Schubert eng befreundet, Verfasser des Textbuches zur unvollendeten Oper «Der Graf von Gleichen». S. 146, 149, 150, 188, 266, 272, 315, 327, 361, 365.

Beethoven, Ludwig van, 1770-1827, berühmter Komponist in Wien, Vollender der Wiener Klassik, bewundertes Vorbild Schuberts. S. 10, 20, 21, 39, 40, 45, 79, 80, 105 ff., 115, 122, 128, 289 ff., 363.

Benda, Georg, 1722-1795, Komponist von Melodramen, die durch Tonmalerei und rasche Affektwechsel die zeitgenössische Oper beeinflußten. S. 61.

Berg, Konrad, schwedischer Komponist und Sänger, weilte 1826 in Wien. Schubert lernte ihn im Hause der Schwestern Fröhlich kennen, wo Berg freundschaftlich verkehrte und des öftern Volkslieder seiner Heimat sang. S. 297.

Berlioz, Hector, 1803-1869, französischer Komponist.

Bernard, Josef Karl, schrieb das Libretto zu Konradin Kreutzers «Libussa» und vermutlich den Text des Schubert-Liedes «Vergebliche Liebe» (XX, 58).

Bernhardt, Dr. J., Arzt Schuberts und ihm freundschaftlich verbunden. S. 128, 217.

Bocklet, Karl Maria von, 1801-1881, ausgezeichneter Pianist, um 1820 Geiger am Theater an der Wien, mit Schubert befreundet. S. 241, 281.

Bogner, Café, Verkehrslokal der Schubertianer.

Bogner, Ferdinand, Flötist, Gatte von Peppi Fröhlich. Für ihn schrieb Schubert die Flötenvariationen «Trockne Blumen». S. 250.

Böhm, Josef, 1795-1876, Geiger und Lehrer für Violinspiel am Wiener Konservatorium.

Brahms, Johannes, 1833-1897, entstammte einer Hamburger Musikerfamilie, wurde von Robert Schumann gefördert, war nach dessen Tod mit Clara Schumann befreundet, lebte über dreißig Jahre in Wien und schuf ein reiches Werk von Vokal- und Instrumentalkompositionen klassisch-romantischer Haltung. S. 106, 178, 198, 338, 343, 358.

Breitkopf & Härtel, Musikverlag, 1719 in Leipzig gegründet. S. 112, 178, 212.

Bruchmann, Franz von, 1798-1867, mit Schubert Konviktschüler, wurde Geistlicher und lieferte dem Freund fünf Gedichte zu Liedern. Im Hause seines Vaters hielten die Schubertianer 1822-1823 ihre «Lesungen» ab. S. 34.

Bruckner, Anton, 1824-1896, Schulmeister in Windhaag, Kompositionslehrer in Wien und Schöpfer gewaltiger Sinfonien. S. 10, 79, 106, 349.

Bürger, Gottfried August, 1747-1794, deutscher Balladendichter. S. 57.

Cappi, Giovanni, Besitzer des 1796 gegründeten Wiener Musikverlages, erst mit Artaria, dann mit Diabelli und später mit Josef Czerny vereinigt. S. 180, 209/210.

Castelli, Ignaz Franz, 1781-1862, Dichter und Schriftsteller, schrieb das Libretto zu «Die Verschworenen» (Der häusliche Krieg) und die Gedichte zu einem Männerterzett und einem Lied. S. 184.

Cherubini, Luigi, 1760-1842, fruchtbarer Komponist von kirchenmusikalischen, Instrumentalwerken und Opern, Direktor des Pariser Konservatoriums und Gegner Berlioz'.

Chézy, Wilhelmine von, 1783-1856, Schriftstellerin in Wien, verfaßte die Texte zu «Rosamunde» und Webers «Euryanthe». S. 185 ff.

Chézy, Wilhelm von, 1806-1865, Sohn Wilhelmines, Romanschriftsteller und Journalist in Wien. S. 236.

Chopin, Frédéric, 1810-1849, berühmter Komponist von Klavierwerken kleineren Umfangs.

Claudius, Matthias, 1740-1815, Lyriker von schlichter, volksnaher Frömmigkeit, Herausgeber des «Wandsbecker Boten». S. 57, 76.

Clementi, Muzio, 1752–1832, frühreifer Klaviervirtuose und Komponist bravouröser Klavierwerke und Etüden, Lehrer von Cramer und Field.

Collin, Matthäus von, 1779–1824, Professor der Ästhetik und Dichter in Wien.

Cooper, James Fennimore, 1789–1851, nordamerikanischer Schriftsteller, Verfasser der Lederstrumpf-Erzählungen. Schubert las sie auf dem letzten Krankenlager.

Czerny, Karl, 1791–1857, Klavierlehrer und Schöpfer bekannter Etüdenwerke, Lehrer Beethovens in Wien.

Czerny, Josef, 1785–1842, Klavierlehrer in Wien, Teilhaber des Musikverlages Cappi & Czerny (1826), den er 1828–1832 allein weiterführte. In diesem Jahr veräußerte er ihn an Matthias Traußen.

Dankesreither, Johann, Ritter von, 1750–1823, Bischof zu St. Pölten; er war Besitzer des Schlosses Ochsenburg, wo ihn Schubert mit Schober besuchte. Ihm widmete Schubert die Harfner-Lieder. S. 177.

Derfel, Franz, Vetter Schobers und Schubertianer.

Derffel, Josef, Onkel Schobers auf Schlößchen Atzenbruck. S. 180.

Deutsch, Otto Erich, geb. 1883, Musikschriftsteller und Schubertforscher von anerkannter Autorität, lebt in Wien. S. 115, 138, 208, 263, 312, 338.

Diabelli, Antonio, 1781–1858, Komponist und Musikverleger in Wien, vereinigte sich 1818 mit Cappi, 1824 Diabelli & Co. Er war Schuberts erster Verleger. S. 178.

Dietrichstein, Moritz Graf von, 1775–1864, Hofmusikgraf in Wien, 1821–1826 Direktor des Hoftheaters, dann Erzieher des Herzogs von Reichstadt, Napoleon Bonapartes Sohn. Ihm widmete Schubert den «Erlkönig».

Doblhoff, Karl Freiherr von, 1762–1845, Schüler Salieris.

Dräxler von Carin, Philipp, 1797–1874, Verfasser des Textes der «Prometheus-Kantate» zur Namensfeier H. J. Watteroths, später Hofrat. S. 92/93.

Duport, Louis Antoine, 1783–1853, Tänzer an der Wiener Hofoper, später deren künstlerischer Leiter. S. 276.

Dürer, Albrecht, 1471–1528, berühmter deutscher Maler, Zeichner, Holzschneider und Kupferstecher in Nürnberg.

Eberl, Anton, 1765–1807, tüchtiger Pianist und begabter Komponist. Einige Klavierwerke erschienen unter Mozarts Namen; er weilte 1796–1800 in Petersburg, später wieder in Wien. 1795 unternahm E. eine Konzertreise durch Deutschland mit Mozarts Witwe Konstanze.

Eckel, Georg Franz, Jugendfreund und Mitschüler Schuberts, später Zoologe und Direktor des Tierarznei-Instituts in Wien. Er kannte Schubert nur «als Knabe und Jüngling». S. 264.

Eckermann, Peter, 1792–1854, Vertrauter Goethes, dessen Gespräche und Äußerungen er überlieferte.

Einstein, Alfred, 1880–1952, hervorragender Musikwissenschafter und -historiker, Vetter des Physikers Albert Einstein. Er verließ 1933 Deutschland, lebte bis

1938 bei Florenz und dann bis zu seinem Tode in den USA. Er machte sich einen Namen durch Biographien über Mozart, Schubert und Gluck, sowie durch die Herausgabe des Köchelverzeichnisses der Werke Mozarts und der Neuausgabe des Musiklexikons von Hugo Riemann. S. 39, 49, 63, 96, 211, 250, 296, 303, 307.

Elßler, Fanny, 1808-1884, gefeierte Wiener Tänzerin. Ihr Vater war Diener Josef Haydns.

Enderes, Karl Ritter von, 1787-1861, Hofrat. Bei ihm fanden häufig Schubertiaden statt.

Esterhazy von Galantha, Johann Karl Graf von, 1775-1834, Gönner Schuberts, der die Sommer 1818 und 1824 auf seinem ungarischen Gut Zelesz verbrachte und Musiklehrer der gräflichen Familie war. Ihm widmete Schubert op. 8. S. 136, 221, 251.

Esterhazy, Karoline, Komtesse, 1806-1851, Klavierschülerin Schuberts, der in sie verliebt gewesen sein soll. Ihr widmete der Komponist op. 103. Später heiratete sie den Grafen Folliot von Crenneville. S. 221, 223.

Esterhazy, Marie, Komtesse, 1803-1837, ältere Schwester Karolines und wie diese Tochter des Grafen Johann Karl von E., später verheiratet mit dem Grafen Breunner-Enkevöerth. S. 251.

Esterhazy, Rosine, Gräfin, geb. Festetics de Tolna, 1790-1854, Gattin des Grafen Johann Karl E. S. 251.

Eybler, Josef, 1765-1846, Komponist, seit 1825 Hofkapellmeister in Wien. S. 33.

Fasch, Karl Friedrich Christian, 1736-1800, Kapellmeister, neben C. Ph. E. Bach Cembalist Friedrichs des Großen; Begründer und verdienter Leiter der Berliner Singakademie, die von großem Einfluß auf das Wiederaufleben des deutschen Chorgesangs war.

Fouqué, Friedrich von, Baron de la Motte, 1777-1843, Erzähler, Dramatiker und Lyriker, faßte die deutsche mittelalterliche Sagenwelt romantisch-heroisch und sentimental-idyllisch auf. Er entstammte einer französischen Emigrantenfamilie. Schubert vertonte drei seiner Gedichte.

Franz I., 1768-1835, Kaiser von Österreich (1804-1835); hieß als letzter Kaiser des Heiligen Römischen Reiches Franz II. (1792-1804). S. 15, 21, 43, 53, 143.

Fries, Moritz, Graf, 1777-1826, bedeutender Mäzen und Kunstsammler, einer der reichsten Männer Österreichs. Schubert widmete ihm op. 2.

Fröhlich, Anna (Netti), 1793-1880, älteste der Fröhlich-Schwestern, Schülerin Hummels, seit 1819 Gesanglehrerin an der von der Gesellschaft der Musikfreunde gegründeten Musikschule. S. 155, 271, 306.

Fröhlich, Barbara (Betty), 1798-1878, Blumenmalerin, Zeichenlehrerin am Offizierstöchterheim in Hernals, nannte eine schöne Altstimme ihr eigen. S. 250.

Fröhlich, Josefine (Peppi), 1808-1878, die jüngste der vier Schwestern im Viermäderlhaus, Konzert- und Opernsängerin, gab ebenfalls Gesangsunterricht.

Fröhlich, Katharina (Kathi), 1800–1879, Franz Grillparzers «ewige Braut», trank nach Grillparzers Zeugnis die Musik in sich hinein, wie ein Säufer den Wein. S. 153 ff.

Gahy, Josef von, 1793–1864, Konzeptspraktikant und Freund Schuberts, mit dem er häufig vierhändig spielte. S. 127.

Gänsbacher, Johann Baptist, 1778–1844, seit 1823 Domkapellmeister in Wien.

Gläser, Franz, 1798–1861, Komponist und Theaterkapellmeister.

Gluck, Christoph Willibald Ritter von, 1714–1787, bedeutender Komponist und Reformator der Opera seria. S. 10, 45.

Goldoni, Carlo, 1707–1793, italienischer Schauspieler und Lustspieldichter, Erneuerer der entarteten Stegreifkomödie.

Gosmar, Luise, Schülerin Anna Fröhlichs, später Gattin Leopold von Sonnleithners. Für sie vertonte Schubert Grillparzers «Ständchen».

Goethe, Johann Wolfgang von, 1749–1832, größter deutscher Lyriker. Von ihm vertonte Schubert 59 Gedichte und das Singspiel «Claudine von Villa Bella». Von Goethe ignoriert zu werden, schmerzte ihn tief. S. 53, 58, 67/68, 87, 98, 111/112, 225.

Grillparzer, Franz, 1791–1872, Österreichs größter Dramatiker, außerdem Lyriker und Erzähler von Bedeutung, Schubertianer. S. 19, 132, 145, 153, 290, 306, 340, 365.

Grob Heinrich, Bruder von Therese G., Musikliebhaber, Cellist und Klavierspieler. S. 103.

Grob, Therese, zirka 1800–1875, Tochter eines Liechtentaler Seidenfabrikanten, sang 1814 in Schuberts erster Messe das Sopransolo, wurde von Schubert sehr geliebt, heiratete 1820 den Bäckermeister Johann Bergmann. S. 24, 83.

Gyrowetz, Adalbert, 1763–1850, Komponist und seit 1804 Hofopernkapellmeister in Wien. S. 171.

Hacker, Franz und Karl. Im Hause der beiden Brüder wurde im Januar 1826 Schuberts d-moll-Quartett geprobt.

Haller, Karl Ludwig von, 1768–1854, Schweizer Staatstheoretiker und leidenschaftlicher Bekämpfer der Ideen der Französischen Revolution.

Händel, Georg Friedrich, 1685–1759, berühmter und fruchtbarer Komponist von Opern und Oratorien, Theaterunternehmer in London. S. 80, 174.

Haring, Dr. F., Besitzer des Haller-Schlößchens bei Graz, Hausfreund der Familie Pachler.

Hartmann, Franz und Friedrich, Söhne des Regierungsrats Fritz H., aus Linz stammend, studierten in Wien und schrieben aufschlußreiche, wenn auch oberflächliche Tagebücher über Schuberts letzte Lebensjahre. S. 278, 285/287, 325, 356.

Haslinger, Tobias, 1787–1842, Verleger in Wien. S. 214.

Hauer, Dr. Franz, Arzt, lernte Schubert 1825 kennen und spielte bei der ersten Aufführung des d-moll-Streichquartetts die zweite Geige.

Haydn, Franz Josef, 1732–1809, Begründer und Vollender der Wiener Klassik, schuf ein reiches Werk von Kammermusik, Sinfonien, Messen und die Oratorien «Die Schöpfung» und «Die Jahreszeiten», 1761–1790 Kapellmeister der Grafen Esterhazy von Eisenstadt am Neusiedlersee. S. 10, 79, 115.

Haydn, Johann Michael, 1737–1806, Konzertmeister und Organist am Salzburger Dom, schrieb beachtliche Kirchenmusik und die ersten Männerquartette, die Schubert im Konvikt kennenlernte. S. 39, 88.

Heine, Heinrich, 1797–1856, Lyriker romantischer Schwermut in Verbindung mit leichter Ironie, Feuilletonist und politischer Dichter. Schubert vertonte sechs seiner Gedichte. S. 356 ff.

Hellmesberger, Georg, 1800–1873, Violinvirtuose und Mitschüler Schuberts im Konvikt, Vater von Joseph H., Dirigent der Gesellschaft der Musikfreunde und des Konservatoriums.

Hentl, Friedrich von, Musikkritiker in Wien, zeigte viel Verständnis für Schuberts Musik. S. 157.

Herbeck, Johann, 1831–1877, Hofkapellmeister in Wien, leitete die Orchesterkonzerte der Wiener Gesellschaft der Musikfreunde, die er zu hohem Ansehen brachte. Als Leiter des Wiener Männergesangvereins entriß er Schuberts Chorwerke der Vergessenheit und komponierte viele beliebt gewordene Chöre für Männer- und gemischte Stimmen. Ihm ist die Auffindung und Uraufführung der «Unvollendeten» zu danken. S. 174, 189, 194.

Herder, Johann Gottfried, 1744–1803, Historiker, Philosoph, Dichter und Übersetzer, Herausgeber von Volksliedersammlungen, Ästhetiker von großer Bedeutung.

Hérold, Louis, 1791–1833, französischer Opernkomponist.

Hiller, Ferdinand, 1811–1885, Komponist, erfolgreicher Orchesterdirigent und Musiklehrer, besuchte mit seinem Lehrer J. N. Hummel im März 1827 Wien, wo er im Salon der Frau von Lazny-Buchwieser Schubert und Vogl kennenlernte, die ihm und Hummel Schubert-Lieder vortrugen.

Hoffmann, Ernst Theodor Amadeus, 1776–1822, Jurist, Maler, Musiker und Dichter von Rang. S. 96.

Hoffmann-(von Fallersleben), August Heinrich, 1798–1874, politischer und idyllischer Lyriker, vom Volkslied beeinflußt. S. 265.

Hofmann, Georg Ernst von, verfaßte für Schubert den Text zu «Die Zwillingsbrüder» und «Die Zauberharfe».

Hölderlin, Friedrich, 1770–1843, Lyriker, Dichter von Oden und Hymnen, starb in unheilbarer geistiger Umnachtung. S. 21, 325.

Hölty, Ludwig Heinrich Christoph, 1748–1776, Lyriker von inniger Naturverbundenheit, mit Bürger Schöpfer der neuern Ballade. Schubert vertonte von ihm 26 Gedichte. S. 57, 76.

Holzapfel, Anton, geb. 1792, einer der ersten Freunde Schuberts, lebte 1806–1817 im Wiener Stadtkonvikt. S. 27, 34, 159.

Holzer, Michael, 1772-1826, Leiter des Kirchenchores der Pfarrkirche in Liechtental, Komponist, Musiklehrer Schuberts, der ihm seine 4. Messe in C-dur, op. 48, widmete. S. 24, 30, 32, 33.

Hönig, Anna (Netti), liebte Moritz von Schwind, mit dem sie sich verlobte. Sie heiratete aber später Mayerhofer von Grünbühel. S. 279, 326.

Hummel, Johann Nepomuk, 1778-1837, anerkannter Klavierspieler, Schüler Mozarts und Salieris, Vertreter Haydns in Esterhaz, unternahm ausgedehnte Konzertreisen als Klaviervirtuose. Seine Kompositionen für Klavier bevorzugen Eleganz und Passagenwerk, verraten aber wenig Tiefe. S. 123.

Hüttenbrenner, Anselm, 1794-1868, lernte 1815 bei Salieri Schubert kennen, mit dem er sich innig und tief befreundete. Von 1821 an verwaltete er die Familiengüter in Graz und wurde Direktor des steiermärkischen Musikvereins, als welcher er die dem Verein gewidmete unvollendete Sinfonie in h-moll in Empfang nahm und magazinierte, bis sie ihm 1865 Johann Herbeck entführte. Er war mit Beethoven bekannt, komponierte auch und ist in seinen Erinnerungen eine unschätzbare Quelle für die Schubertbiographen; leider verbrannte er seine Tagebücher, welche die Erinnerungen an Franz Schubert, den Liederkomponisten, wertvoll ergänzt hätten. S. 80, 83, 120/121, 180, 194, 265, 269.

Hüttenbrenner, Heinrich, 1799-1830, Anselms jüngster Bruder, studierte in Wien und war Gelegenheitsdichter. Von ihm vertonte Schubert zwei Gedichte. S. 155, 253.

Hüttenbrenner, Josef, 1796-1882, zweiter Bruder Anselms, führte zeitweise Schuberts Korrespondenz mit den Verlegern und trat zu dem Komponisten in ein enges freundschaftliches Verhältnis. S. 155, 266.

Jäger, Franz 1796-1852, Tenor am Theater an der Wien, sang als erster öffentlich ein Lied Schuberts am 28. Februar 1819 im Gasthof «Zum Römischen Kaiser», «Schäfers Klagelied», Gedicht von Goethe.

Jenger, Johann Baptist, 1892-1856, Beamter des Hofkriegsrates, Sekretär des Steiermärkischen Musikvereins. Nach seiner 1825 erfolgten Versetzung nach Wien wurde J. zum nahen Freund Schuberts. Er war ein guter Pianist und ständiger Begleiter des Freiherrn von Schönstein. Mit Schubert zusammen besuchte er 1827 die Familie Pachler in Graz. S. 193, 236, 310 ff.

Joachim, Joseph, 1831-1907, berühmter Violinspieler und Primgeiger eines Streich.quartetts, Freund Robert und Clara Schumanns und von Brahms. S. 178, 235, 350-

Joseph II., 1741-1790; er war von 1764-1780 Mitregent seiner Mutter Maria Theresia, verfolgte als aufgeklärter Absolutist den Einheitsstaatsgedanken, scheiterte an der Mißachtung der gewordenen Eigenständigkeit in kulturellen, politischen und religiösen Dingen. Wertvoll vor allem waren seine Reformen des Rechtswesens. S. 14.

Kenner, Josef, 1794-1868, Mitschüler Schuberts, mit dem er in einem freundlichen Verhältnis stand. Schubert vertonte drei seiner Gedichte. S. 34, 35.

Kienreich, Josef, Andreas Papierfabrikant und Verleger in Graz. Schubert gab ihm 1827 einige Lieder in Verlag.

Kiesewetter, Irene, Edle von Wiesenbrunn, 1811–1872. Um sie von ihrer Tanzlust zu heilen, komponierte Schubert für sie das Vokalquartett «Der Tanz».

Kiesewetter, Raphael Georg, Edler von Wiesenbrunn, 1773–1830, Vater von Irene K., Hofrat, Musikliebhaber und Gönner Schuberts. In seinem Haus kam das musikalische Wien zusammen.

Kirnberger, Johann Philipp, 1721–1783, angesehener Musiktheoretiker, Schüler Joh. Seb. Bachs, als Komponist von trockener Korrektheit. S. 62.

Kleindl, Josef, Mitschüler Schuberts im Konvikt, später Hofrat im Kassationsgericht.

Kleist, Ewald Christian von, 1715–1759, philosophisch-lyrischer Naturdichter, Erneuerer der Ode, Freund Lessings. Kleist starb in der Schlacht bei Kunersdorf als Offizier im Heer Friedrichs II. Er war Dichter der Hymne «Gott in der Natur».

Kleyenböck, Anna, siehe Schubert, Anna.

Klopstock, Friedrich Gottlieb, 1724–1803, Epiker, Lyriker, Dramatiker, Dichter erhabener, schwungvoller Oden, Verfasser des religiösen Epos «Der Messias». Schubert vertonte zwölf seiner Gedichte. S. 56.

Köchel, Ludwig Alois Ritter von, 1800–1877, leidenschaftlicher Botaniker und Mineraloge, musikalisch gebildet, berühmt durch sein Verzeichnis der Werke Mozarts, die nach seiner Numerierung zitiert werden.

Koller, Josef von, 1779–1864, Kaufmann in Steyr. In seinem Haus verkehrte Schubert anläßlich seiner mehreren Aufenthalte in dieser Stadt.

Koller, Josefine von (Pepi), 1801–1874, Tochter von Josef K., gute Sängerin und Pianistin.

Korner, Philipp, geb. 1761, Schuberts Gesangslehrer im Konvikt.

Körner, Theodor, 1791–1813, Dichter der Befreiungskriege, als Dramatiker Epigone Schillers. Er hielt sich 1811–1813 in Wien auf. Schubert vertonte von ihm 13 Gedichte und das Libretto «Der vierjährige Posten». S. 75, 97.

Kosegarten, Ludwig Gotthard (Theobul), 1758–1818, Dichter und Pastor; Schubert vertonte in der Frühzeit 20 seiner Gedichte. S. 76.

Kotzebue, August von, 1761–1819, Verfasser von etwa 200 rührseligen Bühnenstücken, 1819 vom Theologiestudenten Sand ermordet; Schubert vertonte von ihm die Libretti «Der Spiegelritter» und «Des Teufels Lustschloß». S. 50, 96.

Kotzeluch, Leopold Anton, 1752–1818, fruchtbarer Komponist, Nachfolger Mozarts in der Stellung eines k. k. Kammerkompositeurs; Schubert schätzte seine Sinfonien, die im Konvikt gespielt wurden. S. 38.

Kreißle von Hellborn, Dr. Heinrich, 1812–1869, Beamter des Wiener Finanzministeriums, erster bedeutender Schubertbiograph. S. 130, 206, 251, 264, 266, 363.

Krenek, Ernst, geb. 1900, Komponist, Anhänger von Schönbergs Zwölftonmusik. S. 240.

Kretzschmar, Heinrich, 1848–1924, bekannter Musikforscher, Verfasser des «Führers durch den Konzertsaal», suchte in Anlehnung an die Lehren des 18. Jhdts. die natürlichen Ausdruckswerte der musikalischen Motive zu erklären und gilt als Begründer der modernen Hermeneutik, der musikalischen Auslegekunst.

Kreutzer, Konradin, 1780–1849, Komponist, Kapellmeister am Kärntnertortheater, Schuberts Mitbewerber um die Stelle des Vize-Hofkapellmeisters. S. 146.

Kriehuber, Josef, 1800–1876, Porträtist und Schubertianer. S. 149.

Krommer, Franz, 1759–1831, beliebter Wiener Komponist, dessen Werke von Schubert wenig geschätzt wurden. S. 38.

Krüdener, Barbara Juliane von, 1764–1824, baltische Schriftstellerin von betont pietistischem Einschlag, übte einen großen Einfluß auf Zar Alexander 1. und damit auf die Gründung der Heiligen Allianz aus. Nach ihrer Bekehrung 1804 bereiste sie als Bußpredigerin Süddeutschland und die Schweiz und löste eine Welle des Pietismus aus. S. 79, 144.

Kuefstein, Johann Ferdinand Graf, 1752–1818, k. k. Hofmusikgraf in Wien.

Kupelwieser, Josef, 1791–1866, Hoftheatersekretär in Wien, Textdichter der Oper «Fierabras». S. 185.

Kupelwieser, Leopold, 1796–1862, Bruder von Josef K., naher Freund Schuberts, Maler und Lehrer Schwinds, unternahm 1824/25 eine Italienreise. Er zeichnete fast alle Schubertianer. S. 24, 148, 180, 201, 220.

Kürenberger, niederösterreichischer Ritter und Minnesänger um die Mitte des 12. Jhdts., dichtete und sang in volksmäßig einfacher Art Liebeslieder.

Lablache, Luigi, 1794–1858, Bassist und Gesanglehrer in Wien; Schubert widmete ihm sein Opus 83.

Lachner, Franz, 1803–1890, Komponist und naher Freund Schuberts, seit 1828 erster Kapellmeister am Kärntnertortheater, kam über Mannheim nach München, wo er 1852 Generalmusikdirektor wurde. S. 146, 359 ff.

Lang, Dr. Innocenz, geb. 1752, leitete zu Schuberts Zeit das Wiener Stadtkonvikt; Schubert widmete ihm bei seinem Austritt aus dem Konvikt seine erste Sinfonie. S. 33, 40, 44.

Lange, Josef, 1751–1831, Hofschauspieler, Musiker und Maler, Gatte von Aloisa Weber (1760–1839), Konstanze Mozarts Schwester und Mozarts erste Liebe; sie war eine begabte Koloratursängerin. Lange lernte Schubert in den Hauskonzerten bei Sophie Müller kennen.

Lanner, Josef, 1801–1843, Walzerkomponist, dem Schubert häufig im Gasthof «Zum Rebhuhn» in Wien zuhörte. S. 146, 299.

Lanz, Josef, Pianist in Wien, Schüler Simon Sechters.

Lappe, Carl, 1773–1847, österreichischer Dichter; Schubert vertonte zwei seiner Gedichte. S. 253.

Laszny, Frau Kathinka von, geb. Buchwieser, 1789–1828, Opernsängerin und

Verehrerin Schuberts, der in ihrem Hause verkehrte und ihr die Opera 36 und 54 widmete.

Leidesdorf, Max Josef, Verleger und Teilhaber des Hauses Sauer & Leidesdorf in Wien, Komponist und Verleger vieler Schubertscher Werke, unter andern des Zyklus «Die schöne Müllerin». S. 211, 302.

Leitner, Karl Gottfried Ritter von, 1800–1890, Professor am Gymnasium in Cilli-Steiermark, Schriftsteller und Freund des Hauses Pachler; Schubert vertonte acht seiner Gedichte. S. 317.

Lenau, Nikolaus (Nimbsch von Strehlenau), 1802–1830, feinsinniger Lyriker, studierte in Wien und war Schubertianer. S. 146.

Lewy, Rudolf, 1802–1881, Hornist im Orchester der Wiener Hofoper. S. 306, 354.

Lind, Jenny, 1820–1887, berühmte Sängerin, die «schwedische Nachtigall».

Linke, Josef, 1793–1837, Cellist im Schuppanzigh-Quartett und am Theater an der Wien, im Todesjahr Schuberts Kapellmeister am Kärntnertortheater.

Liszt, Franz, 1811–1886, berühmter Komponist, Vertreter der neuromantischen Schule und der Programmusik, Schwiegervater Richard Wagners (Vater Cosimas) und von 1842–1861 Hofkapellmeister in Weimar; glänzendster Klaviervirtuose aller Zeiten. S. 106, 179, 181 ff., 191.

Lutz, Johanna, Braut und seit Dezember 1826 Gattin von Schuberts Malerfreund Kupelwieser. Während dessen Abweseheit in Italien kümmerte sie sich sehr um Schubert. S. 202, 217, 224.

Maag, Otto, geb. 1885, studierte Theologie und Musik; seit 1927 als Musikreferent und Redaktor an der «National-Zeitung» Basel tätig. Er schuf mit Felix Weingartner zusammen nach Schubertscher Originalmusik die entzückende Märchenoper «Schneewittchen», S. 190.

Mahler, Gustav, 1860–1911, Komponist (zehn Sinfonien) und von 1897–1907 Direktor der Wiener Hofoper, dann Dirigent an der Metropolitan Opera und des Philharmonischen Orchesters New-York. S. 10, 106.

Maria Theresia, 1717–1780, Kaiserin von Deutschland, Königin von Ungarn und Böhmen, Erzherzogin von Österreich, von hohem Ethos erfüllt, aus dem heraus sie maßvolle innere Reformen durchführte. Sie gilt als Begründerin der österreichischen Volksschule. S. 14.

Matthisson, Friedrich von, 1761–1831, Lyriker klassizistisch-sentimentaler Art; Schubert vertonte von ihm 28 Gedichte. S. 56.

Maximilian I., 1459–1519, deutscher Kaiser, begabt und kunstliebend, erweiterte 1498 die Kantorei der Burgkapelle zur Hofmusikkapelle, zog Künstler an seinen Hof, verlor 1499 den Schwabenkrieg gegen die Eidgenossen, die sich damit seiner Reichsreform entzogen. S. 18.

Mayerhofer von Grünbühel, Franz Freiherr, 1798–1869, Mitschüler Schuberts und sein Freund, Offizier, heiratete Netti Hönig, die Braut Moritz von Schwinds.

Mayrhofer, Johann, 1787–1836, Dichter und Bücherzensor, Freund Schuberts, der

1819–1821 bei ihm wohnte. Von ihm vertonte Schubert 47 Gedichte und zwei Libretti. Opus 21 ist ihm gewidmet. Er endete durch Selbstmord. S. 75, 98, 121/122, 131, 180, 269, 319.

Menandros, um 300 v. Chr., griechischer Komödiendichter, Meister des bürgerlichen Charakterstücks; seine Werke waren lange nur in lateinischen Nachdichtungen römischer Dramatiker bekannt. S. 24.

Mendelssohn-Bartholdy, Felix, 1809–1847, Komponist und Leiter der Leipziger Gewandhauskonzerte, brachte Schuberts große C-dur Sinfonie zur Uraufführung. Seine am 12. März 1829 in Berlin erfolgte Aufführung der «Matthäuspassion» leitete eine eigentliche Bach-Renaissance ein. Bekannt wurden namentlich seine «Lieder ohne Worte» und die Musik zu Shakespeares «Sommernachtstraum». S. 80, 178, 197, 225, 332.

Mendelssohn, Moses, 1729–1786, deutscher Philosoph, verbreitete die Gedanken der Aufklärung und war Wegbereiter der Emanzipation des Judentums. Schubert vertonte seine Übersetzungen der Psalmen 13 und 23. S. 339.

Merian, Matthäus, Vater (1593–1650) und Sohn (1621–1687), Kupferstecher und Zeichner; M. der Ältere war berühmt durch seine topographisch interessanten europäischen Städtebilder, M. der Jüngere war in London Gehilfe van Dycks. S. 19.

Metastasio, Pietro, 1698–1782, seit 1729 in Wien lebend, der wohl berühmteste und fruchtbarste Opernlibrettist, von allen großen Bühnenkomponisten seiner Zeit vertont. Handlung und Personen und deren Gefühle sind konventionell und schablonisiert, entmangeln aber nicht der Größe und formalen Rundung. Gegen M. richtete sich besonders die Opernreform Glucks und seines Librettisten Calzabigi. S. 95.

Metternich, Klemens Wenzel Lothar Fürst von, 1773–1859, österreichischer Staatsmann, seit 1809 Außenminister, Gegner der Ideen der Aufklärung und Französischen Revolution, Gründer und Spiritus rector der Heiligen Allianz der Fürsten. Er mußte 1848 aus Wien fliehen und ging nach England, kehrte aber 1851 wieder zurück. S. 143 ff.

Michelangelo Buonarotti, 1475–1564, berühmter italienischer Maler, Bildhauer, Architekt und Dichter. S. 9.

Milder-Hauptmann, Anna, 1785–1838, berühmte Sängerin, bis 1816 am Kärntertortheater in Wien. Für sie schrieb Beethoven die Partie der Leonore in «Fidelio». Schubert widmete ihr seine Opera 31 und 129. Seit 1816 war sie Primadonna in Berlin und feierte nach ihrem Rücktritt auf Gastspielreisen in Europa Triumphe. Sie nahm 1836 in Wien endgültig von der Bühne Abschied. S. 38, 182, 354.

Möck, Susanna, 1731–1806, Großmutter Schuberts. S. 26.

Mohn, Ludwig, Wiener Lithograph, zum Schubertkreis gehörend, der den Silvesterabend bei ihm verbrachte. Schubert warf ihm mit einem Schneeball eine Scheibe ein. S. 217/218.

Mörike, Eduard, 1804-1875, Vikar und Pfarrer zu Cleversulzbach, feinsinniger Lyriker und Erzähler.

Mosel, Ignaz Franz Edler von, 1772-1844, Musiker und Schriftsteller, Hofrat und Bibliothekar, 1821 Vizedirektor des Wiener Hoftheaters. Schubert widmete ihm Opus 3.

Mosewius, Johann Theodor, 1788-1858, Sänger, Schauspieler und Musikschriftsteller in Breslau. Er gründete hier 1825 eine Singakademie und erwarb sich große Verdienste um die Aufführung Bachscher Kantaten. Auch verfolgte er Schuberts Schaffen mit großem Interesse.

Mozart, Wolfgang Amadeus, 1756-1791, mit Haydn und Beethoven Vertreter der Wiener Klassik, einer der berühmtesten und liebwertesten Komponisten aller Zeiten, begnadeter Musikdramatiker. S. 10, 21, 79/80, 94/95, 115, 324, 349.

Müller, Sophie, 1803-1830, Schauspielerin am Hofburgtheater. In ihrem Hause fanden oft Schubertiaden statt. S. 224/225.

Müller, Wilhelm (Griechenmüller), 1794-1827, Dichter der «Schönen Müllerin» und der «Winterreise», Vertreter der Spätromantik und Sänger des griechischen Freiheitskampfes. S. 205 ff., 318 ff.

Mussorgskij, Modest Petrowitsch, 1839-1881, russischer Komponist von bemerkenswerter Eigenständigkeit, Stammvater der impressionistischen wie der expressionistischen Musik, kühner Neuerer auf dem Gebiete des Bühnendramas und des Liedes.

Nägeli, Hans Georg, 1773-1826, Komponist, Verleger, Schriftsteller und Musikpädagoge in Zürich. S. 87, 212.

Nestroy, Johann, 1801-1862, Schauspieler und Possendichter in Wien, 1822-1823 Sänger am Kärntnertortheater, sang in Schuberts Männerquartetten oft den zweiten Baß. S. 146, 168.

Neumann, Johann Philipp, Textdichter des von Schubert begonnenen Opernfragments «Sakuntala» und der «Deutschen Messe». S. 309/310.

Novalis, Friedrich (Freiherr von Hardenberg), 1772-1801, bedeutendster Lyriker der Frühromantik, mystisch angehaucht. Von ihm vertonte Schubert sechs Gedichte. S. 53.

Ossian, sagenhafter keltischer Dichter und Sänger des 3. Jhdts. Von ihm vertonte Schubert zehn Texte in Übersetzungen. S. 72.

Ottenwalt, Dr. Anton, 1789-1845, Schwager Spauns und Verehrer Schuberts, der ihn 1825 in Linz besuchte und von ihm das Gedicht «Der Knabe in der Wiege» vertonte. S. 162, 228 ff., 267.

Pachler, Dr. Karl, 1789-1850, Rechtsanwalt in Graz. Seine Frau, Marie Leopoldine, 1792-1855, war eine ausgezeichnete Pianistin. Für den 1818 geborenen Sohn Faustus schrieb Schubert 1827 den Kindermarsch für Klavier zu vier Händen. S. 257, 300, 310 ff.

Paganini, Niccolo, 1782–1840, berühmter Violinvirtuose, der sich 1828 erstmals in Wien aufhielt, das er in einen Taumel der Begeisterung versetzte. S. 151.

Palestrina, Giovanni Pierluigi (Familienname), 1525–1594, der größte Komponist der katholischen Kirche, Kirchensänger, Organist und päpstlicher Kapellmeister, Reformator des katholischen Kirchengesanges. S. 9.

Pallfy von Erdöd, Ferdinand Graf, 1774–1840, war von 1813–1825 Direktor des Theaters an der Wien (Theatergraf). Ihm widmete Schubert sein Opus 30. S. 127, 145.

Paradies, Marie Therese von, 1759–1824, von Kindheit an blind, Pianistin, Organistin und Sängerin in Wien. Konzertreisen führten sie auch nach Paris und London, wo sie ihre Zuhörer begeisterte. S. 21.

Passini, Johann, Kupferstecher in Wien, stach das Porträt, das der Maler Rieder von Franz Schubert gemalt hatte, in Kupfer.

Paul, Jean (Jean Paul Friedrich Richter), 1763–1825, viel gelesener Romanschriftsteller der Romantik. S. 53.

Paumgartner, Bernhard, geb. 1887, Schüler Bruno Walters, Dirigent und Musikschriftsteller, seit 1917 Direktor des Mozarteums in Salzburg. S. 226.

Paumgartner, Silvester, 1774–1845, Kaufmann und Musikenthusiast in Steyr. Für ihn schrieb 1819 anläßlich seines Aufenthaltes in dieser Stadt Schubert das «Forellenquintett». S. 160 ff., 226 ff.

Pennauer, Anton, seit 1825 Verleger in Wien. S. 212, 252.

Pestalozzi, Johann Heinrich, 1746–1827, Pädagoge, wohl der berühmteste Erzieher, Menschenfreund, Gründer der schweizerischen Volksschule, maß der Musik eine große Bedeutung für die Entfaltung der seelischen Kräfte bei.

Peters, C. F., 1779–1827, Musikverleger in Leipzig. S. 211/212.

Petrarca, Francesco, 1304–1374, italienischer Dichter, von dem Schubert drei Sonette vertonte.

Pichler, Karoline, geborene Greiner, 1769–1843, Romanschriftstellerin in Wien, in deren Haus die geistigen Köpfe des Vormärz verkehrten. S. 146, 267.

Platen, August Graf von, 1796–1835, Lyriker und Balladendichter von starkem Sinn für ausgewogene Form. Von ihm vertonte Schubert zwei Gedichte.

Pleyel, Ignaz Josef, 1757–1831, Schüler Josef Haydns, sehr fruchtbarer und beliebter Modekomponist, später Inhaber einer Pianofabrik in Paris, Musikhändler und Verleger.

Probst, Heinrich Albert, Verleger in Leipzig. S. 212/213.

Pyrker von Felsö-Eör, Johann Ladislaus, 1772–1847, Bischof von Erlau, Patriarch von Venedig, Gönner Schuberts, der ihm sein Opus 4 widmete und von ihm zwei Gedichte komponierte. S. 255.

Puchberg, Michael, Freund und Logenbruder Mozarts, der ihm in den letzten Lebensjahren erschütternde Bettelbriefe schrieb. S. 115.

Raimund, Ferdinand, 1790–1836, österreichischer Bühnendramatiker (Zauber- und

Märchenstücke für die Wiener Volksbühne), Schauspieler von ausgesprochener Begabung. S. 145.

Randhartinger, Benedikt, 1802-1893, Schuberts Konviktsgenosse, Schüler Salieris, Sänger und Komponist, 1862-1866 Hofkapellmeister in Wien. S. 34.

Rehberg, Walter, geb. 1900, schweizerischer Pianist, Komponist und Musikschriftsteller, geschätzter Klavierlehrer, seit 1955 Direktor der badischen Hochschule für Musik in Karlsruhe. S. 46, 240, 339.

Reichardt, Johann Friedrich, 1752-1814, Komponist, Musiktheoretiker und -schriftsteller, komponierte etwa 700 Lieder und viele Singspiele, namentlich nach Texten Goethes, 1775-1791 Hofkapellmeister in Berlin. Seine Reisebriefe gewähren interessante Einblicke in das Musikleben seiner Zeit. S. 61.

Rellstab, Ludwig, 1799-1860, Dichter und Musikschriftsteller, der 1825 zum Besuche Beethovens nach Wien kam. Schubert vertonte zehn seiner Gedichte; eine Vertonung blieb Fragment. S. 353/354.

Rieder, Wilhelm August, 1796-1880, Maler in Wien. Er porträtierte Schubert am 25. Mai 1825 anläßlich eines Regenschauers, der ihn zwang, bei dem Musiker Schutz zu suchen. Das Bild wurde von den Freunden als das ähnlichste bezeichnet. S. 125, 149, 263.

Ries, Ferdinand, 1784-1838, Schüler und Biograph Beethovens, Klaviervirtuose, Dirigent, als Komponist ohne Originalität.

Rieter-Biedermann, J. Melchior, 1811-1876, gründete 1849 in Winterthur einen Musikverlag, dem er 1862 eine Filiale in Leipzig angliederte. Diese wurde 1917 von C. F. Peters angekauft, während die Firma in Winterthur schon 1884 erlosch. S. 338, 343.

Rinna von Sarenbach, Dr. Ernst, Hofarzt in Wien. Er behandelte Schubert in seiner letzten Krankheit.

Rochlitz, Johann Friedrich, 1769-1842, Dichter und Musikschriftsteller, Leiter der Leipziger «Allgemeinen musikalischen Zeitung». Von ihm vertonte Schubert drei Gedichte.

Roner von Ehrenwerth, Franziska (Fanny), geb. 1798, Braut Josef von Spauns, der sich mit ihr 1828 vermählte. Schubert schrieb für sie die vier Canzonen von Metastasio.

Rosenbaum, Karl, Gatte der Opernsängerin Therese Gaßmann, erwähnt Schubert des öftern in seinen Tagebüchern.

Rossini, Gioacchino, 1792-1868, berühmter italienischer Opernkomponist («Der Barbier von Sevilla», «Wilhelm Tell» und viele andere). S. 129 ff.

Rousseau, Jean-Jacques, 1712-1778, Dichter, Musiker und Philosoph von großem Einfluß auf die kommenden politischen Umwälzungen. Er forderte in der Erziehung und in den menschlichen Beziehungen die Natürlichkeit. S. 20, 56.

Rückert, Friedrich, 1788-1866, fruchtbarer Lyriker und gewandter Übersetzer, verdient um die Einbeziehung des Orients in das abendländische Geistesleben.

Die Leichtigkeit des sprachlichen Ausdrucks verleitete ihn zur Überbewertung der Form zuungunsten des gedanklichen Inhalts. Schubert vertonte von ihm fünf Gedichte.

Ruziczka, Wenzel, 1758–1823, seit 1802 Lehrer für Violin- und Klavierspiel am Wiener Stadtkonvikt, Leiter des dortigen Schulorchesters, später Hoforganist in Wien. S. 33, 35, 72.

Rudolf, Erzherzog von Österreich, 1788–1831, Kardinal-Erzbischof von Olmütz, Schüler und Gönner Beethovens. Ihm widmete Schubert seine Klaviersonate in a-moll, op. 42.

Salieri, Antonio, 1750–1825, italienischer Komponist, 1788–1824 Hofkapellmeister in Wien, Lehrer Schuberts, der ihm die Lieder von Opus 5 widmete. S. 21, 42, 44, 93, 273/274.

Salis-Seewis, Johann Gaudenz Freiherr von, 1762–1834, Schweizer Lyriker von zarter Schwermut und großer Formsicherheit. Schubert vertonte 14 seiner Gedichte. S. 76.

Sanssouci, Anna, Witwe, Wirtin Mayrhofers, als Schubert in der Wipplingerstraße dessen Hausgenosse war.

Sauer, Naturforscher und Komponist, Teilhaber des Verlages Sauer & Leidesdorf in Wien. S. 211.

Schäffer, Dr. August von, gest. 1863, Arzt Schuberts.

Schechner, Nanette, 1806–1860, Sängerin, von 1825–1827 am Kärntnertortheater.

Schelling, Friedrich Wilhelm, 1775–1854, deutscher Philosoph, brachte die wichtigsten Gedanken des deutschen Idealismus mit der christlichen Überlieferung zur Synthese; die Kunst war ihm die Einheit des subjektiven und des objektiven Geistes. Sein philosophisches System endigte in einem religiös-spekulativen Denken.

Schellmann, Dr. Albert, 1759–1844, Advokat in Steyr, Albert Stadlers Onkel und ein großer Verehrer Schuberts und dessen Kunst. Im Jahre 1819 wohnte Schubert in seinem Haus.

Schickh, Johann 1770–1835, ursprünglich Schneider, gründete 1816 in Wien die «Wiener Zeitschrift für Kunst, Literatur, Theater und Mode», die sich auch zu Schuberts Kunst äußerte.

Schiller, Franz Ferdinand von, Hofrat in Gmunden. Schubert, der im Sommer 1825 in seinem Hause musizierte, nannte ihn «Monarch des ganzen Salzkammerguts».

Schiller, Friedrich von, 1759–1805, der «Sänger Tells», mit Goethe der Hauptvertreter der deutschen Klassik, Epiker, Lyriker und Dramatiker. Schubert vertonte von ihm 32 Gedichte zu Liedern und zwanzig zu Vokalterzetten oder -quartetten. S. 56, 58.

Schindler, Anton, 1796–1864, Musikschriftsteller, Vertrauter Beethovens, auch mit Schubert befreundet. S. 276, 291, 353.

Schlechta, Franz von, 1796–1875, Dichter, später Beamter im Finanzministerium in Wien. Schubert vertonte sechs seiner Gedichte. S. 295, 353.

Schlegel, August Wilhelm, 1767–1845, deutscher Schriftsteller und Kunsttheoretiker, übersetzte 17 Dramen Shakespeares, Mitarbeiter Schillers an verschiedenen literarischen Zeitschriften. Von ihm vertonte Schubert sieben Gedichte und drei Übersetzungen (Petrarca und Shakespeare).

Schlegel, Friedrich, 1772–1829, Bruder von A. W., Sprachforscher und Schriftsteller, treibender Geist der literarischen Romantik, Begründer der vergleichenden Sprachwissenschaft. Er trat 1808 zum Katholizismus über und wurde Hofsekretär der Wiener Staatskanzlei. Schubert vertonte 16 seiner Gedichte. S. 255.

Schlösser, Louis, 1800–1886, studierte von 1822–1824 in Wien, trat mit Beethoven in Verbindung und befreundete sich mit Schubert. Später war er Hofkapellmeister in Darmstadt.

Schmidt von Lübeck, Georg Philipp, 1766–1849, Bankdirektor und Dichter. Von ihm vertonte Schubert das Gedicht «Der Wanderer». S. 77.

Schnapper, Dr. Edith, Schülerin von Ernst Kurth in Bern, promovierte 1937 zum Dr. phil. mit ihrer Arbeit «Die Gesänge des jungen Schubert». S. 57.

Schneider, Matthias, Oberlehrer in St. Ulrich, als Gatte von Schuberts jüngerer Schwester Maria Theresia dessen Schwager.

Schnorr von Carolsfeld, Ludwig Ferdinand, 1798–1853, wie sein berühmterer Bruder Julius Maler, verkehrte im Kreise Schuberts, der ihm sein Opus 37 widmete.

Schober, Franz von, 1796–1882, kam 1815 aus Torup (Schweden) nach Wien und wurde bald Schuberts Intimus, der in den Jahren 1818, 1821–1823 und 1827–1828 bei ihm wohnte, Dichter, Schauspieler in Breslau, Legationsrat in Weimar und Begleiter Liszts durch Ungarn. Schubert vertonte von ihm vierzehn Gedichte und das Libretto «Alfonso und Estrella». S. 115, 119 ff., 177, 180, 200, 360, 363.

Schobert, Johann, gest. 1767, deutscher Komponist und Pianist, nimmt in seinen Werken die Frühromantik voraus. S. 56.

Schoeck, Othmar, geb. 1886, schweizerischer Liederkomponist und Bühnendramatiker, verbindet in seiner Musik Elemente der Romantik und der Moderne. Sie zeichnet sich aus durch «melodische Erfindung, harmonische Ausdruckskraft und Innerlichkeit». S. 207.

Schönstein, Karl Freiherr von, 1797–1876, Finanzbeamter in Wien, Freund der Familie des Grafen Esterhazy von Galantha, neben Vogl der bedeutendste Schubertsänger. Ihm widmete Schubert den Zyklus «Die schöne Müllerin». S. 138, 223.

Schopenhauer, Johanna, 1766–1838, deutsche Romanschriftstellerin und Mutter des Philosophen Arthur Sch. Von ihr vertonte Schubert das Gedicht «Hyppolits Lied».

Schotts Söhne, B., Musikverlag, in Mainz 1770 gegründet. S. 214.

Schröder, Sophie, 1781–1868, Hofschauspielerin in Wien, erste Ahnfrau in Grillparzers gleichnamigem Trauerspiel. Sie sang auch Lieder Schuberts.

Schröder-Devrient, Wilhelmine, 1805–1860, bedeutende dramatische Sängerin und Schauspielerin. Sie sang Goethe Schuberts «Erlkönig». vor. S. 72/73, 156.

Schubart, Christian Friedrich Daniel, 1739–1791, deutscher Dichter des «Sturm und Drang», Komponist, Organist und politischer Schriftsteller, beeinflußte den jungen Schiller (frühe Gedichte und «Die Räuber»), von 1777–1787 auf Befehl Herzog Karl Eugens von Württemberg auf der Festung Hohenasperg gefangen gehalten, auf Fürbitte Friedrichs II. von Preußen freigelassen. Von ihm vertonte Schubert vier Gedichte, darunter «Die Forelle». S. 56.

Schubert, Anna, geb. *Kleyenböck*, 1783–1860, Tochter eines Fabrikanten aus Gumpendorf bei Wien, seit 1813 mit Franz Schubert-Vater verheiratet, dem sie noch fünf Kinder schenkte. Sie hielt tapfer zu Franz Schubert-Sohn, dem sie nach besten Kräften die Mutter zu ersetzen sich bemühte. S. 42, 315.

Schubert, Anton, 1825–1849, Halbbruder des Komponisten.

Schubert, Ferdinand, 1794–1859, älterer Bruder Franzens, dem er sehr nahe stand, Schulgehilfe, bis 1820 Lehrer am Waisenhaus in Wien, dann Chorleiter in Altlerchenfeld, 1824 Lehrer an der Normalhauptschule zu St. Anna, deren Direktor er 1851 wurde. S. 28, 36, 41, 84, 166, 331 ff., 359 ff.

Schubert, Franz Theodor Florian, 1763–1830, Vater des Komponisten. Er kam 1784 als Schulgehilfe seines Bruders Karl nach Wien-Leopoldstadt, wurde 1786 Schullehrer in Liechtental und amtierte seit 1818 als solcher in der Roßau. S. 24, 27, 30, 230, 358, 361, 362.

Schubert, Franz, 1768–1824, Musikdirektor in Dresden, mit dem Komponisten nicht verwandt. S. 112/113.

Schubert, Ignaz, 1785–1844, ältester Bruder des Komponisten und sein erster Klavierlehrer, Schulgehilfe beim Vater, dann Schullehrer in der Roßau. S. 27, 28, 31.

Schubert, Josefa (Pepi), 1815–1860, Schuberts Halbschwester, verehelichte Bitthan, pflegte Schubert auf seinem Totenlager. S. 361.

Schubert, Karl, 1722–1787, Großvater des Komponisten, Bauer und Dorfrichter in Mährisch-Neudorf am Altvater. S. 26.

Schubert, Karl, Onkel des Komponisten und sein Pate, Schullehrer in Leopoldstadt. S. 24, 27.

Schubert, Karl, 1795–1855, Bruder des Komponisten, Schrift- und Landschaftsmaler. S. 28.

Schubert, Maria Elisabeth, geb. *Vietz*, 1756–1812, Mutter des Komponisten, Schlosserstochter aus Zuckmantel in Oberösterreich, Köchin in Wien, heiratete 1785 Franz Schubert-Vater, dem sie 14 Kinder schenkte. S. 24, 41.

Schubert, Maria, 1814–1835, Halbschwester des Komponisten.

Schubert, Maria Theresia, geb. 1801, verehelichte Schneider, jüngste Schwester des Komponisten. S. 28.

Schulz, Johann Abraham Peter, 1747–1800, deutscher Komponist, traf in seinen Liedern den echten Volkston («Der Mond ist aufgegangen»). S. 61.

Schulze, Ernst, 1789–1817, Lyriker, von dem Schubert zehn Gedichte vertonte. S. 253.

Schumann, Robert, 1810–1856, deutscher Komponist und Musikschriftsteller, seit 1834 Redaktor der «Neuen Zeitschrift für Musik», in der er die musikalischen Neuerscheinungen aufgeschlossen besprach. Als Komponist ist Sch. der Hauptvertreter der musikalischen Romantik. Er war mit der Pianistin Clara Wieck verheiratet und starb in geistiger Umnachtung in Endenich bei Bonn. Wir haben ihm die Wiederentdeckung der großen C-dur-Sinfonie Schuberts zu verdanken. S. 63, 149, 164, 298, 299, 302/303, 331, 334 f., 366.

Schuppanzigh, Ignaz, 1776–1830, ausgezeichneter Geiger und mit Beethoven befreundet. Er war Primgeiger des nach ihm benannten Streichquartetts, das als erstes die Quartette Beethovens und Schuberts spielte. Dieser widmete ihm sein Streichquartett in a-moll, op. 29, das er mit seinem Quartett am 14. März 1824 zum erstenmal öffentlich spielte. S. 218, 243, 250.

Schwind, Moritz von, 1804–1871, Maler der deutschen Romantik, Schüler Schnorrs, Kupelwiesers und Rieders, naher Freund Schuberts. Er zog kurz vor Schuberts Tod von Wien nach München. S. 146, 150, 180, 217/218, 243, 364/365.

Scott, Walter, 1771–1832, schottischer Dichter und Romanschriftsteller, Schubert vertonte von ihm zehn Gedichte. S. 186.

Sechter, Simon, 1788–1867, Hoforganist in Wien und berühmter Musiktheoretiker. Zu seinen Schülern zählte später auch Anton Bruckner. S. 231, 359.

Seidl, Johann Gabriel, 1804–1875, österreichischer Dichter und Freund Schuberts, der 15 seiner Gedichte vertonte. S. 188.

Senn, Johann Michael Chrysostomus, 1792–1857, freiheitlicher Dichter des Vormärz und dessen Opfer, kam 1807 ins Wiener Stadtkonvikt und wurde Schuberts Freund, der zwei seiner Gedichte vertonte. Er wurde seiner freiheitlichen Gesinnung wegen nach seiner Tiroler Heimat verbannt. S. 34, 152.

Senfl, Ludwig, 1490–1530 (zirka), schweizerischer Komponist, Schüler und Nachfolger Heinrich Isaacs in der Wiener Hofkapelle, hochberühmter Vertreter der deutschen musikalischen Renaissance. S. 18.

Seyfried, Ignaz Ritter von, 1776–1841, Komponist und Kapellmeister in Wien.

Shakespeare, William, 1564–1616, berühmter englischer Dramatiker, von dem Schubert drei Gedichte in Übersetzungen vertonte. S. 256/257.

Siboni, Giuseppe, 1780–1839, italienischer Tenor, von 1822–1825 am Kärntnertortheater, Franz von Schobers Schwager.

Slawjk, Josef, 1806–1833, Violinvirtuose von beachtlichem Können in Wien, spielte 1828 erstmals Schuberts Fantasie für Violine und Klavier. S. 281.

Sonnleithner, Dr. Ignaz von, 1770–1831, Advokat und Hofbeamter in Wien. In seinem Haus im Gundelhof spielte Schubert häufig. S. 117.

Sonnleithner, Josef von, 1766–1836, Bruder von Ignaz S., Regierungsrat und Sekretär des Hoftheaters in Wien, war Mitbegründer der Gesellschaft der Musikfreunde und Sekretär der «Gesellschaft adeliger Damen zur Beförderung des Guten und Nützlichen».

Sonnleithner, Leopold von, 1797–1873, Sohn von Ignaz S., Vetter Grillparzers, Advokat und Musikenthusiast («die lebendige Quelle der Musikgeschichte in Wien»), Gatte von Luise Gosmar, mit Schubert, dessen erste Lieder er herausgab, sehr befreundet. S. 117, 277.

Sontag, Henriette, 1806–1854, berühmte deutsche Koloratursängerin, sang in Wien, Leipzig, Berlin und Paris.

Spaun, Josef von (Pepi), 1788–1865, Mitschüler und engster Freund Schuberts. Für die Schubertforschung sind seine Erinnerungen an den Komponisten sehr wertvoll. Ihm widmete Schubert die Opera 13 und 78. S. 34, 37, 38, 40, 116/117, 171, 180, 242, 264, 269/270, 284, 323.

Spaun, Max von, jüngster Bruder Josefs, Schuberts Mitschüler im Stadtkonvikt, von den Schubertianern Spax genannt. S. 286.

Spendou, Josef, 1757–1840, Schulinspektor und Dompropst zu St. Stephan in Wien, Gönner der Familie Schubert, Vorsteher des «Witweninstituts der Schullehrer Wiens», das er gestiftet hatte. Schubert komponierte für ihn eine Kantate. S. 102/103.

Spina, C. A., Musikverleger in Wien. S. 250.

Spitteler, Carl, 1845–1924, schweizerischer Dichter von außergewöhnlichem Reichtum der Erfindung. Er schrieb als Musikkritiker feinsinnig über die Klaviersonaten Schuberts («Lachende Wahrheiten»). S. 23, 324, 347/348.

Spohr, Louis, 1784–1859, Violinvirtuose und Komponist klassizistischer Haltung. S. 146.

Spontini, Gasparo, 1747–1851, italienischer Opernkomponist, Theaterkapellmeister in Berlin, Begründer der heroischen Oper.

Stadler, Albert, 1794–1884, Jugendfreund Schuberts, den er 1812 im Stadtkonvikt kennenlernte. Schubert vertonte von ihm zwei Gedichte und die Kantate «Frühlingsmorgen». S. 34, 44, 98, 230.

Stamitz, Johann, 1717–1757, deutscher Komponist und Leiter der Mannheimer Hofkapelle, die durch ihn Weltruhm erlangte. Durch die Einführung kontrastierender Themen und melodiöser Baßführung wurde er Mitbegründer der frühklassischen Sinfonie. S. 21.

Steingräber, Theodor Leberecht, 1830–1904, Sohn eines Pianofabrikanten, gründete 1878 in Leipzig einen seinen Namen tragenden Musikverlag.

Stockhausen, Julius, 1826–1906, berühmter Sänger.

Stolberg, Friedrich Leopold Graf von, 1750–1819, Lyriker und Übersetzer, unternahm Reisen durch die Schweiz und in Italien. Schubert komponierte von ihm neun Gedichte.

Storck, P. Adam, Übersetzer der von Schubert vertonten Gesänge aus Walter Scotts «Fräulein vom See».

Strauß, Johann (Vater), 1804-1849, mit Lanner einer der beliebtesten Wiener Tanzkomponisten, Geiger und Leiter einer Tanzkapelle. S. 146, 299.

Strauß, Richard, 1864-1949, berühmter deutscher Komponist von Liedern, Bühnendramen und Programmsinfonien; er ist mit der Walzerdynastie nicht verwandt. S. 10, 94, 106, 197/198.

Streinsberg, Josef von, Klassenkamerad Schuberts im Stadtkonvikt und zum engern Freundeskreis des Komponisten gehörend. S. 34.

Süßmayer, Franz Xaver, 1766-1803, Komponist und Kapellmeister, Schüler Mozarts, dessen «Requiem» er vom «Sanctus» an nach Skizzen seines Lehrers beendete.

Szalay, Josef de, Pianist; Schubert spielte häufig vierhändig mit ihm.

Szechenyi, Ludwig Graf von, 1781-1855, Obersthofmeister der Erzherzogin Sophie. Schubert, der zwei seiner Gedichte vertonte, widmete ihm die Lieder von op. 7.

Teltscher, Josef, 1800-1837, Maler und Schubertianer. S. 149.

Thayer, A. W., 1817-1897, amerikanischer Musikschriftsteller und Beethovenforscher.

Tieck, Ludwig, 1773-1853, produktiver Dichter und Übersetzer; durch ihn erhielt die romantische Dichtung eine starke Breitenwirkung.

Tietze, Ludwig, 1798-1850, Tenor, den Schubert einige Male an öffentlichen Konzerten begleitete.

Tomaschek, Wenzel Johann, 1774-1850, Organist, Musiklehrer und Komponist, schrieb neben vielen anderen Musikwerken lyrische Stücke für Klavier, die nicht ohne Einfluß auf die Entstehung von Schuberts «Impromptus» und «Moments musicaux» blieben. S. 300.

Trauttmansdorf, Ferdinand Fürst, oberster Haushofmeister in Wien. S. 274.

Traweger, Ferdinand, gest. 1831, Kaufmann in Gmunden. In seinem Hause wohnten Schubert und Vogl 1825 sechs Wochen. S. 227.

Troyer, Ferdinand Graf von, Obersthofmeister des Erzherzogs Rudolf, gewandter Klarinettist, in dessen Auftrag Schubert sein Oktett komponierte. S. 219, 249.

Uhland, Ludwig, 1787-1862, deutscher Dichter und Literaturhistoriker, von dem Schubert das Gedicht «Frühlingsglaube» vertonte.

Umlauff, Ignaz, 1746-1796, Komponist beliebter Singspiele, Kapellmeister an der deutschen Oper in Wien und Stellvertreter Salieris an der Hofkapelle. S. 21.

Umlauff, Johann Karl, Justizbeamter und Gerichtspräsident, lernte 1816 in Wien Franz Schubert kennen und sang öfters in dessen Vokalquartetten mit.

Umlauff, Michael, 1781-1842, Sohn von Ignaz, U., Violinist an der deutschen Oper in Wien, dann Stellvertreter Weigls und nach dessen Tod Kapellmeister an diesem Institut.

Unger-Sabathier, Karoline, 1803-1877, Kammersängerin und Lenaus Braut. Ihr Vater Johann Karl (1771-1836) war ein verdienter Förderer Schuberts. S. 156.

Universaledition, 1901 in Wien gegründeter Musikverlag, der besonders das zeit-

genössische Musikschaffen unterstützt. Große Verdienste erwarb sich Direktor
Emil Hertzka.

Uz, Johann Peter, 1720–1796, Dichter und Jurist. Schubert vertonte von ihm neun
Gedichte.

Verdi, Giuseppe, 1813–1901, berühmter italienischer Opernkomponist. S. 53, 94.

Vietz, Elisabeth, siehe Schubert, Maria Elisabeth. S. 24, 27.

Vogl, Johann Michael, 1768–1840, zuerst Jurist, dann Sänger an der Hofoper in
Wien, seit 1817 enger Freund und verdienter Förderer Schuberts, dessen Lieder
er verbreiten half. Ihm ist op. 6 gewidmet. 1826 heiratete er Kunigunde Rosas.
S. 38, 117 ff., 227 ff., 266/267, 278/279, 324.

Wackenroder, Wilhelm Heinrich, 1773–1798, Jugendfreund Ludwig Tiecks, Schriftsteller, Vorbereiter der romantischen Bewegung durch die Entdeckung der
Poesie des Mittelalters und eines neuen, ganz aus der subjektiven Innerlichkeit
stammenden Lebensgefühls. S. 64.

Wagenseil, Georg Christoph, 1715–1777, Lehrer Maria Theresias, besonders durch
seine Klavierwerke Wegbereiter der Wiener Klassik. S. 21.

Wagner, Richard, 1813–1883, berühmter deutscher Bühnendramatiker, baute die
Leitmotivik zum System aus. S. 53.

Walcher, Ferdinand, mit Schubert befreundeter Beamter, der häufig die Tenorstimme
in Schuberts Männerchören mitsang. S. 82, 300.

Wallenstein, Albrecht von, Herzog von Friedland, 1583–1634, kaiserlicher Feldherr im
Dreißigjährigen Krieg, in Eger ermordet.

Wanderer, Chirurg in Nußdorf bei Wien, hielt oft die musizierenden Schubertianer
bei sich zu Gast.

Wanzka, Johann, Hilfsgeistlicher, taufte Schubert. S. 24.

Watteroth, Josef Heinrich, 1756–1819, Professor der politischen Wissenschaften in
Wien. Zu seiner Namenfeier komponierte Schubert 1816 die Prometheus-Kantate. In seinem Hause wohnte lange Spaun und musizierten oft die Schubertianer. S. 92/93.

Weber, Carl Maria von, 1786–1826, Komponist der Opern «Der Freischütz»,
«Oberon» und «Euryanthe» und von Instrumentalwerken. Er kam 1822 und
1823 zu den Aufführungen des «Freischütz» und der «Euryanthe» nach Wien,
lernte Schubert kennen, doch entfremdeten sich die beiden Musiker. S. 129,
146, 182.

Weigl, Josef, 1766–1846, Opernkomponist in Wien; beliebt geworden sind namentlich «Die Schweizerfamilie» und «Das Waisenhaus», Direktor der Hofoper
und nach dem Tode Salieris zweiter Hofkapellmeister. S. 21, 275.

Weingartner, Felix, 1863–1942, Schüler Liszts, österreichischer Komponist und
genialer Interpret der Klassiker. Er versuchte die «Unvollendete» zu vollenden
und gab mit Otto Maag die Märchenoper «Schneewittchen» nach originaler
Musik Schuberts heraus. Von 1927–1935 leitete er das Basler Konservatorium.

Mit seinen Opern und Klavierliedern hatte er keinen nachhaltigen Erfolg. S. 178, 190, 192.

Weiß, Franz, 1778–1830, spielte im Schuppanzigh-Quartett die Bratsche.

Weiße, Max, Hofsängerknabe, lebte mit Schubert im Stadtkonvikt.

Weißenwolff, Sophie Gräfin von, 1794–1847. Sie und ihr ebenfalls musikverständiger Gemahl Graf Johann von W. beherbergten im Sommer 1825 Schubert auf Schloß Steyregg. Der Gast widmete der Gräfin die Scott-Lieder op. 52. S. 230, 256.

Wellington, Arthur Wellesley, Herzog von, 1769–1852, englischer Feldherr und Staatsmann, vertrieb die Franzosen aus Spanien und schlug zusammen mit Gneisenau und Blücher Napoleon I. am 18. Juni 1815 bei Waterloo.

Willemer, Marianne von, geb. *Jung*, 1784–1860, Freundin Goethes, die Suleika des «Westöstlichen Diwans»; mehrere Suleika-Gedichte stammen von dieser künstlerisch begabten Bankiersgattin. S. 168.

Witteczek, Josef, 1787–1859, Hofkonzipist in Wien und Freund Schuberts, dessen Manuskripte er sammelte. Ihm widmete der Komponist sein op. 80. Witteczek heiratete Wilhelmine Watteroth.

Wolf, Hugo, 1860–1903, österreichischer Komponist, einer der genialsten Liederkomponisten nach Schubert, Gegner von Johannes Brahms, dessen Klassizismus er seine Spätromantik entgegenstellte. Er starb in geistiger Umnachtung. S. 10, 63.

Worziczek, Hugo, 1791–1825, erster Hoforganist in Wien. Schubert meldete sich 1825 nicht an die freiwerdende Stelle. S. 231, 300.

Würfel, Wenzel, 1791–1852, Pianist und Komponist, 1826 Hoftheaterkapellmeister.

Zelter, Karl Friedrich, 1758–1832, Komponist und Dirigent in Berlin, Freund Goethes, dem seine Kompositionsweise zusagte. S. 61.

Zierer, Franz, Flötist am Kärntnertortheater, Bekannter Schuberts.

Zöllner, Carl Friedrich, 1800–1860, deutscher Komponist, als Organisator und Dirigent um die Entwicklung des Männerchorwesens verdient. Er vertonte auch das Gedicht «Das Wandern ist des Müllers Lust». S. 206.

Zumsteeg, Johann Rudolf, 1760–1802, deutscher Komponist, mit Schiller befreundet. Seine Balladen beeinflußten den jungen Schubert in bestimmender Weise. S. 61/62.

STAMMTAFEL (Übersicht)

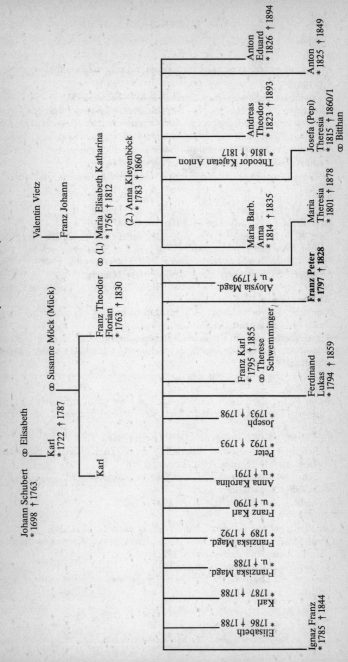

BIBLIOGRAPHIE

Abraham, G. (Hg.), The Music of Schubert. Port Washington, N.Y. 1969 (^{1}1947).
—, Schubert. A Symposium. London 1946 (Neuaufl. 1952).
Albertson, J. E., A Study of Stylistic Elements of Samuel Barber's Hermit Songs and Franz Schubert's Die Winterreise. Diss. Ann Arbor, Mich. 1971.
Antcliffe, H., Schubert. London 1910.
Audley, A., Franz Schubert. Sa vie et ses oeuvres. Paris 1871.
Austin, G. L., The Life of Franz Schubert. Boston 1873.

Bac, F., Franz Schubert ou la harpe éolienne. Paris 1927.
Bauer, M., Die Lieder Franz Schuberts. Bd. 1. Leipzig 1915.
Bauernfeld, E., Gesammelte Schriften. Wien 1879.
Benz, R., Franz Schubert, der Vollender der deutschen Musik. Jena 1928.
Bericht über den Internationalen Kongreß für Schubertforschung. Wien 25.—29. November 1928. Vorwort v. R. Haas. Augsburg 1929.
Berner, H., Schwarzrotgoldene Schubertiade. München 1959.
Bie, O., Franz Schubert. Sein Leben und sein Werk. (= Deutsche Lebensbilder). Berlin 1925.
Biehle, H., Schuberts Lieder als Gesangsproblem. (= Musikalisches Magazin. 74). Langensalza 1929.
—, Schuberts Lieder in Kritik und Literatur. Berlin 1928.
Binkowski, B./Harden-Rauch, P., Schubert, Bilder aus seinem Leben. Stuttgart ^{3}1969.
Bosch, H., Die Entwicklung des Romantischen in Schuberts Liedern. Leipzig 1930.
Braun, F., Schubert im Freundeskreise. Ein Lebensbild aus Briefen, Erinnerungen, Tagebuchblättern der Freunde. (= Insel-Bücherei. 168). Leipzig 1916.
Brown, M. J. E., Essays on Schubert. London/New York 1966.
—, Schubert. Eine kritische Biographie. Aus d. Engl. übertr. v. G. Sievers. Wiesbaden 1969 (engl. Ausg. London 1958).
—, Schubert Songs. (= BBC Music Guides). London 1967.
—, Schubert's Variations. London 1954.
Buenzod, E., Franz Schubert. Paris 1937 (^{2}1946).

Capell, R., Schubert's Songs. New York/London 1957 (^{1}1928).
Citron, M. J., Schubert's Seven Complete Operas. A Musico-dramatic Study. Diss. Ann Arbor, Mich. 1971.
Clutsam, G. H., Schubert. London 1912.
Coeuroy, A., Les lieder de Schubert. (= Formes, écoles et oeuvres musicales. 5). Paris 1948.

Curzon, H. de, Les lieder de Franz Schubert. Esquisse critique suivie du catalogue chronologique et raisonné des lieder. Paris 1899.

Dahms, W., Schubert. Leipzig 1912.
Damian, F. V., Franz Schuberts Liederkreis »Die schöne Müllerin«. Leipzig 1928.
Deas, R. R., III. Study and Analysis of the Incomplete Piano Sonatas of Franz Schubert with Implications for Teaching and Performance. Diss. Ann Arbor, Mich. 1970.
Deutsch, O. E., Gedenkschrift für Besucher des Schubert-Museums. Wien 1954.
—, Schubert. Documents of his Life and Work. Ed. with a Commentary. Transl. by E. Blom. 2 Bde. London 1946/New York 1947.
—, Schubert. Die Dokumente seines Lebens. (= Franz Schubert, Neue Ausgabe sämtlicher Werke. VIII, 5). Kassel/Basel 1964 (München/Leipzig ^{1}1913/14).
—, Schubert. Zeugnisse seiner Zeitgenossen. Ausgewählte Erinnerungen. (= Fischer-Bücherei. 609). Frankfurt a. M. 1964.
—, (Hg.), Franz Schubert, Briefe und Schriften. (= Orpheus-Bücher. 8). Wien ^{4}1954 (München ^{1}1919).
—, Franz Schubert, sein Leben in Bildern. München/Leipzig 1913.
—, (Hg.), Franz Schubert, Tagebuch. Faksimile der Originalhandschrift. Wien 1928.
—, Schubert-Brevier. Berlin/Leipzig 1905.
—, Neue Schubert-Dokumente. Sonderdruck der Schweizerischen Musikzeitung (Zürich) 93 (1953), Nr. 9—12.
—, The Schubert Reader. New York 1947.
Duncan, E., Schubert. London 1905 (Neuaufl. 1934).

Eaubonne, F. d' (d. i. Okapi, M.)/*Hofmann, M.-R.*, La vie de Schubert. (= Vies et visages). Paris 1965.
Einstein, A., Schubert. Ein musikalisches Porträt. Zürich 1952 (frz. Ausg. 1958).
Endert, W. v., Schubert als Bühnenkomponist. Diss. Leipzig 1925.
Eschmann, H., Schubert — Beethoven. Ein stilkritischer Vergleich. Diss. Köln 1934.

Farga, F., Franz Schubert. Ein Lebensbild. (= Kleine Humboldt-Bücherei. 254). Wien 1947.
Farinelli, A., Beethoven e Schubert. (= Biblioteca Paravia »Storia e pensiero«). Torino 1929.
Feigl, R., Klar um Schubert. Beseitigung von Irrmeinungen, Fehlangaben usw. Linz 1936.
Feil, A., Studien zu Schuberts Rhythmik. München 1966.
Fischer-Dieskau, D., Auf den Spuren der Schubert-Lieder. Werden, Wesen, Wirkung. Wiesbaden 1971 (^{2}1972).

Franken, F. H., Das Leben großer Musiker im Spiegel der Medizin. Schubert, Chopin, Mendelssohn. Unter Mitarbeit v. E. Franken. Mit einem Geleitwort v. J. Schumacher. Stuttgart 1959.
Friedländer, M., Beiträge zur Biographie Franz Schuberts. Diss. Rostock 1887.
— , Franz Schubert. Skizze seines Lebens und Wirkens. Leipzig 1928.
Frost, H. F., Schubert. (= The Great Musicians. 4). London 1881 (Neuaufl. 1923).

Gal, H., Franz Schubert oder die Melodie. Frankfurt a. M. 1970.
Gallet, M., Schubert et le lied. Paris 1907.
Georgiades, T., Schubert. Musik und Lyrik. 2 Bde. Göttingen 1967.
Gérold, T., Schubert. (= Les maîtres de la musique). Paris 1923.
Goldschmidt, H., Franz Schubert. Ein Lebensbild. Berlin 1954.
Günther, F., Mein Freund Schubert. Hamburg 1928.
— , Schuberts Lied. Eine ästhetische Monographie. Stuttgart 1928.
Guillemot-Magitot, G., Franz Schubert. Musique et amitié. (= Les grands musiciens). Paris 1967.

Haas, H., Über die Bedeutung der Harmonik in den Liedern Franz Schuberts. Zugleich ein Beitrag zur Methodik der harmonischen Analyse. (= Abhandlungen zur Kunst-, Musik- und Literaturwissenschaft. 1). Bonn 1957.
Henrickson, D. G., The Harpsichord and Development of the Piano Prior to the Lieder of Schubert. Diss. Ann Arbor, Mich. 1971.
Herget, A., Der Liederfürst Franz Schubert. (= Künstlerbilderbücher. Neue Folge). Leipzig o. J.
Hermann, J., Franz Schubert. In: Vier ostdeutsche Biographien. Unvergängliche Spuren. (= Deutscher Osten. 4). Düsseldorf/Köln 1952.
Heuberger, R., Franz Schubert. (= Berühmte Musiker. 14). Berlin 1902 (^{3}1920).
Hildebrand, D. v., Mozart, Beethoven, Schubert. Regensburg 1962.
Hillmann, A., Schubert. Stockholm 1922.
Höcker, K., Wege zu Schubert. (= Deutsche Musikbücherei. 4). Regensburg 1940.
Holländer, H., Die Lieder Franz Schuberts in ersten und späteren Vertonungen. Diss. Wien 1926.
Holschneider, A., Zu Schuberts »Frühlingsglaube«. Kassel/Basel 1963.
Holt, M. B., Developmental Procedures in the Sonata Form Movements of the Symphonies of Beethoven, Schubert, Mendelssohn and Schumann. Diss. Ann Arbor, Mich. 1974.
Huschke, K., Das Siebengestirn der großen Schubertschen Kammermusikwerke. Pritzwalk 1927.
Hutchings, A., Schubert. (= Master Musicians). London 1945 (^{3}1956).

Janetschek, O., Schuberts Lebensroman. Wien 1928 (Neuaufl. Bern 1950).

Jaspert, W., Franz Schubert. Zeugnisse seines irdischen Daseins. Berlin 1947 (Frankfurt a. M. ¹1941).
Jelinek, W., Schubert und die poetische Lyrik seiner Klavierlieder. Wien 1939.

Kesselschläger, C., Franz Schuberts Werke für Klavier zu vier Händen. Ein Beitrag zur Geschichte und Stilistik des vierhändigen Klaviersatzes. Diss. Freiburg 1941.
Klatte, W., Franz Schubert. (= Die Musik. 22/23). Berlin 1907.
Kobald, K., Der Meister des deutschen Liedes Franz Schubert. Ein Wiener Volksbuch. Wien ²1928 (1. Aufl. u. d. T. Franz Schubert. Aus dem Leben eines österreichischen Genies. Wien 1922).
—, Schubert und Schwind. Ein Wiener Biedermeierbuch. Zürich 1921 (²1928).
—, Franz Schubert. (= Amalthea-Biographien. 1). Wien/München 1963.
—, Franz Schubert und seine Zeit. Wien/Zürich 1928.
Költzsch, H., Franz Schuberts Klaviersonaten. Leipzig 1927.
Kolarsky, J., Therese Grob, Franz Schuberts einzige große Liebe. (= Frauen der Liebe. 106). Heidenau 1928.
Kolb, A., Franz Schubert. Sein Leben. Erlenbach/Zürich 1947 (dän. Ausg. København 1969).
Kreissle von Heilborn, H., Franz Schubert. Wien 1865.
Krueger, R. R., Weingartner's Suggestions for the Performance of the Symphonies of Schubert and Schumann. (= Ratschläge für Aufführungen klassischer Symphonien. 2). Diss. Ann Arbor, Mich. 1970.
Kruse, G. R., Franz Schubert. (= Velhagen & Klasings Volksbücher. 155). Bielefeld 1924 (²1928).
Kunze, S., Franz Schubert. Sinfonie h-Moll, Unvollendete. (= Meisterwerke der Musik. 1). München 1965.
Kusche, L., Franz Schubert. Dichtung und Wahrheit. München 1962.

Laaf, E., Franz Schuberts Sinfonien. Diss. Frankfurt a. M. 1933.
Lack, R., Das Ethos in der Musik Schuberts. Wien 1928.
Lafite, C., Das Schubertlied und seine Sänger. Wien 1928.
La Mara (d. i. Lepsius, M.), Franz Schubert. (= Breitkopf & Härtels Musikbücher). Leipzig 1929.
Landormy, P., La vie de Schubert. (= Vie des hommes illustres. 19). Paris 1928 (Neuaufl. 1933).
Le Masséna, C. E., The Songs of Schubert. A Guide. With Interpretative Suggestions by H. Merx. New York 1928.
Levis, W. H., A Comparison of the Orchestration of the Subordinate Themes in the First Movements of the Symphonies of Beethoven, Schubert, Mendelssohn and Schumann. Diss. Ann Arbor, Mich. 1974.
Lux, J. A., Schubertiade. Ein literarisch-musikalisches Schubertbuch. Wien 1921.

Maier, G., Die Lieder Johann Rudolf Zumsteegs und ihr Verhältnis zu Schubert. (= Göppinger akademische Beiträge. 28). Göppingen 1971.
Malherbe, H., Franz Schubert. Son amour, ses amitiés. Paris 1949.
Mies, P., Schubert, der Meister des Liedes. Die Entwicklung von Form und Inhalt im Schubertschen Lied. (= Max Hesses illustrierte Handbücher. 89). Bern 1928.
—, Franz Schubert. Hg. im Auftrage des Deutschen Schubert-Ausschusses v. W. Vetter. Leipzig 1954.
Müller-Blattau, J., Franz Schubert. Leben und Werk. (= Langewiesche-Bücherei). Königstein i. T. 1959.

Nafziger, K. J., The Masses of Haydn and Schubert. A Study in the Rise of Romanticism. Diss. Ann Arbor, Mich. 1971.
Niggli, A., Schubert. (= Reclams Universalbibliothek. 2531). Leipzig 1889 (Neuaufl. 1925).
Nolthenius, H., Onvoltooide symphonie. Het leven van Franz Schubert. Tilburg 1952.

Öllerer, A., Schubertiade. Schubert-Brevier zum 125. Todestage Franz Schuberts. Wien 1953.
Orel, A., Franz Schubert, 1797—1828. Sein Leben in Bildern. (= Meyers Bild-Bändchen. 38). Leipzig 1939.
—, Der junge Schubert. Aus der Lernzeit des Künstlers. Mit ungedruckten Kompositionen Schuberts nach Texten von Pietro Metastasio. Wien/Leipzig 1940.

Paumgartner, B., Franz Schubert. Zürich 1943 (^{2}1947).
—, Die Schubertianer. Ein Beitrag zur Jahrhundertfeier. Wien 1928.
Petzoldt, R., Franz Schubert. 1797—1828. Sein Leben in Bildern. Leipzig 1953.
—, Franz Schubert. Leben und Werk. (= Breitkopf & Härtels kleine Musikerbiographien). Leipzig 1939 (rumän. Ausg. Bucureşti 1962).
Pfordten, H. Frh. v. d., Franz Schubert und das deutsche Lied. (= Wissenschaft und Bildung. 130). Leipzig 1916 (^{3}1928).
Porter, E. G., Schubert's Song Technique. (= The Student's Music Library). London 1961.
—, The Songs of Schubert. London 1937.

Quamme, B., Franz Schubert og hans verk. Oslo 1952.

Reed, J., Schubert. The Final Years. London 1972.
Rehberg, W. u. P., Franz Schubert. Leben und Werk. Zürich 1946 (^{2}1947).
Reich, W., Franz Schubert im eigenen Wirken und in den Betrachtungen seiner Freunde. (= Manesse Bibliothek der Weltliteratur). Zürich 1971.
—, (Hg.), Schubert-Brevier. Aus den Dokumenten seines Lebens. (= Vom Dauernden in der Zeit. 49). Zürich 1944.

Reißmann, A., Franz Schubert. Sein Leben und seine Werke. Berlin 1873.
Riezler, W., Schuberts Instrumentalmusik. Werkanalysen. (= Atlantis-Musikbücherei). Zürich/Freiburg i. Br. 1967.
Roggeri, E., Schubert. La vita, le opere. Torino 1928.
Rosenwald, H. H., Geschichte des deutschen Liedes zwischen Schubert und Schumann. Berlin 1930.
Ruff, P., Die Streichquartette Franz Schuberts. Diss. Wien 1929.
Rutz, H., Franz Schubert. Dokumente seines Lebens und Schaffens. München 1952.

Salzer, F., Die Sonatenform bei Schubert. Ein Beitrag zur Geschichte der Sonatenform. (= Studien zur Musikwissenschaft. 15). Wien 1928.
Schauffler, R. H., Franz Schubert. The Ariel of Music. New York 1949.
Schering, A., Franz Schuberts Symphonie in h-Moll (»Unvollendete«) und ihr Geheimnis. (= Kleine deutsche Musikbücherei. 1). Würzburg 1939.
Schmidt, H. G., Das Männerchorlied Franz Schuberts. Diss. Köln 1931.
Schmitz, E., Schuberts Auswirkung auf die deutsche Musik bis zu Hugo Wolf und Bruckner. Leipzig 1954.
Schnapper, E., Die Gesänge des jungen Schubert vor dem Durchbruch des romantischen Liedprinzips. (= Berner Veröffentlichungen zur Musikforschung. 10). Bern/Leipzig 1937.
Schneider, M., Franz Schubert in Selbstzeugnissen und Bilddokumenten. Übertr. v. W. Deppisch. (= Rowohlts Monographien. 19). Hamburg 1958.
Schubert im Freundeskreis. Leipzig 1951.
Schünemann, G. (Hg.), Erinnerungen an Schubert. Josef von Spauns erste Lebensbeschreibung. Berlin/Zürich 1936 ([2]1938).
Schwarmath, E., Musikalischer Bau und Sprachvertonung in Schuberts Liedern. (= Münchner Veröffentlichungen zur Musikgeschichte. 17). Tutzing 1969.
Sedlitzky, L. J., Beethoven und Schubert in Niederdonau. (= Niederdonau, Ahnengau des Führers. 14). St. Pölten 1940.
Silvestrelli, A., Franz Schubert. Das wahre Gesicht seines Lebens. Salzburg/Leipzig 1939.
Simpson, E. T., A Study, Analysis and Performance of the Schwanengesang of Franz Schubert. Diss. High Wycombe 1969.
Sittenberger, H., Schubert. Zürich 1928.
Skarzynski, A. v., Die Klaviersonaten der deutschen Romantiker. Diss. Wien 1914.
Smith, A. B., Schubert. 2 Bde. (= The Musical Pilgrim). London 1926/27.
Spaun, J. Frh. v., Neues um Franz Schubert. Wien 1934.
Stefan, P., Franz Schubert. Wien 1947 ([1]1928).
Steffin, J. F., Franz Schubert. Leben und Werk. (= Kleine Musikbücherei. 7). Hamburg 1954.
Stovall, F. D., Schubert's Heine Songs. A Critical and Analytical Study. Diss. Ann Arbor, Mich. 1969.

Tenschert, R., Franz Schubert. (= Österreich-Reihe. 379/380). Wien 1971.
Therstappen, H. J., Die Entwicklung der Form bei Schubert, dargestellt an den ersten Sätzen seiner Sinfonien. (= Sammlung musikwissenschaftlicher Einzeldarstellungen. 16). Leipzig 1931.
Törnblom, F. H., Schubert. Stockholm 1947 (Neuaufl. 1955).
Tramond, R., Franz Schubert. (= Collection Nos amis les musiciens). Lyon 1955.

Varin, G., Schubert. Bruxelles 1945.
Vetter, W., Der Klassiker Schubert. 2 Bde., Leipzig 1953.
—, Franz Schubert. (= Die großen Meister der Musik). Potsdam 1934.

Wächter, E., Franz Schuberts Liederzyklus »Die schöne Müllerin«. Eine analytisch-kritische Studie. Leipzig 1919.
Wagemans, H., Franz Schubert. (= Componisten-Serie. 23). Haarlem/Antwerpen 1952.
Weber, R., Die Sinfonien Franz Schuberts im Versuch einer strukturwissenschaftlichen Darstellung und Untersuchung. 2 Bde. (= Veröffentlichungen zur theoretischen Musikwissenschaft. 3. 3a). Münster 1971/72.
Weekley, D. A., The One-piano, Fourehand Compositions of Franz Schubert. An Historical and Interpretative Analysis. Diss. High Wycombe 1969.
Weingartner, F., Franz Schubert und sein Kreis. (= Schaubücher. 24). Zürich/Leipzig 1929.
Weingartner-Studer, C., Franz Schubert. Sein Leben und sein Werk. (= Musikerreihe. 2). Olten 1947.
Weiß, A., Franz Schubert. Eine Festgabe für Schule und Haus. Wien 1928.
Werlé, H. (Hg.), Franz Schubert in seinen Briefen und Aufzeichnungen. 4., völlig neu bearb. u. erg. Aufl. Leipzig 1955 (^{1}1948, ^{2}1951).
Westrup, J. A., Schubert Chamber Music. (= BBC Music Guides). London 1969.
Whitaker-Wilson, C., The Centenary Biography. Franz Schubert, Man and Composer. London 1928.
Wickenhauser, R., Franz Schuberts Symphonien. (= Reclams Universal-Bibliothek. 6915/16). Leipzig 1928.
Wissig, O., Franz Schuberts Messen. Leipzig 1909.

Zenger, M., Franz Schuberts Wirken und Erdenwallen. (= Musikalisches Magazin. 5). Langensalza 1902.
Žizn' Franca Šuberta v dokumentach. Moskva 1963 (russ.).